A Convenção Europeia dos Direitos do Homem

ANOTADA

A Convenção Europeia dos Direitos do Homem

ANOTADA

2016 • 5ª Edição Revista e Atualizada • Reimpressão

Ireneu Cabral Barreto
Ex-Juiz do Tribunal Europeu dos Direitos do Homem

ALMEDINA

A CONVENÇÃO EUROPEIA DOS DIREITOS DO HOMEM ANOTADA

AUTOR
Ireneu Cabral Barreto
EDITOR
EDIÇÕES ALMEDINA, S.A.
Rua Fernandes Tomás, nºs 76, 78 e 80
3000-167 Coimbra
Tel.: 239 851 904 · Fax: 239 851 901
www.almedina.net · editora@almedina.net
DESIGN DE CAPA
FBA.
PRÉ-IMPRESSÃO
EDIÇÕES ALMEDINA, S.A.
IMPRESSÃO E ACABAMENTO
PAPELMUNDE

Setembro, 2016
DEPÓSITO LEGAL
399637/15

ALMEDINA | GRUPOALMEDINA

BIBLIOTECA NACIONAL DE PORTUGAL – CATALOGAÇÃO NA PUBLICAÇÃO
PORTUGAL. Leis, decretos, etc.
A Convenção Europeia dos Direitos do Homem : anotada / [anot.] Ireneu Cabral Barreto. – 5ª ed. rev. e actualizada. – (Legislação anotada)
ISBN 978-972-40-6193-7
I – BARRETO, Ireneu Cabral
CDU 342

À MEMÓRIA DOS MEUS PAIS

À MEMÓRIA DO MEU IRMÃO ALCINO

APRESENTAÇÃO

1. Quando em 1979 me desloquei a Estrasburgo para substituir um colega numa reunião de trabalho, não imaginava que uma significativa parte da minha vida seria consagrada à Convenção Europeia dos Direitos do Homem.

Efetivamente, em 1981, iniciei a minha participação no Comité para a melhoria do processo da *Convenção* e, a partir de 1984, sucedendo ao Dr. Cunha Rodrigues, integrei o Comité Diretor dos Direitos do Homem e passei a exercer as funções de Agente perante a Comissão e o Tribunal Europeu dos Direitos do Homem.

2. O meu trabalho nos Comités, nomeadamente no Comité Diretor, de que fui membro do Bureau, vice-presidente e presidente, permitiu-me acompanhar e intervir ativamente na reforma do processo da *Convenção* e na elaboração dos seus Protocolos 8, 9, 10 e 11.

As minhas obrigações como Agente, até maio de 1992, impunham-me um estudo aprofundado da *Convenção* para vir a assumir a posição mais adequada nas diversas queixas apresentadas contra Portugal.

3. Em maio de 1993, fui nomeado membro da Comissão Europeia dos Direitos do Homem.

Estas novas funções exigiram-me o estudo sistemático da *Convenção* e a respetiva atualização e coordenação dos elementos recolhidos ao longo dos anos.

Apurei deste modo uma anotação à *Convenção* que me pareceu útil e oportuno dar a conhecer em 1995.

4. Entretanto, o direito da *Convenção* foi objeto de profunda evolução, – jurisprudencial e legislativa – que justificaram as sucessivas edições.

A presente edição surge para responder à necessidade de atualizar e aprofundar a Jurisprudência do Tribunal, sem esquecer os recentes Protocolos 15 e 16.

Nesta edição, realça-se o caráter subsidiário do sistema traduzido num reforço da margem de apreciação dos Estados, como foi reafirmado nas Conferências de Izmir e de Brighton e está explicitado no Protocolo 15; foi dado o devido relevo a este Protocolo, porquanto, quando entrar em vigor, vai introduzir uma profunda alteração no estatuto dos Juízes e no processo de queixa, de que saliento a redução do prazo para introdução da queixa de seis para quatro meses. Faz-se referência ao Protocolo 16 – ainda não entrou em vigor – que veio consagrar a possibilidade de o Tribunal emitir pareceres a pedido das Altas Jurisdição das Altas Partes Contratantes.

5. A proteção concedida aos Direitos Humanos tende, nos nossos dias, a deixar de ser apenas uma recorrente nos discursos mais ou menos bem-intencionados, para se tornar uma realidade atuante na defesa dos direitos, liberdades e garantias fundamentais.

E, quando essa defesa se reveste de garantias jurisdicionais, com decisões de órgãos internacionais de controlo obrigatórias para os Estados, compreende-se a necessidade para os operadores do direito de conhecerem e utilizarem essa proteção.

O Tribunal Europeu dos Direitos do Homem, esgotados os meios internos, emerge como a última esperança, o último recurso para as vítimas de violações dos direitos, liberdades e garantias consagrados na *Convenção.*

6. Por outro lado, a *Convenção* é direito interno, com valor superior às leis ordinárias, podendo a sua aplicação, em complemento ou até em oposição ao direito ordinário comum, ajudar a resolver algumas dificuldades de ordem prática.

A *Convenção* contém as normas do processo (penal – artigos 5º e 6º –; civil – artigo 6º) mais importantes a seguir à Constituição e que raramente são invocadas; as garantias que oferece a certos direitos e liberdades são, por outro lado, um complemento essencial à proteção constitucional desses mesmos direitos.

Aliás, a jurisprudência dos órgãos de controlo é um elemento precioso para a compreensão do conteúdo e alcance dos direitos, liberdades e garantias considerados fundamentais numa democracia inerente a um Estado de direito.

7. Permitam-me algumas notas breves que ajudam a compreender algumas opções:

As anotações aos artigos 5º e 6º, dada a sua extensão e para facilitar a consulta, são precedidas de um sumário.

Por razões semelhantes, e para tornar a leitura do texto mais cómoda, remeteu-se para notas as referências à jurisprudência relativa ao artigo 6º.

Traduziram-se livremente os Protocolos 15 e 16, o Regulamento Interno do Tribunal e algumas Instruções Práticas, as Regras do *Comité de Ministros* e o

Acordo europeu relativo às pessoas participantes nos processos pendentes no Tribunal Europeu dos Direitos do Homem.

8. A concretização deste livro só foi possível mercê da boa vontade de várias pessoas, entre as quais destaco a minha mulher, Doutora Carla Ferreira Barreto (3ª, 4ª e 5ª edição), que muito me ajudaram e incentivaram a terminá-lo.

Para eles e para todos os que viveram o crescimento desta obra, o meu profundo reconhecimento.

Invocar e aplicar mais frequentemente a *Convenção* no nosso mundo jurídico é o grande e último objetivo deste estudo e valeu a pena se tal se tornar uma realidade...

IRENEU CABRAL BARRETO

PREFÁCIO À 1ª EDIÇÃO

1. Escrito quando estava ainda particularmente viva a memória da Segunda Guerra Mundial, o Preâmbulo da Declaração Universal dos Direitos do Homem recorda que «o desconhecimento e o desprezo dos direitos do homem conduziram a atos de barbárie que revoltam a consciência da humanidade».

A partir de então, o movimento de codificação dos direitos do homem não deixou de crescer. A Convenção Europeia dos Direitos do Homem, de 4 de novembro de 1950, e os seus Protocolos, a Carta Social Europeia, de 18 de outubro de 1961, os Pactos de Nova Iorque sobre direitos civis e políticos e sobre direitos económicos, sociais e culturais, de 16 de dezembro de 1966, a Convenção Americana de Direitos do Homem, de 22 de novembro de 1969, a Ata Final de Helsínquia, de 1 de agosto de 1975, a Declaração Universal dos Direitos dos Povos, de 4 de julho de 1976, e a Carta Africana de Direitos do Homem e dos Povos, de 26 de junho de 1981, são alguns dos instrumentos em que repousa a tutela destes direitos.

Uma tutela exemplar, se considerarmos a amplitude e a coerência dos textos.

Mas um movimento que não dissipou os medos nem esconjurou os perigos.

No limiar de um novo milénio, a realidade continua a ser, à escala do universo, preocupante. A insegurança provocada pela rutura de equilíbrios geoestratégicos, a crescente desregulação na utilização de recursos e o recrudescimento de fenómenos de intolerância e fundamentalismo deram lugar a um estado de cultura em que os direitos do homem estão permanentemente ameaçados. Como o confirmam recentes acontecimentos em diversas partes do mundo e, nomeadamente na Europa, aquele quadro jurídico, apesar de ambicioso, não foi suficiente para evitar regressões que, em alguns casos, se traduziram num retorno ao ponto de partida – a barbárie.

2. A Convenção Europeia dos Direitos do Homem representa, neste contexto, um espaço particular. Estabelecendo um sistema em que os direitos do homem

constituem o núcleo de uma específica conceção de democracia, *a Convenção* faz a ponte entre o idealismo das grandes declarações e o pragmatismo exigido pelos novos dinamismos sociais. Os direitos deixam de ter um caráter programático e fragmentário para passarem a ser afirmações de uma identidade e de uma dinâmica próprias, inspiradas por «uma certa ideia da Europa».

As instâncias de controlo – Comissão Europeia dos Direitos do Homem, Comité de Ministros e Tribunal Europeu dos Direitos do Homem – protagonizam um papel que nenhum instrumento, desde os atos destinados a limitar o arbítrio da coroa até às declarações revolucionárias, tinha anteriormente conseguido realizar.

Neste sentido, pode mesmo dizer-se que os mecanismos de aplicação da Convenção Europeia dos Direitos do Homem marcam a transição da proclamação dos direitos do homem para a sua efetivação prática.

3. Os textos até agora vindos a lume sobre a Convenção Europeia dos Direitos do Homem têm geralmente privilegiado objetivos de informação e divulgação.

E, no entanto, pela sua natureza simultaneamente substantiva, judiciária e processual, a *Convenção* presta-se, como poucos instrumentos, a uma aproximação metodológica mais profunda.

Ireneu Cabral Barreto intuiu esta realidade e concretizou-a com invulgar talento.

Magistrado com um invejável currículo, Cabral Barreto cumula as suas funções judiciais com quase duas décadas de experiência em *fóruns* internacionais de direitos do homem.

Como organizador, conferencista ou participante, tem o seu nome ligado às mais importantes iniciativas que ocorreram neste âmbito. Como perito, marcou presença na maior parte dos *comités* e grupos de trabalho que assistiram o Conselho da Europa e outros organismos internacionais na promoção e no desenvolvimento dos direitos do homem.

Este percurso viria a ser justamente assinalado com a sua eleição para Presidente do Comité Diretor para os Direitos do Homem, uma das instâncias mais prestigiadas do Conselho da Europa.

É atualmente membro da Comissão Europeia dos Direitos do Homem.

O volume que agora vem a público é produto desta acumulação de saberes e experiências.

Doseando prescientemente a dogmática e a *praxis*, o autor organiza um repositório das grandes questões e dos pequenos problemas de aplicação, empenhando em cada tema a sua capacidade de investigador e a sua atitude prudencial.

A atenção prestada aos casos de espécie dá ao leitor a necessária perceção de que se está perante uma problemática que interessa ao quotidiano das pessoas. Este, porventura, o mais importante contributo prestado às letras jurídicas, numa época em que a noção de cidadania empresta novo fulgor ao debate sobre a democracia e poderá vir a influenciar decisivamente o sentido de novas tendências ideológicas.

Reunindo elementos sobre história e estrutura das instituições, o volume aplica adequadamente a teoria das fontes, confronta a *Convenção* e os seus Protocolos com um vasto pluralismo de interpretações e recolhe uma exaustiva informação da doutrina e jurisprudência.

Sem preocupações de didatismo, Cabral Barreto expõe, com rigor e simplicidade, um catálogo de direitos fundamentais e explica o que cada pessoa deve saber sobre o exercício desses direitos.

Por todas estas razões, trata-se de uma obra modelar, destinada ao manuseio dos juristas mas igualmente imprescindível a todos os que se reveem no seu estatuto de cidadãos da Europa.

Um estatuto ativo, em que a posição jurídica de cada indivíduo envolve a titularidade dos direitos, o domínio do direito e o acesso à via judicial.

CUNHA RODRIGUES

ABREVIATURAS MAIS UTILIZADAS

A	Publicação com os acórdãos do Tribunal Europeu dos Direitos do Homem e os relatórios da Comissão Europeia dos Direitos do Homem
Acórdão	Acórdão do Tribunal Europeu dos Direitos do Homem
Ann. Conv.	Annuaire de la Convention Européenne des Droits de l'Homme
BMJ	Boletim do Ministério da Justiça
Carta Afric.	Carta Africana dos Direitos do Homem e dos Povos
Carta UE	Carta dos Direitos Fundamentais da União Europeia
CEDH	Convenção Europeia dos Direitos do Homem
CM	Comité de Ministros
Comissão	Comissão Europeia dos Direitos do Homem
Const.	Constituição da República Portuguesa
Conv. Interam.	Convenção Interamericana dos Direitos do Homem
Convenção	Convenção Europeia dos Direitos do Homem
CPC	Código de Processo Civil
CPP	Código de Processo Penal
BDDC	Boletim de Documentação e Direito Comparado
Decisão	Decisão da Comissão Europeia dos Direitos do Homem
DH	Direitos Humanos
Digest	Digest of Strasbourg case-law relating to the European Convention on Human Rights
Déc. Rap.	*Décisions et Rapports* — publicação com as decisões e os relatórios da Comissão
DUDH	Declaração Universal dos Direitos do Homem
PIDCP	Pacto Internacional Relativo aos Direitos Civis e Políticos
R	Publicação com os acórdãos e as Decisões do Tribunal Europeu dos Direitos do Homem e os relatórios da Comissão Europeia dos Direitos do Homem a partir de janeiro de 1996

Rec.	Recueil des Décisions de la Commission Européenne des Droits de l'Homme
Relatório	Relatório da Comissão Europeia dos Direitos do Homem
Tribunal	Tribunal Europeu dos Direitos do Homem

INTRODUÇÃO

I. Os Direitos Humanos

1. As origens dos Direitos Humanos[1], entendidos como um conjunto de normas que visam defender a pessoa humana contra os excessos do poder cometidos pelos órgãos do Estado, perdem-se nas brumas da história e confundem-se na luta do homem pelos direitos e liberdades inerentes à sua condição e dignidade[2].

[1] Cada vez mais, a expressão «direitos humanos» vem ganhando densidade na expressão oral e escrita.
Entende-se que chegou o dia de exigir um significante de acordo com o significado.
Aliás, esforços nesse sentido têm sido feitos.
Uma recomendação do *Comité de Ministros* do Conselho da Europa de 1990 incita os Estados membros a desenvolver uma linguagem não sexista e a recente Carta da União Europeia fala em «direitos fundamentais».
Importa não esquecer o papel da língua na formação da identidade social das pessoas e a interação existente entre a língua e as atitudes sociais.
Pode entender-se que o «sexismo» de que está impregnada uma língua constitui um entrave ao processo de instauração da igualdade e mesmo de uma verdadeira apropriação dos direitos humanos pelas mulheres.
Defender hoje a mudança de nome significa reconhecer a este nível as aquisições e a evolução depois de 1789 e o relevante papel da mulher nessa evolução.
Assim, desde a 4ª edição, que se utiliza a expressão «direitos humanos», exceto quando se tenha de referir instituições que guardem oficialmente a expressão «direitos do homem».

[2] Sobre a história dos direitos humanos, ver, entre muitos outros, Jorge Miranda, *Manual de Direito Constitucional*, IV, Coimbra, 1988, págs. 15 e segs., Vieira de Andrade, *Os Direitos Fundamentais na Constituição Portuguesa de 1976*, Coimbra, 1983, págs. 10 e segs., C. A. Dunshee de Abranches, *Proteção Internacional dos Direitos Humanos*, Rio de janeiro, 1964, págs. 13 e segs., Imre Szabo, «Fundamentos históricos e desenvolvimento dos direitos do homem», in *As Dimensões Internacionais dos Direitos do Homem*, UNESCO, 1983, págs. 15 e segs., Jacques Mourgeon, *Os Direitos do Homem*, tradução, Lisboa, sem data, págs. 45 e segs.; em língua estrangeira, Frederic Sudre, *Droit International et Européen des Droits de l'Homme*, PUF, 1969, págs. 20 e segs., Asbjorn Eide, *Protection Internationale des Droits de l'Homme*, Conselho da Europa, 1989, págs.

O Código de Hamurabi, ao preocupar-se em impor a justiça para impedir o poderoso de fazer mal ao fraco, deve ser apontado como um dos primeiros, ainda que balbuciantes, textos sobre os Direitos Humanos.

Toda a luta contra a tirania e o poder despótico, seja a de Moisés, invocando perante o faraó o direito dos povos a disporem de si próprios, de Antígona diante de Creonte, afirmando o direito de desobediência ao poder face a leis superiores ao próprio Estado[3], ou de Espártaco, clamando diante dos escravos o direito de resistência à opressão, são exemplos da dificuldade de afirmação dos Direitos Humanos ao longo dos tempos.

2. A civilização grega trouxe o interesse dos filósofos pela relação entre o Estado, a religião e o indivíduo.

Com os estoicos, inicia-se o estudo de um direito natural. As leis estabelecidas pelos homens seriam réplicas imperfeitas de um direito eterno e imutável aplicável universalmente e só teriam valor quando correspondessem à lei natural.

Com o Cristianismo surge a afirmação da defesa da igualdade de todos os homens numa mesma dignidade, como a formulou São Paulo na sua Epístola aos Gálatas, cap. 3, versículos 27-28: *Não há judeu nem grego, não há escravo nem homem livre; todos vós sois um só, em Cristo.*

Os filósofos cristãos da Idade Média recolheram e desenvolveram a teoria do direito natural, fundando-se nos princípios expostos nos *Dez Mandamentos* e nas *Tábuas da Lei;* para São Tomás de Aquino, o indivíduo está no centro de uma ordem social e jurídica justa, mas a lei divina tem prevalência sobre o direito laico tal como é definido pelo imperador, o rei ou o príncipe.

Mais tarde, a Escola do direito natural, com Grotius (*De jure belli ac pacis*) e seus discípulos, defendeu a existência de direitos que pertencem originária e essencialmente ao homem, que são inerentes à sua natureza, que ele goza pelo simples facto de ser homem[4].

3. Com a Idade Moderna e os racionalistas dos séculos XVII e XVIII, o homem descobre-se gradualmente no ato de pensar e de conhecer o mundo;

7 e segs., e E. Garcia de Enterria, E. Linde, L. I. Ortega e M. Sanchez Moron, *El Sistema Europeo de Proteccion de los Derechos Humanos*, 2ª ed., Civitas, Madrid, 1983, págs. 28 e segs.

[3] «E não creio que os teus decretos tenham tanto poder que permitam a alguém saltar por cima das leis, não escritas, mas imutáveis dos deuses» – Sófocles, *Antígona, Ájax e Rei Édipo*, tradução, Biblioteca Básica Verbo, sem data, pág. 24.

[4] É ainda o direito natural que inspira as primeiras proclamações solenes dos direitos humanos no século XVIII.

substitui-se a razão à revelação e reformulam-se as teorias do direito natural que já não repousa nem está submetido a uma ordem divina.

O pensamento racionalista desenvolveu depois a teoria do contrato social, fundada no princípio de que todo o contrato deve ser respeitado; para Rousseau, *o contrato social é um pacto pelo qual cada um submete a sua vontade individual à vontade geral*, vontade definida pelo povo instituído como um corpo[5].

Para os racionalistas, todos os homens são por natureza livres e têm certos direitos inatos de que não podem ser despojados quando entram em sociedade, quando celebram o contrato social. Deste modo, existiriam direitos inerentes à qualidade de homem que se impõem a qualquer ordem jurídica porque gozam de anterioridade relativamente ao Estado e à sociedade[6].

A teoria do direito natural foi muito criticada, nos fins do século XVIII, primeira metade do século XIX, por vários pensadores – Edmund Burke, escola histórica alemã (Savigny à frente), Marx e Engels –, até que uma corrente de pensamento, inspirada nas ideias de justiça social sopradas de diversos ângulos, acabou por se impor, reconhecendo importância não só à tradição dos Direitos Humanos mas também aos direitos sociais, económicos e culturais.

E foi esta corrente de pensamento que acabou por inspirar o atual sistema internacional de proteção dos Direitos Humanos.

4. Olhando retrospetivamente para outros horizontes, reconhece-se que as preocupações atrás sintetizadas, restritas a civilizações que cresceram próximo do Mediterrâneo, surgiram também com maior ou menor intensidade noutros espaços e culturas.

Lembrem-se o Budismo e o Confucionismo[7] ou o pensamento de um homem como Gandhi: *nós somos feitos pelo mesmo padrão. Maltratar um só ser humano é maltratar o divino que há em nós e assim fazer mal não somente a este ser humano, mas através dele ao mundo inteiro.*

Jeanne Hersch, a propósito de uma obra da UNESCO que recolheu textos de todo o mundo sobre os Direitos Humanos, afirmava: *há, em todos os homens, em todas as culturas, a necessidade, a esperança, o sentido dos direitos humanos. Não serão por todo o lado os mesmos direitos nem a necessidade se manifesta da mesma*

[5] Ao mesmo tempo, influenciando mas sofrendo também a influência desta corrente, regista-se a tradição inglesa da limitação do poder.

[6] Pertencerão à ordem moral e cultural donde um e outro tiram a sua justificação e fundamento – Barbosa de Melo, *Democracia e Utopia*, Porto, 1980, pág. 29.

[7] O confuciano Meng-Tseu, 300 anos antes de Cristo, escrevia que *o indivíduo é infinitamente importante, sendo a pessoa do soberano o que existe de menos importante.*

maneira. Mas o essencial é que por todo o lado se apercebe a mesma exigência fundamental: algo é devido ao ser humano porque ele é um ser humano[8].

5. Reivindica-se para a Europa os primeiros esforços para traduzir em textos jurídicos os Direitos Humanos.

A *Magna Carta*, de 15 de maio de 1215, celebrada entre o rei João e os barões ingleses rebeldes, continha disposições que influenciaram documentos como *The Petition of Rights* (1628) e *The Habeas Corpus Act* (1679)[9].

No século XVII, o *Bill of Rights* britânico, de 13 de fevereiro de 1689, resultante da Revolução de 1688, incorporava duas preocupações principais:

a) estabelecer que o poder do monarca procedia da vontade do povo;
b) proclamar simultaneamente certos direitos fundamentais do indivíduo, nomeadamente a interdição dos castigos ilegais e cruéis.

O século XVIII assistiu à afirmação, mais ou menos solene, dos Direitos Humanos.

Em 1776, a Declaração Americana da Independência proclamava:

> *Todos os homens nascem iguais; eles são dotados pelo Criador de certos direitos inalienáveis.*

Em 1789, surgiu a Declaração Francesa dos Direitos do Homem e do Cidadão, tida como a formulação clássica dos direitos invioláveis do indivíduo.

Em 1791, o *Bill of Rights* americano incorporava os primeiros 10 princípios da Constituição dos Estados Unidos da América.

Com estes textos passou-se do domínio da filosofia para o do direito, ressurgindo, um pouco por todo o lado, um movimento de constitucionalização de direitos fundamentais; contudo, e mesmo com a generosidade desses princípios, continuava-se na pré-história dos Direitos Humanos.

Nos Estados Unidos, por exemplo, a sua Declaração de Independência consagrava a igualdade do homem, mas só 80 anos mais tarde a escravatura foi abolida.

E, na Europa, o texto generoso da Declaração dos Direitos do Homem e do Cidadão deve ser visto no seu enquadramento histórico: os seus autores, proclamando, é certo, a igualdade formal, esqueceram-se de reconhecer às mulheres os direitos naturais inerentes à pessoa humana.

[8] *Le concept des droits de l'homme est-il un concept universel?*, Cadmos, 1981, págs. 18 e segs.

[9] A *Magna Carta* compreendia, numa forma rudimentar, o princípio da legalidade.

Apesar da diferença considerável entre estas Declarações, os textos jurídicos e a situação de facto, o movimento de progresso era irresistível. Viveram-se épocas em que se regrediu, onde os mais elementares Direitos Humanos foram cruelmente esmagados, mas a sua herança nunca morreu até ao momento da Declaração Universal dos Direitos do Homem de 1948[10].

6. Se já era possível detetar, na situação problemática posterior à I Guerra Mundial, uma preocupação com a causa dos Direitos Humanos, nomeadamente no âmbito da Sociedade das Nações, preconizando-se a ideia de uma proteção internacional, a verdade é que a adoção oficial dessa proteção se deve essencialmente à reação provocada pelas atrocidades cometidas contra a pessoa humana durante a II Guerra Mundial.

Mesmo antes do fim da Guerra, diversas vozes se levantaram a reclamar uma proteção internacional para os Direitos Humanos porquanto a barbárie não poderia jamais voltar.

Desde logo, a Declaração de Roosevelt, de 26 de janeiro de 1941, sobre as liberdades de opinião e de expressão religiosa, o direito de estar defendido das necessidades materiais e a garantia de uma vida onde o medo estivesse excluído.

Em seguida, a Declaração de Roosevelt e Churchill, de 14 de agosto de 1941, conhecida por Carta do Atlântico, que reafirmou aqueles princípios e acrescentou a exigência do progresso económico e da segurança social, dizendo no seu artigo 6º:

> *Depois da destruição completa da tirania nazista, esperam que se estabeleça uma paz que proporcione a todas as nações os meios de viver em segurança, dentro de suas próprias fronteiras, e aos homens, em todas as terras, a garantia de existências livres de temor e privação.*

Este movimento culminou com a Declaração de 1 de janeiro de 1942, onde um grupo de 25 países afirmou, nomeadamente:

[10] Antes da Declaração é possível apresentar alguns tratados e convenções consagrados à proteção dos direitos humanos:
- desde logo, as Convenções sobre a ação da Cruz Vermelha e o tratamento dos Prisioneiros de Guerra, a primeira de 22 de agosto de 1864;
- as Convenções de Paris de 1904 e 1910, sobre a repressão do tráfico de mulheres e crianças;
- a Convenção de Genebra de 1925, abolindo a escravatura e, sobretudo, o comércio de escravos;
- as Convenções contra o abuso de drogas nocivas de 1912, 1925, 1931 e 1936;
- as Convenções sanitárias de Paris de 1903, 1907, 1912, 1926, e a de Havana de 1924;
- a partir de 1919, as Convenções e Recomendações da Organização Mundial do Trabalho.

Convictos de que, para defender a vida, a liberdade, a independência e a liberdade de culto, assim como para preservar a justiça e os direitos humanos nos seus próprios países, bem como nos outros, é essencial alcançar a vitória absoluta sobre os seus inimigos

Pela primeira vez, uma declaração internacional consagrava o princípio de que os Estados devem proteger os Direitos Humanos no interior dos seus territórios e também no dos outros[11].

7. Finda a guerra, a Comissão de Direitos do Homem das Nações Unidas, criada pelo Conselho Económico e Social, em obediência ao artigo 68º da Carta das Nações Unidas, recebeu o encargo de elaborar uma Carta Internacional de Direitos do Homem.

Foi sobre o texto preparado por aquela Comissão que a Assembleia Geral das Nações Unidas, na sua 183ª sessão, realizada em Paris, em 10 de dezembro de 1948, aprovou, por 48 votos a favor, nenhum contra e 8 abstenções[12], a Declaração Universal dos Direitos do Homem, que constitui o ponto de partida para a defesa dos Direitos Humanos no sentido moderno do termo[13].

Esta Declaração encerra um conjunto de princípios que definem um ideal a atingir por todos os povos e nações, constituindo um património da Humanidade e inscrevendo-se numa consciência jurídica comum a todos os continentes.

Com a Declaração, os Direitos Humanos evoluíram, ganhando uma dupla projeção universal: *primeiro*, a sua universalidade permite a qualquer pessoa invocá-los contra qualquer Estado e reclamar para si as condições humanas inerentes, onde quer que esteja e independentemente da situação concreta em que se encontre colocada; *segundo*, o respeito dos princípios e regras relativos aos direitos fundamentais da pessoa humana passou a constituir uma obrigação de cada Estado perante os outros Estados.

8. Com a universalidade visa-se a aplicação a nível planetário dos Direitos Humanos. Contudo, à universalidade não corresponde diretamente uma uniformidade, antes comportando diversos cambiantes, de natureza geográfica, filosófica, política, económica e social[14].

[11] Cfr. ainda a Declaração da Conferência de Teerão, de 1 de dezembro de 1948.

[12] Abstiveram-se a Arábia Saudita, a Bielorrússia, a Checoslováquia, a Jugoslávia, a Polónia, a Ucrânia, a União Sul-Africana e a União Soviética.

[13] Discute-se o valor jurídico da Declaração; entende-se, geralmente, que os seus artigos traduzem princípios gerais de direito internacional que se projetam sobre todos os Estados, membros ou não da ONU.

[14] Assim, Kéba Mbaye, na sua intervenção no Colóquio organizado pelo Conselho da Europa, em Estrasburgo, de 17-19 de abril de 1989, publicado in *Universalité des Droits de l'Homme dans un Monde Pluraliste*, Conselho da Europa, Engel, 1990, pág. 73.

E, se o direito à diferença[15] ou o relativismo cultural estão hoje reduzidos aos seus limites próprios pela afirmação de elementos fundamentais comuns aos códigos de valores morais de grandes partes do Globo, certos direitos devem ter um conteúdo, uma interpretação e uma aplicação diferentes consoante a cultura tradicional subjacente.

Apesar de tudo isto, a DUDH permanecerá sempre como o repositório de um conjunto de valores que os Estados se esforçam por realizar, harmonizando progressivamente as suas conceções, sem prejuízo das suas próprias raízes culturais[16].

9. Não basta reconhecer e consagrar os Direitos Humanos. Essenciais serão as garantias de proteção que lhes devem estar associadas, garantias estas que só um regime democrático pode oferecer em toda a plenitude[17].

A Declaração Universal dos Direitos do Homem viu-se explicitada em diversos instrumentos, sendo uns de âmbito planetário, como os Pactos das Nações Unidas sobre os Direitos Civis e Políticos e sobre os Direitos Económicos, Sociais e Culturais[18], e outros, de alcance regional, como a Convenção Europeia dos Direitos do Homem, a Convenção Interamericana dos Direitos do Homem[19] e a Carta Africana dos Direitos do Homem e dos Povos[20-21].

[15] Pierre Imbert, Comunicação escrita ao Colóquio referido na nota anterior, in *Universalité...*, pág. 172.

[16] Antonio Cassese, in *Universalité*, pág. 64.

[17] Jacques Velu e Rusen Ergec, *La Convention Européenne des Droits de l'Homme*, Bruxelles, 1990, págs. 85 e segs.; para Portugal, ver J. C. Vieira de Andrade, *Os Direitos Fundamentais na Constituição Portuguesa de 1976*, reimpressão, Coimbra, 1987, págs. 335 e segs.

[18] Portugal assinou, em 7 de outubro de 1976, o Pacto sobre os Direitos Civis e Políticos; a aprovação, para ratificação, foi feita pela Lei nº 29/78, de 12 de junho, e o depósito do instrumento de ratificação foi efetuado em 15 de junho de 1978.
Por seu turno, o Pacto sobre os Direitos Económicos, Civis e Culturais foi assinado em 7 de outubro de 1976, aprovado, para ratificação, pela Lei nº 45/78, de 11 de julho, e o instrumento de ratificação foi depositado em 12 de julho de 1978.
O artigo 28º do Pacto sobre Direitos Civis e Políticos institui um Comité dos Direitos do Homem, composto por 18 personalidades; o Protocolo facultativo adicional a este Pacto prevê a apresentação de queixas individuais àquele *comité* por violação dos direitos consagrados no referido Pacto.

[19] De 1969, entrou em vigor em 1978.

[20] De 1981, entrou em vigor em 1986.

[21] Para a conceção do Islão, onde o Corão coloca dificuldades a uma codificação dos direitos humanos, ver o Projeto de Declaração elaborado em 1979 pela Comissão dos Direitos humanos da Organização da Conferência Islâmica, a Declaração Islâmica Universal dos Direitos humanos, proclamada em Paris, a 19 de setembro de 1981, por iniciativa do Conselho Islâmico para a Europa, a Declaração do Cairo sobre os Direitos Humanos no Islão, de 5 de agosto de 1990, e a Carta Árabe dos Direitos Humanos (1994), que entrou em vigor em 2008. Cfr. Frederic Sudre, *ob. cit.*, págs. 85 e segs., e Ermacora, Novak e Tretter, «International human rights», *Law Books in Europe*, Viena, 1993, págs. 324 e segs.

Dentro deste mesmo contexto, assinale-se a Carta Final da Conferência de Helsínquia sobre a Segurança e Cooperação na Europa (1975), uma convenção ligando os Estados ocidentais aos Estados do Leste. Após o fim da guerra-fria e a abertura a leste, os propósitos ali definidos foram aprofundados pela Carta de Paris para uma Nova Europa, de 21 de novembro de 1990.

E, na União Europeia, saliente-se a sua Carta dos Direitos Fundamentais a que o Tratado de Lisboa, em vigor a partir de 1 de dezembro de 2009, conferiu força obrigatória.

II. O Conselho da Europa e a Convenção Europeia dos Direitos do Homem

1. Em 1943, Churchill reclamou a necessidade de construir, finda a Guerra, uma espécie de ONU europeia.

A ideia persistiu e, em março de 1948, cinco Estados[22] celebraram o Tratado de Bruxelas, que previa a criação de um Conselho Consultivo composto pelos Ministros dos Negócios Estrangeiros; a estes cinco Estados juntaram-se outros cinco[23] e os dez, em 5 de maio de 1949, assinaram em Londres o Estatuto do Conselho da Europa.

Segundo o artigo 3º do Estatuto do Conselho da Europa, qualquer seu membro reconhece o princípio da preeminência do direito e o princípio de que qualquer pessoa sob sua jurisdição goza dos Direitos Humanos e das liberdades fundamentais.

Apenas o Estado capaz de observar estes princípios pode vir a ser membro do Conselho da Europa, de acordo com o artigo 4º do Estatuto.

Efetivamente, uma das características mais importantes e distintas do Conselho da Europa consiste em promover os valores europeus e, neste contexto, especialmente a preeminência do direito.

Isto diz respeito seja às relações entre os Estados e os indivíduos submetidos à sua jurisdição seja às relações entre os Estados.

Nalguns domínios, como o dos Direitos Humanos, o nível de exigência fixado é superior ao que está estabelecido pela comunidade internacional no seu conjunto.

Para poder vir a ser membro do Conselho da Europa é necessário preencher critérios precisos, ligados ao respeito das obrigações inscritas na *Convenção* e em outros instrumentos jurídicos conexos.

Na Ásia e Pacífico, desenvolvem-se esforços para a implantação de um sistema de proteção dos direitos humanos, pelo menos a nível regional, entre os países que apresentem mais afinidades socio-jurídico-culturais. Ver, por exemplo, a Comissão Regional de Direitos Humanos da Associação das Nações da Ásia do Sudoeste (ASEAN), criada em 2009.

[22] Bélgica, França, Holanda, Luxemburgo e Reino Unido.

[23] Dinamarca, Irlanda, Itália, Noruega e Suécia.

Para se tornarem membros do Conselho da Europa, os Estados comprometem-se a respeitar determinados valores e princípios, tais como, entre outros, a liberdade individual, a liberdade política e a preeminência de toda a democracia verdadeira.

Portugal só após a implantação da democracia, com a aprovação da Constituição e a realização de eleições livres, se tornou membro do Conselho da Europa[24].

Ao longo dos anos, outros Estados se juntaram ao Conselho da Europa e, com a abertura aos Países da Europa Central e Oriental, a vocação pan-europeia deixou de ser um sonho para se tornar uma realidade próxima[25].

2. O campo de ação do Conselho da Europa pode ser visto sob duas perspetivas principais: a promoção, defesa e garantia dos Direitos Humanos e a cooperação internacional em áreas diversas.

O Conselho da Europa, financiado pelos seus Estados membros em função da sua riqueza e população, comporta, no seu organigrama, a Assembleia Parlamentar, o *Comité de Ministros*, o Comissário para os Direitos do Homem e o Secretariado.

A Assembleia Parlamentar (antes designada Assembleia Consultiva), a primeira assembleia internacional parlamentar da história, compõe-se de um número variável de deputados por cada Estado membro, em função de um critério demográfico e do compromisso de atribuir o mesmo número de representantes (dezoito) à Alemanha, França, Itália e Reino Unido e aos restantes Estados um mínimo de 2 deputados[26].

[24] No dia 22 de setembro de 1976, Portugal depositou o seu instrumento de adesão e, assim, passou a ser o 19º membro.
Para as vicissitudes desta adesão, que seguiu um processo pouco habitual, pois a aprovação parlamentar só ocorreu posteriormente, com a Lei nº 9/76, de 24 de novembro, ver Maria Luísa Duarte, «O Conselho da Europa e a proteção dos direitos do homem», in *BDDC*, nºs 39/40, págs. 191 e segs.

[25] Em 1 de julho de 2015 faziam parte do Conselho da Europa, por ordem alfabética, com a data de entrada: Albânia (1995), Alemanha (1950), Andorra (1994), Arménia (2001), Áustria (1956), Azerbaijão (2001), Bélgica (1949), Bósnia-Herzegovina (2002), Bulgária (1992), Chipre (1961), Croácia (1996), Dinamarca (1949), Eslovénia (1993), Espanha (1977), Estónia (1993), Finlândia (1989), França (1949), Geórgia (1999), Grécia (1949), Holanda (1949), Hungria (1990), Irlanda (1949), Islândia (1950), Itália (1949), Letónia (1995), Liechtenstein (1978), Lituânia (1993), Luxemburgo (1949), ex-República jugoslava da Macedónia (1995), Malta (1965), Moldávia (1995), Mónaco (2004), Montenegro (2007), Noruega (1949), Polónia (1991), Portugal (1976), Reino Unido (1949), República Checa (1993), República Eslovaca (1993), Roménia (1993), Rússia (1996), São Marino (1988), Sérvia (2003), Suécia (1949), Suíça (1963), Turquia (1950) e Ucrânia (1995).
Após a entrada em vigor do Tratado de Lisboa, a 1 de dezembro de 2009, está aberto o caminho para a adesão da União Europeia à *Convenção*. Ver a anotação ao artigo 59º

[26] Está fixado em 7 o número de membros da delegação parlamentar portuguesa.

A Assembleia não tem poderes legislativos mas apenas consultivos, que se exercem normalmente através de recomendações ou pareceres dirigidos ao *Comité de Ministros*, para além de resoluções sobre matéria diversa.

Não obstante, a Assembleia tem sabido intervir decisivamente, tornando-se um fator preponderante da dinâmica do Conselho da Europa, quebrando, com a sua iniciativa, barreiras ao desenvolvimento e aprofundamento do papel deste na cooperação internacional e na promoção dos Direitos Humanos[27].

O *Comité de Ministros*, composto por um representante de cada Estado membro, os Ministros dos Negócios Estrangeiros ou os seus delegados (os representantes permanentes acreditados junto da organização), é o órgão competente para agir em nome do Conselho da Europa.

Cada um dos representantes tem direito a um voto.

O *Comité de Ministros* adota as convenções e os acordos que se tornarão obrigatórios para os Estados membros que os ratifiquem, bem como as resoluções relativas às questões internacionais.

O *Comité de Ministros* intervém ainda como órgão de controlo da *Convenção* – artigos 46º, nº 2, e 47º da *Convenção* –, em termos que serão concretizados *infra*, na anotação àquelas disposições.

O Comissário para os Direitos do Homem – (criado pela Resolução 50 (99) do *Comité de Ministros*, de 7 de maio de 1999) – é uma instância não judiciária encarregada de promover a educação, a sensibilização e o respeito dos Direitos Humanos tais como eles emergem dos instrumentos do Conselho da Europa. Com a entrada em vigor do Protocolo nº 14, o Comissário passou a poder intervir, por direito próprio, no processo pendente perante o Tribunal. Cfr. a anotação ao artigo 36º

O Secretariado é composto por um Secretário-Geral e um Secretário-Geral Adjunto (eleitos pela Assembleia Geral) e pessoal administrativo recrutado nos países membros.

O Secretariado compreende uma dezena de direções, cobrindo as diversas áreas de atividades do Conselho da Europa, entre elas a que se ocupa dos Direitos Humanos.

O papel do Secretariado na promoção, proteção e desenvolvimento dos Direitos Humanos, ganhou uma nova dimensão com a candidatura e a entrada no Conselho da Europa dos países do centro e leste europeus.

No contexto específico dos Direitos Humanos, o Secretário-Geral pode, ao abrigo do artigo 52º da *Convenção*, solicitar a qualquer Estado parte os esclare-

[27] Tarefa da Assembleia Parlamentar é também a eleição dos juízes do Tribunal Europeu dos Direitos do Homem. Cfr. a anotação ao artigo 22º

cimentos pertinentes sobre a forma como o seu direito interno assegura a aplicação efetiva de quaisquer disposições da *Convenção*[28].

Outros instrumentos e organismos no âmbito do Conselho da Europa merecem ser assinalados: a Carta Social Europeia e a Convenção Europeia para a Prevenção da Tortura e das Penas e Tratamentos Desumanos ou Degradantes e os respetivos Comités, e a Comissão Europeia contra o Racismo e a Intolerância (ECRI). Cfr. a anotação nº 3 ao artigo 19º

3. A *Convenção para a Proteção dos Direitos do Homem e das Liberdades Fundamentais* – abreviadamente *Convenção Europeia dos Direitos do Homem* – enquadra-se no movimento de dotar a Europa de uma carta comum de direitos e liberdades que resuma os valores políticos e culturais das democracias ocidentais.

Desejaram os países europeus um sistema que impossibilitasse a instalação de regimes ditatoriais e a renovação das atrocidades ocorridas durante a 2ª Guerra Mundial.

O Comité Internacional de Movimentos para a Unidade Europeia, que integrou variadas organizações animadas pelo mesmo objetivo – Movimento Europa Unida, Liga Económica para a Cooperação Europeia, Conselho Francês para a Europa Unida e Movimento Socialista para os Estados Unidos da Europa –, convocou o Congresso da Europa, que teve lugar em Haia, de 8 a 10 de maio de 1948, de onde saiu a proposta de uma carta de Direitos Humanos e o estabelecimento de um tribunal.

No ano seguinte, em julho, o *Comité de Ministros* recebeu um projeto elaborado pelo Movimento Europeu, a fim de o mesmo ser presente à Assembleia.

Perante as reticências do *Comité de Ministros*, em 19 de agosto de 1949, a Assembleia encarregou a sua Comissão das Questões Jurídicas de estudar o problema.

Aquela Comissão apresentou o resultado dos seus trabalhos, que incluía um projeto de convenção, à Assembleia, que o adotou através da Recomendação nº 38.

O *Comité de Ministros* enjeitou a Recomendação e, em novembro de 1949, designou um Comité de peritos para elaborar um novo projeto de convenção.

O projeto deste Comité de peritos foi, por seu turno, analisado por um outro Comité de altos funcionários sem que um acordo sobre o texto fosse adquirido.

[28] O facto de o Conselho da Europa ter a sua sede em Estrasburgo, aliado à circunstância de o Parlamento Europeu se reunir em plenário na mesma cidade, tem acarretado em certos meios alguma confusão entre duas instituições europeias totalmente distintas na sua composição e nos seus objetivos: o Conselho da Europa e a União Europeia.

Em 7 de agosto de 1950, o *Comité de Ministros* aprovou um projeto de convenção que procurava um consenso entre as posições mais ambiciosas da Assembleia e as reservas de alguns Estados.

Após o parecer da Assembleia, de 25 de agosto de 1950, que aprovou o projeto *com alguns matizes*, o *Comité de Ministros* conseguiu apresentar um texto final que foi assinado em Roma a 4 de novembro de 1950.

A *Convenção* entrou em vigor no dia 3 de setembro de 1953, data do depósito do 10º instrumento de ratificação.

À *Convenção* vieram juntar-se 16 Protocolos, alguns acrescentando-lhe novos direitos (Protocolos nºs 1, 4, 6, 7, 12 e 13), outros introduzindo modificações na competência, estrutura e funcionamento dos seus órgãos de controlo (Protocolos nºs 2, 3, 5, 8, 9, 10, 11. 14, 15 e 16 (estes dois últimos ainda não entraram em vigor).

4. O Protocolo nº 11 veio introduzir uma profunda modificação na estrutura de controlo da *Convenção.*

Poderá remontar-se ao referido Congresso da Europa a ideia de um só órgão poder controlar a aplicação da *Convenção.*

A adoção de dois órgãos – Comissão e Tribunal – foi apenas para prevenir que este último viesse a ser submerso por litígios fúteis e de *ver as suas funções exploradas para fins políticos*[29].

Depois de diversas negociações, estabeleceu-se uma estrutura tripartida: a Comissão, encarregada de se pronunciar sobre a admissibilidade das queixas, de estabelecer os factos, de contribuir para a resolução da queixa por acordo amigável e, se tal não fosse possível, de formular um parecer sobre a questão de saber se existia ou não violação da *Convenção*; o Tribunal, encarregado de proferir um acórdão definitivo e obrigatório sobre os casos que lhe fossem submetidos; e o *Comité de Ministros*, que tomaria também uma decisão definitiva e obrigatória sobre os casos que não fossem, por uma razão ou outra, submetidos ao Tribunal.

Ainda que referida incidentalmente durante uma reunião de um Comité de peritos do Conselho da Europa, em 1982, foi na Conferência ministerial europeia sobre os Direitos Humanos, em Viena, em 1985, que se deliberou estudar a possibilidade de criar um órgão único que substituísse a Comissão e o Tribunal.

[29] Relatório explicativo do Protocolo nº 11. Ver, também, Andrew Drzemczewski, «Le Protocole nº 11 à la CEDH: Aperçu du processus de négociation», Separata do *BDDC* nºs 69/70, 1997, que se segue de muito perto.

Esse estudo prosseguiu até 1990, altura em que o Comité Diretor dos Direitos Humanos (CDDH) examinou uma estrutura pormenorizada de um eventual sistema fundado num Tribunal único.

Quando tudo apontava para o aprofundar desta solução, em outubro de 1990, a Suécia e a Holanda apresentaram em simultâneo duas propostas que se podiam considerar muito próximas: os relatórios da Comissão, estabelecidos nos termos do artigo 31º, na anterior redação da *Convenção,* seriam, em princípio, obrigatórios, ressalvada a possibilidade de os Estados ou os requerentes interporem recurso para o Tribunal.

Estas propostas tiveram algum eco junto dos membros dos Comités encarregados de estudar a reforma do sistema – um *Comité* de peritos (DH-PR) e o CDDH – mas durante cerca de dois anos nenhum consenso se desenhava a este nível e não se adivinhava como encontrar uma saída.

Enfim, mesmo a proposta sueco-holandesa, que, à primeira vista, se apresentava sedutora, não afastava o espectro da necessidade de uma Comissão permanente, seguida de um Tribunal funcionando também a tempo inteiro.

Então, em outubro de 1992, sob minha direta iniciativa enquanto Presidente do CDDH, este Comité decidiu enviar a questão para uma decisão política ao nível do *Comité de Ministros.*

Em maio de 1993, o *Comité de Ministros,* que tinha recebido o estímulo da Assembleia Parlamentar, na sua Recomendação 1194 (1992), de 6 de outubro de 1992, confiou um mandato ao CDDH para desenhar um mecanismo baseado num Tribunal único, composto de um número de juízes igual ao dos membros do Conselho da Europa.

Efetivamente, a reforma tornava-se, dia a dia, mais urgente face ao número crescente de queixas apresentadas à Comissão e perante o aumento de países aderentes ao sistema europeu de proteção dos Direitos Humanos.

Não obstante aquela posição do *Comité de Ministros,* a proposta sueco-holandesa continuava a pairar sobre os trabalhos de reforma, sobretudo porque em alguns setores se receava entregar a um órgão único a decisão sem a possibilidade de solicitar um reexame.

Para ser possível um consenso, aceitou-se um compromisso, conhecido como o compromisso de Estocolmo, deixando às partes no processo a possibilidade de solicitar ao Tribunal pleno um novo exame do caso se não concordassem com a solução definida pela Secção (cfr. as anotações aos artigos 30º e 43º).

Esta reforma visava reestruturar o sistema e instituir um mecanismo de controlo baseado num único órgão que pudesse funcionar de maneira a responder, de modo satisfatório, a custos razoáveis e com redução da duração do processo, às necessidades das pessoas sob a jurisdição dos Estados membros e capaz de manter, no futuro, a autoridade e a qualidade da sua jurisprudência.

Este novo sistema de Tribunal único e permanente propunha-se suprimir algumas repetições no processo e remediar alguns atrasos inerentes ao sistema anterior.

A reforma introduzida pelo Protocolo nº 11 – à semelhança de todas as que introduzem modificações como a da supressão de órgãos da importância da Comissão e do Tribunal Europeu dos Direitos do Homem – dificilmente podia colher a unanimidade de opiniões[30].

Mas, bem vistas as coisas, o sistema anterior não podia subsistir por muito mais tempo.

Vítima do seu próprio sucesso, procurado por um número crescente de pessoas, aquele sistema estava em risco de soçobrar.

Era necessário intervir; e, sendo difícil sustentar uma Comissão a tempo inteiro e um Tribunal com tendência a tornar-se permanente, a solução encontrada – a do órgão único – com fraquezas e defeitos, sempre contou, desde a primeira hora, com a minha defesa no seio dos DH-PR e do CDDH.

5. O sistema instituído pelo Protocolo nº 11, fruto de um compromisso político de última hora, o compromisso de Estocolmo padece de alguns defeitos, dos quais o mais grave talvez resida na solução do reexame das decisões da Secção pelo Tribunal pleno.

Fraqueza, a dois níveis: *primeiro*, quando se condiciona a intervenção do Tribunal pleno por solicitação da Secção à não oposição das partes (artigo 30º); ainda aqui, a possibilidade de «recorrer» surge como um direito na disponibilidade destas (*esta questão será ultrapassada quando o Protocolo 15 entrar em vigor, pois elimina-se a possibilidade das partes impedirem o envio da queixa ao Tribunal pleno pela Secção*); *segundo*, e sobretudo, a permanência, no órgão de reexame, de dois juízes que já participaram na decisão da Secção – o juiz eleito em nome do Estado requerido e o Presidente da Secção (artigos 27º, nº 2, e 43º).

Por outro lado, continuam alguns constrangimentos anteriores.

As decisões do Tribunal não são, em regra, «factos novos» para constituírem fundamento de revisão das decisões internas dos Estados parte – cfr. a anotação nº 3 ao artigo 46º, onde se aponta uma evolução positiva nesta área.

[30] Cfr. Andrew Drzemczewski, *loc. cit.*, Henry G. Schermers, «The Eleventh Protocol to the ECHR», *European Law Review*, vol. 19 (1994), pág. 559, e «Adaptation of the 11th Protocol to the European Convention on Human Rights», *European Law Review*, vol. 20, 1995, pág. 550, e Jean-François Flauss, «Le Protocole nº 11: Côté Cour», Louis-Edmond Pettiti, «Le Protocole nº 11 – Bilan et perspetives», e Jean-Claude Geus, «Le Protocole nº XI à La Convention Européenne des Droits de l'Homme: la grande ilusion?», estes três artigos no *Bulletin des Droits de l'Homme*, nº 3, Décembre de 1994, publicado pelo «Institut Luxembourgeois des Droits de l'Homme», págs. 3 e segs.

As decisões do Tribunal não têm força executiva, isto é, não podem ser executadas nos tribunais dos países dos Estados partes – cfr. a anotação nº 4 ao artigo 46º

E, principalmente, o Protocolo nº 11 não resolveu a grande questão que se coloca ao Tribunal: como examinar em prazo razoável todas as queixas que em crescimento quase exponencial lhe são apresentadas, o que não era previsível na altura da sua adoção.

Por isso, procedeu-se, com o Protocolo nº 14, aberto à assinatura a 13 de maio de 2004, mas que só entrou em vigor a 1 de junho de 2010, a uma nova reforma do processo perante o Tribunal, acrescentando ainda um novo critério de admissibilidade.

Mas desde logo se reconheceu que esta reforma era incipiente, pelo que foram prosseguindo estudos de medidas que viessem possibilitar uma resposta para aquele aumento de queixas, com os processos pendentes no Tribunal a atingir entretanto números assustadores (mais de cem mil).

Nos dias 18 e 19 de fevereiro de 2010, realizou-se em Interlaken, Suíça, uma Conferência Ministerial dos Estados membros da *Convenção*, onde foi decidido o estudo de diversas medidas a curto e longo prazo que, sem prejuízo do direito de recurso individual, permitam superar as dificuldades em que o Tribunal se encontra.

Na Declaração de 19 de fevereiro de 2010, saída da Conferência, acolhem-se várias propostas de medidas a curto e a médio prazo destinadas a suplantar aquelas dificuldades.

Essas medidas podem ser divididas em três grandes áreas:

a) reforço do caráter subsidiário do sistema, apelando aos Estados partes para garantirem a aplicação da *Convenção* a nível interno, com a introdução de meios eficazes para reparar as violações;
b) estatuto do Tribunal (reforço da sua autonomia) e organização do seu trabalho, nomeadamente no tratamento das queixas manifestamente inadmissíveis (criação eventual de um mecanismo de filtragem), das queixas repetitivas (acordos amigáveis, declarações unilaterais, acórdãos piloto);
c) execução dos acórdãos do Tribunal, devendo os Estados visados aceitar todas as consequências que deles derivam, assegurando as medidas necessárias para evitar futuras condenações, e os restantes Estados ter em consideração os desenvolvimentos jurisprudenciais e retirar as devidas ilações se as respetivas ordens jurídicas suscitarem o mesmo problema de princípio.

Mas tudo isto se revelou insuficiente, pelo que se elaborou o Protocolo 15, aberto à assinatura a 24 de junho de 2013, (ainda não entrou em vigor), que, para além de modificar as regras para a eleição dos juízes e de eliminar a possibilidade de as partes se oporem à devolução da queixa ao Tribunal pleno, vem reforçar o caráter subsidiário do sistema, modificar o artigo 35º da *Convenção*, reduzindo para 4 meses o prazo para a apresentação da queixa e os critérios para rejeição das queixas de prejuízo não significativo – ver a nota prévia ao Título II e as anotações aos referidos artigos.

Um outro Protocolo, o 16, aberto à assinatura a 2 de outubro de 2013, acorda às altas jurisdições das Altas Partes contratantes a possibilidade de solicitar pareceres ao Tribunal sobre as questões relativas à *Convenção* – ver as anotações ao artigo 47º da *Convenção* e as disposições do Protocolo.

III. Portugal e a Convenção Europeia dos Direitos do Homem

1. Portugal assinou a *Convenção* e os Protocolos nºs 1, 3 e 5, em Estrasburgo, a 22 de novembro de 1976, e o Protocolo nº 2, a 27 de janeiro de 1977.

O I Governo Constitucional apresentou, em seguida, aqueles textos à Assembleia da República para ratificação, através da proposta de lei nº 124/I, publicada no Suplemento ao *Diário da Assembleia da República*, II Série, nº 42, de 8 de outubro de 1977[31].

Com a queda do I Governo Constitucional antes da discussão daquela proposta, foi esta matéria – acrescida da do Protocolo nº 4, assinado entretanto a 27 de abril de 1978 – retomada pelo Governo seguinte, através da proposta de lei nº 202/I, publicada no *Diário da Assembleia da República*, II Série, nº 44, de 9 de junho de 1978[32].

Esta proposta foi aceite, salvo diferenças de pormenor, por unanimidade[33], tendo a Assembleia da República aprovado, para ratificação, a *Convenção* e os seus cinco primeiros Protocolos pela Lei nº 65/78, de 13 de outubro.

[31] No preâmbulo desta proposta de lei e referindo-se aos direitos garantidos na *Convenção*, escreve-se: *A nossa Constituição consagra e protege todos estes direitos, alguns deles de uma maneira mais lata do que a de muitos Estados membros, e indo para além do exigido na própria Convenção...*.

[32] É interessante comparar as duas propostas de lei.
A primeira apenas apontava três reservas ao texto da *Convenção*: as relativas à prisão disciplinar imposta a militares, ao julgamento dos ex-membros da PIDE/DGS e ao monopólio televisivo, e uma ao Protocolo nº 1, respeitante à não indemnização das expropriações de latifundiários e de grandes proprietários e empresários ou acionistas.
A segunda proposta de lei acrescentava àquelas as que foram mais tarde aceites pela Assembleia – cfr. *infra* nº 4.
Sublinhe-se também que na primeira não se previa o reconhecimento do direito ao recurso individual para a Comissão e tão-pouco a jurisdição obrigatória do Tribunal, o que foi, desde logo, criticado por Rui Machete, no preâmbulo da sua obra *Os Direitos do Homem no Mundo*, Lisboa, 1978.

[33] Cfr. *Diário da Assembleia da República*, I Série, nº 89, de 16 de junho de 1978, págs. 3302 e segs.

O instrumento de ratificação foi depositado no dia 9 de novembro de 1978[34], pelo que, a partir daquela data, a *Convenção* passou a estar em vigor relativamente a Portugal, nos termos do nº 3 do seu então artigo 66º[35].

2. A *Convenção* vincula, assim, o Estado português na ordem jurídica interna e na ordem jurídica internacional.

Na hierarquia das fontes de direito, a doutrina mais significativa defende para a *Convenção,* como para os outros instrumentos de direito internacional pactício, uma posição intermédia entre a lei constitucional e as leis ordinárias[36].

Subordinada hierarquicamente à Constituição, a *Convenção* tem, no entanto, valor supralegal.

Os preceitos constitucionais, mesmo que contrários às disposições da *Convenção,* conservariam, na íntegra, a sua eficácia e validade, pois estão-lhe supra-ordenados.

Ocupando a *Convenção* uma posição infraconstitucional, a sua aplicação na ordem interna está, aliás, dependente da sua conformidade com os preceitos constitucionais[37].

Sublinhe-se que a nossa Constituição é, sem dúvida, uma das mais avançadas na proteção dos direitos fundamentais, elaborada que foi numa fase em que estes direitos tinham ganho uma dimensão difícil de conceber em 1950.

O texto da *Convenção* não acrescenta muitos direitos àqueles que constam da nossa Constituição; neste âmbito, é possível indicar as normas sobre a proibição do trabalho forçado – artigo 4º, sobre o processo civil e penal – artigos 5º e 6º; e, nos Protocolos, o direito dos pais à educação dos filhos segundo as suas convicções religiosas ou filosóficas, previsto no artigo 2º do Protocolo nº 1, o direito a não ser privado de liberdade por não poder cumprir uma obrigação contratual – artigo 1º do Protocolo nº 4.

[34] *Diário da República,* I Série, de 2 de janeiro de 1979, e *Ann. Conv.*, vol. XXI, pág. 5.

[35] *Para todo o signatário que a ratifique ulteriormente, a Convenção entrará em vigor no momento em que se realizar o depósito do instrumento de ratificação.*

[36] Para uma ampla referência, ver, por todos, Moura Ramos, «A Convenção Europeia dos Direitos do Homem, sua posição no ordenamento jurídico português», in *BDDC,* nº 5, págs. 95 e segs.

[37] O conflito pode ocorrer, nomeadamente a propósito das limitações e derrogações aos direitos consagrados na *Convenção,* limitações e derrogações que podem apresentar-se, por vezes, mais acentuadas do que as admissíveis na nossa Constituição.
Aliás, a própria *Convenção,* no seu artigo 53º, ressalva que *nenhuma das disposições da presente Convenção será interpretada no sentido de limitar ou prejudicar os direitos do homem e as liberdades fundamentais que tiverem sido reconhecidos de acordo com as leis de qualquer Alta Parte Contratante ou de qualquer outra Convenção em que aquela seja parte.*

Aquele aspeto, sublinhado no preâmbulo da proposta de lei nº 124/I, se não pode ser subestimado, deve ser, no entanto, reduzido às suas devidas proporções.

Em primeiro lugar, ao ratificar a *Convenção*, Portugal passou a integrar uma comunidade jurídico-cultural que comunga um valioso património de defesa dos Direitos Humanos.

Em segundo, se a *Convenção* pode parecer modesta e desatualizada[38], a verdade é que, através de um esforço de interpretação a que se devotaram a Comissão e o Tribunal, ela tem vindo a cobrir realidades que seriam extremamente difíceis de prever no momento da sua redação.

O Tribunal sempre entendeu que a *Convenção* é um instrumento vivo, a interpretar à luz das condições de vida atual, de acordo com as transformações que se devem considerar adquiridas no seio da sociedade de que fazem parte os Estados Contratantes, pois só assim se protegem os direitos não teóricos ou ilusórios mas concretos e efetivos; e o Tribunal sempre chamou a si esta tarefa.

Mas, ao aplicar a *Convenção* a situações novas, o Tribunal procede com cautela de modo a que as suas decisões possam refletir tanto quanto possível um sentir existente no seio dos Estados sob a sua jurisdição[39].

O Tribunal deseja ser o promotor de um ordenamento jurídico europeu comum na matéria que lhe cabe cuidar, a dos Direitos Humanos, mas prosseguindo um caminho que encontre as suas referências no ordenamento jurídico dos diversos Estados membros.

E, se o Tribunal não fica à espera de uma harmonia total, dificilmente ele avançará sozinho sem o apoio mais ou menos sólido de algumas jurisdições nacionais e, naturalmente, sem o apoio de alguns tribunais superiores, pois são eles os melhor colocados para se aperceberem das mudanças sociais ocorridos ao nível interno.

Em terceiro lugar, e decisivamente, a *Convenção* concede aos indivíduos o acesso direto a mecanismos internacionais de proteção, acrescendo aos meios internos de defesa de direitos fundamentais, o que implica o reconhecimento do indivíduo como sujeito de direito internacional e titular, ele próprio, dos direitos consagrados na *Convenção.*

[38] Crítica feita à omissão dos direitos económicos, sociais e culturais, alguns dos quais foram incluídos na Carta Social Europeia, já ratificada por Portugal, e as limitações e derrogações a alguns direitos – cfr. os artigos 2º, 4º, 5º, 6º, 8º, 9º, 10º, 11º, 15º e 16º

[39] Como um exemplo desta evolução, ver os Acórdãos Fretté, de 26 de fevereiro de 2003, Recueil 2002-I, pág. 326, § 40, E.B./França, de 22 de janeiro de 2008, e X/Áustria, de 19 de fevereiro de 2013.

3. Certos direitos contidos na *Convenção* extravasam ou podem extravasar os limites constitucionais.

À primeira vista, tudo isto não constituiria problema, pois a aplicação da *Convenção,* dada a sua posição infraconstitucional, está dependente da sua conformidade com os preceitos da nossa lei fundamental; mas, se a Constituição é válida na ordem interna, é preciso não esquecer a outra vertente, a ordem jurídica internacional.

Os Estados ficam vinculados às obrigações que assumem ao aderirem aos textos de direito internacional que as encerram.

Face a uma norma da *Convenção* que, por hipótese, colida com a Constituição ao conceder direitos ou liberdades não previstos ou em termos mais amplos, o Estado português não pode ser obrigado a respeitá-la internamente pois, antes de mais, está sujeito à Constituição.

Mas, se ao agir no respeito da Constituição, violasse uma norma da *Convenção,* poderia vir a ser responsabilizado nos termos previstos por esta[40].

Para superar estas dificuldades utilizam-se habitualmente dois instrumentos: o das reservas e o das declarações interpretativas.

3.1. Ressalvada uma lei interna – constitucional ou ordinária – pela formulação de uma reserva, o Estado não pode, amanhã, vir a ser responsabilizado internacionalmente por infringir a *Convenção* ao fazer a aplicação dos preceitos contidos naqueles textos legais, porventura contrários ao que a *Convenção* consagra.

Sublinhe-se a prudência exigida no momento em que um Estado pretende ligar-se a um tratado; prudência acrescida se o objeto do tratado diz respeito aos Direitos Humanos, porquanto a sua interpretação e aplicação são necessariamente influenciadas pela evolução da sociedade[41].

Pierre Imbert[42] adverte que este dinamismo é ainda maior quando uma convenção cria um ou mais órgãos encarregados do controlo da sua aplicação; por isso, os Estados são tentados a premunir-se contra uma interpretação

[40] Cfr. as intervenções dos deputados Vital Moreira e Rui Machete, aquando da discussão da proposta de lei nº 202/I, no *Diário da Assembleia da República,* I Série, nº 89, de 16 de junho de 1978, já referido, págs. 3315 e 3316.

[41] Cfr. Pierre Imbert, «La question des réserves et les Conventions en matière de droits de l'homme», in *Actes du cinquième Colloque International sur la Convention Européenne des Droits de l'Homme,* Pedone, Paris, 1982, pág. 103, que se abona nas atas do Quarto Colóquio Internacional sobre a *Convenção,* realizado em Roma, de 5-8 de novembro de 1975, e em particular no relatório de M. Sorensen, «Les droits inscrits en 1950 dans la Convention Européenne des Droits de l'Homme ont-ils la même signification en 1975?».

[42] *Loc. cit.,* pág. 103.

ainda não estabelecida mas previsível ou a afastar uma interpretação que acaba de ser afirmada.

3.2. As declarações interpretativas não estão previstas no texto da *Convenção.*

Contudo, o artigo 2º, nº 1, da Convenção de Viena sobre o Direito dos Tratados, de 23 de maio de 1969, define a reserva como a *declaração unilateral, feita por um Estado, quando assina, ratifica, aprova ou adere a um tratado, pela qual visa excluir ou modificar o efeito jurídico de certas disposições do tratado na sua aplicação a este Estado.*

Comentando este artigo, a Comissão de Direito Internacional escreve:

> *A necessidade desta definição resulta do facto de que não é raro que os Estados quando assinam, ratificam, aceitam ou aprovam um tratado, ou a ele aderem, façam declarações sobre o modo como eles compreendem esta ou aquela questão ou sobre a interpretação de um dispositivo particular.*
>
> *Estas declarações podem limitar-se a precisar a posição de um Estado ou, pelo contrário, terem o valor de uma reserva, segundo tenham ou não por efeito modificar ou excluir a aplicação das cláusulas de um tratado tais como elas resultam do texto adotado*[43].

Esta é, aliás, a posição de uma larga maioria da doutrina que aceita que uma declaração interpretativa pode constituir uma verdadeira reserva, tal como é definida no artigo 2º, nº 1, da referida Convenção de Viena.

4. Portugal não utilizou o mecanismo das declarações interpretativas[44], mas formulou oito reservas constantes da Lei nº 67/78.

4.1. Daquelas oito reservas, seis foram retiradas pela Lei nº 12/87, de 7 de abril:

- ao artigo 4º, nº 3, alínea *b)*, relativamente ao serviço cívico obrigatório;
- ao artigo 10º da *Convenção,* sobre a propriedade privada da Televisão, no momento em que a nossa Constituição proibia a existência de televisões privadas;
- ao artigo 11º da *Convenção,* para proteger a proibição do *lock-out,* consagrada atualmente no artigo 57º, nº 4, da Constituição;

[43] Tradução livre de um texto recolhido do Relatório de 5 de março de 1983, Queixa nº 9116/80, caso Temeltasch, *Déc. Rap.* 31, pág. 120.

[44] Note-se que a França e a Espanha utilizaram a declaração interpretativa para ultrapassar dificuldades como a prisão disciplinar de militares, enquanto Portugal optou, para este efeito, por uma reserva.

- de novo, ao artigo 11º, para ressalvar a proibição de organizações que perfilhem a ideologia fascista, constante do nº 4 do artigo 46º da Constituição;
- ao artigo 1º do Protocolo nº 1, para possibilitar certas expropriações de latifundiários, de grandes proprietários, empresários ou acionistas, sem qualquer indemnização, conforme previa, na sua versão originária, o artigo 82º da Constituição[45];
- ao artigo 2º do Protocolo nº 1, para prevenir aspetos do ensino público e particular.

O abandono destas reservas deve-se a um melhor estudo da *Convenção* e a alterações ao nosso ordenamento constitucional entretanto ocorridas.

Contudo, dois destes abandonos – os relacionados com o artigo 11º da *Convenção* – merecem alguma ponderação.

4.1.1. O artigo 57º, nº 4, da Constituição proíbe o *lock-out*, definido no artigo 14º, nº 1, da Lei nº 65/77, de 26 de agosto, como *qualquer decisão unilateral da entidade empregadora, que se traduz na paralisação total ou parcial da empresa ou na interdição do acesso aos locais de trabalho a alguns ou à totalidade dos trabalhadores e, ainda, na recusa em fornecer trabalho, condições e instrumentos de trabalho que determine ou possa determinar a paralisação de todos ou alguns setores de empresa ou que, em qualquer caso, vise atingir finalidades alheias à normal atividade da empresa.*

Segundo Gomes Canotilho e Vital Moreira, *a Constituição afastou-se decididamente do pretenso princípio de «igualdade de armas» dos chamados «parceiros sociais», rejeitando uma postura de neutralidade nos conflitos sociais. Na verdade, o lock-out não é o equivalente patronal da greve, visto que esta já é um poder de equilíbrio da relação laboral face ao poder do empregador e à originária posição de subordinação do trabalhador, ínsitos no próprio conceito de contrato de trabalho*[46].

Para Jorge Miranda, uma vez que o *lock-out* não estava garantido pelo artigo 11º da *Convenção*, a reserva não se justificava[47].

Maria José Morais Pires defende que se tratou *provavelmente de um lapso, pois a própria jurisprudência dos órgãos de controlo da Convenção nunca tratou deste problema.*

[45] Três Estados – a Alemanha, a França e o Reino Unido – enviaram ao Secretário-Geral declarações sobre esta reserva; estas declarações não foram consideradas, no entanto, como objeções formais – cfr. Council of Europe, docs. DH (79)2, pág. 15, DH (79)6, pág. 16, e DH (79)7, pág. 24.

[46] *Ob. cit.*, vol. I, 4ª edição, revista, 2007, pág. 759.

[47] *Ob. cit.*, pág. 212.

A relação entre o artigo da Convenção e o da Constituição afigura-se, no mínimo, «forçada» e sem rigor jurídico pois não se vislumbra qualquer contradição entre as duas normas[48].

Enfim, espera-se que esta singularidade do nosso sistema constitucional não suscite dificuldades ao Tribunal se alguma vez tiver necessidade de a examinar.

4.1.2. A retirada da reserva sobre a proibição das organizações que perfilhem ideologia fascista é criticada por Jorge Miranda, porquanto esta proibição *não é uma restrição que caiba no artigo 11º, nº 2, da Convenção mas, antes, uma verdadeira inversão ou quebra material dos princípios constitucionais*[49].

Maria Luísa Duarte[50], apelando para a jurisprudência dos órgãos de controlo da *Convenção*[51], defende que a interpretação conjugada dos artigos 11º, nº 2, e 17º da *Convenção* parece justificar a proibição de formas organizadas de manifestação da ideologia fascista.

Por seu turno, Maria José Morais Pires entende *juridicamente mais correto considerar a norma do nº 2 do artigo 11º conjugada com o artigo 17º e acrescida da interpretação da Comissão e do Tribunal, como suficientemente protetoras e justificando-se a revogação da reserva portuguesa*[52].

Não é fácil uma posição nesta matéria.

Benvenuti, ao fundamentar o artigo 17º da *Convenção,* falava em *impedir que as correntes totalitárias possam invocar em seu favor os princípios da Convenção, isto é, invocar os direitos da liberdade para suprimir os direitos humanos*[53].

Consagrava-se, assim, o princípio de que *não há liberdade para os inimigos da liberdade.*

A Comissão, no caso do *Partido Comunista Alemão,* fez uma interpretação extensiva do disposto no artigo 17º da *Convenção,* defendendo que a ideologia da *Convenção* era contrária à existência de associações que perfilhassem ideologias totalitárias. No entanto, esta interpretação foi atenuada pelo Tribunal que, no seu Acórdão no caso *Lawless,* afirmou que o artigo 17º tem um conteúdo negativo e não pode ser interpretado *a contrario,* privando uma pessoa física dos direitos fundamentais garantidos pela *Convenção*[54].

48 «As reservas à Convenção Europeia dos Direitos do Homem», Coimbra, 1997, págs. 223-224.
49 *Loc. cit.,* pág. 212.
50 *Loc. cit.,* pág. 223.
51 Decisão no caso do *Partido Comunista Alemão* e Acórdão Lawless; ver a anotação ao artigo 17º
52 *Ob. cit.,* pág. 227.
53 Recolhido em Pinheiro Farinha, *ob. cit.,* pág. 56.
54 Frederic Sudre, *ob. cit.,* págs. 112 e seg.

Mesmo assim, não custa defender, tendo em conta as restrições admissíveis pelo nº 2 do artigo 11º da *Convenção*, que a simples criação de uma associação que perfilhe uma ideologia fascista possa vir a ser interditada legitimamente por um Estado que goza, nesta matéria, de uma certa margem de apreciação[55].

4.2. Permanecem ainda duas reservas

4.2.1. A primeira destas reservas, referente ao artigo 5º da *Convenção*, ressalva a prisão disciplinar imposta a militares, em conformidade com o Regulamento de Disciplina Militar (RDM), aprovado pelo Decreto-Lei nº 142/77, de 9 de abril, então em vigor.

A prisão disciplinar imposta a militares, tal como era concebida por aquele RDM – artigos 27º e 28º –, levantava algumas dúvidas sobre a sua constitucionalidade[56], dúvidas dissipadas com a 1ª revisão constitucional de 1982.

Depois de, no nº 2 do artigo 27º, se estabelecer que a privação de liberdade depende, em regra, de sentença judicial condenatória, no nº 3 deste artigo consagraram-se as exceções e, entre elas, a da alínea *c)*: *prisão disciplinar imposta a militares, com garantia de recurso para tribunal competente.*

Jorge Miranda considera esta reserva de *duvidosa razão de ser, visto que o novo artigo 27º, nº 3, alínea* c), *da Constituição garante o recurso para o tribunal competente*[57].

Maria José Morais Pires entende que:

> *A «prisão disciplinar» só contrariará o entendimento dos órgãos da Convenção relativamente à aplicação do artigo 5º em relação a esta questão, se a detenção tiver a duração de três a quatro meses, ou seja, se for um «aggravated arrest», mas não se for um «light arrest»* (-).
>
> *Por outro lado o «princípio da preferência pelas reações não detentivas» defendido pela doutrina portuguesa, levará por certo à eliminação futura de penas disciplinares de prisão.*
>
> *A reserva portuguesa deveria assim ser retirada, pois a evolução do direito português permite a aplicação integral da Convenção*[58].

Esta opinião vai buscar apoio ao Acórdão Engel, que se apresenta como um *leading case*, pelo que se afigura útil colher o essencial da posição do Tribunal nesta matéria.

[55] Cfr. a Decisão de 5 de maio de 1976, Queixa nº 6741/74, *Déc. Rap.* 5, pág. 83, e a anotação ao artigo 17º

[56] Pinheiro Farinha, *Convenção Europeia dos Direitos do Homem, anotada*, s/d, Lisboa, pág. 23.

[57] *Ob. cit.*, pág. 212.

[58] *Ob. cit.*, pág. 261.

O Acórdão[59] distingue três situações:

- a primeira, em que os militares ficam consignados fora das horas de serviço em suas casas ou num estabelecimento militar, mas não se encontram detidos continuando a desempenhar as suas tarefas normais;
- a segunda difere da anterior num ponto: fora das horas de serviço, os militares permanecem num local especialmente fixado que eles não podem abandonar, salvo para ir à cantina, ao cinema ou às salas de jogos;
- a terceira, os militares cumprem a sua pena ficando, dia e noite, fechados numa célula e, por conseguinte, afastados do seu serviço normal.

O Tribunal concluiu que só nesta terceira situação existe privação de liberdade, mesmo que a sua duração fosse apenas de 20 a 22 de março de 1971 (§ 63).

O Tribunal lembra, depois, que a alínea *a)* do nº 1 do artigo 5º da *Convenção* só autoriza a detenção de uma pessoa após a condenação por um tribunal competente, o que se aplica a qualquer privação de liberdade, independentemente de ser classificada de disciplinar ou penal (§ 68).

Mas, para que tudo esteja conforme com a *Convenção,* não basta que da sanção disciplinar privativa da liberdade se possa recorrer para um tribunal competente.

Fundamental será que esse recurso tenha efeito *suspensivo,* de modo a que a sanção só seja executada após a *confirmação* do tribunal (§ 68).

Ao aplicar estes princípios ao direito disciplinar militar, atualmente incorporado no Regulamento aprovado pela Lei Orgânica nº 2/2009, de 22 de junho, convirá reter a pena de prisão disciplinar, prevista na alínea *e)* do nº 1 do artigo 30º do atual RDM.

Esta prisão disciplinar *consiste na retenção do infrator por um período de um a trinta dias, em instalação militar, designadamente no quartel ou a bordo do navio – artigo 35º do RDM.*

Assim, se a prisão disciplinar se enquadrar na terceira hipótese prevista no Acórdão Engel, o que dependerá do modo como for executada, será necessário que ao recurso a interpor para o tribunal competente da decisão que a aplicar seja atribuído efeito suspensivo, para que tudo se harmonize com a *Convenção.* Ver, neste sentido, o Acórdão Dacosta Silva, de 2 de novembro de 2006, § 44, contra a Espanha que tem, neste campo, um regime semelhante ao nosso.

Ora, o artigo 51º, nº 1, do atual RDM estabelece: "... as penas disciplinares militares são cumpridas logo que expirado o prazo para a interposição do

[59] De 23 de novembro de 1976, A 22, págs. 25/26, §§ 61 a 63.

recurso hierárquico sem que este tenha sido apresentado ou, tendo-o sido, logo que lhe seja negado provimento".

Contudo, o Tribunal Constitucional, no seu Acórdão nº 229/2012, publicado no Diário da República, I Série, de 23 de maio de 2012, afirmou: "..., deve declarar-se a inconstitucionalidade da norma constante da parte final do nº 1, do artigo 51º, do Regulamento de Disciplina Militar, aprovado pela Lei Orgânica nº 2/2009, na medida em que prevê que o cumprimento da pena de prisão disciplinar tenha lugar logo após ter sido negado provimento ao recurso hierárquico apresentado, sem que tenha sido garantida, no âmbito de regulação própria da disciplina militar, a possibilidade de impugnação junto do tribunal competente em tempo útil, por violação do disposto no artigo 27º, nº 3, alínea *d)* da Constituição".

Nestes termos, estando assegurado que esta pena só pode ser cumprida após a decisão do tribunal de recurso, parece que nada impede o abandono desta reserva.

4.2.2. A segunda reserva que se mantém é a relativa ao artigo 7º da *Convenção,* inserida na alínea *b)* do artigo 2º da Lei nº 65/78: ressalva-se a aplicação retroativa da Lei nº 8/75, de 25 de julho, a lei penal incriminadora dos agentes e responsáveis da PIDE/DGS.

Não interessa referir a discussão gerada à volta da Lei nº 8/75[60]; nem as críticas que ela merece por parte da doutrina[61].

Decisivo será que a Constituição continua a manter essa ressalva – artigo 292º[62] – pelo que, enquanto for possível a incriminação de uma daquelas pessoas[63], e/ou, quando se entenda que as penas, como os crimes, são também imprescritíveis, e se houver penas para cumprir, justifica-se a reserva.

5. A 1 de julho de 2015, Portugal tinha assinado todos os Protocolos elaborados após a sua adesão à *Convenção, com exceção do Protocolo 16 (Pareceres).*

O nº 6 (Abolição da Pena de Morte), o nº 7 (Concede proteção convencional a alguns direitos, nomeadamente o duplo grau de jurisdição e não ser julgado ou punido mais do que uma vez), o nº 8 (Reformulação de alguns arti-

[60] Ver o Parecer da Comissão Constitucional nº 9/79, in *Pareceres da Comissão Constitucional,* vol. 8º, edição da INCM, págs. 3 e segs., e Moura Ramos, *loc. cit.,* págs. 190 e segs.

[61] Para uma síntese dessas críticas ver Maria José Morais Pires, *ob. cit.,* págs. 298 e segs.

[62] Gomes Canotilho e Vital Moreira, *Constituição da República, Anotada,* 3ª ed., Coimbra, 1993, pág. 1080, afirmam: *É uma exceção a um princípio constitucional estabelecido pela própria Constituição, carecendo por isso de qualquer fundamento as dúvidas levantadas a respeito da Lei nº 8/75.*

[63] Pode pretender-se vítima quem seja ou corra o risco mesmo mínimo de ser afetado diretamente com a existência de uma certa legislação – cfr. a anotação ao artigo 34º da *Convenção.*

gos sobre a Comissão e o Tribunal), o nº 9 (Acesso do indivíduo ao Tribunal), o nº 10 (Modificava a maioria prevista no antigo artigo 29º da *Convenção* para as decisões do *Comité de Ministros)*, o nº 11 (Fusão da Comissão e do Tribunal e a criação de um Tribunal com caráter permanente), o n.º 12 (Consagra o princípio da igualdade perante a lei), o nº 13º (Abolição da pena de morte em todas as circunstâncias), o nº 14 (Reforma do processo perante o Tribunal), e o nº 15 (reforma do Título II da *Convenção*).

Até àquela data, Portugal tinha já ratificado todos aqueles Protocolos, com exceção dos nºs 12, 15 e 16.

6. A *Convenção* é um tratado internacional com uma especial característica.

Destina-se sobretudo a ser aplicada internamente nas Altas Partes que a ratificarem, regulando as relações entre essas Altas Partes e as pessoas sujeitas à sua jurisdição visando assegurar a estas uma série de direitos e garantias fundamentais.

Como tratado internacional, a *Convenção* vincula o Estado Português na ordem jurídica internacional; e, na hierarquia das fontes de direito interno, a doutrina mais significativa defende para a *Convenção*, como para os outros instrumentos de direito internacional pactício, uma posição intermédia entre a lei constitucional e as leis ordinárias.

Subordinada hierarquicamente à Constituição, a *Convenção* tem, no entanto, valor supra-legal.

A interpretação da *Convenção* feita pelo Tribunal deve ser entendida como fazendo corpo daquela, como se de uma interpretação «autêntica» se tratasse, impondo-se a todos; pode dizer-se que não são os acórdãos do Tribunal que têm autoridade sobre os Estados membros não parte no litígio, mas a *Convenção*, tal como foi interpretada pelo Tribunal.

E, na feitura das leis como na elaboração jurisprudencial, a *Convenção* tal como ela é interpretada pelo Tribunal deve ser considerada, evitando-se assim futuras condenações de Portugal.

O *Comité de Ministros* na sua Recomendação nº 5 (2004), de 12 de maio de 2004, sobre a verificação da compatibilidade dos projetos de lei, das leis em vigor e das práticas administrativas com as exigências fixadas na *Convenção* e na sua jurisprudência, recomenda que, na preparação de todas as leis relacionadas com os direitos e garantias consagrados na *Convenção*, esta e a sua Jurisprudência sejam devidamente ponderadas.

6.1. Atrever-me-ia a sustentar que, na preparação de todas as leis relacionadas com os direitos e garantias consagrados na *Convenção*, esta e a sua Jurisprudência são devidamente ponderadas.

Efetivamente, é notória a influência que a *Convenção* e a sua jurisprudência tiveram na feitura de algumas leis, a começar pela Constituição, na sua versão original e nas sucessivas revisões, nomeadamente na revisão de 1997, como expressamente reconheceu o Tribunal Constitucional (cfr., entre outros, os Acórdãos nºs 345/99, de 15 de junho de 1999, e 533/99, de 12 de outubro de 1999, publicados no *Diário da República*, II Série, de 17 de fevereiro de 2000, e de 22 de novembro de 1999, respetivamente).

A Constituição inclui no seu artigo 20º, um nº 4 do seguinte teor: *«Todos têm direito a que uma causa em que intervenham seja objeto de decisão em prazo razoável e mediante processo equitativo»*.

E no seu artigo 32º, a Constituição consagra uma série de garantias de processo criminal.

Neste dois incisivos respira-se a influência da *Convenção* e da sua jurisprudência.

E os exemplos poderiam multiplicar-se face aos Códigos Penal, de Processo Penal e de Processo Civil.

Atente-se que o artigo 2º, nº 1, do atual Código de Processo Civil estabelece que a proteção jurídica através dos tribunais implica o direito de obter, em prazo razoável, uma decisão judicial que aprecie, com força de caso julgado, a pretensão regularmente deduzida em juízo, bem como a possibilidade de a fazer executar.

Um outro exemplo impressivo, de uma reação tardia mas eficaz à jurisprudência do Tribunal, diz respeito à consagração no nosso direito processual de um dos aspetos do princípio do contraditório, várias vezes proclamado.

No Acórdão Ferreira Alves (nº 3), de 21 de junho de 2007, Portugal foi condenado pela violação do artigo 6º, nº 1, da *Convenção*, pelo facto de um juiz, num recurso de agravo, ter, nos termos do artigo 745º do Código de Processo Civil de 1961, sustentado o despacho recorrido, sustentação essa que não foi comunicada ao recorrente que não pôde assim reagir atempadamente.

No dia 12 de julho seguinte, ao alterar o regime de recurso em processo civil, o Conselho de Ministros aprovou um diploma (Decreto-Lei nº 303/2007, de 24 de agosto) que aboliu tal prática.

No campo processual penal, o CPP de 1987, respondendo ao apelo constitucional, propõe, no seu preâmbulo, uma justiça tempestiva e eficaz, lutadora contra a invencível anomia do desrespeito dos prazos em geral, esforçando-se por criar instrumentos que possibilitem reduzir ao mínimo a duração de um processo que implica sempre a compressão da esfera jurídica de uma pessoa que pode ser – e tem mesmo de presumir-se – inocente.

Nos seus diversos artigos, nota-se facilmente o propósito de traçar um processo equitativo na linha definida pela *Convenção*.

6.2. A invocação da *Convenção* nas decisões dos nossos tribunais tem vindo a crescer nos últimos anos.

Ou se trata de invocação direta da *Convenção* para resolver questões concretas ou, então, a *Convenção* surge a reforçar posições que aparecem sustentadas no direito interno.

Os nossos Tribunais, a começar pelo Supremo Tribunal de Justiça e pelo Tribunal Constitucional, estão normalmente atentos à jurisprudência de Estrasburgo, chegando por vezes a invocar diretamente a *Convenção* para afastar normas que com ela não se conciliam.

A aplicação direta da *Convenção* é, no entanto, menos frequente, ao que não deve ser estranha a circunstância dela consagrar poucos direitos ou liberdades que não estejam contemplados na Constituição.

6.2.1. A aplicação autónoma de um preceito da *Convenção* pode ser encontrada no Acórdão do Tribunal Coletivo de Cascais, de 3 de maio de 1982[64]: *nos termos do nº 3 do artigo 6º, o réu estrangeiro, que não compreende a língua portuguesa, tem direito a ser assistido por intérprete, sem quaisquer encargos para si, em processo-crime pendente nos tribunais portugueses.*

Mais tarde, o Supremo Tribunal de Justiça, no seu Acórdão de 8 de janeiro de 1986[65], precisou:

> *Não compreendendo nem falando a língua portuguesa, o réu em processo-crime tem direito à assistência gratuita de um intérprete, competindo ao Estado suportar os respetivos encargos.*

Mas o desrespeito pela *Convenção* continuava, pelo que o Procurador-Geral da República, no seu Despacho de 13 de julho de 1990, depois de lembrar a jurisprudência do Tribunal e do Supremo Tribunal de Justiça, determinou que passasse a ser seguido e sustentado pela magistratura do Ministério Público:

> *O acusado tem direito à assistência gratuita da interpretação ou tradução de todos os atos do processo que ele necessitar compreender para beneficiar de um processo equitativo.*

Note-se que aqui se admite, na sequência da jurisprudência dos órgãos da *Convenção,* que o processo equitativo possa exigir a *tradução* de atos do processo.

[64] Publicado na *Coletânea de Jurisprudência*, ano VIII, 1983, págs. 349 e segs., e no *Ann. Conv.*, nº 25, 1982.

[65] Publicado no *BMJ*, nº 353, págs. 200 e segs.

É nestes termos e com esta dimensão que o nº 2 do artigo 92º do atual Código de Processo Penal deve ser entendido:

Quando houver de intervir no processo pessoa que não conhecer ou não dominar a língua portuguesa é nomeado, sem encargo para ela, intérprete idóneo, ainda que a entidade que preside ao ato ou qualquer dos participantes processuais conheçam a língua por aquela utilizada.

E o nº 1 do artigo 514º do mesmo Código – *o arguido condenado em imposto de justiça paga também os encargos a que a sua atividade houver dado lugar* – deve ser lido com esta mesma limitação.

6.2.2. Outra invocação autónoma de um preceito da *Convenção* relaciona-se com o processo equitativo referido à igualdade de armas que o nº 1 do artigo 6º consagra.

Com a entrada em vigor, entre nós, da *Convenção*, uma certa corrente doutrinária e jurisprudencial passou a entender que determinados preceitos do Código de Processo Civil de 1961, que introduziam desvios à regra geral quando o Ministério Público intervinha em representação de uma das partes, os artigos 485º, alínea *b)*, 486º, nº 3, 490º, nº 4, e 505º, nº 2, teriam sido revogados[66].

Uma outra corrente veio defender a compatibilidade das referidas normas com a *Convenção*[67].

[66] Cfr. Aragão Seia, «Privilégios do Ministério Público no Direito Processual revogados pela Convenção Europeia dos Direitos do Homem», in *Coletânea de Jurisprudência*, ano VII, tomo 4, 1982, págs. 14 e segs., José Lebre de Freitas, «Justiça e Processo Civil», no *BMJ*, nº 350, págs. 13 e segs., Luso Soares, *Processo Civil de Declaração*, Coimbra, 1985, págs. 478 e segs., e «A igualdade das partes e as prerrogativas processuais do Ministério Público», na *Revista Jurídica da AAFDL*, nºs 2-3, 1989, págs. 111 e segs., e Acórdão da Relação de Lisboa, de 26 de junho de 1984, na *Coletânea de Jurisprudência*, ano IX, tomo 4, 1984, págs. 103 e segs., onde se escreveu: *essa ótica legislativa redunda numa posição de manifesta desigualdade em relação à outra parte.*
No Acórdão do Supremo Tribunal de Justiça, de 9 de maio de 1995, no *BMJ*, nº 447, pág. 441, entendeu-se que o disposto na versão originária do nº 3 do artigo 486º do Código de Processo Civil de 1961 violava o princípio da igualdade de armas previsto na *Convenção*, o que já não aconteceria na redação que lhe foi dada pelo Decreto-Lei nº 242/85, de 9 de julho, que reduziu a prorrogação do prazo do Ministério Público para contestar ao limite máximo de três meses.

[67] Cfr. o Parecer do Conselho Consultivo da Procuradoria-Geral da República nº 32/83, de 7 de julho de 1983 (não publicado; as suas conclusões podem ler-se na «Anotação» publicada no *BDDC*, nº 39/40, 1989, págs. 115 e segs.); Neves Ribeiro, *O Estado nos Tribunais*, Coimbra, 1985, pág. 38; Simas Santos, numa «Anotação» publicada na *Revista do Ministério Público*, ano 4º, vol. 14, págs. 114 e segs.; e os Acórdãos da Relação do Porto, de 7 de junho e de 3 de novembro de 1983, na *Coletânea de Jurisprudência*, ano VIII, 1983, tomo 3, págs. 257 e segs., e tomo 5, págs. 201 e segs., respetivamente, da Relação de Lisboa, de 17 de dezembro de 1985, de 12 de abril, de 21 de junho e de 7 de julho, todos de 1988, sumariados no *BMJ*, nºs 359, pág. 765, 376, pág. 644, 378, pág. 779, 379, pág. 631, respetivamente; do Supremo Tribunal Administrativo, de 21 de março de 1985, no Apêndice ao *Diário da República*, de 30

Esta questão foi, entretanto, ultrapassada depois de o Tribunal Constitucional ter afirmado, referindo-se à alínea *b)* do artigo 485º do Código do Processo Civil de 1961, que *não pode falar-se em violação do princípio da igualdade processual das partes, uma vez que o objetivo da lei não é o de beneficiar uma parte em detrimento ou prejuízo da outra mas apenas o de acautelar os direitos da parte que não pode, por si só, estar em juízo nem manifestar a sua vontade*[68].

Efetivamente, como se concluiu no referido Parecer do Conselho Consultivo da Procuradoria-Geral da República, a *Convenção,* no seu artigo 6º, nº 1, exige um equilíbrio entre os meios e as oportunidades processuais de que cada parte pode dispor; no caso de o desequilíbrio entre os meios e as oportunidades processuais facultados à parte representada pelo Ministério Público e à outra parte se refletir na dedução ou na prova das pretensões, o princípio da igualdade de armas impõe que a esta parte sejam concedidos meios idênticos e oportunidades em medida necessária ao reequilíbrio da relação processual.

A Comissão, analisando também aquela disposição processual, precisou que o essencial é procurar se, nas circunstâncias do processo, uma parte teve ou não a possibilidade de razoavelmente expor a sua causa ao Tribunal em condições que a não prejudicassem de uma maneira geral em relação à parte contrária, ou se um eventual desequilíbrio teve ou não uma influência decisiva sobre o processo, afetando-o no seu desenvolvimento posterior[69].

Se uma parte beneficia de um regime processual privilegiado, objetivado e justificado, e se a outra parte que, em princípio, não beneficia desse *privilégio,* se apresenta numa determinada fase processual também em estado deficitário, esse défice deve ser compensado; a ideia que aqui deve presidir será a de dar a cada uma das partes as armas de que necessita para poder apresentar-se em igualdade.

Quando uma das partes tem uma espada mais comprida, a solução poderá passar por conceder à outra parte uma de igual dimensão e não encurtar aquela[70].

Estas ideias encontram algum eco nas alterações introduzidas ao Código de Processo Civil de 1961, pelo Decreto-Lei nº 329-A/95, de 12 de dezembro.

de novembro de 1988, e na *Scientia Juridica*, julho-dezembro 1985, tomo XXXIV, nºs 197-198, págs. 303 e segs., e do Supremo Tribunal de Justiça, de 26 de janeiro de 1984, no *BMJ*, nº 333, págs. 393 e segs.

[68] Acórdão nº 324/86, de 19 de novembro de 1986, *Diário da República*, II Série, de 19 de março de 1987; ver, ainda, os Acórdãos nºs 188/90, 208/93 e 524/94, publicados no *Diário da República*, II Série, de 12 de setembro de 1990, de 28 de maio de 1993 e de 20 de dezembro de 1994, respetivamente.

[69] Decisão de 2 de julho de 1990, Queixa nº 13 249/87, caso B/Portugal, *Déc. Rap.* 66, pág. 148, também publicada no *BDDC*, nº 39/40, 1989, págs. 103 e segs.

[70] O que postula a intervenção do juiz para procurar a referida igualdade prática, com reflexos a vários níveis, nomeadamente em matéria de prazos.

No preâmbulo deste diploma, escreve-se, a dado passo:

> *Aproxima-se decididamente o regime adjetivo da intervenção principal do Ministério Público do normal estatuto atribuído à parte principal, pondo termo aos privilégios processuais do Estado nos litígios de direito privado em que esteja envolvido: faculta-se a qualquer das partes a possibilidade de requerer e obter prorrogação do prazo para contestar (ou apresentar os articulados subsequentes à contestação) em termos paralelos e por período idêntico ao que se prevê para o Ministério Público; elimina-se a dispensa do efeito cominatório semipleno quando o réu seja uma pessoa coletiva, regularmente representada em juízo; limita-se a dispensa do ónus da impugnação especificada aos casos em que se controvertem situações jurídicas de que sejam titulares incapazes e ausentes;* cfr., nomeadamente, os artigos 486º, nºs 4, 5 e 6, e 490º, nº 4, do CPC de 1961.
>
> *O atual CPC mantém esta mesma filosofia – cfr. os artigos 569º, nº 4, e 574º, nº 4.*

Esta flexibilidade de prazos não se encontra no Código de Processo Penal; no seu Acórdão nº 2/96, de 6 de dezembro de 1995, publicado no *Diário da República,* I-A Série, de 10 de janeiro de 1995, e no *BMJ,* nº 452, pág. 61, o Supremo Tribunal de Justiça precisou: *a disciplina autónoma do processo penal em matéria de prazos prescinde da figura da dilação, pelo que a abertura da instrução tem de ser requerida no prazo, perentório, de 5 dias, previsto nº 1 do artigo 287º do CPP.*

Como quer que seja, estes prazos perentórios podem mostrar-se, face a processos complexos, insuficientes e a sua aplicação concreta vir a acarretar iniquidade.

Quando assim acontecer, e se a aplicação subsidiária das regras do CPC (artigo 3º do CPP) não chegar para superar o resultado injusto, ainda resta a invocação do artigo 6º da *Convenção* para salvaguardar a equidade do processo.

6.2.3. A *Convenção* permite, no entanto, um campo muito mais vasto de aplicação direta.

Uma das singulares invocações da *Convenção* encontra-se num dos votos de vencido (Cardona Ferreira) aposto ao Acórdão do Supremo Tribunal de Justiça nº 13/96, de 15 de outubro de 1996, publicado no *Diário da República,* I-A Série, de 26 de novembro de 1996, e no *BMJ,* nº 460, pág. 169, que reclama o artigo 6º para ultrapassar a solução injusta que possa decorrer do facto de o tribunal não poder, nos termos do artigo 609º, nº 1, do CPC, quando condenar em dívida de valor, proceder oficiosamente à sua atualização em montante superior ao valor do pedido do autor.

6.3. A invocação da *Convenção* é, como se disse, frequente nas decisões dos nossos tribunais[71].

6.3.1. O Tribunal Constitucional sempre considerou que a questão da constitucionalidade deve ser resolvida à luz dos princípios e normas constitucionais.

Mas, no contexto destes princípios, *poderiam levar-se em conta os instrumentos internacionais invocados, enquanto elementos coadjuvantes de clarificação do sentido e alcance de tais normas e princípios. Isso, porém, seria coisa diversa de tomá-los como padrões autónomos dum juízo de constitucionalidade – mas seria, sem dúvida, um procedimento não só seguramente admissível, como até recomendável, face à indicação consignada no artigo 16º da Constituição* – Acórdão nº 99/88, de 20 de abril de 1988, publicado no *Diário da República*, II Série, de 22 de agosto de 1988, e no *BMJ*, nº 376, pág. 308.

E a explanação desta ideia, traduzida nomeadamente no recurso à jurisprudência da Comissão e do Tribunal para ajudar a interpretar e a integrar o direito interno, tornou-se uma salutar constante ao nível dos nossos tribunais.

Excedendo manifestamente o âmbito desta introdução uma recolha sistemática da jurisprudência, deixam-se apenas alguns exemplos do Tribunal Constitucional e do Supremo Tribunal de Justiça.

6.3.2. Sobre a intervenção do mesmo juiz em diversas fases do processo penal, o Acórdão nº 186/98 do Tribunal Constitucional, de 18 de fevereiro de 1998, publicado no *Diário da República*, I-A Série, de 20 de março de 1998, declarou, com força obrigatória geral, a inconstitucionalidade do artigo 40º do CPP, na parte em que permite a intervenção no julgamento do juiz que, na fase de inquérito, decretou e posteriormente manteve a prisão preventiva do arguido, por violação do artigo 32º, nº 5, da Constituição da República Portuguesa.

Este acórdão baseou-se nos Acórdãos De Cubber e Hauschildt, do Tribunal – (cfr. a anotação nº 7 ao artigo 6º) –, especialmente neste último, para salientar que se, em princípio, a intervenção de um juiz na manutenção da prisão preventiva do arguido não o inibe de proceder ao seu julgamento, *certas circunstâncias podem, no entanto, num caso determinado, autorizar uma conclusão diferente*, mormente quando para além da manutenção inicial o mesmo juiz intervém mais tarde na prolongação da prisão preventiva.

[71] Para uma resenha, ver João Madureira, «The European Convention on Human Rights – The impact of the European Convention on Human Rights in the legal and political systems of Member States over the period 1953-93», uma obra coletiva patrocinada pelo Conselho da Europa.

No Acórdão nº 121/97, de 19 de fevereiro de 1997, publicado no *Diário da República*, II Série, de 30 de abril de 1997, o Tribunal julgou inconstitucional as normas conjugadas dos artigos 86º, nº 1, e 89º, nº 2, do CPP, na interpretação segundo a qual o juiz de instrução não pode autorizar, em caso algum e fora das situações tipificadas nesta última norma, o advogado do arguido a consultar o processo na fase de inquérito para poder impugnar a medida de coação de prisão preventiva que foi aplicada ao arguido, por violação das disposições conjugadas dos artigos 20º, nº 1, e 32º, nºs 1 e 5, da Constituição.

Aquele acórdão invoca o Acórdão do Tribunal no caso *Lamy*, de 30 de março de 1989, A 153, onde se afirma que não será respeitada a igualdade de armas se o arguido, ou o seu advogado, ao pretender impugnar a decisão que lhe impusera a prisão preventiva, não tiver acesso às peças processuais que fundamentam tal decisão, enquanto o Ministério Público as conhecer e delas se servir para defender a manutenção da prisão preventiva.

Da leitura deste acórdão do Tribunal Constitucional fica a dúvida sobre se a jurisprudência de Estrasburgo foi bem interpretada pela maioria que fez vencimento: uma coisa é o acesso aos elementos do processo que sejam necessários para poder sustentar a impugnação da prisão preventiva, outra será o acesso ao próprio processo.

Ora, o acesso ao processo pode ser condicionado durante a fase do inquérito, admitindo-se que o *acusado* só o venha a conhecer após a *acusação*, embora lhe tenham de ser comunicados os dados de que necessite para contestar as decisões que o prejudiquem, nomeadamente as relativas à prisão preventiva (cfr. anotação nº 9.2.2 ao artigo 6º).

Esta matéria foi aprofundada no Acórdão do Tribunal Constitucional nº 580/03, de 24 de setembro de 2003.

Baseado na mais recente jurisprudência do Tribunal, o Tribunal Constitucional precisou que «*não se trata de afirmar o acesso irrestrito do arguido a todo o inquérito, mas apenas aos específicos elementos probatórios que foram determinantes para a imputação dos factos, para a ordem de detenção e para a proposta de aplicação da medida de coação de prisão preventiva*».

No Acórdão nº 694/05, de 13 de dezembro de 2005, o Tribunal Constitucional, aludindo à jurisprudência do Tribunal sobre a alínea *c)* do nº 3 do artigo 6º da *Convenção*, afirma que não é possível a um arguido, em processo penal, defender-se a si próprio. Ver sobre esta matéria a anotação àquele artigo.

No seu Acórdão nº 208/06, de 22 de março de 2006, o Tribunal Constitucional lembrou:

> *Embora a intervenção do Tribunal Europeu dos Direitos do Homem se insira numa perspetiva diferente da do Tribunal Constitucional (esta incidindo sobre a constitucionalidade de*

normas e aquela sobre o respeito pela Convenção Europeia dos Direitos do Homem por parte de práticas judiciárias concretas, em que as particularidades de cada caso são especialmente relevantes), não deixam de ser relevantes as considerações tecidas na jurisprudência daquele Tribunal a propósito do requisito do prazo razoável mencionado no nº 3 do artigo 5º da referida Convenção.

No seu Acórdão nº 593/07, de 7 de dezembro de 2007, o Tribunal Constitucional consignou que *o artigo 6º da Convenção dos Direitos do Homem também não impõe a existência de um duplo grau de jurisdição, limitando-se a exigir um processo equitativo, o qual, como se viu, não contempla tal obrigatoriedade.*

E no seu o Acórdão nº 359/09, Processo nº 779/07, de 9 de julho de 2009, o Tribunal Constitucional, ao estudar a problemática do casamento entre pessoas do mesmo sexo, aludiu à jurisprudência do Tribunal relativa ao artigo 12º da *Convenção.*

O Tribunal Constitucional tem continuado a referir a jurisprudência do Tribunal de uma forma que diria exemplar; indico apenas, como um dos mais recentes, o Acórdão nº 578/2014, de 28 de Agosto de 2014, publicado no Diário da República, I série, de 15 de setembro de 2014, onde se precisa a posição do Tribunal relativamente à "liberdade religiosa": "ficou claro que a particular "visibilidade" de uma dada religião no ambiente ou no currículo da escola pública não constitui, *per se*, uma forma de "doutrinação" (indoctrination), fronteira ultrapassada a qual a compressão do artigo 9º, da CEDH, se torna, no entender do Tribunal, injustificável".

6.3.3. São também significativas as referências feitas pelo Supremo Tribunal de Justiça (STJ) à jurisprudência dos órgãos de controlo da *Convenção.*

Entre outros, os Acórdãos de 14 de fevereiro de 1996 e de 10 de julho de 1996, publicados no *BMJ*, nº 454, pág. 507, e nº 459, pág. 188, respetivamente, concluíram que o arguido e recorrente, em prisão preventiva, não tem de estar presente em audiência de julgamento no Supremo Tribunal de Justiça, uma vez que este *não julga matéria de facto, isto é, não reaprecia esta nem procede a uma eventual repetição do julgamento que sobre ela tenha sido feito,* abonando-se na jurisprudência do Tribunal (cfr. a anotação nº 3.4 ao artigo 6º).

O Acórdão nº 14/96, de 7 de novembro de 1996, publicado no *Diário da República*, I-A Série, de 27 de novembro de 1996, e no *BMJ*, nº 461, pág. 54, depois de salientar que o artigo 1º da *Convenção* reconhece os direitos e liberdades a qualquer pessoa dependendo da sua jurisdição, incluindo os estrangeiros e os apátridas, apoia-se na jurisprudência de Estrasburgo em matéria de expulsão de estrangeiros. Ver também o Acórdão de 10 de julho de 1996, acima referido (cfr. a anotação I nº 6 ao artigo 8º).

No Acórdão nº 970/00, de 25 de maio de 2000, o STJ precisou que os elementos do contraditório e da igualdade de armas são elementos imprescindíveis a um processo equitativo.

O Acórdão nº 700/04, de 18 de março de 2004, concluiu, apoiado na jurisprudência do Tribunal, que o «*julgamento é realizado em prazo razoável quando é efetuado em prazo consentâneo com a gravidade, a complexidade dos factos e a observância dos prazos legais, sem dilações indevidas*»; ver também o Acórdão nº 1078/01, de 15 de outubro de 2001.

No Acórdão de 19 de setembro de 2007, Processo nº 3338/07, o STJ precisou:

> «*A extradição como forma de cooperação está sujeita a importantes pressupostos negativos, justificativos da recusa de cooperação, como a não observância das exigências da Convenção Europeia para a Proteção dos Direitos do Homem e das Liberdades Fundamentais e* »

E no Acórdão de 3 de setembro de 2008, Processo nº 2150/08, o STJ referiu:

> «*IV – A imparcialidade do tribunal resulta naturalmente da CRP (maxime, artigo 203º) e o direito a que qualquer causa seja decidida por um tribunal imparcial está expressamente consagrado na Convenção Europeia dos Direitos do Homem (artigo 6º, § 1).*
>
> *V – A jurisprudência uniforme do Tribunal Europeu dos Direitos do Homem precisa que a imparcialidade deve apreciar-se segundo critérios subjetivos e objetivos.*»

No seu Acórdão de 10 de fevereiro de 2008, Processo nº 2147/08, o STJ lembrou:

> «*... , por via do artigo 8º da CEDH, o Tribunal Europeu dos Direitos do Homem tem salientado que as medidas que possam conflituar com o direito à vida familiar, para além de terem de ser justificadas por necessidades sociais imperiosas, têm de ser as menos gravosas das disponíveis e proporcionais ao fim a atingir, em suma, devem limitar-se a regular o exercício do direito, jamais podendo atingir a substância do mesmo.*»

Também no seu Acórdão de 12-03-2009, Revista nº 4010/08, 2ª Secção, o Supremo Tribunal de Justiça precisou:

> «*VIII – O TEDH tem vindo a firmar jurisprudência no sentido de, sob reserva do nº 2 do artigo 10º da CEDH, a liberdade de expressão ser válida não só para as informações consideradas como inofensivas ou indiferentes, mas também para aquelas que contradizem, chocam ou ofendem. Estando, porém, o exercício de tal liberdade sujeito a restrições e sanções. Reconhecendo o próprio TEDH a existência de uma margem de atuação a cada Estado, nela se atendendo às estatuições internas sobre a honra e o bom nome e, desde logo, ao artigo 484º do CC.*»

E no seu Acórdão de 21-01-2009, Processo nº 4026/08, 3ª Secção, o Supremo Tribunal de Justiça lembrou:

«VIII – A motivação das sentenças judiciais é um dos Direitos do Homem, constante do artigo 6º, § 1, da CEDH, reputada como o direito do acusado a um processo justo, consagrado no artigo 20º, nº 4, da CRP, e é considerada como o remédio essencial contra o arbítrio, através dela prestando o juiz contas, aos sujeitos processuais e à coletividade, dos critérios adotados e dos resultados adquiridos».

E sobre a possibilidade da revisão das decisões internas após um acórdão do Tribunal, o Supremo Tribunal de Justiça precisou (Acórdão 21-03-2012, Proc. nº 868/04.1TAMTS-B.S1):

«V – A reabertura do processo – que no caso do ordenamento interno português se satisfaria, em abstrato, pela autorização de revisão da sentença condenatória, nos termos dos arts. 449º e ss. do CPP – já constituiria, segundo o TEDH, uma reparação integral para a ora recorrente. No entanto, esse expediente só se imporia, em concreto, se a lei interna o permitisse e as circunstâncias do caso («à luz do acórdão proferido para o caso em apreço») o justificassem. Ora, o recurso de revisão é restrito, na nossa lei interna, às «sentenças (nomeadamente condenatórias») e não a quaisquer despachos de orientação do processado, sendo que se «diz (...) sentença o acto pelo qual o juiz decide a causa principal ou algum incidente que apresente a estrutura de uma causa» (art. 156º, nº 2, do CPC).

VI – Ora, a revisão da sentença não pode ser autorizada, face à lei nacional, com o fundamento invocado pela recorrente, pois não há inconciliabilidade entre a sua condenação e a sentença do TEDH, para o efeito da referida al. g) do nº 1 do art. 449º do CPP. O que há é uma inconciliabilidade entre o procedimento que a Relação adotou na realização da audiência que antecedeu a decisão do recurso e aquele que o TEDH considerou indispensável para assegurar os direitos de defesa.

VII – Face ao direito nacional, a ausência do arguido, nos casos em que a lei exigir a respetiva comparência, é uma nulidade insanável (art. 119º, al. c), do CPP). Contudo, as nulidades, mesmo as insanáveis, não são fundamento do recurso extraordinário de revisão de sentença, já que "devem ser oficiosamente declaradas em qualquer fase do procedimento" (cf. art. 119º), isto é, até ao trânsito em julgado da decisão final, pois é nessa altura que se esgota "o procedimento".

VIII – Por outro lado, como o próprio TEDH refere, não é permitido fazer qualquer especulação sobre qual teria sido a decisão da Relação se a condenada tivesse sido ouvida na audiência que antecedeu a decisão de recurso, designadamente, se a pena teria sido a que foi cominada ou uma outra diferente. Assim, o TEDH excluiu, desde logo, que a sua decisão pudesse suscitar graves dúvidas sobre a condenação, ainda que esta se considerasse apenas na vertente da pena efetivamente aplicada.

IX – Em suma, a decisão vinculativa do TEDH não é nem inconciliável com a condenação nem suscita graves dúvidas sobre a sua justiça, pelo que não se verifica o fundamento indicado pela ora recorrente para se poder autorizar a revisão da sentença condenatória».

O Supremo Tribunal de Justiça continua a ser, sem dúvida, um garante da aplicação da *Convenção* e da sua Jurisprudência, como decorre de um dos seus mais recentes acórdãos, de 18 de julho de 2014, Proc. 40.11.4GTPTG.E-A.S1:

"A jurisprudência do TEDH, apoiada nos arts. 6º, nº 1, da CEDH e 10º, da Declaração Universal dos Direitos do Homem, reflete essa exigência, abordada pela primeira vez, no domínio do CPP de 87, no Ac. do TC nº 114/95, in DR II Série, de 22.4.95, onde se escreveu que, numa perspetiva subjetiva " ...o que juiz pensa no seu foro íntimo em determinada circunstância é uma vertente da imparcialidade que se presume até prova em contrário, mas também numa visão subjetiva, de modo a dissiparem-se quaisquer reservas : deve ser recusado todo o juiz de que se possa temer uma falta de imparcialidade para preservar a confiança que, numa sociedade democrática, os tribunais devem oferecer aos cidadãos (...) ".

6.3.4. Nos Tribunais de 1ª instância e nas Relações, encontram-se interessantes aplicações da *Convenção* e da sua Jurisprudência, como, por exemplo, neste Acórdão da Relação de Lisboa, de 19 de fevereiro de 1998, Processo nº 7973/97 (Relator Salvador da Costa), onde se escreve:

«Ademais, quando o tribunal considerar que ocorre motivo ponderoso que impeça ou dificulte anormalmente ao réu ou ao seu mandatário judicial a organização da defesa, poderá, a requerimento deste, e sem prévia audição da parte contrária prorrogar-lhe o prazo da contestação até ao limite máximo de 30 dias (artigos 463º, nº 1, 464º e 486º do Código de Processo Civil).

«Face ao conteúdo das referidas normas adjetivas do direito interno português, a conclusão não pode deixar de ser no sentido de que elas se conformam com o conceito de processo equitativo exigido pela Convenção Europeia dos Direitos do Homem.»

7. Com a possibilidade decorrente da aceitação do direito de recurso previsto no antigo artigo 25º *(hoje 34º)* da *Convenção*[72], ficou aberta a porta para as queixas contra Portugal pela violação dos direitos e liberdades ali reconhecidos.

Na altura em que Portugal aderiu à *Convenção* estava em vigor um sistema tripartido de exame das queixas – ver *supra* e a introdução à Parte II.

As queixas eram apresentadas à Comissão.

[72] A declaração de aceitação deste direito foi feita aquando da adesão à *Convenção, pelo prazo de dois anos automaticamente renovado, salvo notificação de denúncia deste reconhecimento* – artigo 6º da Lei nº 65/78.

A Comissão, após instruir o processo, se a queixa se apresentasse bem fundada, elaborava um Relatório onde concluía pela violação de um ou mais artigos da *Convenção* ou dos seus Protocolos.

A Comissão ou o Estado demandado tinham a possibilidade de solicitar o exame do caso pelo Tribunal; se o caso não fosse remetido ao Tribunal, competia ao *Comité de Ministros* decidir.

Na altura eram remetidos, praticamente, ao Tribunal os casos mais complexos ou onde não existisse jurisprudência consolidada; a grande maioria dos casos era deixada à apreciação do *Comité de Ministros*, nomeadamente os de atrasos nos processos.

Pode dizer-se, no entanto, que, apesar da facilidade de apresentação de uma queixa, as apresentadas contra Portugal relacionam-se, em larga maioria, com vicissitudes processuais e especialmente com a lentidão processual.

7.1. A primeira queixa contra Portugal, o caso Guincho, referia-se a um atraso num processo civil, e foi enviada pela Comissão ao Tribunal que concluiu por unanimidade pela violação do artigo 6º

Portugal invocou, para justificar o atraso, dificuldades conjunturais decorrentes da implantação da democracia e da descolonização com o regresso dos retornados; o Tribunal, no seu Acórdão de 10 de julho de 1984, A 81, não foi sensível a esta argumentação porquanto, ao ratificar a *Convenção*, o Estado Português tinha assumido obrigações, entre elas a de administrar justiça em prazo razoável e deveria em consequência ter organizado o seu aparelho judiciário para as honrar.

Na queixa seguinte, caso Dores e Silveira, também por atraso na administração da Justiça, Portugal invocou perante a Comissão os mesmos argumentos.

A Comissão por unanimidade concluiu pela violação do artigo 6º da *Convenção*; e, por entender que a questão era pacífica, deixou ficar o seu exame para o *Comité de Ministros*.

Contudo, o *Comité de Ministros* não conseguiu obter uma decisão confirmando ou recusando o Relatório da Comissão, pois a maioria de dois terços necessária para essa decisão nunca foi obtida, pelo que o caso foi arquivado em 14 de abril de 1985.

Perante esta atitude, a Comissão passou a enviar para o Tribunal os casos onde ela tinha concluído que havia atrasos nos processos; e o Tribunal sempre condenou Portugal por isso – Ver os Acórdãos Baraona, de 8 de julho de 1987, A 121, Martins Moreira, de 26 de outubro de 1988, A 143, e Neves e Silva, de 27 de abril de 1989, 153-A.

Entretanto, consolidada e reforçada esta jurisprudência relativamente a Portugal, a Comissão voltou a enviar os casos simples para o *Comité de Ministros* e Portugal esforçou-se por conseguir acordos amigáveis sempre que a oportunidade surgia, mesmo numa fase tardia, quando o processo já estava no Tribunal, como aconteceu no Caso Oliveira Neves, Acórdão de 25 de maio de 1989, A 153-B.

Assim, enquanto o sistema tripartido esteve em vigor, ou seja, até 31 de outubro de 1998, a maioria das queixas bem fundadas relacionadas com o atraso na administração da justiça ou terminaram por acordo ou foram enviadas para o *Comité de Ministros*, que sempre aceitou as conclusões da Comissão, fixando indemnizações atempadamente pagas pelo Estado português.

Neste contexto, só foram a Tribunal as queixas onde alguma questão nova se desenhava, como no caso Moreira Azevedo; neste caso, o Tribunal concluiu, no seu Acórdão de 28 de agosto de 1991, A 189, que o assistente, no âmbito de um processo penal regido pelo Código de Processo Penal de 1929, era só por si titular de direitos civis, podendo, por isso, ser considerado protegido pelo nº 1 do artigo 6º da *Convenção.*

No acórdão Martins Moreira, de 26 de outubro de 1998, A 143, o Tribunal considerou que o artigo 6º da *Convenção* se aplicava à fase executiva do processo civil.

7.2. Nos primeiros anos apenas o atraso nos processos foi objeto de queixa.

Efetivamente, só no seu Acórdão Saraiva de Carvalho, de 22 de abril de 1994, A 286-B, o Tribunal examinou uma questão relativa à imparcialidade de um juiz que tinha lavrado o despacho de pronúncia e que depois presidiu ao julgamento, concluindo que não havia violação.

Para a boa compreensão deste acórdão convém ter presente que, na altura, a estrutura do processo penal poderia ser assim esquematizada: após a instrução, o Ministério Público deduzia acusação e o juiz, através do despacho de pronúncia, recebia ou não a acusação.

O despacho de pronúncia, tal como foi entendido pelo Tribunal de Estrasburgo, era um despacho de garantia que possibilitava ao juiz impedir o julgamento de alguém injustamente acusado; mas, ao admitir que alguém fosse submetido a julgamento, o juiz não se comprometia sobre a sua culpabilidade, não haveria pelo seu lado qualquer juízo prévio nessa matéria, pelo que nada o impedia de participar no julgamento.

7.3. O artigo 6º foi também invocado por intervenientes em processos que alegavam que não tinham tido um processo equitativo.

Talvez o mais significativo tenha sido o Acórdão Lobo Machado, de 20 de fevereiro de 1996, R96-I, que estigmatizou uma prática judiciária que permitia aos Agentes do Ministério Público junto do Supremo Tribunal de Justiça, quando não representavam nenhuma das partes, emitir pareceres sobre a bondade dos recursos e estarem presentes nas deliberações.

Este Acórdão abriu uma nova perspetiva sobre a noção de processo equitativo com repercussões importantes na organização e funcionamento dos Tribunais superiores dos Estados Membros.

A posição e intervenção do Ministério Público, aferidas aos princípios do contraditório e da igualdade de armas, continuaram a ser preocupação noutros casos, como os dos Acórdãos Feliciano Bichão, de 20 de novembro de 2007, que julgou incompatível com o artigo 6º o facto de os pareceres do Ministério Público emitidos nos recursos submetidos ao Tribunal Constitucional não serem comunicados às partes, e Ferreira Alves (nº 3), de 21 de junho de 2007, onde se critica a falta de comunicação às partes das posições do Ministério Público num processo de regulação de poder paternal, bem como a não comunicação ao recorrente do despacho de sustentação do agravo.

7.4. Um outro caso importante é o de Teixeira de Castro, Acórdão de 9 de junho de 1998, R98-II, onde o Tribunal se debruçou sobre o problema do agente infiltrado/agente provocador, concluindo que, neste caso, a atuação policial se assemelhava à de um agente provocador, pelo que o artigo 6º tinha sido violado.

Em contraponto, na sua Decisão Modesto Sequeira, Queixa nº 73 557/01, de 6 de maio de 2003, R03-VI, o Tribunal considerou correta a atuação de um agente infiltrado pela Polícia Judiciária.

7.5. A questão do processo equitativo tem sido examinada noutras queixas, onde os arguidos puseram em causa o não respeito pelos seus direitos, *v.g.*, uma deficiente assistência judiciária, a falta de uma adequada interpretação a arguidos estrangeiros que não falam português, ou a recusa de recursos por irregularidades formais não significativas – ver os Acórdãos Daud, de 21 de abril de 1998, R98-II, Czekalla, de 10 de outubro de 2002, R02-VIII, e Bogumil, de 7 de outubro de 2008.

Neste contexto, na Decisão de 15 de novembro de 2001, no caso Correia de Matos, Queixa nº 48 188/99, R01-XII, o Tribunal, seguindo aliás a jurisprudência interna, decidiu que um arguido num processo penal não se pode defender a si próprio mesmo que seja advogado.

7.6. No Acórdão Melo Tadeu, de 23 de outubro de 2014, o Tribunal examinou uma questão relacionada com a presunção de inocência, consagrada pelo nº 2 do artigo 6º da *Convenção*.

A requerente queixava da abertura de um processo de execução fiscal contra ela, apesar da sua absolvição num processo penal relativo a factos pertinentes para aquele processo.

O Tribunal precisou que uma absolvição no penal deve ser respeitada em todo o processo posterior, penal ou não penal.

Nesta caso, o Tribunal decidiu que havia violação porquanto a jurisdição fiscal tinha considerado estabelecido um elemento que tinha sido não provado nas jurisdições penais.

7.7. Se o artigo 6º continuava a ser o objeto principal das queixas, de quando em vez, começavam a surgir outras sobre diversas violações da *Convenção.*

Assim, no Acórdão Magalhães Pereira, de 26 de fevereiro de 2002, R01-I, o Tribunal constatou uma violação do artigo 5º, nº 4, da *Convenção,* porquanto o exame da situação do detido inimputável não ocorreu dentro dos intervalos regulares previstos na lei interna.

Idêntico problema foi examinado no Acórdão Silva Rocha, de 15 de novembro de 1996, R96-V: o Tribunal ocupou-se do internamento de um homicida inimputável e do tempo que os tribunais internos demoraram a reexaminar o seu caso – entre a decisão de 13 de julho de 1990 que constatou a inimputabilidade e decretou o internamento e a de 29 de junho de 1992 que ponderou, pela primeira vez após aquela decisão, o estado mental do internado e decidiu manter a sua situação; a maioria do Tribunal considerou que o controlo previsto pelo artigo 5º, nº 4, da *Convenção* estava incorporado na decisão de internamento de 13 de julho de 1990; a maioria da Comissão, no seu Relatório de 16 de maio de 1995, tinha concluído pela violação do artigo 5º, nº 4, por considerar o referido lapso de tempo sem reexame do estado mental do internado excessivo face a jurisprudência prevalecente na matéria.

7.8. No Caso Veloza Barreto, Acórdão de 21 de novembro de 1995, A 334, um proprietário de um apartamento alugado que pretendia reavê-lo para aí estabelecer a sua residência pois não tinha casa própria, vivendo ele, a mulher e um filho com os pais, não tendo conseguido ao nível interno desalojar o inquilino, foi a Estrasburgo alegando violação do artigo 8º e do artigo 1º do Protocolo nº 1; a Comissão, por maioria, concluiu que haveria violação do artigo 8º mas já não do artigo 1º do Protocolo 1º; o Tribunal, também por maioria, concluiu que não havia violação dessas disposições.

Este artigo 8º aparece também invocado nos casos do exercício do poder paternal, relacionado com o facto de a um dos pais ter sido recusado o poder paternal por decisão do tribunal (Acórdão Salgueiro da Silva Mouta, de 21 de dezembro de 1999, R99-IX), ou então não ter acesso ao filho por causa do comportamento de outrem (cônjuge ou parentes deste) e da passividade das autoridades (Acórdãos Maire, de 26 de junho de 2003, R03-VII, e Reigado Ramos, de 22 de novembro de 2005, (não publicado)).

No âmbito deste artigo 8º, o Tribunal, no seu Acórdão Antunes Rocha, de 31 de maio de 2005, (não publicado), concluiu que havia violação da vida privada na realização de um inquérito feita a familiares e vizinhos da queixosa, sem o seu conhecimento e acordo prévio, quando esta começou a trabalhar no Conselho Nacional do Plano de Proteção Civil (o CNPCE), organismo ligado à OTAN.

Recentemente, três casos merecem especial referência, pela sua importância:

a) o caso Pontes, em que o Tribunal, no seu Acórdão de 10 de abril de 2012, considerou que o menor foi entregue para adoção sem que existissem razões pertinentes e suficientes para tanto;
b) o caso Santos Nunes, fortemente mediatizado em Portugal; no seu Acórdão de 22 de maio de 2012, o Tribunal condenou Portugal pela demora na execução de decisões judiciais que entregavam a menor ao pai;
c) O caso Phostira Efthymiou e Ribeiro Fernandes, Acórdão de 5 de fevereiro de 2015: na aplicação da Convenção de Haia, de 25 de outubro de 1980, o Supremo Tribunal de Justiça ordenou o envio para o Chipre de uma criança que vivia em Portugal com a mãe a fim de ser entregue ao pai; o Tribunal entendeu que a execução do acórdão do STJ constituiria uma violação do artigo 8º da *Convenção*.

7.9. O artigo 10º da *Convenção* tem sido alegado frequentemente perante o Tribunal, invocando-se uma interferência na liberdade de expressão.

Com raras exceções, o Tribunal sempre entendeu que havia violação do artigo 10º da *Convenção* pois a ingerência, traduzida nas condenações dos queixosos, não estava justificada.

E quando concluiu pela violação, com uma única exceção em que há um voto de vencido, as suas decisões foram tomadas por unanimidade, pelo que me parece lógico inferir que havia uma nítida desarmonia entre a jurisprudência de Estrasburgo e a jurisprudência nacional.

Esta desarmonia foi-se esbatendo nos últimos tempos, pois os nossos tribunais, na sua maioria, passaram a afinar a sua jurisprudência com a de Estrasburgo e, por isso, as condenações de Portugal nesta área tornaram-se mais escassas; espero que um dia essa harmonia possa ser perfeita!

Exemplo da harmonia que começa a predominar paulatinamente é o Acórdão do Supremo Tribunal de Justiça, de 30 de junho de 2011, Proc. 1272/04.7TBCLGI.SG1:

> *"Na interpretação daquele artigo 10º é de acatar, pelos tribunais internos, a orientação jurisprudencial que, muito reiteradamente, o Tribunal Europeu dos Direitos do Homem vem seguindo e que se caracteriza, no essencial, pelo seguinte:*
>
> *A liberdade de expressão constitui um dos pilares fundamentais do Estado democrático e uma das condições primordiais do seu progresso e, bem assim, do desenvolvimento de cada pessoa;*
>
> *As exceções constantes deste nº2 devem ser interpretadas de modo restrito; Tal liberdade abrange, com alguns limites, expressões ou outras manifestações que criticam, chocam, ofendem, exageram ou distorcem a realidade;*
>
> *Os políticos e outras figuras públicas, quer pela sua exposição, quer pela discutibilidade das ideias que professam, quer ainda pelo controle a que devem ser sujeitos, seja pela comunicação social, seja pelo cidadão comum – quanto à comunicação social, o Tribunal vem reiterando mesmo a expressão "cão de guarda" – devem ser mais tolerantes a críticas do que os particulares, devendo ser, concomitantemente, admissível maior grau de intensidade destas;*
>
> *Na aferição dos limites da liberdade de expressão, os Estados dispõem de alguma margem de apreciação, que pode, no entanto, ser sindicada pelo próprio TEDH".*

Mas ainda há um longo caminho a percorrer para que os nossos tribunais, sobretudo os da 1ª e 2ª instâncias, consigam interiorizar a jurisprudência de Estrasburgo; note-se que, nos últimos quatro anos, Portugal foi condenado nove vezes por violação da "liberdade de expressão" e apenas em dois casos não se verificou a condenação:

a) Acórdão Barata Monteiro da Costa Nogueira e Patrício Pereira, de 11 de janeiro de 2011, com votação tangencial (quatro/três);
b) Acórdão Almeida Leitão Bento Fernandes, de 12 de março de 2015 (por unanimidade).

E sempre o Tribunal não deixou de apontar criticamente para a natureza penal da infração e para o peso das penas aplicadas.

De entre os relacionados com o artigo 10º, importa realçar o Acórdão Women on Waves e outras, de 13 de janeiro de 2009, não pelo mediatismo de que se revestiu, mas sobretudo por o Tribunal ter acentuado que o modo escolhido pelo interessado para exercer o seu direito à liberdade de expressão está protegido.

Neste caso, o Tribunal entendeu que, mesmo que as queixosas tivessem podido transmitir as suas ideias e mensagens, elas não tiveram oportunidade de o fazer do modo como o desejavam, através da utilização de um barco que foi impedido de entrar nas águas territoriais portuguesas.

7.10. A violação do direito de propriedade garantido pelo artigo 1º do Protocolo 1 foi diversas vezes constatada em queixas contra Portugal como no caso Matos e Silva e outros, Acórdão de 16 de setembro de 1996, R96-IV, e no âmbito de atrasos no pagamento de indemnizações devidas pelas nacionalizações e expropriações após a Revolução de abril.

O primeiro caso foi estudado no Acórdão Almeida Garrett, Mascarenhas Galvão e outros, de 11 de janeiro de 2000, R00-I, onde se concluiu pela violação dado o atraso com que foi feito o pagamento das indemnizações devidas sem que alguma justificação pertinente fosse avançada.

Seguiram-se depois centenas de queixas relacionadas com o pagamento atrasado das indemnizações por nacionalizações e expropriações no quadro da Reforma Agrária e não só, e que deram lugar a condenações ao pagamento de quantias, algumas de montante elevado.

No acórdão Anheuser-Bush, de 11 de janeiro de 2007, o Tribunal, embora tenha concluído que Portugal não violara o artigo 1º do Protocolo 1, alargou a noção de «bem» para nela incluir a propriedade intelectual.

O Tribunal teve oportunidade de se pronunciar sobre os cortes nas pensões dos funcionários públicos ocorridas em 2012, na sua Decisão de 8 de outubro de 2013, Queixas nº s 62235/12 e 57725/12.

O Tribunal entendeu que esses cortes constituíam uma ingerência proporcional no direito de propriedade dos queixosos: mas, tendo em conta os problemas financeiros excecionais aos quais Portugal estava então confrontado e o caráter limitado e temporário destas medidas, o Governo português tinha respeitado o justo equilíbrio entre o interesse geral e a proteção dos direitos individuais dos queixosos à sua pensão de reforma (ver a anotação ao artigo 1º do Protocolo 1).

7.11. Portugal não foi condenado, até 1 de julho de 2015, por violações de outros artigos substanciais da *Convenção,* salvo pela violação do artigo 13º nos casos de atraso na administração da justiça por falta de um meio interno efetivo para reparar a violação – Ver Acórdão Martins de Castro e Alves Correia de Castro, de 10 de maio de 2008.

Nomeadamente, Portugal nunca foi condenado por violação dos artigos, 2º, 3º ou 5º, e mesmo raramente violações a um destes artigos foram alegadas.

No caso Bogumil, já citado, o queixoso alegou violação do artigo 3º, porquanto teria sido operado ao estômago para lhe serem retiradas cápsulas com droga sem o seu consentimento.

O Tribunal não considerou este artigo violado porquanto a operação, mesmo sem o consentimento do visado, foi ditada por uma necessidade terapêutica, pois ele corria o risco de morrer, e não foi destinada à recolha de provas que o incriminassem.

8. O facto de ao Tribunal terem sido apresentadas frequentes queixas contra Portugal relativas ao artigo 6º, e mais concretamente sobre o atraso no exame das causas pelos nossos tribunais, impõe uma referência específica à morosidade da justiça portuguesa, sem prejuízo da análise desta questão em geral na anotação ao referido artigo.

Recorde-se, antes de mais, que, como se viu, a justiça em prazo razoável foi consagrada ao nível mais alto com a inclusão desta garantia no nº 4 do artigo 20º da Constituição.

E, no campo processual penal, a exigência de justiça em prazo razoável já há muito tinha assumido dignidade de garantia constitucional para o arguido – nº 2 do artigo 32º da Constituição da República.

8.1. A *Convenção* não exige uma justiça pronta, nem se limita a sancionar a denegação da justiça; consagra o direito à justiça em prazo razoável, razoabilidade a aferir em função da complexidade do processo, do comportamento das partes e do modo como as autoridades competentes dirigiram o processo.

Todos estes elementos se encontravam identificados com maior ou menor intensidade nas queixas apresentadas contra Portugal.

A morosidade relacionada com a complexidade do processo refletia-se sobretudo na profusão dos articulados, no despacho saneador, especificação e questionário, na produção da prova, mormente a pericial e a obtida através de cartas precatórias, na sentença, nos recursos e na elaboração da conta.

A simplificação, brevidade e concisão dos atos, o recurso à oralidade e a implantação de novas técnicas de recolha de prova são pacificamente apontados como remédios eficazes para elidir os atrasos imputados à complexidade processual.

O comportamento das partes influenciou, por seu lado, a morosidade de algumas decisões.

As partes gozam de uma margem significativa de intervenção, dispondo de mecanismos processuais que são, por vezes, utilizados para impedir a marcha do processo; tudo isto é mais evidente nas situações em que o interesse de uma parte em obter uma decisão rápida se opõe a um interesse de sentido contrário da outra.

Perante uma tal prática, importa introduzir medidas que a minimizem ou desaconselhem, evitando que o atraso do processo possa acarretar um dano para uma das partes, consagrando-lhe compensações, como, por exemplo, juros moratórios a partir da introdução do pedido[73].

Por outro lado, a consciencialização dos advogados e solicitadores para uma atuação célere e eficaz deve ser incrementada, se necessário através da introdução de regras de deontologia profissional.

O comportamento das *autoridades competentes* tem sido o fator mais invocado e aceite nas queixas apresentadas contra Portugal e é o único que permite a condenação por atraso na administração da justiça.

O contributo para a morosidade no exame da *causa* por parte das *autoridades competentes* apresenta-se multifacetado.

Em primeiro lugar, evidenciava-se uma manifesta desproporção entre o trabalho que era solicitado e a capacidade de resposta, devido a diversos fatores, desde a míngua dos quadros até à vacatura dos seus lugares.

Durante algum tempo, deparou-se mesmo com uma incapacidade para os prover de magistrados e funcionários, enquanto se assistia ao crescimento exponencial do volume de processos.

E, quando o provimento era possível, ele acabava por se revelar inadequado ou ineficaz, limitando-se, em regra, a transferir o centro da crise da secretaria para o gabinete do juiz ou deste para a secretaria.

Por outro lado, a instrução dos processos, civis ou penais, arrastava-se em termos gritantes sempre que se colocava a necessidade de perícias médicas.

Face a largos períodos de inação pura, de paragem dos processos, nem sequer se poderia argumentar com dificuldades passageiras, pois, desde o caso *Guincho,* o Tribunal definiu como estrutural o caráter da nossa crise.

8.2. No domínio da luta contra a morosidade processual, entre os vários instrumentos recomendados, sublinha-se a criação de meios expeditos de aceleração de processos, confiando-se às autoridades que o dirigem poderes específicos de intervenção.

No domínio do Código de Processo Civil de 1961, vigorava um acentuado princípio do dispositivo, com o poder de iniciativa e o impulso processual entregue às partes (artigo 264º, nº 1, do CPC) e a capacidade de intervenção do juiz muito limitada.

Mesmo assim, o Tribunal teve oportunidade de lembrar que o artigo 266º do CPC de 1961 impunha ao juiz a diligência para remover os obstáculos que se oponham ao andamento regular da causa e o princípio do dispositivo não

[73] Cfr. o nº 3 do artigo 805º do Código Civil, na redação do Decreto-Lei nº 262/83, de 16 de junho.

dispensa o juiz de assegurar a celeridade necessária exigida pelo artigo 6º da *Convenção*[74].

Na reforma processual de 1961, eliminou-se uma referência, vinda do Código de Processo Civil de 1939, proclamando que *a justiça devia ser pronta.*

Eliminação justificada por se tratar de *um princípio programático que ali não tem a sua sede própria, mas no Estatuto Judiciário ou em diploma análogo*[75].

Contudo, o princípio de que a justiça deve ser administrada em prazo razoável passou a estar consagrado no direito interno português, artigos 20º nº 4, e 32º, nº 4, da Constituição, e no nº 1 do artigo 6º da *Convenção,* esta última disposição com força superior a qualquer outra norma processual[76].

Importa retirar destes imperativos as consequências inerentes e agir para que a responsabilidade internacionalmente assumida pelo Estado português seja respeitada.

Efetivamente, como o Supremo Tribunal Administrativo teve oportunidade de lembrar, o direito a uma decisão em prazo razoável, consagrado no artigo 6º, nº 1, da *Convenção,* implica obrigações para todos os poderes dos Estados membros da *Convenção,* incluindo o poder judicial, devendo os juízes, na sua função de direção dos processos, adotar as providências necessárias para que, num prazo razoável, embora sem prejuízo do acerto da decisão, os litígios sejam resolvidos[77].

Na Exposição de motivos da Proposta de Lei nº 113/XII que originou o Código de Processo Civil de 2013, afirmava-se:

> *"A celeridade processual, indispensável à legitimação dos tribunais perante a comunidade e instrumento indispensável à realização de uma das fundamentais dimensões do direito fundamental de acesso à justiça, passa necessariamente por uma nova cultura judiciária, envolvendo todos os participantes no processo, para a qual deverá contribuir decisivamente um novo modelo de processo civil, simples e flexível, despojado de injustificados formalismos e floreados adjetivos, centrado decisivamente na análise e resolução das questões essenciais ligadas ao mérito da causa. A consagração de um modelo deste tipo contribuirá decisivamente para inviabilizar e desvalorizar comportamentos processuais arcaicos, assentes na velha praxis de que as formalidades devem prevalecer sobre a substância do litígio e dificultar, condicionar ou distorcer a decisão de mérito.*

[74] Cfr. os Acórdãos Guincho, A 81, pág. 14, § 32, Martins Moreira, A 143, pág. 17, § 46, e Neves e Silva, A 153-A, pág. 15, § 43.

[75] *BMJ,* nº 122, pág. 76; Jacinto Rodrigues Bastos, *Notas ao Código de Processo Civil,* vol. II, 2ª ed., Lisboa, 1971, pág. 11, em anotação ao artigo 266º, escreve: *concedendo ao juiz a faculdade de remover os obstáculos que se oponham ao regular andamento do processo, mitigou grandemente a aplicação do princípio do dispositivo, sem elidir, todavia, a sua prevalência.*

[76] Defende-se, como se viu, a primazia do direito internacional pactício sobre o direito ordinário.

[77] Acórdão de 14 de dezembro de 1995, Recurso nº 32 237, sumariado no *BMJ,* nº 452, pág. 473.

....

Mantém-se e reforça-se o poder de direção do processo pelo juiz e o princípio do inquisitório (de particular relevo na eliminação das faculdades dilatórias, no ativo suprimento da generalidade da falta de pressupostos processuais, na instrução da causa e na efetiva e ativa direção da audiência) ".

Assim, no Código de Processo Civil atual, procede-se a uma ponderação entre os princípios do dispositivo e da oficiosidade e reforçam-se os poderes de direção do processo pelo juiz, conferindo-lhe o poder-dever de adotar uma posição mais interventora no processo e funcionalmente dirigida à plena realização do fim deste; estabelece-se o princípio da cooperação entre todos os envolvidos no processo e o dever de recíproca correção entre o juiz e os diversos intervenientes ou sujeitos processuais, concorrendo para se obter, com brevidade e eficácia, a justa composição do litígio– ver o disposto nos artigos 6º, 7º e 9º.

E, sobretudo, consagrou-se, no artigo 2º, nº 1, do CPC como disposição fundamental, que a proteção jurídica através dos tribunais implica o direito de obter, em prazo razoável, uma decisão judicial que aprecie, com força de caso julgado, a pretensão regularmente deduzida em juízo, bem como a possibilidade de a fazer executar.

Importa consciencializar que a justiça em prazo razoável deve ser um dos objetivos primordiais a atingir, se necessário com a invocação direta do nº 1 do artigo 6º da *Convenção* e do nº 1 do artigo 2º do CPC.

Aliás, o CPP de 1987 já pretendia responder as estas inquietações, propondo no seu preâmbulo, uma justiça tempestiva e eficaz, lutadora contra a invencível anomia do desrespeito dos prazos em geral, esforçando-se por criar instrumentos que possibilitem reduzir ao mínimo a duração de um processo que implica sempre a compressão da esfera jurídica de uma pessoa que pode ser – e tem mesmo de presumir-se – inocente.

8.3. Entre as medidas diretamente vocacionadas para a aceleração processual, enumeradas no nº 9 do referido preâmbulo do CPP, destaca-se o incidente autónomo de aceleração do processo.

Este incidente, regulado nos artigos 108º e segs. do CPP, a requerer pelo arguido, assistente ou partes civis, na fase do inquérito e, na fase da instrução, por aqueles e também pelo Ministério Público, será decidido pelo Procurador-Geral da República, se o processo estiver sob a direção do Ministério Público, ou pelo Conselho Superior da Magistratura, se o processo decorrer perante o tribunal ou o juiz.

O pedido deve fundar-se no facto de se ter ultrapassado a duração de, pelo menos, uma das fases processuais prevista na lei[78].

O incidente poderá vir a culminar com uma decisão a *propor ou determinar as medidas disciplinares, de gestão, de organização ou racionalização de métodos que a situação justificar* – alínea *d)* do nº 5 do artigo 109º

O Tribunal, na sua Decisão de 2 de dezembro de 1999, Queixa nº 32 082/96 (Tomé Mota), R99-IX, págs. 417 e segs., considerou que este incidente constitui uma via de direito que permite a queixa sobre a duração do processo, apresentando um grau suficiente de acessibilidade e de efetividade e sem que o seu exercício contribua para alargar a duração do processo em causa.

Assim, este incidente de aceleração processual constitui um meio a esgotar a nível interno antes da apresentação da queixa.

8.4. Os órgãos de Estrasburgo recusavam-se a aceitar, como um recurso interno a esgotar, a ação por responsabilidade civil extracontratual do Estado para as violações do prazo razoável na administração da justiça em processo civil[79].

Mas, entretanto, a referida ação veio revelar que se conseguia obter os mesmos resultados que decorriam dos acórdãos do Tribunal sobre as queixas apresentadas por violação do prazo razoável.

E, assim, com as Decisões do Tribunal, de 22 de maio 2003, Queixas nºs 58 698/00 (Paulino Tomás) e 65 305/01 (Gouveia da Silva Torrado), inverteu-se aquela posição e passou a considerar-se um meio a esgotar antes de apresentar queixa pelo atraso de processos civis findos ou pendentes a referida ação em responsabilidade extracontratual.

Mas o Tribunal deixou dois avisos: *a)* esta ação devia ser concluída ela própria em prazo razoável para poder ser considerada um meio eficaz, adequado e acessível para sancionar a duração excessiva de um processo judiciário; *b)* o caráter adequado da ação dependia também do nível da indemnização.

Para o Tribunal, sempre que há excesso do prazo razoável de duração de um processo imputável às autoridades competentes há violação do nº 1 do artigo 6º da *Convenção*; verificada esta violação, a vítima tem direito a uma reparação pelos danos que sofreu, danos materiais quando eles possam even-

[78] J. Costa Pimenta, *Código de Processo Penal Anotado*, 2ª ed., Lisboa, s/d, pág. 344.

[79] Cfr. o Acórdão do Supremo Tribunal Administrativo, de 7 de março de 1989, publicado em *Acórdãos Doutrinais*, nºs 344-345, págs. 1035 e segs., e na *Revista de Legislação e de Jurisprudência*, ano 123, págs. 293 e segs., com comentário de J. J. Gomes Canotilho; ver também Fausto de Quadros, «O princípio da exaustão dos meios internos na Comissão Europeia dos Direitos do Homem e a ordem jurídica portuguesa», separata da *Revista da Ordem dos Advogados*, ano 50, I, Lisboa, abril 1990.

tualmente ocorrer, mas seguramente danos morais pelo «sofrimento» que o atraso acarretou.

E mesmo às pessoas coletivas podem ser atribuídos danos morais naquelas circunstâncias[80].

Contudo, em Portugal, ou pelo menos em alguns tribunais administrativos portugueses, os critérios há muito pacificamente adquiridos pela jurisprudência de Estrasburgo nesta área foram postergados, decidindo-se frequentemente ao arrepio da jurisprudência ali consagrada.

Em primeiro lugar, o Estado português, que tinha demonstrado perante o Tribunal a aplicação em Portugal dos princípios que decorrem da jurisprudência de Estrasburgo, passou, ao contestar as referidas ações, a sustentar coisa diversa, nomeadamente que no caso de excesso de duração de um processo não havia danos, ou se dano houvesse, ele não seria suficiente grave para acarretar a fixação de uma indemnização.

Parece-me que o Estado português, neste tipo de ações, e para honrar os compromissos que assumiu perante o Tribunal, apenas podia discutir se a duração do processo foi ou não razoável e, em caso de excesso, decidir o montante a acordar pelos danos e tudo isto à luz dos critérios de Estrasburgo.

Não sei se animados pela posição assumida pelo Estado, ou para afirmarem a sua independência face à jurisprudência de Estrasburgo, alguns tribunais administrativos portugueses passaram a negar a indemnização em caso de excesso da duração do processo com base nos mais variados motivos: ou porque não havia nexo causal entre o facto ilícito e o dano, ou porque as pessoas coletivas não teriam neste contexto danos morais e, sobretudo, seguindo uma corrente que defende que, quando está em equação a responsabilidade do Estado, a indemnização só deve existir nos casos de prejuízo de especial gravidade.

Ao menos num caso, um tribunal administrativo defendeu que as pessoas coletivas não teriam direito a qualquer indemnização por não serem passíveis de danos morais por excessiva duração processual, ao arrepio do decidido pelo Tribunal.

E, quando se entendeu estarem reunidos os pressupostos para a fixação de uma indemnização, a quantia arbitrada estava muito longe daquela que seria fixada em Estrasburgo.

O Tribunal, face a esta atitude dos tribunais administrativos portugueses, reviu as decisões de 2003, e voltou a entender que a referida ação em responsabilidade extracontratual contra o Estado não é mais um meio a esgotar – Acórdão Martins Castro e Alves Correia, de 10 de junho de 2008, onde se constatou

[80] Acórdão Comingersoll/Portugal, de 6 de abril de 2000.

não só a violação do artigo 6º, mas também a do artigo 13º da *Convenção* pela falta de um meio interno destinado a reparar esta violação.

O Tribunal avisou que, sem um acórdão do Supremo Tribunal Administrativo, emitido no quadro do artigo 152º do Código de Processo dos Tribunais Administrativos, uniformizador e vinculando todos os tribunais administrativos inferiores, não se poderia voltar a falar de um meio interno efetivo para este efeito, não obstante a existência de acórdãos do Supremo Tribunal Administrativo que continuam a respeitar os critérios jurisprudenciais de Estrasburgo.

Entretanto, no seu Acórdão Valada Matos das Neves, de 29 de outubro de 2015, o Tribunal considerou que a prática dos tribunais administrativos evoluiu muito nos últimos anos no que diz respeito à apreciação das ações por responsabilidade civil extracontratual do Estado pela violação do prazo razoável na administração da justiça em processo cível, de um modo que confere a tais ações um grau de certeza jurídica que as caracteriza como meio a esgotar para os fins do artigo 35º, nº 1 da *Convenção* – § 101.

O Tribunal concluiu que, a partir de 27 de maio de 2014, deve ser exigido aos queixosos sobre a morosidade da justiça em processo cível que utilizem aquela ação antes de se dirigirem a Estrasburgo – § 106; assim, todas as queixas apresentadas a partir desta data, sem que previamente seja intentada a referida ação, serão declaradas inadmissíveis por não esgotamento dos meios internos.

A Convenção Europeia

Parte Primeira

A Convenção Europeia dos Direitos do Homem e os seus Protocolos

A Convenção Europeia dos Direitos do Homem

Convenção para a proteção dos Direitos do Homem e das liberdades fundamentais

Os Governos signatários, membros do Conselho da Europa:

Considerando a Declaração Universal dos Direitos do Homem proclamada pela Assembleia Geral das Nações Unidas em 10 de dezembro de 1948;

Considerando que esta Declaração se destina a assegurar o reconhecimento e aplicação universais e efetivos dos direitos nela enunciados;

Considerando que a finalidade do Conselho da Europa é realizar uma união mais estreita entre os seus membros e que um dos meios de alcançar esta finalidade é a proteção e o desenvolvimento dos direitos do homem e das liberdades fundamentais;

Reafirmando o seu profundo apego a estas liberdades fundamentais, que constituem as verdadeiras bases da justiça e da paz no mundo e cuja preservação repousa essencialmente, por um lado, num regime político verdadeiramente democrático e, por outro, numa conceção comum e no comum respeito dos direitos do homem;

Decididos, enquanto Governos de Estados europeus animados no mesmo espírito, possuindo um património comum de ideias e tradições políticas, de respeito pela liberdade e pelo primado do direito, a tomar as primeiras providências apropriadas para assegurar a garantia coletiva de certo número de direitos enunciados na Declaração Universal.

(Afirmando que incumbe em primeiro lugar às Altas Partes Contratantes, em conformidade com o princípio da subsidiariedade, garantir o respeito dos direitos e liberdades definidos na presente Convenção e seus Protocolos, e que, para tanto, elas gozam de uma margem de apreciação, sob o controlo do Tribunal Europeu de Direitos do Homem estabelecido pela presente Convenção)[81]

[81] Este parágrafo foi adicionado pelo Protocolo 15 que ainda não entrou em vigor. Pretende-se reforçar a subsidiariedade do sistema; cfr. a anotação ao artigo 13º, a nota prévia ao Título II e a anotação ao artigo 35º.

Convencionaram o seguinte:

Artigo 1º – Obrigação de respeitar os direitos do homem[82]

As Altas Partes Contratantes reconhecem a qualquer pessoa dependendo da sua jurisdição os direitos e liberdades definidos no título I da presente Convenção.

1. Um Estado Contratante deve velar para que os seus órgãos, toda a sua jurisdição, respeitem a *Convenção*; qualquer violação da *Convenção* que provenha do poder legislativo, do executivo, do judicial ou dos órgãos regionais ou administrativos implica a responsabilidade do Estado; o que está em causa é a responsabilidade internacional do Estado qualquer que seja a autoridade nacional a quem é imputável a violação da *Convenção* – Acórdãos Martins Moreira, de 26 de outubro de 1988, A 143, pág. 21, § 60, e *BDDC*, nº 33/34, págs. 412 e segs., Partido Comunista turco unificado, de 30 de janeiro de 1998, R98-I, pág. 17, § 29, Chipre/Turquia, de 10 de maio de 2001, R01-IV, pág. 260, § 76, Assanidzé, de 8 de abril de 2004, R04-II, pág. 196, § 146, e Sargsyan, de 16 de junho de 2015, § 127.

A aplicação e a sanção para a violação dos direitos e liberdades garantidos na *Convenção* pertencem, em primeiro lugar, às autoridades nacionais.

O mecanismo da queixa perante o Tribunal reveste-se, portanto, de um caráter subsidiário em relação aos sistemas nacionais; esta subsidiariedade exprime-se nos artigos 13º e 35º, nº 1, da *Convenção* – Acórdãos Cocchiarella, de 29 de março de 2006 R06-V, pág. 178, § 38, e Sürmeli, de 8 de junho de 2006, R06-VII, pág. 211, § 97.

E por isso só após o esgotamento dos meios internos, quando eles existam, os órgãos de controlo são competentes para examinar eventuais violações da *Convenção*, incluindo as que possam resultar da aplicação pelos Estados parte de convenções internacionais concluídas posteriormente – Relatório de 8 de julho de 1993, Queixas nºs 15 298/89 e 15 300/89, *Déc. Rap.* 86-A, pág. 14, e Decisões de 16 de janeiro de 1995, Queixa nº 21 072/92, *Déc. Rap.* 80-A, pág. 89, de 28 de junho de 1996, Queixa nº 25 781/94, *Déc. Rap.* 86-A, pág. 104, e de 24 de junho de 1996, Queixa nº 28 780/95, *Déc. Rap.* 86-A, pág. 158.

A obrigação de se conformar com a *Convenção* pode envolver a necessidade de adotar medidas que interfiram com as relações entre os indivíduos – Acórdão X e Y/Holanda, de 26 de março de 1985, A 91, pág. 11, §§ 22-23, e Decisões de 7 de março de 1994, Queixa nº 20 357/92, *Déc. Rap.* 76-A, pág. 80, e de 16 de janeiro de 1998, Queixas nºs 28 851/95 e 28 852/95, *Déc. Rap.* 92-A, pág. 56.

[82] O Protocolo nº 11 deu epígrafes aos títulos e aos artigos da *Convenção* e dos seus Protocolos.

2. Todas as pessoas, incluindo as pessoas morais, sob a jurisdição de um Estado Contratante beneficiam da proteção da *Convenção,* sejam nacionais, estrangeiros ou apátridas e residam ou não no território desse mesmo Estado – Acórdão Al-Jedda, de 7 de julho de 2011, § 74, e Decisão de 11 de janeiro de 1961, Queixa nº 788/60, *Ann. Conv.*, vol. IV, pág. 139, e *Recueil des Travaux Préparatoires,* vol. II, pág. 484; mas já as «minorias» não têm garantidos direitos específicos – Decisão do Tribunal, de 25 de maio de 2000, Queixa nº 46 346/99, R00-VI, pág. 519.

Tudo isto como regra geral; note-se que o artigo 4º do Protocolo nº 4 e o artigo 1º do Protocolo nº 7 só se aplicam aos estrangeiros, enquanto o artigo 3º do Protocolo nº 4 é reservado aos nacionais.

Alguns dos direitos garantidos estão naturalmente ligados à pessoa física; é, no entanto, prematuro excluir dessa garantia certos direitos quando referidos às pessoas coletivas, ainda que alguns, como a interdição da tortura, o direito ao casamento ou a liberdade de religião, se apresentem inconciliáveis com esta categoria de pessoas.

3. A noção de «jurisdição», mencionada no artigo 1º da *Convenção,* é essencialmente territorial, embora em circunstâncias excecionais os atos dos Estados contratantes praticados ou produzindo efeitos fora do seu território possam considerar-se ainda como no exercício da sua jurisdição no sentido deste artigo – Acórdãos Hirsi Jamaa e outros, de 23 de fevereiro de 2012, § 72, Al-Skeini e outros, de 7 de julho de 2014, §§ 130 e segs., Hassan, de 16 de setembro de 2014, § 74, Jaloud, de 20 de novembro de 2014, § 139, e Chiragov e outros, de 16 de junho de 2015, § 167.

Assim, os representantes diplomáticos e consulares, no exercício das suas funções, podem acarretar a responsabilidade do Estado respetivo face à *Convenção* – Decisões de 25 de setembro de 1965, Queixa nº 1611/62, *Ann. Conv.*, vol. VIII, pág. 169, e de 14 de outubro de 1992, Queixa nº 17 392/90, *Déc. Rap.* 73, pág. 193.

Como o anterior Tribunal acentuou – Acórdão Loizidou, de 23 de março de 1995 (exceções preliminares), Série A, nº 310, pág. 23, § 62, relativo à situação no Norte do Chipre após a invasão turca de 1974 –, «tendo em conta o objeto e o fim da *Convenção,* a uma Parte Contratante pode ser igualmente pedida a sua responsabilidade quando, na sequência de uma ação militar – legal ou não –, ela exerce na prática o controlo sobre uma zona situada fora do território nacional»; no Acórdão Chiragov e outros, de 16 de junho de 2015, §§ 168 e segs., o Tribunal examinou a situação no Nagorno-Karabakh, tendo concluído que a Arménia, com a sua presença militar e o apoio político e financeiro, exerce um controlo efetivo suficiente para a responsabilizar pelos atos ali cometidos em violação da *Convenção.*

Aliás, o Tribunal nota que, de acordo com o direito internacional (em particular, o artigo 42º do Regulamento de Haia de 1907), um território é considerado como ocupado quando se encontra colocado de facto sob a autoridade de um exército inimigo; e considera-se que "autoridade de facto" se traduz no exercício de um controlo efetivo e requer elementos tais como a presença de tropas estrangeiras em condições de exercer tal controlo sem o consentimento da autoridade soberana – Acórdão Sargsyan, de 16 de junho de 2015, § 144.

E mesmo no alto mar ver também os Acórdãos Al-Jedda, de 7 de julho de 2011, §§ 83 e 133 e segs., que consideraram da responsabilidade do Reino Unido, e não da Nações Unidas, os atos praticados pelo seu exército no âmbito da invasão do Iraque de 2003; – Acórdãos Medvedyev e outros, de 29 de março de 2010, § 67 (apreensão de um navio em águas internacionais), e Hirsi Jamaa e outros, de 23 de fevereiro de 2012, § 81 (factos ocorridos a bordo de navios das forças armadas italianas com guarnição compostas exclusivamente por militares nacionais).

E como o Tribunal precisou no seu Acórdão Jaloud, de 20 de novembro de 2014, § 143, o facto de um Estado executar uma decisão ou uma ordem emanando de um Estado estrangeiro não chega, por si, para o exonerar das suas obrigações subscritas para com a *Convenção*. Examinando a situação das tropas holandesas no Iraque, o Tribunal afirmou que a Holanda não podia afastar a sua jurisdição, no sentido deste artigo 1º da *Convenção*, pelo simples facto de ter aceitado o controlo operacional dum Comandante da DMN (S-E) – Divisão Multinacional sudoeste – que era um oficial britânico, porquanto a Holanda tinha conservado o "pleno comando" sobre o seu pessoal militar, como os Ministros dos Negócios Estrangeiros e da Defensa tinham indicado numa carta enviada ao Parlamento.

A obrigação de assegurar o respeito dos direitos e liberdades garantidos pela *Convenção* decorre do controle que se exerce diretamente por intermédio das forças armadas do Estado ou através de uma administração local subordinada.

Contudo, a extensão e o conteúdo deste controlo suscita questões delicadas que o novo Tribunal teve oportunidade de clarificar na sua Decisão no Caso Bankovic´ – Decisão do Tribunal, de 12 de dezembro de 2001, Queixa nº 52 207/99, R01-XII, págs. 339 e segs.; ver também os Acórdãos Markovic, de 14 de dezembro de 2006, § 54, e Sergueï Zolotoukhine, 19 de fevereiro de 2009, § 56, e as Decisões do Tribunal de 12 de dezembro de 2002, Queixa nº 59 021/00, R02-X, pág. 395, de 3 de março de 2005, Queixa nº 60 861/00, R05-VI, págs. 353-354, §§ 101-103, de 29 de junho de 2006, Queixa nº 26 937/04, e de 9 de setembro de 2009, Queixa nº 73 250/01 (pessoal do Eurocontrol que sujeita os seus diferendos com a Organização ao Tribunal administrativo da OIT).

No caso Bankovic´, o Tribunal tinha de decidir sobre as queixas das vítimas ou das famílias das vítimas dos ataques aéreos efetuados pelas forças da OTAN sobre o território da República Federativa da Jugoslávia (RFY), no contexto da crise do Kosovo.

No dia 23 de abril de 1999, um pouco depois das duas da manhã, um dos edifícios da Radio-Televisije Srbije (RTS) da rua Takovska em Belgrado foi atingido por um míssil atirado por um avião da OTAN, provocando a derrocada de dois dos quatro andares do imóvel.

O bombardeamento fez dezasseis mortos e dezasseis feridos.

Na sua decisão, o Tribunal sublinhou, antes de tudo, que a competência jurisdicional de um Estado era principalmente territorial; esta questão da territorialidade é tão fundamental que levou o Tribunal a acentuar que, quando um Estado não exerce o controlo do seu território, tem, mesmo assim, a obrigação positiva de tomar todas as medidas que estejam ao seu dispor, sejam elas de ordem diplomática, económica, judiciária ou outra, para proteger todos aqueles que possam ser vítimas de violações da *Convenção* – Acórdãos Ilascu e outros, de 8 de julho de 2004, § 331, e Catan e outros, de 19 de outubro de 2012, § 109.

Se o Direito Internacional não exclui o exercício extraterritorial por um Estado da sua jurisdição, os elementos normalmente citados para fundamentar tal exercício (nacionalidade, pavilhão, relações diplomáticas e consulares, efeito, proteção, personalidade passiva e universalidade) são, regra geral, definidos e limitados pelos direitos territoriais soberanos dos outros Estados implicados.

Assim, por exemplo, a possibilidade para um Estado de exercer a sua jurisdição sobre os seus próprios cidadãos no estrangeiro está subordinada à competência territorial deste Estado e dos outros.

Um Estado não pode exercer concretamente a sua jurisdição sobre um território de um outro Estado sem o consentimento, o convite ou a aquiescência deste último, salvo se o primeiro for um Estado ocupante, caso em que se pode considerar que exerce a sua jurisdição sobre o território, ao menos para determinados efeitos.

O artigo 1º da *Convenção* refletirá esta conceção ordinária e essencialmente territorial da jurisdição dos Estados; os outros títulos de jurisdição são excecionais, necessitando de uma justificação especial, em função das circunstâncias de cada caso concreto.

O Tribunal encontrou uma confirmação desta conceção territorial da jurisdição dos Estados nos trabalhos preparatórios da *Convenção*, os quais revelam que, se o *Comité* de peritos intergovernamentais substituiu os termos «residindo no seu território» pelas palavras «relevando da sua jurisdição», pretendia apenas estender a aplicação da *Convenção* às pessoas que, sem residir, no sentido jurídico do termo, num território de um Estado, se encontrem contudo no seu território.

Em resumo, resulta da Jurisprudência que só excecionalmente o Tribunal admite que um Estado Contratante possa exercer fora do seu território a sua competência.

E o Tribunal só a tem aceitado quando o Estado em causa, através de um controlo efetivo por ele exercido sobre um território exterior às suas fronteiras e sobre os seus habitantes, assume um conjunto ou alguns dos poderes públicos que relevam normalmente das prerrogativas do Governo local.

No Acórdão Ilascu e outros, de 8 de julho de 2004, R04-VII, págs. 15 e segs., (ver, também, o Acórdão Catan e outros, de 19 de outubro de 2012, §§ 103 e segs.) o Tribunal precisou que a presunção de que um Estado exerce a sua jurisdição sobre um território pode ser limitada em circunstâncias excecionais, nomeadamente quando um Estado é impedido de exercer a sua autoridade sobre uma parte do seu território; ver o Acórdão Sargsyan, de 16 de junho de 2015, § 128.

Isto poderá acontecer no caso de uma ocupação militar pelas forças armadas de um outro Estado que controla efetivamente o território, de atos de guerra ou de rebelião, ou ainda de atos de um Estado estrangeiro sustentando um regime separatista sobre o território do Estado em questão.

Mas mesmo nestas circunstâncias excecionais, quando um Estado se encontra na impossibilidade de exercer a sua autoridade sobre o conjunto do seu território por causa de uma ocupação militar pelas forças armadas de um outro Estado, de atos de guerra ou de rebelião ou da existência de um regime separatista no seu território, ele não deixa de exercer a sua jurisdição, nos termos deste artigo 1º; mas, neste quadro, a sua responsabilidade é limitada ao cumprimento das suas obrigações positivas, ou seja, a esforçar-se por reafirmar a sua soberania sobre o seu território e a garantir o respeito dos direitos individuais – Acórdão Sargsyan, de 16 de junho de 2015, §§ 130 e 131.

E quando uma localidade está situada sobre o território internacionalmente reconhecido de um Estado, a presunção de jurisdição aplica-se – Acórdão Sargsyan, de 16 de junho de 2015, § 139.

Note-se, contudo, que a *Convenção* não tem vocação para se aplicar por todo o lado no Mundo, mesmo em relação ao comportamento dos Estados Contratantes. Aliás, até agora o Tribunal apenas invocou o interesse em evitar deixar lacunas ou soluções de continuidade na proteção dos Direitos Humanos para estabelecer a jurisdição de um Estado Contratante nas situações onde, se não fossem as circunstâncias especiais encontradas, o território em causa estaria normalmente coberto pela *Convenção*.

Ver, neste sentido, as Decisões do Tribunal de 11 de dezembro de 2006, Queixa nº 5853/06 (falta de jurisdição de um Estado parte sobre pessoas que sempre residiram num território estrangeiro por eventuais ofensas que teriam recebido pela publicação de caricaturas num dos jornais daquele Estado; não haveria nenhuma ligação jurídica entre os queixosos e o Estado requerido), e de 28 de junho de 2007, Queixa nº 60167/00.

Note-se contudo que, mesmo quando não haja controlo do território, poderá haver "jurisdição" se o indivíduo está fisicamente nas mãos das autoridades, no caso, nas mãos dos militares britânicos – Acórdão Hassan, de 16 de setembro de 2014, § 76.

4. Uma situação de sentido inverso à anterior ocorre quando um Estado Contratante transfere parte da sua «jurisdição» para uma organização internacional ou quando reconhece imunidades.

Nestas circunstâncias, o Tribunal sublinhou que a possibilidade de um Estado, sem reserva e sem controlo dos órgãos da *Convenção*, subtrair à competência dos tribunais toda uma série de ações ou de exonerar de toda a sua responsabilidade largas camadas ou categorias de pessoas não se concilia com a preeminência do direito numa sociedade democrática nem com o princípio fundamental que subentende o artigo 6º, § 1, pois, de outro modo, a proteção dos direitos fundamentais pode encontrar-se afetada.

Quando os Estados criam organizações internacionais para cooperar em certos domínios de atividade ou para reforçar a cooperação, quer lhes transfiram competências ou lhes concedam imunidades, a proteção dos direitos fundamentais pode ser afetada.

Seria contrário ao fim e ao objeto da *Convenção* que os Estados Contratantes fossem exonerados de toda a responsabilidade no domínio da atividade daquelas organizações.

Essa responsabilidade exige que as pessoas sujeitas à «jurisdição» das organizações internacionais disponham de outros meios razoáveis de proteção eficaz dos direitos e liberdades garantidos pela *Convenção* – Acórdãos Waite e Kennedy, de 18 de fevereiro de 1999, R99-I, pág. 446, § 67, Prince Hans-Adam II de Liechtenstein, de 12 de julho de 2001, R01-VIII, pág. 67, § 48, e Decisões de 10 de junho de 1956, Queixa nº 235/56, *Ann. Conv.*, 2, pág. 256, de 9 de fevereiro de 1990, Queixa nº 13 258/87, *Déc. Rap.* 64, pág. 138, e de 10 de janeiro de 1994, Queixa nº 21 090/92, *Déc. Rap.* 76-A, pág. 125.

Na sua Decisão de 9 de fevereiro de 1990, a Comissão considerou que o sistema jurídico das Comunidades não só reconhece os direitos fundamentais, como assegura também o controlo do seu respeito, acrescentando que o Tribunal de Justiça das Comunidade Europeias (após o Tratado de Lisboa que entrou em vigor a 1 de dezembro de 2009, passou a designar-se Tribunal de Justiça da União Europeia) desenvolveu uma jurisprudência segundo a qual este Tribunal é chamado a examinar os atos das Comunidades à luz da vertente dos direitos fundamentais, incluindo os consagrados na *Convenção*[83].

A *Convenção* admite, assim, a transferência de competências para as organizações internacionais, desde que os direitos ali garantidos continuem a ser «reconhecidos» – Acórdãos M.S.S./Bélgica e Grécia, de 21 de janeiro de 2011, § 338, e Tarakhel, de 4 de novembro de 2014, § 88.

Mas, mesmo nesta hipótese, semelhante transferência nem sempre faz desaparecer a responsabilidade dos Estados membros.

[83] Aliás, no caso em análise, o próprio Tribunal das Comunidades tinha já afirmado que o direito comunitário continha todos os elementos para o exame e, se necessário, para reparar a queixa, segundo a qual o direito a um processo equitativo tinha sido violado.
Cfr. Luc Weitzel, «La Commission Européenne des Droits de l'Homme et le Droit Communautaire», in *Présence du Droit Public et des Droits de l'Homme,* Mélanges offerts à Jacques Velu, Bruxelles, 1992, págs. 1391 e segs.

No caso Mathews – Acórdão de 18 de fevereiro de 1999, R99-I, págs. 309 e segs., o Tribunal estudou a impossibilidade em que se encontravam os habitantes de Gibraltar para participarem nas eleições para o Parlamento Europeu.

Por força do artigo 1º da *Convenção*, o Reino Unido deve reconhecer a Gibraltar os direitos consagrados na *Convenção* e seus Protocolos e, nomeadamente – artigo 3º do Protocolo nº 1 –, o direito de participar nas eleições para o Parlamento Europeu, transformado, entretanto, em «órgão legislativo» após o Tratado de Maastricht que reforçou os seus poderes no processo legislativo comunitário.

O Tribunal concluiu que a responsabilidade do Reino Unido resultava do facto de, posteriormente ao momento em que o artigo 3º do Protocolo nº 1 se tornou aplicável a Gibraltar, ter assumido, pela via de um instrumento internacional – (Decisão do Conselho nº 76/87, de 20 de setembro de 1976, e um Anexo ao Ato de 1976) –, obrigações que tiveram por efeito modificar a sua situação em relação à *Convenção*, incluindo a de organizar em Gibraltar eleições para os «órgãos legislativos», aí se incluindo o Parlamento Europeu.

No Acórdão Bosphorus Hava Yollari Turizan Ve Ticaret Anomim Şirketi, de 30 de junho de 2005, R05-VI, o Tribunal reviu, de algum modo, toda a teoria da «proteção equivalente».

Nas situações em que os Estados transferem parte da sua soberania para outras organizações que oferecem, em princípio, adequada proteção aos direitos e garantias consagrados na *Convenção*, o Tribunal não se dispensa de examinar o modo como essa proteção foi exercida para verificar se aquela presunção se realizou no caso concreto.

O Tribunal aceitou que no quadro da União Europeia existe uma presunção do respeito pela *Convenção* traduzida nomeadamente pelo papel desempenhado pelo TJUE.

Nos casos em que houve intervenção do TJUE, que se pronunciou sobre a observação da *Convenção*, o Tribunal é competente para examinar o caso *ratione materiae* e verificar se a apreciação ali feita não foi manifestamente deficiente – Acórdão Bosphorus, R05-VI, pág. 231, § 166; o que significa uma radical diferença face à citada Decisão de 9 de fevereiro de 1990, Queixa nº 13 258/87, *Déc. Rap.* 64, pág. 138, onde a Comissão, numa situação semelhante, se tinha considerado incompetente *ratione materiae*.

Na Decisão de 20 de janeiro de 2009, Queixa nº 13 645/05, o Tribunal examinou a questão da falta de resposta pelo indivíduo às observações do Advogado Geral no quadro de um processo de reenvio prejudicial no TJUE; aplicando a referida teoria da «proteção equivalente», o Tribunal entendeu que aquela falha não tornava a proteção oferecida pelo *Convenção* «manifestamente deficiente» no âmbito do referido processo, apoiando-se nomeadamente na possibilidade de reabertura da audiência depois de o Advogado Geral ter lido o seu parecer, pelo que os tribunais internos ao aplicar o decidido pelo TJUE não ofendiam a *Convenção*.

O Tribunal deseja, cada vez mais, conhecer se, em cada caso concreto, o interessado beneficiou das garantias essenciais de um processo equitativo; na sua Decisão de 12 de maio de 2009, Queixa nº 10 750/03, o Tribunal examinou nomeadamente a falta de publicidade dos processos que decorrem na Comissão de Recurso da Nato que se ocupa dos diferendos entre os funcionários e esta Organização para chegar à conclusão de que essa falta não afetava a equidade do processo.

Uma situação que preocupa o Tribunal é aquela que decorre da aplicação da Convenção (Regulamento) de Dublin da União Europeia em matéria de asilo; de acordo com este instrumento internacional, um Estado, perante um indivíduo que lhe pede asilo, vindo de um país membro da União Europeia, pode limitar-se a enviá-lo para este Estado.

Mas, neste caso, os Estados que apliquem aquele Regulamento estão obrigados a assegurar-se que o processo de asilo no país intermediário oferece garantias suficientes, permitindo evitar que o requerente de asilo não seja expulso para o seu país de origem sem que uma avaliação dos riscos que ali corre seja feita – Acórdão M.S.S./Bélgica e Grécia, de 21 de janeiro de 2011, § 343.

Este mecanismo aplica-se à Suíça, por força de um acordo de associação com a União Europeia – Acórdão Tarakhel, de 4 de novembro de 2014, § 89.

Situação diferente será aquela que decorre do facto de um Estado fazer parte das Nações Unidas e ter de cumprir as medidas por elas impostas e que têm efeitos imediatos, sem necessidade de mediação das autoridades domésticas; o Tribunal nem terá competência para as examinar – Decisões do Tribunal de 2 de maio de 2007, Queixas nºs 71 412/01 e 78 166/01, e de 16 de outubro de 2007, Queixa nº 36 357/04 e outras.

Mas, se as decisões dos órgãos das Nações Unidas, como as resoluções do Conselho de Segurança, necessitam para a sua execução da mediação de atos internos, estes podem acarretar a responsabilidade dos Estados por eventuais violações da *Convenção* – Acórdão Nada, de 12 de setembro de 2012, § 121.

5. Note-se ainda que, dadas as funções de supervisão que exercem, os Estados Contratantes são obrigados a velar para que terceiros não venham a violar os direitos garantidos pela *Convenção* e, se o fizeram, o Estado deve proceder a um inquérito destinado a identificar e punir os responsáveis – Ver as anotações aos artigos 2º e 3º[84].

Descortinar-se-á aqui uma tentativa de aplicação horizontal da *Convenção*, estendendo a sua proteção a atos praticados por particulares?

Da jurisprudência dos órgãos de controlo, deduz-se que toda a queixa dirigida contra um particular será declarada inadmissível por incompetência *ratione personae*;

[84] Cf. Jean Raymond, «L'article 1.er du Protocole additionnel et les rapports entre particuliers», in *Protection des Droits de l'Homme,* Mélanges en honneur de G. J. Wiarda, Cologne, 1988, págs. 532 e segs.

mas um Estado, esse sim, pode ser sempre responsabilizado pelas violações de direitos e liberdades praticadas por particulares, por não ter assegurado à vítima a proteção que a *Convenção* impõe, ou porque a sua legislação permitiu as referidas violações ou não puniu um tratamento contrário à *Convenção*.

A responsabilidade do Estado pode ainda emergir se ele não respeitou a sua obrigação de legislar em conformidade com a *Convenção* – Acórdãos Young, James e Webster, de 13 de agosto de 1981, A 44, pág. 20, § 49, Costello-Roberts, de 25 de março de 1993, A 247-C, págs. 57-58, §§ 26-28, e Moldovan e outros, de 12 de julho de 2005, R05-VII, pág. 228, § 98, Decisão do Tribunal de 1 de março de 2005, Queixa nº 22 860/02, R05-IV, pág. 389, e Decisão de 9 de fevereiro de 1990, Queixa nº 13 258/87, *Déc. Rap.* 64, pág. 138.

6. Este artigo, contendo uma obrigação de caráter geral, não poderá, mesmo se invocado conjuntamente com outros artigos ou em ligação com eles, ser considerado como uma disposição que possa ser objeto de uma violação separada – Decisão do Tribunal, de 14 de maio de 2002, Queixa nº 38 621/97, R02-V, pág. 327, Relatório no caso *Irlanda/Reino Unido*, B 21-I, págs. 491-492, e Decisão de 14 de outubro de 1996, Queixa nº 22 598/93, *Déc. Rap.* 87-A, pág. 24.

TÍTULO I
Direitos e Liberdades

Artigo 2º – Direito à vida

1 – O direito de qualquer pessoa à vida é protegido pela lei. Ninguém poderá ser intencionalmente privado da vida, salvo em execução de uma sentença capital pronunciada por um tribunal, no caso de o crime ser punido com esta pena pela lei.

2 – Não haverá violação do presente artigo quando a morte resulte do recurso à força, tornado absolutamente necessário:

a) Para assegurar a defesa de qualquer pessoa contra uma violência ilegal;

b) Para efetuar uma detenção legal ou para impedir a evasão de uma pessoa detida legalmente;

c) Para reprimir, em conformidade com a lei, uma revolta ou uma insurreição.

REFERÊNCIAS

DUDH – artigo 3º

PIDCP – artigo 6º

Conv. Interam. – artigo 4º

Carta Afric. – artigo 4º
Cart. UE – artigo 2º
Convenção das Nações Unidas para a Prevenção e Repressão do Crime de Genocídio.
Const. – artigo 24º
Protocolos nºs 6 e 13.

1. Este artigo, como o artigo 3º, deve ser considerado como uma das cláusulas primordiais da *Convenção*, consagrando um dos valores fundamentais das sociedades democráticas que formam o Conselho da Europa – Acórdão Mocanu e outros, de 17 de setembro de 2014, § 315.

A expressão *qualquer pessoa* utilizada no nº 1[85] permite afirmar que o direito à vida é protegido independentemente das condições físicas ou mentais.

Face a este artigo, o Estado tem obrigações negativas e positivas.

Negativas, no sentido de se abster de provocar a morte de maneira voluntária e irregular.

Positivas, em dois sentidos; no sentido de tomar as medidas necessárias para a proteção da vida das pessoas contra terceiros e, em algumas circunstâncias particulares, contra elas próprias; e depois, face a alegações de violações ao direito à vida garantido por este artigo, as autoridades devem proceder a inquéritos, objetivos, eficazes e rápidos, associando os familiares das vítimas ou as vítimas elas próprias, destinados a identificar e punir os responsáveis.

2. O direito à vida impõe-se ao Estado e aos outros indivíduos e deve estar protegido pela lei; isto é, as pessoas têm o direito de exigir do Estado as medidas necessárias e adequadas para a proteção da sua vida, incluindo a obrigação de incriminar os atentados à vida e de perseguir os autores de homicídios. Esta obrigação positiva também surge quando as autoridades sabem ou deviam saber que um ou mais indivíduos tinham as suas vidas ameaçadas de uma forma real e imediata (ver *infra*) – Acórdãos L.C.B./Reino Unido, de 9 de junho de 1998, R98-III, pág. 1403, § 36, Osman, de 28 de outubro de 1998, R98-VIII, págs. 3159 e segs., §§ 115 e 116, Kiliç, R00-III, pág. 132, § 62, Akkoç, R00-X, pág. 468, § 77, Chipre/Turquia, de 10 de maio de 2001, R01-IV, pág. 276, § 131, e pág. 295, § 219, Paul e Audrey Edwards, R02-II, pág. 202, § 54, Mastromateo, de 24 de outubro de 2002, R02-VIII, pág. 137, §§ 67 e 68, Öneryil-

[85] Esta disposição deve ser combinada com os Protocolos nºs 6 e 13.
O Protocolo nº 6 proíbe a pena de morte – artigo 1º; contudo, segundo o artigo 2º deste Protocolo, um Estado pode prever a pena de morte para atos praticados em tempo de guerra ou de perigo iminente de guerra.
O Protocolo nº 13 proíbe a pena de morte mesmo em tempo de guerra.
Ver as respetivas anotações.

diz, de 30 de novembro de 2004, R04-XII, pág. 137, §§ 67 e 68, (atividades de caráter industrial perigosas por natureza), Gongadzé, 8 de novembro de 2005, R05-XI, pág. 65, § 165, 97 Membros da Congregação das Testemunhas de Jeová de Gldani e 4 outros, de 3 de maio de 2007, § 96, Medova, de 15 de janeiro de 2009, § 95 (proteção devida pelo Estado a uma pessoa cuja vida está em risco devido a atos criminais de outrem), Opuz, de 9 de junho de 2009, § 176 (responsabilidade do Estado num caso de violência doméstica do marido sobre a mulher, com a repetição destas situações até à morte da mulher, perante a passividade das autoridades que conheciam aquele comportamento), Maiorano e outros, de 15 de dezembro de 2009, § 105, e "Centre de Ressources Juridiques au nom de Valentin Câmpeanu", de 17 de julho de 2014, § 130 (o Estado deve estabelecer um quadro regulamentar impondo aos hospitais, sejam públicos ou privados, a adoção de medidas próprias a assegurar a proteção da vida dos seus doentes, particularmente quando a capacidade dos doentes para tomarem conta de si é limitada), Decisões do Tribunal, de 7 de janeiro de 2003, Queixa nº 57 420/00, R03-I, pág. 319, 6 de maio de 2003, Queixa nº 47 916/99, R03-V, pág. 393, e de 4 de janeiro de 2005, Queixa nº 14 462/03, R05-I, pág. 383 (recusa da prestação dos cuidados médicos que foram prometidos à população), e Decisões de 12 de julho de 1978, Queixa nº 7154/75, *Déc. Rap.* 14, pág. 32, de 30 de agosto de 1994, Queixa nº 23 412/94, *Déc. Rap.* 79-A, pág. 127, e de 22 de setembro de 1995, Queixa nº 20 948/92, *Déc. Rap.* 81-A, pág. 35; de 14 de outubro de 1996, Queixa nº 22 998/93, *Déc. Rap.* 87-A, pág. 24, e de 25 de fevereiro de 1997, Queixa nº 26 561, *Déc. Rap.* 88-A, pág. 72.

E quando a pessoa em questão se encontra detida ou numa relação de dependência em relação às autoridades do Estado, estas têm a obrigação de proteger a sua saúde, o que implica prodigar cuidados médicos quando o estado de saúde da pessoa os exige para prevenir um desfecho fatal – Acórdãos Saoud, de 9 de outubro de 2007, § 98, e "Centre de Ressources Juridiques au nom de Valentin Câmpeanu", de 17 de julho de 2014, § 131 (colocação e detenção de uma pessoa deficiente).

2.1. A obrigação positiva de tomar todas as medidas necessárias à proteção da vida implica, antes de mais, para os Estados, o dever primordial de elaborar um quadro legislativo e administrativo visando uma eficaz prevenção, dissuadindo a possibilidade de se colocar em perigo o direito à vida e oferecendo um sistema de garantias adequadas e efetivas contra o arbítrio e o abuso da força e mesmo contra os acidentes evitáveis – Acórdãos Öneryildiz, R04-XII, pág. 37, § 89, Dodov, de 17 de janeiro de 2008, § 70, e Giuliani e Gaggio, de 24 de março de 2011, § 209.

Por outro lado, a obrigação de proteger o direito à vida imposta nesta disposição, combinada com o dever geral que decorre para o Estado do artigo 1º, de reconhecer, a toda a pessoa relevando da sua jurisdição, os direitos e as liberdades definidos na *Convenção*, implica e exige que se instaure um inquérito pronto, eficaz, independente e público, que conduza ao apuramento dos factos e dos autores e à punição de todos os responsáveis, quando o recurso à força, – nomeadamente pelos agentes do Estado, mas não só –, acarreta a morte de uma pessoa – Acórdãos McCann e outros, de 27 de setembro de 1995, A 324, pág. 49, § 161, Kaya, de 19 de fevereiro de 1998, R98-I, pág. 324, § 86, Güleç, de 27 de julho de 1998, R98-IV, pág. 1731, § 77, Ergi, de 28 de julho de 1998, R98-IV, pág. 1778, § 82, Yaşa, de 2 de setembro de 1998, R98-VI, pág. 2438, § 98, Assenov e outros, de 28 de outubro de 1998, R98-VIII, pág. 3290, § 102, Ögur, de 20 de maio de 1999, R99-III, pág. 609, § 88, Cakici, de 8 de julho de 1999, § 86, Tanrikulu, de 28 de julho de 1999, R99-IV, pág. 551, § 101, Kiliç, R00-III, pág. 136, § 78, Ertak, R00-V, pág. 192, § 134, Akkoç, R00-X, pág. 473, § 97, Demiray, de 21 de novembro de 2000, R00-XII, pág. 80, § 50, Keenan, de 3 de abril de 2001, R01-III, pág. 188, § 89, Chipre/Turquia, de 10 de maio de 2001, R01-IV, pág. 276, § 131, Avşar, de 10 de julho de 2001, R01-VII, pág. 143, § 408, Paul e Audrey Edwards, R02-II, págs. 208 e 210, §§ 69 e 72, Anguelova, de 13 de junho de 2002, R02-IV, pág. 438-439, §§ 136-138, Gongadzé, R05-XI, pág. 68, § 177, Finucane, de 1 de julho de 2003, R03-VIII, pág. 54, §§ 68 e 70, Tashin Acar, de 8 de abril de 2004, R04-III, pág. 103, § 220, Nachova e outros, 6 de julho de 2005, R05-VII, pág. 79, § 112, Luluyev e outros, de 9 de novembro de 2006, § 90, Imakayeva, de 9 de novembro de 2006, § 146, Ramsahai, de 15 de maio de 2007, § 321, Šečić, de 31 de maio de 2007, § 54, Medova, de 15 de janeiro de 2009, § 103, Varnava e outros, de 18 de setembro de 2009, § 181 (desaparecidos), Giuliani e Gaggio, de 24 de março de 2011, § 298, Al-Skeini e outros, de 7 de julho de 2011, § 164 (inquérito mesmo nas condições mais difíceis, no caso, conflito armado no Iraque e morte causada pelas forças britânicas), "Centre de Ressources Jurídiques au nom de Valentin Câmpeanu", de 17 de julho de 2014, § 23 (os atentados à vida das pessoas devem ser punidos para assim se manter a confiança do público e assegurar a sua adesão a um Estado de direito e para prevenir toda a aparência de tolerância de atos ilegais), Hassan, de 16 de setembro de 2014, § 62, Mocanu e outros, de 17 de setembro de 2014, § 317, Jaloud, 20 de novembro de 2014, § 186 (reafirma os princípios do Acórdão Al-Skeini), e Mustafa Tunç e Fecire Tunç, de 14 de abril de 2015, § 169 e segs., e Decisões do Tribunal, de 5 de outubro de 1999, Queixa nº 33 677/96, R99-VII, pág. 426, de 4 de maio de 2000, Queixa nº 45 305/99, R00-V, pág. 433, e de 9 de maio de 2006, Queixa nº 1396/06, R06-V, pág. 341 (militar condenado por ter causado a morte a um colega mas que não chegou a ser demitido do exército).

2.2. A obrigação do Estado de proteger a vida e proceder a um inquérito em caso de morte assume uma dimensão particular em relação aos detidos que se encontram sob o controle das autoridades – Acórdãos Slimani, de 27 de julho de 2004, R04-IX, pág. 15, § 27, Tarariyeva, de 14 de dezembro de 2006, §§ 73 e 74, e Rodić e 3 outros, de 27 de maio de 2008, § 48.

Quando as autoridades estão perante um detido sofrendo de graves problemas mentais e apresentando tendências suicidárias, devem tomar medidas adequadas para assegurar a compatibilidade deste estado com a detenção; e, neste contexto, sem perder de vista as dificuldades que existem no meio carceral, o Tribunal criticou a oportunidade deixada a um detido sofrendo de perturbações psicóticas evidentes de gerir ele próprio quotidianamente a sua tomada de medicamentos sem qualquer controlo – Acórdão Renolde, de 16 de outubro de 2008.

Este detido acabou por se enforcar com o lençol na sua cela tendo a autópsia revelado que ele não tomava os medicamentos haveria dois ou três dias.

2.3. Numa investigação em que a responsabilidade sobre a morte de uma pessoa é imputada aos agentes ou autoridades do Estado é necessário que o investigador seja independente em relação aos implicados no acontecimento, nomeadamente que não mantenha relações estreitas com as pessoas visadas no inquérito; isto significa não só a independência hierárquica e institucional, mas também na prática – Acórdãos Paul e Audrey Edwards, R02-II, pág. 209, § 70, Mastromateo, R02-VIII, pág. 142, § 91, Öneryildiz, R04-XII, pág. 39, § 94, Makaratzis, R04-XI, pág. 286, § 73, Giuliani e Gaggio, de 24 de março de 2011, § 300, Al-Skeini e outros, de 7 de julho de 2011, § 167, Mocanu e outros, de 17 de setembro de 2014, § 320, Jaloud, 20 de novembro de 2014, § 188, e Mustafa Tunç e Fecire Tunç, de 14 de abril de 2015, § 222.

Para que se possa considerar eficaz um inquérito, ele deve ser adequado, no sentido de levar à identificação e à punição dos responsáveis, devendo as autoridades adotar as medidas que lhes estavam razoavelmente acessíveis para que sejam recolhidas as provas relativas ao incidente; toda a deficiência do inquérito enfraquecendo a possibilidade de estabelecer a causa da morte ou as responsabilidades arrisca-se a não responder ao disposto neste artigo – Acórdãos Ramsahai, 15 de maio de 2007, § 324, Medova, de 15 de janeiro de 2009, § 103, e Giuliani e Gaggio, de 24 de março de 2011, § 301.

E, independentemente de a família da vítima ter ou não apresentado queixa, o simples facto de as autoridades competentes serem informadas da morte dá, *ipso facto*, nascimento à obrigação, decorrente deste artigo, de efetuar um inquérito eficaz, independente e acessível à família da vítima, sobre as circunstâncias em que ocorreu a morte, mesmo que as suspeitas não incidam sobre um agente do Estado – Acórdão Tanrikulu, R99-IV, pág. 551, § 103, Velikova, de 18 de maio de 2000, R00-VI, pág. 60, § 80, Paul e Audrey Edwards, R02-II, pág. 209, § 70, Sabuktekin, de 19 de março de 2002, R02-II, pág. 247, § 98, Bubbins, de 17 de março de 2005, R05-II, pág. 237, § 153, Angelova e Iliev, de 26 de outubro de 2007, § 95, Giuliani e Gaggio, de 24 de março de 2011, § 303, e Mustafa Tunç e Fecire Tunç, de 14 de abril de 2015, §§ 179 e 210.

Note-se que, quando alguém foi detido em boas condições de saúde e mais tarde é encontrado morto, incumbe ao Estado fornecer uma explicação plausível para os eventos que acarretaram a sua morte, a fim de afastar a responsabilidade que decorre deste artigo – Acórdãos Selmouni, de 28 de julho de 1999, R99-V, pág. 233, § 87, Velikova,

R00-VI, pág. 58, § 70, Ertak, de 9 de maio de 2000, R00, pág. 191, § 131, Timurtas, de 13 de junho de 2000, R00-VI, pág. 376, § 82, Mckerr, R01-III, pág. 589, § 109, Anguelova, R02-IV, pág. 433, § 110, e Slimani, 27 de julho de 2004, R04-II, pág. 17, § 30; esta obrigação de investigação existe também quando uma pessoa, que se encontra sob a responsabilidade de profissionais de saúde, vem a morrer – Decisão do Tribunal, de 4 de maio de 2000, Queixa nº 45 305/99, R00-V, pág. 433.

Na mesma ordem de ideias, o artigo 5º impõe ao Estado a obrigação de revelar o local onde se encontra toda a pessoa detida; a questão de saber se a falta de explicação plausível fornecida pelas autoridades relativamente à sorte de um detido pode ou não colocar igualmente questões no âmbito deste artigo 2º da *Convenção* depende do conjunto das circunstâncias do caso e nomeadamente da existência de provas circunstanciais suficientes, fundadas sobre elementos materiais, permitindo concluir, ao nível da prova requerida, que o detido deve ser considerado morto durante a detenção – Acórdãos Çakici, R99-IV, pág. 684, § 85, İrfan Bilgin, de 17 de julho de 2001, R01-VIII, pág. 188, § 138, e Taniş e outros, de 2 de agosto de 2005, R05-VIII, pág. 50, § 200.

2.4. Nalgumas circunstâncias bem definidas, este artigo pode colocar a cargo das autoridades a obrigação positiva de tomarem preventivamente medidas de ordem prática para proteger o indivíduo cuja vida esteja ameaçada por atos criminais de outrem; para que a responsabilidade do Estado seja estabelecida, será necessário que a morte resulte de uma falta das autoridades em fazer tudo o que seria razoável esperar delas para impedir a materialização de um risco certo e imediato para a vida de que elas tinham ou deviam ter conhecimento – Acórdão Giuliani e Gaggio, de 24 de março de 2011, §§ 245 e 248.

Ainda que não haja a obrigação de fornecer um serviço de proteção especial para alguém ameaçado de morte, ao menos por um período indefinido – Decisão de 20 de julho de 1973, Queixa nº 6040/73, *Ann. Conv.*, vol. XVI, pág. 393 –, o Estado tem de adotar as medidas necessárias para proteger a sua vida, nomeadamente com leis criminais que previnam a prática destas infrações – Acórdãos Osman, R98-VIII, pág. 3159, § 116, Mahmut Kaya, de 28 de março de 2000, R00-III, pág. 223, § 86, Demiray, R00-XII, pág. 78, § 41, Angelova e Iliev, de 26 de outubro de 2007, § 93, e Decisão de 10 de outubro de 1986, Queixa nº 11 604, *Déc. Rap.* 50, pág. 259.

2.5. A Comissão considerava que as amnistias para este tipo de crimes seriam admissíveis no equilíbrio entre os interesses do indivíduo e os interesses legítimos do Estado – Decisão de 2 de setembro de 1991, Queixa nº 16 734/90, *Déc. Rap.* 72, pág. 236. Contudo, o Tribunal reviu esta posição, afirmando que quando um agente do Estado é acusado de atos contrários aos artigos 2º e 3º, o processo ou a condenação não devem caducar devido à prescrição e a aplicação de medidas tais como a amnistia ou a graça não devem ser autorizadas – Acórdãos Teren Aksakal, 11 setembro de 2007, § 88,

Marguš, de 27 de maio de 2014, §§ 125 e 126, e Decisão do Tribunal, de 17 de março de 2009, Queixa nº 13 113/03.

2.6. Quando a morte é causada não intencionalmente, por negligência (médica, mas não só), uma ação administrativa, civil ou disciplinar pode ser suficiente; deve haver um processo adequado a estabelecer os factos, a apontar as faltas e a determinar responsabilidades quando as houver – Acórdãos Calvelli e Ciglio, de 17 de janeiro de 2002, R02-I, pág. 14, § 51, Mastromateo, R02-VIII, pág. 142, § 90, Öneryildiz, R04-XII, pág. 38, § 92, Tarariyeva, de 14 de dezembro de 2006, § 75, Dodov, de 17 de janeiro de 2008, § 83, e Mustafa Tunç e Fecire Tunç, de 14 de abril de 2015, §§ 131 e 170, e Decisão do Tribunal, de 5 de outubro de 2006, Queixa nº 75 725/01.

3. A expressão *ninguém poderá ser intencionalmente privado da vida* foi inicialmente interpretada de uma maneira estrita, tendo mais tarde esta posição sido revista para se concluir que a primeira frase do nº 1 continha uma obrigação mais ampla do que a segunda, abrangendo a morte por imprudência; a proteção aqui concedida abarca igualmente as situações onde é possível o recurso à força, o que pode conduzir a provocar a morte de uma maneira involuntária – Acórdãos Ilhan, de 27 de junho de 2000, R00-VII, pág. 339, § 74, Tanli, de 10 de abril de 2001, R01-III, pág. 263, § 140, Makaratzis, de 20 de dezembro de 2004, R04-XI, pág. 280, § 49, Akkum e outros, de 24 de março de 2005, R05-II, pág. 301, § 237, Ramsahai, 15 de maio de 2007, § 286, e Decisões da Comissão, de 12 de julho de 1978, Queixa nº 7154/75, *Déc. Rap.* 14, pág. 31[86], e de 10 de julho de 1984, Queixa nº 1044/82, *Déc. Rap.* 39, pág. 162.

4. O direito à vida refere-se, no contexto, apenas à vida física e mental, ao direito a não ser morto, a não ser privado de vida[87] – Decisões de 10 de julho de 1984, Queixa nº 10 044/82, *Déc. Rap.* 39, pág. 162, e de 7 de abril de 1997, Queixa nº 28 955/95, *Déc. Rap.* 89-A, pág. 98.

A disposição deixa em aberto toda a problemática relacionada com o princípio e o fim da vida que é objeto de proteção; coloca-se, assim e desde logo, a questão do momento do começo da vida, imbricada com os problemas do destino do ovo fecundado e da interrupção da gravidez[88].

[86] Que não considerou ali incluída a morte de uma pessoa por um polícia que a confundiu com outra que o ameaçava.

[87] E já não a uma condição mínima de vida, a uma vida decente.

[88] Note-se que, aquando da elaboração da Declaração Universal, foi recusada para o seu artigo 3º uma proposta que pretendia proteger a vida a partir da conceção, para a não incompatibilizar com as legislações nacionais que permitiam o aborto; e a influência da Declaração na *Convenção* é manifesta.

Abra-se um parêntese para referir que aparentemente mais clara seria a Convenção Interamericana dos Direitos do Homem (CADH), que no seu artigo 4º dispõe:

> *«Toda a pessoa tem o direito de que se respeite a sua vida. Esse direito deve ser protegido pela lei em geral, desde o momento da conceção. Ninguém pode ser privado da vida arbitrariamente*
>
> ....»

Mais: a CADH proíbe, naquele artigo 4º, a execução da pena de morte em mulheres grávidas, o que poderia inculcar a ideia de que o feto beneficia do direito à vida[89].

Comparado com o texto europeu, uma conclusão se deve retirar: há sem dúvida uma mais forte garantia do direito à vida a partir da conceção, no texto americano.

Contudo, esta conclusão perde muito da sua força quando se pondera a expressão «em geral».

«Em geral» significará que, em escassa medida ou excecionalmente, pode não se cumprir a conduta indicada; no contexto daquele artigo 4º da CADH, os Estados parte devem garantir, na maioria dos casos, o direito à vida desde o momento da conceção, mas excecionalmente esses Estados podem outorgar leis que possam não garantir o direito à vida desde aquele momento.

Por isso, essa disposição tem sido interpretada no sentido de permitir aos Estados não sancionar penalmente certos casos de aborto[90].

Sem querer antecipar uma interpretação do artigo 2º da *Convenção* que não está avalizada pela Jurisprudência do Tribunal, parece que a CADH sempre consagrará uma proteção mais forte do direito à vida, proteção que vai até ao momento da conceção, pois mesmo que se permitam algumas exceções, elas limitar-se-ão a não penalizar certas interrupções da gravidez[91].

Voltando à *Convenção,* o seu texto é omisso a este respeito e os trabalhos preparatórios não ajudam a clarificar a questão[92].

A doutrina está dividida e, como se referiu, não houve ainda oportunidade de adoção, por parte dos órgãos da *Convenção,* de uma posição definitiva acerca desta matéria; aliás, o Tribunal precisou que, na falta de um consenso europeu sobre a definição científica e jurídica do começo da vida, o ponto de partida do direito à vida releva da mar-

[89] Ver também o artigo 6º, nº 5, do Pacto sobre os Direitos Civis e Políticos.

[90] Júlio A. Barberis, «*El derecho a la vida en el Pacto de San José de Costa Rica*», in «*Liber Amicorum Cançado Trindade*», Tomo III, Porto Alegre, Brasil, 2005, págs. 11 e segs.

[91] Em aberto fica a possibilidade da legalização do aborto, quer o terapêutico quer o realizado até certo número de semanas de gravidez. Como se sabe, há uma nítida diferença axiológica entre o não punir e o legalizar o aborto.

[92] Cfr. os lugares indicados por Jacques Velu e Rusen Ergec, *La Convention Européenne des Droits de l'Homme,* Bruylant, Bruxelles, 1990, pág. 174.

gem de apreciação que deve ser reconhecida aos Estados neste domínio – Acórdãos VO, de 8 de julho de 2004, R04-VIII, pág. 42, § 82, e Evans, de 10 de abril de 2007, § 54.

Porém, é possível concluir que o nascituro não beneficia da proteção dada por este artigo 2º – Acórdão VO, R04-VIII, pág. 39, § 75, e pág. 42, § 80.

A Comissão, na sua Decisão de 29 de maio de 1961, na Queixa nº 867/60, *Ann. Conv.* vol. IV, pág. 271, recusou-se a apreciar uma lei norueguesa que permitia a interrupção da gravidez, por não se considerar competente para, em abstrato, conhecer a compatibilidade de uma lei com a *Convenção*.

A Queixa nº 7045/75, de conteúdo similar, relativa a uma lei austríaca sobre o aborto, foi também declarada inadmissível pela Comissão – Decisão de 10 de dezembro de 1976, *Déc. Rap.* 7, pág. 87.

Contudo, uma outra Queixa, a nº 6959/75, caso *Buggeman e Scheuten*, onde se criticava a lei alemã sobre o aborto, apresentada por uma associação e duas mulheres, ultrapassou a fase da admissibilidade, mas foi apenas examinada sob o ângulo do artigo 8º para se concluir que não havia violação – Decisão de 19 de maio de 1976 e Relatório de 12 de julho de 1977, *Déc. Rap.* 5, pág. 103, e *Déc. Rap.* 10, pág. 100, respetivamente.

Mais tarde, na sua Decisão de 13 de maio de 1980, Queixa nº 8416/79, *Déc. Rap.* 19, pág. 244, apreciando uma lei inglesa sobre o aborto, a Comissão respondeu negativamente ao direito absoluto à vida do embrião, invocando, nomeadamente, que esse direito sempre estaria condicionado ao direito à vida da mãe; e, como no caso concreto, a questão se resumia ao conflito entre a vida da mãe e a do feto, a Comissão concluiu que, nessas circunstâncias, o aborto estava coberto por uma limitação implícita do direito à vida do feto para salvar a vida da mãe.

Na sua Decisão de 19 de maio de 1992, Queixa nº 1700/90, *Déc. Rec.* 73, pág. 155, a Comissão, reconhecendo embora que a expressão *qualquer pessoa* dificilmente pode ser aplicada à criança a nascer, assinalou que os Estados têm a obrigação de tomar medidas adequadas à proteção da vida, não estando excluído que, em certas condições, o feto deva ser protegido.

E face às divergentes legislações sobre a interrupção voluntária da gravidez, a Comissão admitiu que se tratava de um domínio delicado, onde os Estados gozam de um certo poder discricionário face à *Convenção*.

Por seu turno, o Tribunal dispensou-se de apurar se a *Convenção* garante o direito ao aborto ou se o direito à vida, reconhecido neste artigo, abrange igualmente o feto – Acórdão Open Door e Dublin Well Woman, de 29 de outubro de 1992, A 246-A, pág. 28, § 66.

Na Decisão de 5 de setembro de 2002, Queixa nº 50 490/99, R02-VII, pág. 445 – queixa apresentada pelo marido que pediu, sem sucesso ao nível interno, uma indemnização à sua mulher pelo facto de esta ter abortado apesar da sua oposição –, o Tribunal não se comprometeu sobre a questão de saber se o feto pode beneficiar da proteção concedida pela primeira frase deste artigo, porquanto, no caso, o aborto fora praticado para proteger a saúde da mulher, mostrando-se observado um justo equilíbrio entre a necessidade de assegurar a proteção do feto e os interesses da mulher.

5. A proteção para o fim da vida coloca graves problemas relacionados com a eutanásia; a doutrina divide-se, mesmo em relação à ortotanásia ou eutanásia passiva, bem como sobre a linha que divide a vida e a vida meramente vegetativa, limitando-se a apelar para a proteção da pessoa contra um tratamento desumano e degradante (artigo 3º).

Esta matéria foi estudada no Acórdão Pretty, R02-III, pág. 237, § 39.

A requerente, cidadã inglesa de 43 anos, sofrendo de uma doença neurodegenerativa progressiva em estado muito avançado, desejava poder decidir quando e como iria morrer para escapar ao sofrimento e indignidade provocados pela doença.

O suicídio não é considerado uma infração no direito inglês, mas a requerente, sendo incapaz, devido à doença, de realizar um tal ato sem assistência, pediu sem sucesso nos tribunais ingleses que o seu marido a ajudasse no suicídio.

No direito inglês esta ajuda ao suicídio cai na alçada da lei penal.

Perante o fracasso a nível interno, a requerente dirigiu-se ao Tribunal alegando a violação de uma série de artigos da *Convenção*, nomeadamente do 2º, porquanto este artigo garantiria não apenas o direito à vida mas igualmente o direito de escolher entre continuar ou deixar de viver.

O Tribunal, no entanto, não acolheu a sua tese, pois não se convenceu que o «direito à vida» garantido pelo artigo 2º possa comportar um elemento negativo, afirmando:

> *«O artigo 2º não poderá, sem distorção de linguagem, ser interpretado como conferindo um direito diametralmente oposto, a saber o direito a morrer; tão pouco ele cria um direito de autodeterminação no sentido em que ele daria a todo o indivíduo o direito de escolher antes a morte que a vida.*
>
> *O Tribunal pensa por isso que não é possível deduzir do artigo 2º da Convenção um direito a morrer, seja pela mão de um terceiro ou com a assistência de uma autoridade pública».*

6. A *Convenção* não interditava a pena de morte, admitindo até que a lei pudesse prever esta pena para o crime – Acórdão Soering, de 7 de julho de 1989, A 161, pág. 40, § 103.

A pena devia ser pronunciada por um tribunal competente, órgão caracterizado pela sua independência e imparcialidade, em processo público e equitativo[93], e execu-

[93] A doutrina divide-se quanto a saber se, em certas circunstâncias, como em caso de guerra ou outro perigo público, os tribunais, ao aplicarem a pena, devem ou não obedecer às regras do artigo 6º – ver Jacques Velu e Rusen Ergec, *ob. cit.*, págs. 183-184.

tada sem assumir a feição de um tratamento desumano ou degradante – Acórdão Soering, A 161, pág. 41, § 104.

Assim, a extradição para um país que aplicasse a pena de morte, observados aqueles requisitos, não seria, por si, contrária à *Convenção* – Decisão de 15 de dezembro de 1983, Queixa nº 10 227/82, *Déc. Rap.* 37, pág. 93.

Os Protocolos nºs 6 e 13 vieram abolir a pena de morte – cfr. a respetiva anotação; um Estado Contratante que não tivesse ratificado o Protocolo nº 6 nem aderido ao Protocolo nº 13 estaria autorizado a aplicar a pena capital nas condições previstas na segunda parte do nº 1 deste artigo – Acórdão Chamaïev, de 12 de abril de 2005, R05-III, pág. 95, § 333.

Aliás, antes da ratificação do Protocolo nº 13 por um número elevado de Estados, o Tribunal não pôde considerar estabelecido que a execução de uma pena de morte constitui um tratamento desumano e degradante, salvo se essa pena for aplicada no quadro de um processo não equitativo (ver a anotação ao artigo 3º) – Öcalan, de 12 de maio de 2005, R05-IV, pág. 104, § 165.

Neste contexto, uma eventual responsabilidade ao nível deste artigo 3º ou do artigo 1º do Protocolo nº 6 pode emergir no caso de deportação de uma pessoa para um Estado onde ela corre o sério risco de ser condenada num processo não equitativo à pena capital e executada – Acórdão Bader e Kanbor, de 8 de novembro de 2005, R05-XI, pág. 108, § 42 (ver a minha opinião concordante; preferia colocar a questão sobre o ângulo do artigo 1º do Protocolo 13).

7. O texto deste artigo, no seu conjunto, demonstra que o seu nº 2 não define apenas todas as situações em que é permitido infligir intencionalmente a morte, mas descreve aquelas em que é possível haver recurso à força, o que pode conduzir a causar a morte de um modo involuntário – Acórdãos Ilhan, R00-VII, pág. 339, § 74, Salman, R00-VII, pág. 458, § 98, e Ramsahai, 15 de maio de 2007, § 286.

O recurso à força deve, no entanto, ser absolutamente necessário e proporcional para atingir um dos objetivos mencionados nas alíneas *a), b)* e *c) e as autoridades devem tomar todas as precauções para minimizar o risco da vida*, utilizando a força de um modo estritamente proporcional aos objetivos descritos nas alíneas do nº 2 deste artigo; e o Tribunal deve ser rigoroso no exame das circunstâncias que acarretaram a morte de uma pessoa – Acórdãos McCann e outros, de 27 de setembro de 1994, A 324, pág. 46, § 148, Andronicou e Constantinou, de 9 de outubro de 1997, R98-VI, pág. 2108, §§ 192-193, Ergi, R98-IV, pág. 1776, § 79, Ögur, R99-III, pág. 606, § 78, Nachova e outros, R05-VII, pág. 75, § 94, Makaratzis, R04-XI, pág. 282, § 58, Luluyev e outros, de 9 de novembro de 2006, § 77, Saoud, de 9 de outubro de 2007, § 88, Giuliani e Gaggio, de 24 de março de 2011, § 176, Al-Skeini e outros, de 7 de julho de 2011, § 162, e Jaloud, 20 de novembro de 2014, § 199.

O uso da força pelos agentes do Estado pode justificar-se quando se funda sobre uma convicção honesta, considerada, por boas razões, como válida à época dos eventos mesmo que se revele depois errada – Acórdão Giuliani e Gaggio, de 24 de março de 2011, § 178.

A *absoluta necessidade* imposta às três exceções mostra que o recurso à força se limita às hipóteses em que a *Convenção* admite a privação da vida e põe em relevo o elemento *proporcionalidade* entre a agressão e a reação.

A legítima defesa da vida, própria ou alheia, é a primeira das exceções, sendo duvidoso que ela abarque a defesa dos bens[94].

A morte para assegurar a detenção legal ou evitar uma evasão deve apresentar-se como o único meio depois de esgotados todos os outros disponíveis; mais, a pessoa em causa deve representar um perigo grave para a sociedade ou as infrações de que é acusado assumirem uma certa gravidade[95].

A repressão de uma revolta ou de uma insurreição pode implicar uma reação das forças da ordem com consequências mortais – Decisão de 10 de julho de 1984, Queixa nº 10 044/84, *Déc. Rap.* 39, pág. 162.

A estas três hipóteses, deve acrescentar-se a do artigo 15º, nº 2, que não permite a derrogação do disposto no artigo 2º, salvo quanto ao caso de morte resultante de atos lícitos de guerra, o que deve ser apreciado segundo o *jus in bello.*

Artigo 3º – Proibição da tortura

Ninguém poderá ser submetido a torturas, nem a penas ou tratamentos desumanos ou degradantes.

REFERÊNCIAS

DUDH – artigo 5º

PIDCP – artigo 7º

Convenção das Nações Unidas contra a Tortura e Outras Penas ou Tratamentos Cruéis, Desumanos ou Degradantes.

Convenção Europeia para a Prevenção da Tortura e das Penas ou Tratamentos Desumanos ou Degradantes.

Conv. Interam. – artigo 5º

Carta Afric. – artigo 5º

[94] O artigo 32º do Código Penal admite a legítima defesa *para repelir a agressão atual e ilícita de interesses juridicamente protegidos;* J. E. S. Fawcett, *The Application of the European Convention on Human Rights,* 2ª ed., Oxford, 1987, pág. 40, escreve: *It may be observed that the defence of property does not appear among the exceptions.*

[95] P. van Dijk e G. J. H. van Hoof, *Theory and Practice of the European Convention on Human Rights,* 2ª ed., Kluwer, Deventer, Holanda, 1990, págs. 222-223.

Carta UE – artigos 3º e 4º
Const. – artigo 25º

1. Preocupado com a dignidade humana e a integridade física e mental da pessoa, este artigo contém não só uma proibição universal como uma garantia absoluta: a tortura e os tratamentos desumanos e degradantes não encontram justificação na *Convenção*, quaisquer que sejam as circunstâncias que os provocaram ou o comportamento da vítima, mesmo na reação a um perigo público ameaçando a vida da Nação, como o terrorismo ou o crime organizado – Acórdãos Tyrer, de 25 de abril de 1979, A 26, págs. 15-17, §§ 30 e segs., Aksoy, de 18 de dezembro de 1996, R96-VI, pág. 2278, § 62, Selmouni, de 28 de julho de 1999, R99-V, pág. 235, § 94, Labita, de 6 de abril de 2000, R00-IV, pág. 57, § 119, Dikme, de 11 de julho de 2000, R00-VII, pág. 212, § 89, Kudl/a, de 26 de outubro 2000, R00-XI, pág. 273, § 90, Egmez, de 21 de dezembro de 2000, R00-XII, pág. 372, § 77, Denizci e outros, de 23 de maio de 2001, R01-V, pág. 418, § 383, Van Der Ven, de 4 de fevereiro de 2003, R03-II, pág. 58, § 46, Mathew, de 29 de setembro de 2005, R05-IX, pág. 148, § 175 Frérot, de 12 de junho de 2007, § 35, A. e outros/Reino Unido, de 19 de fevereiro de 2009, § 126, Idalov, de 22 de maio de 2012, § 91, e Svinarenko e Slyadnev, de 17 de julho de 2014, § 113, e Decisão de 5 de dezembro de 1996, Queixa nº 31 193/96, *Déc. Rap.* 87-A, pág. 151.

Combinando o disposto neste artigo com a obrigação que o artigo 1º impõe às Altas Partes Contratantes de garantir a toda a pessoa relevando da sua jurisdição os direitos e liberdades consagrados na *Convenção*, resulta que as Altas Partes Contratantes devem adotar medidas adequadas para impedir que as referidas pessoas sejam submetidas a torturas ou a penas ou tratamentos desumanos e degradantes, mesmo que administrados por particulares; a prevenção de atos graves passa necessariamente pela existência de uma legislação penal eficaz ligada a um dispositivo próprio a assegurar o seu respeito – Acórdãos Pretty, de 29 de abril de 2002, R02-III, págs. 241 e 243, §§ 51 e 55 (mas sem que se imponha ao Estado a obrigação de autorizar a assistência ao suicídio a alguém que poderá vir a sofrer uma morte dolorosa e que não tem ele próprio a possibilidade de se suicidar; ver a anotação nº 5 ao artigo 2º), Opuz, de 9 de junho de 2009, § 152 (responsabilidade do Estado num caso de violência doméstica do marido sobre a mulher, com a repetição destas situações até à morte desta, perante a passividade das autoridades que conheciam aquele comportamento), e O'Keeffe, de 28 de janeiro de 2014, § 148; ver o Acórdão M.C./Bulgária, de 4 de dezembro de 2003, R03-XII, pág. 79, § 149.

As crianças e outras pessoas vulneráveis, em especial, têm direito à proteção do Estado, sob a forma de uma prevenção eficaz que as coloque ao abrigo de graves ofensas à integridade da sua pessoa – Acórdãos Stubbings, de 22 de outubro de 1996, R96-IV, pág. 1505, §§ 62-64, A/Reino Unido, R98-VI, § 22, Mahmut Kaya, R00-III, pág. 230, § 115, e Z e outros/Reino Unido, de 10 de maio de 2001, R01-V, pág. 82, § 73,

Mubilanzila Mayeka e Kaniki Mitunga, de 12 de outubro de 2006, R06-XI, pág. 245, § 53, e O'Keeffe, de 28 de janeiro de 2014, §§ 144 e 145 (as autoridades escolares estão obrigadas a proteger a saúde e o bem-estar dos alunos e, em particular, dos jovens que são especialmente vulneráveis e que se encontram sob o seu controlo exclusivo).

Para a aplicação deste artigo 3º, o mau tratamento terá de atingir um mínimo de gravidade, a definir de acordo com apelo a elementos diversos, como, por exemplo, a sua duração, os efeitos físicos ou psicológicos, a idade, o sexo ou o estado de saúde da vítima, não sendo suficiente que o tratamento seja ilegal, desonroso, repreensível ou desagradável – Acórdãos Irlanda/Reino Unido, de 18 de janeiro de 1978, A 25, pág. 65 e pág. 70, §§ 162 e 181, Guzzardi, de 6 de novembro de 1980, A 39, pág. 40, § 181, Costello-Roberts, de 25 de março de 1993, A 247-C, pág. 59, § 30, Selçuk e Asker, de 24 de abril de 1998, R98-II, pág. 909, § 76, Tekin, de 9 de junho de 1998, R98-IV, pág. 1517, § 52, A/Reino Unido, de 23 de setembro de 1999, R98-VI, pág. 2699, § 20, V/ Reino Unido, de 16 de dezembro de 1999, R99, pág. 241, § 71, Labita, R00-IV, pág. 58, § 120, Ilhan, de 27 de junho de 2000, R00-VII, pág. 342, § 84, Caloc, de 20 de julho de 2000, R00-IX, pág. 28, § 84, Kudl/a, R00-XI, pág. 274, § 92, Keenan, de 3 de abril de 2001, R01-III, pág. 193, § 108, Van Der Ven, R03-II, pág. 59, § 51 (isolamento sensorial), Mcglinchey e outros, de 29 de abril de 2003, R03-IV, pág. 230, § 45, Hénaf, de 27 de novembro de 2003, R03-XI, pág. 209, § 47, M.C./Bulgária, R03-XII, pág. 81, § 166 (definição de violação sexual onde se dispensa a prova da resistência física da mulher), Khoudoïorov, de 8 de novembro de 2005, R05-X, pág. 318, § 116 (condições de transporte de detidos), Cenbauer, de 9 de março de 2006, R06-III, pág. 293, § 43 (condições de detenção), Ramirez Sanchez, de 4 de julho de 2006, § 150 (longo período de isolamento), Jalloh, de 11 de julho de 2006, § 82 (lavagem forçada do estômago, com o emprego de alguma violência, de alguém que tinha engolido uma droga, no quadro da perseguição do tráfico de estupefacientes), Oya Ataman, de 5 de dezembro de 2006, § 26 (uso de gás lacrimogéneo que não provocou efeitos nefastos), Chember, de 3 de julho de 2008, § 55 (exercício físico exigido a um militar que lhe provocou um colapso), Gäfgen, de 1 de junho de 2010, § 90, Stanev, de 15 de janeiro de 2012, § 202, e Idalov, de 22 de maio de 2012, §§ 103 e segs. (transporte em camionetas com dimensões exíguas para o número de detidos e permanência no tribunal durante largo tempo sem alimentação), El-Masri, de 13 de dezembro de 2013, §§ 195 e segs. (tratamentos infligidos no quadro do interrogatório pelas autoridades da Macedónia dos detidos pela CIA suspeitos de terrorismo, incluindo a administração de um supositório sem qualquer consideração médica), e Svinarenko e Slyadnev, de 17 de julho de 2014, § 114, e Decisões do Tribunal, de 14 de março de 2000, Queixa nº 47 240/99, R00-IV, pág. 469 (técnica de interrogatório especial utilizando métodos psicológicos para obter confissões), de 13 de maio de 2003, Queixa nº 62 960/00, R03-VII, pág. 395, e de 7 de março de 2006, Queixa nº 26 557/04, R06-III, pág. 359 (razões de saúde não impõem, em geral, a colocação em liberdade), e Relatório de 8 de julho de 1993,

Queixas nºs 15 299/89 e 15 300/89, *Déc. Rap.* 86-A, pág. 4, e Decisões de 5 de abril de 1993, Queixa nº 19 066/91, *Déc. Rap.* 74, pág. 179, de 5 de maio de 1994, Queixa nº 18 764/91, *Déc. Rap.* 79-A, pág. 23, de 6 de setembro de 1995, Queixa nº 25 096/94, *Déc. Rap.* 82-A, pág. 117, e de 16 de janeiro de 1996, Queixa nº 23 380/94, *Déc. Rap.* 84-A, pág. 46.

Na estrutura do artigo, onde a falta da palavra *cruel* que existe no correspondente artigo do Pacto não assume importância prática, distinguem-se três níveis: a tortura, as penas ou tratamentos desumanos e as penas ou tratamentos degradantes.

Mas não há propriamente compartimentos estanques: pode haver tratamentos a que todos estes qualificativos se apliquem, pois a tortura não pode deixar de ser um tratamento desumano e degradante e todo o tratamento desumano não pode deixar de ser degradante – Relatório de 5 de novembro de 1969, caso Grego, *Ann. Conv.*, vol. XII.

No primeiro degrau, o tratamento degradante foi definido pelo Tribunal como o ato que causa ao interessado uma humilhação ou um aviltamento atingindo um mínimo de gravidade – Acórdãos Campbell e Cosans, de 25 de fevereiro de 1982, A 48, pág. 13, § 28, D.G./Irlanda, de 16 de maio de 2002, R02-III, pág. 429, § 95, Kalashnikov, de 15 de julho de 2002, R02-VI, pág. 158, § 95, Moldovan e outros, de 12 de julho de 2005, R05-VII, pág. 229, § 101, M.S.S./Bélgica e Grécia, de 21 de janeiro de 2011, § 220, e Tarakhel, de 4 de novembro de 2014, § 94, e Relatório de 14 de dezembro de 1973, Queixa nº 4403/70 e outras, *Déc. Rap.* 78-A, pág. 5.

Ao averiguar se um determinado tratamento é degradante, o Tribunal examina se o seu fim era o de humilhar ou rebaixar, testemunhando uma falta de respeito pela dignidade humana ou diminuindo-a, ou se suscitou sentimentos de medo, de angústia ou de inferioridade próprios a quebrar a resistência moral ou física e se, considerada nos seus efeitos, a medida atingiu ou não a personalidade do visado de uma maneira incompatível com este artigo – Acórdãos Keenan, R01-III, pág. 193, § 109, Acórdão Öcalan, de 12 de maio de 2005, R05-IV, pág. 109, § 184, Geórgia/Federação Russa, de 3 de julho de 2014, § 192, e Svinarenko e Slyadnev, de 17 de julho de 2014, §115, mas, ainda que não existisse a vontade de humilhar ou aviltar, isso não basta para se chegar à conclusão de que não há violação – Acórdãos Peers, de 19 de abril de 2001, R01-III, pág. 329, § 74, e Mouisel, de 14 de novembro de 2002, R02-IX, pág. 211, § 37.

O caráter público da sanção ou do tratamento pode constituir um elemento pertinente ou agravante para o efeito de se apreciar se ele é degradante – Acórdão Svinarenko e Slyadnev, de 17 de julho de 2014, § 115.

No entanto, a falta de publicidade não impede necessariamente que uma determinada pena entre nesta categoria; para isso, pode bastar que a vítima seja humilhada aos seus próprios olhos, mesmo se o não é aos olhos do público – Acórdãos Tyrer, A 26, pág. 16, § 32, Albert e Le Compte, de 10 de fevereiro de 1983, A 58, pág. 13, § 22, e Raninen, de 16 de dezembro de 1997, R97-VIII, pág. 2821, § 55.

A distinção entre tortura e pena ou tratamento desumano reside menos na sua natureza, repousando essencialmente na intensidade dos sofrimentos infligidos – Acórdãos Irlanda/Reino Unido, A 25, pág. 66, § 167, Aydin, de 25 de setembro de 1997, R97-VI, pág. 1891, § 82, e Selmouni, R99-V, pág. 235, § 95.

O tratamento desumano será aquele que provoca voluntariamente e com premeditação graves sofrimentos físicos ou mentais – Relatório no citado caso *Grego;* e aqui pode entrar o tratamento que cause um dano corporal permanente – Acórdão M.S.S./Bélgica e Grécia, de 21 de janeiro de 2011, § 220, e Decisão de 7 de abril de 1997, Queixa nº 28 559/95, *Déc. Rap.* 89-A, pág. 98.

A noção de tortura, definida no artigo 1º da Convenção das Nações Unidas, como todo o ato que provoca dor e sofrimento agudos, físicos ou mentais, cometido fora de um quadro de sanções legítimas, inerentes ou ocasionadas por elas, tem sido utilizada pelos órgãos da *Convenção* – Acórdãos Bati e outros, de 3 de junho de 2004, R04-IV, pág. 242, § 123; ver, para a precisão destes termos, o Acórdão El-Masri, de 13 de dezembro de 2012, § 202 (no quadro dos interrogatórios dos detidos pela CIA, a estadia num hotel sob a constante observação das forças de segurança macedonianas, em regime de isolamento, com um interrogatório numa língua estrangeira e sob a ameaça de uma pistola, para extorquir confissões e informações sobre presumíveis ligações a organizações terroristas, provocaram sentimentos de angústia e *stress* no queixoso de uma intensidade tal que se traduzem num tratamento desumano e degradante).

A tortura pressupõe um elemento intencional – Acórdãos Ilhan, R00-VII, pág. 343, § 85, e Salm, R00-VII, pág. 463, § 114.

A alegação de maus tratamentos deve ser comprovada perante o Tribunal por elementos de prova apropriados.

Para o estabelecimento dos factos alegados, sobretudo quando há versões divergentes, o Tribunal serve-se, por vezes, do critério «para além da dúvida razoável»; tal prova pode resultar de um conjunto de índices ou de presunções não refutadas, suficientemente graves, precisas e concordantes – Acórdãos Selmouni, R99-V, pág. 233, § 88, Menesheva, de 9 de março de 2006, R06-III, pág. 181, § 53, Varnava e outros, de 18 de setembro de 2009, § 183, e Hassan, de 16 de setembro de 2014, § 47.

Note-se que quando um indivíduo afirma, de uma maneira credível, ter sofrido, da parte da polícia ou de outros serviços do Estado, tratamentos contrários a este artigo 3º, o disposto nos artigos 1º e 13º impõe aos Estados a obrigação de proceder a um inquérito por parte das autoridades, destinado a identificar e punir os responsáveis (inquérito objetivo, com total independência, eficaz e rápido, associando os familiares das vítimas ou as vítimas elas próprias – cfr a anotação ao artigo 2º); e, embora não haja uma direta responsabilidade pelos atos de uma pessoa privada, o Estado deve também tomar idênticas medidas para prevenir que as pessoas sob a sua jurisdição sejam sujeitas a tortura ou tratamentos desumanos e degradantes infligidos por particulares, punindo os responsáveis quando isso venha a acontecer, não sendo suficiente a atribuição de uma indemnização (ver a este propósito a anotação ao artigo 2º da *Convenção*) – Acórdãos A/Reino Unido, de 28 de setembro de 1998, R98.VI, § 22, Al-Adsani, de 21 de novembro de 2001, R01-XI, pág. 133, § 38, Menesheva, R06-III, pág. 184, § 67, Kucheruk, de 6 de dezembro de 2007, § 155, Chember, de 3 de julho de 2008, § 61, Beganović, de 25 de junho de 2009, § 70, e Gäfgen, de 1 de junho de 2010, § 119, e 71, El-Masri, de 13 de dezembro de 2012, § 182, O'Keeffe, de 28 de janeiro de 2014, § 172, e Hassan, de 16 de setembro de 2014, § 62, e Decisão do Tribunal, de 18 de novembro de 2004, Queixa nº 31 734/96, R04-XII, pág. 205.

E, do mesmo modo, quando alguém foi detido em boas condições de saúde e no momento da libertação apresenta lesões, incumbe ao Estado fornecer uma explicação plausível; por isso, também nestas circunstâncias, se as alegações são credíveis, um inquérito efetivo impõe-se, visando à identificação e punição dos responsáveis – Acórdãos Tomasi, de 27 de agosto de 1992, A 241-A, págs. 40-41, §§ 108-111, Ribitsch, A 336, pág. 26, § 34, Aksoy, R96-VI, pág. 2278, § 61, Assenov e outros, R98-VIII, pág. 3290, § 102, Selmouni, R99-V, pág. 233, § 87, Dikme, R00-VII, pág. 214, § 101, Caloc, R00-IX, pág. 28, § 84, e Menesheva, R06-III, pág. 181, § 52.

2. A aplicação destes critérios gerais aos casos concretos tem permitido aos órgãos de controlo aprofundar e clarificar os conceitos.

2.1. No caso Çakici, Acórdão de 8 de julho de 1999, R99-IV, pág. 687, § 98, considerou-se que um parente pode também ser considerado «vítima» se existem fatores especiais conferindo ao seu sofrimento uma dimensão e um caráter distintos da perturbação afetiva que se pode considerar como inevitável para os parentes próximos de uma pessoa vítima de violações graves dos Direitos Humanos, como nos casos de pessoas desaparecidas, sem que o Estado forneça aos seus próximos informações sobre a sua situação; ver, também, Acórdãos Timurtas, de 13 de junho de 2000, R00-VI, pág. 379, § 95, Chipre/Turquia, de 10 de maio de 2001, R01-V, pág. 281, § 156, Akkum e outros, de 24 de março de 2004, R05-II, pág. 301, § 258, e Janowiec, de 21 de outubro de 2013, § 178.

No caso de morte, dado o seu caráter instantâneo, o Tribunal entende que não há, em princípio, lugar à constatação de uma violação separada deste artigo 3º, salvo se os familiares foram testemunhas diretas do sofrimento que antecedeu o falecimento – Acórdão Janowiec, de 21 de outubro de 2013, §§ 180 e 181.

2.2. No citado caso *Tyrer*, A 26, foi considerado como pena degradante o castigo corporal de três golpes de bastão nas nádegas descobertas de um menor de 15 anos, pena decretada por um tribunal por atos de violência e aplicada num posto de polícia na presença do pai do menor e de um médico.

Pelo contrário, no caso *Campbell e Cosans*, A 48, os castigos corporais – golpes na palma da mão com uma correia de couro – aplicados nas escolas públicas da Escócia foram considerados conformes à *Convenção*.

E, também no caso *Costello-Roberts*, A 247-C, o castigo corporal aplicado num estabelecimento escolar privado – três pancadas com um sapato de ginástica de sola de borracha nas nádegas por cima dos calções – não atingiam a gravidade exigida para a violação do disposto neste artigo.

Penas como o desterro ou a perda de nacionalidade são penas degradantes por natureza, independentemente das circunstâncias próprias do caso – Decisão de 10 de outubro de 1970, Queixa nº 4403/70, *Ann. Conv.*, vol. XIII, pág. 928.

2.3. O uso de algemas, justificado em certas circunstâncias, por razões de segurança (evitar a fuga ou o suicídio do detido), nomeadamente na detenção ou no transporte de detidos, não deve acarretar o emprego da força nem a exposição pública para além do que é razoavelmente considerado necessário; nestas circunstâncias, importará saber se o interessado oporá uma resistência à detenção, se tentará fugir, provocar ferimentos ou danos ou suprimir provas – Acórdãos Raninen, R97-VIII, pág. 2822, § 58, e Svinarenko e Slyadnev, de 17 de julho de 2014, § 117; ver ainda o Acórdãos Hénaf, R03-XI, pág. 209, § 48, e Tarariyeva, de 14 de dezembro de 2006, § 111 (uso de algemas desnecessário e sem atentar no estado de saúde do detido viola o disposto neste artigo 3º), Erdoğan Yağiz, de 6 de março de 2007, § 47 (a exposição da pessoa algemada tinha apenas como finalidade criar-lhe sentimentos de medo, angústia e de inferioridade), e Kucheruk, de 6 de dezembro de 2007, § 140 (algemado detido numa cela disciplinar).

2.4. O regime particular imposto a um grupo de pessoas por motivos raciais poderá constituir um tratamento degradante – Relatório da Comissão no Caso dos Asiáticos da África Oriental, de 14 de dezembro de 1973, DR 78-B, pág. 62, § 207, e Acórdão Chipre/Turquia, R01-IV, pág. 316, § 309.

2.5. Quando uma pessoa depende da ajuda do Estado para sobreviver, pode vir a verificar-se um tratamento degradante se essa ajuda não for suficiente para as necessidades básicas – Decisão do Tribunal de 18 de junho de 2009, Queixa nº 45603/05.

Assim, um requerente de asilo que é deixado sem o mínimo de condições, vivendo na rua, sem dinheiro, sem acesso a sanitários, não disponho de qualquer meio para acudir às suas necessidades essenciais deve considerar-se que é sujeito a um tratamento que atinge o nível de gravidade previsto neste artigo – Acórdão M.S.S./Bélgica e Grécia, de 21 de janeiro de 2011, § 263.

2.6. Durante a instrução em processo penal, a utilização de técnicas para vencer a resistência física ou psíquica do interrogado, a fim de obter confissões ou informações, pode ir contra o disposto neste artigo – Relatório no caso Irlanda/Reino Unido, de 25 de janeiro de 1976, *Ann. Conv.*, vol. XIX, pág. 402, e Acórdão no mesmo caso, A 25, págs. 66-67, § 167, onde o Tribunal classificou apenas de tratamento degradante o que a Comissão considerara como tortura.

Neste contexto de uma pessoa privada de liberdade, todo o uso da força física que não se torne estritamente necessário pelo próprio comportamento do detido constitui uma ofensa à dignidade humana e é considerado, em princípio, uma violação do direito garantido pelo artigo 3º – Acórdãos Ribitsch, de 4 de dezembro de 1995, A 336, pág. 26, § 38, e Kucheruk, de 6 de dezembro de 2007, § 131.

2.7. O uso de caixas de metal na sala de audiência foi classificado pelo Tribunal de "rigoroso" e "humilhante", eventualmente justificado por razões de segurança tendo em conta as particularidades do caso, como a personalidade do requerente, que demonstrem a existência de um risco para o pretório ou um risco de fuga – Acórdão Svinarenko e Slyadnev, de 17 de julho de 2014, §§ 119 e 139 (constitui, em princípio, um tratamento degradante o encerramento numa caixa metálica dos acusados durante o seu julgamento).

2.8. As condições de detenção nas prisões podem vir a suscitar dificuldades quando constituam graves atentados à dignidade humana ou à integridade física.

2.8.1. Toda a pessoa detida deve beneficiar de condições compatíveis com o respeito da dignidade humana; na execução de uma pena ou em qualquer situação de privação de liberdade deve assegurar-se que o detido não viva um sofrimento de uma intensidade tal que exceda o nível inevitável inerente à detenção e que a sua saúde e bem-estar sejam garantidos de uma maneira adequada, nomeadamente pela prestação de cuidados médicos – Acórdãos Kudl/a, R00-XI, pág. 274, § 94, Mathew, R05-IX, pág. 156, § 214 (células sem proteção contra a precipitação e temperaturas extremas), Khudobin, 26 de outubro de 2006, § 91, Kucheruk, de 6 de dezembro de 2007, § 148, Rodić e 3 outros, de 27 de maio de 2008, § 73 (juntar presos de diferentes etnias que foram condenados por crimes contra a humanidade com presos comuns que assumiram uma atitude de grande agressividade contra os primeiros), A. e outros/Reino Unido, de 19 de fevereiro de 2009, § 128 (detidos durante mais de três anos na prevenção do terrorismo), Paladi, de 10 de março de 2009, § 71, e Enea, de 17 de setembro de 2009, § 57 (detenção em condições especiais de segurança), Orchowski, de 22 de outubro de 2009, § 122 (3 metros quadrados deve ser o mínimo para cada detido), M.S.S./Bélgica e Grécia, de 21 de janeiro de 2011, §§ 222 e 230 (deixar um requerente de asilo fechado durante dois meses numa barraca pré-fabricada sem a possibilidade de sair, de telefonar, sem lençóis limpos, sem produtos de higiene suficientes, ou sem acesso a fonte de água no exterior sendo obrigados a beber a água das casas de banho, e deixar 145 detidos numa área de 110 metros quadrados constitui um tratamento degradante), Idalov, de 22 de maio de 2012, §§ 92 e segs. (detido durante mais de um ano numa célula densamente povoada onde dispunha menos de um metro quadrado como espaço pessoal), e Svinarenko e Slyadnev, de 17 de julho de 2014, § 116, e Decisão do Tribunal, de 7 de junho de 2001, Queixa nº 64 666/01, R01-VI, pág. 449 (condições de prisão de pessoas com idade avançada).

Assim, apresentam-se como conformes as células individuais ou o isolamento, determinados por razões graves, desde que não seja absoluto mas atenuado com alguns contactos mínimos com pessoas que não apresentam risco para a segurança – Acórdão Peers, R01-III, pág. 329, § 75, e Relatório no caso Krocher e Moller, de 16 de dezembro de 1982, *Déc. Rap.* 34, pág. 24, e Decisões de 10 de julho de 1975, Queixa nº 6337/73, *Déc. Rap.* 3, pág. 84, e de 10 de julho de 1980, Queixa nº 8158/78, *Déc. Rap.* 21, pág. 69.

Mas já o isolamento sensorial total, conjugado com um isolamento social absoluto, pode conduzir à destruição da personalidade e constituir uma forma de tratamento desumano não justificado pelas exigências de segurança ou por qualquer outra razão; contudo, uma distinção deve ser feita entre os isolamentos deste tipo e a exclusão de um detido da coletividade carceral por razões de segurança disciplinar ou proteção – Acórdão Öcalan, R05-IV, pág. 113, § 191, Decisão do Tribunal, de 8 de junho de 1999, Queixa nº 25 498/94, R99-V, pág. 532, e Decisão de 9 de julho de 1991, Queixa nº 14 610/89, *Déc. Rap.* 71, pág. 168.

Ver o Acórdão Price, de 10 de julho de 2001, R01-VII, págs. 175 e segs., onde se considerou serem violadoras deste artigo as condições em que permaneceu detido um deficiente físico; ver também a Decisão do Tribunal, de 16 de janeiro de 2003, Queixa nº 36 681/97.

O corte de cabelo de um detido, no contexto de uma punição, pode igualmente constituir, em circunstâncias particulares como a idade (55 anos), um tratamento degradante – Acórdão Yankov, de 11 de setembro de 2003, R03-XII, pág. 142, § 120.

Note-se que exigir de um preso a recolha da urina no quadro da luta contra a toxicodependência não colidirá, em princípio, com o disposto neste artigo – Decisão de 22 de fevereiro de 1995, Queixa nº 20 872/92, *Déc. Rap.* 80-A, pág. 66.

2.8.2. Na execução da pena, um dos fatores importantes a tomar em consideração é, sem dúvida, a saúde do detido: a manutenção em prisão de uma pessoa deve ser compatível com o seu estado de saúde.

Este artigo não pode ser interpretado como estabelecendo uma obrigação geral de libertar um detido por motivos de saúde ou de o colocar num hospital civil a fim de lhe ser administrado um tratamento médico de um tipo particular.

Contudo, este artigo impõe ao Estado assegurar a todo o detido condições compatíveis com o respeito pela dignidade humana; a saúde e o bem-estar do preso devem ser protegidos de uma forma adequada, nomeadamente pela administração de cuidados médicos requeridos tendo em conta as contingências da prisão.

O Tribunal pondera, em regra, três elementos a fim de examinar a compatibilidade do estado de saúde com a manutenção da prisão: *a)* a condição do detido: examinar se o detido é capaz de cumprir a sua pena; *b)* a qualidade dos cuidados prestados; e *c)* a oportunidade de manter a detenção tendo em vista o estado de saúde do detido.

É preciso ter em conta a especial vulnerabilidade dos doentes mentais.

A Recomendação nº R 98/7 do *Comité de Ministros* do Conselho de Europa, relativa aos aspetos éticos e de organização dos cuidados de saúde no meio penitenciário, prevê que os detidos sofrendo de doenças mentais graves devam ser colocados e tratados num serviço hospitalar dotado de equipamento adequado e dispondo de um pessoal qualificado.

Assim, é possível que a manutenção em detenção de um prisioneiro com perturbações psicóticas sem enquadramento médico apropriado constitua um tratamento desumano e degradante.

Para o tratamento médico dos detidos nos hospitais psiquiátricos, ver o Acórdão Herczegfalvy, de 24 de setembro de 1992, A 244, págs. 25 e segs., §§ 79 e segs.: a terapia seguida – administração à força de alimentos e de calmantes, o isolamento e a ligação ao leito de segurança por algemas durante semanas e que se apresentava justificada do ponto de vista médico – foi considerada como não violadora deste artigo.

2.8.3. As intervenções e os tratamentos médicos adequados prodigalizados aos presos doentes e a hospitalização em caso de necessidade, mesmo se constituem uma provação rigorosa, não colidem com o disposto neste artigo – Acórdão Bogumil, de 7 de outubro de 2008, §§ 69 e 70 (onde se concluiu que uma intervenção cirúrgica mesmo sem o consentimento do interessado mas necessária dado o seu estado de saúde não colidia com este artigo (§ 81)), Relatório de 8 de dezembro de 1982, caso Chartier, *Déc. Rap.* 33, pág. 41, e Decisão de 25 de maio de 1970, Queixa nº 4165/69, *Ann. Conv.*, vol. XIII, pág. 834.

Mas, nestas circunstâncias, será obrigatório manter uma contínua revisão do estado de saúde do doente e ministrar-lhe os cuidados médicos adequados – Acórdãos Mouisel, R02-IX, págs. 212 e 213, §§ 39 e 40, e Enea, de 17 de setembro de 2009, § 58, e Decisões de 12 de janeiro de 1995, Queixa nº 21 915/93, *Déc. Rap.* 80-A, pág. 108, e de 2 de março de 1998, Queixa nº 33 830/96, *Déc. Rap.* 92-A, pág. 113.

2.8.4. A alimentação forçada de quem se encontra em greve de fome só deve ser praticada após decisão judicial e, mesmo se alguma coerção é admissível, esse tratamento não pode ultrapassar um nível que possa ser considerado desumano ou degradante.

Compete ao Tribunal assegurar-se que a necessidade médica da alimentação forçada está demonstrada de forma convincente, que as garantias processuais que devem acompanhar a decisão da alimentação forçada foram respeitadas e que o tratamento não ultrapassou o limite mínimo de gravidade definido pela Jurisprudência do Tribunal sob o ângulo deste artigo – Acórdão Nevmerzhitsky, de 5 de abril de 2005, R05-II, pág. 355, § 93.

Note-se que a questão da falta de medidas positivas perante a greve da fome de um detido que acaba por morrer não foi ainda examinada pelo Tribunal.

2.8.5. E as revistas sobre presos, mesmo despidos, também não colidem, em princípio, com este artigo, desde que seja respeitada a dignidade humana da pessoa.

No entanto, uma revista de uma pessoa nua efetuada por uma pessoa do sexo oposto colide com aquela dignidade.

E deixam de estar justificadas quando se tornam repetitivas e rotineiras, não repousando sobre exigências de segurança – Acórdãos Van der Vem, de 4 de fevereiro de 2003, R03-II, pág. 62, §§ 60 e 61, Salah, 6 de julho de 2006, § 58, Wainwright, 26 de setembro de 2006, R06-X, pág. 269, § 42, Frérot, de 12 de junho de 2007, § 36, e Decisão de 15 de maio de 1980, Queixa nº 8317/78, *Déc. Rap.* 20, pág. 85.

2.9. A residência fixa numa ilha, em condições de severas restrições, com a escuta das conversas telefónicas e o impedimento de sair à noite de casa, não foi considerada contrária ao disposto neste artigo – Acórdão Guzzardi, A 39, pág. 40, § 107.

2.9. Relativamente ao tratamento médico experimental, a *Convenção*, ao contrário do Pacto Internacional relativos aos Direitos civis e políticos que, no seu artigo 7º, proíbe submeter uma pessoa sem o seu livre consentimento a uma experiência médica ou científica, não contém nenhuma disposição expressa sobre a matéria[96]

Contudo, a Comissão já admitiu que o tratamento médico de caráter experimental possa ser considerado como degradante (ou desumano), sob duas condições:

- que o tratamento seja efetuado sem o consentimento do paciente;
- que se trate de uma «experiência médica», noção associada pela Comissão às ideias de inovação e de risco.

[96] Ver Frédéric Sudre, anotação ao artigo 3, in «*La Convention européenne des Droits de l'Homme*», 2ª edição, Economica, Paris, 1999, pág. 166.

No caso estudado pela Comissão[97], uma mulher fora hospitalizada voluntariamente num estabelecimento público para aí ser esterilizada pois desejava evitar nova gravidez.

A intervenção foi efetuada por cauterização elétrica das trompas, um método praticado então já há mais de dois anos.

Todavia, o cirurgião utilizou um novo modelo de pinças de cauterização, surgido havia três meses e que apresentaria a vantagem de evitar lesões vizinhas.

Algumas semanas mais tarde, a paciente estava grávida.

Um inquérito oficial revelou que em 72 esterilizações praticadas com pinças daquele tipo, 10 saldaram por um fracasso.

A Comissão, ao analisar estes factos, estabeleceu como princípio geral, e no que importa, que um tratamento médico de caráter experimental levado a cabo sem o consentimento do interessado pode, em certas circunstâncias, ser considerado como contrário ao artigo 3º da *Convenção*[98].

2.11. Note-se que o Tribunal se recusa a conceder a proteção deste artigo contra os maus-tratos que um corpo de uma pessoa morta pode vir a sofrer – Acórdão Akpinar e Altun, de 27 de fevereiro de 2007, § 82.

3. A *Convenção* não garante, como tal, o direito de asilo nem o direito, para um estrangeiro, de entrar ou residir num país determinado ou de não ser expulso; nem tão pouco a *Convenção* consagra o direito ao asilo político – Acórdãos Vilvarajah e outros, de 30 de outubro de 1991, A 215, pág. 34, § 102, Jabari, de 11 de julho de 2000, R00-VII, pág. 175, § 38, Said, de 5 de julho de 2005, R05-VI, pág. 311, § 46, e Hirsi Jamaa e outros, de 23 de fevereiro de 2012, § 113.

Contudo, a expulsão ou extradição de uma pessoa para um país onde existem razões para acreditar que ela será submetida a um tratamento contrário ao artigo 3º pode suscitar a questão de uma eventual violação deste mesmo artigo, porquanto o Estado que expulsa, na medida em que expõe o indivíduo a um risco de tratamento contrário ao disposto neste artigo, torna-se responsável por essa eventual violação – Acórdãos Soering, A 161, pág. 35, §§ 35 e segs., Cruz Varas, de 20 de março de 1991, A 201, pág. 28, §§ 69-70, Vilvarajah e outros, A 215, pág. 37, § 111, Chahal, de 15 de novembro de 1996, R96-V, págs. 1853-1855, §§ 73-74, Ahmed, de 17 de dezembro de 1996, R96-VI, pág. 2206, § 39, H. L. R./França, de 29 de abril de 1997, R97-III, pág. 757, § 34, D/Reino Unido, de 2 de maio de 1997, R97-III, pág. 791, § 46, Jabari, R00-VII, pág. 175, § 38, Bensaid, de 6 de fevereiro de 2001, R01-I, pág. 341, § 32,

[97] Decisão de 2 de março de 1983, Queixa nº 9974/82, *Déc. Rap* 32, pág. 283.

[98] O que não aconteceria no caso concreto porquanto a interessada tinha aceitado a operação e o cirurgião limitara-se a utilizar um instrumento de um novo tipo.

Hilal, de 6 de março de 2001, R01-II, pág. 342, § 59, Chamaïev, de 12 de abril de 2005, R05-III, pág. 96, § 335, Mamatkoulov e Askarov, de 4 de fevereiro de 2005, R05-I, pág. 253, § 67, Olaechea Cahuas, de 10 de agosto de 2006, § 40, Salah Sheekh, de 11 de janeiro de 2007, § 135, Garabayev, de 7 de junho de 2007, § 73, Saadi/Itália, de 28 de fevereiro de 2008, § 125, Al-Saadoon and Mufdhi, de 2 de março de 2010, §§ 123/125, R.C./Suécia, de 9 de março de 2010, § 48, e M.S,S,/Bélgica e Grécia, de 21 de janeiro de 2011, §§ 359 (a Bélgica reenviou para a Grécia um requerente de asilo, no âmbito do Regulamento de Dublin, sabendo que a Grécia não ia examinar os riscos que ele poderia correr se fosse enviado para o seu país de origem), Hirsi Jamaa e outros, de 23 de fevereiro de 2012, § 114, El-Masri, de 13 de dezembro de 2013, § 212 (entrega pelas autoridades da Macedónia de suspeitos de terrorismo às autoridades americanas, conhecendo-se os métodos utilizados por estas para as interrogar), e Tarakhel, de 4 de novembro de 2014, §§ 93 e 99 (há que ter em conta a situação de extrema vulnerabilidade dos menores que é determinante e deve primar sobre a qualidade de estrangeiro em situação ilegal), e Decisões do Tribunal, de 7 de março de 2000, Queixa nº 43 844/98, R00-III, pág. 471, e de 8 de março de 2007, Queixa nº 23 944/05, e Decisões de 7 de dezembro de 1989, Queixa nº 15 658/89, *Déc. Rap.* 64, pág. 242, de 12 de janeiro de 1991, Queixa nº 14 401, *Déc. Rap.* 68, pág. 188, de 16 de janeiro de 1991, Queixa nº 16 531/90, *Déc. Rap.* 68, pág. 299, de 27 de fevereiro de 1991, Queixa nº 17 262, *Déc. Rap.* 68, pág. 319, de 28 de maio de 1991, Queixa nº 16 832/90, *Déc. Rap.* 69, pág. 321, de 4 de junho de 1991, Queixas nºs 17 550/90 e 17 825/91, *Déc. Rap.* 70, pág. 298, de 8 de setembro de 1993, Queixa nº 21 808/93, *Déc. Rap.* 75, pág. 264, de 19 de maio de 1994, *Déc. Rap.* 77-A, pág. 133, de 4 de abril de 1995, Queixa nº 25 342/94, *Déc. Rap.* 82-A, pág. 134, de 5 de dezembro de 1996, Queixa nº 31 113/96, *Déc. Rap.* 87-A, pág. 151, de 25 de outubro de 1996, Queixa nº 32 025/96, *Déc. Rap.* 87-A, pág. 173, e de 21 de janeiro de 1998, Queixa nº 32 829/96, *Déc. Rap.* 92-A, pág. 99.

E, em princípio, a transferência para um Estado intermediário que é parte na *Convenção* não dispensa o Estado das suas responsabilidades a este nível, se o Estado intermediário vem, a final, a expulsar a pessoa para um país onde ela corre o risco de maus tratamentos – Decisão do Tribunal, de 2 de dezembro de 2008, Queixa nº 32 733/08.

Para determinar esse risco, o Tribunal pode servir-se dos elementos oferecidos pelas partes ou procurados oficiosamente, sejam os relatórios das associações internacionais independentes de defesa dos direitos humanos, tais como a Amnistia Internacional, ou de fontes governamentais – Acórdãos Salah Sheekh, de 11 de janeiro de 2007, § 136, Saadi/Itália, de 28 de fevereiro de 2008, § 128, e Hirsi Jamaa e outros, de 23 de fevereiro de 2012, §§ 118 e segs. (este Acórdão examinou a questão das pessoas nacionais da Eritreia e da Somália que, vindas da Líbia em barcos de fortuna, tentaram entrar na Itália, tendo sido intercetadas por navios militares e reenviadas para a Líbia; o Tribunal concluiu que havia violação a dois níveis: ao expulsar as pessoas para este país, onde corriam o risco de sofrerem tratamentos contrários ao disposto neste artigo, e por também correrem o risco de serem arbitrariamente devolvidas pela Líbia aos seus países de origem, onde poderiam sofrer igual tratamento), e Decisão do Tribunal de 15 de maio de 2007, Queixa nº 38 972/06.

Se a expulsão já ocorreu, a existência do risco deve ser avaliada essencialmente com referência aos factos que eram ou deviam ser conhecidos pela Parte Contratante ao tempo da extradição ou expulsão; se a pessoa ainda não foi extraditada ou deportada quando o Tribunal examina o caso, a situação que interessa será a existente no momento desse exame – Acórdão Abdolkhani e Kariminia, de 22 de setembro de 2009, § 76, e Decisão de 13 de outubro de 2009, Queixa nº 11 230/07.

A responsabilidade do Estado permanece mesmo que o risco desses maus tratamentos provenha de fatores que não possam ser, direta ou indiretamente, imputados à responsabilidade das autoridades públicas do país para o qual a pessoa será enviada – Acórdão D/Reino Unido, R97-III, pág. 792, § 49 (violação no caso da expulsão de um doente com SIDA, na fase terminal, necessitando de cuidados médicos que não poderiam ser prestados convenientemente no país de destino), Aoulmi, de 17 de janeiro de 2006, § 55, e N/Reino Unido, de 27 de maio de 2008, § 51 (expulsão de uma doente com SIDA para um país africano, onde o Tribunal chegou a uma conclusão diferente daquela adotada no Acórdão D/Reino Unido).

4. A decisão de aplicar a pena de morte, no quadro de um processo não equitativo, por um tribunal onde a independência e a imparcialidade estavam sujeitas a caução, equivale a submeter a pessoa ao receio de a pena ser executada, o que se analisa num tratamento desumano contrário ao artigo 3º – Acórdão Öcalan, R05-IV, pág. 107, § 175.

Aliás, se a mera possibilidade de um mau tratamento não chega para concluir pela violação do disposto neste artigo – Decisão de 2 de setembro de 1996, Queixa nº 30 913/96, *Déc. Rap.* 86-A, pág. 176, já a síndroma do *corredor da morte* pode constituir um tratamento contrário ao disposto neste artigo – Acórdãos Soering, A 161, págs. 44-45, § 111 (eventual extradição pelo Reino Unido para os USA de um indivíduo que poderia vir a ser condenado à morte, na altura em que a *Convenção* e os seus Protocolos admitiam este tipo de pena; o tempo de espera para a execução da pena capital acarretaria para o condenado um sofrimento tal incompatível com o disposto neste artigo), e Poltoratski, de 29 de abril de 2003, R03-V, pág. 170, § 133, Decisão do Tribunal, de 16 de outubro de 2001, Queixa nº 71 555/01, R01-XI, pág. 251, e Decisão de 20 de janeiro de 1994, Queixa nº 22 742/93, *Déc. Rap.* 76-A, pág. 164.

Note-se que se exige àquele que alega que poderá correr um sério risco de tratamento contrário a este artigo se for enviado para um determinado país, um mínimo de prova em apoio das suas alegações – Decisão de 5 de setembro de 1994, Queixa nº 22 408/93, *Déc. Rap.* 79-A, pág. 85.

Para controlar este risco de mau tratamento no país de destino, o Estado deve ter em conta as circunstâncias de que tenha ou de que devia ter conhecimento no momento da expulsão – Decisão de 4 de setembro de 1995, Queixa nº 25 342/94, *Déc. Rap.* 82-A, pág. 134.

5. A expulsão para um país onde a pessoa se arrisca a ser condenada a prisão perpétua parece não violar este artigo, desde que a pena não se mostre inflexível, isto é, que o preso tenha possibilidade de ser, de algum modo (liberdade condicional, amnistia, indulto), libertado, mesmo que não haja ainda um compromisso formal sobre a prisão perpétua sem nenhuma expectativa de libertação – ver os Acórdãos Léger, de 11 de abril de 2006, §§ 89-94, e Kafkaris, de 13 de fevereiro de 2008, §§ 97 e 98, Decisões de 6 de maio de 1978, caso *Kotalls*, Queixa nº 7994/77, *Déc. Rap.* 14, pág. 238, e de 5 de dezembro de 1989, Queixa nº 15 776/89, *Déc. Rap.* 64, pág. 264.

Na sua Decisão, de 3 de julho de 2001, Queixa nº 44 190/98, R01-VII, pág. 483 (prisão perpétua sem possibilidade de redução), o Tribunal não decidiu sobre o fundo mas limitou-se a considerar suficientes as garantias dadas de que uma tal pena não seria aplicada.

Esta questão foi de novo revisitada no Acórdão Vinter e outros, de 9 de julho de 2013.

Nesta data, somente nove países, entre eles Portugal, não conheciam a prisão perpétua; na maioria dos países onde a perpetuidade existe, um mecanismo especial permite reexaminar esta uma vez cumprido um certo período de prisão.

Apenas cinco países não preveem a possibilidade de liberdade condicional para os condenados à prisão perpétua – § 68.

No referido Acórdão, o Tribunal concluiu que o artigo 3º deve ser interpretado como exigindo que as penas perpétuas sejam passíveis de revisão, isto é, submetidas a um reexame permitindo às autoridades saber se, no decurso da execução da sua pena, o detido evolui e progrediu no caminho de emendar o seu erro de tal maneira que nenhum motivo legítimo possa justificar a sua manutenção em prisão – § 119.

Artigo 4º – Proibição da escravatura e do trabalho forçado

1 – Ninguém pode ser mantido em escravidão ou servidão.

2 – Ninguém pode ser constrangido a realizar um trabalho forçado ou obrigatório.

3 – Não será considerado «trabalho forçado ou obrigatório» no sentido do presente artigo:

a) Qualquer trabalho exigido normalmente a uma pessoa submetida a detenção nas condições previstas pelo artigo 5º da presente Convenção, ou enquanto estiver em liberdade condicional;

b) Qualquer serviço de caráter militar ou, no caso de objetores de consciência, nos países em que a objeção de consciência for reconhecida como legítima, qualquer outro serviço que substitua o serviço militar obrigatório;

c) Qualquer serviço exigido no caso de crise ou de calamidade que ameacem a vida ou o bem-estar da comunidade;

d) Qualquer trabalho ou serviço que fizer parte das obrigações cívicas normais.

REFERÊNCIAS
DUDH – artigo 4º
PIDCP – artigo 8º
Conv. Interam. – artigo 6º
Carta Afric. – artigo 5º
Carta UE – artigo 5º
Const. – artigo 59º

1. Este artigo impõe aos Estados uma obrigação negativa, de agir de modo a não violar os direitos aqui garantidos, mas também uma obrigação positiva de adotar disposições no domínio penal que sancionem as práticas visadas neste artigo e de as aplicar concretamente – Acórdãos Siliadin, de 26 de julho de 2005, R05-VII, págs. 320 e 324, §§ 89 e 112 (exame de um caso de escravatura moderna), e Rantsev, de 7 de janeiro de 2010, §§ 282 e 288 (tráfico de seres humanos).

Embora este artigo não defina os conceitos *escravidão* e *servidão*, a Comissão lembrou que existem outros instrumentos internacionais que podem ajudar a precisar o seu conteúdo – Relatório de 9 de julho de 1980, caso *van Droogenbroeck*, B 44, pág. 30.

A Convenção Suplementar para a Abolição da Escravatura, do Tráfico de Escravos e das Instituições e Práticas Análogas à Escravatura, adotada em Genebra, a 7 de setembro de 1956[99], define, no seu artigo 7º, alínea *a)*, *escravidão* como o estado ou condição de um indivíduo sobre o qual se exercem os atributos do direito de propriedade ou alguns destes, e *escravo* o indivíduo que tem este estatuto ou esta condição.

Por seu turno, a alínea *b)* do mesmo artigo, conjugada com o disposto no artigo 1º da referida *Convenção*, define *servidão* através de uma série de exemplos de instituições ou práticas:

A *servidão por dívidas*, isto é, o estado ou condição que resulta do facto de um devedor se ter comprometido a prestar serviços pessoais, ou os de alguém sobre quem exerça autoridade, como garantia de uma dívida, se os serviços prestados e justamente

[99] Ratificada por Portugal em 10 de agosto de 1959 – *Diário do Governo*, I Série, de 19 de setembro de 1959.

avaliados não se destinarem ao pagamento da dívida, ou se não se delimitar a sua duração ou não se definir a natureza dos referidos serviços;

A *servidão da gleba*, isto é, a condição da pessoa que é obrigada por lei, pelo costume ou por contrato, a viver e trabalhar numa terra pertencente a outrem e a prestar-lhe, mediante remuneração ou gratuitamente, determinados serviços, sem liberdade para mudar de condição;

Toda a instituição ou prática em virtude da qual a *mulher* é *prometida* ou dada em casamento pela sua família ou cedida a terceiros pelo seu marido ou entregue a terceiros por morte do marido;

A *entrega de menores* de 18 anos a terceiros com o fim de explorar quer a pessoa quer o trabalho da criança ou do adolescente.

A servidão parece constituir assim uma forma particular de escravidão, distinguindo-se menos pela natureza do que pelo grau de intensidade.

A servidão implica uma forma particularmente grave de negação de liberdade – Acórdão van Droogenbroeck, de 24 de junho de 1982, A 50, pág. 32, § 58.

Neste «Caso», o requerente queixava-se de, como reincidente, ter sido colocado à disposição do Governo belga ao abrigo de uma lei de defesa social que o obrigava a estar ligado a uma colónia penitenciária e ali trabalhar e de onde só podia sair com autorização discricionária do Ministro da Justiça.

A Comissão concluiu que não havia violação do nº 1, porquanto aquela medida estava limitada no tempo e era passível de revisão, medida, aliás, tomada por decisão judicial em processo penal; este internamento constituiria, antes, uma privação de liberdade conforme ao nº 1 do artigo 5º

O Tribunal concordou com a posição da Comissão.

A incorporação voluntária de menores no exército, incorporação feita com o consentimento prévio dos pais, mesmo que dele só se possam libertar aos 27 anos, foi entendida como não violadora do disposto neste número – Decisão de 19 de julho de 1968, Queixas nºs 3435 a 3438/67, *Ann. Conv.*, vol. XI, pág. 562.

2. Não existe na *Convenção* uma definição de trabalho forçado ou obrigatório.

2.1. A Comissão, inspirando-se noutros instrumentos internacionais[100], considerou que na noção de *trabalho forçado* ou *obrigatório* existem dois elementos constitutivos cumulativos: trabalho prestado contra a vontade e obrigação injusta ou opressiva de prestar esse trabalho; o trabalho ou o serviço constituírem uma provação

[100] Nomeadamente, as Convenções da OIT nºs 29, de 28 de junho de 1930, e 105, de 25 de junho de 1957.

evitável porque inutilmente penosa ou vexatória – Decisões de 1 de abril de 1974, Queixa nº 4653/70, *Ann. Conv.*, vol. XVII, pág. 172, de 11 de dezembro de 1976, Queixa nº 7641/76, *Déc. Rap.* 10, pág. 231, de 3 de maio de 1983, Queixa nº 9322/81, *Déc. Rap.* 32, pág. 186, e de 29 de junho de 1994, Queixa nº 20 781/92, *Déc. Rap.* 78-A, pág. 116[101].

O Tribunal parece menos restritivo, referindo o caráter relativo do consentimento, observando que em certos casos o interessado poderia inicialmente mostrar-se disponível para o trabalho incriminado; dois elementos devem estar reunidos: trabalho exigido sobre a ameaça de uma pena; e contrário à vontade do interessado, para o qual este não se ofereceu de livre vontade – Acórdãos van der Mussele, de 23 de novembro de 1983, A 70, pág. 18, § 37, e Acórdão Siliadin, R05-VII, pág. 324, § 117, e Decisão de 29 de junho de 1994, Queixa nº 20 781/92, *Déc. Rap.* 78-A, pág. 116.

O caso *Iversen* revela as dificuldades de análise desta disposição.

Um dentista norueguês foi colocado numa parte setentrional do país, ao abrigo de uma lei sobre o serviço obrigatório dos dentistas.

Tendo abandonado o seu posto, aquele dentista foi condenado penalmente.

A Comissão mostrou-se dividida, embora declarasse a Queixa inadmissível por maioria – Decisão de 17 de dezembro de 1963, Queixa nº 1468/62, *Ann. Conv.*, vol. VI, pág. 329.

Quatro dos membros da maioria entenderam que o serviço, embora obrigatório, era de curta duração, assegurava uma remuneração satisfatória, enquadrava-se dentro da atividade profissional do visado e só se aplicava face a lugares não providos; não se apresentava discriminatório, arbitrário ou punitivo, pelo que a sua imposição não era injusta nem opressiva.

Dois outros membros da maioria só justificaram aquele trabalho invocando a exceção da alínea *c)* do nº 3, que autoriza a requisição do serviço em caso de crise ou calamidade.

A minoria, quatro membros, lembrando que o serviço foi imposto sob a ameaça de sanções penais, queria admitir a Queixa para a examinar sob a referida alínea *c)* do nº 3.

2.2. A interdição do trabalho forçado foi invocada a propósito dos defensores oficiosos, no quadro da assistência judiciária gratuita, dando origem a decisões pouco claras.

Inicialmente, a Comissão admitiu uma queixa de um advogado nomeado sem remuneração, processo que terminou por um acordo amigável – Decisão de 22 de março de 1972, Queixa nº 4897/71, *Rec.*, nº 42, pág. 41.

Mas considerou, num outro caso, inadmissível a queixa, lembrando que o requerente tinha escolhido livremente a profissão de advogado, sabendo que os advogados

[101] P. van Dijk e G. J. H. van Hoof, *ob. cit.*, pág. 244, propugnam pela aplicação daqueles dois elementos em alternativa.

eram obrigados a prestar esse serviço, que correspondia, aliás, a um direito do beneficiário.

Neste contexto, desaparecia todo o caráter injusto ou opressivo, tanto mais que esses serviços entravam na atividade normal do advogado, não podendo a gratuitidade do serviço ser considerada como uma verdadeira privação para o requerente – Decisão de 1 de abril de 1974, Queixa nº 4653/70, *Ann. Conv.*, vol. VII, pág. 172.

Os órgãos de controlo tiveram oportunidade de se ocupar a fundo do problema no caso *van der Mussele,* advogado nomeado, sem remuneração, para assistir alguém desprovido de recursos num processo correcional.

A Comissão manteve a sua jurisprudência, concluindo que não havia violação, apontando, embora, para a injustiça da ausência de remuneração – Relatório de 3 de março de 1982, B 55, pág. 34.

O Tribunal, contrariamente à Comissão, não atribuiu uma importância decisiva ao *acordo prévio* do requerente ao abraçar a sua profissão, introduzindo um novo elemento: a imposição de um fardo excessivo ou desproporcionado em relação às vantagens ligadas ao exercício da profissão.

O Tribunal constatou que restava ao requerente tempo suficiente para efetuar um trabalho remunerado, pois apenas consagrou ao caso 18 horas de trabalho, que os serviços impostos concorriam para a sua formação e que estas vantagens, ao lado do monopólio da representação em juízo da sua profissão, sobrelevavam os inconvenientes que não eram importantes tendo em conta as despesas reduzidas que o requerente teve de suportar – Cfr. o já citado Acórdão van der Mussele, A 70, págs. 18 e segs., §§ 37 e segs.

2.3. Um outro caso significativo refere-se a uma queixa de um jogador de futebol holandês, impedido de se transferir para um outro clube devido à soma proibitiva pedida pelo clube a que estava ligado.

A Comissão observou, primeiro, que poderia ser exigida responsabilidade ao Governo holandês, não obstante se tratar, primacialmente, de relações entre particulares, pois aquele tem a obrigação de cuidar para que as regras adotadas por uma associação privada não sejam contrárias às disposições da *Convenção.*

Mas não admitiu a queixa, pois o requerente teria escolhido livremente a sua profissão, conhecendo as regras das relações com os seus empregadores e, por outro lado, o sistema existente, ainda que com alguns inconvenientes, não podia ser considerado opressivo ou como um inevitável fardo, pois pareceria não influir diretamente sobre a sua liberdade contratual – Decisão de 3 de maio de 1983, Queixa nº 9322/81, *Déc. Rap.* 32, pág. 185.

3. O nº 3 não contém limitações ou exceções às situações previstas no nº 2, mas serve para delimitar o campo de aplicação deste número, com o qual forma um todo, contribuindo para a sua interpretação – Decisão de 15 de maio de 1996, Queixa nº 22 956/93, *Déc. Rap.* 85-A, pág. 58.

As suas quatro alíneas assentam sobre as ideias-base do interesse geral, da solidariedade social e da normalidade – Acórdãos van der Mussele, A 70, pág. 19, § 38, Karlheinz Schmidt, de 18 de julho de 1994, A 291-B, pág. 32, § 22, e Zarb Adam, de 20 de junho de 2006, § 43.

No entanto, avisava a Comissão, os trabalhos exigidos ao abrigo destas alíneas não devem ser discriminatórios pois então violar-se-ia o artigo 14º, combinado com este artigo – Relatório de 12 de dezembro de 1966, Queixa nº 2299/64, caso *Grandrath, Ann. Conv.*, vol. X, pág. 626; ver também o Acórdão Zarb Adam, de 20 de junho de 2006, § 45.

3.1. A alínea *a)* deste nº 3 admite que possa ser exigido trabalho aos detidos.

A Comissão concluiu que, nessa hipótese, a detenção devia respeitar todo o disposto no artigo 5º enquanto o Tribunal se contentou com o respeito do nº 1 do mesmo artigo, referindo que o trabalho deve ser inserido na reabilitação do detido – Relatório de 19 de julho de 1969, B 10, pág. 96, e Acórdão De Wilde, Ooms e Versyp, de 18 de junho de 1971, A 12, pág. 44, § 89[102].

O trabalho dos detidos não está condicionado a uma remuneração; e, de acordo com a evolução existente na matéria, o Estado que exige do preso um trabalho não está obrigado a inscrevê-lo num sistema de segurança social com direito a uma pensão – Acórdão Stummer, de 7 de julho de 2011, § 131, e Decisão de 7 de fevereiro de 1967, Queixa nº 2661/65, *Digest*, vol. I, pág. 258.

Também não constitui escravidão ou servidão a obrigação de trabalhar para empresas privadas imposta aos presos pela administração prisional – Decisões de 6 de abril de 1968, Queixas nºs 3134/67, 3172/67 e 3188 a 3206/67, *Ann. Conv.*, vol. XI, pág. 559, e de 10 de dezembro de 1975, Queixa nº 6063/73, *Digest*, vol. I, pág. 241.

3.2. A alínea *b)* previne, em primeiro lugar, que o serviço militar não será considerado trabalho forçado ou obrigatório; mas certas circunstâncias que eventualmente acompanhem esse mesmo serviço podem alterar aquela conclusão – Decisão de 19 de julho de 1968, Queixas nºs 3435/67 e 3438/67, *Ann. Conv.*, vol. XI, pág. 593.

Assim, a imposição aos militares de trabalhos estranhos à sua condição pode redundar numa violação deste artigo[103].

[102] A posição do Tribunal tem sido objeto de crítica – Jacques Velu e Rusen Ergec, *ob. cit.*, pág. 233, e P. van Dijk e G. J. H. van Hoof, *ob. cit.*, pág. 248.

[103] J. E. S. Fawcett, *ob. cit.*, pág. 64; ver, ainda, a Convenção nº 29 da OIT, que no seu artigo 2º, nº 2, alínea *a)*, precisa que não será trabalho forçado ou obrigatório todo o trabalho ou serviço exigido em virtude de leis sobre o serviço militar obrigatório e afeto a trabalhos de caráter puramente militar.

Por outro lado, não será trabalho forçado ou obrigatório o exigido aos objetores de consciência em substituição do serviço militar obrigatório.

A *Convenção* deixa à consideração dos Estados o reconhecimento, ou não, do estatuto de objetor de consciência e, na hipótese afirmativa, a possibilidade de impor um serviço de substituição – Relatório de 29 de junho de 1967, Queixa nº 2299/64, caso *Grandrath* (Testemunha de Jeová), *Ann. Conv.*, vol. X, pág. 626.

Mas, se a *Convenção* não impõe, aqui, aos Estados, o reconhecimento deste estatuto, a própria condição de objetor de consciência pode relevar nos termos do artigo 9º – Decisão de 9 de maio de 1984, Queixa nº 10 640/83, A/Suíça, *Déc. Rap.* 38, pág. 219.

Aliás, a tendência atual vai no sentido do reforço desse mesmo estatuto – ver, por exemplo, as Recomendações da Assembleia Parlamentar do Conselho da Europa nº 816 (197) e do *Comité de Ministros* do Conselho da Europa nº R (87) 8 e os artigos 41º, nº 6, e 276º, nº 4, da Constituição da República, e a Lei nº 101/88, de 25 de agosto.

3.3. Nos casos de crise ou de calamidade ameaçando a vida ou o bem-estar da comunidade, poder-se-á exigir a prestação de um serviço.

A situação deve ser de uma gravidade excecional e de caráter temporário, como, por exemplo, uma catástrofe natural, onde seja necessário extinguir um fogo, reparar urgentemente o sistema de transportes, recuperar o abastecimento de água ou de alimentos ou transportar pessoas feridas ou ameaçadas, podendo nessas circunstâncias ser exigido a cada um, segundo as suas capacidades ou possibilidades, a sua colaboração[104].

3.4. O trabalho ou serviço que faz parte das obrigações cívicas normais, ressalvado na alínea *d)* do nº 3, distingue-se do acautelado na alínea anterior, pelo caráter de normalidade que assume, não exigindo urgência ou imprevisão da situação.

Situações cobertas por esta alínea serão, por exemplo, a obrigação de assistência a pessoa em perigo grave ou a de combater uma situação que pode causar perigo à sociedade, como um incêndio, servindo obrigatoriamente como bombeiro – Acórdão Karlheinz Schmidt, A 291-B, pág. 32, § 23.

Encontram-se também abrangidas nesta alínea a obrigação de fazer parte de um júri num tribunal ou de cuidar da limpeza das ruas.

Alguns apontam para compreender estas situações o caráter tradicional ou usual do trabalho ou serviço na sociedade, o que relevará de um consenso social[105].

[104] P. van Dijk e G. J. H. van Hoof, *ob. cit.*, pág. 249.

[105] Ver os exemplos recolhidos por Jacques Velu e Rusen Ergec, *ob. cit.*, págs. 236-237.

Artigo 5º – Direito à liberdade e à segurança

1 – Toda a pessoa tem direito à liberdade e segurança. Ninguém pode ser privado da sua liberdade, salvo nos casos seguintes e de acordo com o procedimento legal:

a) Se for preso em consequência de condenação por tribunal competente;

b) Se for preso ou detido legalmente, por desobediência a uma decisão tomada, em conformidade com a lei, por um tribunal, ou para garantir o cumprimento de uma obrigação prescrita pela lei;

c) Se for preso e detido a fim de comparecer perante a autoridade judicial competente, quando houver suspeita razoável de ter cometido uma infração, ou quando houver motivos razoáveis para crer que é necessário impedi-lo de cometer uma infração ou de se pôr em fuga depois de a ter cometido;

d) Se se tratar de uma detenção legal de um menor, feita com o propósito de o educar sob vigilância, ou da sua detenção legal com o fim de o fazer comparecer perante a autoridade competente;

e) Se se tratar da detenção legal de uma pessoa suscetível de propagar uma doença contagiosa, de um alienado mental, de um alcoólico, de um toxicómano ou de um vagabundo;

f) Se se tratar de prisão ou detenção legal de uma pessoa para lhe impedir a entrada ilegal no território ou contra a qual está em curso um processo de expulsão ou de extradição.

2 – Qualquer pessoa presa deve ser informada, no mais breve prazo e em língua que compreenda, das razões da sua prisão e de qualquer acusação formulada contra ela.

3 – Qualquer pessoa presa ou detida nas condições previstas no parágrafo 1, alínea *c*), do presente artigo deve ser apresentada imediatamente a um juiz ou outro magistrado habilitado pela lei para exercer funções judiciais e tem direito a ser julgada num prazo razoável ou posta em liberdade durante o processo. A colocação em liberdade pode estar condicionada a uma garantia que assegure a comparência do interessado em juízo.

4 – Qualquer pessoa privada da sua liberdade por prisão ou detenção tem direito a recorrer a um tribunal, a fim de que este se pronuncie, em curto prazo de tempo, sobre a legalidade da sua detenção e ordene a sua libertação, se a detenção for ilegal.

5 – Qualquer pessoa vítima de prisão ou detenção em condições contrárias às disposições deste artigo tem direito a indemnização.

REFERÊNCIAS

DUDH – artigo 3º

PIDCP – artigo 9º

Conv. Interam. – artigo 7º
Carta Afric. – artigo 6º
Carta UE – artigo 6º
Const. – artigos 27º, 28º e 32º, nº 4
CPP – artigos 191º e segs.

SUMÁRIO

1. Introdução.

2. Âmbito de aplicação.

3. A privação de liberdade. **3.1.** O direito interno e a privação de liberdade. **3.2.** A regularidade da privação de liberdade. **3.3.** As condições de privação de liberdade. **3.4.** A prisão em consequência de uma condenação. **3.5.** A desobediência a uma decisão ou ao cumprimento de uma obrigação. **3.6.** A privação de liberdade por suspeita da prática de um crime, para impedir a prática de nova infração ou evitar a fuga. **3.7.** A detenção de um menor para fins de educação ou para o fazer comparecer perante uma autoridade. **3.8.** A detenção de uma pessoa suscetível de transmitir uma doença contagiosa, de um alienado mental, de um toxicómano ou de um vagabundo. **3.9.** A detenção para impedir a entrada ilegal no território ou para a expulsão ou extradição.

4. Os direitos de pessoa privada de liberdade. **4.1.** A informação das razões da detenção. **4.2.** A apresentação do preso ao juiz e o julgamento em prazo razoável. **4.3.** O recurso sobre a legalidade da detenção. **4.4.** A indemnização em caso de prisão ou detenção ilegal.

1. Introdução

A proteção da liberdade e da segurança da pessoa contra as prisões ou detenções arbitrárias constitui o objeto deste artigo 5º – Acórdãos Lawless, de 1 de julho de 1961, A 3, pág. 52, e *BDDC*, nº 2, pág. 350, Engel e outros, de 1 de outubro de 1975, A 22, pág. 25, § 58, e *BDDC*, nº 7, pág. 248, Winterwerp, de 24 de outubro de 1979, A 33, pág. 16, § 37, e *BDDC*, nº 9, pág. 52, Schiesser, de 4 de dezembro de 1979, A 34, pág. 13, § 30, e *BDDC*, nº 9, pág. 54, Guzzardi, de 6 de novembro de 1980, A 39, pág. 33, § 92, pág. 39, § 102, e *BDDC*, nº 11, pág. 45, X/Reino Unido, de 5 de novembro de 1981, A 46, pág. 19, § 43, e *BDDC*, nº 12, pág. 83, van Droogenbroeck, de 23 de novembro de 1981, A 50, pág. 22, § 40, e *BDDC*, nº 13, pág. 173, De Jong, Baljet e van den Brink, de 22 de maio de 1984, A 77, pág. 22, § 44, Ashingdane, de 28 de maio de 1985, A 93, pág. 21, § 44, Quinn, de 22 de março de 1995, A 311, pág. 18, § 40, Loukanov, de 20 de março de 1997, R97-II, pág. 543, § 41, Tsirlis e Kouloumpas, de 29 de maio de 1997, R97-III, pág. 923, § 56, Kurt, de 25 de maio de 1998, R98-III, pág. 1184, § 122, Emrullah Karagöz, de 8 de novembro de 2005, R05-X, pág. 287, § 55 (entrega de um detido nas mãos da polícia depois de ter sido interrogado pelo juiz), Krejčíř, de 26 de março de 2009, § 76, e Al-Jedda, de 7 de julho de 2011, §§ 99 e segs. (mesmo as forças invasoras do Iraque em 2003 não estavam desobrigadas, nomeadamente através das Resoluções do Conselho de Segurança, a não respeitarem o disposto neste artigo; neste contexto, uma detenção por um período de três anos não está justificada), e Decisão de 5 de abril de 1993, Queixa nº 19 066/91, *Déc. Rap.* 74, pág. 179.

Sublinhe-se antes de mais que todos os direitos e garantias enunciados na *Convenção* e seus Protocolos estão garantidos às pessoas detidas ou presas e mesmo o direito à liberdade sob dois aspetos:

- o direito a ser restituída à liberdade se a sua privação não ocorre dentro das circunstâncias enumeradas neste artigo:
- o direito a ser posta em liberdade imediatamente uma vez cumprida a pena ou em seguida à decisão que ponha fim à detenção.

O direito à liberdade e à segurança ocupa um lugar eminente numa sociedade democrática, fator que deve presidir à interpretação desta norma.

Os termos *liberdade* e *segurança* devem ser lidos em conjunto, formando um todo: a expressão *liberdade da pessoa* empregada no artigo 5º significa, antes de mais, ausência de prisão ou detenção, ou seja, a liberdade física – Decisão de 15 de janeiro de 1998, Queixa nº 26 536/95, *Déc. Rap.* 92-A, pág. 27.

O *direito à segurança* da pessoa contém a garantia de que um indivíduo só poderá ser preso ou detido pelos motivos e segundo os processos previstos na lei. É uma garantia contra o arbítrio em matéria de prisão ou detenção – Relatório de 14 de dezembro de 1973, Queixas nºs 4403/70 e outros, *Déc. Rap.* 78-A, pág. 5.

E visa não só a liberdade física mas também a liberdade de não ser ameaçado nem de ser objeto de uma prisão ou detenção arbitrárias – Acórdão M./Alemanha, de 17 de dezembro de 2009, § 91, e Decisão de 10 de julho de 1986, Queixa nº 10 781/84, *Déc. Rap.* 48, pág. 154.

Por outro lado, para que uma privação de liberdade esteja de acordo com o artigo 5º, será necessário que ela se inclua numa das categorias de prisão ou detenção mencionadas nas alíneas *a)* a *f)*, ainda que estas alíneas não se excluam reciprocamente; tratando-se de uma lista exaustiva de exceções a um direito fundamental, ela deve ser interpretada em termos estritos – Acórdãos Quinn, A 311, pág. 17, § 42, Kurt, R98-III, pág. 1184, § 122, Čonka, de 5 fevereiro de 2002, R02-I, pág. 68, § 42, Assanidzé, de 8 de abril de 2004, R04-II, pág. 18, 203, § 171, e Del Rio Prada, de 21 de Outubro de 2013, § 123, e Relatório de 18 de março de 1981, Queixas nºs 8022/77, 8025/77 e 8027/77, *Déc. Rap.* 25, pág. 15, § 79.

Não obstante este aspeto essencial, as obrigações decorrentes do artigo 5º podem ser derrogadas em caso de guerra ou de outro perigo público que ameace a vida de uma nação, porquanto o seu conteúdo não está ressalvado pelo nº 2 do artigo 15º da *Convenção* – Acórdão Irlanda/Reino Unido, de 29 de abril de 1976, A 25, pág. 78, § 204, e *BDDC*, nº 8, pág. 111.

Da leitura deste artigo podem constatar-se três níveis de garantias:

a) Um, relativo ao processo de privação de liberdade: de acordo com o procedimento legal;
b) Outro, sobre a própria privação da liberdade: apenas nas situações prevenidas nas alíneas do nº 1;
c) E um terceiro, que inclui as relativas às pessoas que foram privadas da sua liberdade – nºs 2 a 5.

2. Âmbito de aplicação

2.1. O *direito à liberdade* deve ser entendido no sentido clássico da expressão, isto é, como a liberdade física da pessoa de ir e vir – Acórdão Engel e outros, A 22, pág. 25, § 58, e *BDDC*, nº 7, pág. 248, e Decisão de 27 de maio de 1991, Queixa nº 12 541/86, *Déc. Rap.* 70, pág. 103; e não reportada à liberdade de circular que é protegida pelo artigo 2º do Protocolo nº 4 – Acórdão Guzzardi, A 39, pág. 33, § 92, Relatório de 3 de outubro de 1988, Queixa nº 10 801/84, *Déc. Rap.* 61, pág. 62, e Decisões de 9 de outubro de 1989, Queixa nº 14 102/88, *Déc. Rap.* 63, pág. 195, e de 2 de março de 1994, Queixa nº 16 360/90, *Déc. Rap.* 76-A, pág. 13.

Os órgãos da *Convenção* têm atuado com cautela, evitando uma noção geral de liberdade; para que haja privação desta será necessário um ato que atente contra um estado de liberdade, elemento de definição complexa em situações especiais, como o da liberdade condicional; as medidas que toquem na liberdade condicional, revogando-a ou reduzindo-a, caem no âmbito deste artigo – Acórdãos Weeks, de 2 de março de 1987, A 114, pág. 22, § 40, e Del Rio Prada, de 21 de Outubro de 2013, § 125 (não está garantido o direito à liberdade condicional, salvo nos casos em que as autoridades não dispõem de nenhum poder discricionário e são obrigadas a aplicar tal medida a toda a pessoa que reúna as condições fixadas na lei para dela beneficiar).

A detenção domiciliária constitui uma privação de liberdade, sujeita às mesmas garantias de uma prisão – Acórdão Vachev, de 8 de julho de 2004, R04-VIII, pág. 153, § 64.

Outra situação especial se desenha no campo da disciplina do *serviço militar*: aqui, só haverá privação de liberdade se as restrições se afastarem nitidamente das condições normais de vida no seio das Forças Armadas, para o que deve reunir-se um conjunto de elementos, tais como a natureza, a duração, os efeitos e as modalidades de execução da sanção ou da medida considerada; assim, não será privação de liberdade a permanência nas casernas ou num local pré-fixado após as horas normais de serviço, mas já o será quando os militares são encerrados numa célula – Acórdão Engel e outros, A 22, pág. 26, § 66.

Note-se que é indiferente que a privação de liberdade seja *voluntária*: mesmo uma detenção *a pedido* poderá violar o artigo 5º – Acórdão De Wilde, Ooms e Versyp, de 18 de novembro de 1970, A 12, pág. 36, § 65, e *BDDC*, nº 4, pág. 273; neste caso, conhecido como o dos *vagabundos*, o Tribunal estudou a situação de pessoas que se tinham entregado à polícia a fim de serem internadas.

O artigo 5º aplica-se à *privação* de liberdade, o que pressupõe a prisão ou detenção de uma pessoa, mesmo menor – Acórdão Nielsen, A 144, pág. 22, § 58, e Decisão de 20 de maio de 1996, Queixa nº 23 558/94, *Déc. Rap.* 85-A, pág. 88.

Mas já não às *restrições* a esta liberdade.

Nem sempre será fácil distinguir entre a restrição à liberdade física e a restrição à liberdade de circular, esta última protegida pelo artigo 2º do Protocolo 4, tanto mais que entre as duas noções existirá, em regra, apenas uma diferença de grau ou de intensidade – Acórdãos Engel e outros, A 22, pág. 25, §§ 58-59, Guzzardi, A 39, pág. 33, §§ 92-93, e *BDDC*, nº 11, pág. 45, Ashingdane, A 93, pág. 19, § 41, H.L. contra o Reino Unido, de 5 de outubro de 2004, R04-IX, pág. 284, § 89, Nada, de 12 de setembro de 2012, § 225.

O caso *Guzzardi* é um bom exemplo desta dificuldade.

Foi fixada residência numa ilha isolada a Guzzardi, um presumível mafioso; aqui, haveria privação de liberdade, porquanto, para além da exiguidade do espaço, os contactos sociais estavam muito limitados, pois Guzzardi estava sujeito a uma vigilância apertada e a sua permanência nestas condições durava já há mais de 16 meses.

Para detetar essa diferença, será necessário apelar a uma série de critérios, como o género, a duração, os efeitos e as modalidades de execução da medida em equação – Acórdãos Stanev, de 15 de janeiro de 2012, § 117, Creanga, de 23 de fevereiro de 2012, § 91, e Nada, de 12 de setembro de 2012, § 225.

No entanto, verificar se em alguns casos especiais existe privação de liberdade nem sempre se apresenta fácil:

- a retenção de um estrangeiro na zona de espera de um aeroporto enquanto aguarda que o seu pedido de asilo seja examinado, não é, em si, equivalente a uma restrição de liberdade; mas as modalidades de aplicação desta medida e a sua duração podem torná-la equivalente a uma restrição de liberdade – Acórdão Amuur, de 25 de junho de 1996, R96-III, pág. 850, § 49, e Decisão do Tribunal de 8 de dezembro de 2005, Queixa nº 74 762/01;
- o internamento de um menor de 12 anos num estabelecimento psiquiátrico contra a sua vontade mas com autorização da entidade que detinha o poder paternal (a mãe) constituía, aos olhos da Comissão, uma violação do artigo 5º; mas, já para o Tribunal, este artigo não é aplicável a esta hipótese, porquanto o internamento foi decidido no exercício do poder paternal pelo seu titular – Relatório de 12 de março de 1987, caso *Nielsen*, A 144, pág. 43, § 128, e Acórdão no mesmo caso, de 28 de novembro de 1988, A 144, pág. 26, §§ 71-73; ver, ainda, o Acórdão H.M./Suíça, de 26 de fevereiro de 2002, R02-II, pág. 40, § 43;

mas já um internamento num estabelecimento psiquiátrico contra a vontade da pessoa constitui violação desta disposição – Acórdão Storck, de 16 de junho de 2005, R05-V, pág. 186, §§ 75 e 78; sobre o internamento num estabelecimento psiquiátrico, contra a vontade do visado, ver o Acórdão Stanev, de 15 de janeiro de 2012, §121 e segs.;

- a permanência num posto policial durante três horas, motivada por receios sobre o estado de saúde do detido, não importa privação da liberdade – Decisão de 10 de abril de 1995, Queixa nº 24 722/94, *Déc. Rap.* 81-A, pág. 130;
- a educação de um menor pode implicar certas restrições à liberdade sem que se possa falar de privação no sentido deste artigo – Decisão de 14 de dezembro de 1989, Queixa nº 14 013/88, *Déc. Rap.* 64, pág. 176;
- a técnica do "Kettling", que consiste na retenção pela polícia de um grupo de pessoas por motivos de ordem pública, pode, nalgumas circunstâncias particulares, dar lugar a uma privação de liberdade contrária ao nº 1 deste artigo 5º; em cada caso concreto, este número deve ser interpretado de modo a ter em conta o contexto específico em que as técnicas em causa foram utilizadas e a obrigação de assegurar a manutenção da ordem e a proteção do público que tanto o direito nacional como o direito internacional fazem recair sobre a polícia – Acórdão Austin e outros, de 15 de março de 2012, § 60, que não considerou privação da liberdade a retenção num cordão policial, enquanto decorria uma manifestação onde havia riscos graves para as pessoas e para os bens, de uma pessoa durante 7 horas.

2.2. A *segurança* da pessoa deve ser essencialmente compreendida na noção mais ampla de *liberdade*, embora com um campo específico de ação contra as ingerências arbitrárias da autoridade pública.

Todas as decisões relativas à segurança da pessoa devem respeitar as exigências formais e substanciais previstas na lei – Decisão de 17 de dezembro de 1976, Queixa nº 7729/76, *Déc. Rap.* 7, pág. 164.

As autoridades que prenderam uma pessoa estão obrigadas a revelar o local onde ela se encontra; o artigo 5º obriga-as a tomar as medidas efetivas para evitar o risco de desaparecimento, bem como a proceder a um inquérito rápido e eficaz na hipótese de uma queixa plausível segundo a qual uma pessoa foi detida e não foi mais vista – Acórdãos Kurt, R98-III, pág. 1185, § 124, e Chipre/Turquia, de 10 de maio de 2001, R01-IV, pág. 279, § 147.

Quando alguém entrou num lugar controlado pelas autoridades, incumbe ao Governo fornecer uma explicação plausível e satisfatória do que se passou em seguida e demonstrar que o interessado não foi detido e que deixou esse lugar sem ser privado da sua liberdade – Acórdão Creanga, de 23 de fevereiro de 2012, § 89.

Lembre-se que, embora a privação de liberdade resultante exclusivamente de atos de particulares não releve da segunda parte do artigo 5º, nº 1, importará determinar se, nessa hipótese, o Estado faltou, ou não, à obrigação geral decorrente da primeira parte do nº 1 do dito artigo, ou seja, a de proteger o direito das pessoas à liberdade e à segurança – Acórdão Storck, R05-V, pág. 195, § 101, e Relatório no caso *Nielsen*, A 144, pág. 38, § 102.

3. A privação de liberdade

O nº 1 do artigo 5º estabelece um quadro de situações concretas onde se admite a privação de liberdade.

Trata-se de uma enumeração exaustiva, tendo como objetivo que ninguém seja arbitrariamente privado da sua liberdade; e a noção de arbitrário vai para além da falta de conformidade com o direito nacional, de modo que uma privação de liberdade pode ser regular segundo a legislação interna mas continuando arbitrária porque contrária à *Convenção* – Acórdãos Varbanov, de 5 de outubro de 2000, R00-X, pág. 265, § 46, A. e outros/Reino Unido, de 19 de fevereiro de 2009, § 163, e Creanga, de 23 de fevereiro de 2012, § 64; uma decisão será arbitrária quando, ainda que de acordo com a legislação nacional, exista um elemento de má-fé ou de embuste por parte das autoridades e ainda quando as autoridades não aplicaram corretamente a legislação pertinente – Acórdão Mooren, de 9 de julho de 2009, § 78; a motivação da decisão e a celeridade com que se repara a decisão defeituosa são também um elemento importante para apurar aquele aspeto – §§ 79 e 80 deste Acórdão; ver também o Acórdão Geórgia/Federação Russa, de 3 de julho de 2014, § 182.

E, como se trata de limitações a direitos, impõe-se uma interpretação restritiva – Acórdãos Engel e outros, A 22, pág. 22, § 57, Winterwerp, A 33, pág. 33, § 37, Quinn, A 311, pág. 17, § 42, Loukanov, R97-II, pág. 543, § 41, Giulia Manzoni, R97-IV, pág. 1191, § 25, Kurt, R98-III, pág. 1184, § 122, e Chamaïev, de 12 de abril de 2005, R05-III, pág. 113, § 396.

Note-se que as condições de execução da detenção, incluindo as relativas a penas disciplinares, não estão cobertas pelo nº 1 deste artigo – Decisões de 9 de dezembro de 1987, Queixa nº 11 703/85, *Déc. Rap.* 54, pág. 116, e de 22 de fevereiro de 1995, Queixa nº 20 872/92, *Déc. Rap.* 80-A, pág. 66.

3.1. Todas as hipóteses admitidas no nº 1 do artigo 5º pressupõem um agir de acordo com o procedimento legal, quer sob o aspeto substancial quer processual – Acórdão Shtukaturov, de 27 de março de 2008, § 112.

A privação da liberdade deve, antes de mais, respeitar o direito interno (que deve estar em harmonia com a *Convenção*), do ponto de vista formal e substancial, com a observação pelas jurisdições nacionais das regras e do processo pertinentes – Acórdãos Monnell e Morris, de 2 de março de 1987, A 115, pág. 20, § 50, Bouamar, de 29 de fevereiro de 1988, A 129, pág. 20, § 47, Aerts, de 30 de julho de 1998, R98-V, pág. 1961, § 46, Riera Blume e outros, de 14 de outubro de 1999, R99-VII, pág. 32, § 31, Hutchison Reid, de 20 de fevereiro de 2003, R03-IV, pág. 49, § 46, Goussinski, de 19 de maio de 2004, R04-IV, pág. 175, § 62, Ilaşcu e outros, de 8 de julho de 2004, R04-VII, pág. 122, § 461, H.L. contra o Reino Unido, R04-IX, pág. 292, § 114, Mubilanzila Mayeka e Kaniki Mitunga, de 12 de outubro de 2006, R06-XI, pág. 260, § 102 (colocação de uma criança de 5 anos aguardando expulsão do País num local de detenção para adultos a aguardar expulsão), M./Alemanha, de 17 de dezembro de 2009, § 90, Acórdão Stanev, de 15 de janeiro de 2012, § 143, e Creanga, de 23 de fevereiro de 2012, § 110 (há violação deste artigo no caso de uma pessoa, chamada a prestar declarações no quadro de um processo penal, ficar detida entre as 12 e as 22 horas, sem que uma decisão formal sobre a situação, por exemplo, colocá-la sob detenção, fosse tomada durante esse período).

A privação da liberdade deve encontrar o seu fundamento numa lei interna, entendida no sentido amplo do termo, lei acessível e precisa, para que, por um lado, permita aos interessados prever as consequências dos seus atos e, por outro, prevenir arbitrariedades – Acórdãos Dougoz, de 6 de março de 2001, R01-II, pág. 289, § 55, Laumont, de 8 de novembro de 2001, R01-XI, pág. 15, § 43, Medvedyev e outros, de 29 de março de 2010, § 79, Decisões do Tribunal, de 4 de maio de 2000, Queixa nº 42 117/98, R00-V, pág. 385, e de 29 de junho de 2006, Queixa nº 54 934/00, e Decisões de 5 de maio de 1982, Queixa nº 9403/81, *Déc. Rap.* 28, pág. 235, de 4 de setembro de 1992, Queixa nº 17 441/90, *Déc. Rap.* 73, pág. 201, e de 25 de novembro de 1996, Queixa nº 28 754/95, *Déc. Rap.* 87-A, pág. 118.

Por outro lado, a expressão *de acordo com o procedimento legal* traduz a ideia de um *processo equitativo e adequado*, com a exigência de que toda a privação de liberdade emane de uma autoridade *qualificada*, seja executada por uma autoridade também *qualificada* e não assuma um caráter arbitrário, mesmo que algumas imperfeições possam subsistir – Acórdãos Winterwerp, A 33, págs. 19-20, §§ 44-46, Bozano, de 18 de dezembro de 1986, A 111, pág. 23, § 54, Bouamar, A 129, pág. 20, § 47, Van der Leer, de 21 de fevereiro de 1990, A 170-A, pág. 12, § 22, Wassink, de 27 de setembro de 1990, A 185-A, pág. 11, § 24, Benham, de 10 de junho de 1996, R96-III, págs. 753-754, §§ 42-47, Giulia Manzoni, R97-IV, pág. 1190, § 21, Steel e outros, de 23 de setembro de 1998, R98-VII, pág. 2735, § 54, D.G./Irlanda, de 16 de maio de 2002, R02-III, pág. 424, § 75, Čonka, R02-I, pág. 68, § 42, Ilaşcu e outros, R04-VII, pág. 122, § 461, Öcalan, de 12 de maio de 2005, R05-IV, pág. 80, § 83, e Decisão de 8 de fevereiro de 1990, Queixa nº 11 683/85, *Déc. Rap.* 64, pág. 52.

Uma detenção efetuada pelas autoridades de um Estado num território de outro Estado sem o consentimento deste último traduz-se numa violação ao direito individual da pessoa à segurança nos termos deste artigo 5º, nº 1 – Acórdão Öcalan, R05-IV, pág. 80, § 85.

A execução de uma medida provisória decretada nos termos do artigo 39º do Regulamento do Tribunal, que pede ao Estado para não expulsar uma pessoa para um determinado país, não tem qualquer incidência sobre a conformidade ou não da privação da liberdade daquela pessoa com o disposto no nº 1 deste artigo – Acórdão Gebremedhin, de 26 de julho de 2007, § 74.

O Tribunal tem competência para controlar a compatibilidade do direito interno com estes elementos relativos à privação de liberdade, incluindo os princípios gerais que aí se contêm, nomeadamente o princípio da segurança jurídica, de maneira explícita ou implícita. Mas a economia do sistema de salvaguarda instituído pela *Convenção* assinala limites a este controlo: em primeiro lugar, incumbe às autoridades nacionais, nomeadamente aos tribunais, interpretar e aplicar o direito interno, mesmo quando a *Convenção* se apropria dessas normas; pela natureza das coisas, as autoridades nacionais surgem especialmente qualificadas para julgar as questões que possam surgir a este nível – Acórdãos Winterwerp, A 33, págs. 19-20, §§ 44-46, Bozano, A 111, pág. 23, § 54, Bouamar, A 129, pág. 20, § 47, Van der Leer, A 170-A, pág. 12, § 22, Wassink, de 27 de setembro de 1990, A 185-A, pág. 11, § 24, Giulia Manzoni, R97-IV, pág. 1190, § 21, Steel e outros, R98-VII, pág. 2735, § 54, Baranowski, de 28 de março de 2000, R00-III, pág. 282, § 51, e Pantea, de 3 de junho de 2003, R03-VI, pág. 310, § 220, Mooren, de 9 de julho de 2009, § 72, e Decisão de 8 de fevereiro de 1990, Queixa nº 11 683/85, *Déc. Rap.* 64, pág. 52.

3.2. A tradução oficial portuguesa desprezou a expressão *régulièrement* ou *régulière*, existente em todas as alíneas do nº 1 do texto francês, exceto na alínea *c)*, ou a expressão inglesa *lawful*, figurando em todas aquelas alíneas; mas, a regularidade da privação de liberdade é um elemento que vale para o conjunto de todo o número – Acórdãos Guzzardi, A 39, pág. 39, § 38, e De Jong, Baljet e van den Brink, A 77, págs. 21-22, §§ 43-44.

A regularidade abrange não só a adoção da medida de privação de liberdade como a sua execução – Acórdãos Winterwerp, A 33, pág. 17, § 39, X/Reino Unido, A 46, págs. 18-19, §§ 41-43, e Ashingdane, A 93, pág. 21, § 44.

3.3. Para ser conforme ao artigo 5º da *Convenção*, a privação de liberdade deve ter como fundamento uma das seis situações enumeradas nas alíneas do nº 1 deste artigo.

Estas situações não se excluem mutuamente e a privação de liberdade que tenha por fundamento, por exemplo, a situação consagrada na alínea *c)* pode entretanto passar a estar prevenida pela alínea *a)*; o essencial será que, durante toda a privação de liberdade, ao menos uma das exigências de uma das alíneas esteja satisfeita – Acórdãos Eriksen, de 27 de maio de 1997, R97-III, pág. 861, § 76, e Erkalo, de 2 de setembro de 1998, R98-VI, pág. 2477, § 50, e Relatório de 18 de março de 1981, no caso *McVeigh e outros*, Queixas nºs 8025/77 e 8027/77, *Déc. Rap.* vol. 25, pág. 79.

Sublinhe-se que a privação da liberdade deve corresponder, por força do disposto no artigo 18º da *Convenção*, ao fim para que foi prevista, protegendo-se a pessoa contra o arbítrio e deve ainda ser proporcional à gravidade dos factos; mas a *Convenção* não proíbe a prisão de menores e de pessoas de avançada idade, desde que os cuidados médicos adequados lhes sejam prestados – Acórdãos Weeks, A 114, pág. 23, § 43, Bouamar, A 129, pág. 20, § 47, Kudl/a, de 26 de outubro de 2000, R00-XI, pág. 274, § 94, D.G./Irlanda, R02-III, pág. 425, § 78, e Mouisel, de 14 de novembro de 2002, R02, págs. 212 e 213, §§ 39 e 40, e Decisão do Tribunal, de 29 de maio de 2001, Queixa nº 63 716/00, R01-VI, pág. 403.

3.4. A primeira das seis hipóteses é a de uma prisão *regula*r em consequência de condenação por um tribunal competente.

3.4.1. A prisão tem de ser regularmente efetuada, segundo as regras definidas no ordenamento jurídico interno.

Esta prisão deve ser consequência de uma condenação, o que pressupõe entre a condenação e a prisão não uma simples ordem cronológica mas uma relação de causalidade – Acórdãos Engel e outros, A 22, pág. 27, § 68, van Droogenbroeck, A 50, pág. 19, § 35, Weeks, A 114, pág. 23, § 42, Monnell e Morris, A 115, págs. 17 e segs., § 40, Kafkaris, de 13 de fevereiro de 2008, § 117, M./Alemanha, de 17 de dezembro de 2009, § 88, e Del Rio Prada, de 21 de Outubro de 2013, § 124.

O Tribunal teve oportunidade de precisar esta relação de causalidade no caso *van Droogenbroeck*: o requerente queixava-se das decisões do Ministro da Justiça belga que o mandou internar, por diversas vezes, revogando-lhe liberdades condicionais, ao abrigo de uma decisão judicial que o colocou à disposição do Governo.

O Tribunal entendeu que existia a referida causalidade, porquanto o poder de apreciação ministerial se exercia no quadro definido pela lei e pela condenação, tendo, no entanto, precisado que poderia vir a acontecer que essa ligação se rompesse se as decisões se viessem a fundar em motivos estranhos aos objetivos visados pela lei ou pela decisão condenatória – Acórdão van Droogenbroeck, A 50, págs. 19-22, §§ 36-40.

Note-se contudo que esta "casualidade" pode romper-se no caso em que uma decisão de não libertar ou de reencarcerar se fundamente em motivos incompatíveis com os objetivos visados pela decisão inicial do julgamento ou por uma apreciação não razoável relativamente a esses objetivos – Acórdão Del Rio Prada, de 21 de Outubro de 2013, § 124.

Por decisão condenatória entenda-se a declaração de culpabilidade, consecutiva ao estabelecimento legal de uma infração, e a aplicação de uma pena ou outra medida privativa de liberdade – Acórdãos X/Reino Unido, A 46, pág. 17, § 39, e van Droogenbroeck, A 50, pág. 19, § 35.

E a condenação nos termos desta alínea pressupõe a «responsabilidade penal» – Acórdãos X/Reino Unido, A 46, pág. 17, § 39, e Aerts, R98-V, pág. 1961, § 45.

A condenação que interessa é já a da primeira instância, mesmo que, segundo o direito interno, seja considerada como preventiva toda a detenção até ao trânsito em julgado da decisão condenatória – Decisões de 11 de maio de 1978, Queixa nº 7728/74, *Digest*, vol. I, pág. 317, e de 16 de dezembro de 1982, Queixa nº 9132/80, *Déc. Rap.* vol. 31, pág. 192.

A noção de condenação abarca, não só a aplicação de uma pena de prisão propriamente dita, mas também as medidas de segurança ou defesa social que possam constituir um complemento da pena ou a sua substituição – Acórdãos X/Reino Unido, A 46, pág. 17, § 39, e Eriksen, R97-III, pág. 862, § 78; porém, desta noção se afastam as medidas preventivas ou de segurança que sejam tomadas com base em índices denunciadores de uma propensão para a delinquência – Acórdão Guzzardi, A 39, pág. 37, § 100.

Note-se que mesmo uma prisão perpétua continua a encontrar o seu fundamento legal na condenação inicial – Acórdão Léger, de 11 de abril de 2006, § 77.

Por outro lado, pouco importa que a infração assuma, segundo o direito interno, caráter penal ou disciplinar – Acórdãos Engel, A 22, pág. 27, § 68, e Guzzardi, A 39, pág. 37, § 100.

3.4.2. A condenação deve ser proferida por *tribunal competente*.

Tribunal, no sentido da *Convenção*, caracteriza-se pela independência face ao poder executivo e às partes; esta garantia entra em crise quando a pena é aplicada pela Administração, nomeadamente no âmbito militar, e da decisão não há recurso com efeito suspensivo – Acórdão Dacosta Silva, de 2 de novembro de 2006, § 44, e Decisão de 2 de setembro de 1993, Queixa nº 17 571/90, *Déc. Rap.* 75, 139.

A independência face ao poder executivo não exige a inamovibilidade do juiz ou a sua nomeação vitalícia; basta-se com uma certa estabilidade no exercício das funções e que o juiz não esteja sujeito a qualquer forma de pressão – Acórdãos De Wilde, Ooms e Versyp, A 12, pág. 41, §§ 77 e segs., e Engel e outros, A 22, pág. 27, § 68.

A competência do tribunal deve ser apurada segundo as regras do direito interno do Estado requerido, pelo que o controlo a este nível pelo Tribunal surge como secundário e a censura é permitida apenas face a manifesta violação – Decisões de 19 de julho de 1968, Queixa nº 2645/65, *Ann. Conv.*, vol. XI, pág. 348, e de 22 de julho de 1970, Queixa nº 4161/69, *Ann. Conv.*, vol. XIII, pág. 804.

Sublinhe-se que, segundo jurisprudência constante do Tribunal, a noção de tribunal implica não só a independência e a imparcialidade do órgão competente como ainda as garantias de um processo judiciário – ver o Acórdão De Wilde, Ooms e Versyp, A 12, págs. 40-41, §§ 76 e 78.

3.4.3. Em princípio, uma detenção é regular se ela se baseia numa decisão de justiça. Aqui o Tribunal introduz uma distinção entre as decisões manifestamente inválidas, como as que sejam emitidas por um tribunal fora da sua competência, e as decisões que são *prima facie* válidas e eficazes enquanto não forem anuladas por uma jurisdição superior.

Uma decisão deve ser considerada *ex facie* inválida se o vício se apresenta como uma «irregularidade grave e manifesta»; assim, salvo nos casos em que constituem uma irregularidade grave e manifesta, os vícios afetando um decisão de colocação em detenção podem ser reparados pelas instâncias de recurso no quadro de um processo de controlo jurisdicional – Acórdão Mooren, de 9 de julho de 2009, § 75.

3.4.4. A Comissão, quanto à execução das sentenças penais estrangeiras, precisou:

> *O artigo 5º, nº 1, alínea* a), *não contém nenhuma distinção fundada sobre o lugar do tribunal da decisão. Este artigo não proíbe expressamente a execução, por um determinado Estado Contratante, de uma condenação em prisão de um indivíduo fora do território deste Estado [ ]. O artigo 5º da Convenção contém garantias de modo a impedir que os Estados Contratantes executem com ligeireza as decisões inconciliáveis com os princípios democráticos, porquanto exige que a detenção penitenciária seja regular e conforme ao procedimento legal e não apenas que ela seja ordenada por um tribunal competente* – Decisão de 14 de dezembro de 1963, Queixa nº 1322/62, *Ann. Conv.*, vol. VI, pág. 495, que se traduziu livremente; ver ainda a Decisão de 2 de março de 1994, Queixa nº 16 462/90, *Déc. Rap.* 76-A, pág. 18.

O Tribunal entendeu, por seu turno, que não há violação desta alínea quando a pena de prisão é cumprida noutro Estado que tem regras diferentes relativas à liberdade condicional, implicando que esta venha a ocorrer mais tarde do que aconteceria se a pena fosse cumprida no Estado da condenação – Decisão de 15 de março de 2005, Queixa nº 38704/03, R05-VII, pág. 399.

3.5. A alínea *b)* do nº 1 do artigo 5º considera legais os casos de prisão ou de detenção por desobediência a uma decisão tomada em conformidade com a lei por um tribunal ou para garantir o cumprimento de uma obrigação prescrita por lei.

Distinguem-se duas situações: a desobediência a uma decisão de um tribunal e o cumprimento de uma obrigação prescrita por lei.

3.5.1. A situação de desobediência a uma decisão de um tribunal combate-se com medidas conhecidas, tais como as prisões para disciplina das audiências ou para fazer comparecer as pessoas aos atos processuais.

A Comissão considerou que a recusa de se submeter a um exame psiquiátrico no âmbito de um processo de interdição tornava lícito um internamento num centro de observação por um período de duas semanas; e, do mesmo modo, é considerada lícita a detenção ordenada face à recusa de pagar uma multa ou de se submeter a um teste sanguíneo – Decisões de 10 de dezembro de 1975, Queixa nº 6659/74, *Déc. Rap.* 3, pág. 94, de 7 de julho de 1977, Queixa nº 6289/73, *Déc. Rap.* 8, pág. 48, e de 13 de dezembro de 1979, Queixa nº 8278/78, *Digest*, vol. I, pág. 353.

3.5.2. A medida de prisão ou detenção para o cumprimento de uma obrigação prescrita na lei necessita, para a sua boa compreensão, de ser explicitada.

A aplicação desta disposição exige a reunião das seguintes condições:

a) Que a pessoa esteja sujeita a uma obrigação específica e concreta compatível com a *Convenção*;
b) Que esta obrigação se mantenha sem cumprimento ainda que tal não decorra necessariamente de uma vontade deliberada ou de uma negligência;
c) Que o visado tenha tido, previamente, a possibilidade de cumprir a obrigação;
d) Que as circunstâncias sejam tais que não exista, para além da prisão, outro meio disponível para garantir o cumprimento da obrigação.

Aliás, desde que a obrigação fundamento da detenção seja satisfeita, esta deve cessar imediatamente – Relatório de 18 de março de 1981, caso *McVeigh e outros*, Queixas nºs 8025/77 e 8027/77, *Déc. Rap.* 25, pág. 15.

A decisão judiciária a ordenar a detenção deve visar o cumprimento de uma obrigação, concreta e específica, e já não sancionar um comportamento passado – Decisões de 10 de dezembro de 1975, Queixa nº 6659/74, *Déc. Rap.* 3, pág. 94, de 7 de julho de 1977, Queixa nº 6289/73, *Déc. Rap.* 8, pág. 48, e de 13 de dezembro de 1979, Queixa nº 8278/78, *Digest*, vol. I, pág. 353.

Logo no caso *Lawless*, a Comissão observou que a prisão ou detenção administrativas destinadas a impedir a prática de infrações à ordem e à paz públicas não estavam justificadas ao abrigo desta norma – Relatório de 19 de dezembro de 1959, série B, nº 1, pág. 64.

O Tribunal, no caso *Engel*, esclareceu que apenas se pretende prevenir as hipóteses em que a lei autoriza a detenção de alguém para o forçar a executar uma obrigação específica e concreta negligenciada por essa pessoa.

Uma interpretação extensiva acarretaria resultados incompatíveis com a ideia da preeminência do direito em que se inspira a *Convenção*: um internamento administrativo para o cumprimento das obrigações gerais decorrentes do Código Penal não pode ser legitimado por esta norma – Acórdão Engel, A 22, pág. 28, § 69; ver também Acórdão Ciulla, de 22 de fevereiro de 1988, A 148, pág. 16, § 36.

Mas a jurisprudência dos órgãos da *Convenção* não oferece nenhum critério geral para se determinar quando uma obrigação prevista na lei é suficientemente precisa, embora possa ter-se como seguro que obrigações como a de *mudar de comportamento* ou de *não se associar a outros para a prática de atividades ilegais* são demasiado vagas – Relatório de 8 de maio de 1978, no caso *Ciulla*, A 148, pág. 26, § 76, e Acórdão Guzzardi, A 39, pág. 37, § 101.

No caso *McVeigh e outros*, a Comissão, perante uma detenção administrativa imposta aos requerentes para verificar as suas identidades na fronteira, nos termos de uma lei inglesa de 1976 de luta contra o terrorismo, considerou concreta e específica a obrigação de submeter-se aos controlos, porquanto esta obrigação surgia em circunstâncias limitadas durante a passagem de uma fronteira geográfica e politicamente precisa – Relatório de 18 de março de 1981, *Déc. Rap.* 25, pág. 86, § 188.

Note-se que a obrigação aqui referida não pode ter na sua base uma decisão judiciária, já protegida pela primeira parte desta alínea.

O Tribunal afirmou que as condições prescritas nesta alínea não se encontravam reunidas nos casos *Lawless*, Irlanda/Reino Unido e *Guzzardi* – ver A 3, pág. 51, § 12, A 25, pág. 74, § 195, e A 39, pág. 37, § 101; no caso *Guzzardi* a decisão era policial e não judicial.

Fora deste quadro, registe-se que ninguém pode ser privado da sua liberdade pela única razão de não poder cumprir uma obrigação contratual – artigo 1º do Protocolo nº 4.

3.6. A alínea *c)* do nº 1 deste artigo contempla a *prisão* ou *detenção regulares de uma pessoa «a fim de comparecer perante a autoridade judicial competente, quando houver suspeita razoável de ter cometido uma infração ou quando houver motivos razoáveis para crer que é necessário impedi-la de cometer uma infração ou de se pôr em fuga depois de a ter cometido»*.

Trata-se de disciplinar a prisão preventiva; recorde-se que, segundo a Jurisprudência dos órgãos da *Convenção*, a prisão após a condenação em primeira instância, apesar da interposição de recurso, está já coberta pela alínea *a)* e não por esta alínea.

Da prisão preventiva ocupa-se, também, o nº 3 deste artigo, pelo que o disposto neste número deve ser tido em consideração na interpretação desta alínea *c)*.

3.6.1. Na decomposição dos comandos desta alínea, registam-se três situações distintas – suspeita de ter cometido uma infração, impedir a prática de nova infração e evitar a fuga.

Todas estão subordinadas à necessidade de apresentar o preso ou detido a uma autoridade judicial competente – (entenda-se por *autoridade judicial competente*, o juiz ou outro magistrado habilitado por lei a exercer funções judiciais) – cfr. o nº 3 deste artigo e o Acórdão Schiesser, A 34, pág. 12, § 29.

Mesmo se foi esta autoridade quem ordenou a prisão ou detenção, não se pode interpretar a alínea *c)* do nº 1 sem a aproximar do nº 3 com o qual forma um todo.

Deste número resulta claramente que toda a pessoa presa ou detida deve ser apresentada a uma autoridade judicial, seja para exame do problema da sua detenção seja para o seu julgamento sobre o fundo – Acórdão Lawless, A 3, págs. 51-52, § 14; ver também Acórdãos Irlanda/Reino Unido, A 25, pág. 74, §§ 194-196, Schiesser, A 34, pág. 14, § 31, Guzzardi, A 39, pág. 38, § 102, De Jong, Baljet van den Brink, A 77, pág. 22, § 44, e Murray, de 28 de outubro de 1994, A 300-A, § 67.

Aquelas três hipóteses assumem um caráter limitativo, pelo que não se pode justificar a prisão ou detenção de uma pessoa para, por exemplo, colher informações sobre um terceiro, salvo em circunstâncias muito excecionais cobertas pelo artigo 15º – Acórdãos De Jong, Baljet e van den Brink, A 77, págs. 21-22, § 44, e Irlanda/Reino Unido, A 25, pág. 74, § 81, e pág. 81, § 212.

Eliminadas estão ainda todas as privações de liberdade a título preventivo fora do âmbito do processo penal – ver, contudo, o Relatório de 14 de maio de 1987, no caso *Terence Brogan e outros*, A 145-B, págs. 61 e segs., §§ 94-98.

3.6.2. Nesta alínea reúnem-se não só os casos justificativos de uma prisão mas também as circunstâncias que justificam a sua continuação; nesta hipótese, pode tratar-se de evitar uma recidiva ou o risco de supressão de provas – Acórdãos Wemhoff, de 27 de junho de 1968, A 7, pág. 25, § 14, e Stogmuller, de 10 de novembro de 1969, A 9, pág. 42, §§ 13 e segs., e *BDDC*, nº 3, pág. 204.

Exige-se contudo uma suspeita razoável relativamente às hipóteses subsumíveis a esta alínea que se deve manter ao longo da detenção – Acórdão Stogmuller, A 9, pág. 39, § 4.

Uma suspeita pressupõe a existência de factos ou informações de modo a que um observador objetivo, valorando-os, possa ajuizar no sentido de se convencer de que a pessoa poderia ter praticado um crime – Acórdãos Fox, Campbell e Hartley, de 30 de agosto de 1990, A 182, pág. 16, § 32, publicado na *Revista Portuguesa de Ciência Criminal*, ano I, fasc. 4, págs. 588 e segs., Murray, A 300-A, § 51, e Włoch, de 19 de outubro de 2000, R00-XI, pág. 68, § 108, e Decisão do Tribunal, de 16 de janeiro de 2001, Queixa nº 51 346/99, R01-I, pág. 459; e os casos de suspeita de terrorismo não dispensam estas exigências – Acórdão O'Hara, de 16 de outubro de 2001, R01-X, pág. 165, § 35.

Porém, os factos que sustentam estas suspeitas não devem ser do mesmo grau dos que são necessários para justificar uma condenação ou mesmo para deduzir uma acusação – Acórdãos Murray, A 300-A, pág. 27, § 55, e K.F./Alemanha, de 27 de novembro de 1997, R97-VII, pág. 2673, § 57.

Efetivamente, não se exige que a realidade e a natureza da infração que se suspeita ter sido cometida pelo detido esteja estabelecida, pois tal é o objetivo da instrução – Decisões de 19 de janeiro de 1995, Queixa nº 19 601/92, *Déc. Rap.* 80-A, pág. 46, e de 14 de janeiro de 1997, Queixa nº 88-A, pág. 94.

Nem tão-pouco que à detenção se siga uma acusação e um julgamento – Acórdão Erdagöz, de 22 de outubro de 1997, R97-VI, pág. 2314, § 51.

Para determinar se as razões para a suspeição existem, o Tribunal tem em conta as circunstâncias do caso tais como se desenham no momento da prisão ou detenção; deixando esse exame essencialmente às autoridades nacionais, exerce apenas um controlo subsidiário – Acórdão Scott, de 18 de dezembro de 1996, R96-VI, pág. 2396, § 57, e Decisões de 1 de outubro de 1964, Queixa nº 1602/62, *Ann. Conv.*, vol. VII, pág. 169, de 6 de julho de 1964, Queixa nº 1936/62, *Ann. Conv.*, vol. VII, pág. 225, e de 12 de outubro de 1977, Queixa nº 7033/75, *Digest*, vol. I, pág. 393.

Quando se trate de evitar a prática de uma infração, esta deve ser concreta e específica, pois esta alínea não cobre uma política de prevenção geral contra uma pessoa ou categoria de pessoas que se revelem perigosas – Acórdão Guzzardi, A 39, págs. 38-39, § 102.

Por outro lado, esta alínea não cobre as situações de detenção em que não há o objetivo de abrir processo penal num prazo razoável nem tão pouco o internamento – Acórdão Hassan, de 16 de setembro de 2014, § 97 (onde se distinguem as detenções em tempo da paz das de tempo de guerra – prisioneiros de guerra –, estas últimas, admitidas nos termos das Convenções de Genebra); mas mesmo nestas circunstâncias, o artigo 5º aplica-se ainda que os seus nºs 2 e 4 devam ser interpretados de modo a ter em conta o contexto e as regras do direito internacional humanitário.

3.6.3. Esta detenção termina no dia em que se decide do bem fundado da acusação.

Por conseguinte, a detenção de uma pessoa após a sua absolvição não está coberta por esta disposição.

E se o Tribunal aceita um certo tempo para executar a decisão de colocar em liberdade, ou numa situação mais favorável, o detido (passagem da detenção prisional a, por exemplo, detenção domiciliária), esse prazo deve ser reduzido ao mínimo – Acórdãos Giulia Manzoni, R97-IV, pág. 1191, § 25, Labita, de 6 de abril de 2000, R00-IV, pág. 69, § 171, e Mancini, de 2 de agosto de 2001, R01-IX, pág. 105, §§ 24 e 25.

3.7. A alínea *d)* do nº 1 do artigo 5º ocupa-se da detenção de um menor feita com o propósito de o educar sob vigilância ou com o fim de o fazer comparecer perante a autoridade competente.

3.7.1. Numa primeira parte, esta alínea refere-se à educação sob vigilância do menor, admitindo, por exemplo, a sua subtração ao meio familiar para o internar num estabelecimento de assistência adequado.

Do texto inglês, que fala em *the detention of a minor by lawful order*, deve inferir-se que a decisão de privação de liberdade pode emanar de uma autoridade judiciária ou de uma autoridade administrativa – P. van Dijk e G. J. H. van Hoof, *ob. cit.*, pág. 264.

O menor, ou o seu representante legal, deve gozar, nestas circunstâncias, do direito de recorrer a um tribunal, para que este se pronuncie, em curto prazo de tempo, sobre a legalidade da sua prisão. Cfr. o nº 4 deste artigo.

Embora a menoridade deva ser definida pelas leis nacionais dos Estados membros, deve notar-se que a Resolução do Comité de Ministros nº 72 (29) recomenda que a idade para se atingir a maioridade seja fixada nos 18 anos.

3.7.2. Para além daquela hipótese, o menor pode ser detido para comparecer perante a autoridade competente, autoridade que deve ser judicial não obstante o silêncio do texto – assim P. van Dijk e G. J. H. van Hoof, *ob. cit.*, pág. 265.

A Comissão considerou que a detenção de um menor durante 8 meses num centro de observação, enquanto decorria um inquérito policial, era conforme ao disposto nesta alínea, porquanto se tratava de um inquérito destinado à apreciação do tribunal que seria chamado a decidir factos que lhe eram imputados – Decisão de 14 de dezembro de 1979, Queixa nº 8500/79, *Déc. Rap.* 18, pág. 238.

No caso *Bouamar*, o Tribunal considerou violador desta alínea o envio, por 9 vezes, de cada vez cerca de 15 dias, de um menor para uma casa de correção, porquanto a alínea *d)* não impede uma medida provisória de guarda, preliminar a um regime de educação sob vigilância; contudo, aquela detenção deve ser seguida a breve prazo da aplicação efetiva de um tal regime de educação vigiada, o que nunca veio a acontecer com o menor em causa – A 129, pág. 21, § 50.

A Comissão, por seu turno, neste mesmo caso, afirmou que, como o confirma o artigo 18º da *Convenção*, a colocação de um menor numa casa de correção só está justificada quando se persegue o fim para o qual a medida foi prevista, a saber, a educação sob vigilância – Relatório de 18 de julho de 1986, A 129, pág. 34, § 73.

3.8. A alínea *e)* do nº 1 do artigo 5º permite *«a detenção de uma pessoa suscetível de transmitir uma doença contagiosa, de um alienado mental, de um alcoólico, de um toxicómano ou de um vagabundo»*.

3.8.1. Esta detenção pretende responder a uma preocupação de proteção face a certas categorias de pessoas que representam um perigo para a sociedade ou para elas próprias – Acórdão Guzzardi, A 39, pág. 36, § 98.

A regularidade da detenção, quanto à forma e quanto ao fundo, deve ser apreciada de acordo com o direito interno – Acórdão Winterwerp, A 33, pág. 8, § 13.

Esta decisão privativa da liberdade pode ser tomada por uma autoridade administrativa ou judicial – Acórdão Storck, R05-V, pág. 198, § 110; essencial será que o detido possua o direito de recurso a um tribunal que verifique, a intervalos regulares, se a detenção se justifica ou se as circunstâncias que a permitiram se mantêm – ver *infra* a anotação ao nº 4 deste artigo.

3.8.2. Autoriza-se a detenção de pessoas suscetíveis de propagar uma doença contagiosa.

A doutrina aponta para o Regulamento Sanitário Internacional adotado pela Organização Mundial de Saúde como elemento de interpretação; as pessoas portadoras de doenças consideradas contagiosas por aquele Regulamento, tais como as atingidas pela peste, cólera, febre-amarela ou doenças venéreas, no estado contagioso, incluem-se nesta categoria; aliás, as pessoas que, embora ainda não doentes, são suscetíveis de transmitir uma doença deste tipo, ali devem ser enquadradas – ver as referências de Jacques Velu e Rusen Ergec, *ob. cit.*, pág. 277.

No entanto, será necessário um parecer de uma autoridade médica antes de ser tomada a decisão.

3.8.3. O desenvolvimento que a SIDA atingiu nos nossos dias exige que se deixe aqui uma referência expressa.

Esta alínea não possibilita a detenção ou o isolamento de um doente de SIDA e muito menos de um seropositivo, pois o modo particular de transmissão da doença coloca-a ao abrigo do quadro visado para as doenças contagiosas.

A detenção de um seropositivo ou de um doente de SIDA só poderá justificar-se nas hipóteses em que o indivíduo, conhecedor da sua situação, não toma precauções para evitar a propagação da doença, pretendendo antes agir em sentido contrário.

No seu Acórdão Enhorn, de 25 de janeiro de 2005, R05-I, págs. 149, §§ 42 e 44, o Tribunal precisou as condições em que uma pessoa portadora de uma doença contagiosa pode ser privada da sua liberdade: primeiro, a doença deve estar estabelecida sem dúvidas; segundo, o perigo deve revestir um caráter ou uma intensidade legitimando o internamento; e, em terceiro lugar, o internamento não se pode prolongar sem a persistência desse perigo; e, em princípio, essa detenção deve ocorrer num hospital, numa clínica ou noutro estabelecimento adequado.

Assim, a propagação da doença deve ser perigosa para a saúde e segurança pública, e a detenção da pessoa contaminada tem de ser o último recurso e a medida menos severa para impedir a propagação da doença.

3.8.4. A detenção de um alienado mental está admitida, independentemente de ele ter cometido uma infração penal; mais, a sua detenção não pressupõe, sequer, a existência de um processo penal ou civil – ver Relatórios de 15 de dezembro de 1972, caso *Winterwerp*, Série B, 31, pág. 8, § 86, e de 7 de outubro de 1981, Queixa nº 6870/75, B/Reino Unido, *Déc. Rap.* 32, pág. 8, § 208.

Não é fácil dar uma definição de alienado, porquanto o seu sentido não cessa de evoluir com os progressos da pesquisa psiquiátrica, a flexibilidade crescente do tratamento e a mudança de comportamento da comunidade para com os doentes mentais, na medida em que cresce uma maior compreensão para com os seus problemas; em todo o caso, esta alínea não permite deter quem, pelas suas ideias ou pelo seu comportamento, se afaste das normas predominantes numa dada sociedade – Acórdão Winterwerp, A 33, pág. 16, § 37.

Exigem-se três condições para a regularidade de uma detenção de um alienado:

- A alienação deve estar estabelecida através de uma peritagem médica, peritagem que, em caso de urgência, pode seguir-se à detenção;
- A perturbação deve ter um caráter e um âmbito que legitimem o internamento (por exemplo, para impedir de fazer mal a si próprio ou a outrem);
- O internamento não pode prolongar-se para além da persistência da alienação – Acórdãos Winterwerp, A 33, págs. 17-19, §§ 39-43, X/Reino Unido, A 46, págs. 18-21, §§ 40-47, Luberti, de 23 de fevereiro de 1982, A 75, págs. 12-15, §§ 27-29, Ashingdane, A 93, pág. 18, §§ 36-38, Johnson, de 24 de outubro de 1997, R97-VII, pág. 2409, § 60, Hutchison Reid, R03-IV, pág. 49, § 47, H.L./Reino Unido, R04-IX, pág. 288, § 98, Kolanis, de 21 de junho de 2005, R05-V, pág. 315, § 67, e Stanev, de 15 de janeiro de 2012, § 145.

O internamento de um doente mental deve ser, por conseguinte, necessário e proporcionado – Decisão de 7 de julho de 1981, Queixa nº 9019/80, *Déc. Rap.* 27, pág. 181.

Com base nestas condições, e deixando às autoridades nacionais uma certa discricionariedade na interpretação, o Tribunal controla a regularidade da detenção, incluindo os princípios gerais enunciados ou implícitos – Acórdão Winterwerp, A 33, pág. 20, § 45.

A detenção, em regra, deve ocorrer num hospital, numa clínica ou num outro estabelecimento apropriado – Acórdãos Winterwerp, A 33, pág. 21, § 51, e Ashingdane, A 93, págs. 21-22, §§ 44 e 47-48.

3.8.5. Na perspetiva desta alínea, os órgãos da *Convenção* raramente se têm ocupado dos problemas dos alcoólicos e dos toxicómanos.

No Acórdão Witold Litwa, de 4 de abril de 2000, R00-III, pág. 337, § 61, o Tribunal entendeu que a prisão de alguém que, ocasionalmente sob a influência do álcool, constituía uma ameaça para a ordem pública, estava justificada nos termos desta alínea. O mesmo princípio será também válido para os toxicómanos.

3.8.6. Esta alínea *e)* permite a detenção dos vagabundos.

A *Convenção* não dá uma definição de vagabundo, que deve ser entendida em termos restritos – Acórdão Winterwerp, A 33, pág. 17, § 37.

O controlo a efetuar implica a verificação da compatibilidade das definições nacionais com a *Convenção* e, se as autoridades competentes deduziram corretamente, face às circunstâncias do caso, que a legislação interna pertinente era aplicável – Acórdãos De Wilde, Ooms e Versyp, A 12, pág. 37, § 68, e Guzzardi, A 39, pág. 37, § 98. (Neste último caso, o Governo italiano sustentava que um mafioso era um vagabundo; o Tribunal recusou esta conceção, porquanto o modo de vida de um mafioso estava longe de corresponder à conceção usual da palavra *vagabundo.*)

3.9. A alínea *f)* do nº 1 do artigo 5º permite «*a prisão ou detenção legal de uma pessoa para impedir a entrada ilegal no território ou contra a qual está em curso um processo de expulsão ou de extradição*».

Nenhuma disposição da *Convenção*, nem tão-pouco o artigo 5º, protege um estrangeiro de uma medida de expulsão ou extradição.

Contudo, a expulsão ou extradição poderão eventualmente contrariar o disposto no artigo 3º – (ver a anotação a este artigo).

Apenas o artigo 4º do Protocolo nº 4 proíbe a expulsão coletiva de estrangeiros e o artigo 1º do Protocolo nº 7 prevê certas garantias processuais em benefício de um estrangeiro ameaçado de expulsão.

A alínea *f)* do artigo 5º enumera três hipóteses precisas que não admitem qualquer extensão: a entrada ilegal, a expulsão e a extradição – Decisão de 3 de março de 1978, Queixa nº 6871/75, *Ann. Conv.*, vol. XXI, págs. 294 e segs.

A detenção e prisão têm, em primeiro lugar, de ser legais, ou seja, conformes ao direito interno do Estado Contratante e às disposições de direito internacionais incorporadas na legislação interna, na medida em que forem diretamente aplicáveis – Acórdão Olaechea Cahuas, de 10 de agosto de 2006, § 56; por isso, o Tribunal pode verificar se as normas de direito comunitárias sobre a expulsão dos nacionais dos países membros da União Europeia foram respeitadas – Decisão de 3 de março de 1978, Queixa nº 6871/75, *Ann. Conv.*, vol. XXI, pág. 288.

A exigência de regularidade incide também sobre a execução da decisão de privação da liberdade; se o processo de expulsão não é executado com a diligência devida, a privação da liberdade pode deixar de estar justificada – Acórdãos Quinn, A 311, pág. 19, § 48, Slivenko, de 9 de outubro de 2003, R03-X, pág. 332, § 146, e Decisões de 8 de fevereiro de 1990, Queixa nº 11 683/85, *Déc. Rap.* 64, pág. 52, e de 25 de maio de 1996, Queixa nº 32 2025/96, *Déc. Rap.* 87-A, pág. 173.

No Acórdão Saadi/Reino Unido, de 29 de janeiro de 2008, § 74, o Tribunal precisou a situação de detenção para impedir a entrada ilegal, sublinhando que essa detenção não podia ser arbitrária, o que vai para além da sua conformidade com o direito nacional, sobretudo quando não existe boa-fé por parte das autoridades nacionais (detenção num local destinado a examinar mais rapidamente os pedidos de entrada de um estrangeiro que pedia asilo político e a quem já tinha sido concedida entrada provisória no País).

O texto cobre a situação em que um processo de expulsão ou de extradição está em curso, desde que a diligência devida seja observada, mesmo que não exista ainda uma decisão – Acórdãos Chamaïev, R05-III, pág. 113, § 397, e Abdolkhani e Kariminia, de 22 de setembro de 2009, § 129 e Relatório de 17 de julho de 1980, caso *Caprinio/Reino Unido, Déc. Rap.* 22, pág. 5; e, para a regularidade dessa detenção, pouco importa, em princípio, o destino final do processo – Decisões de 3 de março de 1978, Queixa nº 6871/75, *Ann. Conv.*, vol. XXI, pág. 288, e de 25 de novembro de 1996, Queixa nº 28 574/95, *Déc. Rap.* 87-A, pág. 118.

O Tribunal pode decretar medidas provisórias, solicitando, nomeadamente, aos Estados requeridos, a suspensão da execução da decisão – ver os Acórdãos Cruz Varas e outros, de 29 de agosto de 1990, A 201, págs. 36-37, §§ 99-103, e Mamatkulov e Askarov, de 6 de fevereiro de 2005, R05-I, e a anotação ao artigo 34º

4. Os direitos de uma pessoa privada da liberdade

Os nºs 2 a 5 do artigo 5º enunciam os direitos das pessoas privadas da liberdade.

4.1. O nº 2 estatui que «*qualquer pessoa presa deve ser informada, no mais breve prazo e em língua que compreenda, das razões da sua prisão e de qualquer acusação formulada contra ela*».

4.1.1. O detido deve saber a razão de ser da sua privação de liberdade – Acórdão Fox, Campbell e Hartley, A 182, pág. 19, § 40.

Este número deve ser entendido em harmonia com o disposto no nº 4 que, como se verá, concede à pessoa privada de liberdade um direito de recurso; ora, quem tem o direito de introduzir um recurso sobre as condições da sua privação de liberdade, só poderá utilizar eficazmente este direito se lhe for comunicado, no mais curto prazo, os factos e as regras jurídicas invocadas para o privar dessa liberdade – Acórdão X/Reino Unido, A 46, pág. 27, § 66; ver, ainda, Acórdão Van der Leer, A 170-A, pág. 13, § 28.

Tal disposição aplica-se a todos os casos de privação de liberdade, seja prisão ou detenção, incluindo os internamentos de doentes mentais num estabelecimento psiquiátrico.

Esta disposição visa informar convenientemente toda a pessoa detida das razões da detenção para que ela possa apreciar a sua regularidade e tomar as medidas para a contestar, se assim o entender, usufruindo dessa forma do direito previsto no nº 4 do artigo 5º – Relatório de 16 de julho de 1980, no caso X/Reino Unido, B 41, pág. 24, § 103.

Nos casos de doentes mentais, a informação será, em princípio, prestada pelos médicos, ao doente ou ao seu representante.

Se no decurso do processo as circunstâncias mudam, porque muda o fundamento da privação da liberdade ou porque novos factos se juntam, o detido deve ser informado da sua nova situação para poder adaptar a sua defesa à nova realidade – Relatório de 16 de julho de 1980, X/Reino Unido, B 41, pág. 33, § 105.

A obrigação de informação aqui prescrita é menos estrita que a referida no artigo 6º, nº 3, alínea *a)*: não tem de revestir uma forma determinada, nomeadamente a forma escrita.

A autoridade não tem de comunicar, no momento da prisão da pessoa, uma descrição completa das suspeitas que pesam contra si; tão-pouco está obrigada a comunicar-lhe o conteúdo do processo. Deve, contudo, permitir à pessoa privada de liberdade contestar o bem fundado dessas suspeitas – Acórdão Chamaïev, R05-III, pág. 117, § 413, e Decisões de setembro de 1959, Queixa nº 343/57, *Ann. Conv.*, vol. II, pág. 462, de 4 de outubro de 1962, Queixa nº 1211/61, *Ann. Conv.*, vol. VI, pág. 480, de 3 de fevereiro de 1971, Queixa nº 4220/69, *Ann. Conv.*, vol. XIV, pág. 276, de 13 de dezembro de 1978, Queixa nº 9098/77, *Déc. Rap.* 16, pág. 111, e de 12 de outubro de 1983, Queixa nº 9614/81, *Déc. Rap.* 34, pág. 124.

A Comissão já considerou suficiente a informação sucinta do juiz de instrução de que o requerente estava indiciado por um certo delito, sobretudo quando, através dos atos processuais em que participou, por exemplo, do seu interrogatório, é de presumir que ele está ao corrente das razões da sua detenção – Decisões de 12 de março de 1962, Queixa nº 1103/61, *Rec.*, nº 8, pág. 125, e de 6 de julho de 1964, Queixa nº 1936/63, *Ann. Conv.*, vol. VII, pág. 244.

Quando se trata de detenções por razões de segurança, bastará uma informação sobre o seu fundamento legal e sobre a natureza dos controlos efetuados; mas é insuficiente a comunicação aos interessados que o seu internamento se baseia sobre legislação de exceção sem outras precisões – Acórdão Irlanda/Reino Unido, A 25, págs. 75-77, §§ 198 e 201, e Relatório de 18 de março de 1981, caso *McVeigh e outros, Déc. Rap.* 25, pág. 90, § 208.

4.1.2. A comunicação das razões da privação de liberdade deve ser feita no mais breve prazo, mas não forçosamente no momento da detenção; essa informação poderá ser feita, por exemplo, num primeiro interrogatório que decorra algumas horas depois – Acórdãos Fox, Campbell e Hartley, A 182, pág. 19, § 40, Murray, A 300-A, § 72, e Dikme, de 11 de julho de 2000, R00-VII, pág. 203, § 53.

O juízo sobre a prontidão ou não da informação será apreciado caso a caso, tendo em conta as respetivas especificidades – Acórdãos Čonka, R02-I, pág. 70, § 50; prazos de seis a vinte e duas horas foram considerados regulares – Decisões de 24 de maio de 1971, Queixa nº 4502/70, *Rec.*, vol. 38, pág. 82, e de 5 de outubro de 1982, Queixa nº 8828/79, *Déc. Rap.* 30, pág. 93; mas já não um prazo de 76 horas – Acórdão Saadi, de 11 de julho de 2006, § 55.

Enfim, a informação deve ser dada numa língua que a pessoa compreenda, mas não imperativamente na sua língua materna.

Tão-pouco o mandado de captura terá de ser redigido numa língua compreendida pelo visado; bastará que o interrogatório se tenha desenrolado nessa língua ou que a pessoa, se necessário, tenha beneficiado da assistência de um intérprete – Decisões de 7 de fevereiro de 1967, Queixa nº 2689/65, *Rec.*, 22, pág. 67, e de 7 de abril de 1967, Queixa nº 3040/67, *Ann. Conv.*, vol. X, pág. 519 – cujos custos devem ficar a cargo do Estado, como decorre o artigo 6º, nº 3, alínea *e)*.

4.1.3. Por outro lado, no momento em que uma pessoa é presa, comunicar com a sua família reveste-se de uma grande importância.

O desaparecimento inexplicado de um membro da família, mesmo por um breve período, pode causar uma viva angústia.

A comunicação com a família só deve ser recusada se existir um risco de que cúmplices sejam avisados e possam fugir ou cometam infrações ou de destruição ou supressão de elementos de prova.

E mesmo quando este risco existe, as autoridades devem providenciar o contacto com a família o mais rapidamente possível.

O desvio destes princípios pode implicar a violação do artigo 8º da *Convenção* – ver a anotação I 5.5 a este artigo.

4.2. O nº 3 do artigo 5º prescreve que «*qualquer pessoa presa ou detida nas condições previstas no parágrafo 1, alínea* c), *do presente artigo deve ser apresentada imediatamente ao juiz ou outro magistrado habilitado pela lei a exercer funções judiciais e tem direito a ser julgada num prazo razoável ou a ser posta em liberdade durante o processo*».

Pretende-se, assim, reduzir, tanto quanto possível, o risco de arbítrio, das detenções secretas e dos maus tratamentos e assegurar a preeminência do direito, um dos princípios fundamentais de uma sociedade democrática, o que exige um controlo judicial, periódico e automático das ofensas ao direito individual à liberdade – Acórdãos Sakik e outros, de 26 de novembro de 1997, R97-VII, pág. 2623, § 44, Aquilina, de 29 de abril de 1999, R99-III, pág. 274, § 47, Öcalan, R05-IV, pág. 84, § 103, McKay, 3 de outubro de 2006, R06-X, pág. 365, § 34, Krejčíř, de 26 de março de 2009, § 89, e El-Masri, de 13 de dezembro de 2013, § 231.

Como decorre explicitamente do texto deste número, as garantias aqui consagradas beneficiam apenas as pessoas presas preventivamente, delas ficando excluídas as outras situações, nomeadamente as detenções tendo em vista a extradição – Acórdão De Wilde, Ooms e Versyp, A 12, pág. 39, Decisão do Tribunal de 20 de setembro de 2007, Queixa nº 664/05, e Decisões de 6 de outubro de 1986, Queixa nº 7317/75, *Déc. Rap.* 6, pág. 167, e de 11 de março de 1989, Queixa nº 13 930/80, *Déc. Rap.* 60, pág. 272.

4.2.1. Em primeiro lugar, a pessoa presa deve ser apresentado imediatamente (*aussitôt*, na versão francesa, *promptly*, na versão inglesa) a um juiz.

Os órgãos da *Convenção*, confrontados com as divergências das legislações internas dos Estados membros sobre o prazo em que uma pessoa presa deve ser apresentada a um magistrado, não conseguiram definir um critério uniforme e preciso, limitando-se a afirmar que esta celeridade deve ser apreciada *in concreto* segundo as circunstâncias da causa, embora se possa admitir, no limite, alguns dias – Acórdão De Jong, Baljet e van den Brink, A 77, pág. 25, § 52, e Decisão de 6 de outubro de 1966, Queixa nº 2894/66, *Ann. Conv.*, vol. IX, pág. 564.

Assim, nesta aproximação empírica, um prazo de quatro dias foi julgado conforme à *Convenção* e, mesmo num caso excecional, em que a pessoa presa teve de ser hospitalizada de imediato, um prazo de cinco dias foi considerado satisfatório – Decisão de 19 de julho de 1972, *Rec.*, nº 42, pág. 55.

Pelo contrário, prazos de sete e quinze dias foram considerados contrários à *Convenção*, mesmo tendo em conta as especificidades do processo militar – Acórdãos De Jong e outros, A 77, pág. 25, §§ 52 e segs., van der Sluijs, Zuiderveld e Klappe, de 22 de maio de 1984, A 78, pág. 20, § 49, Duinhof e Duijt, de 22 de maio de 1984, A 79, pág. 18, § 41, e Öcalan, R05-IV, pág. 84, § 104, Relatório no caso *Skoogström*, A 83, pág. 31, §§ 28-29, e Decisão de 25 de maio de 1995, Queixa nº 23 878/94 e outras, *Déc. Rap.* 81-A, pág. 86.

No caso *Brogan e outros*, a Comissão, invocando leis sobre a prevenção do terrorismo, considerou conformes a esta alínea os prazos de quatro dias e seis horas e de quatro dias e onze horas, mas já não prazos de cinco dias e onze horas e seis dias e dezasseis horas, sem esquecer as especiais dificuldades ligadas ao terrorismo – Relatório de 14 de maio de 1987, A 145-B, pág. 63, § 107, e Acórdão de 29 de novembro de 1988, A 145-B, págs. 33-34, § 62. Cfr. os Acórdãos Aksoy, de 18 de dezembro de 1996, R98-VI, pág. 2282, § 78, Demir e outros, de 23 de setembro de 1998, R98-VI, pág. 2653, § 41, e Dikme, R00-VII, p 206, § 64.

Enfim, só uma análise caso a caso se afigura possível nesta matéria; cfr. o Acórdão Medvedyev e outros, de 29 de março de 2010, § 130 e, a Decisão do Tribunal, de 12 de janeiro de 1999, Queixa nº 37 388/97, R99-II, pág. 451, onde, devido a circunstâncias verdadeiramente excecionais, detenção em alto mar prazos de 13 e 16 dias não foram considerados excessivos.

A obrigação de apresentar uma pessoa a um magistrado é incondicional e automática, sem que isso implique o direito de ser ouvida num determinado prazo – Acórdãos De Jong, Baljet e Van Den Brink, A 77, pág. 24, § 51, e Aquilina, R99-III, pág. 275, § 49, e Decisões de 1 de abril de 1966, Queixa nº 2621/65, *Ann. Conv.*, vol. IX, pág. 474, e de 13 de outubro de 1982, Queixa nº 9017/80, *Déc. Rap.* 31, pág. 75.

Note-se que os Estados podem suspender validamente esta obrigação, nas circunstâncias excecionais previstas no artigo 15º, nº 1, após informarem o Secretário-Geral do Conselho da Europa da respetiva derrogação e se esta for considerada conforme às exigências deste artigo – Acórdão Brannigan e McBride, de 26 de maio de 1993, A 258-B, pág. 57, § 474.

4.2.2. A apresentação do preso deve ser feita a um juiz ou a magistrado habilitado a exercer funções judiciais.

O Tribunal precisou que este magistrado pode pertencer à judicatura ou ao Ministério Público, desde que ofereça as garantias apropriadas às funções judiciais: primeiro, independência face ao executivo e às partes, ainda que exista subordinação a outros magistrados, desde que estes sejam, por seu turno, independentes; depois, o magistrado tem a obrigação de ouvir pessoalmente o preso, examinar as circunstâncias pró ou contra a detenção, pronunciar-se, segundo critérios jurídicos, sobre as razões que a justificam e, na falta de justificação, ordenar a sua libertação – Acórdãos Winterwerp, A 33, págs. 19-20, §§ 44-46, Bozano, A 111, pág. 23, § 54, Bouamar, A 129, pág. 20, § 47, Van der Leer, A 170-A, pág. 12, § 22, Wassink, A 185-A, pág. 11, § 24, Giulia Manzoni, R97-IV, pág. 1190, § 21, Steel e outros, R98-VII, pág. 2735, § 54, Cakici, R99-IV, pág. 689, § 104, e Pantea, R03-VI, pág. 312, § 231, e Decisão de 8 de fevereiro de 1990, Queixa nº 11 683/85, *Déc. Rap.* 64, pág. 52.

Neste contexto, o magistrado deve examinar todas as circunstâncias suscetíveis de revelar ou afastar a existência de um verdadeiro interesse público, justificando, tendo em vista a presunção de inocência, uma exceção à regra do respeito pela liberdade individual – Acórdão Letellier, de 26 de junho de 1991, A 207, pág. 18, § 35.

Não serão conformes ao disposto neste número as situações de prisão preventiva imposta obrigatoriamente, sem a admissão de substituição da prisão por caução ou por outra medida – Acórdão Krejčíř, de 26 de março de 2009, § 100, ou quando o magistrado não tem a possibilidade de colocar o detido em liberdade.

Relativamente ao Ministério Público, debate-se a questão da sua intervenção pois, como se sabe, a ele compete o exercício da ação penal; o Tribunal precisou que a independência deve ser apreciada caso a caso, surgindo como independente um magistrado do Ministério Público que intervém apenas como órgão de instrução, isto é, sem assumir em qualquer fase do processo a qualidade de acusador – caso *Schiesser*; ver, contudo, os Acórdãos Huber, de 23 de outubro de 1990, A 188, pág. 18, §§ 42-43, Brincat, de 26 de novembro de 1992, A 249-A, págs. 11-12, §§ 20-21, e Hood, de 18 de fevereiro de 1999, R99-I, pág. 530, § 57, onde se concluiu que a simples *possibilidade* de aquela acumulação se poder verificar atingiria a reclamada independência.

4.2.3. Toda a pessoa detida tem o direito a ser julgada num prazo razoável ou a ser posta em liberdade durante o processo.

De uma primeira leitura, pareceria que as duas possibilidades estariam oferecidas às autoridades que poderiam julgar o detido ou libertá-lo; não se esqueça, porém, que toda a pessoa tem o direito a que a sua causa seja examinada num prazo razoável, nos termos do artigo 6º, nº 1; o nº 3 do artigo 5º tem essencialmente por objeto impor a colocação em liberdade provisória desde que a manutenção em prisão preventiva deixe de ser razoável, isto é, quando a privação da liberdade ultrapassa os limites que se podem aplicar a uma pessoa presumida inocente – Acórdãos Wemhoff, A 7, pág. 21, § 4, Neumeister, de 27 de junho de 1968, A 8, pág. 37, § 4, e *BDDC*, nº 3, pág. 203, e Paladi, de 10 de março de 2009, § 61.

A razão deste número é impedir que as detenções preventivas se prolonguem indevidamente; haverá, portanto, violação quando o prazo razoável foi ultrapassado, mesmo que o prazo consagrado à instrução não mereça crítica ou existam razões de ordem pública que desaconselhem a libertação do detido – Acórdãos Wemhoff, A 7, pág. 26, § 18, Stogmuller, A 9, pág. 39, § 4, Letellier, A 207, pág. 21, § 51, e W/Suíça, de 26 de janeiro de 1993, A 254-A, pág. 15, § 30.

O início do prazo é o da prisão, salvo se a vinculação à *Convenção* for posterior. Mas, nesta hipótese, deve atender-se ao estado em que estava o processo no momento daquela vinculação. Cfr., *mutatis mutandis,* Acórdãos Yagci e Sargin, de 6 de junho de 1995, A 319-A, pág. 16, § 40, e Mansur, de 8 de junho de 1995, A 319-B, pág. 48, § 44.

Este *prazo razoável* não deve ser confundido com o prazo razoável a que alude o nº 1 do artigo 6º

O prazo do nº 3 do artigo 5º visa unicamente evitar as prisões preventivas de duração excessiva, enquanto no nº 1 do artigo 6º se compreendem as situações das pessoas acusadas, presas ou não, que têm o direito de não ficarem muito tempo numa situação de incerteza sobre o desfecho do seu processo.

Assim, uma longa instrução pode estar justificada, nos termos do nº 1 do artigo 6º, dada a sua complexidade, sem que por isso se possa considerar justificada a prisão preventiva; pode haver violação do nº 3 do artigo 5º sem que se verifique violação do nº 1 do artigo 6º – Acórdãos Stogmuller, A 9, pág. 40, § 34, e Matznetter, de 10 de novembro de 1969, A 10, pág. 34, § 12, e *BDDC*, nº 3, pág. 204, e Relatórios de 12 de julho de 1977, Queixa nº 7412/78, caso *Haase*, *Déc. Rap.* 11, pág. 78, e de 15 de dezembro de 1980, Queixa nº 7438/75, caso Ventura, *Déc. Rap.* 23, pág. 5.

Como cada caso coloca um problema específico, foram considerados *irrazoáveis* prazos de prisão preventiva de dois anos e razoáveis prazos de três anos, tendo mesmo a Comissão considerado razoável uma duração de cinco anos de prisão preventiva – ver os Acórdãos Neumeister, Stogmuller, já citados, e Ringeisen, de 16 de julho de 1971, A 13, e *BDDC*, nº 4, pág. 274, e o Relatório de 15 de dezembro de 1980, Queixa nº 7438/76, *Déc. Rap.* 23, pág. 5.

Também aqui o caráter razoável da duração da prisão preventiva deve ser analisado de acordo com as concretas circunstâncias de cada caso, incumbindo, em primeiro lugar, às autoridades nacionais velar para que a duração da prisão preventiva não ultrapasse o limite do prazo razoável – Acórdãos Neumeister, A 8, pág. 37, § 5, Kemmache, de 27 de novembro de 1991, A 218, pág. 23, § 45, e Scott, R96-VI, pág. 2399, § 74.

É possível apontar alguns elementos que ajudam nessa análise.

Em primeiro lugar, o período de tempo a considerar começa com a prisão e termina com a decisão, em primeira instância, sobre o mérito da acusação – Acórdãos

Wemhoff, A 7, pág. 22, §§ 68, B/Áustria, de 28 de março de 1990, A 175, pág. 15, § 38 (depois da decisão em primeira instância, em caso de recurso, poderá existir violação do *prazo razoável* consagrado no nº 1 do artigo 6º), Bąk, de 16 de janeiro de 2007, § 54 (detido a aguardar julgamento mas preso à ordem de um outro processo onde já foi condenado; não há durante esta situação qualquer período de prisão preventiva a considerar).

Pode acontecer, porém, que a decisão condenatória da primeira instância seja anulada em recurso, baixando o processo para repetição do julgamento; a partir da anulação, o arguido volta a estar em prisão preventiva, cumulando-se esses dois períodos, iniciando-se o período de seis meses para a apresentação da queixa na data da condenação em primeira instância que não seja anulada – Acórdão Solmaz, de 16 de janeiro de 2007, § 37.

Nos casos de vários períodos de prisão preventiva (detido preso e libertado durante da instrução do processo), o prazo de seis meses conta-se separadamente a partir do fim da prisão de cada um dos períodos; isto é, não é possível introduzir validamente uma queixa por uma detenção preventiva que já terminou há mais de seis meses, ainda que o queixoso venha a ser preso preventivamente depois de findo aquele prazo. Se o Tribunal, no caso de sucessivas prisões preventivas, tiver de examinar uma delas, será, porém, possível considerar as detenções precedentes para a ponderação da razoabilidade desta última – Acórdão Idalov, de 22 de maio de 2012, §§ 117 e segs., que veio pôr fim a uma certa hesitação nesta matéria.

Por outro lado, deve existir um verdadeiro interesse público justificativo da revogação da regra do respeito da liberdade individual, sendo importantes os motivos indicados nas decisões relativas aos pedidos de colocação em liberdade provisória e os factos não controvertidos indicados pelo requerente nos seus recursos, a fim de se verificar se os motivos são *pertinentes e suficientes* – Acórdãos Letellier, A 207, pág. 18, § 35, Kemmache, A 218, pág. 23, § 45, Toth, de 12 de dezembro de 1991, A 224, pág. 18, § 67, e Kudl/a, R00-XI, pág. 277, § 110, e Decisão de 21 de maio de 1997, Queixa nº 28 897/95, *Déc. Rap.* 89-A, pág. 92.

A maneira como o processo foi conduzido pelas autoridades pode provocar uma conclusão de excesso de prisão preventiva; e mesmo quando os motivos invocados para a prisão preventiva se revelam «pertinentes e suficientes», o Tribunal deve investigar ainda se as autoridades nacionais competentes conferiram uma diligência particular ao desenrolar do processo – Acórdãos Letellier, A 207, pág. 18, § 35, I.A./França, de 23 de setembro de 1998, R98-VII, pág. 2979, § 44.

Ao fim de um certo tempo, a prática da infração, só por si, não justifica a prisão preventiva, sendo necessários outros motivos pertinentes e suficientes para legitimar essa privação de liberdade; e, neste caso, o Tribunal deve procurar saber se as autoridades nacionais competentes emprestaram uma diligência particular ao desenrolar do processo – Acórdãos Letellier, A 207, pág. 18, § 35, Clooth, de 12 de dezembro de 1991,

A 225, pág. 14, § 361, Khudobin, 26 de outubro de 2006, § 107, e Idalov, de 22 de maio de 2012, § 140.

E, se os motivos que inicialmente a justificavam se enfraquecem gradualmente, poderão não ser já bastantes para suportar só por si a manutenção da detenção – Relatório de 17 de abril de 1991, caso *Birou*, A 232-B, pág. 26, § 64.

A manutenção da prisão preventiva não deve surgir como uma execução antecipada da pena mas como uma necessidade ditada pela preocupação de garantir a não perturbação do decurso da instrução ou a comparência do acusado diante dos juízes – Relatório no caso *Kemache*, de 8 de junho de 1990, A 218, pág. 37.

Entre os motivos mais frequentemente invocados para a prisão preventiva deparam-se o risco de perturbação da ordem pública com a repetição de infrações, a supressão de provas e o perigo de fuga – Acórdãos Letellier, A 207, pág. 18, § 35, Kemmache, A 218, pág. 23, § 45, Toth, A 224, pág. 18, § 67.

O risco de perturbação da ordem pública não pode residir apenas na gravidade do crime, mas deve fundar-se sobre factos adequados a mostrar que a libertação do detido causaria essa perturbação – Acórdão Tomasi, A 241-A, pág. 36, § 91.

A gravidade de uma infração pode levar as autoridades a decretar e a deixar um suspeito em prisão preventiva para impedir novas infrações, se as circunstâncias do caso, nomeadamente os antecedentes e a personalidade do interessado, tornam o perigo plausível e a medida adequada – Acórdão Clooth, A 225, pág. 15, § 40.

Quanto ao perigo de repetição de infrações, elementos concretos como a longa persistência na prática de atos repreensíveis ou a grandeza do prejuízo causado devem ser ponderados na decisão – Acórdão Matznetter, A 10, págs. 32-33, § 9.

E o perigo de fuga deve ser apreciado, não apenas pela gravidade da pena prevista, mas em função do conjunto de dados suplementares adequados a confirmar a sua existência, ou então, a fazê-lo aparecer de tal modo reduzido para não justificar por si a prisão preventiva – Acórdãos Tomasi, A 241-A, pág. 37, § 33, e Muller, de 17 de março de 1997, R97-II, pág. 389, § 43.

Sublinhe-se que devem considerar-se neste contexto todo um conjunto de circunstâncias, nomeadamente a gravidade da pena prevista, a intolerância especial do acusado à detenção, o comportamento moral do detido, as suas origens, os seus laços com o Estado, assim como as suas ligações internacionais, que permitam presumir que as consequências e os riscos de fuga lhe surjam como um mal menor face à detenção – Acórdãos Neumeister, A 8, pág. 39, § 10, Stogmuller, A 9, pág. 44, § 15, e W/Suíça, A 254-A, pág. 16, § 33.

O perigo de fuga tende a decrescer com o tempo, porquanto o detido se consciencializa de que o período da sua prisão preventiva será imputado no da condenação.

4.2.4. Destaque-se, por último, que a privação de liberdade deve ser considerada a exceção, pelo que o arguido deve ser colocado em liberdade sempre que seja possível, através de garantia apropriada (prestação de caução ou outra), assegurar a sua presença em juízo – Acórdão Wemhoff, A 7, pág. 25, § 15.

Estas garantias devem ser ponderadas tendo em conta a situação do interessado, as suas finanças, as suas ligações com as pessoas chamadas a caucioná-lo e o risco da perda da caução ou da execução das cauções para agir como um travão suficiente para eliminar toda a tentação de fuga – Acórdãos Neumeister, A 8, pág. 40, § 14, e Mangouras, de 28 de setembro de 2010, § 78.

Por isso, determinar o montante da garantia a fornecer pelo detido em função do montante do prejuízo que lhe é imputado não parece conforme ao disposto neste número; mas, nalgumas circunstâncias especiais, já será possível tomar em consideração a importância do prejuízo – Acórdão Mangouras, de 28 de setembro de 2010, § 81 (uma caução de três milhões de euros exigida ao comandante do Navio Prestige que causou um enorme desastre ecológico nas costas da Galiza foi considerada compatível com a *Convenção*; ver, contudo, a opinião dissidente subscrita por vários juízes, incluindo eu próprio), e Decisão de 21 de maio de 1997, Queixa nº 28 897/95, *Déc. Rap.* 89-A, pág. 92 (desvio de fundos).

4.3. Estabelece o nº 4 do artigo 5º que «*qualquer pessoa privada da sua liberdade por prisão ou detenção tem direito a recorrer a um tribunal, a fim de que este se pronuncie, em curto prazo, sobre a legalidade da sua detenção e ordene a sua libertação, se a detenção for ilegal*».

4.3.1. Este direito de recorrer a um tribunal tem um conteúdo autónomo e existe independentemente de a prisão ser ou não regular, isto é, estar ou não de acordo com as exigências escritas no nº 1 deste artigo, e não se confunde com os recursos permitidos nos artigos 6º, nº 1, e 13º, constituindo em relação a este uma *lex specialis; isto é, a pessoa deve ter o direito de controlar a legalidade sua detenção, não só sob o ângulo do direito interno mas também da Convenção, dos princípios gerais que consagra e do objeto das restrições que autoriza* – Acórdãos De Wilde, Ooms e Versyp, A 12, pág. 39, § 73, Winterwerp, A 33, pág. 22, § 53, Bouamar, A 129, pág. 22, § 53, Kolompar, de 29 de setembro de 1992, A 235-C, pág. 57, § 45, Chahal, de 15 de novembro de 1996, R96-V, pág. 1865, § 126, Van Glabeke, de 7 de março de 2006, R06-III, pág. 11, § 31, A. e outros/Reino Unido, de 19 de fevereiro de 2009, § 202, Geórgia/Federação Russa, de 3 de julho de 2014, § 183, Decisão do Tribunal, de 23 de novembro de 1999, Queixa nº 39 671/98, R99-VIII, pág. 415, Relatório de 4 de março de 1978, Queixa nº 7341/76, caso Eggs, *Déc. Rap.* 15, pág. 35, § 73, e Decisão de 11 de dezembro de 1976, Queixa nº 7341/76, *Ann. Conv.*, vol. XX, pág. 458.

Designadamente, o artigo 13º não precisa a natureza da instância de recurso, recurso que deverá incidir sobre uma violação de um dos direitos garantidos na *Convenção*, enquanto o nº 4 do artigo 5º exige a intervenção de um tribunal para examinar também as violações das regras de direito interno que não tenham equivalente na *Con-*

venção – Acórdão Stanev, de 15 de janeiro de 2012, § 168, Decisão de 11 de dezembro de 1974, Queixa nº 7431/76, *Déc. Rap.* 6, pág. 170.

Este direito não existe quando a prisão é ordenada por um tribunal de julgamento após condenar, pois o controlo pretendido está já incorporado na decisão; isto sem prejuízo de um controlo posterior face a novas circunstâncias – Acórdãos De Wilde, Ooms e Versyp, A 12, pág. 41, § 76, Engel, A 22, pág. 32, § 77, X/Reino Unido, A 46, pág. 22, § 51, van Droogenbroeck, A 50, pág. 23, § 45, Weeks, A 114, pág. 28, § 56, Koendjbiharie, de 25 de outubro de 1990, A 185-B, pág. 40, § 27, Herczegfalvy, A 244, pág. 24, § 75, Navarra, de 23 de novembro de 1993, A 273-B, pág. 2, § 26, Iribarne Pérez, de 24 de outubro de 1995, A 325-C, pág. 63, § 30, V/Reino Unido, de 16 de dezembro de 1999, R99, pág. 254, § 119, e Chichkov, de 9 de janeiro de 2003, R03-I, pág. 26, § 88.

Efetivamente, questões novas podem surgir no decurso da detenção, como, por exemplo, podem cessar os motivos que decretaram o internamento de um alienado ou de um indivíduo perigoso ou que motivaram a entrega de um reincidente ao «Governo», o que implica que as autoridades competentes estatuam em prazo breve e que as decisões se sucedam a ritmo razoável – Acórdãos Luberti, A 75, pág. 15, § 31, Thynne, Wilson e Gunnell, de 25 de outubro de 1990, A 190, págs. 27-29, §§ 70 e 73-74, Wynne, de 18 de julho de 1994, A 294-A, § 33, Silva Rocha, de 15 de novembro de 1996, R96-V, pág. 1922, § 30, Musial, de 25 de março de 1999, R99-II, pág. 191, § 43, Oldham, de 26 de setembro de 2000, R00-X, pág. 24, § 30, Magalhães Pereira, de 26 de fevereiro de 2002, R02-I, pág. 245, § 40, Kolanis, R05-V, pág. 318, § 80, Shtukaturov, de 27 de março de 2008, § 121, e Stanev, de 15 de janeiro de 2012, § 171, Relatório de 14 de março de 1988, Queixa nº 11 082/84, *Déc. Rap.* 69, pág. 27, e Decisão de 18 de outubro de 1995, Queixa nº 23 888/94, *Déc. Rap.* 83-A, pág. 48; o mesmo se deve verificar nas penas de prisão perpétuas, uma vez cumprida a parte «tarifária» – Acórdão Stafford, de 28 de maio de 2000, R02-IV, págs. 182 e 185, §§ 80 e 87.

O direito a requerer a intervenção do tribunal deve existir com um grau suficiente de certeza, sem o qual lhe faltam a acessibilidade e efetividade exigidas – Acórdãos van Droogenbroeck, A 50, pág. 30, § 54, e Svipsta, de 9 de março de 2006, R06-III, pág. 221, § 129.

Entendida inicialmente como autoridade com caráter judiciário, isto é, independente do executivo e das partes, a noção de tribunal foi enriquecida com exigências de natureza processual, que podem variar de caso para caso, sem contudo se confundirem totalmente com as prescritas no artigo 6º; mas sempre o processo deve revestir um caráter jurisdicional e oferecer garantias adequadas ao tipo de privação de liberdade em questão, nomeadamente uma assistência judiciária adequada, sobretudo para aqueles que, em razão das suas perturbações mentais, não são capazes de agir por sua própria conta– Acórdãos Neumeister, A 8, pág. 44, § 24, Matznetter, A 10, pág. 35, § 13, Włoch, R00-XI, pág. 72, § 126 (necessidade de uma audiência para os detidos nos termos da alínea *c)* do nº 1), Magalhães Pereira, R02-I, pág. 248, § 56, e Stanev, de 15 de janeiro de 2012, § 171; ver, ainda, os Acórdãos Lamy, de 30 de março de 1989, A 151, págs. 15-16, §§ 27-29, Bezicheri, de 25 de outubro de 1989, A 164, pág. 10, § 20, Koendjbiharie, A 185-B, págs. 40-41, §§ 29-30, e D.N./Suíça, de 29 de março de 2001, R01-III, pág. 33, § 41.

Do ponto de vista orgânico, não se exige um tribunal integrado nas jurisdições ordinárias, sendo concebível uma comissão; mas as condições de independência e imparcialidade têm de estar reunidas, assim como a competência para ordenar a libertação em caso de detenção ilegal – Acórdãos X/Reino Unido, A 46, pág. 23, § 53, Weeks, A 114, pág. 30, § 61, D.N./Suíça, R01-III, pág. 33, § 41, e Öcalan, R05-IV, pág. 75, § 66.

Se a autoridade encarregada de verificar a legalidade da prisão não apresenta as garantias de um tribunal, o Estado deve providenciar um recurso para uma segunda autoridade revestida dessas garantias – Acórdão Varbanov, R00-X, pág. 268, § 58.

Esta matéria aparece frequentemente relacionada com o segredo de justiça.

Como se sabe, o processo penal comporta em regra uma fase secreta, normalmente a fase inicial de investigação e de recolha de provas, entre nós designada como a fase do inquérito.

E a questão que se coloca é a de saber como conciliar a prossecução eficiente da investigação nesta fase com o interesse do indivíduo, uma vez constituído arguido, em assegurar e exercer a sua defesa, reagindo contra as medidas que em seu desfavor forem eventualmente tomadas.

O problema surge com maior acuidade face às medidas de coação, mormente quando o arguido é mantido em prisão preventiva e pretende conhecer os motivos que levaram à sua detenção, para eventualmente reagir contra essa medida.

Inicialmente, defendia-se que o princípio da igualdade de armas entre Ministério Público e acusado não se aplicava ao exame dos pedidos de colocação em liberdade no decurso da prisão preventiva – Acórdãos Neumeister, A 8, pág. 44, § 24, e Matznetter, A 10, pág. 35, § 13.

Mas esta posição foi revista ainda pelo antigo Tribunal e foi reforçada pelo novo, exigindo-se, sem reservas, que o processo assegure uma participação adequada do indivíduo atingido pela decisão litigiosa, concedendo-lhe a oportunidade de se defender por ele próprio ou através de uma certa forma de representação – para o antigo Tribunal ver os Acórdãos Weeks, A 114, pág. 32, § 66, Megyeri, de 12 de maio de 1992, A 237-A, pág. 11, § 22; e Assenov e outros, de 28 de outubro de 1998, R98-VIII, pág. 3303, § 165; para o novo Tribunal, o Acórdão Lietzow, de 13 de fevereiro de 2001, R01-I, pág. 386, § 44.

Assim, um processo contraditório com respeito da igualdade de armas é aqui exigido, o que implica normalmente uma audiência e o acesso ao processo na medida em que seja necessário para conhecer os motivos invocados para a detenção para poder contestá-los adequadamente; e, se um duplo grau de jurisdição existe, as mesmas garantias da primeira instância devem ser asseguradas na instância de recurso – Acórdãos Lamy, A 151, pág. 16, § 29, Schöps, de 13 de fevereiro de 2001, R01-I, pág. 429, § 44, Svipsta, R06-III, pág. 221, § 129, Fodale, de 1 de junho de 2006, R06-VII, pág. 68, §§ 39 e 41, Krejčíř, de 26 de março de 2009, § 116, e Mooren, de 9 de julho de 2009, § 124.

Contudo, este direito do arguido tem de ser compaginado com os interesses do Estado na defesa dos interesses gerais da prevenção e repressão das infrações penais.

O acesso irrestrito poderia pôr em causa a própria investigação, afetar as provas, ou atingir outras que se deveriam manter secretas para a defesa das pessoas intervenientes ou para não prejudicar investigações em curso.

A *Convenção* não proíbe a utilização de testemunhos anónimos em nenhuma das fases do processo; ora, esta possibilidade não deixaria de ser afetada se o arguido ou o seu defensor a eles tivessem acesso naquela fase precoce.

Assim, os interesses relacionados com a investigação podem impor um acesso restrito ou condicionado.

Nestas circunstâncias, deverão ser fornecidos ao arguido ou ao seu representante os elementos necessários para que ele possa exercer adequadamente a sua defesa, nomeadamente poder contraditar eficazmente os fundamentos da sua detenção.

Da análise da jurisprudência do Tribunal, resulta à evidência que não se exige o acesso ao processo para o exercício do princípio do contraditório, mas que, quando esse acesso lhe for negado, ao arguido devem ser facultados os elementos que lhe possibilitem contestar eficazmente a medida tomada contra ele.

Assim, no seu Acórdão Nikolova, de 25 de março de 1999, R99-II, pág. 260, §§ 63 e 66, o Tribunal considerou violado o disposto no artigo 5º, nº 4, porque, além do mais, a requerente não tinha aparentemente podido consultar as peças vertidas no processo tendo em vista contestar os motivos da sua detenção.

Num outro caso, o advogado de Lietzow pediu que a detenção do seu cliente fosse reexaminada e solicitou autorização para consultar o processo ou pelo menos os testemunhos de N. e W. porquanto o mandado de detenção lhes fazia referência.

Este pedido foi recusado com o fundamento de que tal consulta prejudicava a investigação em curso.

O Tribunal, no seu Acórdão Lietzow, R01-I, pág. 386, §§ 44 e 45, precisou que não há igualdade de armas quando um advogado se vê recusar o acesso aos documentos de um processo de instrução cujo exame é indispensável para contestar eficazmente a legalidade da detenção do seu cliente; todo o processo que releva do nº 4 do artigo 5º da *Convenção* deve, em princípio e tanto quanto possível nas circunstâncias de uma instrução, respeitar igualmente as exigências fundamentais de um processo equitativo, tais como o direito a um processo contraditório.

Mas o Tribunal aqui não deixou de reconhecer a necessidade de salvaguardar a eficácia dos inquéritos penais, o que pode implicar que uma parte das informações recolhidas durante as investigações permaneçam secretas a fim de impedir os suspeitos de alterarem as provas e de prejudicarem a boa administração da Justiça.

Note-se que a própria comparência do detido pode, em certas circunstâncias, ser considerada como um meio de assegurar o respeito da igualdade de armas, uma das principais salvaguardas inerentes a uma instância de caráter judiciário nos termos da *Convenção* – Acórdãos Kampanis, de 13 de julho de 1995, A 318-B, pág. 45, § 47, e Idalov, de 22 de maio de 2012, § 161.

E o acesso ao processo compreende a possibilidade de tomar notas e/ou de o fotocopiar – Acórdão Matyjek, de 24 de abril de 2007, § 59.

4.3.2. O tribunal deve pronunciar-se sobre a legalidade da detenção, sob o ponto de vista do direito interno, mas também nos termos da *Convenção,* dos princípios gerais que ela consagra e da finalidade das restrições à liberdade autorizadas no nº 1 deste artigo – Acórdãos van Droogenbroeck, A 50, pág. 26, § 48, Weeks, A 114, pág. 28, § 57, H.L./Reino Unido, R04-IX, pág. 299, § 135, e Stanev, de 15 de janeiro de 2012, § 168.

O controlo da legalidade cobre todos os aspetos, incluindo a regularidade formal do processo e a justificação material da privação de liberdade – Acórdão Brogan e outros, A 145-B, pág. 34, § 65, e Decisão de 11 de novembro de 1989, Queixa nº 14 292/88, *Déc. Rap.* 63, pág. 203.

Mas o artigo 5º, nº 4, não consagra um direito a um exame judiciário de um conteúdo tal que possibilite ao tribunal, sobre todos os aspetos da causa, substituir a sua própria apreciação à da autoridade de onde emanou a decisão, como seja a questão de saber se há lugar a internar e tratar um alienado mental num hospital psiquiátrico antes que noutro local – Acórdãos X/Reino Unido, A 46, pág. 25, §§ 57-58, Ashingdane, A 93, pág. 23, § 52, Thynne, Wilson e Gunnell, A 190-A, pág. 30, § 79, Hussain, R96-I, pág. 270, § 57, e Singh, de 21 de fevereiro de 1996, R96-I, pág. 300, § 66.

O controlo a exercer pelo tribunal deve poder terminar por uma ordem de libertação da pessoa ilegalmente privada de liberdade, pelo que a entrega do exame a um órgão puramente consultivo é insuficiente – Acórdão X/Reino Unido, A 46, pág. 26, § 46.

4.3.3. O tribunal deve julgar *em curto prazo de tempo,* o que deve ser ponderado à luz das circunstâncias de cada caso, considerando, nomeadamente, a sua complexidade, o comportamento das autoridades e do implicado e a importância que isso representava para este; aliás, o detido goza aqui da presunção de inocência – Acórdãos Sanchez-Reisse, A 107, pág. 20, §§ 54-55, R. M. D./Suíça, de 26 de setembro de 1997, R97-VI, pág. 2013, § 42, Oldham, R00-X, pág. 25, § 31, Rehbock, de 28 de novembro de 2000, R00-XII, pág. 244, § 84, Hutchison Reid, R03-IV, pág. 55, § 65, Mooren, de 9 de julho de 2009, § 106, e Idalov, de 22 de maio de 2012, § 155; o ponto de partida será a data do pedido, mesmo que exista uma fase de natureza administrativa – Decisão de 11 de abril de 1991, Queixa nº 14 438/88, *Déc. Rap.* 69, pág. 236.

A necessidade de celeridade, que ganha aqui particular densidade em relação, por exemplo, ao nº 1 do artigo 6º, pode explicar a simplicidade do processo – Acórdão Neumeister, A 8, pág. 44, § 24 –, mas que já não dispensa, como se viu *supra* (4.3.1.), o respeito pelo princípio do contraditório e pela igualdade de armas.

O prazo a ter em conta abarca as diferentes fases, incluindo a dos recursos, continuando a valer para aqui as mesmas garantias previstas para a primeira instância – Acórdãos Luberti, A 75, págs. 15-16, § 33, Bouamar, A 129, pág. 44, § 61, Letellier, A 207, pág. 22, § 56, Toth, A 224, pág. 23, § 84, e Navarra, A 273-B, pág. 28, § 28.

A apreciação *in concreto* permitiu considerar excessivos prazos de um ano e meio a um mês e conformes prazos de oito, dez, dezasseis e vinte dias – Acórdãos Luberti, A 75, pág. 16, §§ 34-37, Bouamar, A 129, pág. 32, § 63, Bezicheri, A 164, págs. 11-12, §§ 22-26, van der Leer, A 170-A, pág. 15, § 36, E/Noruega, de 29 de agosto de 1990, A 181-A, pág. 28, § 66, e Letellier, A 207, pág. 22, § 56, Decisão de 13 de março de 1984, Queixa nº 9920/82, *Déc. Rap.* 37, pág. 78, e Relatório de 1 de março de 1979, Queixa nº 7648/76, caso *Christinet, Déc. Rap.* 17, pág. 35.

4.3.4. Esta disposição cessa a sua aplicação quando a detenção termina; e, na falta de um recurso interno que possa pôr fim ou reparar a alegada violação, o requerente deve apresentar a queixa ao Tribunal no prazo de seis meses a contar da sua libertação – Decisão de 11 de maio de 1983, Queixa nº 10 230/82, *Déc. Rap.* 32, pág. 303.

4.3.5. Esta alínea não consagra um duplo grau de exame em matéria de pedidos de colocação em liberdade – Decisão de 20 de março de 1972, Queixa nº 4625/70, *Rec.*, vol. 40, pág. 24; mas, se uma instância de recurso é consagrada, ela deve oferecer as mesmas garantias previstas para a primeira instância – Acórdão Toth, A 224, pág. 23, § 84.

4.3.6. Registe-se que a falta de um recurso permitindo decidir em curto prazo sobre a legalidade duma detenção não acarreta violação desta disposição se a privação de liberdade termina num prazo mais curto do que aquele que seria necessário para a decisão do processo previsto neste número – Acórdão Fox, Campbell e Hartley, A 182, pág. 2021, § 44, e Decisões de 7 de outubro de 1976, Queixa nº 7376/76, *Déc. Rap.* 7, pág. 123, e de 10 de setembro de 1997, Queixa nº 29 581/96, *Déc. Rap.* 90-A, pág. 98.

4.4. Estabelece o nº 5 do artigo 5º que «*qualquer pessoa vítima de prisão ou detenção em condições contrárias às disposições deste artigo tem direito a indemnização*». Cfr. Acórdão Wassink, A 185, pág. 14, § 18.

Esta disposição constitui uma *lex specialis* em relação aos artigos 6º e 13º, no que respeita a este tipo de indemnização – Acórdão Tsirlis e Kouloumpas, R97-III, pág. 927, § 73.

4.4.1. Convirá, antes de mais, não confundir este direito com o consagrado no artigo 41º da *Convenção.*

Se o nº 5 do artigo 5º garante o direito a uma indemnização por danos materiais e morais, que se impõe às autoridades nacionais, o artigo 41º permite ao Tribunal atribuir uma *reparação razoável* quando haja violação da *Convenção* – Acórdão van Droogenbroeck (artigo 50º) de 25 de abril de 1983, A 63, pág. 67, §§ 11-13.

O Tribunal poderá eventualmente fixar uma reparação quando constate uma violação ao direito à liberdade; nestas circunstâncias, o Tribunal deve tomar em consideração o que eventualmente foi concedido a nível interno – Acórdão Neumeister, A 17, pág. 13, § 30.

Este direito a uma indemnização existirá também no caso de uma detenção ou prisão com violação das normas do direito interno eventualmente mais favoráveis ou contrárias ao disposto no artigo 5º, ou seja, para além do quadro definido neste artigo – Decisão de 10 de abril de 1995, Queixa nº 24 722/94, *Déc. Rap.* 81-A, pág. 130.

4.4.2. A *Convenção* exige, no seu artigo 35º, o esgotamento dos meios internos, pelo que a verificação de uma violação do disposto no artigo 5º deve ser, antes de mais, pedida ao juiz nacional, assim como a nível interno deve ser solicitada a respetiva indemnização.

Por isso, o direito à reparação deve estar garantido a nível interno com um grau de certeza suficiente, como devem estar definidos os meios processuais para a sua efetivação ainda que o Estado possa condicioná-lo à prova de um dano moral ou material – Acórdão Stanev, de 15 de janeiro de 2012, § 182, Relatório no caso *Ciulla*, A 148, pág. 28, § 92, e Decisão de 13 de março de 1984, Queixa nº 9920/82, *Déc. Rap.* 37, pág. 75; ver, ainda, os Acórdãos Fox Campbell e Hartley, A 182, pág. 21, § 46, Wassink, A 185-A, pág. 14, § 38, e N.C./Itália, de 18 de dezembro de 2002, R02-X, págs. 217-218, §§ 49 e 52.

Note-se que só um dano moral pode ser reparado pela dedução do período de prisão não conforme ao disposto no nº 1 deste artigo na pena de prisão a que o acusado seja condenado; já o dano material não fica coberto pela referida dedução.

O Tribunal apenas examina uma queixa com base na violação do nº 5 do artigo 5º, desde que as jurisdições nacionais ou o próprio Tribunal tenha verificado uma violação do disposto neste artigo e, quando, por outro lado, o requerente esgotou os meios internos relativamente ao direito à reparação – Acórdão Storck, R05-V, pág. 201, § 122, e Decisões de 5 de julho de 1976, Queixa nº 682/74, *Déc. Rap.* 6, pág. 65, de 4 de março de 1980, Queixa nº 7950/77, *Déc. Rap.* 19, pág. 213, de 3 de outubro de 1988, Queixa nº 10 801/84, *Déc. Rap.* 61, pág. 62, e de 14 de abril de 1994, Queixa nº 22 761/93, *Déc. Rap.* 77-A, pág. 98.

Artigo 6º – Direito a um processo equitativo

1 – Qualquer pessoa tem direito a que a sua causa seja examinada equitativa e publicamente, num prazo razoável por um tribunal independente e imparcial, estabelecido pela lei, o qual decidirá, quer sobre a determinação dos seus direitos e obrigações de caráter civil, quer sobre o fundamento de qualquer acusação em matéria penal dirigida contra ela. O julgamento deve ser público, mas o acesso à sala de audiências pode ser proibido à imprensa ou ao público durante a totalidade ou parte do processo, quando a bem da moralidade, da ordem pública ou da segurança nacional numa sociedade democrática, quando os interesses de menores ou a proteção da vida privada das partes no processo o exigirem, ou, na medida julgada estritamente necessária pelo tribunal, quando, em circunstâncias especiais, a publicidade pudesse ser prejudicial para os interesses da justiça.

2 – Qualquer pessoa acusada de uma infração presume-se inocente enquanto a sua culpabilidade não tiver sido legalmente provada.

3 – O acusado tem, no mínimo, os seguintes direitos:

a) Ser informado no mais curto prazo, em língua que entenda e de forma minuciosa, da natureza e da causa da acusação contra ele formulada;

b) Dispor do tempo e dos meios necessários para a preparação da sua defesa;

c) Defender-se a si próprio ou ter a assistência de um defensor da sua escolha e, se não tiver meios para remunerar um defensor, poder ser assistido gratuitamente por um defensor oficioso, quando os interesses da justiça o exigirem;

d) Interrogar ou fazer interrogar as testemunhas de acusação e obter a convocação e o interrogatório das testemunhas de defesa nas mesmas condições que as testemunhas de acusação;

e) Fazer-se assistir gratuitamente por intérprete, se não compreender ou não falar a língua usada no processo.

REFERÊNCIAS

DUDH – artigos 10º e 11º, nº 1.

PIDCP – artigo 14º

Conv. Interam. – artigo 8º

Carta Afric. – artigo 7º

Cart. UE – artigos 47º e 48º

Const. – artigos 20º, 32º, 206º, 205º, nº 1, 206º e 216º

CPC – artigos 3º, 4º, 115º, 116º, 117º, 118º, 133º, 154º, 568º, alínea *b*), 569º, nº 4, 606º, nº 1, e 615º, nº 1, alínea *b*).

CPP – artigos 39º, 40º, 54º, 61º, 92º, 97º, nº 4, 321º, 327º, 332º, 372º, nº 3, 374º e 423º

SUMÁRIO

1. Introdução

Para uma efetiva proteção dos Direitos Humanos não é suficiente uma consagração substantiva; será necessário estabelecer garantias fundamentais de processo, de modo a reforçar os mecanismos de salvaguarda daqueles direitos.

O artigo 6º assume-se como disposição fundamental no âmbito da *Convenção*, frequentemente invocada perante os seus órgãos, mesmo quando as garantias de processo oferecidas a nível interno são mais extensas.

A garantia de um processo equitativo tornou-se num princípio fundamental da preeminência do Direito[106]; por isso, numa sociedade democrática, no sentido da *Con-*

[106] Acórdão Sunday Times, de 26 de abril de 1979, A 30, pág. 34, § 55.

venção, o direito a um processo equitativo ocupa um lugar tão essencial que uma interpretação restritiva do artigo 6º não corresponderia ao fim e ao objeto desta disposição[107].

2. Âmbito de aplicação

A pessoa tem direito a um tribunal[108] que decidirá quer sobre a determinação dos seus direitos e obrigações de caráter civil quer sobre o fundamento de qualquer acusação em matéria penal[109].

O artigo 6º estende a sua proteção a toda a pessoa, física ou moral[110]; os estrangeiros e apátridas, que se encontrem debaixo da jurisdição do Estado Contratante, beneficiam também das garantias do artigo 6º, assim como os Estados e as pessoas morais de direito público estrangeiros[111].

2.1. As noções de *determinação* e *direitos e obrigações de caráter civil* têm sido objeto de uma profunda reflexão pelos órgãos da *Convenção.*

2.1.1. O termo *determinação* não deve ser tomado numa aceção técnica ou sob um aspeto formal mas, antes, material[112].

Das decisões do Tribunal deduz-se que a *determinação* deve incidir:

- sobre a existência de um direito, sobre o seu conteúdo ou sobre as modalidades do seu uso[113];
- sobre *questões de facto* ou *questões de direito*[114].

[107] Acórdãos Delcourt, de 17 de janeiro de 1970, A 11, págs. 14 e segs., § 25, Airey, de 9 de outubro de 1979, A 32, pág. 13, § 24, Deweer, de 27 de fevereiro de 1980, A 35, pág. 23, § 44, e De Cubber, de 26 de outubro de 1984, A 86, pág. 16, § 30.

[108] O artigo 6º não se opõe à criação de tribunais arbitrais – Decisão do Tribunal, de 16 de dezembro de 2003, Queixa nº 35 943/02, R03-XII, pág. 431; mas a responsabilidade dos Estados não se estende ao comportamento dos tribunais arbitrais, a menos que as jurisdições nacionais sejam chamadas a intervir – Decisão de 4 de março de 1987, Queixa nº 10 881/84, *Déc. Rap.* 51, pág. 83.

[109] Mas já não está consagrado o direito a perseguir alguém criminalmente – Decisão de 4 de setembro de 1996, Queixa nº 29 785/96, *Déc. Rap.* 88-A, pág. 163.

[110] Cfr. a Decisão de 17 de dezembro de 1968, Queixa nº 3798/68, *Rec.*, nº 29, pág. 70.

[111] Opinião separada de alguns membros da Comissão no caso *Konig* – Decisão de 14 de dezembro de 1976, série B, vol. 25, pág. 40, § 74. Como se verá na anotação ao artigo 34º, as organizações governamentais não podem queixar-se do seu próprio Estado.

[112] Acórdão Gorou nº 2, de 20 de março de 2009, § 29.

[113] Acórdão Le Compte, Van Leuven e De Meyere, de 23 de junho de 1981, A 43, pág. 22, § 49, publicado no *BDDC*, nº 6, págs. 565 e segs. Segue-se aqui a sistematização de Marc-André Eissen, «Jurisprudence relative a l'article 6 de la Convention», no *BDDC*, nº 17, págs. 150 e segs.

[114] Acórdãos Le Compte, Van Leuven e De Meyere, A 43, pág. 22, § 49, e Sporrong e Lönnroth, de 23 de setembro de 1982, A 52, pág. 31, § 86, publicado no *BDDC*, nº 10, págs. 105 e segs.

A palavra *determinação* supõe que a existência de um direito ou obrigação, o seu conteúdo, a sua duração, etc., são negados ou postos em dúvida por um adversário; a *determinação*, que deve ser real e séria[115], pressupõe, assim, desacordo sobre a existência, o conteúdo, as modalidades de exercício ou a duração de um direito ou obrigação[116].

Esta disposição não tem por objetivo criar direitos substantivos sem base no direito interno, mas apenas providenciar uma proteção processual aos ali reconhecidos; por isso, deve tratar-se de direito ou obrigação que possa ao menos sustentar-se estar reconhecido na ordem jurídica do respetivo Estado[117].

O artigo 6º não assegura por si próprio qualquer conteúdo material aos direitos reconhecidos na ordem jurídica interna; aliás, não pertence ao Tribunal conhecer dos erros de facto ou de direito pretensamente cometidos por uma jurisdição interna, salvo se e na medida em que eles podem ofender os direitos e liberdades salvaguardados na *Convenção*[118].

[115] Acórdãos Pudas, de 27 de outubro de 1987, A 125, pág. 14, § 31, Allan Jacobsson, de 25 de outubro de 1989, A 163, pág. 19, § 87, e Zander, de 25 de novembro de 1993, A 279-B, pág. 38, § 22, Decisão do Tribunal, de 29 de junho de 1999, Queixa nº 29 121/95, R99-VI, pág. 426, e Decisão de 24 de fevereiro de 1995, Queixas nºs 23 868/94 e 23 869/94, *Déc. Rap.* 80-A, pág. 162. E, em princípio, presume-se real e séria, a determinação que é apresentada a um tribunal – Decisão de 8 de julho de 1997, Queixa nº 24 738/94, *Déc. Rap.* 91-A, pág. 14.

[116] Jean Raymond, *La Suisse devant les organes de la Convention européenne des Droits de l'Homme,* Basel, 1979, pág. 66, e «Les Droits Judiciaires en matière non repressive», *Annales de l'Université des Sciences Sociales de Toulouse,* tomo XXIX, 1981, pág. 90.

[117] Acórdãos Éditions Périscope, de 26 de março de 1992, A 234-B, pág. 64, § 35, Zander, A 279-B, pág. 38, § 22, Kerojärvi, de 19 de julho de 1995, A 322, pág. 12, § 32, Gustafsson, de 25 de abril de 1996, R96-II, pág. 658, § 63, Al-Adsani, de 21 de novembro de 2001, R01-XI, pág. 136, § 46, Gutfreund, de 12 de junho de 2003, R03-VII, pág. 86, § 41, Voggenreiter, de 8 de janeiro de 2004, R04-I, pág. 12, § 34 (a responsabilidade civil do Estado não pode ser pedida quando se trata de uma lei emanada do legislador, mas já constitui contestação quando se questiona uma lei que atinge um dos direitos fundamentais perante um Tribunal Constitucional), Roche, de 19 de outubro de 2005, R05-X, pág. 207, § 119, e Markovic, de 14 de dezembro de 2006, § 99 (limitações materiais e barreiras processuais relativas a atos «políticos»), e Decisão do Tribunal, de 18 de março de 2003, Queixa nº 48 897/99, R03-III, pág. 347, e Decisões de 15 de dezembro de 1988, Queixa nº 11 540/85, *Déc. Rap.* 62, pág. 79, de 3 de dezembro de 1990, Queixa nº 13 366/87, *Déc. Rap.* 67, pág. 244, de 10 de abril de 1991, Queixa nº 15 058/89, *Déc. Rap.* 69, pág. 306, de 19 de maio de 1992, Queixa nº 17 004/90, *Déc. Rap.* 73, pág. 15, de 2 de março de 1994, Queixa nº 20 907/92, *Déc. Rap.* 76-A, pág. 113, de 21 de outubro de 1996, Queixa nº 22 377/93, *Déc. Rap.* 87-A, pág. 5, de 13 de janeiro de 1997, Queixa nº 28 979/96, *Déc. Rap.* 88-A, pág. 137, e de 21 de maio de 1997, Queixa nº 21 752/93, *Déc. Rap.* 89-A, pág. 5.

[118] Acórdãos Ligthow e outros, de 8 de junho de 1986, A 102, pág. 70, § 192, Somogyi, de 18 de maio de 2004, R04-IV, pág. 95, § 62, Storck, de 16 de junho de 2005, R05-V, pág. 211, § 159, Roche, de 19 de outubro de 2005, R05-X, pág. 207, § 117, Panovits, de 11 de dezembro de 2008, § 81 (princípios também válidos para o processo penal; aqui o Tribunal preocupa-se em saber se no seu conjunto o processo se apresenta equitativo), e Centro Europa 7 S.R.L. e Di Stefano, de 7 de junho de 2012, § 197, e Decisões do Tribunal de 26 de abril de 2005, Queixa nº 67 723/01, R05-VIII, pág. 335, e de 1 de dezembro de 2005, Queixa nº 61093/00, R05-XIII, pág. 215, e Decisões de 30 de novembro de

E nem todo o processo que tenha conteúdo patrimonial incide sobre direitos e obrigações de caráter civil[119].

Por outro lado, se o direito foi já invocado com sucesso diante dos órgãos da *Convenção*, ele não pode voltar a ser reivindicado a nível interno[120].

O litígio pode incidir sobre pontos de facto ou questões jurídicas[121].

Aliás, deve tratar-se de um processo cujo desfecho seja decisivo, porquanto o nº 1 do artigo 6º não se contenta com uma ligação ténue nem com repercussões distantes; os direitos e obrigações de caráter civil devem constituir o objeto, ou um dos objetos, da *determinação* e o desfecho do processo ser diretamente determinante para um tal direito; mas, mesmo quando se trata da defesa de um «interesse geral», poderá haver uma ligação especial a uma pessoa ou grupo de pessoas que justifica que também aqui se possa falar de desfecho diretamente afetando a posição destes[122].

Note-se que um tribunal que rejeita uma ação por motivos processuais não estatui sobre um direito de caráter civil[123].

Inicialmente entendia-se que nos processos que se limitam a decretar medidas preliminares ou provisórias (*v. g.*, procedimentos cautelares), e que não afetam a decisão de fundo, não haveria propriamente controvérsia e o artigo 6º não se aplicava; esta jurisprudência foi revista pelo Tribunal, passando a entender-se que o artigo 6º se aplica mesmo neste tipo de processos, desde que estejam reunidas duas condições: *a)* o direito em jogo nos dois processos, o principal e o cautelar, deve ter caráter «civil»; *b)* a medida deve ser determinante para o direito ou obrigação de caráter civil em jogo, independente da sua duração[124].

1994, Queixa nº 24 844/94, *Déc. Rap.* 79-A, pág. 146, e de 10 de janeiro de 1995, Queixa nº 23 784/94, *Déc. Rap.* 80-A, pág. 154.

119 Acórdãos Neigel, de 17 de março de 1997, R97-II, pág. 411, § 44, e Pierre-Bloch, de 21 de outubro de 1997, R97-VI, pág. 2223, § 51.

120 Decisão de 10 de janeiro de 1995, Queixa nº 23 784/94, *Déc. Rap.* 80-A, pág. 154.

121 Acórdão Van Marle e outros, de 26 de junho de 1986, A 101, pág. 11, § 32.

122 Acórdãos Le Compte, Van Leuven e De Meyere, A 43, pág. 21, § 47, Albert e Le Compte, A 58, pág. 58, § 28, Pudas, A 125, pág. 14, § 31, Fayed, de 21 de setembro de 1994, A 294-B, § 56, Ortenberg, de 25 de novembro de 1994, A 295-B, § 28, Masson e Van Zon, de 28 de setembro de 1995, A 327, pág. 17, § 44, Balmer-Schafroth e outros, de 26 de agosto de 1997, R97-IV, pág. 1357, § 32, Werner, de 24 de novembro de 1997, R97-VII, pág. 2507, § 34, Athanassoglou e outros, de 6 de abril de 2000, R00-IV, pág. 240, § 43, Mennitto, de 5 de outubro de 2000, R00-X, pág. 339, § 23, e L'Erablière A.S.B.L., de 24 de fevereiro de 2009, § 29 (caso da defesa de um «interesse geral»), Decisões do Tribunal, de 27 de junho de 2000, Queixa nº 35 178/97, R00-VI, pág. 589, e de 5 de outubro de 2006, Queixa nº 528/02 (as decisões relativas à liquidação de uma sociedade não *determinam* direitos dos sócios), e Decisão de 10 de outubro de 1994, Queixa nº 21 343/93, *Déc. Rap.* 79-A, pág. 34.

123 Decisão de 12 de maio de 1986, Queixa nº 10 865/94, *Déc. Rap.* 47, pág. 48.

124 Acórdão Micallef, de 15 de outubro de 2009, §§ 83 e 85; para a jurisprudência anterior, ver Decisão do Tribunal, de 6 de julho de 2000, Queixa nº 41 237/98, R00-VII, pág. 541, e Decisões de 11 de

Este direito de caráter civil pode ser discutido também em determinados processos disciplinares.

Por exemplo, um processo disciplinar que é suscetível de privar uma pessoa de exercer temporária ou definitivamente um direito de caráter civil, como o exercício de uma profissão, deve ser considerado como tendo um desfecho determinante para tal direito, aplicando-se, por isso, o referido nº 1 do artigo 6º[125].

As garantias do nº 1 do artigo 6º aplicam-se a todo o processo administrativo que se debruce sobre um direito ou obrigação de caráter civil, mesmo que no seu início assuma uma forma unilateral, surgindo a *contestação* apenas na fase do recurso contra a decisão[126].

E aplicam-se ao processo penal, desde que esteja em causa um direito ou uma obrigação de caráter civil, como se deduz da jurisprudência do Tribunal.

No caso *Helmers*[127], o Tribunal analisou a situação de um indivíduo que teria sido difamado e que, ao reagir, entre a ação civil e a penal, optou por esta última.

O Tribunal, depois de lembrar que o caráter *civil* de gozar de uma boa reputação se apresenta pacífico[128], e de que uma *determinação* sobre um direito de caráter civil se concebe mesmo sem que haja um pedido de reparação pecuniária, bastando que o seu desfecho seja determinante para o *direito de caráter civil*[129], concluiu pela aplicação do nº 1 do artigo 6º ao caso concreto.

No caso *Moreira Azevedo*[130], um assistente num processo penal, regido pelo Código de Processo Penal de 1929, queixou-se à Comissão relativamente à duração do processo.

A Comissão, por maioria[131], concluiu que não havia violação, porquanto um pedido formal de indemnização pelos danos no quadro do processo penal, como exigia o artigo 32º daquele Código, não tinha sido deduzido pelo requerente; este não tinha, em nenhum momento, feito valer os seus direitos de caráter civil através do meio próprio que o processo penal lhe oferecia: o pedido de indemnização por perdas e danos.

maio de 1981, Queixa nº 7990/77, *Déc. Rap.* 24, pág. 57, e de 10 de março de 1981, Queixa nº 8988/80, *Déc. Rap.* 24, pág. 198.

[125] Ver os Acórdãos Le Compte, Van Leuven e De Meyere, A 43, págs. 21 e segs., § 47, Albert e Le Compte, A 58, pág. 15, § 28, Diennet, de 26 de setembro de 1995, A 325-A, pág. 13, § 27, Philis (2), de 27 de junho de 1997, R97, pág. 1085, § 45, e Chevrol, de 13 de fevereiro de 2003, R03-III, pág. 175, § 44, Decisão do Tribunal, de 23 de outubro de 2001, Queixa nº 41 358/98, R01-XI, pág. 333, e Decisões de 20 de janeiro de 1997, Queixa nº 26 601/95, *Déc. Rap.* 88-A, pág. 85, e de 3 de março de 1997, Queixa nº 23 201/94, *Déc. Rap.* 88-A, pág. 25.

[126] Relatório de 17 de julho de 1980, Queixa nº 7998/70, *Déc. Rap.* 21, pág. 5, e Decisão de 28 de fevereiro de 1996, Queixa nº 25 147/94, *Déc. Rap.* 84-A, pág. 106.

[127] Acórdão de 29 de outubro de 1991, A 212-A, pág. 14, §§ 27-30.

[128] Cita, a propósito, o Acórdão Golder, de 21 de fevereiro de 1975, A 18, pág. 13, § 27.

[129] Acórdão Moreira Azevedo, de 23 de outubro de 1990, A 189, pág. 17, § 66.

[130] Citado na nota anterior.

[131] Decisão de 10 de julho de 1989, A 189, págs. 21 e segs.

Chamado a intervir pela Comissão, o Tribunal, depois de sublinhar que o direito a um processo equitativo ocupa um lugar eminente numa sociedade democrática incompatível com uma interpretação restritiva do artigo 6º, nº 1 (§ 66), invocou o Assento do Supremo Tribunal de Justiça, de 28 de janeiro de 1976[132], para concluir que a constituição de assistente equivalia a um pedido de indemnização em processo civil (§ 67).

Esta jurisprudência foi, entretanto, afinada.

Depois de defender que, também no processo penal, a constituição de *partie civile* revelaria, desde logo, a intenção de exercer os direitos civis correlacionados[133], o Tribunal veio precisar que essa constituição desprovida de pedido de indemnização só seria relevante para este efeito quando:

a) houver uma renúncia, estabelecida de uma forma inequívoca, ao direito à obtenção de uma reparação[134];

b) a decisão proferida no processo penal venha a privar o interessado do direito de pedir uma reparação[135].

Note-se ainda que deve procurar-se uma interpretação da disposição mais adequada a atingir o seu fim, que é o de proteger os direitos concretos e efetivos e realizar o objeto da *Convenção*[136].

[132] Publicado no *Diário da República*, I Série, de 11 de março de 1976, e no *BMJ*, nº 253, págs. 109 e segs., onde se afirmou: o tribunal cível é incompetente em razão da matéria para a ação de indemnização proposta contra o condutor e simultaneamente proprietário do veículo, por danos resultantes de acidente de viação, quando na ação penal contra ele movida tenha sido proferida condenação a indemnizar.
A decisão penal constitui caso julgado quanto à indemnização arbitrada entre o condutor, ainda que simultaneamente proprietário do veículo, e o lesado.

[133] Ver, por todos, Acórdão Tomasi, de 27 de agosto de 1992, A 241-A, pág. 43, § 121; e as Decisões de 15 de maio de 1995, Queixa nº 23 997/94, *Déc. Rap.* 81-A, pág. 102, e de 6 de julho de 1995, Queixa nº 23 326/94, *Déc. Rap.* 82-A, pág. 31, e Decisão do Tribunal, de 16 de março de 1999, R99-II, pág. 620.

[134] Ver os Acórdãos Hamer, de 7 de agosto de 1996, R96-III, págs. 1043 e 1044, §§ 73-77, e Perez, de 12 de fevereiro de 2004, R04-I, pág. 109, § 47. Este último Acórdão, que representa o estado atual da jurisprudência do Tribunal, veio precisar que o artigo 6º se aplica quando há constituição de *partie civile* desde que no exercício da ação penal se prossiga também a ação civil, destinada à obtenção de uma reparação, mesmo simbólica: a renúncia a este direito deve estar estabelecida de uma forma inequívoca. Cfr. a Decisão do Tribunal, de 29 de março de 2001, Queixa nº 54 102/00, R01-V, pág. 489, onde se considerou que quem intervém no processo penal apenas como auxiliar do Ministério Público não exerce nenhum direito de caráter civil, e a Decisão de 24 de fevereiro de 2005, Queixa nº 26 775/02, R05-III, pág. 353 (exercício de um direito civil mesmo sem pedido de reparação pecuniária), e o Acórdão Gorou nº 2, de 20 de março de 2009, § 26.

[135] Acórdão Acquaviva, de 21 de novembro de 1995, A 333-A, pág. 14, § 47, e Decisão de 7 de abril de 1997, Queixa nº 28 073/95, *Déc. Rap.* 89-A, pág. 79.

[136] Acórdãos Wemhoff, de 23 de junho de 1968, A 7, pág. 23, § 8, e Artico, de 13 de maio de 1980, A 37, pág. 16, § 33.

Enfim, se a *determinação* pode ser aproximada, sem dificuldade, da contestação em direito processual civil, ou melhor, sempre que haja contestação o nº 1 do artigo 6º aplicar-se-á, ela abarca ainda o simples diferendo onde quer que ele se desenhe, mesmo nos processos ditos graciosos, desde que tenham uma repercussão direta sobre um *direito* ou *obrigação de caráter civil.*

2.1.2. Será que o nº 1 do artigo 6º abrange na sua garantia o *processo executivo*[137]? Será que neste processo se pode falar de contestação, diferendo ou discórdia sobre um direito ou obrigação que o tribunal é chamado a compor?

O processo de execução pressupõe a existência de um direito incontestado.

Parafraseando um dos nossos mais eminentes processualistas, Alberto dos Reis, dir-se-á que, quando sobre o direito já não há contestação e o devedor não cumpre, o credor dirige-se ao Estado para que este, por intermédio dos órgãos executivos, dê satisfação ao direito violado.

O direito de execução não se dirige contra o devedor; dirige-se ao Estado ou aos seus representantes. E, em vez de ter por conteúdo uma certa atividade do devedor, tem por conteúdo a atividade dos órgãos públicos e executivos.

Na ação declarativa, não se sabe se o direito existe, há situação litigiosa, contestação, igualdade das partes e contraditório; tudo é diferente no processo de execução, no qual o executado não goza de paridade de posição com o autor e onde falta a dialética da possibilidade de contradição por parte do executado.

No processo de execução não se pretende qualquer modificação do direito, mas apenas modificação da realidade concreta e de facto; esta efetivação no plano dos factos traduz-se fundamentalmente em operações materiais.

Porque o processo de execução não visa fixar, modificar ou alterar um direito ou obrigação de caráter civil, não existe a este nível contestação.

Recordando e adaptando uma decisão da Comissão[138], na ação executiva trata-se de executar um *julgamento* já pronunciado.

A execução é, acima de tudo, um processo unilateral e nos processos unilaterais não é possível discernir *determinação* pelo que a aplicação do nº 1 do artigo 6º estaria arredada[139].

[137] Para além das situações em que no processo declarativo se condenou em quantia indeterminada; nesta hipótese a duração do prazo razoável estender-se-á ao incidente de liquidação – ver *infra* 5.2.

[138] De 12 de outubro de 1977, Queixa nº 7034, *Déc. Rap.* 10, pág. 152. Ver, também, as Decisões de 7 de julho de 1986, Queixa nº 11 258/84, *Déc. Rap.* 48, pág. 225, de 7 de janeiro de 1991, Queixa nº 14 063/88, *Déc. Rap.* 68, pág. 177, e de 1 de julho de 1991, Queixa nº 13 800/88, *Déc. Rap.* 71, pág. 94.

[139] Isto sem prejuízo de, relacionado com o processo executivo, poder surgir um processo declarativo, os embargos de executado.

Os embargos apresentam a figura quase perfeita de uma ação dirigida contra o exequente, em que este toma a posição de réu e passa a denominar-se «embargado» e em que o executado é autor, com

Os órgãos da *Convenção* têm, contudo, aplicado o artigo 6º ao processo de execução, ao menos quando se trata de apurar o prazo razoável.

Desde logo, nos casos *Guincho, Martins Moreira e Silva Pontes*, face a condenações em quantias a fixar em execução de sentença[140].

E, mesmo quando a sentença na ação declarativa condena em quantia determinada, o Tribunal aplica também o artigo 6º ao processo de execução, considerado como uma segunda fase do processo[141].

O que restava ainda por esclarecer era apenas a aplicação desta disposição a uma execução autónoma.

Após algumas hesitações, a Comissão defendeu essa aplicação ao menos quando a execução decorre perante um tribunal, invocando o Acórdão Zappia, segundo o qual só quando um direito reivindicado encontra a sua realização efetiva é que haverá *determinação*, ainda que não existam diferenças substanciais entre uma e outra execução[142].

O Acórdão Estima Jorge considerou que o artigo 6º se aplicava ao processo autónomo de execução, porquanto, independentemente da natureza do título executivo, sentença ou ato notarial, a lei portuguesa confia a sua execução, segundo um processo idêntico, aos tribunais portugueses. (§ 38).

E este processo de execução é determinante para a realização efetiva do direito do requerente.

O atual regime de ação executiva, estabelecido pelo Decreto-Lei nº 38/2003, de 8 de março e confirmado pelo novo CPP, visa essencialmente o afastamento quase total do processo executivo dos Tribunais, confiando-o sobretudo ao "agente de execução".

Contudo, enquanto o Tribunal não tomar uma posição, é prematuro concluir que o disposto neste artigo 6º não se lhe aplica.

2.2. A noção de *direitos e obrigações de caráter civil* sofreu, por parte dos órgãos da *Convenção*, uma interpretação fluida[143], facto que não deixou de provocar reações por parte dos Estados membros.

o nome de «embargante» – Eurico Lopes Cardoso, *Manual da Ação Executiva*, 3ª ed., Coimbra, 1964, pág. 275.

Mas o processo de embargos não prejudica, em princípio, o andamento da execução que corre paralelamente.

[140] Acórdãos Guincho, A 81, pág. 13, § 29, Martins Moreira, A 143, pág. 16, § 44, e Silva Pontes, A 286-A, pág. 14, § 33.

[141] Acórdão Zappia, de 26 de setembro de 1996, R96-IV, pág. 1411, §§ 18 e 20, e Decisão do Tribunal, de 8 de outubro de 2002, Queixa nº 64 359/01, R02-XI, pág. 299.

[142] Relatório da Comissão, de 5 de dezembro de 1996, no caso Estima Jorge, R97-II, pág. 783, § 44; ver o Acórdão de 21 de abril de 1998, R98-II, pág. 765.

[143] Ver Pieter van Dijk, «The Interpretation of «civil rigths and obligations» by the European Court of Human Rights – one more step to take», in *Protection des droits de l'Homme: la Dimension Européenne, Melánges Wiarda*, Carl Heymans Verlag KG, Berlim, págs. 131 e segs.

Efetivamente não é fácil traçar os contornos de uma figura que tem no direito anglo-saxónico uma feição ampla, abrangendo mesmo tudo o que em terminologia românica se poderá chamar de *liberdades públicas*[144].

Face à insuficiência de todos os critérios e, sobretudo, perante uma leitura desta noção que, como se verá, vem a cobrir praticamente todos os ramos do direito e toda a atividade do Estado, ensaiou-se um projeto de protocolo, onde um novo artigo (6º-bis) alargaria as garantias do nº 1 do artigo 6º à atividade administrativa do Estado, como que se excluindo, por intermédio desta forma autêntica de interpretação, aquela atividade do âmbito de aplicação do atual nº 1, limitando-o aos clássicos casos civis.

Esta tentativa foi abandonada por não haver consenso na matéria e, quiçá, por ser demasiado frontal e crítica para com os órgãos da *Convenção*.

2.3. Se os direitos e obrigações devem ter o seu fundamento no direito interno[145], já a sua definição é feita de uma maneira autónoma, teleológica e funcional, como o Tribunal esclareceu no seu Acórdão König, relativo a um processo administrativo onde se impugnava uma decisão da Administração que estabelecia o encerramento de uma clínica privada e se impedia um médico de exercer a sua profissão.

Afirmando mais uma vez a necessidade de uma interpretação autónoma[146], o Tribunal precisou que interpretar a referida noção apenas com referência ao direito interno conduziria a um resultado incompatível com o objeto e fim da *Convenção*; e, se o Tribunal não recusa interesse à legislação interna do Estado requerido, valoriza mais o conteúdo material e os efeitos que lhe são conferidos no direito interno do que a sua classificação ou não como civil, considerando essencial que a decisão seja determinante para os direitos e obrigações de caráter civil[147].

[144] Por aqui se poderá compreender o artigo equivalente da Convenção Interamericana dos Direitos do Homem, o artigo 8º (ver *infra*).

[145] Acórdãos Ringeisen, de 16 de julho de 1971, A 13, pág. 39, § 94, Konig, de 28 de junho de 1978, A 27, pág. 29, § 87, e Sramek, de 22 de outubro de 1984, A 84, pág. 17, § 34; e, mesmo no direito internacional convencional, como, por exemplo, o direito que está consagrado no artigo 1º do Protocolo nº 1 à *Convenção* – o direito ao respeito dos seus bens – Franz Matscher, «La notion de 'décision d'une contestation sur un droit ou une obligation'», in *Melánges Wiarda*, pág. 453.

[146] Segundo Franz Matscher, «La jurisprudence de la Cour relative à l'article 6 de la Convention», in *BDDC*, nºs 33/34, págs. 457 e segs., a melhor definição de qualificação autónoma foi dada pelo Tribunal de Justiça do Luxemburgo no Acórdão Eurocontrol (de 14 de outubro de 1976, *Rec.*, 1976, págs. 1541 e segs.), quando afirma que interpretação autónoma quer dizer antes de mais que a interpretação das cláusulas de uma convenção internacional não deve ser feita exclusivamente à luz do sentido e do conteúdo que os termos em questão possuem na legislação do Estado Contratante em causa, mas que é necessário ter em conta, de um lado, os objetivos e o sistema da *Convenção* e, de outro, os princípios gerais que decorrem do conjunto dos sistemas de direitos nacionais.

[147] Acórdãos Allan Jacobsson, de 25 de outubro de 1989, A 163, pág. 20, § 72, Refinarias Gregas Stran e Stratis Andreadis, de 9 de dezembro de 1994, A 301-B, § 39, e Göç, de 11 de julho de 2002, R02-V, pág. 235, § 41, e Decisão de 25 de maio de 2000, Queixa nº 31 382/96, R00-VI, pág. 505; ver ainda o

O Tribunal recusou, por conseguinte, uma interpretação do nº 1 que visaria apenas as *determinações* de direito privado no sentido clássico, isto é, entre particulares, ou entre particulares e o Estado, na medida em que este age como pessoa privada, submetida ao direito privado e não como detentor do poder público.

Para que o nº 1 do artigo 6º se aplique, não é necessário que o litígio seja entre duas pessoas privadas e pouco importa a natureza da lei, segundo a qual a *determinação* deve ser julgada (lei civil, comercial, administrativa, etc.) e a autoridade competente na matéria (jurisdição de direito comum, órgão administrativo, etc.).

Enfim, só o caráter do direito interessa, reservando-se a questão de saber se a noção vai para além dos direitos de caráter privado[148].

Os órgãos da *Convenção* têm evitado uma definição de caráter geral, decidindo *in concreto*.

Quando se conjugam elementos de direito público e de direito privado, a *Convenção* deve oferecer ao indivíduo uma proteção contra as ingerências dos poderes públicos, pelo que importa determinar, caso a caso, se os interesses privados atingidos pela atividade pública podem ser qualificados como *direitos civis*[149].

Se o direito se apresenta com aspetos de direito público e de direito privado, devem identificar-se uns e outros e avaliar o seu peso relativo, decidindo-se de acordo com o aspeto predominante do direito em causa[150].

Existem efetivamente obrigações patrimoniais para com o Estado que, para os fins do nº 1 do artigo 6º, devem ser consideradas exclusivamente do domínio público e não estão assim cobertas pela noção de *direitos e obrigações de caráter civil*[151].

Com base nestes critérios, apresentam caráter civil os seguintes direitos:

- De um modo geral, os de natureza patrimonial[152];

Acórdão Apeh Üldözötteinek Szövetsége, Iványi Róth e Szerdahelyi, de 5 de outubro de 2000, R00-X, pág. 377 (o registo de uma Associação é um direito de caráter civil).

148 Acórdão Konig, A 27, págs. 27 e segs., §§ 88 e segs.; ver também os Acórdãos Le Compte, Van Leuven e De Meyere, A 43, págs. 20 e 22, §§ 44 e 48, Sporrong e Lönnroth, A 52, pág. 52, § 80, Albert e Le Compte, A 58, pág. 15, § 28, Sramek, A 84, pág. 17, § 34, De Cubber, A 86, pág. 18, § 32, Benthem, de 23 de outubro de 1985, A 97, pág. 16, § 34, Feldbrugge, de 29 de maio de 1986, A 99, pág. 12, § 60, Deumeland, de 29 de maio de 1986, A 100, pág. 22, § 60, Baraona, de 8 de julho de 1987, A 122, pág. 18, § 42, H/Bélgica, de 30 de novembro de 1987, A 127-B, pág. 31, § 40, e Neves e Silva, de 27 de abril de 1989, A 153-A, pág. 14, § 37, e Decisão de 25 de fevereiro de 1997, Queixa nº 26 566/95, *Déc. Rap.* 88-A, pág. 72..

149 Acórdão Benthem, A 97, pág. 16, § 36. Cfr. Decisão do Tribunal, de 23 de março de 2006, Queixa nº 38 258/03, R06-IV, pág. 303 (depoimento prestado perante uma Comissão parlamentar: não há aqui «direitos civis» ou «acusação em matéria penal», mesmo se após esse depoimento a pessoa é perseguida criminalmente por perjúrio).

150 Acórdão Francesco Lombardo, de 26 de novembro de 1992, A 249-B, pág. 26, §§ 15-19.

151 Acórdão Schouten e Meldrun, de 9 de dezembro de 1994, A 304, págs. 21 e 24, §§ 51 e 60, e Decisão de 21 de maio de 1995, Queixa nº 26 591/95, *Déc. Rap.* 89-A, pág. 56.

152 Acórdãos Éditions Périscope, de 26 de março de 1992, A 234-B, pág. 66, § 40, Ortanberg, de 25 de novembro de 1994, A 295-B, § 27, e Procola, de 28 de setembro de 1995, A 326, pág. 14, § 38, e

- A uma indemnização, independentemente da origem do diferendo e da competência dos tribunais civis ou administrativos[153];
- A aprovação de uma transação imobiliária pela autoridade administrativa[154];
- A uma indemnização por difamação e ferimentos causados eventualmente a presos pelos guardas prisionais[155];
- O de um prisioneiro se queixar das condições de detenção e do tratamento médico e dentário, assim como a proteção judiciária contra as restrições impostas aos detidos[156];
- Ao trabalho[157];
- O de pescar numa certa área (incluindo a lei que diretamente proíba ou restrinja essa pesca)[158];
- O de exercer uma profissão[159];
- O de uma escola lecionar determinados cursos ou determinados graus de ensino[160];
- O de prosseguir os estudos[161];
- O de inscrição ou reinscrição de um advogado[162];
- À separação de pessoas entre cônjuges[163];
- Ao direito de gerir em seu nome o seu património[164];

Decisão do Tribunal, de 18 de novembro de 2003, Queixa nº 46809/99, R03-XII, pág. 345 (coloração patrimonial de um processo tendente à reconstituição da carreira de um funcionário).

[153] Acórdão Beaumartin, de 24 de novembro de 1994, A 296-B, § 28.

[154] Acórdãos Ringeisen, A 13, pág. 93, § 94, e Sramek, A 84, pág. 17, § 34.

[155] Acórdãos Golder, de 23 de junho de 1973, A 16, pág. 13, § 27, e Campbell e Fell, de 28 de junho de 1984, A 80, págs. 47-48, §§ 105-107.

[156] Acórdãos Silver e outros, de 25 de março de 1983, A 61, págs. 31-32, §§ 80-82, e Ganci, de 30 de outubro de 2003, R03-XI, pág. 104, § 24, Enea, de 17 de setembro de 2009, § 103 (contactos com a família).

[157] Acórdão Obermeier, de 28 de junho de 1990, A 179, pág. 21, § 67; assim como o direito de não ser discriminado no mercado do trabalho por motivos religiosos ou pelas opiniões políticas – Acórdão Tinnelly e outros, de 10 de julho de 1998, R98-IV, pág. 1656, § 61.

[158] Acórdão Posti e Rahko, de 24 de setembro de 2002, R02-VII, pág. 345, § 52, e Decisão de 25 de novembro de 1996, Queixa nº 27 033/95, *Déc. Rap.* 87-A, pág. 78.

[159] Acórdãos Konig, A 27, págs. 31-32, §§ 91-95, Le Compte, Van Leuven e De Meyere, A 43, págs. 19-22, §§ 42, 48 e 49, e Albert e Le Compte, A 58, págs. 14-16, §§ 25 e 28.

[160] Relatório de 8 de dezembro de 1987, Queixa nº 11 533/85, *Déc. Rap.* 61, pág. 92.

[161] Acórdão Emine Araç, de 23 de setembro de 2008, § 24.

[162] Acórdãos H/Bélgica, A 127-B, págs. 32-34, §§ 44-48, De Moor, de 23 de junho de 1994, A 292-A, § 47, e Chevrol, R03-III, pág. 177, § 49; mas já não os exames de acesso a uma profissão, como, por exemplo, a de advogado ou de perito contabilista, porquanto os exames de tipo universitário ou profissional afastam-se bastante da tarefa normal de um juiz e, por isso, não se poderia falar de determinação – Acórdão Van Marle e outros, A 101, págs. 11-12, §§ 35-37, e Decisão do Tribunal, de 28 de fevereiro de 2002, Queixa nº 43 956/98, R02-III, pág. 527.

[163] Acórdão Airey, de 9 de outubro de 1979, A 32, pág. 12, § 21.

[164] Acórdão Winterwerp, de 24 de outubro de 1979, A 33, pág. 28, § 73.

- A uma boa reputação[165];
- Ao licenciamento de uma empresa privada[166];
- A uma licença de transporte público[167];
- A uma licença para construir[168];
- À propriedade[169] e à sua exploração[170];
- À água potável de poços existente na propriedade[171];
- À autorização a um garagista para a instalação de uma distribuição de gás[172];
- À autorização para a venda de bebidas alcoólicas[173];
- O de acionista de uma sociedade nacionalizada[174];
- Os *de natureza pessoal* ou *patrimonial* reivindicados por vizinhos de um aeroporto que denunciavam o barulho e a poluição do ambiente[175];
- O de um fazendeiro à requisição de um terreno agrícola[176];
- À reparação em consequência de um acidente de viação[177];
- O de impugnar a sua paternidade[178];
- À indemnização por ato ilícito dos poderes públicos, independentemente de a autoridade pública ter agido *jure imperii* ou *jure gestionis*[179];
- Os derivados da segurança social[180];

[165] Acórdãos Helmers, de 29 de outubro de 1991, A 212-A, pág. 14, § 27, e Tolstoy Miloslavsky, de 13 de julho de 1995, A 316-B, pág. 78, § 58.

[166] Acórdão Bucholz, de 6 de maio de 1981, A 42, pág. 15, § 46.

[167] Acórdão Pudas, A 125, pág. 16, § 36.

[168] Acórdão Allan Jacobsson, A 163, pág. 20, § 73.

[169] Acórdãos Sporrong e Lonroth, A 52, pág. 29, § 79, Lithgow e outros, de 8 de julho de 1986, A 102, pág. 70, § 192, Hakansson e Sturesson, de 21 de fevereiro de 1990, A 171-A, pág. 19, § 60, e Zander, A 279-B, pág. 40, § 27.

[170] Acórdãos Skarby, de 28 de junho de 1990, A 180-B, págs. 37-38, § 29, e Fredin, de 18 de fevereiro de 1991, A 192, pág. 20, § 63.

[171] Acórdão Zander, A 279, pág. 40, § 27.

[172] Acórdão Benthem, A 97, pág. 16, § 36.

[173] Acórdão Tre Traktorer AB, de 7 de julho de 1989, A 159, pág. 19, § 35.

[174] Acórdão Lithgow, A 102, pág. 70, § 192.

[175] Acórdão Zimmermann e Steiner, de 13 de julho de 1983, A 66, pág. 10, § 22; e de um modo geral os direitos relacionados com o ambiente – Acórdão Okyay e outros, de 12 de julho de 2005, R05-VII, pág. 162, § 67.

[176] Acórdão Pretto e outros, de 29 de junho de 1982, A 71, pág. 12, § 23.

[177] Acórdãos Axen, de 29 de junho de 1982, A 72, pág. 12, § 27, e Guincho, de 28 de junho de 1984, A 81, pág. 13, § 28.

[178] Acórdãos Rasmussen, de 28 de novembro de 1984, A 87, págs. 12-13, § 32.

[179] Acórdãos Baraona, A 122, págs. 17 e segs., §§ 42-44, e Neves e Silva, A 153-A, pág. 14, § 37.

[180] Acórdãos Feldbrugge, A 99, págs. 13-16, §§ 32-40, Deumeland, A 100, págs. 24 e segs., §§ 67-73, Salesi, de 26 de fevereiro de 1993, A 257-E, págs. 59-60, § 19, Schuler-Zgraggen, de 24 de junho de 1993, A 263, pág. 17, § 46, e Kerojärvi, A 322, pág. 14, § 36.

- As quotizações dos funcionários públicos[181], bem como os montantes das suas pensões[182].

Embora deva ser-se prudente ao limitar o campo de aplicação do nº 1 da artigo 6º, pois a jurisprudência dos órgãos da *Convenção* está longe de se considerar *estabelecida*, ele não cobrirá as *contestações* relativas ao serviço militar[183], as imunidades (parlamentar e outras)[184], o contencioso fiscal[185], o contencioso eleitoral[186], direitos de natureza política (aquisição de nacionalidade, partidos)[187], o exercício do mandato de depu-

[181] Acórdão Schouten e Meldrun, A 304, § 60.

[182] Acórdãos Francesco Lombardo e Giancarlo Lombardo, de 26 de novembro de 1992, A 249-B, pág. 26, § 17, e A 249-C, pág. 42, § 16, respetivamente, Pauger, de 28 de maio de 1997, R97-III, pág. 894, § 45, e Stamoulakatos (2), de 26 de novembro de 1997, R97-VII, pág. 2648, § 31.

[183] Decisão de 19 de julho de 1968, Queixas nºs 3435-3438/67, *Ann. Conv.*, vol. XI, pág. 562.

[184] Decisão do Tribunal, de 18 de maio de 1999, Queixa nº 28 972/95, R99-V, pág. 357, e Decisão de 25 de maio de 1995, Queixas nº 23 878/94 e outras, *Déc. Rap.* 81-A, pág. 86; sobre imunidades, ver os Acórdãos Kart, de 3 de dezembro de 2009, e Syngelidis, de 11 de fevereiro de 2010.

[185] Acórdão Schouten e Meldrum, de 9 de dezembro de 1994, A 304, pág. 20, § 50, e Ferrazzini, de 12 de julho de 2001, R01-VII, pág. 338, § 31, Decisões do Tribunal de 20 de abril de 1999, Queixas nºs 41 601/98 e 41 775/98, R99-V, pág. 271, e de 3 de junho de 2003, Queixa nº 54 559/00, R03-IX, pág. 301, e Decisões de 2 de julho de 1968, Queixas nºs 3435-3438/67, *Ann. Conv.*, vol. XI, pág. 252, de 6 de fevereiro de 1969, Queixa nº 2717/66, *Ann. Conv.*, vol. XIII, pág. 176, de 4 de maio de 1983, Queixa nº 9908, *Déc. Rap.* 32, pág. 266, de 11 de dezembro de 1986, Queixa nº 11 189/84, *Déc. Rap.* 50, pág. 121, e de 15 de abril de 1996, Queixa nº 20 471/92, *Déc. Rap.* 85, pág. 29.
Tudo isto, sem prejuízo de as sanções fiscais virem a ser equiparadas a verdadeiras penas, hipótese em que se poderá invocar as garantias próprias do artigo 6º; e o mesmo se diga para as sanções disciplinares – Relatório de 10 de dezembro de 1992, e Acórdão de 24 de fevereiro de 1994, no caso Bendenoun, A 284; ver, ainda, os Acórdãos A.P., M.P. e T.P./ Suíça, de 29 de agosto de 1997, R97-V, pág. 1488, §§ 39-43, J.J./Holanda, de 27 de março de 1998, R98-II, pág. 611, § 37, J.B./Suíça, de 3 de maio de 2001, R01-III, pág. 466, § 44, Janosevic, de 23 de julho de 2002, R02-VII, pág. 73, § 65, e Jussila, de 23 de novembro de 2006, § 33, e Decisão do Tribunal, de 3 de dezembro de 2002, Queixa nº 52 938/99, R02-X, pág. 341.
Cfr. Michel de Salvia, «Procédures fiscales et droits processuels garantis par la Convention européenne des Droits de l'Homme», in *Les Petites Affiches*, nº 80, de 6 de julho de 1994, 383éme année, 2, págs. 7 e segs.
Note-se que o contencioso relativo à prestação de contas dos dinheiros públicos que estão à guarda de um funcionário e de onde pode derivar a imputação de responsabilidade civil e mesmo penal, não obstante a sua conotação pública, contende com os direitos civis e, portanto, o disposto no artigo 6º aplica-se – Decisão do Tribunal, de 13 de janeiro de 2004, Queixa nº 58 675/00, R04-II, pág. 289.

[186] Acórdão Pierre Bloch, de 21 de outubro de 1997, R97-VI, pág. 2223, § 50, Decisão do Tribunal, de 26 de janeiro de 1999, Queixa nº 31 599/96, R99-II, pág. 503, e Decisões de 6 de maio de 1985, Queixa nº 11 068/84, *Déc. Rap.* 43, pág. 195, de 28 de fevereiro de 1994, Queixa nº 18 997/91, *Déc. Rap.* 76-A, pág. 67, de 9 de maio de 1994, Queixa nº 23 151/94, *Déc. Rap.* 77-A, pág. 122, e de 30 de junho de 1995, Queixa nº 24 359/95, *Déc. Rap.* 82-A, pág. 56.

[187] Acórdãos Minelli, de 25 de março de 1983, A 62, pág. 15, § 27 (partidos), e Yasar, Karatas, Aksoy e Partido do trabalho do povo (HEP), de 9 de abril de 2002, R02-II, pág. 363, § 66, Decisão do Tribunal, de 25 janeiro de 2000, Queixa nº 51 501/99, R00-I, pág. 507, e Decisão de 15 de dezembro de 1998, Queixa nº 13 325/87, *Déc. Rap.* 59, pág. 256 (nacionalidade).

tado[188], o contencioso relativo ao direito de asilo, à expulsão e à deportação[189], o direito a um passaporte[190], o de relatar um processo público[191], e, de um modo geral, os direitos de caráter processual[192], como a decisão sobre custas[193] e a obrigação de depor como testemunha[194].

Um dos campos onde é possível detetar maior flutuação na Jurisprudência do Tribunal é sem dúvida o relativo à aplicação do artigo 6º da *Convenção* ao contencioso da função pública.

Durante muito tempo, a jurisprudência inclinava-se para excluir do campo de aplicação do nº 1 do artigo 6º da *Convenção* o contencioso da função pública, ao menos no que dizia respeito ao recrutamento, à carreira e à cessação do vínculo profissional[195].

[188] Decisão de 13 de janeiro de 1997, Queixa nº 32 258/96, *Déc. Rap.* 88-A, pág. 176; e a uma pensão ligada diretamente ao exercício do mandato de deputado – Decisão do Tribunal, de 11 de outubro de 2005, Queixa nº 344/04, R05-XI, pág. 303.

[189] Acórdão Maaouia, de 5 de outubro de 2000, R00-X, pág. 287, § 40, Decisões do Tribunal, de 23 de janeiro de 2002, Queixa nº 48 321/99, R02-II, pág. 493, § 94, R06-XI, pág. 352 e de 29 de junho de 2006, Queixa nº 54 934/00, e Decisões de 19 de março de 1981, Queixa nº 8118/77, *Déc. Rap.* 25, pág. 105, de 15 de maio de 1984, Queixa nº 9990/92, *Déc. Rap.* 39, pág. 119, de 25 de outubro de 1996, Queixa nº 32 025/96, *Déc. Rap.* 87-A, pág. 173, e de 5 de dezembro de 1996, Queixa nº 31 113/94, *Déc. Rap.* 87-A, pág. 151.

[190] Decisão de 20 de fevereiro de 1995, Queixa nº 19 583/92, *Déc. Rap.* 80-A, pág. 38.

[191] Decisão de 24 de fevereiro de 1995, Queixa nº 28 868/94, *Déc. Rap.* 80-A, pág. 162.

[192] Decisão do Tribunal, de 11 de dezembro de 2003, Queixa nº 56 751/00, R03-XII, pág. 411 (decisão sobre a recusa de um membro do tribunal e a aplicação de uma multa no âmbito de um processo civil), Decisões de 12 de maio de 1986, Queixa nº 10 865/84, *Déc. Rap.* 47, pág. 188, de 12 de outubro de 1994, Queixa nº 22 404/93, *Déc. Rap.* 79-A, pág. 79, e de 16 de maio de 1995, Queixas nºs 19 522/92 e 21 655/93, *Déc. Rap.* 81-A, pág. 5; ver, contudo, o Acórdão J.J./Holanda, R98-II, pág. 612, § 40.

[193] Decisão de 25 de maio de 1995, Queixa nº 21 775/93, *Déc. Rap.* 81-A, pág. 48; mas já se aplica às decisões sobre custas de parte – Acórdãos Robins, de 23 de setembro de 1997, R97-V, pág. 1809, § 29, e Rotaru, de 4 de maio de 2000, R00-V, pág. 88, § 78.
Isto não quer dizer que o Tribunal não se interesse pelo montante das custas que possam ser pedidas às partes e que possam interferir com as suas possibilidade de acesso a um tribunal – ver o Acórdão Aït-Mouhoub, de 28 de outubro de 1998, R98.VIII, pág. 3327, § 52; na sua Decisão de 26 de maio de 2009, Queixa nº 1529/08, o Tribunal considerou que o sistema português que concede isenção de custas aos magistrados nos processos por causa do exercício das suas funções em que sejam parte era compatível com este artigo 6º
Ver também o Acórdão Perdigão, de 16 de dezembro de 2010, onde se considerou violado o artigo 1º do Protocolo 1 num caso de expropriação em que o valor do bem expropriado foi inferior às custas exigidas.

[194] Decisão de 18 de janeiro de 1996, Queixa nº 25 798/94, *Déc. Rap.* 84-A, pág. 129.

[195] Ver, entre muitos outros, o Acórdão Wille, de 28 de outubro de 1999, R99-VII, pág. 349, § 41 (o direito de acesso à função pública foi deliberadamente excluído da *Convenção*), e as Decisões de 7 de julho de 1959, Queixa nº 423/58, *Rec.*, nº 1, de 2 de outubro de 1964, Queixa nº 1931/63, *Ann. Conv.*, vol. 7, pág. 123, de 13 de julho de 1980, Queixa nº 8496/79, *Déc. Rap.* 21, pág. 168, de 10 de julho de 1981, Queixa nº 9208/80 (caso Otelo Saraiva de Carvalho – passagem à reserva), *Déc. Rap.* 26, pág. 262, e no *BDDC*, 6, págs. 631 e segs., de 7 de janeiro de 1991, Queixa nº 13 532/88, *Déc. Rap.* 68, pág. 167, de 29 de novembro de 1995, Queixa nº 23 576/94, *Déc. Rap.* 84-A, pág. 58, de 29 de novembro de

Já nas consequências patrimoniais – pensões, indemnizações, vencimentos, prestações de contas –, o artigo 6º aplicar-se-ia aos litígios entre a Administração e os seus funcionários, desde que se verificassem determinados pressupostos[196].

Assim, se o objeto principal do litígio era um pedido patrimonial, o artigo 6º aplicava-se, em princípio, ao contencioso entre a Administração e os seus empregados, sobretudo, nos casos em que o direito nascia após a cessação das funções[197].

Mas, se este direito de caráter patrimonial relevava das prerrogativas discricionárias da Administração, já a aplicação do artigo 6º ao contencioso seria de afastar[198].

O novo Tribunal, logo de início, tentou clarificar esta jurisprudência, pretendendo «adotar um critério funcional, baseado na natureza das funções e das responsabilidades exercidas pelo agente», entendendo que certas funções, aquelas que relevam do exercício de poderes de autoridade, não deviam beneficiar da proteção deste artigo nos seus conflitos com o Estado[199].

Com o Acórdão Viljo Eskelinen, o Tribunal passa a adotar um critério que se pode designar por «jurisdicional».

Todo o contencioso da função pública, submetido a um tribunal interno, deve beneficiar das garantias previstas neste artigo; e, para que esta regra geral não seja aplicada, exigem-se duas condições: *a)* que o direito interno do Estado preveja expressamente que o funcionário em caso de conflito não dispõe do direito de acesso a um tribunal; *b)* que esta derrogação esteja devidamente justificada por razões objetivas de interesse público, não chegando para tanto o facto de esse funcionário participar no exercício da autoridade pública. Ou seja, é preciso que o Estado demonstre que o objeto do litígio está ligado ao exercício da autoridade pública ou põe em causa a especial confiança e lealdade inerentes a este tipo de cargos[200].

1995, Queixa nº 23 576/94, *Déc. Rap.* 84-A, pág. 58, e de 17 de janeiro de 1996, Queixa nº 23 991/94 *Déc. Rap.* 84-A, pág. 69.

[196] Acórdãos Francesco e Giancarlo Lombardo, de 26 de novembro de 1992, A 249-B, pág. 26, § 17, e 249-C, pág. 42, § 16, e Massa, de 24 de agosto de 1993, A 265-B, pág. 20, § 26, e Relatório de 5 de novembro de 1990, Queixa nº 12 766/87, *Déc. Rap.* 76, pág. 155. Ver, para o novo Tribunal, a Decisão de 7 de outubro de 2003, Queixa nº 53 929/00, R03-XI, pág. 337.

[197] Acórdãos Neigel, de 17 de março de 1997, R97-II, págs. 409 e segs., §§ 38 e segs., Huber, de 19 de fevereiro de 1998, R98-I, pág. 115, § 36, Mavronichis, de 24 de abril de 1998, R98-II, pág. 954, § 32 (onde se pedia uma indemnização que estava mesmo reconhecida no direito interno), Maillard, de 9 de junho de 1998, R98-III, pág. 1303, § 39, Cazenave de la Roche, de 9 de junho de 1998, R98-III, pág. 1326, § 41, Couez, de 24 de agosto de 1998, R98-V, pág. 2265, § 24, e Benkessiouer, de 24 de agosto de 1998, R98-V, pág. 2287, § 29.

[198] Acórdãos de 2 de setembro de 1997 (casos italianos), R97-V (ver Spurio, pág. 1580, § 16, e De Santa, pág. 1663, § 18), e Le Calvez, de 29 de julho de 1998, R98-V, pág. 1900, § 58.

[199] Acórdão Pellegrin, de 8 de dezembro de 1999, R99-VIII, págs. 251 e segs.

[200] Acórdãos Vilho Eskelinen e outros, de 19 de abril de 2007, §§ 61 e 62, e Sabeh El Leil, de 29 de junho de 2011, § 38, e a Decisão do Tribunal, de 11 setembro de 2007, Queixa nº 59 773/00 (não aplicação do artigo 6º a um processo relativo à demissão de um militar das forças armadas).

Os redatores da Convenção InterAmericana dos Direitos do Homem (CADH) estavam advertidos das emergentes dificuldades com que se deparava o Tribunal nesta área.

Aquando da adoção do texto final da CADH, na Conferência Interamericana sobre Direitos Humanos, de 7 a 22 de dezembro de 1969, os seus organizadores decidiram convidar como observadores dois Juízes do Tribunal.

Estes Juízes puseram em evidência os perigos que o texto do projeto inicial, muito semelhante ao do artigo 6º da *Convenção*, poderia acarretar ao nível da interpretação da noção de «direitos e obrigações de caráter civil».

Esse projeto foi modificado e a redação final, tal como consta do artigo 8º da CADH, passou a ser a seguinte:

> *«Toda a pessoa tem direito a ser ouvida, com as devidas garantias e dentro de um prazo razoável, por um juiz ou tribunal competente, independente e imparcial, estabelecido anteriormente por lei, na apuração de qualquer acusação penal formulada contra ela, ou para que se determinem os seus direitos ou obrigações de natureza civil, de trabalho, fiscal ou de qualquer outra natureza.»*

Adotou-se a final uma redação abrangente, que cobre todos os ramos do direito que concedem direitos ou imponham obrigações, superando-se assim as dificuldades que uma redação como a do artigo 6º da *Convenção* potencia e que a custo o Tribunal tem vindo a enfrentar sem todavia as eliminar totalmente.

2.4. As noções de *acusação* e *matéria penal* apresentam igualmente um caráter autónomo, não dependente das qualificações internas dos respetivos países[201].

O artigo 6º, nº 1, visa não só o *fundamento* da acusação em matéria de facto e de direito mas também as fases que se desenrolam antes do julgamento[202], bem como o estabelecimento da culpa e, se for o caso, a fixação da pena e as instâncias de recurso[203], mas já não as modalidades de execução da pena[204].

[201] Acórdãos Bendenoun, de 24 de fevereiro de 1994, A 284, pág. 20, § 47, e O. contra a Noruega, de 11 de fevereiro de 2003, R03-II, pág. 82, § 33.

[202] Acórdãos Imbrioscia, de 24 de novembro de 1993, A 275, pág. 13, § 36, Tejedor Garcia, de 16 de dezembro de 1997, R97-VIII, pág. 2794, § 27, e Panovits, de 11 de dezembro de 2008, § 64, e Decisão do Tribunal, de 18 de maio de 1999, Queixa nº 28 972/95, R99-V, pág. 357.

[203] Acórdãos Delcourt, de 17 de janeiro de 1970, A 11, págs. 13-14, § 25, Ringeisen, A 13, pág. 20, § 110, Deweer, A 35, págs. 24-25, § 48, Eckle, de 15 de julho de 1982, A 51, pág. 35, § 77, Ekbatani, de 26 de maio de 1988, A 134, pág. 12, § 24, e Belziuk, de 25 de março de 1998, R98-II, pág. 570, § 37.

[204] Decisões de 5 de outubro de 1972, Queixa nº 4984/71, *Rec.* 43, pág. 28, e de 22 de fevereiro de 1995, Queixa nº 20 872/92, *Déc. Rap.* 80-A, pág. 66.

2.4.1. O lugar eminente que o direito a um processo equitativo ocupa numa sociedade democrática postula para conferir à noção de *acusação* um conteúdo material e não formal, impondo a análise das realidades do processo em causa para verificar se há ou não *acusação*, tendo em vista os fins do artigo 6º[205].

A *acusação* define-se, em geral, como a notificação oficial, emanada da autoridade competente, da censura de ter cometido uma infração penal; mas essa notificação pode revestir a forma de outras medidas, implicando igual censura ou acarretando repercussões importantes para a situação do suspeito, tais como a prisão ou a abertura de um inquérito[206].

No entanto, existe uma série de processos em que não há propriamente o julgamento de uma acusação em matéria penal e, por isso, escapam às garantias do nº 1 do artigo 6º

São exemplos desta exceção, entre outros:

- O pedido de revisão de sentença (civil ou penal)[207];

[205] Acórdãos Adolf, de 26 de março de 1982, A 49, pág. 15, § 30, e Deweer, A 35, págs. 22-24, §§ 42, 44 e 46.

[206] Acórdãos Wemhoff, A 7, págs. 26-27, § 19, Neumeister, de 27 de junho de 1968, A 8, pág. 41, § 18, Ringeisen, A 13, pág. 45, § 110, Engel e outros, de 23 de novembro de 1976, A 22, pág. 34, § 81, Konig, A 27, pág. 29, § 88, Guzzardi, de 6 de novembro de 1980, A 39, pág. 40, § 108, Eckle, A 51, pág. 33, § 73, Foti e outros, de 10 de dezembro de 1982, A 56, pág. 18, § 52, Corigliano, de 10 de dezembro de 1982, A 57, pág. 13, § 34, Öztürk, de 21 de fevereiro de 1984, A 73, pág. 21, § 55, Serves, de 20 de outubro de 1997, R97-VI, pág. 2172, § 42, Tejedor Garcia, R97-VIII, pág. 2794, § 27, e O'Halloran e Francis, de 29 de junho de 2007, § 35 (o artigo 6º aplica-se quando uma pressão é exercida tendo em vista a obtenção de declaração mesmo na ausência de um processo formal, ainda que a pessoa venha a ser absolvida no processo de fundo).

[207] Decisão do Tribunal, de 6 de maio de 2003, Queixa nº 27 569/02, R03-VI, pág. 397, e Decisões de 6 de fevereiro de 1968, Queixa nº 2900/60, *Digest*, vol. 2, pág. 24, de 8 de maio de 1978, Queixa nº 7761/77, *Déc. Rap.* 14, pág. 171, de 6 de julho de 1989, Queixas nºs 13 601 e 13 602/88, *Déc. Rap.* 62, pág. 284, de 2 de dezembro de 1994, Queixa nº 24 469/94, *Déc. Rap.* 79-A, pág. 141, e de 16 de maio de 1995, Queixas nºs 19 522/92 e 21 655/93, *Déc. Rap.* 81-A, pág. 5; mas, uma vez deferido o pedido, já se aplicará ao próprio processo de revisão – Acórdão San Leonard Band Club, de 29 de julho de 2004, R04-IX, pág. 88, § 48, e Decisão de 20 de maio de 1997, *Déc. Rap.* 89-A, pág. 17.
Aliás, se a reabertura é, em princípio, compatível, circunstâncias especiais ligadas à repetição do julgamento podem vir a suscitar dificuldades de harmonização com as regras do artigo 6º – Acórdão Nikitine, de 20 de julho de 2004, R04-VIII, pág. 362, § 57. Mais, o próprio processo que aprecia a revisão pode colocar questões que tocam com este artigo, se nesse processo se procede já a um reexame do fundo do caso; ver, neste sentido, o Acórdão Bochan, de 5 de fevereiro de 2015, §§ 50 e 54.
Note-se que se se tratar da revisão de uma sentença estrangeira *(exequatur)*, o tribunal da «revisão» deve verificar se foi ali observado um processo com as garantias do artigo 6º – Acórdão Pellegrini, de 20 de julho de 2001, R01-VIII, pág. 364, § 40 (as jurisdições italianas não se asseguraram, antes de conceder o «*exequatur*» se a requerente tinha beneficiado, perante os tribunais eclesiásticos, de um processo equitativo), e Decisão do Tribunal, de 6 de dezembro de 2005, Queixa nº 14600/95 (não publicada), (decisão de um tribunal religioso judaico).

- O processo de recusa de um juiz[208];
- A concessão de liberdade condicional[209];
- O processo de execução de penas[210];
- O processo de extradição[211];
- A aplicação de uma amnistia[212];
- O processo de fixação de residência[213];
- Um internamento administrativo[214];
- O pedido de prorrogação da prisão preventiva[215];
- A inscrição no arquivo de identificação criminal de uma condenação pronunciada em processo penal[216];
- O levantamento da imunidade parlamentar[217].

[208] Decisão de 21 de maio de 1997, Queixas nºs 24 971/94 e 24 972/94, *Déc. Rap.* 89-A, pág. 45.

[209] Decisões de 19 de setembro de 1961, Queixa nº 606/59, *Ann. Conv.*, vol. IV, pág. 340, de 19 de julho de 1966, Queixa nº 2306/64, *Rec.*, nº 21, pág. 23, e de 2 de abril de 1973, Queixa nº 4898/71, *Rec.*, nº 43, pág. 21.

[210] Decisão do Tribunal, de 24 de fevereiro de 2005, Queixa nº 18 913/03, R05-III, pág. 377, e Decisões de 14 de dezembro de 1963, Queixa nº 1322/62, *Ann. Conv.*, vol. VI, pág. 494, e de 7 de maio de 1990, Queixa nº 16 266/90, *Déc. Rap.* 65, pág. 337.

[211] Decisões do Tribunal, de 21 de novembro de 2000, Queixa nº 53 652/00, R00-XI, pág. 545, e de 7 de outubro de 2008, Queixa nº 41 138/05 (extradição sob mandado de detenção europeu), e Decisões de 18 de dezembro de 1963, Queixa nº 1918/63, *Ann. Conv.*, vol. VI, pág. 484, de 12 de março de 1984, Queixa nº 10 479/83, *Déc. Rap.* 37, pág. 93, de 5 de dezembro de 1989, Queixa nº 15 776/89, *Déc. Rap.* 64, pág. 264, de 8 de fevereiro de 1990, Queixa nº 11 683/85, *Déc. Rap.* 64, pág. 52, e de 4 de setembro de 1995, Queixa nº 25 342/94, *Déc. Rap.* 82-A, pág. 134; mas não está excluído que uma decisão de extradição possa excecionalmente suscitar um problema no terreno do artigo 6º no caso de a pessoa poder vir a sofrer ou correr o risco de sofrer no Estado requerente uma denegação de justiça flagrante – Acórdão Soering, de 7 de julho de 1989, A 161, pág. 45, § 113, e Decisão do Tribunal, de 16 de outubro de 2001, Queixa nº 71 555/01, R01-XI, pág. 251.

[212] Decisão do Tribunal, de 13 de maio de 2003, Queixa nº 59 290/00, R03-VII, pág. 361, e Decisão de 11 de março de 1985, Queixa nº 10 733/84, *Déc. Rap.* 41, pág. 211.

[213] Acórdãos Guzzardi, de 6 de novembro de 1980, A 39, pág. 40, § 108, e Ciulla, de 22 de abril de 1989, A 148, pág. 17, § 39, e Decisão de 15 de abril de 1991, Queixa nº 12 386/86, *Déc. Rap.* 70, pág. 59.

[214] Acórdão Lawless, de 1 de julho de 1961, A 3, pág. 51, § 12.

[215] Acórdãos Neumeister, A 8, pág. 43, § 23, e Matznetter, de 10 de novembro de 1969, A 10, pág. 35, § 13.

[216] Decisão de 12 de julho de 1985, Queixa nº 11 338/85, *Déc. Rap.* 43, pág. 231.

[217] Decisão de 3 de maio de 1993, Queixa nº 19 890/92, *Déc. Rap.* 74, pág. 234.
Esta imunidade não pode ser vista como restringindo de uma forma desproporcionada o acesso a um tribunal – Acórdão A./Reino Unido, de 17 de dezembro de 2002, R02-X, pág. 185, § 83. (Cfr. nota 334).
Ver o Acórdão Cordova nº 1, de 30 de janeiro de 2003, R03-I, pág. 224, § 60, e a Decisão do Tribunal, de 29 de junho de 2006, Queixa nº 26 937/04, R06-XI, pág. 445.
Ver ainda o Acórdão Kart, de 3 de dezembro de 2009.

2.4.2. Interpretada assim autonomamente a acusação em matéria penal, ela pode abarcar infrações qualificadas internamente como administrativas ou disciplinares, como o Tribunal desde há muito precisou no seu Acórdão Engel e outros[218], onde se analisaram penas infligidas a militares no cumprimento de serviço obrigatório por um superior, confirmadas, em recurso, por um outro oficial superior e finalmente pelo Supremo Tribunal Militar, penas que a legislação interna classificava de disciplinares.

A questão colocada era a de saber se devia considerar-se a classificação dada à pena no direito interno.

O Tribunal reconheceu que a *Convenção* permite aos Estados classificar como penal uma ação ou omissão, mas a escolha inversa apresenta já restrições.

Uma tal latitude neste campo poderia conduzir a resultados incompatíveis com o fim e o objeto da *Convenção*, pelo que o Tribunal pode verificar se, apesar de classificada como disciplinar, a matéria da *acusação* não assumirá a natureza penal.

Para apurar quando uma sanção disciplinar assume natureza penal, o Tribunal utilizou três critérios:

- A qualificação dada pelo direito interno do Estado em causa, a examinar à luz de um denominador comum às legislações dos diversos Estados Contratantes;
- A própria natureza da infração;
- O grau de severidade ou gravidade da sanção, tendo como referência o máximo da pena aplicável[219].

[218] A 22, págs. 33-35, §§ 80-82; ver, também, Acórdãos Le Compte, Van Leuven e De Meyere, A 43, pág. 19, § 42, Albert e Le Compte, A 58, pág. 14, § 25, Schmautzer, de 23 de outubro de 1995, A 328-A, pág. 13, § 28, Umlauft, de 23 de outubro de 1995, A 328-B, pág. 37, § 31, Gradinger, de 23 de outubro de 1995, A 328-C, pág. 61, § 36, Pramstaller, de 23 de outubro de 1995, A 329-A, pág. 15, § 32, Garyfallou Aebe, de 24 de setembro de 1997, R97-V, pág. 1830, §§ 32-33, Lauko, de 2 de setembro de 1998, R98-VI, pág. 2504, § 56, Kadubec, de 2 de setembro de 1998, R98-VI, pág. 2529, § 50, T/Áustria, de 14 de novembro de 2000, R00-XI, pág. 331, § 41, e Ezeh e Connors, de 9 de outubro de 2003, R03-X, pág. 192, § 82, e Decisões do Tribunal, de 28 de setembro de 2000, Queixa nº 41 921/88, R00-X, pág. 581.

[219] Estes dois últimos critérios são alternativos e não cumulativos – Acórdãos Lutz, de 25 de agosto de 1987, A 123, pág. 23, § 55, Weber, de 22 de maio de 1990, A 177, págs. 17-18, §§ 31-34, Demicoli, de 27 de agosto de 1991, A 210, págs. 15-17, §§ 30-35, Ravnsborg, de 23 de março de 1994, A 283-B, pág. 28, § 30, Palaoro, de 23 de outubro de 1995, A 329-B, pág. 38, § 34, Putz, de 22 de fevereiro de 1996, R96-I, pág. 324, § 31 (pena aplicável para manter a ordem no processo), Benham, de 10 de junho de 1996, R96-III, pág. 756, § 56, e Phillips, de 5 de julho de 2001, R01-VII, pág. 20, § 31 (confiscação de bens); a este propósito ver os Acórdãos Ringvold, de 11 de fevereiro de 2003, R03-II, pág. 153, § 36, Y./Noruega, de 11 de fevereiro de 2003, R03-II, pág. 198, § 39, e Ezeh e Connors, de 9 de outubro de 2003, R03-X, pág. 194, § 86, Decisões do Tribunal, de 27 de junho de 2002, Queixa nº 41 661/98, R02-VI, pág. 375, de 13 de novembro de 2003, Queixa nº 48 518/99, R03-XI, pág. 413, e de 30 de maio de 2006, Queixa nº 38 184/03, R06-VII, pág. 415, e Decisões de 17 de maio de 1990, Queixa nº 13 877/88, *Déc. Rap.* 65, pág. 279, de 29 de junho de 1992, Queixa nº 17 072/92, *Déc. Rap.* 73, pág. 180, de 30 de junho de 1995, Queixa nº 24 359/94, *Déc. Rap.* 82-A, pág. 56, de 20 de janeiro de 1997, Queixa

Sobre este último critério o Tribunal precisou: numa sociedade dominada pela preeminência do direito, pertencem à «matéria penal» as privações de liberdade suscetíveis de ser infligidas a título repressivo, salvo aquelas que, pela sua natureza, duração ou modalidades de execução, não provoquem um prejuízo importante (§ 82 do Acórdão Engel e outros).

No Acórdão Öztürk[220], estes princípios foram alargados às contravenções administrativas, às contra-ordenações *(Ordnungswidrigkeiten)*, que antes constituíam infrações penais, mesmo se a coima *(gelbuss)* era de pequeno montante, escrevendo-se: a *Convenção* não vai contra as tendências de descriminalização... Todavia, se os Estados puderem à sua vontade, ao qualificar uma infração de «administrativa» em vez de «penal», afastar as garantias fundamentais dos artigos 6º e 7º, a aplicação destas normas ficaria subordinada à sua vontade soberana. Uma tão ampla latitude poderia conduzir a resultados incompatíveis com o objeto e fim da *Convenção.*

O Tribunal fez apelo ao caráter geral da norma infringida que se dirigia a todos e ao fim preventivo e também repressivo da sanção.

Esta doutrina foi alargada às sanções no campo disciplinar penitenciário, porquanto, mesmo que razões práticas militem por um regime disciplinar especial, a justiça não pode ficar às portas das prisões e nada permite privar os detidos da proteção do artigo 6º[221], prevalecendo, porém, aqui a gravidade da sanção.

Por conseguinte, o artigo 6º aplicar-se-á:

- À acusação de uma infração penal, ainda que não punível[222];
- À acusação particular por ofensa à honra[223];
- Às sanções disciplinares graves no meio militar[224];
- Às sanções disciplinares graves no meio prisional (citado Acórdão Campbell e Fell);

nº 26 601/95, *Déc. Rap.* 88-A, pág. 85, de 3 de março de 1997, Queixa nº 23 201/94, *Déc. Rap.* 88-A, pág. 25, e de 9 de março de 1998, Queixa nº 33 933/96, *Déc. Rap.* 92-A, pág. 122.

220 A 73, págs. 17-18, § 47; ver, ainda, os Acórdãos Cubber, A 86, pág. 18, § 32, Weber, de 22 de maio de 1990, A 177, págs. 17-18, §§ 30-35, Janosevic, de 23 de julho de 2002, R02-VII; pág. 73, §§ 66 e 67, e Ezeh e Connors, de 9 de outubro de 2003, R03-X, pág. 194, § 85.

221 Acórdão Campbell e Fell, A 80, pág. 35, §§ 68-69.

222 Acórdão Adolf, A 49, pág. 16, § 33.

223 Acórdão Minelli, de 25 de março de 1983, A 62, págs. 14-15, §§ 26-28.

224 Citado Acórdão Engel e outros, A 22, págs. 35-36, §§ 83-85; mas já não à advertência, à censura, à passagem à disponibilidade – cfr. o Relatório de 4 de março de 1978 (Eggs/Suíça), *Déc. Rap.* 15, pág. 35, e as Decisões de 15 de maio de 1980, Queixa nº 8317/78, *Déc. Rap.* 20, pág. 44, de 8 de julho de 1980, Queixa nº 8778/79, *Déc. Rap.* 20, pág. 240, de 10 de julho de 1980, Queixa nº 8317/80, *Digest,* 2, pág. 236, e de 2 de setembro de 1993, Queixa nº 17 571/90, *Déc. Rap.* 75, pág. 139.

- Ao encerramento de um estabelecimento comercial decretado pela autoridade administrativa, por infração à lei sobre os preços[225];
- Às contra-ordenações resultantes de *descriminalização*[226].

Mas o artigo 6º já não se aplica, em princípio, às sanções impostas pelo tribunal para a disciplina dos atos (por exemplo, recursos abusivos)[227], ou à decisão que não atribui efeito suspensivo a um recurso ou que ordena o regresso à prisão da pessoa em liberdade condicional[228].

No seu Acórdão Malige[229], o Tribunal examinou a questão das «sanções acessórias», que surgem associadas a certas penas, no caso concreto, a perda de pontos da carta que habilita a conduzir em consequência da condenação pela prática de infrações ao Código da Estrada.

O Tribunal considerou a sanção acessória como penal dado o seu caráter preventivo, punitivo e dissuasivo (§ 39), mas conforme ao artigo 6º, pois ela é objeto de um controlo incorporado na decisão que aplicou a pena principal (§ 50).

O Tribunal não atribuiu coloração penal nem civil, para efeitos de aplicação deste artigo 6º, ao congelamento de bens de uma pessoa suspeita de ser recetadora de dinheiros provenientes de atividades criminosas de terceiros[230].

3. O processo equitativo

O Tribunal, no seu Acórdão de 21 de fevereiro de 1975, no caso *Golder*[231], utilizou a expressão «direito a um processo equitativo» para sintetizar os diferentes elementos contidos expressa ou implicitamente no artigo 6º

O direito a um processo equitativo perante um tribunal deve ser interpretado à luz do preâmbulo da *Convenção*, que enuncia a preeminência do direito como elemento do património comum dos Estados Contratantes. Um dos elementos fundamentais

[225] Acórdão Deweer, A 35, págs. 21-24, §§ 41-47.

[226] Citado Acórdão Öztürk, A 73, págs. 18-22, §§ 51-56, e Acórdão Lutz, A 123, págs. 21-23, §§ 50-55; de fora ficam as contra-ordenações em matéria de construção urbana, punidas com uma coima (Decreto-Lei nº 445/91, de 20 de novembro) – Decisão do Tribunal, de 11 de janeiro de 2001, Queixa nº 43 862/98, R01-I, pág. 439.

[227] Acórdãos Ravnsborg, A 283-B, pág. 30, § 34, e Putz, R96-I, pág. 324, §§ 31 e segs., e Decisões de 2 de julho de 1991, Queixa nº 12 275/75, *Déc. Rap.* 70, pág. 47, e de 2 de setembro de 1996, Queixa nº 25 308/94, *Déc. Rap.* 86-A, pág. 96.

[228] Decisão do Tribunal, de 27 de agosto de 2002, Queixa nº 58 188/00, R02-VII, pág. 429, e Decisão de 9 de maio de 1994, Queixa nº 19 774/92, *Déc. Rap.* 77-A, pág. 69.

[229] De 23 de setembro de 1998, R98-VII.

No seu Acórdão Escoubet, de 28 de outubro de 1999, R99-VII, pág. 81, § 39, o Tribunal considerou que não revestia caráter «penal», e que portanto não se aplicava o disposto no artigo 6º, a medida de apreensão da carta de condução decretada na sequência de infração grave ao Código da Estrada.

[230] Decisão do Tribunal, de 18 de setembro de 2006, Queixa nº 26 315/03.

[231] A18, pág. 18, § 36.

da preeminência do direito é o princípio da segurança das relações jurídicas, que pretende, entre outros, que uma solução dada de maneira definitiva a todo o litígio pelos tribunais não seja jamais posta em causa[232].

E, se o poder legislativo não está impedido de regulamentar no campo civil, por novas disposições de caráter retroativo, os direitos decorrentes das leis em vigor, o princípio da preeminência do direito e a noção de processo equitativo consagrado no artigo 6º opõem-se, salvo por imperiosos motivos de interesse geral, à ingerência do poder legislativo na administração da justiça no sentido de influenciar a solução judicial do litígio[233].

3.1. A figura de processo equitativo não pode ser definida *in abstrato*, antes deve ser verificada segundo as circunstâncias particulares de cada caso, tomando em consideração o processo no seu conjunto[234]; e, portanto, não pode ser considerado um elemento isolado, salvo se ele revestir uma importância tal que deva ser considerado decisivo para apreciação geral do processo[235].

Um processo equitativo exige, como elemento co-natural, que cada uma das partes tenha possibilidades razoáveis de defender os seus interesses numa posição não inferior à da parte contrária[236]; ou, de outro modo, a parte deve deter a garantia de apre-

[232] Acórdãos Brumărescu, de 28 de outubro 1999, R99-VII, pág. 261, § 61, Sovtransavto Holding, de 25 de julho de 2002, R02-VII, pág. 119, § 72, Ryabykh, de 24 de julho de 2003, R03-IX, pág. 293, § 51, Driza, de 13 de novembro de 2007, § 63, e Nejdet Şahin e Perihan Şahin, de 20 de outubro de 2011, § 57.

[233] Acórdãos das Refinarias Gregas Stran e Stratis Andreadis, de 9 de dezembro de 1994, A 301-B, pág. 82, §§ 49 e 50, Zielinski e Pradal & Gonzalez e outros, de 28 de outubro de 1999, R99-VII, pág. 174, § 57, Anagnostopoulos e outros, de 7 de novembro de 2000, R00-XI, pág. 304, §§ 19 e 20, Gorraiz Lizarraga e outros, de 27 de abril de 2004, R04-III, pág. 250, § 64, e Scordino nº 1, de 29 de março de 2006, R06-V, pág. 42, § 126, e Decisão do Tribunal, de 10 de novembro de 2005, Queixa nº 60 559/00, R05-XII, pág. 315.

[234] Acórdãos Miailhe (nº 2), de 26 de setembro de 1996, R96-IV, pág. 1338, § 43, Pélissier e Sassi, de 25 de março de 1999, R99-II, pág. 327, § 46, e Dalos, de 1 de março de 2001, R01. – II, pág. 219, § 47, e Decisão de 25 de fevereiro de 1991, Queixa nº 15 831/89, *Déc. Rap.* 69, pág. 317: o acusado reconhecido inocente não pode pretender-se vítima de violações da *Convenção* que, segundo ele, teriam lugar no decurso do processo. Ver, também, o Acórdão Stanford, de 23 de fevereiro de 1994, A 282-A, pág. 10, § 24, e Decisões de 14 de dezembro de 1991, Queixa nº 13 445/87, *Déc. Rap.* 71, pág. 84, de 15 de maio de 1995, Queixa nº 23 997/94, *Déc. Rap.* 81-A, pág. 102, de 28 de julho de 1995, Queixas nºs 24 571/94 e 24 572/94, *Déc. Rap.* 82-A, pág. 85, de 6 de setembro de 1995, Queixa nº 22 909/93, *Déc. Rap.* 82-A, pág. 25, e de 25 de novembro de 1996, Queixa nº 25 803/94, *Déc. Rap.* 88-A, pág. 55.

[235] Decisões de 12 de janeiro de 1991, Queixa nº 14 505/89, *Déc. Rap.* 68, pág. 200, e de 1 de julho de 1991, Queixa nº 15 921/89, *Déc. Rap.* 71, pág. 236.

[236] Cfr. Jean Raymond, «Les droits judiciaires en matière non repressive», in *Annales de l'Université de Sciences Sociales de Toulouse*, tomo XXIX, 1981, págs. 98 e segs.; cfr. os Acórdãos Dombo Beheer B. V., de 27 de outubro de 1993, A 274, pág. 19, § 33, Refinarias Gregas Stran e Stratis Andreadis, de 9 de dezembro de 1994, A 301-B, § 46, e Salov, de 6 de setembro de 2005, R05-VIII, pág. 219, § 87.

sentar o seu caso perante o tribunal em condições que a não coloquem em substancial desvantagem face ao seu oponente[237].

Um processo penal contra um menor, de tenra idade (10/11 anos), não importa em si violação da *Convenção*; mas este deve ser tratado de uma maneira que tenha em conta plenamente a sua idade, a sua maturidade e as suas capacidades no plano intelectual e emocional, adotando-se todas as medidas que possam favorecer a sua compreensão e a sua participação no processo; e, num processo com impacto nos *medias* e no público, ele deve ser conduzido de modo a reduzir tanto quanto possível a sua intimidação e inibição[238].

Pelo seu lado, o tribunal tem a obrigação de proceder a um exame efetivo dos meios, argumentos e elementos de provas oferecidas pelas partes[239].

Os princípios do contraditório e da igualdade de armas são elementos incindíveis de um processo equitativo.

O princípio do contraditório[240] implica que cada uma das partes seja chamada a deduzir as suas razões (de facto e de direito), a oferecer as suas provas, a controlar as provas do adversário e a discutir sobre o valor e resultados de umas e outras[241].

E do mesmo modo, qualquer elemento oferecido por uma entidade independente e objetiva (por exemplo, pareceres do Ministério Público) deve ser comunicado às partes a quem deve ser concedida a oportunidade de sobre ele se pronunciar; igualmente, os elementos que o Tribunal resolve recolher por sua própria iniciativa devem ser comunicados às partes para o mesmo fim[242].

[237] Acórdãos Barberà, Messegué e Jabardo, de 6 de dezembro de 1988, A 146, pág. 33, § 78, e Kostovski, de 20 de novembro de 1989, A 166, pág. 20, § 38.

[238] Acórdãos V/Reino Unido, de 16 de dezembro de 1999, R99-IX, págs. 245-246, §§ 86 e 87, e S.C./Reino Unido, de 15 de junho de 2004, R04-IV, pág. 319, § 27.

[239] Acórdão Kraska, de 19 de abril de 1993, A 254-B, pág. 49, § 30, e Decisão de 20 de maio de 1996, Queixa nº 24 667/94, *Déc. Rap.* 85-A, pág. 103.

[240] Este princípio está consagrado expressamente para o processo penal no nº 5 do artigo 32º da Constituição.
E o nº 4 do artigo 20º da Constituição estabelece que *«todos têm direito a que uma causa em que intervenham seja objeto de decisão em prazo razoável e mediante processo equitativo»*; ora, o princípio do contraditório é elemento estruturante do processo equitativo quer no penal que no civil.
O Tribunal Constitucional, invocando este princípio, já teve oportunidade de sancionar com força obrigatória geral, normas que: *a)* admitiam o julgamento sem defensor oficioso; *b)* faziam equivaler o pedido de liquidação de uma dívida fiscal a uma confissão; *c)* permitiam a aplicação da medida de inibição da faculdade de conduzir à Administração; *d)* permitiam que o Ministério Público alegasse depois do arguido – cfr. os Acórdãos do Tribunal Constitucional nºs 49/86, 177/86, 377/86 e 54/87, publicados no *Diário da República*, I Série, de 1 de abril de 1986, de 19 de junho de 1986, de 30 de dezembro de 1986 e de 19 de março de 1987, respetivamente.

[241] Manuel de Andrade, *Noções Elementares de Processo Civil*, nova edição revista com a colaboração de Antunes Varela, I, Coimbra, 1963, pág. 352.

[242] Acórdãos Lobo Machado, de 20 de fevereiro de 1996, R96-I, pág. 206, § 31, Vermeulen, da mesma data, R96-I, pág. 234, § 33, Niderost-Huber, de 18 de fevereiro de 1997, R97-I, pág. 108, § 24, Manto-

Esta jurisprudência, que me atrevo a chamar de maximalista, não deixará de ter importantes repercussões nos sistemas de processo não só nos Estados partes como também nas jurisdições internacionais.

E, se a nível interno, a acomodação ao Acórdão Lobo Machado, que obriga a conceder às partes a possibilidade de comentar toda a posição assumida pelo Ministério Público no processo civil, não parece difícil de conseguir, já a jurisprudência que se deduz do Acórdão Niderost-Huber suscita maior apreensão.

Numa ação relativa ao não pagamento de salários, o tribunal de 1ª instância julgou improcedente o pedido, o que foi confirmado pelo tribunal de recurso.

O interessado recorreu, então, para o Supremo Tribunal; ao remeter o processo ao Supremo Tribunal, o tribunal de recurso juntou-lhe uma página com observações, que não foram comunicadas ao recorrente, e onde se concluía pela rejeição do recurso.

O Tribunal afirmou que, mesmo limitadas a uma página, as observações em causa continham um parecer motivado sobre o bem-fundado do recurso e elas visavam manifestamente influenciar a decisão do Supremo Tribunal.

E, admitindo que a apresentação de tais observações perseguia um fim de economia e aceleração do processo, o Tribunal sublinhou que tal não podia justificar o não respeito de um outro princípio fundamental, o do contraditório.

No dia 21 de junho de 2007, Portugal foi condenado pela violação do artigo 6º, nº 1, da *Convenção*, pelo facto de um juiz, num recurso de agravo, ter, nos termos do então artigo 744º do Código de Processo Civil, sustentado o despacho recorrido, sustentação essa que não foi comunicada ao recorrente que não pode assim reagir atempadamente – Acórdão Ferreira Alves (nº 3) (ver nota 241).

No dia 12 de julho seguinte, ao alterar o regime dos recursos em processo civil, o Conselho de Ministros aprovou um diploma (Decreto-Lei nº 303/2007, de 24 de agosto), que aboliu tal prática, modificando o disposto naquele artigo 744º do então Código de Processo Civil. Cfr. os artigos 627º e segs. do CPC.

vanelli, de 18 de março de 1997, R97-II, pág. 436, § 33, Van Orshoven, de 25 de junho de 1997, R97-III, pág. 1051, § 41, Reinhardt e Slimane-Kaïd, de 31 de março de 1998, R98-II, págs. 665 e 666, §§ 105 e 106, Meftah e outros, de 26 de julho de 2002, R02-VII, pág. 252, § 51, Krčmář e outros, de 3 de março de 2000, § 40 (elementos que o Tribunal Constitucional recolheu por sua iniciativa e que não comunicou às partes), Wynen, de 5 de novembro de 2002, R02-VIII, pág. 192, § 38, Milatová, de 21 de junho de 2005, R05-V, pág. 255, § 59 (alegações de uma das partes num recurso constitucional que não foram oferecidas a outra parte para contraditar), Ferreira Alves (nº 3), 21 de setembro de 2007, § 33 (num processo de regulação de poder paternal, as observações do Ministério Público assim como o despacho do Juiz que sustentava o agravo não foram comunicados às partes), e Batsanina, de 26 de maio de 2009, § 29 (não há ofensa da igualdade de armas quando as ações cíveis são propostas pelo Ministério Público em nome da Administração Pública), e Decisão do Tribunal, de 25 de abril de 2002, Queixa nº 45 019/98, R02-V, pág. 285 (relatório do juiz relator e conclusões do advogado geral num processo penal perante a Cour de Cassation francesa que não foram comunicados ao acusado).

As partes devem ter a mesma oportunidade de acesso, de comentário e de refutação das provas e de outros elementos do processo, assim como idêntica possibilidade de interrogar testemunhas e peritos[243].

O princípio do contraditório, assim como as normas relativas à distribuição do ónus da prova, necessita de ser integrado com o princípio da igualdade de armas.

O processo equitativo e a exigência da igualdade de armas valem, em regra, para o cível e para o penal, embora a latitude dos Estados seja maior naquele do que neste; nos litígios sobre interesses privados, a igualdade de armas implica a obrigação de oferecer a cada parte a possibilidade de apresentar a sua causa, incluindo as suas provas, em condições que a não coloquem em situação de nítida desvantagem em relação ao seu adversário[244].

Com a concretização deste princípio colocam-se as partes, no processo, em perfeita paridade de condições, desfrutando, portanto, de idênticas possibilidades de obter justiça que lhes seja devida, impedindo, quanto possível, que a igualdade jurídica seja frustrada em consequência de uma grave desigualdade de facto.

Por exemplo, se um prazo não corre em férias para uma das partes, ele não deve também correr para a outra[245].

[243] Acórdãos Feldbrugge, A 99, pág. 17, § 44, Unterpertinger, de 24 de novembro de 1986, A 110, págs. 14-15, § 31, Barberà, Messegué e Jabardo, A 146, págs. 33-34, § 78, Kostovski, A 166, pág. 19, § 39, Bendenoun, A 284, págs. 21-22, § 52, Kerojärvi, A 322, pág. 16, § 42, e Mantovanelli, R97-II, pág. 433, § 24.

[244] Acórdãos Feldbrugge, A 99, pág. 17, § 44, Dombo Beheer, A 274, pág. 19, §§ 32-33, Hentrich, de 22 de setembro de 1994, A 296-A, § 56, Bulut, de 22 de fevereiro de 1996, R96-II, pág. 359, § 47, Ankerl, de 23 de outubro de 1996, R96-V, pág. 1567, § 38, Niderost-Huber, R97-I, pág. 108, § 23, De Haes e Gijsels, de 24 de fevereiro de 1997, R97-I, pág. 238, § 53, Werner, de 24 de novembro de 1997, R97-VII, pág. 2513, § 63, G.B./França, de 2 de outubro de 2001, R01-X, pág. 20, § 58, Jokela, de 21 de maio de 2002, R02-IV, pág. 50, § 69, Yvon, de 24 de abril de 2003, R03-V, pág. 51, § 31, e Gorraiz Lizarraga e outros, de 27 de abril de 2004, R04-III, pág. 249, § 56, e Decisão de 9 de janeiro de 1995, Queixa nº 16 717/95, *Déc. Rap.* 80-A, pág. 24.

[245] Acórdão Platakou, de 11 de janeiro de 2001, R01-I, pág. 16, § 47. Ver, em geral, Manuel de Andrade, *ob. cit.*, págs. 353 e segs., onde aponta algumas providências tendentes a realizar a igualdade prática.
O princípio da igualdade de armas implica, nomeadamente, que nenhum elemento para o exame do caso seja adquirido quando uma das partes está presente e a outra não. Os Acórdãos Delcourt, A, 11, págs. 16-20, §§ 30 e 42, e Borgers, de 30 de outubro de 1991, A 214-B, pág. 32, §§ 27 e 28, oferecem uma curiosa aplicação desta vertente: o Tribunal tinha entendido, no primeiro caso, que, face ao sistema processual penal belga, a presença do Procurador-Geral durante as deliberações do Tribunal de Cassation não violava o nº 1 do artigo 6º da *Convenção*, posição que reviu no segundo caso.
Coloca-se ainda nestas situações o problema da imparcialidade do tribunal que oportunamente será examinada.

E se o princípio do contraditório reveste-se de suma importância no processo penal[246], o Tribunal Constitucional lembrou, ainda antes da referência constitucional ao «processo equitativo», que, embora não expressamente formulados na Constituição para o processo cível, os princípios da igualdade processual das partes e do contraditório não podiam deixar de ser exigências constitucionais também neste domínio, pois tal decorria da própria ideia de Estado de Direito, precisando que o direito de acesso aos tribunais para a defesa dos seus direitos (artigo 20º da Constituição da República Portuguesa) implicava um correto funcionamento das regras do contraditório, em termos de cada uma das partes poder deduzir as suas razões (de facto e de direito), oferecer as suas provas, controlar as provas do adversário e discretear sobre o valor e o resultado de umas e outras[247].

Entenda-se o princípio da igualdade como uma intencionalidade material, no sentido de intenção de justiça[248]; as condições singulares dos indivíduos exigem tratamentos diversos, sob pena de se criarem ou potenciarem novas diferenças sociais: o igual deve ser tratado igualmente e o desigual, desigualmente, na medida exata da diferença.

Assim a igualdade não é mais a igualdade perante a lei, mas a igualdade através da lei; verdadeiramente, a lei acaba por ser um instrumento positivo utilizado ao serviço de uma intenção normativa que a ultrapassa[249].

3.2. Um processo equitativo pressupõe a motivação das decisões: a enunciação dos pontos de facto e de direito sobre os quais se funda a decisão deve permitir às partes avaliar as possibilidades de sucesso nos recursos.

Por isso, uma motivação inexata deve ser equiparada a uma falta de motivação[250].

[246] Ver, por exemplo, o Acórdão do Tribunal Constitucional nº 8/87, no *Diário da República,* I Série, de 9 de fevereiro de 1987, e no *BMJ,* nº 363, pág. 163, sobre a inconstitucionalidade de um sistema que, no processo sumário, impunha a interposição do recurso limitado à matéria de direito logo após a leitura da sentença.

[247] Acórdão do Tribunal Constitucional nº 86/88, de 13 de abril de 1988, in *Diário da República,* II Série, de 22 de agosto de 1988.

[248] Jorge Miranda, *Manual de Direito Constitucional,* IV, Coimbra, 1988, pág. 239, e Maria da Glória Ferreira Pinto, *Princípio da Igualdade, Fórmula Vazia ou Fórmula «Carregada» de Sentido?,* Lisboa, 1982, págs. 11 e segs.

[249] Cfr. Castanheira Neves, «Justiça e Direito», in *Boletim da Faculdade de Direito da Universidade de Coimbra,* vol. LI, 1975, págs. 205 e segs., *maxime* pág. 262; cfr. a Decisão do Tribunal, de 6 de janeiro de 2004, Queixa nº 59 821/00. R04-I, pág. 333 (prazo mais longo para o Ministério Público).

[250] Decisão de 9 de maio de 1994, Queixa nº 15 384/89, *Déc. Rap.* 77-A, pág. 5.

A motivação é um elemento de transparência da justiça, inerente a todo o ato jurisdicional[251], dispensando-se, no entanto, uma resposta minuciosa a todos os argumentos[252].

A motivação do julgamento contenta-se com a indicação clara dos motivos sobre os quais se fundaram os juízes; mas, num julgamento com júri, o veredito pode não ser motivado, desde que o público em geral e o acusado em particular possam compreender a decisão; e desde que existam todas as garantias processuais para prevenir o risco do arbítrio[253].

Aliás, a profundidade da motivação de uma decisão judiciária depende das circunstâncias do caso, nomeadamente da sua natureza e complexidade.

Note-se que o tribunal pode rejeitar um recurso, cingindo-se aos motivos da decisão atacada[254], ou, fundado sobre uma disposição legal específica, rejeitá-lo porque desprovido de possibilidades de sucesso[255].

3.3. A *Convenção* não consagra o direito à liberdade linguística em justiça, para além das regras consagradas nos artigos 5º, nº 2, e 6º, nº 3, alíneas *a)* e *e)*, para o processo penal.

O mutismo da *Convenção* para os outros campos não significa que a língua utilizada no processo ou nos diferentes atos do processo não possa ser chamada para apreciar o seu caráter equitativo; tudo dependerá das circunstâncias de que se revestirá o ato em questão[256].

[251] Cfr. J. E. S. Fawcett, *The application of the European Convention on Human Rights*, Clarendon Press, Oxford, 1987, pág. 159.

[252] Acórdãos Van Hurk, de 19 de abril de 1994, A 288, pág. 20, § 61, Ruiz Torija, de 9 de dezembro de 1994, A 303-A, pág. 12, § 29, Hiro Balani, de 9 de dezembro de 1994, A 303-B, § 27, Higgins e outros, de 19 de fevereiro de 1998, R98-I, pág. 60, § 42, Garcia Ruiz, de 21 de janeiro de 1999, R99-I, pág. 118, § 26, Salov, de 6 de setembro de 2005, R05-VIII, pág. 220, § 89, Gheorghie, de 15 de junho de 2007, § 50 (falta de resposta a um dos fundamentos do pedido), Wagner e J.M.L., de 28 de junho de 2007, § 90 (obrigação de responder aos principais argumentos apresentados das partes), Gorou nº 2, de 20 de março de 2009, § 37, e Taxquet, 16 de novembro de 2010, §§ 90 e 92, e Decisões do Tribunal, de 29 de agosto de 2000, Queixa nº 40 490/98, R00-IX, pág. 573, de 28 de janeiro de 2003, Queixa nº 68 874/01, R02-III, pág. 511 (a obrigação de fundamentação deve ser analisada à luz das circunstâncias do caso concreto), e de 28 de janeiro de 2003, Queixa nº 34 763/02, R03-II, pág. 327, e de 27 de maio de 2003, Queixa nº 37 235/97, R03-VIII, pág. 367.

[253] Acórdão Hadjianastassiou, de 16 de dezembro de 1992, A 252, pág. 16, § 33; para as respostas do júri em processo penal, cfr. as Decisões de 30 de março de 1992, Queixa nº 15 957/90, *Déc. Rap.* 70, pág. 195, de 29 de junho de 1994, Queixa nº 20 664/92, *Déc. Rap.* 78-A, pág. 97, e de 9 de janeiro de 1995, Queixa nº 16 717/90, *Déc. Rap.* 80-A, pág. 24.

[254] Decisão de 14 de julho de 1987, Queixa nº 10 412/83, *Déc. Rap.* 52, pág. 128.

[255] Decisão de 25 de fevereiro de 1997, Queixa nº 26 561/95, *Déc. Rap.* 88-A, pág. 72.

[256] Ver, por exemplo, a Decisão de 9 de dezembro de 1981, Queixa nº 9099/80, *Déc. Rap.* 27, pág. 212: a pessoa que recebe, numa língua que ela não compreende, uma notificação para comparecer deve dispor de tempo e de facilidades necessárias para a poder traduzir.

3.4. Relativamente ao direito de presença, importa distinguir o processo civil do processo penal.

A *Convenção* não garante, no processo civil, o direito de as partes comparecerem pessoalmente; no entanto, em certas categorias processuais, o direito a um processo equitativo implica um direito de presença.

A presença da parte ou do arguido nos debates através da vídeo-conferência não é, em si, contrária à *Convenção*, mas pertence ao Tribunal verificar se essa utilização prossegue um fim legítimo, ligado nomeadamente à defesa da ordem pública, da prevenção do crime, da proteção do direito à vida, à liberdade e à segurança das testemunhas e das vítimas das infrações, assim como ao respeito da exigência do prazo razoável e que as modalidades em que os debates se desenrolaram são compatíveis com as exigências de um processo equitativo tal como definidas neste artigo[257].

Quando o caráter ou o comportamento das partes ou de uma delas é um elemento a ponderar na decisão, como, por exemplo, nalguns casos relativos ao poder paternal, ou numa decisão relativa à sua própria capacidade para estar por si no processo, a presença das partes pode revelar-se indispensável[258].

A comparência pessoal do *acusado* não está expressamente consagrada na *Convenção*, ao contrário do que acontece no Pacto [artigo 14º, nº 3, alínea *d)*], não obstante a própria ideia de um processo equitativo e as alíneas *c), d)* e *e)* do nº 3 do artigo 6º requererem essa presença no processo penal, onde a personalidade do *acusado* tem um papel importante na formação da decisão[259].

Mas esta comparência pessoal não é um direito absoluto, porquanto deve ser conjugado com os outros direitos da defesa[260].

Note-se que o facto de o acusado ter sido expulso da sala de audiências devido ao seu comportamento não implica por si só violação deste preceito; o que importa é saber se o processo na sua globalidade revestiu um caráter equitativo[261].

Acresce que um julgamento de um ausente não é incompatível com a *Convenção*, se ele pode obter posteriormente um novo julgamento onde seja ouvido sobre o bem-fundado, de facto e de direito, da acusação[262].

[257] Acórdão Marcello Viola, de 5 de outubro de 2006, R06-XI, pág. 120, §§ 67 a 71.

[258] Acórdão Shtukaturov, de 27 de março de 2008, § 73. Ver as Decisões de 24 de setembro de 1963, Queixa nº 1169/61, *Ann. Conv.*, vol. VI, pág. 521, e de 23 de maio de 1966, Queixa nº 1794/63, *Rec.*, nº 20, pág. 8.

[259] Acórdãos Colozza, de 12 de fevereiro de 1985, A 89, pág. 14, § 27, Somogyi, de 18 de maio de 2004, R04-IV, pág. 96, § 65, e Hermi, de 18 de outubro de 2006, § 58.

[260] Cfr. as Decisões de 11 de dezembro de 1973, Queixa nº 5474/73, *Rec.*, nº 45, pág. 18, e de 5 de julho de 1983, Queixa nº 9315/81, *Déc. Rap.* 34, pág. 100.

[261] Acórdão Marguš, de 27 de maio de 2014, § 90.

[262] Acórdãos Colozza, A 89, pág. 14, § 27, e pág. 15, § 29, Poitrimol, de 23 de novembro de 1993, A 277-A, págs. 13-14, § 31, Krombach, de 13 de fevereiro de 2001, R01-II, pág. 26, § 85, Medenica, de

É duvidoso, no entanto, que esta garantia subsista quando o interessado renuncia ao direito de comparecer e de defender-se e, sobretudo, quando esta renúncia é inequívoca e se apresenta com um mínimo de garantias correspondentes à sua gravidade[263].

A presença do *acusado* perante as instâncias de recurso necessita de um exame mais atento.

A falta de audiência do *acusado* nestas instâncias pode não colidir com o artigo 6º, nomeadamente se os factos não são de novo questionados e o tribunal de recurso decide com base em elementos estritamente jurídicos, sem apreciar diretamente a personalidade do acusado[264].

Por outro lado, a tecnicidade das questões debatidas nos tribunais superiores e a despersonalização dos elementos jurídicos é compatível com um processo escrito, dispensando-se um procedimento oral em tais jurisdições desde que as instâncias de recurso intervenham após a causa ter sido examinada publicamente num grau inferior[265].

3.5. O direito a um processo equitativo permite a um *acusado* guardar silêncio, não contribuindo para a sua própria condenação[266].

14 de junho de 2001, R01-VI, pág. 93, § 54, Sejdovic, de 1 de março de 2006, R06-II, pág. 225, § 82, e Idalov, de 22 de maio de 2012, § 170.

[263] Acórdãos Pfeifer e Plankl, de 25 de fevereiro de 1992, A 227, págs. 16-17, Potrinol, A 277-A, págs. 13-14, § 31, e Idalov, de 22 de maio de 2012, § 178,e Decisão do Tribunal, de 8 de setembro de 2005, Queixa nº 18 624/03, R05-XI, pág. 235; aliás, toda a renúncia a um direito consagrado na *Convenção*, tanto quanto ela seja lícita, deve ser feita sem equívocos, com um mínimo de garantias correspondentes à sua gravidade e sem prejudicar nenhum interesse público importante – Acórdãos Hermi, de 18 de outubro de 2006, § 73, e Scoppola, de 17 de setembro de 2009, § 135, e Decisão de 16 de dezembro de 2003, Queixa nº 35 943/02, R03-XII, pág. 431.

[264] Ver os Acórdãos Axen, A 72, pág. 13, § 28, Sutter, de 22 de fevereiro de 1984, A 74, pág. 13, § 30, Ekbatani, de 26 de maio de 1988, A 134, pág. 14, §§ 31-32, Helmers, de 29 de outubro de 1991, A 212-A, págs. 16-17, §§ 36-39, Belziuk, de 25 de março de 1998, R98-II, pág. 570, § 37, K.D.B./Holanda, de 27 de março de 1998, R97-II, pág. 630, § 41, Csikós, de 5 de dezembro de 2006, § 21, e Sakhnovski, de 2 de novembro de 2010, § 96.

[265] Acórdãos Axen, A 72, pág. 13, § 28, Sutter, A 74, pág. 13, § 3, Ekbatani, A 134, pág. 13, §§ 27-28, Fejde, de 29 de outubro de 1991, A 212-C, pág. 67, § 27, e Decisões, de 6 de outubro de 1976, Queixa nº 7211/75, *Déc. Rap.* 7, pág. 104, e de 9 de novembro de 1986, *Déc. Rap.* 60, pág. 105.

[266] Acórdãos Funke, de 25 de fevereiro de 1993, A 256-A, pág. 22, § 44, John Murray, de 8 de fevereiro de 1996, R96-I, pág. 49, § 45, Saunders, de 17 de dezembro de 1996, R96-VI, pág. 2064, § 68, Serves, de 20 de outubro de 1997, R97-VI, pág. 2173, § 46, Condron, de 2 de maio de 2000, R00-V, pág. 52, § 56, I.J.L. e outros, de 19 de setembro de 2000, R00-IX, pág. 388, § 83, Heaney e Mcguinness, de 21 de dezembro de 2000, R00-XII, pág. 463, § 48, J.B./Suíça, de 3 de maio de 2001, R01-III, pág. 471, § 64, e Panovits, de 11 de dezembro de 2008, § 65, e Decisões do Tribunal de 7 de setembro de 1999, Queixa nº 34 222/96, R99-VI, pág. 486, de 14 de março de 2000, Queixa nº 47 240/99, R00-IV, pág. 469, de 4 de maio de 2000, Queixa nº 38 642/97, R00-V, pág. 331, de 16 de maio de 2000,

O direito ao silêncio e o de não contribuir para a sua própria incriminação, se bem que não sejam mencionados no artigo 6º, são normas geralmente reconhecidas como fazendo parte da noção de processo equitativo ali consagrado[267].

Colocando o arguido ao abrigo de uma coerção abusiva por parte das autoridades – a utilização, pela acusação, de elementos de prova obtidos pela força ou sob pressão, contra a vontade do arguido contraria o direito deste a não contribuir para a sua própria incriminação –, previnem-se erros judiciários e garante-se o resultado desejado pelo artigo 6º: *num processo penal, a acusação deve procurar fundamentar a argumentação sem recorrer a elementos de prova obtidos pela força ou por pressões, com desprezo pela vontade do acusado.*

No seu Acórdão John Murray, o Tribunal, *depois de afirmar que é manifestamente incompatível com aquele direito fundar uma condenação exclusiva ou essencialmente sobre o silêncio do arguido ou sobre a sua recusa a responder às perguntas ou a prestar declarações*, interroga-se, em seguida, sobre o caráter absoluto ou não do direito ao silêncio.

Respondendo pela negativa, o Tribunal afirmou que o facto de saber se o retirar do silêncio conclusões desfavoráveis para o *acusado* viola o disposto no artigo 6º exige a ponderação de um conjunto de circunstâncias, tendo em conta, em particular, o caso onde se procedeu a deduções, o peso que as jurisdições internas lhe atribuíram ao apreciarem os elementos de prova e o grau de coerção inerente à situação.

Nesta sua avaliação, o Tribunal atendeu ao facto de as provas da acusação serem suficientemente sérias para requererem uma resposta, afirmando: *o tribunal nacional não pode concluir pela culpabilidade do arguido simplesmente porque este decidiu guardar silêncio. Apenas quando as provas da acusação requerem uma explicação que o arguido está em condições de fornecer, dessa omissão se poderá concluir, por um simples raciocínio de bom senso, que não existe nenhuma explicação possível e que o arguido é culpado.*

Inversamente, se a acusação não forneceu provas suficientemente sérias para exigir uma resposta, a falta de explicação não pode justificar uma conclusão de culpabilidade.

Diretamente imbricado com o direito ao silêncio está o de não contribuir para a sua própria incriminação.

No Acórdão Serves, já citado, o Tribunal estudou a situação de uma testemunha que, chamada a depor num processo onde ela fora inicialmente constituída arguida, se recusou a prestar juramento e a depor, alegando que o que pudesse dizer a levava a testemunhar contra ela própria, pelo que foi condenada em multa.

O Tribunal reconheceu que a testemunha tinha razão na sua atitude, mas entendeu que a multa aplicada se destinava a garantir a sinceridade das declarações feitas e

Queixa nº 41 552/98, R00-V, pág. 523, e de 10 de setembro de 2002, Queixa nº 76 574/01, R02-VIII, pág. 371.

[267] Acórdão Bykov, de 10 de março de 2009, § 92, e Decisão de 13 de janeiro de 1997, Queixa nº 29 422/95, *Déc. Rap.* 88-A, pág. 148.

não a obrigar a depor: a testemunha devia primeiro prestar juramento e depois recusar-se a depor para não se auto-incriminar.

Mas estes direitos devem ser considerados no seu exato contexto.

Assim, o proprietário de um veículo é obrigado a informar corretamente quem conduzia a viatura numa certa data ou aquando de um acidente ou de uma infração ao Código da Estrada, pois esta informação não é em si incriminante[268].

Estes direitos não se estendem ao uso num processo penal de dados que se podem obter de um acusado mesmo com o recurso a alguma coerção mas que existem independentemente da vontade, como a recolha de saliva, urina ou sangue[269].

3.6. As Considerações precedentes exigem que se aprofunde a questão da recolha e uso das provas.

O Tribunal reconhece que a admissibilidade das provas releva, em primeiro lugar, das regras do direito interno e cabe, primeiramente, às jurisdições nacionais apreciar os elementos por elas recolhidos.

O papel do Tribunal consiste em analisar se o processo no seu conjunto, – incluindo o modo de apresentação e da avaliação das provas –, reveste ou não um caráter equitativo. Isto implica a necessidade de examinar se o processo, aí se compreendendo o modo como os elementos de prova foram obtidos e produzidos, foi equitativo na sua globalidade, o que exige o exame da legalidade ou ilegalidade da «prova» em causa e se o requerente teve a possibilidade de contestar a autenticidade das provas e de se opor à sua utilização.

A jurisprudência do Tribunal, com algumas oscilações, pode ser assim resumida.

Primeiro, e relativamente à utilização de meios coercivos, o Tribunal veio precisar que o grau de coerção nunca se poderá traduzir num tratamento que venha a infringir o artigo 3º da *Convenção.*

A utilização de elementos de prova recolhidos com violação deste artigo suscita sempre profundas dúvidas quanto à equidade do processo, mesmo que a sua admissão não tenha sido decisiva para a condenação do suspeito.

No que diz respeito à confissão, o Tribunal entende que a admissão como prova de factos pertinentes obtidos através de atos considerados tortura ou tratamentos desumanos ou degradantes, ou seja de atos contrários ao artigo 3º da *Convenção,* afeta a equidade do processo no seu conjunto, independentemente do valor probatório das declarações ou de a admissão de tais elementos tenha sido ou não determinante para o veredito de culpabilidade.

Já quanto as provas materiais recolhidas com ofensa do referido artigo 3º da *Convenção,* o Tribunal tem feito até hoje uma profunda distinção entre as que são obtidos

[268] Acórdão O'Halloran e Francis, de 29 de junho de 2007, §§ 57/63.

[269] Acórdão Saunders, de 17 de dezembro de 1996, R96-VI, pág. 2064, § 69.

através de atos qualificados de tortura e as recolhidos através de atos qualificados de tratamentos desumanos ou degradantes.

As provas materiais obtidas com a utilização da tortura não podem ser invocadas para provar a culpabilidade da pessoa vítima desses atos, qualquer que seja o valor probatório das provas assim recolhidas.

No seu Acórdão Jalloh, já citado, o Tribunal sublinhou que o artigo 3º consagra um dos valores mais fundamentais das sociedades democráticas, pelo que haverá violação deste artigo 6º quando se utilizarem elementos de prova obtidos através da tortura, mesmo que estes elementos não sejam decisivos para a condenação do arguido e tenha o arguido podido ou não contestá-los, sem que se possa invocar o peso do interesse público ou a gravidade da infração (§ 122).

Neste mesmo Acórdão Jalloh, o Tribunal não decidiu sobre o questão das provas recolhidas com a utilização de tratamentos desumanos ou degradantes, porque não necessitou de um compromisso a esse nível, tendo concluído pela violação do artigo 6º devido as circunstância particulares do processo.

Mas esperava-se que o Tribunal não se afastasse das conclusões a que chegou quanto ao uso de provas recolhidas sob tortura.

No Acórdão Gäfgen, o Tribunal teve oportunidade de revisitar este problema mas não assumiu um compromisso formal, o que foi vivamente criticado pelos juízes dissidentes.

Com efeito, o Tribunal concluiu que as provas materiais litigiosas não foram necessárias e não serviram para provar a culpabilidade ou para a fixação da pena; teria existido uma quebra de nexo causal entre os métodos de inquérito proibidos e o veredito de culpabilidade e a pena

No que respeita às provas recolhidas de uma forma «ilegal», seja porque não foi respeitada a lei interna seja porque se ofendeu nessa recolha a *Convenção*, o Tribunal tem admitido, por princípio e em abstrato, que não há violação do artigo 6º se o processo no seu conjunto apresenta um caráter equitativo, com garantias apropriadas do contraditório.

Nomeadamente, quanto a utilização no processo de elementos de prova obtidos através de aparelhos de escuta secreta, como o registo de telefonemas, com violação do artigo 8º da *Convenção*, uma vez que tais meios não estavam consagrados na lei interna, o Tribunal concluiu que a admissão destas informações assim obtidas não colidia com os princípios do processo equitativo.

O Tribunal entendeu que os arguidos tinham beneficiado de um processo contraditório, ainda que num caso, *Khan*, a prova assim recolhida tenha sido o elemento decisivo para a condenação.

A esta regra geral, escapa a situação examinada no Acórdão Allan; neste caso, o arguido, que se encontrava em prisão preventiva acusado de homicídio, tinha exprimido o desejo de guardar silêncio.

Contudo, a polícia colocou na cela um seu informador e gravou as conversas entre eles que foram depois utilizadas para o condenar.

O Tribunal considerou que o arguido tinha sofrido uma pressão psicológica que enfraqueceu o «caráter voluntário» do que ele teria dito ao seu companheiro de cela; assim, as suas confissões ao companheiro de cela foram obtidas contra sua vontade e violaram o seu direito a guardar silêncio e de não se autoincriminar[270].

Nesta mesma linha, num processo, se o arguido vem a ser condenado, as declarações incriminatórias feitas em interrogatório sem a presença de um advogado, se utilizadas para fundamentar uma condenação, violam os direitos da defesa; e o mesmo se diga da decisão de usar o direito ao silêncio pelo arguido preso sem assistência de defensor. Nestas circunstâncias, o processo penal não será equitativo[271].

3.7. A incidência dos meios de comunicação social sobre o desenrolar do processo e particularmente sobre a sua tranquilidade e serenidade necessita de ser compaginada com o direito do público a ser informado sobre as questões judiciárias.

Os jornalistas devem recordar-se, quando se debruçam sobre processos penais em curso, que mesmo as pessoas mais mediáticas têm o direito de beneficiar de um processo equitativo e, por isso, não devem produzir declarações que possam, intencionalmente ou não, reduzir as condições para uma pessoa beneficiar de um tal processo ou de prejudicar a confiança do público no papel dos tribunais na administração da justiça penal.

[270] Acórdãos Khan, de 12 de maio de 2000, R00-V, pág. 319, § 35, Allan, de 5 de novembro de 2002, R02-IX, pág. 76, § 35, Jalloh, de 11 de julho de 2006, R06-IX, pág. 385, § 122, Bykov, de 10 de março de 2009, § 90, Gäfgen, de 1 de junho de 2010, §§ 141 e segs., 173, 174, 178, 179 e 180. Ver ainda os Acórdãos Ludi, de 16 de junho de 1992, A 238, pág. 20, § 43, Schuler-Zgraggen, A 263, pág. 21, § 66, Dombo Beher B. V., A 274, pág. 18, § 31, Bernard, de 23 de abril de 1998, R98-II, pág. 879, § 37, Pélissier e Sassi, de 25 de março de 1999, R99-II, pág. 327, § 45, Van Kű k, de 12 de junho de 2003, R03-VII, pág. 54, § 47, Harutyunyan, de 28 de agosto de 2007, § 63, Decisões do Tribunal, de 7 de setembro de 1999, Queixa nº 34 222/96, R99-VI, pág. 498, e de 7 de setembro de 1999, Queixa nº 38 753/97, R99-VI, pág. 513, e Decisões de 21 de outubro de 1993, Queixa nº 17 265, *Déc. Rap.* 75, pág. 76, de 20 de maio de 1997, Queixa nº 22 420/93, *Déc. Rap.* 89-A, pág. 17, e de 27 de maio de 1997, Queixa nº 31 704, *Déc. Rap.* 89-A, pág. 136.
Note-se que a tese de que as provas «ilegais» quando usadas para a condenação não colidem com os princípios do processo equitativo está também longe de fazer a unanimidade; para uma visão global, ver a minha opinião concordante no Acórdão Bykov.

[271] Acórdãos Salduz, de 27 de novembro de 2008, § 55, e Dayanan, de 13 de outubro de 2009, § 32.

Afetarão o equilíbrio do processo violentas campanhas de imprensa que tenham por efeito levar o tribunal a adquirir um juízo desfavorável sobre o arguido[272], o que poderá acontecer com mais facilidade quando intervém o júri[273].

Com interesse nesta matéria, apresenta-se a decisão da Comissão no caso *Bricmont*, onde os requerentes se queixavam das declarações que o Ministério Público tinha feito à imprensa durante a instrução do processo.

A imprensa tinha feito largo eco dessas declarações, pelo que os requerentes defendiam que o caráter equitativo do processo tinha sido afetado.

Após observar que, dadas as pessoas envolvidas, era inevitável que a comunicação social se interessasse pelo processo, a Comissão considerou que o aludido princípio não tinha sido violado, uma vez que os requerentes tinham tido a possibilidade de, nas instâncias de julgamento, contradizerem as declarações do Ministério Público[274].

Sublinhe-se que a maior discrição se impõe às autoridades judiciais quando elas são chamadas a julgar, a fim de garantir a sua imagem de juízes imparciais.

Esta discrição deve levá-los a não utilizar a imprensa, mesmo para responder a provocações. São a exigência superior de justiça e a natureza elevada da função judiciária que o impõem[275].

3.8. O artigo 6º da *Convenção* não consagra o princípio *non bis in idem*[276].

Poder-se-ia defender que este princípio faz parte da ordem jurídica internacional, pelo que se imporia mesmo na falta de texto; ou que a sua violação pode, em certas circunstâncias, contrariar o direito a um processo equitativo, nomeadamente quando vai de encontro ao caso julgado. Note-se que as exigências da segurança jurídica e de proteção da confiança legítima não consagram o direito a uma jurisprudência constante; com efeito, uma evolução da jurisprudência não é, em si, contrária à boa administração da justiça na medida em que a ausência de uma abordagem dinâmica e evolutiva seria suscetível de entravar toda a mudança ou melhoria[277].

[272] Acórdão Worm, de 29 de agosto de 1997, R97-V, pág. 1552, § 50, Decisão do Tribunal, de 15 de novembro de 2001, Queixa nº 54 210/00, R01-XII, pág. 207, e Decisões de 25 de maio de 1971, Queixa nº 4771/70, *Rec.*, nº 39, pág. 44, de 9 de outubro de 1986, Queixa nº 10 486/83, *Déc. Rap.* 49, pág. 86, de 6 de março de 1991, Queixa nº 13 251/87, *Déc. Rap.* 68, pág. 137, e de 21 de outubro de 1993, Queixa nº 17 265/89, *Déc. Rap.* 75, pág. 76.

[273] Decisão de 23 de julho de 1963, Queixa nº 1476/62, *Rec.*, nº 11, pág. 31.

[274] Decisão de 15 de julho de 1986, Queixa nº 10 857/84, *Déc. Rap.* 48, pág. 106.

[275] Acórdão Buscemi, de 16 de setembro de 1999, R99-VI, pág. 40, § 67.

[276] Decisões de 13 de dezembro de 1983, Queixa nº 8945/79, *Déc. Rap.* 39, pág. 43, e de 16 de janeiro de 1995, Queixa nº 21 072/92, *Déc. Rap.* 80-A, pág. 89.

[277] Acórdãos Brumărescu, de 28 de outubro de 1999, R99-VII, pág. 261, § 61, Salov, de 6 de setembro de 2005, R05-VIII, pág. 221, § 93 (o caso julgado não pode ser posto em causa), e Nejdet Şahin e Perihan Şahin, de 20 de outubro de 2011, § 58 (examinando decisões de tribunais que classificaram os factos de uma maneira distinta, considerou que não havia violação deste artigo 6º), e Decisões de

Como quer que seja, este princípio está consagrado no artigo 4º do Protocolo nº 7 à *Convenção*, relativamente a processos penais num mesmo Estado[278].

3.9. Tão-pouco o direito a um duplo grau de jurisdição está consagrado neste artigo, mas apenas no artigo 2º do Protocolo nº 7[279]; contudo, um Estado que se dota de jurisdições desta natureza tem a obrigação de cuidar que os interessados gozem das garantias fundamentais aqui estabelecidas[280].

3.10. A *Convenção* não garante, como tal, qualquer direito a que um processo seja reenviado, a título prejudicial, por uma jurisdição nacional ao Tribunal de Justiça da União Europeia, nos termos do artigo 177º do Tratado da EU. Todavia, a rejeição do pedido de reenvio prejudicial pode, se ele surgir como arbitrário, atingir a equidade do processo[281].

4. Direito ao exame da causa

A toda a pessoa é concedido o direito ao exame da sua causa *publicamente*[282].

4.1. A publicidade protege as partes contra uma justiça secreta, escapando ao controlo público; ela constitui um dos meios para preservar a confiança nos tribunais, pela transparência que confere à administração da justiça, ajudando a realizar o objetivo inscrito no nº 1 do artigo 6º: o processo equitativo[283].

11 de dezembro de 1981, Queixa nº 9433/81, *Déc. Rap.* 27, pág. 233, e, *a contrario*, de 7 de setembro de 1989, Queixa nº 11 069/84, *Déc. Rap.* 62, pág. 5.

[278] Decisões de 20 de maio de 1994, Queixa nº 24 015/94, *Déc. Rap.* 77-A, pág. 144, e de 16 de janeiro de 1995, Queixa nº 26 072/95, *Déc. Rap.* 80-A, pág. 89. Cfr. Jacques Velu e Rusen Ergec, *ob. cit.*, págs. 431 e segs., e G. Cohen-Jonathan, *ob. cit.*, pág. 83.

[279] Acórdãos Delcourt, A 11, pág. 14, § 25, e Monnell e Morris, de 2 de março de 1987, A 115, pág. 21, § 5, e Decisão de 29 de junho de 1994, Queixa nº 20 664/92, *Déc. Rap.* 78-A, pág. 97. E muito menos o direito de recorrer ou de rever uma decisão transitada em julgado – Decisão de 2 de dezembro de 1994, Queixa nº 24 469/94, *Déc. Rap.* 79-A, pág. 141.

[280] Acórdãos no caso linguístico belga, de 23 de janeiro de 1968, A 6, pág. 33, § 9, e Khalfaoui, de 14 de dezembro de 1999, R99-IX, pág. 35, § 37, e Decisões de 2 de julho de 1991, Queixa nº 12 275/86, *Déc. Rap.* 70, pág. 47, e de 9 de maio de 1994, Queixa nº 15 384/89, *Déc. Rap.* 77-A, pág. 5.

[281] Acórdãos Coëme, de 22 de junho de 2000, R00-VII, pág. 51, § 114, e Wynen, de 5 de novembro de 2002, R02-VIII, pág. 198, § 41, e Decisão do Tribunal, de 8 de setembro de 2005, Queixa nº 18 624/03, R05-XI, pág. 235 (pedido de reenvio de questões de constitucionalidade ao Tribunal Constitucional), e Decisões de 12 de setembro de 1993, Queixa nº 20 631/92, *Déc. Rap.* 74, pág. 274, e de 28 de junho de 1993, Queixa nº 15 669/88, *Déc. Rap.* 75, pág. 39.

[282] Acórdão Weber, A 177, pág. 20, § 39.

[283] Acórdãos Pretto e outros, A 71, pág. 11, § 21, Axen, A 72, pág. 12, § 25, Sutter, A 74, pág. 12, § 26, Campbell e Fell, A 80, pág. 43, §§ 90-91, Diennet, de 26 de setembro de 1995, A 325-A, pág. 14, § 33, Gautrin e outros, de 20 de maio de 1998, R98-III, pág. 1023, § 42, Riepan, de 14 de novembro de 2000, R00-XII, pág. 31, § 27, e Martinie, 12 de abril de 2006, R06-VI, pág. 65, § 39.

Recorde-se que os tribunais administram a justiça em nome do povo, o que implica que o povo conheça o modo como decorrem os atos processuais bem como as decisões dos tribunais, assumindo com a sua presença a garantia da comunicação entre o sentimento da comunidade e a decisão individual.

Publicidade pressupõe a possibilidade de acesso ao processo, ao conhecimento dos atos de processo que não sejam secretos por lei ou pela natureza das coisas, o que implica nomeadamente a livre assistência à prática desses atos ou a ser informado pessoalmente ou através de relatos públicos sobre os mesmos.

Quando o processo se desenvolve perante um único tribunal, o direito ao exame da causa publicamente pode implicar, em princípio, o direito a uma audiência pública, perante o juiz do fundo e não perante uma autoridade administrativa[284].

Mas, se um processo se desenvolve em várias fases, em primeira instância e em recurso, a publicidade dependerá do papel desempenhado em cada uma dessas fases.

Se a audiência teve lugar na 1ª instância, a sua falta no 2º ou 3º grau de jurisdição pode justificar-se pelas características do processo[285].

Assim, nos recursos consagrados a questões de direito e não de facto, não haverá violação desta disposição se o *acusado* não teve a possibilidade de se expressar pessoalmente[286].

Em certas circunstâncias, a audiência pode ser dispensada e admitir-se uma fase processual puramente escrita; assim será quando as partes a ela renunciarem e o interesse público não a reclamar[287].

As exceções previstas na segunda parte do nº 1 do artigo 6º, justificadas nomeadamente pela proteção da vida privada e pela salvaguarda dos interesses da justiça[288],

[284] Acórdãos Håkanssone e Sturesson, A 171-A, pág. 15, § 67, De Moor, A 292-A, § 56, Fischer, de 26 de abril de 1995, A 312, pág. 20, § 44, Allan Jacobsson, de 19 de fevereiro de 1998, R98-I, pág. 168, § 46, Stefanelli, de 8 de fevereiro de 2000, R00-II, pág. 156, § 19, Göç, de 11 de julho de 2002, R02-V, pág. 238, § 47, Martinie, 12 de abril de 2006, R06-VI, pág. 66, § 40, e Jussila, de 23 de novembro de 2006, § 48 (dispensa de audiência em «processo penal») e Decisão do Tribunal, de 17 de maio de 2001, Queixa nº 45 835/99, R01-VI, pág. 359 (dispensa de audiência perante o Tribunal Constitucional que, embora fosse a única instância, só se ocupava de questões de direito).

[285] Acórdãos Jan-Åke Anderson, de 29 de outubro de 1991, A 212-B, pág. 45, § 27, Constantinescu, de 27 de junho de 2000, R00-VII, pág. 16, § 53, e Meftah e outros, de 26 de julho de 2002, R02-VII, pág. 251, § 47.

[286] Acórdãos Kremzow, de 21 de setembro de 1993, A 268-B, pág. 43, §§ 58 e 59, Botten, de 19 de fevereiro de 1996, R96-I, pág. 141, § 39, e Bulut, de 22 de fevereiro de 1996, R96-II, pág. 358, § 41.

[287] Acórdãos SchulerZgraggen, A 263, págs. 19-20, § 58, e Zumbotel, de 21 de setembro de 1993, A 268-A, pág. 14, § 34.

[288] Decisão do Tribunal, de 7 de junho de 2007, Queixa nº 14 524/06 (julgamento à porta fechada de um acusado de violação de uma menor, filha da sua concubina), Decisões de 2 de julho de 1990, Queixa nº 13 562/68, *Déc. Rap.* 66, pág. 181, e de 21 de outubro de 1993, Queixa nº 17 265/90, *Déc. Rap.* 75, pág. 76 (acesso, por razões de segurança, apenas das pessoas portadoras de um livre trânsito).

valem para os debates em audiência mas já não, em regra, para a publicidade da decisão pelo tribunal.

Para as decisões, parecia que efetivamente o texto da norma não consentia exceções; contudo, o Tribunal admitiu que uma interpretação literal do texto poderia frustrar o objetivo primacial da obtenção de um julgamento equitativo e que, por isso, em casos muito especiais, o interesse dos participantes no processo (nomeadamente menores) e da justiça poderiam exigir que mesmo a decisão não fosse tornada pública[289].

Os Estados gozam de uma certa liberdade de escolha de meios sobre o modo como a decisão será tornada pública: a leitura da decisão em voz alta pode ser dispensada nalgumas circunstâncias, sendo suficiente o depósito da decisão na secretaria do tribunal, decisão que ficará acessível ao público e que qualquer pessoa poderá consultar ou dela obter uma cópia[290].

Em matéria penal, a Comissão considerou que bastava, para que uma decisão fosse tornada pública, a leitura da parte relativa ao delito praticado, à culpabilidade, à existência eventual de circunstâncias particulares e à pena aplicada ainda que a motivação completa do julgamento fosse produzida mais tarde[291].

Mas, como o Tribunal precisou, os elementos tornados públicos devem permitir ao interessado exercer corretamente os seus direitos de defesa, nomeadamente poder ponderar sobre a interposição ou não do recurso[292].

Os beneficiários da publicidade são, para além dos intervenientes no processo, o público e a comunicação social; a tomada de som e imagem pela rádio e pela televisão dependerá, no entanto, de uma decisão do tribunal[293].

4.2. As derrogações à publicidade, autorizadas pelo nº 1 do artigo 6º, estão redigidas em termos tão gerais que de facto conferem ao juiz um poder soberano, praticamente ilimitado, para decidir sobre a realização do julgamento à porta fechada[294].

Porém, ainda aqui as medidas a adotar devem revelar-se adequadas, necessárias, proporcionais, visando salvaguardar aqueles valores.

[289] Acórdãos Campbell e Fell, A 80, págs. 42-43, §§ 89-90, B. e P./Reino Unido, de 24 de abril de 2001, R01-III, págs. 421-422, §§ 47 e 48, e Ryakib Biryukov, de 17 de janeiro de 2008, § 32.

[290] Cfr. Acórdãos Pretto e outros, A 71, pág. 12, §§ 25-26, Axen, A 72, págs. 13-14, §§ 30-31, Sutter, A 74, pág. 14, §§ 32-33, Campbell e Fell, A 80, pág. 43, § 91, e Werner, de 24 de novembro de 1997, R97-VII, pág. 2512, § 55.

[291] Decisão no caso *Crociani e outros C/Itália*, de 18 de dezembro de 1980, *Déc. Rap.* 22, págs. 147-188.

[292] Acórdão Hadjianastassiou, de 16 de dezembro de 1992, A 252, pág. 17, § 37.

[293] Velu e Ergec, *ob. cit.*, pág. 437, e os autores aí referidos.

[294] Mesmo num processo disciplinar – Decisão de 25 de fevereiro de 1991, Queixa nº 15 561/89, *Déc. Rap.* 69, pág. 312.

Seria, assim, discriminatória uma audiência que se desenrolasse com a presença do público, mas sem a presença de jornalistas, ou apenas com jornalistas; quando razões várias, nomeadamente de espaço, obrigarem a condicionar ou restringir o acesso de uns outros, um justo equilíbrio na distribuição de lugares impor-se-á.

Note-se, porém, que mesmo no caso de exclusão do público e da imprensa, certas pessoas podem assistir à audiência: as partes e os seus representantes, as pessoas que tiverem que intervir, como outros que o juiz admitir por razões atendíveis, nomeadamente de origem profissional ou científica – nº 4 do artigo 87º do Código de Processo Penal; ver também os artigos 163º e 606º, nº 1 do Código de Processo Civil.

5. O prazo razoável

A causa deve ser examinada num prazo razoável, elemento essencial para uma boa administração da justiça.

Exigindo o respeito pelo *prazo razoável*, a *Convenção* sublinha a importância que atribui a uma justiça administrada sem atrasos que venham a comprometer a sua eficácia e credibilidade[295].

As infrações repetidas a este nível, reflexo de uma situação duradoura sem que seja visível qualquer remédio e para a qual não está disponível qualquer recurso interno, constituem em si uma prática incompatível com a *Convenção* – Acórdão Ferrari, de 28 de julho de 1999, § 21 (não publicado).

Mas, por vezes, um justo equilíbrio entre a celeridade do processo e a boa administração da justiça pode implicar que o julgamento de um acusado aguarde a instrução de um processo relativo a outros implicados para um julgamento de todos em conjunto[296].

Ainda que suscite idênticas dificuldades, este *prazo razoável* não se confunde com o previsto no artigo 5º, nº 3, para o julgamento de qualquer pessoa presa ou detida, onde se impõe uma *particular diligência*; eventualmente poderá existir violação do nº 3 do artigo 5º sem se verificar violação do prazo razoável fixado no nº 1 do artigo 6º[297].

Note-se que a esta problemática é estranha a possibilidade de julgar crimes passados longos anos sobre a sua prática, dentro dos prazos de prescrição ou independentemente destes se aqueles crimes são imprescritíveis[298].

5.1. Para conhecer o ponto de partida para a contagem do prazo, importa distinguir a matéria civil da penal.

[295] Acórdãos Guincho, A 81, pág. 16, § 38, H/França, de 24 de outubro de 1989, A 162, págs. 22-23, § 58, e Vernillo, de 20 de fevereiro de 1991, A 198, pág. 14, § 38.

[296] Acórdãos Neumeister, A 8, pág. 42, § 21, e Boddaert, de 12 de dezembro de 1992, A 235-D, págs. 82-83, § 39.

[297] Cfr. os Acórdãos Neumeister, A 8, págs. 41-43, §§ 16-21, e Ringeisen, A 13, pág. 45, § 110.

[298] Decisão do Tribunal, de 29 de maio de 2001, Queixa nº 63 716/00, R01-VI, pág. 403.

Em matéria civil, o prazo começa a correr, em princípio, a partir da data da apresentação do pedido no tribunal[299]; porém, em certas hipóteses, o dia *a quo* precede o ato introdutivo da instância para se fixar numa fase preliminar, mesmo administrativa, que o requerente teve de obrigatoriamente percorrer antes de poder apresentar a sua causa ao tribunal[300].

Em matéria penal, o prazo inicia-se a partir do momento em que o requerente foi «acusado», ou seja, a partir do momento em que as suspeitas que emergem do processo passam a ter repercussões importantes sobre a sua situação.

Não é necessária uma acusação formal; bastará que o indivíduo tome conhecimento, ainda que indiretamente, de que está pendente um processo penal destinado a averiguar atos criminosos de que seria eventualmente autor ou cúmplice, pelo que a investigação ou a instrução do processo se orienta contra si[301].

Tal acontecerá certamente quando a pessoa adquira a qualidade de arguido.

Noutras circunstâncias, terá de considerar-se caso a caso: enquanto o processo correr contra incertos ou contra um terceiro, o indivíduo não poderá invocar o disposto no nº 1 do artigo 6º, porquanto não existe, nem formal nem materialmente, *qualquer acusação em matéria penal* contra si.

Mas, se alguém que lhe é próximo é ouvido no processo sobre factos que lhe são atribuídos, é de presumir que este facto tenha repercussões sobre a situação do requerente.

Note-se que, no processo penal que conhece de direitos civis, o prazo relativamente a estes direitos inicia-se a partir do momento em que eles são suscitados no processo, ou seja, a partir da constituição de assistente ou de *partie civile* ou da dedução do pedido de indemnização[302].

Tanto no civil como no penal, o ponto de partida não pode ser anterior à data em que produz efeitos a declaração do Estado a reconhecer o direito de recurso individual (artigo 25º na redação anterior ao Protocolo nº 11), salvo se a esta tivesse sido dado efeito retroativo[303]; ou a partir do momento em que o Estado se vinculou à *Convenção* (artigo 34º).

[299] Ver, por todos, o Acórdão Guincho, A 81, pág. 13, § 29.

[300] Acórdãos Golder, A 18, pág. 18, § 32, Konig, A 27, pág. 33, § 98, e X/França, de 31 de março de 1992, A 234-C, pág. 90, § 31. E quando o tribunal encarrega outra entidade de conduzir o processo para finalmente homologar a solução ali encontrada, o prazo do processo engloba o consumido por aquela entidade – Acórdão Siegel, de 28 de novembro de 2000, R00-XII, págs. 267-268, §§ 33-38.

[301] Acórdãos Wemhooff, A 7, págs. 26-27, § 19, Neumeister, A 8, pág. 41, § 18, Eckle, A 51, págs. 33-34, § 74, Corigliano, A 57, págs. 13-14, § 35, Hozee, de 22 de maio de 1998, R98-III, pág. 1100, § 43, e Mcfarlane, de 10 de setembro de 2010, § 143.

[302] Ver, por todos, Acórdão Casciaroli, de 27 de fevereiro de 1992, A 229-C, pág. 31, § 16.

[303] Acórdão Foti e outros, de 10 de dezembro de 1982, A 56, pág. 18, § 53, e Decisão de 10 de outubro de 1991, Queixa nº 14 660/89, *Déc. Rap.* 72, pág. 141.

Contudo, para a análise do prazo razoável a partir desta data, tomar-se-á em conta o estado em que então o processo se encontrava[304].

Relativamente a Portugal, este prazo só poderia ser contado a partir de 9 de novembro de 1978[305].

5.2. Em matéria civil como penal, o prazo razoável cobre todo o processo, incluindo as instâncias de recurso[306].

E quando um processo civil é consequência de um processo penal que findou, os dois processos devem ser considerados como um só para o controlo do prazo razoável, como também se deve considerar o período que decorre uma vez findo o processo penal por absolvição ou arquivamento e a fixação de uma indemnização ao acusado prevista no direito interno para essas hipóteses[307].

Ultrapassadas algumas hesitações[308], entende-se que a duração da instância nos tribunais constitucionais entra em linha de conta para o cômputo global do prazo, sempre que a sua decisão incida sobre uma «contestação» de um direito de caráter civil ou de uma acusação em matéria penal[309].

Em matéria penal, o prazo termina com a decisão que fixa definitivamente o destino do processo, com o arquivamento, a condenação ou a absolvição, ou seja, quando o tribunal se pronuncia definitivamente sobre o bem-fundado da *acusação*; assim, se um

304 Acórdãos Bagetta, de 25 de junho de 1978, A 119, pág. 32, § 20, Milasi, de 25 de junho de 1987, A 119, pág. 45, § 14, Proszak, de 16 de dezembro de 1997, R97-VIII, pág. 2772, § 31, Styranowski, de 30 de outubro de 1998, R98-VIII, pág. 3376, § 46, e Podbielski, de 30 de outubro de 1998, R98-VIII, pág. 3395, § 31, e Decisões de 9 de dezembro de 1991, Queixa nº 14 245/88, *Déc. Rap.* 71, pág. 131, de 10 de outubro de 1991, Queixas nºs 15 530/89 e 15 531/89, *Déc. Rap.* 72, pág. 169, de 9 de julho de 1992, Queixa nº 14 723/89, *Déc. Rap.* 73, pág. 81, e de 6 de setembro de 1995, Queixa nº 24 559/94, *Déc. Rap.* 82-A, pág. 76.

305 Acórdão Martins Moreira, A 143, pág. 16, § 43.

306 Acórdãos Engel e outros, A 22, pág. 37, § 39, Pretto, A 71, pág. 14, § 30, e Poiss, de 23 de abril de 1987, A 117, pág. 103, § 50.

307 Decisão de 8 de janeiro de 1993, Queixa nº 13 805/88, caso *Caporaso/Itália*, não publicada, e Acórdão Mamič, de 27 de julho de 2006, R06-X, pág. 97, § 29.

308 Acórdão Bucholz, A 42, págs. 15 e segs., §§ 48 e segs.

309 Acórdãos Deumeland, A 100, pág. 26, § 77, Poiss, A 117, pág. 103, § 50, Ruiz-Mateos, de 23 de junho de 1993, A 262, pág. 24, §§ 58-59, Süssmann, de 16 de setembro de 1996, R96-IV, pág. 1171, § 41, Pauger, de 28 de maio de 1997, R97-III, pág. 894, § 46, Pammel, de 1 de julho de 1997, R97-IV, pág. 1109, § 51, Probstmeier, de 1 de julho de 1997, R97-IV, pág. 1135, § 48, e Gast e Popp, de 25 de fevereiro de 2000, R00-II, pág. 507, § 64, Yasar e outros, de 9 de abril de 2002, R02-II, pág. 390, § 66 (este artigo não se aplica ao processo de dissolução de um partido político), e Voggenreiter, de 8 de janeiro de 2004, R04-I, pág. 11, § 31, e Decisão do Tribunal, de 13 de setembro de 2001, Queixa nº 48 077/99, R01-IX, pág. 431.

despacho não põe um fim definitivo ao processo que mais tarde é reaberto, o primeiro período deve ser tomado em conta para o cálculo da duração do processo[310].

No processo civil, o prazo termina com a decisão definitiva que põe fim ao litígio, resolvendo a controvérsia[311].

Assim, em regra, o prazo termina com a decisão final; porém, nos casos em que à decisão final se segue um processo de execução desta decisão, o Tribunal entendeu que o prazo se estendia também a esta fase[312].

5.3. A violação do prazo razoável pode ser verificada mesmo num processo ainda pendente, não importando que o atraso existente no momento em que se considera a situação venha a ser recuperado posteriormente.

Num processo pendente, a duração a considerar vai até ao dia da adoção do acórdão.

Se houve acordo amigável ou a constatação de violação, se houver uma nova queixa, o início do prazo agora relevante é o do dia seguinte ao do acordo ou da adoção do acórdão[313].

6. Critérios para avaliar o prazo razoável

A determinação da razoabilidade do prazo não pode ter um tratamento dogmático, requerendo o exame da situação concreta, onde se ponderem todas as circunstâncias inerentes apreciadas globalmente[314].

E, entre elas, o interesse da causa para o requerente; por exemplo, as pessoas presas podem reclamar uma particular diligência[315], assim como nas questões laborais[316],

[310] Acórdãos Wemhoff, A 7, pág. 26, § 18, Neumeister, A 8, pág. 41, § 19, e Stoianova e Nedelcu, de 4 de agosto de 2005, R05-VIII, pág. 126, § 21, e Decisão do Tribunal, de 26 de agosto de 2003, Queixa nº 59 493/00, R03-X, pág. 319, § 371.

[311] Acórdão Poiss, A 117, pág. 103, § 50.

[312] Acórdãos Guincho, A 81, pág. 13, § 29, Martins Moreira, A 143, pág. 16, § 44, também publicado no *BDDC*, nº 33/34, págs. 412 e segs., Silva Pontes, A 286-A, pág. 15, § 41, e Zappia, R96-IV, pág. 1412, § 22.

[313] Cfr. Acórdão Baraona, A 122, pág. 18, § 46, e a Decisão no mesmo caso, de 8 de outubro de 1986, A 122, pág. 31, § 128; ver ainda os Acórdãos Pailot e Richard, ambos de 22 de abril de 1998, R98-II, pág. 802, § 57, e pág. 823, § 54, respetivamente, Henra, de 29 de abril de 1998, R98-II, pág. 979, § 58, e Leterme, de 29 de abril de 1998, R97-III, pág. 1001, § 58.

[314] Acórdãos Obermeier, A 179, pág. 23, § 72, De Micheli, de 26 de janeiro de 1993, A 257-D, pág. 48, § 17, Monnet, de 27 de outubro de 1993, A 273-A, págs. 11-12, § 27, e Vallée, de 26 de abril de 1994, A 289, § 34.

[315] Acórdão Abdoella, de 25 de novembro de 1992, A 248-A, págs. 16-17, § 24.

[316] Acórdão Eckle, A 51, págs. 35 e segs., § 80.

nas familiares, nomeadamente as relacionadas com o poder paternal[317], ou as relativas a pessoas idosas ou gravemente doentes[318].

O *prazo razoável* apresenta-se como uma questão de facto; por isso, o ónus da prova recai sobre o Estado requerido, incumbindo-lhe, quando o prazo parecer exorbitante, fornecer as explicações sobre os motivos dos atrasos verificados[319].

Os órgãos da *Convenção* consideram, como critérios gerais para a apreciação, a natureza do processo, o comportamento do requerente e o das autoridades competentes[320].

6.1. A circunstância mais invocada para explicar um atraso fundado sobre a natureza de um processo é a sua complexidade, evidenciada pelo número de pessoas envolvidas (arguidos, partes, testemunhas, peritos), pelas múltiplas questões de facto ou de direito suscitadas ou pelo seu volume[321].

6.2. O comportamento do requerente constitui um elemento objetivo, não imputável ao Estado requerido, e que entra em linha de conta para se determinar se houve ou não ultrapassagem do prazo razoável[322].

Os órgãos da *Convenção* continuam a distinguir, neste capítulo, o civil do penal, exigindo, no primeiro caso, uma *diligência normal* destinada a ativar o processo[323]; incumbe às partes o impulso processual, nos termos do princípio do dispositivo.

Porém, o facto de o processo estar sujeito ao *princípio do dispositivo*, competindo às partes o poder de iniciativa e de impulso processual – artigos 7º e segs. do Código

[317] Acórdão Niederböster, de 27 de fevereiro de 2003, R03-IV, pág. 119, § 39, e Decisão de 5 de julho de 1989, Queixa nº 12 366/86, *Déc. Rap.* 62, pág. 172.

[318] Acórdãos Karakaya, de 26 de agosto de 1994, A 289-B, pág. 45, § 45, A e outros/Dinamarca, de 8 de fevereiro de 1996, R96-I, pág. 107, § 78, e F.E./França, de 10 de outubro de 1998, R98-VIII, pág. 3352, § 53.

[319] Acórdão Ruotolo, de 27 de fevereiro de 1992, A 230-D, pág. 39, § 37.

[320] Acórdãos Manzoni, de 19 de fevereiro de 1991, A 195-B, pág. 29, § 7, Kemache, de 27 de novembro de 1991, A 218, pág. 27, § 60, Terranova, de 4 de dezembro de 1995, A 337-A, pág. 21, § 20, Mitap e Müftüog'lu, de 25 de março de 1996, R96-II, pág. 411, § 32, Torri, de 1 de julho de 1997, R97-IV, pág. 1179, § 24, Proszak, R97-VIII, pág. 2772, § 32, S.R./Itália, de 23 de abril de 1998, R98-II, pág. 835, § 18, Fisanotti, de 23 de abril de 1998, R98-II, pág. 845, § 19, Doustaly, de 23 de abril de 1998, R97-II, pág. 852, § 39, Papachelas, de 25 de março de 1999, R99-II, pág. 15, § 37, e Kudl/a, de 26 de outubro de 2000, R00-XI, pág. 280, § 124.

[321] Acórdãos Neumeister, A 6, págs. 42-43, § 21, e Foti, A 56, pág. 20, § 58.

[322] Acórdãos Erkner e Hofauer, de 23 de abril de 1987, A 117, pág. 63, § 68, e Wiesinger, de 30 de outubro de 1991, A 213, pág. 22, § 57, Relatório de 6 de novembro de 1989, caso Santilli, 194-D, pág. 67, e Decisão de 9 de janeiro de 1995, Queixa nº 20 373/92, *Déc. Rap.* 80-A, pág. 56.

[323] Acórdãos Pretto e outros, A 71, pág. 14, § 33, Capuano, de 25 de junho de 1987, A 119, pág. 19, §§ 59 e 61, e Vernillo, A 198, pág. 13, § 34, e Relatórios de 12 de abril de 1989, Queixa nº 11 541/85, *Déc. Rap.* 70, pág. 13, e de 31 de maio de 1991, Queixa nº 12 628/87, *Déc. Rap.* 71, pág. 22.

de Processo Civil –, não dispensa os juízes de assegurar o respeito das exigências do artigo 6º em matéria do prazo razoável[324].

No penal, o *acusado* é dispensado de uma cooperação ativa para acelerar o processo[325].

Porém, um *acusado* fugitivo não pode, em princípio, criticar o caráter não razoável da duração de um processo posterior à sua fuga[326]; efetivamente, ninguém poderá queixar-se da duração de um processo devida essencialmente a um ato seu, inaceitável num Estado de direito: a subtração à ação da justiça[327].

6.3. Apenas os atrasos devidos às autoridades competentes podem ser imputados aos Estados e, por isso, só eles permitem apurar se há ou não violação do nº 1 do artigo 6º[328].

Incumbe aos Estados organizar o seu sistema judiciário de modo a que as suas jurisdições possam garantir a cada um o direito de obter uma decisão definitiva sobre as contestações relativas a direitos e obrigações de caráter civil, e sobre a acusação penal em prazo razoável[329].

Como se viu *supra*, o facto de o processo estar sujeito ao *princípio do dispositivo*, não dispensa os juízes da obrigação de assegurarem o respeito das exigências do artigo 6º em matéria do prazo razoável[330].

E, mesmo o perito, independente da ação do tribunal na elaboração do seu relatório, está submetido ao controlo das autoridades judiciárias para aquele efeito[331].

Uma crise passageira, económica ou política, determinante de uma sobrecarga de trabalho dos tribunais, pode ser invocada para justificar um excesso de prazo, desde que o Estado adote, com a prontidão adequada, medidas apropriadas para ultrapassar estas situações excecionais; justificação já não aceite quando a situação assuma caráter estrutural[332].

[324] Acórdãos Baraona, A 122, pág. 19, § 48, Union Alimentaria Sanders, S. A., de 7 de julho de 1989, A 157, pág. 13, § 35, Ciricosta e Viola, A 337-A, pág. 10, § 30, e Tierce, de 17 de junho de 2003, R03-VII, pág. 143, § 31.

[325] Acórdãos Corigliano, A 57, pág. 15, § 42, e Dobertin, de 25 de fevereiro de 1993, A 256-D, pág. 117, § 43.

[326] Relatório de 15 de dezembro de 1980, caso Ventura, *Déc. Rap.* 23, pág. 5, e Decisões de 30 de maio de 1974, Queixa nº 5078/71, *Rec.*, 46, pág. 42, e de 2 de março de 1983, Queixa nº 9429/81, *Déc. Rap.* 32, pág. 225.

[327] Decisão de 2 de março de 1988, Queixa nº 9742/82, caso *X/Irlanda*, *Déc. Rap.* 32, pág. 251.

[328] Acórdãos Monnet, de 27 de outubro de 1993, A 273-A, págs. 12-13, § 30, e Ciricosta e Viola, de 4 de dezembro de 1995, A 337-A, pág. 10, § 28.

[329] Acórdãos Vocaturo, de 24 de maio de 1991, A 206-C, pág. 32, § 17, Trevisan, de 26 de fevereiro de 1993, A 257-F, pág. 17, § 18, e Cocchiarella, de 5 de março de 2006, R06-V, pág. 189, § 73.

[330] Acórdão Martins Moreira, A 143, pág. 20, §§ 59 e segs.

[331] Relatório de 12 de julho de 1989, Queixa nº 11 157/84, *Déc. Rap.* 67, pág. 29.

[332] Acórdãos Bucholz, A 42, págs. 21 e seg., § 63, Zimmermann e Steiner, A 66, pág. 12, § 29, Guincho, A 81, pág. 17, § 40, Baggetta, de 25 de junho de 1987, A 119, pág. 33, § 24, e Milasi, A 119, págs. 46

Entre as várias soluções preconizadas para responder a um excesso de trabalho, figura a escolha dos processos para movimentar não segundo a sua data de entrada mas de acordo com a sua urgência e importância, em particular, segundo o interesse que eles apresentam para as partes[333].

6.4. Existe hoje uma jurisprudência bem estabelecida neste capítulo que permite ao Tribunal adotar um procedimento abreviado para a análise das situações de atraso, ensaiando-se mesmo um tratamento em conjunto deste tipo de queixas relativas a um determinado Estado.

Aliás, os acordos amigáveis são relativamente frequentes ao longo do processo, mesmo já numa fase adiantada, assim como as declarações unilaterais por parte dos Estados, onde se reconhece a violação e se oferece uma soma como reparação, que uma vez aceite põe fim ao processo[334].

Recorde-se que, antes da entrada em vigor do Protocolo nº 11, na hipótese de fracasso do acordo amigável, a Comissão tinha tendência para confiar a decisão final ao *Comité de Ministros*, mormente após este ter passado a atribuir, com a colaboração da própria Comissão, uma *reparação razoável* em caso de violação[335].

7. Tribunal independente e imparcial

Toda a pessoa tem direito a um *tribunal, independente e imparcial, estabelecido pela lei.*

7.1. Este direito de acesso não é absoluto; ele presta-se a limitações implicitamente admitidas, porquanto, pela sua própria natureza, apela a uma regulamentação pelo Estado, regulamentação que pode variar no tempo e no espaço em função das necessidades e finanças da comunidade e dos indivíduos.

Ao elaborarem tal regulamentação, os Estados Contratantes gozam de uma certa margem de apreciação.

Pertence ao Tribunal decidir, em último lugar, sobre o respeito das exigências da *Convenção*; o Tribunal deverá convencer-se de que as limitações não restringem o

e seg., § 18, e Relatórios de 6 de dezembro de 1989, caso *Pulido Garcia*, Queixa nº 11 499/85, *Déc. Rap.* 68, pág. 5, e de 6 de novembro de 1989, caso Silva Macedo, Queixa nº 11 660/85, *Déc. Rap.* 69, pág. 80.

333 Acórdão Zimmermann e Steiner, A 66, pág. 12, § 29; o contencioso do trabalho é um dos que reclama diligência particular – Acórdãos Vocaturo, A 206-C, pág. 32, § 17, e os publicados na A, nºs 228-A a E.

334 Cfr., por exemplo, o Acórdão Oliveira Neves, de 25 de maio de 1989, A 153-B, págs. 25 e segs., também publicado no *BDDC*, nº 33/34, págs. 437 e segs., para os acordos amigáveis, e a Decisão do Tribunal, de 2 de junho de 2009, Queixa nº 29 753/08, para as declarações unilaterais.

335 Aliás, tinha entretanto desaparecido o receio de o *Comité de Ministros*, não obstante o parecer unânime da Comissão, não conseguir chegar a uma conclusão sobre a violação. Ver, por exemplo, o caso Dores e Silveira/Portugal, Resolução do *Comité de Ministros Direitos do Homem* (85) 7, de 11 de abril de 1985.

acesso do indivíduo de uma maneira ou a um ponto tais que o direito se encontre atingido na sua substância.

Por outro lado, tal limitação só se concilia com o nº 1 do artigo 6º se ela visa um fim legítimo e se existe uma relação de proporcionalidade entre os meios utilizados e o fim visado.

Efetivamente, este artigo não interdita os Estados de editar regulamentação relativa ao acesso a um tribunal ou às jurisdições de recurso – prazos legais de prescrição ou para interposição de um recurso, acesso condicionado à representação em juízo por advogado, a prestação de uma caução *judicatum solvi*, etc., – que tenham por objetivo assegurar uma boa administração da justiça, desde que ela não constitua um real entrave àquele acesso, atingindo a substância do próprio direito, como, por exemplo, aplicando uma multa muito elevada para a disciplina dos atos ou fixando um prazo para a interposição de um recurso que se revele, de tão reduzido, desproporcionado entre os meios utilizados e a finalidade visada, como não interdita a consagração de certas imunidades que se mostram necessária numa sociedade democrática e, entre elas, as que são admitidas pela comunidade das Nações como relevando da regra da imunidade dos Estados[336].

[336] Acórdãos Ashingdane, A 93, págs. 24-25, § 57, Litghow e outros, A 102, pág. 71, § 194, Fayed, A 294-B, § 65, Bellet, de 4 de dezembro de 1995, A 333-B, pág. 41, § 31, Stubbings e outros, de 22 de outubro de 1996, R96-IV, pág. 1502, § 50, Brualla Gomez de la Torre, de 19 de dezembro de 1997, R97-VIII, pág. 2955, § 33, Acórdãos Edificaciones March Gallego, de 19 de fevereiro de 1998, R97-I, pág. 290, § 34, K.D.B./Holanda, de 27 de março de 1998, R98-II, pág. 630, § 38, Tinnelly e outros, de 10 de julho de 1998, R97-IV, pág. 1660, § 72, Guérin, de 29 de julho de 1998, R98-V, pág. 1867, § 37, Omar, de 29 de julho de 1998, R98-V, pág. 1840, § 34, Aït-Mouhoub, de 28 de outubro de 1998, R98-VIII, pág. 3227, § 52, Osman, de 28 de outubro de 1998, R98-VIII, pág. 3169, § 147, F.E./França, de 30 de outubro de 1998, R98-VIII, pág. 3349, § 44, Khalfaoui, de 14 de dezembro de 1999, R99-IX, pág. 36, § 36 (necessidade de se constituir prisioneiro antes de o Supremo Tribunal examinar o recurso), Gannoni di Gussola e Debordes e Omer, 14 de novembro de 2000, R00-XI, pág. 367, § 48, Fogarty, de 21 de novembro de 2001, R01-XI, pág. 181, § 32 (imunidade dos Estados em relação à nomeação para um posto diplomático), Al-Adsani, de 21 de novembro de 2001, R01-XI, pág. 138, § 52 (imunidade dos Estados em relação à tortura), McElhiney de 21 de novembro de 2001, R01-XI, pág. 67, § 38 (imunidade dos Estados por danos sofridos por um indivíduo no Estado do foro), Yagtzilar e outros, de 6 de dezembro de 2001, R01-XII, pág. 11, § 23, Zvolsky e Zvolska, de 12 de novembro de 2002, R02-IX, pág. 150, § 48 (prazos para interpor um recurso), Berger, de 3 de dezembro de 2002, R02-X, pág. 10, § 30 (no processo penal, restrições de interposição de recurso pela parte civil sem a companhia do Ministério Público), Cordova nº 1, de 30 de janeiro de 2003, R03-I, págs. 224-225, §§ 60 e 62, Cordova nº 2, de 30 de janeiro de 2003, R03-I, pág. 264, §§ 62 e 64 (a imunidade parlamentar, desde que ligada às funções parlamentares, não pode ser vista como uma restrição desproporcional), Weissman e outros, de 24 de maio de 2006, R06-VII, pág. 48, § 40 (preparos excessivos pedidos aos demandantes para introduzir uma ação), Lupaş, de 14 de dezembro de 2006, § 76 (unanimidade de todos os co-proprietários para reivindicar um bem indiviso), Arma, de 8 de março de 2007, § 35 (não pode ser recusado o acesso ao tribunal quando existe interesse em agir), Stankov, 12 de julho de 2007, § 52 (montante dos preparos), Khamidov, de 15 de novembro de 2007, § 156 (não funcionamento dos tribunais durante o tempo em que duraram certas operações mili-

Assim, o facto de ter acesso a um tribunal apenas para ver as suas ações serem declaradas inadmissíveis de acordo com a lei não satisfaz os imperativos deste número; é necessária ainda a efetividade do direito de acesso, o que pressupõe que o indivíduo goza da possibilidade clara e concreta de «contestar» um ato que constitui uma ingerência nos seus direitos[337].

Como também o não satisfaz quando as limitações à interposição de um recurso são de tal ordem que atinjam a própria substância deste direito, impedindo o seu exercício concreto[338].

E este direito não deixaria de ser ilusório se a ordem pública de um Estado contratante permitisse que uma decisão judicial definitiva e obrigatória ficasse inoperante, sem execução, em prejuízo de uma das partes, sendo mesmo excessivo exigir a quem

tares), Lawer Partners. A.S., de 16 de junho de 2009, § 54 (violação do acesso a um tribunal com a recusa de os tribunais internos em aceitarem um enorme número de ações (cerca de 70000) apresentadas em suporte DVD), Syngelidis, de 11 de fevereiro de 2010, § 49 (imunidade parlamentar no processo penal), Cudak, de 23 de março de 2010, § 74 (não há imunidade dos Estados num processo civil em que uma secretária de uma embaixada pede uma indemnização por licenciamento abusivo), e Stanev, de 15 de janeiro de 2012, § 229 (limitações no acesso aos tribunais de uma pessoa sob curatela); ver também Acórdão Sabeh El Leil, de 29 de junho de 2011, §§ 40 e 47 (relativo a processo civil de um funcionário de uma embaixada estrangeira que ali exercia as funções de contabilista), Decisões do Tribunal, de 5 de dezembro de 2000, Queixa nº 46 275/99, R00-XII, pág. 473 (recusa de um recurso por o recorrente não ter, entretanto, dado cumprimento à decisão recorrida), de 26 de setembro de 2002, R02-IX, pág. 277 (interdição de propor uma determinada ação), de 10 de abril de 2003, Queixas nºs 69 829/01 e 2672/03, R03-IV, pág. 409 (citação edital), de 5 de junho de 2003, Queixa nº 74 789/01, R03-IX, pág. 317 (exigência de uma representação por advogado ou de uma soma como condição para o exame de um recurso), e de 16 de junho de 2009, Queixa nº 14 717/06 (imunidade dos Estados de acordo com as regras geralmente reconhecidas nesta matéria), e Decisões de 26 de outubro de 1995, Queixa nº 20 087/92, *Déc. Rap.* 83-A, pág. 5, e de 2 de julho de 1997, Queixas nºs 27 436/95 e 28 406/95, *Déc. Rap.* 90-A, pág. 45.
No Acórdão Kart, de 3 de dezembro de 2009, o Tribunal examinou a questão da imunidade parlamentar consagrada na lei que suspendia os processos penais durante o mandato do deputado.
Tratava-se de um processo penal por factos cometidos antes da eleição do visado que pretendia ser julgado durante o seu mandato de deputado, renunciando assim à sua imunidade.
O Tribunal entendeu que esta imunidade encontra a razão da sua legitimidade na preservação da integridade do Parlamento e no bom funcionamento deste – § 112.

337 Acórdãos Bellet, A 333-A, pág. 42, § 36, Cañete de Goni, de 15 de outubro de 2002, R02-VIII, pág. 97, § 34, Beneficio Capella Paolini, de 13 de julho de 2004, R04-VIII, pág. 167, § 28, e Vallauri, de 20 de outubro de 2009, § 71 (o interessado não teve a possibilidade de discutir a sua posição por não ter acesso a elementos necessários para o exercício do contraditório).

338 Acórdãos da Igreja Católica da Cannée, de 16 de dezembro de 1997, R97-VIII, pág. 2858, § 38, Pérez de Rada Cavanilles, de 28 de outubro de 1998, R98-VIII, pág. 3255, §§ 44 e 45, Miragall Escolano e outros, de 25 de janeiro de 2000, R00-I, pág. 289, § 38, Běleš e outros, de 12 de novembro de 2002, R02-IX, pág. 102, § 49, e Glaser, de 14 de fevereiro de 2008, § 32, Decisão do Tribunal, de 23 de janeiro de 2003, Queixa nº 51 307/99, R03-I, pág. 371, e Decisão de 14 de janeiro de 1998, Queixa nº 32 175/96, *Déc. Rap.* 92-A, pág. 185.

obteve uma condenação do Estado que inicie um processo executivo para ver cumprida a decisão[339].

Note-se que uma queixa relativa à independência e à imparcialidade dos tribunais não pode ser examinada enquanto o processo estiver pendente[340].

Todo o indivíduo deve ter a possibilidade de apresentar a sua causa perante um tribunal, com livre acesso e o domínio dos meios materiais e humanos necessários.

E perante um tribunal com plena jurisdição[341].

Assim, quando são as autoridades administrativas a decidir em primeira e segunda instância não se observa esta exigência; já quando a questão é examinada sucessivamente por órgãos diferentes, o nº 1 do artigo 6º dispensa que os primeiros respondam às suas prescrições, se as suas decisões são submetidas ao controlo de um tribunal gozando da plenitude de jurisdição.

E o processo que se desenrola perante as autoridades administrativas não deixa de ser objeto de controlo pelos órgãos da *Convenção*, a fim de verificar se apresenta, na sua globalidade, um caráter equitativo, verificando, nomeadamente, se eventuais violações cometidas naquela primeira fase, antes do envio do processo aos juízes, foram por estes reparadas[342].

339 Acórdãos Hornsby, de 19 de março de 1997, R97-II, pág. 510, § 40, Immobiliare Saffi, de 28 de julho de 1999, R99-V, pág. 131, § 63, Kutiè, 1 de março de 2002, R02-II, pág. 100, § 24, Burdov, de 7 de maio de 2002, R02-III, pág. 337, § 34 (atraso na execução da decisão pode contender com a essência do direito protegido no artigo 6º); ver, também, Assanidzé, de 8 de abril de 2004, R04-II, pág. 18, 205, § 182, Prodan, de 18 de maio de 2004, R04-III, pág. 377, § 52, Pini e outros, de 22 de junho de 2004, R04-V, pág. 280, § 176, Taşkin e outros, de 10 de novembro de 2004, R04-X, pág. 177, § 137, Mykhaïlenki e outros, de 30 de novembro de 2004, R04-XII, pág. 193, § 52, Lo Tufo, de 21 de abril de 2005, R05-III, pág. 316, § 53, Turczanik, de 5 de julho de 2005, R05-VI, pág. 255, § 51 (a Ordem dos Advogados tem de cumprir as decisões vindas dos Tribunais), Okyay e outros, 12 de julho de 2005, R05-VII, pág. 163, § 73, Sarl Amat-G e Mébaghichvili, de 27 de setembro de 2005, R05-VIII, pág. 304, § 47, Jeličić, de 31 de outubro de 2006, § 38, Hirschhorn, de 26 de julho de 2007, § 61, Wasserman (nº 2), de 10 de abril de 2008, § 65), e Burdov nº 2, de 15 de janeiro de 2009, § 68 (é excessivo exigir a quem obteve uma decisão condenatória contra um Estado que inicie um processo de execução para obter o cumprimento da decisão).

340 Decisão de 4 de março de 1997, Queixa nº 25 006/94, *Déc. Rap.* 88-A, pág. 34.

341 Acórdãos Albert e Le Compte, A 58, pág. 16, § 29, Zumbotel, de 21 de setembro de 1993, A 268-A, pág. 13, § 29, Ortenberg, A 295-B, pág. 49, § 31, Terra Woningen B. V., de 17 de dezembro de 1996, R96-VI, pág. 2122, § 52, e Potocka e outros, de 4 de outubro de 2001, R01-X, pág. 85, § 52, e Decisões de 12 de janeiro de 1994, Queixa nº 18 874/91, *Déc. Rap.* 76-A, pág. 44, e de 7 de dezembro de 1994, Queixa nº 18 660, *Déc. Rap.* 79-A, pág. 11.

342 Acórdãos Le Compte, Van Leuven e De Meyere, A 43, pág. 23, § 51, Obermeir, A 179, pág. 22, § 70, Zumbotel, de 21 de setembro de 1993, A 268-A, pág. 13, § 31, Imbrioscia, de 24 de novembro de 1993, A 275, pág. 3, § 36, British-American Tobacco Company Ltd, de 20 de novembro de 1995, A 331, pág. 25, § 78, A. Fischer, de 26 de abril de 1995, A 312, pág. 17, § 28, Miailhe (2), de 26 de setembro de 1996, R96-IV, pág. 1338, § 43, Mauer, de 18 de fevereiro de 1997, R97-I, pág. 83, §§ 30-31, De Haan, de 26 de agosto de 1997, R97-IV, pág. 1393, § 52, Helle, de 19 de dezembro de 1997, R97-VIII, pág.

O artigo 6º, nº 1, garante a cada um o direito a que um tribunal conheça de toda a contestação relativa aos seus direitos e obrigações de caráter civil[343].

Mas este direito de acesso a um tribunal não se estende à possibilidade de provocar a abertura de um processo penal contra um terceiro nem garante o direito de ser admitido como *partie civile*[344].

Esta mesma disposição pode ser invocada por quem pensa ser ilegal uma ingerência no exercício de um dos seus direitos de caráter civil e não tem a possibilidade de submeter o exame desta questão a um tribunal[345].

Esta ideia foi confirmada por diversas vezes[346], e completada no caso *Airey*[347], onde o Tribunal concluiu que, mesmo num processo civil (para o processo penal ver a alínea *c)* do nº 3 deste artigo), o indivíduo deve ter também o direito à assistência de um advogado oferecido pelo Estado, quando esta assistência se revelar indispensável para um acesso efetivo ou estiver prescrita pela lei.

Em matéria penal, a pessoa tem o direito a que a acusação formulada contra si seja submetida à decisão do juiz, embora o *acusado* possa renunciar a este direito, desde que, obviamente, essa renúncia seja livre[348].

O direito a um tribunal não envolve o acesso a mais de um grau de jurisdição, como se viu, mas, se um Estado cria instâncias de recurso, deve cuidar para que as garantias fundamentais do artigo 6º sejam consagradas, nomeadamente o direito de acesso efetivo ao recurso[349].

2926, § 46, Gautrin e outros, de 20 de maio de 1998, R98-III, pág. 1030, § 57, Kingsley, de 28 de maio de 2002, R02-IV, pág. 98, § 32, e Woś, de 8 de junho de 2006, R06-VII, pág. 340, § 92, Decisões do Tribunal, de 12 de março de 2002, Queixa nº 2352/02, R02-IV, pág. 543, e de 21 de março de 2006, Queixa nº 70 074/01, R06-III, pág. 375, e Decisões de 14 de dezembro de 1989, Queixa nº 14 013/88, *Déc. Rap.* 64, pág. 176, de 8 de março de 1994, Queixa nº 20 490/92, *Déc. Rap.* 76-A, pág. 90, e de 6 de abril de 1994, Queixa nº 18 878/91, *Déc. Rap.* 77-A, pág. 96.

343 Acórdão Golder, A 18, págs. 12-20, §§ 25-40.

344 Decisões de 15 de maio de 1995, Queixa nº 23 997/94, *Déc. Rap.* 81-A, pág. 102, de 6 de julho de 1995, Queixa nº 23 326/94, *Déc. Rap.* 84-A, pág. 31, e de 14 de outubro de 1996, Queixa nº 22 998/93, *Déc. Rap.* 87-A, pág. 24.

345 Acórdãos Albert le Compte, Van Leuven e De Meyere, A 43, pág. 20, § 44, e Santos Mosteiros, de 9 de dezembro de 1994, A 301-A, pág. 36, § 80.

346 Acórdãos Winterwerp, A 33, págs. 28-29, §§ 74-76, Silver e outros, A 61, págs. 31-32, §§ 80-82, e Campbell e Fell, A 80, págs. 47-48, §§ 105-107, e pág. 49, §§ 111-113.

347 A 32, págs. 12-16, §§ 22 a 26; ver os Acórdãos McVicar, de 7 de maio de 2002, R02-III, págs. 305 e 306, §§ 47-49, Bertuzzi, de 13 de fevereiro de 2003, R03-III, pág. 113, § 23, e Steel e Morris, de 13 de fevereiro de 2005, R05-II, pág. 75, §§ 60 a 62.

348 Acórdão Deweer, A 35, págs. 24-29, §§ 48-54.

349 Acórdãos no caso linguístico belga, A 6, pág. 33, § 9, também publicado no *BDDC*, nº 3, págs. 204 e segs., Delcourt, A 11, pág. 14, § 25, Levages Prestations Services, de 23 de outubro de 1996, R96-V, pág. 1544, § 44, Sociedade Anónima «Sotiris e Nikos Koutras Atee», de 16 de novembro de 2000, R00-XII, pág. 47, § 18, Del Sol, de 26 de fevereiro de 2002, R02-II, pág. 62, § 21, Běleš e outros, de 12 de novembro de 2002, R02-IX, pág. 105, § 62, Marpa Zeeland e Metal Welding B.V., de 9 de novembro

E este direito de acesso a um tribunal não implica, em princípio, que a parte que ganhou se veja reembolsada das custas do processo; contudo, se a regra é o reembolso do que despendeu a parte que ganha, e se esse reembolso não ocorre porque a parte que perdeu é o Estado ou uma entidade pública, haverá violação deste artigo[350].

O direito de acesso a um tribunal pode ser renunciado a favor da arbitragem[351].

7.2. Direito a um tribunal independente e imparcial.

O poder de tornar uma decisão obrigatória que não pode ser modificada por uma autoridade não judicial em prejuízo de uma parte é inerente à noção de tribunal[352].

7.2.1. Independência face ao poder executivo e às partes, seguramente[353]; mas independência também perante o poder legislativo ou os grupos de pressão, políticos, económicos e sociais; o exercício de funções consultivas e de funções judiciais pelo mesmo órgão pode justificar apreensões[354].

O princípio da preeminência do direito e a noção de processo equitativo opõem-se à ingerência do poder legislativo na administração da justiça, visando influenciar o desenrolar do processo[355].

de 2004, R04-X, pág. 142, § 48, e L'Erablière, A.S.B.L., de 24 de fevereiro de 2009, § 36, e Decisão de 9 de janeiro de 1995, Queixa nº 20 373/92, *Déc. Rap.* 80-A, pág. 56.

350 Acórdão Stankiewicz, de 6 de abril de 2006, R06-VI, págs. 34 a 37, §§ 59 a 76, e Decisão de 27 de fevereiro de 1995, Queixa nº 15 488/94, *Déc. Rap.* 80-A, pág. 14.

351 Decisão de 27 de novembro de 1996, Queixa nº 28 101/95, *Déc. Rap.* 83-A, pág. 112.

352 Acórdão Van de Hurk, de 19 de abril de 1994, A 288, pág. 16, § 45.

353 Acórdãos Campbell e Fell, A 80, pág. 39, § 78, Beaumartin, de 24 de novembro de 1994, A 296-B, pág. 63, § 38, Vasilescu, de 22 de maio de 1998, R98-III, pág. 1076, § 41, V/Reino Unido, de 16 de dezembro de 1999, R99-IX, pág. 253, § 114, Chevrol, de 13 de fevereiro de 2003, R03-III, pág. 183, § 80, e Sacilor-Lormines, de 9 de novembro de 2006, § 62 (Conselho de Estado francês), e Decisão do Tribunal, de 6 de março de 2003, Queixa nº 58 811/00, R03-III, pág. 313 (Conselho de Estado francês).

354 Acórdãos Demicoli, de 27 de agosto de 1991, A 210, pág. 18, §§ 39-40, Procola, de 28 de setembro de 1999, A 326, pág. 16, § 45, Kleyn e outros, de 6 de maio de 2003, R03-VI, pág. 172, § 196, e Acórdão Woś, de 8 de junho de 2006, R06-VII, pág. 341, § 94, e Decisão do Tribunal, de 28 de agosto de 2005, Queixa nº 23 695/02, R05-X, pág. 395. Ver ainda o Acórdão Hirschhorn, de 26 de julho de 2007, § 82, sobre o papel dos inspetores judiciais e a sua possível influência sobre o desenrolar de um processo sobre o qual elaboraram relatórios que são conhecidos pelas partes.

355 Acórdãos Refinarias Gregas e Stratis Andreadis, de 9 de dezembro de 1994, A 301-B, pág. 82, §§ 49 e 50, Papageorgiou, de 22 de outubro de 1997, R97-VI, pág. 2288, § 37, e Anagnostopoulos e outros, de 7 de novembro de 2000, R00-XI, pág. 304, §§ 19 e 20, Decisões do Tribunal, de 23 de fevereiro de 1999, Queixas nºs 28 160/95 e 28 382/95, R99-II, pág. 533, de 29 de agosto de 2000, Queixa nº 39 971/98, R00-IX, pág. 553, de 10 de novembro de 2005, Queixa nº 60 559/00, R05-XII, pág. 315 e de 13 setembro de 2007, Queixa nº 15 638/06.

A presença de magistrados profissionais entre os membros do Tribunal é sem dúvida um forte sinal da sua independência; pelo contrário, a participação de militares em tribunais que julgam civis não se mostra conforme com a independência exigida[356].

Mas não é necessário que o Tribunal seja composto apenas de magistrados; pode compreender outras pessoas, mesmo funcionários públicos, desde que elas gozem de um estatuto que as proteja, como aos magistrados profissionais, de pressões exteriores. E os juízes internacionais, nomeados com todas as garantias de independência, não colocam questões desta natureza[357].

O modo de nomeação dos juízes é elemento fulcral da sua independência[358].

Não se pretende uma nomeação vitalícia; bastará a inamovibilidade durante o mandato, sendo recusada uma revogação *ad nutum*[359].

Mesmo uma designação por decisão de um ministro ou de um Governo não implica necessariamente uma falta de independência; o mesmo já não se poderá dizer de um militar nomeado como juiz para um tribunal penal para julgar civis e que continua sujeito à disciplina militar[360].

A independência exige, ainda, que os magistrados não recebam instruções no exercício das suas funções[361].

E, enfim, preconiza-se a eliminação de certas *aparências* quando elas podem dar a impressão, ainda que errada, de uma falta de independência[362].

[356] Acórdãos Le Compte, Van Leuven e De Meyere, A 43, pág. 24, § 57, Sramek, A 84, págs. 18-19, §§ 38 e 40, Incal, de 9 de junho de 1998, R98-IV, págs. 1572-1573, §§ 70-72, Chipre/Turquia, de 10 de maio de 2001, R01-IV, pág. 330, § 358, Şahiner, de 25 de setembro de 2001, R01-IX, pág. 190, § 45, Sadak e outros (nº 1), de 17 de julho de 2001, R01-VIII, pág. 254, § 39, Öcalan, de 12 de maio de 2005, R05-IV, pág. 67, §§ 112 e 118 (a substituição do juiz militar por um juiz civil no decorrer da audiência exige a repetição de todos os atos que entretanto tenham sido praticados), e Ergin (nº 6), de 4 de maio de 2006, R06-VI, pág. 319, § 44 (tribunal composto apenas por militares e que julga civis), e Decisão do Tribunal, de 30 de agosto de 2005, Queixa nº 68 953/01, R05-X, pág. 413.

[357] Acórdãos Piersack, de 1 de outubro de 1982, A 53, págs. 18 e segs., §§ 39-40, Ettl e outros, de 23 de abril de 1987, A 117, pág. 18, § 39, Stallinger e Kuso, de 23 de abril de 1997, R97-II, pág. 677, § 37, e Maktouf e Damjanović, 18 de julho de 2013, § 50.

[358] Acórdãos Findlay, de 25 de fevereiro de 1997, R97-I, pág. 281, § 73, Coyne, de 24 de setembro de 1997, R97-V, pág. 1854, § 56, McGonnell, de 8 de fevereiro de 2000, R00-II, pág. 142, § 48, Brudnicka e outros, de 3 de março de 2005, R05-II, pág. 148, § 38, Salov, de 6 de setembro de 2005, R05-VIII, pág. 217, § 80, e Ergin (nº 6), R06-VI, pág. 31, § 38.

[359] Acórdãos Le Compte, Van Leuven e De Meyere, A 43, pág. 24, § 57, Campbell e Fell, A 80, pág. 40, § 80, e Maktouf e Damjanović, 18 de julho de 2013, § 49.

[360] Acórdãos Sramek, A 84, pág. 18, § 38, Incal, de 9 de junho de 1998, R98-IV, pág. 1573, §§ 72 e 73, Çiraklar, de 28 de outubro de 1998, R98-VII, pág. 3073, §§ 39 e 40, Karatas, de 8 de julho de 1999, R99-IV, pág. 164, § 62, Sürek, de 8 de julho de 1999, R99-IV, pág. 438, § 74, e Maktouf e Damjanović, 18 de julho de 2013, § 49.

[361] Acórdãos Campbell e Fell, A 80, pág. 40, § 79, e Ettl e outros, A 117, pág. 18, § 79.

[362] Acórdãos Campbell e Fell, A 80, págs. 39-41, §§ 78 e 81, Sramek, A 84, pág. 20, § 42, e Belilos, de 29 de abril de 1988, A 132, pág. 30, § 67.

Estes princípios valem também para os jurados ou para os juízes não profissionais[363].

7.2.2. A imparcialidade do juiz pode ser vista de dois modos, numa aproximação subjetiva ou objetiva[364].

Na perspetiva subjetiva, importa conhecer o que o juiz pensava no seu foro íntimo em determinada circunstância; esta imparcialidade presume-se até prova em contrário; quanto ao tipo de prova exigido, o Tribunal tenta verificar se um juiz mostrou-se hostilidade ou malícia por razões pessoais[365].

Mas esta garantia é insuficiente; necessita-se de uma imparcialidade objetiva que dissipe todas as dúvidas ou reservas, porquanto mesmo as aparências podem ter importância de acordo com o adágio do direito inglês *justice must not only be done; it must also be seen to be done.*

No sentido de preservar a confiança que, numa sociedade democrática, os tribunais devem oferecer aos cidadãos, deve ser recusado todo o juiz impossibilitado de garantir uma total imparcialidade, ou seja, quando existem factos verificáveis que autorizam a suspeitar da imparcialidade do juiz e essas apreensões do interessado podem ser consideradas como objetivamente justificáveis[366].

E o mesmo se passa em relação aos membros do júri ou aos peritos chamados a intervir no processo[367].

[363] Acórdãos Holm, de 25 de novembro de 1993, A 279-A, pág. 14, § 30, Remli, de 23 de abril de 1996, R96-II, pág. 574, § 46, Gregory, de 25 de fevereiro de 1997, R97-I, pág. 308, § 43, Farhi, de 16 de janeiro de 2007, § 32 (conversas entre o Ministério Público e alguns membros do Júri durante uma pausa da audiência), e Procedo Capital Corporation, de 24 de setembro de 2009, § 56, e Decisão de 29 de junho de 1994, Queixa nº 20 664/92, *Déc. Rap.* 78-A, pág. 97.

[364] Acórdãos Gregory, de 25 de fevereiro de 1997, R97-I, pág. 308, § 43, Morris, de 26 de fevereiro de 2002, R02-I, pág. 447, § 58, Cooper, de 16 de dezembro de 2003, R03-XII, pág. 233, § 106, Grieves, de 16 de dezembro de 2003, R03-XII, pág. 294, § 72, Pabla Ky, de 22 de junho de 2004, R04-V, pág. 196, § 27, e Salov, de 6 de setembro de 2005, R05-VIII, pág. 216, § 78, e Decisão de 12 de abril de 1996, Queixa nº 24 637/94, *Déc. Rap.* 85-A, pág. 98.

[365] Acórdãos Piersack, A 53, pág. 14, § 30, De Cubber, A 86, pág. 13, § 24, Le Compte, A 43, pág. 43, § 30, Lindon, Otchakovsky-Laurens e July, 22 de outubro de 2007, § 76, e Morice, de 23 de abril de 2015, § 74.

No caso Boeckmans examinou-se a posição do presidente da Cour d'Appel, depois de qualificar o arguido de, entre outros adjetivos, mentiroso, ignóbil e repugnante, declarou que o tribunal iria verificar se a pena aplicada na 1ª instância era suficiente.

A Comissão, na sua Decisão de 29 de outubro de 1963, Queixa nº 1727/62, *Rec.*, nº 12, pág. 29, admitiu a Queixa que terminou por um acordo amigável.

[366] Acórdãos De Cubber, A 86, pág. 14, § 26, Pescador Valero, de 17 de junho de 2003, R03-VII, pág. 112, § 23 (juiz num processo em que era parte uma Universidade onde era professor), e Morice, de 23 de abril de 2015, § 76.

[367] Acórdãos Pullar, de 10 de junho de 1996, R96-III, pág. 792, § 30, Sander, de 9 de maio de 2000, R00-V, pág. 269, § 22, e Sara Lind Eggertsdóttir, de 5 de julho de 2007, § 47.

A imparcialidade é posta em causa face a índices diversos, como, por exemplo, quando um ou mais membros do tribunal desempenharam ao longo de um processo outras funções.

No caso *Piersack*[368], o Tribunal constatou uma falta de imparcialidade de uma *Cour d'Assises* presidida por quem tinha desempenhado antes funções de Ministério Público, como chefe do departamento que se encarregara da instrução do processo embora sem qualquer intervenção direta.

No caso *De Cubber*[369], o Tribunal entendeu incompatíveis as funções de juiz de instrução com as de juiz do julgamento, fundamentalmente porque o juiz de instrução adquire um conhecimento do processo anterior ao dos seus colegas e, por isso, pode ter já formado uma opinião prévia a pesar eventualmente na balança no momento da decisão.

No caso *Oberschlick*[370], o Tribunal entendeu violar este número o facto de um mesmo magistrado de um tribunal de recurso ter tido intervenção, por duas vezes, no mesmo processo.

No caso *Jon Kristinsson*, a Comissão considerou incompatíveis com a função de julgar quem tinha um conhecimento anterior do processo como chefe de polícia[371].

O Tribunal está a conceder a maior importância à teoria das aparências, admitindo que o elemento determinante consiste em saber se as apreensões do interessado podem passar por objetivamente justificadas[372]. Assim, por exemplo, elas não foram consideradas justificadas face a um juiz que, num processo de menores, desempenhou funções de instrução e julgou sobre o fundo; mas, no mesmo contexto, o juiz conduziu ele próprio a instrução, tendo decidido enviar o menor a julgamento e tendo presidido ao tribunal que decidiu colocar o menor durante seis anos numa casa de correção; neste caso, as dúvidas sobre a imparcialidade foram consideradas pertinentes, uma vez que o juiz tinha decidido oficiosamente iniciar o processo[373].

[368] A 53, págs. 13 e segs., §§ 28-32; ver, ainda, Acórdão Tierce e outros, de 25 de julho de 2000, R00-IX, pág. 158, § 78.

[369] A 86, pág. 15, § 29; Cfr. também os Acórdãos Ben Yaacoub, de 30 de novembro de 1987, A 127-A, pág. 8, §§ 12-13, e Pfeifer e Plankel, de 25 de fevereiro de 1992, A 227, pág. 16, § 36. É evidente que, mesmo se certas garantias processuais previstas no artigo 6º, nº 1, não podem aplicar-se na fase de instrução, o juiz de instrução deve ser imparcial – Acórdão Vera Fernández-Huidobro, de 6 de janeiro de 2010, § 111.

[370] Acórdão de 23 de maio de 1991, A 204, pág. 23, §§ 50-51; ver também Acórdão De Haan, de 26 de agosto de 1997, R97-IV, pág. 1392, § 51.

[371] Relatório de 8 de maio de 1989, A 171-B, pág. 53, §§ 56-57.

[372] Acórdãos Hauschildt, de 24 de maio de 1989, A 154, pág. 21, § 48, Fey, de 24 de fevereiro de 1993, A 255, pág. 12, § 30, Saraiva de Carvalho, A 286, pág. 38, § 35, Remli, R96-II, pág. 574, § 46, Ferrantelli e Santangelo, de 7 de agosto de 1996, R96-III, pág. 951, § 58, e Chmelíř, de 7 de junho de 2005, R05-IV, pág. 227, § 56; ver, ainda, as Decisões de 27 de maio de 1991, Queixa nº 13 157/87, *Déc. Rap.* 70, pág. 167, e de 21 de outubro de 1993, Queixa nº 17 265/90, *Déc. Rap.* 75, pág. 76.

[373] Acórdãos Nortier, de 24 de agosto de 1993, A 267, págs. 15-16, §§ 33-37, e Adamkiewicz, de 2 de março de 2010, § 104.

Por outro lado, a Comissão entendeu que o facto de um tribunal superior ter decidido sobre o fundo e, mais tarde, na sequência de um processo de revisão, voltar a decidir, não ofendia o disposto neste número, apesar de três dos cinco juízes terem composto o tribunal nas duas decisões[374].

Do mesmo modo, uma vez anulado em recurso um julgamento, o processo pode voltar a ser apreciado pelos juízes que procederam ao primeiro julgamento; estes princípios aplicam-se também quando um tribunal tem de examinar uma acusação em parte idêntica a uma outra que já julgou[375].

Como também se admite que o mesmo tribunal que julgou em processo de ausentes uma pessoa volte a julgá-la uma vez que ela se apresente[376].

Invocando, entre outros argumentos, esta teoria, o Tribunal modificou a sua jurisprudência, passando a entender que a presença do Procurador-Geral durante as deliberações da *Cour de Cassation* belga violava o princípio da imparcialidade[377].

Contudo, no caso *Hauschildt*, o Tribunal não entendeu ser violador da *Convenção* um sistema que acumula nas mãos do mesmo juiz a decisão sobre medidas de instrução, sendo esta realizada pelo Ministério Público e pela polícia, e as de julgamento e, em princípio, de manutenção da prisão preventiva.

Contudo, nesta última hipótese, outra deverá ser a conclusão se para decidir sobre a manutenção da prisão preventiva, o juiz deve verificar se existem «suspeitas particularmente sólidas» da prática da infração[378].

E o facto de um juiz ter interrogado, durante a instrução, duas testemunhas não o impedirá de participar no seu julgamento[379].

Aqui fundamental será que o juiz do julgamento não detenha uma opinião preconcebida sobre a culpabilidade do acusado dado o exercício prévio de funções de *acusação* ou de *instrução*[380].

[374] Decisão de 1 de julho de 1991, Queixa nº 15 975/90, *Déc. Rap.* 71, pág. 245.

[375] Acórdãos Ringeisen, de 16 de julho de 1971, A 13, pág. 40, § 97, Diennet, de 26 de setembro de 1995, A 325-A, págs. 16-17, §§ 37 e 38, e Marguš, de 27 de maio de 2014, §§ 85, 86 e 87.

[376] Acórdão Thomann, de 10 de junho de 1996, R96-III, pág. 816, § 36. Ver também o Acórdão Lindon, Otchakovsky-Laurens e July, 22 de outubro de 2007, §§ 77 e segs., que examinou a situação de juízes que tinham julgado um caso e voltaram a examinar um outro conexo com o primeiro.

[377] Cfr. os Acórdãos Delcourt, A 11, págs. 18-19, § 34, e Borgers, de 30 de outubro de 1991, A 214-B, págs. 31-32, §§ 24-29.

[378] Acórdão Hauschildt, A 154, págs. 22-23, §§ 50-53; ver, ainda, os Acórdãos Thorgeir Thorgeirson, de 25 de junho de 1992, A 239, pág. 49, § 53, e Sainte Marie, de 16 de dezembro de 1992, A 253-A, pág. 16, §§ 32 34, sobre a imparcialidade de um julgamento que decorreu em parte na ausência do Ministério Público, e a Decisão de 6 de dezembro de 1989, Queixa nº 11 879/85, *Déc. Rap.* 63, pág. 105.

[379] Acórdão Bulut, de 22 de fevereiro de 1996, R96-II, pág. 356, § 34.

[380] Acórdãos Fey, A 255-A, pág. 11, § 26, e Padovani, de 26 de fevereiro de 1993, A 257-B, pág. 20, § 28.

O Tribunal, no seu Acórdão Castillo Algar[381], estudou a situação de dois juízes que tiveram intervenção no julgamento penal do requerente e que já antes tinham estado na «Câmara» que conhecera do recurso da decisão de «acusação» do queixoso (auto de *procesamiento*), e considerou que as dúvidas sobre a imparcialidade do Tribunal de julgamento eram justificadas.

7.2.3. Esta temática, na sua aproximação ao direito interno, deve ser feita com as devidas cautelas para evitar apressadas e fáceis comparações.

Os sistemas penais têm as suas particularidades; por exemplo, finda a instrução, o *renvoi en jugement* é decidido em França pelo *juiz de instrução*, na Bélgica, pela *chambre du conseil* ou pela *chambre d'accusation*, em Espanha, pelo *juiz de instrução* ou pela *audiencia provincial*, tudo isto segundo a gravidade das infrações.

No sistema decorrente do Código de Processo Penal de 1929, o Ministério Público deduzia a acusação finda a instrução preparatória, se entendesse que estavam reunidos os *indícios suficientes*, abrindo-se a fase do julgamento com o despacho de pronúncia que formalmente recebesse a acusação.

O despacho de pronúncia, após a Revolução de abril, passou a ocupar relevo especial nas preocupações da doutrina e da jurisprudência, com tomadas de posição diversas sobre a entidade que o devia proferir, no propósito confessado de conferir ao *acusado* as melhores garantias de defesa: o juiz de instrução ou o juiz de julgamento.

Com a Constituição de 1976, não mais se poderiam confundir na mesma entidade as funções de juiz de instrução e de julgamento, nem estas funções com o exercício da ação penal – artigo 32º

Quanto ao despacho de pronúncia, a jurisprudência e a doutrina inclinavam-se para a competência do juiz de instrução nas comarcas onde já funcionavam juízos de instrução criminal; nas restantes, a competência para o despacho de pronúncia continuaria a pertencer ao juiz do julgamento.

Na Lei nº 82/77, de 6 de dezembro, na opção entre o juiz de instrução e o juiz do julgamento, o legislador inclinou-se para este último, por lhe parecer, por certo, que o

[381] De 28 de outubro de 1998, R98-VIII, pág. 3117, § 50. Ver, ainda, os Acórdãos Wettstein, de 21 de dezembro de 2000, R00-XII, pág. 415, §§ 44 e segs. (onde foram analisados dois processos em que foi parte o requerente e onde a mesma pessoa foi juiz num dos processos e advogado no outro), Sigurdsson, de 10 de abril de 2003, R03-IV, pág. 245, § 37 (imparcialidade de um juiz cujo cônjuge viu o seu endividamento reduzido consideravelmente por um Banco parte num processo em que participava o juiz), Kyprianou, de 15 de dezembro de 2005, R05-XIII, págs. 153 a 154, §§ 128 e 133 (juízes que julgam eles próprios pelas ofensas que teriam recebido); ver o Acórdão Panovits, de 11 de dezembro de 2008, § 101 (sobre as consequências desta atitude sobre a «qualidade» da defesa do acusado), e Decisão do Tribunal, de 2 de março de 2000, Queixa nº 43 715/98, R00-III, pág. 409.
Nos Acórdãos San Leonard Band Club, de 29 de julho de 2004, R04-IX., pág. 90, §§ 58 e segs., e Driza, de 13 de novembro de 2007, § 82, conclui-se que os juízes que decidiram a abertura do processo de revisão não podiam conhecer do fundo.

juiz de instrução estaria tendencialmente mais recetivo à acusação, porquanto estaria predisposto a valorar em maior grau as provas que ele próprio recolhera; apenas a preocupação de reforçar as garantias de defesa do arguido, evitando uma fácil corroboração da posição do Ministério Público nas acusações, explica a opção legislativa[382].

Esta opção legislativa deixava intocadas as garantias essenciais do arguido, porquanto *o juiz que profere o despacho de pronúncia ou equivalente não fica vinculado à posição que tomou e a audiência de julgamento fica subordinada ao princípio do contraditório e, consequentemente, o juiz que proferiu o despacho de pronúncia [ ] ficará com absoluta liberdade para, na sentença final, concluir se o réu cometeu ou não o crime pelo qual se encontrava indiciado*[383].

Se da análise da acusação resultar que os factos dela constantes constituem infração penal, que a ação penal ainda se não extinguiu e que existem indícios suficientes da responsabilidade do arguido, seria proferido despacho de pronúncia.

Sublinhe-se que, no âmbito do Código de Processo Penal de 1929, quer no despacho de pronúncia em processo de querela, quer no despacho que designa dia para julgamento em processo correcional, o juízo sobre a existência de indícios suficientes da prática da infração pelo arguido tem a mesma natureza, diferente, qualitativamente, de um juízo sobre a culpabilidade que na audiência de julgamento fundamenta a condenação penal.

O juízo de suficiência em que se funda o despacho de pronúncia e o juízo de certeza da culpabilidade do arguido em que tem de assentar a condenação são radicalmente diferentes sob duas perspetivas: quanto ao grau de exigência neles ínsito e quanto ao material probatório sobre que incidem (para o despacho de pronúncia, o material recolhido na instrução; para a sentença de condenação, o material produzido na audiência de julgamento).

Daí que, nem subjetiva nem objetivamente, o juiz autor da pronúncia, que eventualmente viesse a participar no julgamento, fosse visto como precondicionado à condenação do arguido.

O despacho de pronúncia devia ser visto como um despacho de garantia dos arguidos, evitando julgamentos quando não há motivo sério para tal[384].

O Tribunal Constitucional, no seu Acórdão nº 124/90[385], depois de lembrar que *importa, pois, que o juiz que julga o faça com independência e imparcialidade. E importa, bem assim, que o seu julgamento surja aos olhos do público como um julgamento objetivo e imparcial,*

382 Neste sentido, o Acórdão da Relação de Coimbra, de 12 de abril de 1978, na *Coletânea de Jurisprudência,* ano III, tomo 2, págs. 751 e segs.

383 Acórdão do Supremo Tribunal Administrativo, de 10 de janeiro de 1979, no *BMJ,* nº 283, págs. 177 e segs.

384 Eduardo Correia, *Processo Criminal,* Coimbra, 1956, pág. 180; ver, também, no sentido do despacho de pronúncia como garantia do arguido, Castro e Sousa, *A Tramitação do Processo Penal,* Coimbra, 1983, pág. 264.

385 Publicado no *Diário da República,* II Série, nº 33, de 8 de fevereiro de 1991, págs. 1517 e segs.

precisou que a pronúncia, tal como foi proferida nestes autos (ou seja, sem exceder os limites da acusação) desempenha, pois, uma pura função de garantia, já que com ela o que se visa é impedir que o arguido seja submetido a julgamento sem que haja motivo sério para tanto; se só pelo facto de considerar subsistente a acusação deduzida, o juiz houvesse de considerar-se suspeito de parcialidade e, assim, incapaz de julgar com independência e objetividade, então, lógico seria que a lei proibisse o juiz do julgamento de ler as peças do inquérito ou da instrução.

E, abordando a questão das aparências, acrescenta o Tribunal Constitucional, no referido acórdão: *o juiz que profere o despacho de pronúncia não deixa, mesmo aos olhos do arguido e do público, de ser um juiz independente e imparcial para julgar o feito penal com os contornos que a acusação lhe definiu.*

Efetivamente, a questão tinha sido colocada como eventualmente violadora da estrutura acusatória; como se sabe, o meio próprio para suscitar a parcialidade do juiz é através do incidente de suspeição e jamais tal incidente foi deduzido com tal fundamento, como também nenhum magistrado se sentiu na necessidade de pedir escusa de intervir no julgamento de pessoa que tenha pronunciado.

Esta matéria foi apreciada no caso *Saraiva de Carvalho*, onde o juiz que pronunciou o acusado presidiu ao seu julgamento.

A Comissão, por nove votos contra oito, concluiu pela não existência de violação; o Tribunal, agora por unanimidade, chegou à mesma conclusão, afirmando que as eventuais apreensões do requerente sobre a imparcialidade do juiz não podiam passar por objetivamente justificadas[386].

Como se sabe, o Código de Processo Penal de 1987, com as alterações introduzidas até à Lei nº 48/2007, de 29 de agosto, distingue claramente as fases do inquérito, da instrução e do julgamento, confiando ao juiz de instrução e não ao juiz de julgamento o despacho de pronúncia ou de não pronúncia.

7.2.4. A intervenção do Ministério Público no processo onde se discutam direitos de caráter civil, emitindo pareceres sem que as partes tenham possibilidades de responder ou assistindo às sessões onde o tribunal delibera, dividia a Comissão.

[386] Acórdão de 22 de abril de 1994 e Relatório de 14 de janeiro de 1993, in A 286-B; ver os Acórdãos Morel, de 6 de junho de 2000, R00-VI, pág. 277, § 45, onde a propósito da intervenção de um juiz num processo de recuperação, seguido de falência, declarou que o simples facto de um juiz ter já tomado posições ao longo do processo antes da decisão não pode justificar por si só apreensões relativamente à sua imparcialidade, e Depiets, de 10 de fevereiro de 2004, R04-I, pág. 78, § 42, que considerou compatível com o artigo 6º o facto de os mesmos juízes terem julgado o recurso relativo à pronúncia e mais tarde o recurso relativo à condenação; cfr. a Decisão do Tribunal, de 24 de janeiro de 2002, Queixa nº 40 028/98, R02-III, pág. 443 (não há violação quando um mesmo magistrado foi juiz comissário – e nessa qualidade elaborou um relatório –, e presidente do tribunal do comércio que decretou, baseado naquele relatório, a insolvência); ver também a Decisão de 27 de agosto de 2002, Queixa nº 58 188/00, R02-VII, pág. 429.

Depois da sua Decisão no caso *Kaufman*[387], onde era nítida a distinção da posição do Ministério Público no processo penal e no cível, corroborada pela Decisão no caso *A. D./Holanda*[388], a Comissão passou a considerar transponível para o processo cível a jurisprudência do Acórdão Borgers, admitindo que o Ministério Público se torna objetivamente aliado ou adversário de uma das partes, quando emite o seu parecer ou assiste às sessões deliberativas do tribunal[389].

Esta posição veio a ser corroborada pelo Tribunal, em diversos acórdãos, sustentando que toda a opinião ou parecer que possa vir a influenciar a decisão deve ser comunicada às partes para observações.

O Tribunal passou a centrar a análise deste problema nos princípios do contraditório e da igualdade de armas (cfr. 3.1).

7.3. *Direito a um tribunal estabelecido pela lei,* lei em sentido formal emanada do órgão legislativo.

Esta disposição tem por objeto evitar que, numa sociedade democrática, a organização do sistema judicial, isto é, a criação e composição do tribunal assim como a definição da sua competência material e territorial, seja deixada à discrição do executivo[390].

Pretende-se também evitar a criação de tribunais *ad hoc*, encarregados de casos determinados, e os chamados tribunais de exceção.

Mas, já seriam compatíveis tribunais que julgam uma categoria geral e indeterminada de casos, como, por exemplo, os tribunais militares, como se consente um tribunal para julgar os titulares de altas funções[391], ou para julgar causas de um domínio altamente técnico[392].

[387] De 9 de dezembro de 1986, Queixa nº 10 938/89, *Déc. Rap.* 50, pág. 98.

[388] De 11 de janeiro de 1994, Queixa nº 21 962/93, *Déc. Rap.* 76-A, pág. 157.

[389] Acórdãos Lobo Machado, de 20 de fevereiro de 1996, R96-I, pág. 206, § 31, e Vermeulen, da mesma data, R96-I, pág. 234, § 33. Cfr. os Relatórios de 19 de maio de 1994, caso Lobo Machado, pág. 211, e de 11 de outubro de 1994, caso Vermeulen, pág. 241. Ver ainda os Acórdãos K. D. B./Holanda, de 27 de março de 1998, R97-II, pág. 631, § 43, Kress de 7 de junho de 2001, R01-VI, pág. 31, § 83 (assistência do Comissário do Governo às deliberações do Conselho de Estado francês), e Göç, de 11 de julho de 2002, R02-V, pág. 241, § 55 (comunicação do Parecer do Ministério Público num tribunal superior), e Martinie, 12 de abril de 2006, R06-VI, pág. 71, § 53 (a presença passiva do Comissário do Governo às deliberações do Conselho de Estado francês).
Note-se que a presença e assistência do «clerk» ao juiz, no sistema da *Common Law,* não colide com a independência do Tribunal – Decisão do Tribunal, de 6 de setembro de 2001, Queixa nº 44 564/98, R01-IX, pág. 377.

[390] Acórdão Posokhov, de 4 de março de 2003, R03-IV, pág. 39, § 37, e Relatórios de 12 de outubro de 1978, no caso Zand, *Déc. Rap.* 15, págs. 96-97, e de 6 de setembro de 1990, Queixa nº 13 274/87, *Déc. Rap.* 66, pág. 164.

[391] Decisão de 18 de dezembro de 1980, Queixas nºs 8603/79 a 8729/79, *Déc. Rap.* 22, pág. 147.

[392] Acórdãos McMichael, de 24 de fevereiro de 1995, A 307, pág. 53, § 80, e British-American Tobacco Company Ltd, de 20 de novembro de 1995, A 331, pág. 25, § 77.

Aquela lei pode limitar-se a definir os princípios de base deixando ao executivo a tarefa da sua regulamentação[393].

Ver, com interesse, o Acórdão Chipre/Turquia, de 10 de maio de 2001, R01-IV, págs. 297-300, §§ 228-240.

8. A presunção de inocência

8.1. Segundo o nº 2 do artigo 6º, *qualquer pessoa acusada de uma infração presume-se inocente enquanto a sua culpabilidade não tiver sido legalmente provada.*

O princípio, inscrito na Declaração Universal dos Direitos do Homem, assume entre nós dignidade constitucional, consagrado no nº 2 do artigo 32º da Constituição da República.

8.2. Este princípio, articulado normalmente com os princípios *in dubio pro reo*[394] e *nulla poena sine culpa*, tem o seguinte conteúdo:

a) proibição de inversão do ónus da prova em detrimento do arguido;
b) preferência pela sentença de absolvição contra o arquivamento do processo;
c) exclusão da fixação da pena em despachos de arquivamento;
d) não incidência de custas sobre arguido não condenado;
e) proibição da antecipação de verdadeiras penas a título de medidas cautelares;
f) proibição de efeitos automáticos da instauração de procedimento criminal[395].

A presunção de inocência implica, em matéria do ónus da prova, que a prova da culpa recaia sobre o Ministério Público ou o assistente; no sistema inquisitorial, onde a procura da verdade incumbe ao juiz, este princípio reclama para o *acusado* o benefício da dúvida[396].

As presunções de facto ou de direito devem, por seu turno, conter-se em limites razoáveis, tendo em conta os interesses em jogo e os direitos da defesa[397].

[393] A Comissão, na sua Decisão de 12 de outubro de 1978, Queixa nº 7360/72, caso Zand, *Déc. Rap.* 15, pág. 70, entendeu que uma lei austríaca que autorizava o ministro a criar os Tribunais de Trabalho não era incompatível com o nº 1 do artigo 6º

[394] Em matéria de prova este princípio impõe que o julgador valore sempre a favor do arguido um *non liquet* – Figueiredo Dias, *Direito de Processo Penal,* vol. I, Coimbra, 1974, pág. 211, Rui Pinheiro e Artur Maurício, *A Constituição e o Processo Penal,* 2ª ed., Lisboa, 1983, pág. 133, e o Acórdão do Tribunal Constitucional nº 422/91, no *Diário da República,* II Série, de 2 de abril de 1992, págs. 3112(21) e segs.

[395] J. Gomes Canotilho e Vital Moreira, *Constituição da República Portuguesa Anotada,* 3ª ed., Coimbra, 1993, pág. 203.

[396] Decisão de 30 de março de 1963, no caso Áustria/Itália, *Ann. Conv.,* VI, pág. 783, e a doutrina referida por Jacques Velu e Rusen Ergec, *ob. cit.,* pág. 470.

[397] Acórdãos Pham Hoang, de 25 de setembro de 1992, A 243, pág. 21, § 33, e Radio France, de 30 de março de 2004, R04-II, pág. 107, § 24, e Decisões de 26 de junho de 1993, Queixa nº 15 669/89, *Déc. Rap.* 75, pág. 39, de 12 de janeiro de 1994, Queixa nº 19 117/91, *Déc. Rap.* 76-A, pág. 70, de 18 de outu-

A presunção de inocência confere ao *acusado* o direito ao silêncio, sem lhe retirar o direito de contraprova. E protege-o da obrigação de fornecer a prova da sua inocência; mais, este nº 2 concede-lhe o direito de não contribuir para a sua própria incriminação[398].

8.3. A *presunção de inocência* é também um dos elementos fundamentais do processo equitativo, cobrindo a globalidade do processo independentemente do seu destino, que se dirige antes de tudo aos juízes, ao seu estado de espírito e à sua atitude mental[399].

No momento da decisão, o juiz, sem *parti pris* ou pré-juízo, deve basear-se apenas em provas diretas ou indiretas, mas suficientemente fortes aos olhos da lei para estabelecer a culpabilidade; ele não deve partir da convicção ou da suposição de que o *acusado* é culpado[400].

Mesmo um despacho de arquivamento pode violar aquele princípio se, por exemplo, nos seus fundamentos, reconhece alguém culpado de uma infração penal que não merece ser ou não pode ser perseguida[401].

E, não obstante a diferença entre uma afirmação de culpabilidade e a constatação de uma suspeita[402], a verdade é que, por outro lado, após a absolvição, a presunção de inocência não pode ser posta em causa noutros processos relacionados com o principal, na medida em que as questões suscitadas naqueles constituem um corolário ou um complemento do processo principal onde o visado era arguido, por exemplo, para efeitos de atribuição de uma indemnização por prisão preventiva.

Não se pode falar de ofensa a este princípio quando os factos examinados no processo penal são reexaminados num processo independente, por exemplo, a absolvição

bro de 1994, Queixa nº 21 442/93, *Déc. Rap.* 79-A, pág. 47, de 9 de abril de 1996, Queixa nº 25 399/94, *Déc. Rap.* 85-A, pág. 117, e de 12 de abril de 1996, Queixa nº 28 236/96, *Déc. Rap.* 85-A, pág. 141.

398 Acórdãos Albert e Le Compte, A 58, pág. 20, § 40, e Allen, de 12 de julho de 2013, § 93; o que não prejudica, como se viu antes, a admissibilidade de certas presunções que invertam o ónus da prova – Acórdãos Salabiaku, de 7 de outubro de 1988, A 141-A, §§ 26-30, Phillips, de 5 de julho de 2001, R01-VII, pág. 72, § 40, e Janosevic, de 23 de julho de 2002, R02-VII, pág. 84, § 102, Decisão do Tribunal, de 19 de outubro de 2004, Queixa nº 66 273/01, R04-XI, pág. 335, e Decisão de 5 de setembro de 1989, Queixas nºs 15 135 a 15 137/88, *Déc. Rap.* 62, pág. 319.

399 Acórdãos Bernard, de 23 de abril de 1998, R98-II, pág. 879, § 37, e Yassar Hussain, de 7 de março de 2006, R06-III, pág. 46, § 19).

400 Relatórios nos casos Áustria/Itália, de 30 de março de 1963, *Ann. Conv.*, VI, pág. 783, e Barberà, Messegué e Jabardo, de 16 de outubro de 1986, A 146, pág. 49, § 104, e Decisão de 5 de maio de 1981, Queixa nº 9037/80, *Déc. Rap.* 24, pág. 222.

401 Acórdãos Engel e outros, A 22, pág. 38, § 90, Deweer, A 35, pág. 30, § 56, Adolf, A 49, pág. 15, § 30, e págs. 17-19, §§ 35-34, § 47, Albert e Le Compte, A 58, pág. 20, § 40, Minelli, A 62, págs. 14-9, §§ 24-41, Öztürk, A 73, pág. 17, e Decisão de 30 de junho de 1997, Queixa nº 32 218/96, *Déc. Rap.* 90-A, pág. 147.

402 Acórdãos Lutz, Englert e Nolkenbockhoff, de 25 de agosto de 1987, A 123, pág. 25, § 59, e Leutscher, de 16 de março de 1996, R96-II, pág. 436, § 29.

num processo penal não impede que num processo disciplinar esses factos sejam valorados diferentemente para efeitos de um despedimento; contudo, se um indivíduo foi absolvido num processo penal porque não se provaram determinados factos não pode vir a ser considerado culpado num outro processo, por exemplo, no contencioso fiscal, que venha a apreciar os mesmos factos[403].

Porém, à presunção de inocência é estranha a pena concretamente aplicada, onde o juiz, convencido da culpabilidade, pode considerar a personalidade do *acusado* e nomeadamente os seus antecedentes judiciários[404], assim como é indiferente à *reformatio in pejus*[405].

Por outro lado, o artigo 6º não consagra um direito à obtenção de um resultado determinado no fim de um processo penal, nem, por conseguinte, a uma decisão expressa de condenação ou absolvição sobre as acusações formuladas; o facto de um processo penal terminar sem uma tal decisão expressa não constitui uma violação da presunção de inocência.

8.4. Numa outra perspetiva, o princípio da presunção de inocência não se limita a uma garantia de processo; ele impõe-se às autoridades públicas, reclamando nomeadamente que um representante do Estado não declare que uma pessoa é culpada de uma infração antes de esta culpabilidade ter sido estabelecida por um tribunal.

Importa porém introduzir uma precisão no que diz respeito às afirmações produzidas num processo pela entidade que realiza a instrução ou produz a acusação: se essas afirmações não eram de natureza a incitar o público a acreditar na culpabilidade da pessoa visada nem a prejudicar a apreciação dos factos pelas jurisdições competentes, não haverá violação do nº 2 deste artigo 6º[406].

[403] Acórdão Sekanina, de 25 de agosto de 1993, A 266, págs. 14-16, §§ 22-30, Heaney e Mcguinness, de 21 de dezembro de 2000, R00-XII, pág. 462, § 44, O. contra a Noruega, de 11 de fevereiro de 2003, R03-II, pág. 84, § 39, Yassar Hussain, de 7 de março de 2006, R06-III, pág. 46, § 19, e Geerings, de 1 de março de 2007, § 42, Decisões do Tribunal, de 13 de setembro de 2007, Queixa nº 27 521/04, de 13 de setembro de 2007, Queixa nº 27 521/04, e de 23 de outubro de 2014, Queixa nº 27785/10.

[404] Decisões de 3 de outubro de 1978, no caso Petra Krause/Suíça, *Déc. Rap.* 13, págs. 73 e 79, e de 30 de junho de 1997, Queixa nº 32 218/96, *Déc. Rap.* 90-A, pág. 142.

[405] Acórdãos Engel e outros, A 22, pág. 38, § 90, e Albert e Le Compte, A 58, pág. 20, § 40, Relatórios de 5 de dezembro de 1989, Queixa nº 15 776/89, *Déc. Rap.* 64, pág. 264, e de 6 de março de 1991, Queixa nº 13 251/87, *Déc. Rap.* 68, pág. 137, e Decisão de 17 de dezembro de 1981, Queixa nº 8361/78, *Déc. Rap.* 27, pág. 37.

[406] Acórdãos Engel e outros, A 22, pág. 38, § 90, Albert e Le Compte, A 58, pág. 20, § 40, Allenet de Ribemont, de 10 de fevereiro de 1990, A 308, pág. 16, § 36, Daktaras, de 10 de outubro de 2000, R00-X, pág. 521, § 41, Butkevièius, de 26 de março de 2002, R02-II, pág. 365, § 49, Matijašević, de 19 de setembro de 2006, R06-X, pág. 156, § 46, Geerings, de 1 de março de 2007, § 41, e Kouzmin, de 18 de março de 2010, § 68, e Decisão do Tribunal, de 25 de outubro de 2005, Queixa nº 68 890/01, R05-XII, pág. 253, § 120.

Mas tal não significa que as autoridades não possam informar o público sobre as investigações em curso, se há ou não suspeitos, se foram efetuadas prisões ou se houve ou não confissões, desde que o façam com toda a discrição e reserva que decorre do respeito pela presunção de inocência, evitando sempre pronunciar-se formalmente sobre a culpabilidade de alguém em concreto[407].

8.5. Note-se que uma campanha de imprensa dirigida contra o *acusado* poderia eventualmente vir a violar o nº 2 do artigo 6º, mas a *Convenção* não se aplica às relações entre particulares nem tão-pouco o princípio em si; não se esqueça, porém, que a responsabilidade do Estado pode ser estabelecida se as suas autoridades não tomaram oportunamente medidas para prevenir ou reprimir uma campanha desse género[408].

8.6. Registem-se algumas decisões que ajudam a precisar o alcance do preceito:

- A comparência do acusado na audiência de julgamento dentro de uma caixa de vidro, por motivos de segurança, não viola o disposto neste número[409].
- Como o não viola uma lei que imponha a uma pessoa, pelo facto de ser o proprietário do automóvel, o pagamento de uma multa por estacionamento proibido[410].
- Este princípio não desobriga o proprietário do veículo do dever de indicar quem o conduzia ou de assumir a responsabilidade decorrente da sua utilização; nem o de se submeter a um teste de alcoolemia[411].
- O princípio da presunção de inocência aplica-se às decisões sobre custas após a suspensão ou cessação do processo penal[412].
- A aplicação de multas aos herdeiros pelas fraudes fiscais cometidas pelo autor da herança infringe este princípio[413].
- As declarações feitas no Parlamento e que gozam de imunidade atribuindo a alguém a prática de um crime quando não há nenhum processo penal instaurado podem relevar do artigo 8º da *Convenção* mas já não deste nº 2 do artigo 6º[414].

[407] Acórdão Allenet de Ribemont, A 308, pág. 17, § 38, e Decisão de 3 de outubro de 1978, Queixa nº 7986/77, *Déc. Rap.* 13, pág. 73.

[408] Decisão de 5 de março de 1980, Queixa nº 6289/80, *Digest*, vol. 2, pág. 274.

[409] Relatório de 7 de junho de 1990, Queixa nº 11 837/85, *Déc. Rap.* 69, pág. 104.

[410] Decisão de 7 de dezembro de 1990, Queixa nº 12 995/87, *Déc. Rap.* 67, pág. 204.

[411] Acórdão O'Halloran e Francis, de 29 de junho de 2007, §§ 57-63, e Decisões de 15 de junho de 1999, Queixa nº 43 486/98, R99-V, pág. 564, e de 7 de dezembro de 1981, Queixa nº 9212/80, *Digest*, vol. 2, pág. 274.

[412] Decisão de 17 de maio de 1995, Queixa nº 23 816/94, *Déc. Rap.* 81-A, pág. 82.

[413] Acórdãos A.P., M.P. e T.P./Suíça, e E.L., R.P. e J.O.L./Suíça, ambos de 29 de agosto de 1997, R97-IV, págs. 1477 e segs.

[414] Decisão do Tribunal, de 27 de novembro de 2003, Queixa nº 62 902/00, R03-XII, pág. 387.

8.7. Segundo jurisprudência constante, nem o artigo 6º, nº 2, nem outra norma da *Convenção* concedem ao arguido um direito a uma indemnização por detenção provisória regular, em caso de abandono do processo intentado contra ele ou da sua absolvição; aliás, esta disposição não garante a uma pessoa absolvida por erro judiciário o direito a uma reparação, o que só foi consagrado no artigo 3º do Protocolo 7, que deve ser considerado como uma norma adicional à *Convenção.*

Esta recusa da indemnização não colide com o princípio de presunção de inocência.

Porém, como a culpabilidade do «arguido» não foi apurada, se a indemnização é negada naqueles casos, a recusa não pode ter como fundamento uma responsabilidade penal, pois assim haverá ofensa daquele princípio[415].

9. Os direitos do acusado

O nº 3 do artigo 6º da *Convenção* consagra uma série de *direitos ao acusado,* concretizações não exaustivas do princípio geral enunciado no nº 1 – o direito a um processo equitativo em matéria penal[416].

As garantias específicas aqui consagradas ilustram a noção de processo equitativo relativamente a situações processuais típicas mas o seu fim é sempre o de assegurar ou de contribuir para a equidade do processo no seu conjunto, pelo que devem ser interpretadas à luz da noção geral contida no nº 1 do artigo 6º[417].

Assim, os órgãos da *Convenção* podem contentar-se com a análise da questão sob o ângulo do nº 1 ou, uma vez verificada a violação do nº 3, abandonar o exame à luz do nº 1[418].

Os direitos garantidos neste nº 3 são extensivos ao defensor, enquanto necessários para assegurar uma defesa adequada ao acusado, pois negar esses direitos ao defensor equivaleria a comprometer a eficácia da sua ação[419].

[415] Acórdãos Capeau, de 13 de janeiro de 2005, R05-I, pág. 81, § 23, e Allen, de 12 de julho de 2013, §§ 82, 83 e 105; note-se, contudo, que nos casos em que esteja consagrado o direito a uma indemnização, esta não poderá ser recusada.

[416] Acórdãos Deweer, A 35, pág. 30, § 56, Artico, A 37, pág. 15, § 32, Luedicke, Belkacem e Koç, de 28 de novembro de 1978, A 29, pág. 17, § 42, Pakelli, de 25 de abril de 1983, A 64, pág. 19, § 42, Öztürk, A 73, pág. 17, § 47, Goddi, de 9 de abril de 1983, A 76, pág. 11, § 28, Asch, de 26 de abril de 1991, A 203, pág. 10, § 25, F. C. B., de 28 de agosto de 1991, A 208-B, pág. 20, § 29, Poitrimol, de 23 de novembro de 1993, A 277-A, pág. 13, § 29, Lala, de 22 de setembro de 1994, A 297-A, pág. 12, § 2 6, e Pelladoah, de 22 de setembro de 1994, A 297-B, pág. 33, § 33, Decisão do Tribunal, de 8 de dezembro de 1998, R99-II, pág. 367, e Decisões de 28 de junho de 1995, Queixas nºs 24 517/94 e 24 572/94, *Déc. Rap.* 82-A, pág. 85, e de 18 de outubro de 1995, Queixa nº 25 062/94, *Déc. Rap.* 83-A, pág. 77.

[417] Acórdão Panovits, de 11 de dezembro de 2008, § 81, e Decisões de 7 de setembro de 1989, Queixa nº 11 069/84, *Déc. Rap.* 62, pág. 5, de 6 de abril de 1995, Queixa nº 24 142/94, *Déc. Rap.* 81-A, pág. 108, e de 20 de maio de 1996, Queixa nº 24 667/94, *Déc. Rap.* 85-A, pág. 103.

[418] Ver Acórdãos Albert e Le Compte, A 58, pág. 17, § 30, e págs. 20-21, § 41, e Pakelli, A 64, págs. 18-19, § 42.

[419] Decisão de 19 de dezembro de 1960, Queixa nº 524/59, *Ann. Conv.*, vol. III, pág. 322.

Embora algumas das alíneas assumam importância primordial na fase de julgamento, a aplicação do nº 3 do artigo 6º ao longo de todo o desenrolar do processo penal dependerá das circunstâncias do caso, da natureza e do fim do direito invocado.

E, nalguns casos, o seu não respeito numa fase inicial pode comprometer, na sua globalidade, a equidade[420].

9.1. O *acusado* tem o direito a ser informado no mais curto prazo, em língua que entenda e de forma minuciosa, acerca da natureza e da causa da acusação contra ele formulada – alínea *a)* do nº 3, isto é, dos factos materiais que lhe são imputados e da sua qualificação jurídica, para que assim possa preparar a sua defesa; a extensão da informação depende das circunstâncias do caso, mas o acusado deve receber a necessária para compreender o conteúdo da acusação tendo em vista a preparação de uma defesa adequada[421].

E, se no decurso do processo há requalificação jurídica dos factos incriminados, ela deve ser comunicada a tempo de o *acusado* preparar a sua defesa; assim, a requalificação de «autoria» em «cumplicidade» exige uma comunicação ao acusado, pois a cumplicidade não pode ser reduzida a um elemento intrínseco da acusação inicial, já que ela não é uma circunstância agravante ou atenuante da infração inicial[422].

A informação deve ser feita no mais curto prazo – imediatamente, chegou a afirmar a Comissão[423] –, o que deve ser apreciado em concreto.

A informação deve ser feita de modo a assegurar a um *acusado* que não compreende a língua utilizada no processo as mesmas possibilidades de defesa de um outro que a compreende.

A *Convenção* não impõe, no entanto, uma forma especial de informação ao acusado, como, *v. g.*, uma comunicação por escrito dos elementos de informação[424]; ape-

[420] Acórdãos Imbrioscia, de 14 de novembro de 1993, A 275, pág. 13, § 36, John Murray, de 18 de fevereiro de 1996, R96-I, pág. 54, § 62, e Öcalan, de 12 de maio de 2005, R05-IV, pág. 92, § 131, e Relatório de 12 de julho de 1984, caso Can, A 96, pág. 15, § 49.

[421] Acórdãos Pélissier e Sassi, de 25 de março de 1999, R99-II, pág. 329, § 51, Mattoccia, de 25 de julho de 2000, R00-IX, pág. 134, §§ 59 e 60, e Dallos, de 1 de março de 2001, R01-II, pág. 219, § 47, e Decisões de 9 de maio de 1977, Queixa nº 7628/76, *Déc. Rap.* 9, pág. 169, de 12 de março de 1991, Queixa nº 8490/79, *Déc. Rap.* 22, pág. 140, e de 28 de junho de 1995, Queixas nºs 24 517/94 e 24 572/94, *Déc. Rap.* 82-A, pág. 85.

[422] Acórdão De Salvador Torres, de 24 de outubro de 1996, R96-V, págs. 1585 e segs., §§ 27 e segs., e Decisão do Tribunal, de 24 de fevereiro de 2005, Queixa nº 18 913/03, R05-III, pág. 377.

[423] Relatório de 2 de março de 1988, no caso Brozicek, A 167, pág. 18, § 65.

[424] Relatório de 5 de maio de 1988, no caso Kamasinski, A 168, pág. 53, § 138, e Acórdão no mesmo caso, de 19 de dezembro de 1989, A 168, pág. 36, § 79, e Decisões de 9 de julho de 1992, Queixa nº 14 723/89, *Déc. Rap.* 73, pág. 81, e de 24 de junho de 1996, Queixa nº 31 559/96, *Déc. Rap.* 86-A, pág. 184.

sar disso, exige-se um extremo cuidado nessa notificação, dado o papel determinante da *acusação*[425].

Com a notificação, o *acusado* é oficialmente avisado por escrito da base jurídica e factual dos factos reprováveis que lhe são imputados; sem uma tradução escrita do documento feita numa língua que o *acusado* compreenda, pode acontecer que este venha a ficar numa posição desvantajosa[426].

Em resumo: no momento da notificação, uma explicação verbal pode ser suficiente se o processo vier a revelar que a *acusação* foi compreendida por quem não domina a língua portuguesa; porém, só a tradução da *acusação* evitará que a dúvida se desenhe, exigindo-se ao Estado a prova de que, apesar dessa omissão, a notificação atingiu o seu objetivo, o que nem sempre se mostrará fácil sobretudo na hipótese frequente de o *acusado* ou o seu defensor a terem reclamado[427].

Afigura-se prudente que, pelo menos, uma tradução do essencial ou, no limite, um resumo dos factos e da sua qualificação jurídica sejam entregues ao *acusado* aquando da notificação da *acusação*[428].

9.2. Conexionada com a alínea anterior – o direito a ser informado sobre a natureza e a causa da acusação –, a alínea *b)* do nº 3 do artigo 6º estabelece que o *acusado* (e o seu defensor) têm *o direito de dispor de tempo e dos meios necessários para a preparação da defesa*[429], o que pressupõe que a informação sobre a natureza e a causa da acusação deve conter os elementos necessários para permitir ao acusado essa preparação, e que este deve ser informado do início do prazo para apresentar a sua defesa[430].

425 Por acusação entenda-se aqui o despacho de abertura de instrução ou o que designa dia para o julgamento, acompanhado da "acusação " pública ou privada.

426 Acórdãos Kamasinski, A 168, pág. 37, § 79, e Hermi, de 18 de outubro de 2006, § 68.

427 Note-se que alguns membros da Comissão no caso Kamasinski votaram vencidos por entenderem que a acusação por escrito devia ser traduzida, não sendo suficiente uma explicação verbal; no mesmo sentido, P. van Dijk e G. J. H. van Hoof, *Theory and Practice of the European Convention on Human Rights,* 2ª ed., Kluwer, Deventer, 1990, pág. 346.

428 O artigo 92º do Código de Processo Penal atual impõe, sob pena de nulidade, a utilização da língua portuguesa tanto nos atos escritos como orais (nº 1), prevenindo (no nº 3) a nomeação de intérprete quando se tornar necessário traduzir documento em língua estrangeira e desacompanhado de tradução autenticada; a solução avançada pode, porém, acomodar-se facilmente ao nº 2 do referido artigo, que preconiza a nomeação de intérprete idóneo quando houver de intervir no processo pessoa que não conheça ou não domine a língua portuguesa.

429 Embora prevista expressamente para o processo penal, a falta de tempo para preparar a defesa dos seus direitos pode vir a contender com as garantias de um processo equitativo previstas no nº 1 deste artigo.

430 Acórdão Vacher, de 17 de dezembro de 1996, R96-VI, pág. 28, § 28, Decisão do Tribunal, de 8 de dezembro de 1998, Queixa nº 39 519/98, R99-II, pág. 363, e Decisão de 9 de julho de 1992, Queixa nº 14 723/89, *Déc. Rap.* 73, pág. 81.

Este direito tende a realizar o princípio da *igualdade de armas* entre a acusação e a defesa, concedendo a esta a possibilidade de se organizar de maneira adequada e sem restrições[431].

O direito aqui consagrado valerá também para a defesa sobre o fundo[432].

9.2.1. O tempo necessário à preparação da defesa aprecia-se em concreto, tendo em vista a natureza dos problemas processuais e a sua complexidade; aquele que necessita de mais tempo para preparar-se deve requerer a prorrogação do prazo, sem o que não poderá pôr em causa, mais tarde, o que lhe foi acordado[433].

A falta de tempo para preparar a defesa será em regra invocada pelo defensor, mormente quando este é oficioso; a Comissão, reconhecendo, embora, que não se lhe pode exigir uma alteração da sua agenda para se consagrar a uma tarefa para que foi convocado *in extremis,* admitiu ser expetável que o defensor, nessas circunstâncias, se prontificasse a algumas alterações do seu calendário, tendo em conta a particular urgência da situação[434].

9.2.2. Os *meios necessários* à preparação da defesa implicam, nomeadamente, o acesso ao processo, ainda que este direito não esteja consagrado expressamente; o *acusado* tem o direito de conhecer todos os elementos pertinentes do processo que foram recolhidos ou que o possam ser pelas autoridades competentes, sobretudo quando decide defender-se ele próprio[435].

Mas tudo isto não é incompatível com o facto de se reservar apenas ao advogado do acusado o acesso ao processo[436].

[431] Relatório de 12 de julho de 1984, caso Can, A 96, pág. 17, § 53; ver, sobre esta matéria, J. N. Cunha Rodrigues, «Sobre o princípio da igualdade de armas», in *Revista Portuguesa de Ciência Criminal,* ano I, fasc. 1, janeiro-março de 1991, págs. 77 e segs.

[432] Para determinadas incidências processuais, nomeadamente quando importa reagir ao despacho que ordena a prisão preventiva, cfr. a anotação ao nº 4 do artigo 5º

[433] Acórdãos Campbell e Fell, A 80, pág. 45, § 98, e Kremzow, de 21 de setembro de 1993, A 268-B, pág. 41, §§ 45-49, e Decisão do Tribunal, de 31 de março de 2005, Queixa nº 62 116/00, R05-VII, pág. 433; se apesar da brevidade do prazo não existiu prejuízo para a defesa, a queixa será rejeitada – Decisões de 11 de fevereiro de 1967, Queixa nº 2370/64, *Rec.,* nº 22, pág. 96, e de 12 de dezembro de 1973, Queixa nº 5881/72, *Digest,* vol. 2, págs. 794 e segs.

[434] Decisão de 12 de outubro de 1978, Queixa nº 7909/74, *Déc. Rap.* 15, pág. 160.

[435] Acórdãos Foucher, de 18 de março de 1997, R97-II, pág. 470, §§ 43-44, Edwards e Lewis, de 27 de outubro de 2004, R04-X, págs. 105 e segs., §§ 46 e 48, Öcalan, de 12 de maio de 2005, R05-IV, pág. 97, § 146, e Matyek, de 24 de abril de 2007, § 59 (acesso a dados na posse das autoridades necessários para a defesa), e Relatórios de 15 de outubro de 1981, Queixa nº 8403/78, caso Jespers, *Déc. Rap.* 27, pág. 72, e de 28 de novembro de 1995, Queixa nº 22 209/93.

[436] *Acórdãos Kamasinski, A 168, pág. 39, § 88, e Kremzow, A 268-B, pág. 42, § 52.*

Sublinhe-se que o *segredo de justiça* pode justificar que o *acusado* só tenha acesso ao processo após a *acusação*[437], embora tenham de lhe ser comunicados os dados de que necessitar para contestar as decisões que o prejudiquem, nomeadamente as relativas à prisão preventiva (cfr. anotação ao nº 4 do artigo 5º).

Por outro lado, mesmo que a *Convenção* não garanta expressamente o direito do *acusado* de contactar o seu defensor, ao contrário do que acontece no artigo 14º, nº 3, alínea *b)*, do Pacto, este mesmo direito decorre da combinação das alíneas *b)* e *c)* do nº 3 do artigo 6º

Efetivamente, o defensor não poderia *assistir ao acusado* se não pudesse entrevistar-se previamente com este; contudo, este direito pode sofrer algumas limitações ditadas pela necessidade da investigação[438].

9.3. A alínea *c)* do nº 3 do artigo 6º estabelece para *o acusado o direito de se defender a si próprio ou de ter assistência de um defensor da sua escolha e, se não tiver meios para remunerar um defensor, poderá ser assistido gratuitamente por um defensor oficioso, quando os interesses da justiça o exigirem.*

Tudo isto no processo penal, pois a *Convenção* não garante a assistência judiciária em processo civil, embora o respeito por um processo equitativo possa torná-la necessária[439].

E quando a assistência judiciária é concedida no processo cível, é razoável subordinar a concessão a certas condições, nomeadamente à situação financeira do requerente e às possibilidades de sucesso da ação[440].

9.3.1. Estas garantias constituem um outro aspeto fundamental do direito a um processo equitativo[441]; o direito de defender-se de maneira adequada postula uma defesa, não teórica ou ilusória, mas concreta e efetiva, o que poderá exigir que o Estado forneça uma assistência judiciária gratuita[442].

As garantias oferecidas nesta alínea apresentam-se a três níveis:

- Defender-se a si próprio;

[437] Decisão de 22 de março de 1972, Queixa nº 4622/70, *Rec.*, nº 40, pág. 15.

[438] Acórdão Campbell e Fell, A 80, pág. 45, § 99, e Relatório de 9 de julho de 1981, Queixa nº 8463/78, *Déc. Rap.* 26, pág. 38.

[439] Decisão de 14 de julho de 1987, Queixa nº 10 594/84, *Déc. Rap.* 52, pág. 158.

[440] Decisão de 10 de julho de 1986, Queixa nº 10 871/84, *Déc. Rap.* 48, pág. 154; ver, ainda, Decisão de 10 de julho de 1990, Queixa nº 8158/78, *Déc. Rap.* 21, pág. 95; aliás um sistema de assistência judiciária não pode funcionar sem a existência de um dispositivo permitindo selecionar os casos suscetíveis de dela beneficiar – Acórdão Gnahoré, de 19 de setembro de 2000, R00-IX, pág. 424, § 41.

[441] Acórdãos Monnell e Morris, A 115, pág. 21, § 53, e Melin, de 22 de junho de 1993, A 261-A, pág. 11, § 21.

[442] Acórdãos Artico, A 37, pág. 15, § 33, Imbrioscia, A 275, pág. 13, § 38, e Bertuzzi, de 13 de fevereiro de 2003, R03-III, pág. 113, § 30.

- Ter a assistência de um defensor da sua escolha;
- Se não tiver meios, poder ser assistido gratuitamente por um defensor oficioso[443].

Para ligar estes três elementos, a versão inglesa emprega a conjunção disjuntiva «ou» enquanto a versão francesa apenas utiliza esta conjunção para ligar o primeiro e segundo elementos, para em seguida utilizar a conjunção copulativa «e»; tendo em vista o fim e o objeto da *Convenção*, o texto francês fornece neste caso um guia mais seguro.

Por consequência, um *acusado* que não quer defender-se por si próprio deve poder recorrer aos serviços de um advogado da sua escolha; e, se não tiver possibilidades de o remunerar, a *Convenção* reconhece-lhe o direito à assistência gratuita de um defensor oficioso, quando os interesses da justiça o justifiquem[444].

Portanto, só os dois primeiros direitos se apresentam em alternativa, deixados à opção do acusado; poderá esta escolha ser objeto de restrições?

Da leitura do Acórdão no caso *Engel* e outros[445], poderia deduzir-se que o *acusado* que se encontra apto a defender-se por si próprio não terá direito a escolher um defensor; parece preferível, no entanto, entender que este direito de escolha de um advogado é deixado à discrição do *acusado* que, não tendo meios para o remunerar, será assistido por um defensor oficioso[446].

O direito do *acusado* de se defender por si próprio não é, porém, um direito absoluto, – note-se que mesmo a renúncia de um defensor, quando admitida, deve ser inequívoca e não colidir com nenhum interesse público importante; com efeito, os Estados podem, pela via legislativa ou por decisão judicial, impor a obrigação de a defesa ser assegurada por um advogado.

Os Estados Contratantes podem escolher os meios adequados para permitir ao seu sistema judiciário garantir os direitos de defesa e exigir que a representação no processo penal seja assegurada por um advogado[447].

[443] Acórdão Pakelli, A 64, pág. 15, § 31.

[444] Acórdão Pakelli, § 31; ver, ainda, os Acórdãos Campbell e Fell, A 80, pág. 45, § 99, Twalib, de 9 de junho de 1998, R97-IV, pág. 1427, § 46, e Ezeh e Connors, de 9 de outubro de 2003, R03-X, pág. 208, § 134.

[445] A 22, pág. 38, § 91; ver ainda P.,C. e S./Reino Unido, de 16 de julho de 2002, R02-VI, pág. 272, § 88.

[446] Ver Jacques Velu e Rusen Ergec, *ob. cit.*, pág. 494.

[447] Acórdãos Croissant, de 25 de novembro de 1992, A 237-B, pág. 32, § 27, *Decisão do Tribunal, de 15 de novembro de 2001, Queixa nº 48 188/99, R01-XII, pág. 153,* e Sakhnovski, de 2 de novembro de 2010, § 90, e Decisões de 11 de dezembro de 1973, Queixa nº 5730/72, *Digest*, vol. 2, pág. 826, e de 11 de dezembro de 1990, Queixa nº 16 598/90, *Déc. Rap.* 66, pág. 260.Na sua Decisão, de 15 de novembro de 2001, Queixa nº 48 188/99 (Correia de Matos/ /Portugal), R01-XII, pág. 153, o Tribunal examinou a situação do advogado Correia de Matos, a quem, num processo penal em que era arguido, foi recusada a possibilidade de ser defender a ele próprio.

Assim, deixa-se aos Estados a eleição dos meios de defesa do acusado; e, em princípio, o acusado, presente ou não à audiência, tem o direito de ser efetivamente defendido por um advogado, ao menos nomeado oficiosamente, correspondendo este direito a um dos elementos fundamentais de um processo equitativo; o Tribunal limita-se a procurar se a solução adotada se enquadra nas exigências de um processo equitativo[448].

Note-se que o advogado deve poder assistir à audiência e conduzir a defesa mesmo na ausência do acusado[449].

9.3.2. Sobre as relações do arguido com o seu defensor, uma das questões consiste em saber a partir de que momento o arguido deve ter direito a um advogado.

A tarefa do Tribunal resume-se a verificar se o meio oferecido se enquadra nas garantias de um processo equitativo; a nomeação de um defensor durante o inquérito depende das particularidades do processo e das circunstâncias da causa no conjunto do processo[450].

Mas, em geral, a equidade exigirá que um *acusado* tenha o benefício da assistência de um advogado desde os primeiros interrogatórios feitos pela polícia; aliás, recusar-se o acesso a um advogado durante 24 horas após a sua prisão não é conciliável com o disposto nesta alínea[451].

Ele queixou-se que os seus direitos de defesa, nomeadamente o de se defender por si próprio, tinham sido violados.

O Tribunal recordou que, de acordo com uma jurisprudência da Comissão e do antigo Tribunal, o artigo 6, nº 3, alínea *c)*, da *Convenção* não garante ao arguido decidir ele próprio o modo como a sua defesa será assegurada.

A questão de saber se o arguido se pode defender ele próprio ou se deverá ser representado por um advogado, seja livremente escolhido seja designado pelo tribunal, releva da legislação ou do regulamento do tribunal interno.

E se, em regra, os advogados agem pessoalmente perante um tribunal, as jurisdições competentes podem, contudo, considerar que os interesses da justiça impõem a designação de um representante a um advogado acusado em processo penal que poderá não estar em condições de avaliar corretamente os interesses em jogo e, assim, assegurar eficazmente a sua própria defesa.

E o Tribunal não deixou de recordar que também aqui haveria uma margem de apreciação de que beneficiavam as autoridades nacionais.

448 Acórdãos F. C. B., A 208-B, pág. 21, § 33, Poitrimol, A 277-A, págs. 14-15, § 34, e Sakhnovski, de 2 de novembro de 2010, § 95.

449 Acórdãos Pelladoah, A 289-B, § 41, Lala, A 298, § 34, Van Geyseghem, de 21 de janeiro de 1999, R99-I, pág. 171, § 35, e Sejdovic, de 1 de março de 2006, R06-II, pág. 227, § 91.

450 Acórdãos Granger, de 28 de maio de 1990, A 174, pág. 18, § 47, Quaranta, de 24 de maio de 1991, A 205, págs. 16-18, § 30, e Imbrioscia, A 275, pág. 13, § 38.

451 Acórdãos John Murray, R96-I, pág. 55, § 66, Averill, de 6 de junho de 2000, R00-VI, pág. 253, § 58, Magee, de 6 de junho de 2000, R00-VI, pág. 198, § 44, Brennan, de 16 de outubro de 2001, R01-X, págs. 257 e 262, §§ 45 e 58, Öcalan, de 12 de maio de 2005, R05-IV, pág. 92, § 131.

Efetivamente, o primeiro objetivo do artigo 6º, no processo penal, é assegurar um processo equitativo no seu todo; ora, a equidade pode ser gravemente prejudicada pelas faltas que se possam verificar, desde logo, no início do processo.

É preciso não esquecer a importância do inquérito na preparação do processo, na medida em que as provas recolhidas nesta fase determinam o enquadramento legal segundo o qual a infração imputada será examinada no processo.

Paralelamente, um arguido encontra-se, em regra, numa situação vulnerável nesta fase do processo, efeito que se encontra ampliado pelo facto de que a legislação sobre o processo penal tende a tornar-se cada vez mais complexa, nomeadamente no que respeita à recolha e a utilização das provas.

Na maioria dos casos, esta vulnerabilidade não pode ser compensada de maneira adequada sem a assistência de um advogado, cuja ação consistirá em fazer respeitar o direito de todo o arguido a não se incriminar ele próprio.

Assim, é usualmente preciso que o acesso a um advogado seja consentido desde o primeiro interrogatório de um suspeito pela polícia, salvo se se demonstrar, à luz das circunstâncias particulares do caso, que há razões imperiosas para restringir este direito.

E quando razões imperiosas possam excecionalmente justificar a recusa de acesso ao advogado, esta restrição, qualquer que seja a sua justificação, não deve indevidamente prejudicar os direitos derivados para o arguido do artigo 6º

Mais: se o arguido decidir guardar silêncio, ele deve mesmo assim ser assistido por um defensor desde o seu primeiro contacto com as autoridades onde esta questão se coloque, porquanto a sua atitude pode vir a revelar-se decisiva para a sua defesa.

Em princípio, haverá uma violação irremediável dos direitos da defesa quando as declarações incriminantes prestadas durante um interrogatório de polícia sem a assistência sejam utilizadas para fundamentar uma acusação, ou quando se vier a verificar que o uso do direito ao silêncio, feito sem o apoio de um defensor, veio a prejudicar o arguido[452].

Se, podendo fazê-lo, o *acusado* não assume a sua defesa, ele terá, repete-se, o direito à assistência de um advogado da sua escolha.

Para ter esta liberdade é necessário que o *acusado* tenha meios para o remunerar[453]; e, nesta hipótese, as leis internas podem regulamentar o exercício da profissão diante dos tribunais, resultando daqui uma limitação de escolha[454].

[452] Recordem-se os Acórdãos Salduz, de 27 de novembro de 2008, § 55 (as declarações incriminatórias feitas em interrogatório sem a presença de um advogado se utilizadas para fundamentar uma condenação violam os direitos da defesa), e Dayanan, de 13 de outubro de 2009, § 32 (decisão de usar o direito ao silêncio pelo arguido preso sem assistência de defensor), Decisão do Tribunal, de 15 de maio de 2003, Queixa nº 49 158/99, R03-VII, pág. 425, e Decisão de 27 de fevereiro de 1997, Queixa nº 31 195/96, *Déc. Rap.* 88-A, pág. 169.

[453] Decisão de 2 de junho de 1960, Queixa nº 646/76, *Ann. Conv.*, vol. III, pág. 273.

[454] Decisão de 8 de julho de 1978, Queixas nºs 7572/76, 7586/76 e 7587/76, *Déc. Rap.* 14, pág. 64; pense-se, por exemplo, nas exigências específicas para pleitear nas instâncias de recurso.

Quando um *acusado* não consegue obter a assistência de um advogado, não poderá falar-se de responsabilidade internacional do Estado Parte, salvo se a recusa do advogado se explicar pelas pressões da autoridade pública[455].

A assistência de um defensor oficioso está subordinada a duas condições, já antes afloradas:

a) Falta de meios para remunerar um advogado;
b) Os interesses da justiça.

Fora deste quadro, a *Convenção* não reconhece o benefício da assistência judiciária.

Se o *acusado* não tem meios, um defensor será nomeado *quando os interesses da justiça o exigirem* – conceito vago que deixa uma larga margem de apreciação, podendo dizer-se que as recusas arbitrárias são sancionadas[456].

No entanto, retiram-se da jurisprudência dos órgãos da *Convenção* alguns critérios, como, por exemplo, a gravidade da infração e da pena correspondente ou a complexidade do processo[457]; a recusa de assistência de defensor, nas instâncias de recurso, a um *acusado* condenado a uma grave pena ofende o disposto nesta alínea[458].

No seu Acórdão, no caso *Monnell e Morris*[459], o Tribunal precisou que os *interesses da justiça* não justificam a atribuição de um defensor oficioso todas as vezes que um condenado, não tendo qualquer possibilidade objetiva de sucesso, desejar interpor recurso depois de ter beneficiado em 1ª instância de um processo equitativo.

O *acusado* não tem o direito de escolher o defensor oficioso[460], nem o pode mudar, uma vez designado[461].

Por outro lado, o *acusado* tem direito à assistência de um defensor oficioso e não apenas à designação, o que acarreta para o Estado especiais obrigações, incum-

[455] Decisão de 18 de dezembro de 1963, Queixas nºs 1420/62, 1477/62 e 1478/62, *Ann. Conv.*, vol. VI, pág. 591.

[456] Acórdão Pham Hoang, A 243, pág. 23, § 39, e Decisão de 7 de outubro de 1967, Queixa nº 3104/67, *Digest*, vol. 2, pág. 855.

[457] Ver, por todos, Acórdão Quaranta, A 205, pág. 17, §§ 32-34; Cfr. os Acórdãos Benham, de 10 de junho de 1996, R96-III, pág. 757, § 60, e Gutfreund, de 12 de junho de 2003, R03-VII, pág. 85, § 34, e a Decisão do Tribunal, de 4 de janeiro de 2008, Queixas nºs 40 766/06 e 40 831/06.

[458] Acórdãos Bomer, de 28 de outubro de 1994, A 300-B, § 43, e Maxwell, de 28 de outubro de 1994, A 300-C, § 40.

[459] A 115, pág. 25, § 67; cfr. também o Acórdão Granger, A 174, pág. 16, §§ 46-47.

[460] Decisões do Tribunal, de 21 de novembro de 2000, Queixa nº 53 590/99, R00-XI, pág. 525, e de 7 de setembro de 2004, Queixa nº 58 753/00, R04-VII, pág. 379, e Decisões de 6 de julho de 1976, Queixa nº 6946/75, *Déc. Rap.* 6, pág. 114, e de 9 de maio de 1989, Queixa nº 12 152/86, *Déc. Rap.* 61, pág. 171.

[461] Decisão de 1 de março de 1991, Queixa nº 13 572/88, *Déc. Rap.* 69, pág. 198.

bindo-lhe tomar medidas positivas destinadas a assegurar o exercício efetivo desse direito.

Note-se, por exemplo, que uma acusação feita a alguém que não é capaz de agir por sua própria conta e que está sob um regime de curatela deve ser comunicada ao curador[462].

O acusado tem direito a uma defesa efetiva, incumbindo às autoridades competentes, respeitando a independência dos advogados, atuar de modo a assegurar ao interessado o gozo efetivo daquele direito; esta ideia foi desenvolvida pelo Tribunal no Acórdão proferido no caso *Artico*: o artigo 6º, nº 3, alínea *c)*, fala de *assistência* e não de *designação*.

Ora, a segunda não assegura por ela própria a primeira, pois o defensor oficioso pode morrer, ficar doente ou impedido ou não cumprir os seus deveres.

Uma vez advertidas, as autoridades devem substituí-lo ou levá-lo a desempenhar a sua tarefa; caso contrário, a assistência judiciária tornar-se-ia apenas uma palavra vã.

Não deverá imputar-se ao Estado todas as deficiências do defensor oficioso, mas em certas circunstâncias, nomeadamente quando o Estado possa controlar e, se necessário, corrigir o seu comportamento, pode-se-lhe exigir a tomada de medidas positivas destinadas a garantir o gozo efetivo do direito em questão.

Para que haja infração desta alínea não é necessário provar que a falta de assistência causou realmente um prejuízo ao acusado[463].

Outra terá de ser a posição quando o advogado é livremente escolhido pelo acusado[464]; regra geral, os atos ou decisões do advogado de um *acusado* não implicam responsabilidade para o Estado, tendo em conta a independência da advocacia.

[462] Acórdão Vaudelle, de 30 de janeiro de 2001, R01-I, pág. 234, § 65.

[463] A 37, págs. 16-18, §§ 33-35, que se traduziu livremente. Neste «Caso», Artico tinha obtido o benefício de assistência judiciária gratuita, mas o advogado nomeado, por falta de tempo, aconselhou-o a dirigir-se a um outro colega; Artico colocou a questão ao tribunal que lhe tinha nomeado defensor sem sucesso.
O Tribunal entendeu que havia violação, porquanto se deveria ter substituído o defensor oficioso ou tê-lo obrigado a desempenhar bem a sua tarefa.
No Acórdão Goddi, A 76, págs. 11-13, §§ 27-32, o Tribunal entendeu que havia violação, porquanto, perante a falta à audiência do defensor oficioso, o tribunal nomeou um outro mas não lhe concedeu tempo suficiente para estudar o processo.
Ver também, sobre esta matéria, os Acórdãos Kamasinski, A 168, pág. 33, § 65, Quaranta, A 205, pág. 17, §§ 33-34, Daud, de 21 de abril de 1998, R98-II, pág. 749, § 38, Czekalla, de 10 de outubro de 2002, R02-VIII, pág. 59, § 68, e Sanino, de 27 de abril de 2006, R06-VI, pág. 280, § 49 (arguido defendido em audiências sucessivas por substitutos do defensor oficioso), e Decisões do Tribunal, de 19 de outubro de 2000, Queixa nº 45 995/99, R00-XI, pág. 471, de 21 de novembro de 2000, Queixa nº 53 590/99, R00-XI, pág. 525 (liberdade de um defensor oficioso para apresentar ou não um recurso), e de 23 de outubro de 2001, Queixa nº 50 720/99, R01-XI, pág. 353.

[464] Acórdão Tripordi, de 22 de fevereiro de 1994, A 281-B, pág. 46, § 30.

A condução da defesa pertence ao interessado e aos seus representantes; os Estados não têm a obrigação de aí se imiscuírem, a não ser em caso de carência manifesta ou suficientemente assinalada à sua atenção[465].

Em dois casos portugueses, o Tribunal teve já oportunidade de se pronunciar sobre esta matéria: os casos *Daud e Czekalla*, citados na nota 461.

No Acórdão Daud (§ 38), o Tribunal censurou o facto de o primeiro defensor nomeado oficiosamente, antes de se declarar doente, não ter tomado qualquer medida na defesa do arguido; quanto ao segundo defensor, de cuja nomeação o arguido só teve conhecimento três dias antes do dia designado para audiência, o Tribunal entendeu que ele não teve tempo necessário para estudar o processo, ir ver o arguido se necessário e preparar a sua defesa. E todas as deficiências não puderam ser remediadas pelo Supremo Tribunal de Justiça, pois o recurso interposto pelo defensor oficioso foi recusado por razões formais: as conclusões não indicavam as disposições legais pretensamente violadas.

No segundo caso (§ 68), o Tribunal foi chamado a examinar a seguinte situação: num processo penal por tráfico de estupefacientes, o arguido foi condenado na pena de 15 anos de prisão; o seu defensor oficioso interpôs recurso para o Supremo Tribunal de Justiça mas esqueceu-se de, nas suas alegações, juntar as conclusões.

O Supremo Tribunal de Justiça, pelo seu Acórdão de 10 de julho de 1996, seguindo uma jurisprudência então em vigor mas hoje abandonada, rejeitou o recurso por falta de apresentação de conclusões[466].

O Tribunal considerou que, nestas circunstâncias, aquela negligência, que não foi corrigida pelo Tribunal superior, não podia ser reconduzida a uma falha formal dadas as implicações que dela derivaram.

Era para o Tribunal evidente que o arguido não tinha beneficiado de uma defesa concreta e efetiva, como o quer a alínea *c)* nº 3 do artigo 6º da *Convenção*.

A carência era claramente manifesta, pelo que o Supremo Tribunal de Justiça tinha a obrigação de convidar o defensor oficioso a colmatar a deficiência para que o respeito concreto e efetivo dos direitos da defesa fossem assegurados.

Não se colocava sequer aqui a questão da independência dos advogados; esse convite era já imposto no processo civil sem que alguma vez se contestasse a violação de tal independência.

[465] Acórdãos Imbrioscia, A 275, pág. 14, § 41, e Stanford, de 23 de fevereiro de 1994, A 282-A, pág. 11, § 28.

[466] Esta jurisprudência, baseada numa determinada interpretação do artigo 412º do Código de Processo Penal, foi considerada inconstitucional pelo Tribunal Constitucional (Acórdão nº 337/2000, de 27 de junho, publicado no *Diário da República* de 21 de julho de 2000); ver também o Acórdão do mesmo Tribunal nº 165/01, de 19 de junho de 2001, publicado no *Diário da República* de 19 de junho de 2001.

O Tribunal reservou inicialmente a sua posição quanto à obrigação para o acusado, em caso de condenação, de remunerar o defensor oficioso[467]; atualmente, considera-se que aquela remuneração poderá ser exigida se o *acusado* vier a melhorar a sua situação económica[468].

Segundo certa doutrina, fundada na jurisprudência do Tribunal sobre os custos de interpretação, esta gratuitidade seria definitiva[469].

As relações entre o acusado, sobretudo quando detido, e o seu defensor têm sido objeto de preocupação.

O Tribunal notou que, contrariamente a várias legislações nacionais e ao artigo 8º, nº 2, alínea *d)*, da Convenção Interamericana dos Direitos do Homem, a *Convenção* não consagra em termos expressos o direito, para o acusado, de comunicar sem entrave com o seu advogado.

Invocando o artigo 93º das Regras Mínimas para o Tratamento de Presos, anexo da Resolução nº (73) 5 do Comité de Ministros[470], e o artigo 3º, nº 2, do Acordo Europeu Relativo às Pessoas Participantes nos Processos perante a Comissão e o Tribunal Europeus dos Direitos do Homem[471], o Tribunal concluiu que o direito do *acusado* de comunicar com o seu advogado sem que seja escutado figura entre as exigências elementares de um processo equitativo numa sociedade democrática, direito que decorre do artigo 6º, nº 3, alínea *c)*, da *Convenção*: se um advogado não pudesse conversar com o seu cliente sem qualquer limitação e receber instruções confidenciais, a assistência perderia muito da sua utilidade, quando o fim da *Convenção* consiste na proteção dos direitos concretos e efetivos[472].

9.4. O artigo 6º, nº 3, alínea *d)*, consagra o direito do *acusado a interrogar as testemunhas de acusação e obter a convocação e o interrogatório das testemunhas de defesa nas mesmas condições que as testemunhas de acusação*, o que implica, em princípio, o direito do acusado de não só assistir mas ouvir e seguir os debates[473].

[467] Acórdão Luedicke, Belkacem e Koç, A 29, pág. 18, §§ 43-44.

[468] Acórdão Croissant, de 25 de agosto de 1992, A 237-B, págs. 34-35, §§ 33-38, e Decisões de 6 de maio de 1982, Queixa nº 9365/81, *Déc. Rap.* 28, pág. 229, e de 4 de julho de 1983, Queixa nº 9419/81, *Déc. Rap.* 33, pág. 153.

[469] Jacques Velu e Rusen Ergec, *ob. cit.* págs. 500 e segs., e os autores aí referidos.

[470] Que diz, nomeadamente, que o detido tem o direito de receber visitas do seu advogado e de lhe enviar e receber instruções confidenciais.

[471] Consagra o direito de os detidos comunicarem livremente com o Tribunal, o que implica que, relacionado com a queixa, se correspondam com o seu advogado ou com ele conversem sem que possam ser escutados; o número de visitas e a sua duração dependerão das circunstâncias do caso e das particularidades do processo.

[472] Acórdãos S/Suíça, de 28 de novembro de 1991, A 220, pág. 15, § 48, Brennan, de 16 de outubro de 2001, R01-X, pág. 262, § 58, e Öcalan, de 12 de maio de 2005, R05-IV, págs. 93 e 94, §§ 133 e 135.

[473] Acórdãos Stanford, A 282-A, págs. 10-11, § 26, e Hermi, de 18 de outubro de 2006, § 59.

Estas exigências constituem aspetos particulares do direito a um processo equitativo garantido pelo nº 1 do referido artigo[474].

Note-se que o termo *testemunha,* figurando na referida alínea, deve ser compreendido de uma maneira autónoma, podendo ser mais amplo do que o sentido técnico que ao termo testemunha seja dado pela ordem interna, abarcando os declarantes (incluindo os co-arguidos) e os peritos[475].

A recolha de provas releva, antes de mais, das regras de direito interno do Estado membro[476], competindo às jurisdições nacionais interpretar a legislação interna e apreciar os elementos de prova recolhidos.

A tarefa dos órgãos da *Convenção* consiste em examinar se o processo, no seu conjunto, incluindo o modo de apresentação das provas, reveste um caráter equitativo, sancionando toda a recusa abusiva ou arbitrária[477].

A decisão de recusa de audição de uma testemunha oferecida pela defesa deve ser justificada.

Assim, as referidas garantias não assumem uma natureza absoluta; o direito de citar e interrogar as testemunhas de defesa e de acusação não implica que o *acusado* possa exigir a convocação de qualquer pessoa, pois não tem o direito a que o tribunal oiça toda a testemunha que ofereça.

[474] Acórdãos F. C. B., A 208-B, pág. 20, § 29, T/Itália, de 12 de outubro de 1992, A 245-C, pág. 41, § 25, e Ferrantelli e Santangelo, de 7 de agosto de 1996, R96-III, pág. 950, § 51, e Decisão de 6 de janeiro de 1993, Queixa nº 20 341/92, *Déc. Rap.* 74, pág. 241.

[475] Acórdão Kaste e Mathisen, de 9 de novembro de 2006, § 54 (co-arguido que quer manter o silêncio durante a audiência); ver também, entre outros, o Relatório de 11 de outubro de 1984, no caso Unterpertinger, A 110, pág. 18, § 70, e Decisões de 21 de outubro de 1993, Queixa nº 17 265/90, *Déc. Rap.* 75 pág. 76, e de 18 de outubro de 1995, Queixa nº 25 062/94, *Déc. Rap.* 83-A, pág. 77.

[476] Acórdãos Doorson, de 26 março de 1996, R96-II, pág. 470, § 67, Van Mechelen e outros, de 23 de abril de 1997, R97-III, pág. 711, § 50, e Lucà, de 27 de fevereiro de 2001, R01-II, pág. 156, § 38, e Decisão do Tribunal, de 21 de março de 2002, Queixa nº 59 895/00, R02-V, pág. 255.

Num processo penal, pode haver interesses concorrentes – como a segurança nacional ou a necessidade de proteger testemunhas ou de guardar segredos sobre os métodos policiais de investigação das infrações – que devem ser ponderados com os direitos do acusado. Todavia, só são legítimas as medidas restringindo os direitos da defesa que sejam absolutamente necessárias – Acórdãos Rowe e Davis, de 16 de fevereiro de 2000, R00-II, pág. 351, § 61, Fitt, da mesma data, R00-II, pág. 438, § 45, e Georgios Papageorgiou, de 9 de maio de 2003, R03-VI, pág. 238, § 36.

Note-se ainda que a legislação interna pode dispensar certas pessoas, por exemplo, os parentes do acusado, de se apresentarem na audiência e admitir as suas declarações feitas anteriormente, desde que sejam respeitados os direitos da defesa – Acórdão Unterpertinger, A 110, págs. 14-15, §§ 30-31.

[477] Acórdão Isgrò, de 19 de fevereiro de 1991, A 194-A, págs. 11-12, § 31; ver também os Acórdãos Asch, A 203, pág. 10, §§ 25-26, Eduards, de 16 de dezembro de 1992, A 247-B, págs. 34-35, § 34, Sardi, de 20 de setembro de 1993, A 261-C, pág. 56, § 43, Stanford, A 282-A, pág. 10, § 24, Doorson, R96-II, pág. 470, § 67, Ferrantelli e Santangelo, de 7 agosto de 1996, R96-III, pág. 961, § 48, e P.G. e J.H./Reino Unido, de 25 de setembro de 2001, R01-IX, pág. 261, §§ 67 e 68, e Decisões do Tribunal, de 27 de maio de 2003, Queixa nº 37 235/97, e de 3 de março de 2005, Queixa nº 60 861/00, R05-VI, pág. 325.

O exame da pertinência da convocação é deixado às autoridades nacionais, que podem recusar a audição se considerarem que ela não é relevante[478], desde que observem as regras decorrentes da *igualdade de armas*, colocando as *partes* num plano de igualdade[479]; não se inibindo os órgãos da *Convenção* de um controlo nesta área[480].

O rol das testemunhas de defesa a convocar para a audiência deve ser formalmente apresentado, não sendo suficiente que elas já tenham sido ouvidas durante a instrução do processo; e não basta que o requerente se queixe que as suas testemunhas não foram ouvidas; importa que ele demonstre que a sua audição era importante e necessária para a manifestação da verdade judiciária[481].

Ao princípio da *igualdade de armas*, visto no contexto global do processo equitativo, não interessa um equilíbrio formal – (o mesmo número de testemunhas ou não ouvir nenhuma testemunha da defesa se não foram oferecidas testemunhas pela acusação).

Todos estes princípios se aplicam, com as adaptações necessárias, aos peritos que a defesa pretenda ouvir[482].

Se os elementos de prova devem ser produzidos em audiência pública, tendo em vista um debate contraditório, tal não impede a utilização das provas recolhidas na fase de instrução do processo, desde que as regras do contraditório tenham sido observadas, no momento da produção da prova ou mais tarde[483].

A produção de prova, nomeadamente a testemunhal, deve revestir um caráter contraditório[484], concedendo-se à defesa a possibilidade de contestar todo o elemento de prova produzido perante o tribunal e invocado por este para fundamentar a sua deci-

[478] Acórdão Sardi, A 261-C, pág. 56, § 43, Decisão do Tribunal, de 4 de maio de 2000, R00-V, pág. 473, e Decisão de 6 de setembro de 1995, Queixa nº 25 096/94, *Déc. Rap.* 82-A, pág. 117.

[479] Acórdãos Engel e outros, A 22, pág. 38, § 91, Vidal, de 22 de abril de 1992, A 235-B, pág. 32, § 33, e Perna, de 6 de maio de 2003, R03-V, pág. 321, § 29.

[480] Acórdãos Imbrioscia, A 275, pág. 14, § 38, e Miailhe (nº 2), de 26 de setembro de 1996, R96-IV, pág. 1338, § 43.

[481] Acórdão Bricmont, de 7 de julho de 1989, A 158, pág. 46, § 150.

[482] Decisão de 16 de dezembro de 1963, Queixa nº 1167/61, *Ann. Conv.*, vol. VI, pág. 204.

[483] Acórdãos Windisch, de 27 de setembro de 1990, A 186, págs. 10-11, §§ 27-29, Isgrò, A 194-A, pág. 12, § 34, e Asch, A 203, pág. 10, § 27; ver também os Acórdãos Unterpertinger, A 110, pág. 15, § 33, Kostovski, A 166, pág. 20, § 41, Delta, de 19 de novembro de 1990, A 191, pág. 16, § 36, Sardi, A 261-C, pág. 56, § 43, Doorson, R96-II, pág. 470, § 69, Lucà, de 27 de fevereiro de 2001, R01-II, pág. 156, § 39, Sadak e outros (nº 1), de 17 de julho de 2001, R01-VIII, pág. 260, § 64, S.N./Suécia, de 2 de julho de 2002, R02-V, pág. 184, § 44, e Hulki Günes, de 19 de junho de 2003, R03-VII, pág. 184, § 95, Decisão do Tribunal, de 8 de dezembro de 1998, R99-II, pág. 370, e Decisões de 14 de outubro de 1991, Queixa nº 13 455/87, *Déc. Rap.* 71, pág. 84, e de 27 de maio de 1997, Queixa nº 31 700/96, *Déc. Rap.* 89-A, pág. 136.

[484] Acórdão Barberà, Messegué e Jabardo, A 146, págs. 33-34, § 78, e Decisão do Tribunal, de 25 de maio de 2004, Queixa nº 994/03, R04-V, pág. 417.

são, de modo a poder combater eficazmente as acusações que lhe são feitas, seja no momento da sua realização seja numa fase posterior[485].

Regra geral, a utilização de deposições ou declarações remontando à fase da instrução não colide com o disposto nos nºs 3, alínea *d)* e nº 1 do artigo 6º, sob reserva do respeito dos direitos da defesa.

É preciso não esquecer que certos interesses das testemunhas e das vítimas são, em princípio, protegidos por outras disposições normativas da *Convenção*, como o artigo 8º que protege a vida privada, e que implicam que os Estados Contratantes organizem o seu processo penal de modo a que estes interesses não sejam indevidamente postos em perigo.

Os princípios do processo equitativo comandam igualmente que, em certos casos, os interesses da defesa sejam colocados em confronto com os das testemunhas e vítimas chamadas a depor.

Mas podem existir razões várias para que uma testemunha seja ouvida fora da presença da pessoa contra a qual presta o seu depoimento, desde que o defensor desta esteja presente e possa interrogá-la.

O Tribunal considerou que algumas particularidades nos processos de natureza sexual, e não só, podem legitimar diversas medidas para proteger a vítima, as testemunhas ou o interesse geral ou para deixar em segredo determinados métodos de investigação do crime, como retirar do conhecimento do arguido certas provas, desde que todas estas medidas sejam controladas pelas autoridades judiciárias e possam ser conciliáveis com o exercício efetivo e adequado dos direitos da defesa[486].

Aliás, a falta de comparência das pessoas pode derivar de razões aceitáveis – (sérias ameaças da parte do arguido são razões aceitáveis – Acórdão Al-Khawaja e Tahery, de 15 de dezembro de 2011, §§ 121 e segs.) – e, neste contexto, o seu testemunho, recolhido por carta precatória ou rogatória, poderá ser lido e aceite desde que o *acusado* não conteste a sua veracidade[487] ou se ele for corroborado por outros dados na posse do tribunal[488].

[485] Acórdãos Vidal, A 235-B, págs. 32-33, §§ 32-34, Solakov, de 31 de outubro de 2001, R01-X, pág. 327, § 57, A.M./Itália, de 14 de dezembro de 1999, R99-IX, pág. 69, § 25, Doorson, R96-II, pág. 470, § 70, Dowsett, de 24 de junho de 2003, R03-VII, pág. 300, § 42, Al-Khawaja e Tahery, de 15 de dezembro de 2011, § 118, e Jaloud, 20 de novembro de 2014, § 202, Decisão do Tribunal, de 18 de outubro de 2001, Queixa nº 37 225/97, R01-XI, pág. 309, e Decisão de 16 de dezembro de 1976, *Déc. Rap.* 27, págs. 50 e segs.

[486] Acórdão S.N./Suécia, de 2 de julho de 2002, R02-V, pág. 185, § 47, e Decisão do Tribunal, de 20 de janeiro de 2005, Queixa nº 30 598/02, R05-II, pág. 393.

[487] Acórdão Saidi, de 20 de setembro de 1993, A 261-C, págs. 56-57, § 44, Decisão do Tribunal, de 4 de julho de 2000, Queixa nº 43 149/98, R00-VI, pág. 635, e Decisão de 13 de dezembro de 1983, Queixa nº 8945/80, *Déc. Rap.* 39, pág. 55.

[488] Acórdãos Asch, A 203, págs. 10-11, § 38, e Artner, de 28 de agosto de 1992, A 242-A, pág. 10, § 22, e Decisão de 6 de janeiro de 1993, Queixa nº 20 341/92, *Déc. Rap.* 74, pág. 241.

Neste contexto, note-se que a videoconferência está hoje autorizada por outros textos, como o 2º Protocolo adicional à Convenção europeia de ajuda judiciária em matéria penal e a Convenção relativa à entreajuda judiciária em matéria penal entre os Estados Membros da União Europeia; aliás, na sua Resolução de 23 de novembro de 1995, relativa à proteção das testemunhas no quadro da luta contra a criminalidade violenta internacionalmente organizada, o Conselho Europeu da UE indicou, entre os meios de proteção, a possibilidade de depor num lugar diferente daquele onde se encontra a pessoa perseguida, com o recurso, se necessário, a processo audiovisuais.

Este método, desde que respeite o direito nacional e os instrumentos internacionais pertinentes, está em harmonia com a *Convenção*[489].

O testemunho indireto e, nomeadamente, o dos próprios elementos da polícia (agentes infiltrados ou outros) ou dos seus informadores que queiram guardar o anonimato, parece que não viola a referida alínea *d)*, desde que as garantias da defesa sejam asseguradas[490].

Mas, se se preserva o anonimato das testemunhas de acusação, a defesa encontra-se confrontada com dificuldades que normalmente não deviam surgir no quadro de um processo penal.

Assim, o Tribunal reconheceu que nestas hipóteses a *Convenção* exige que os obstáculos com que se depara a defesa sejam suficientemente compensados; todavia, mesmo nos casos em que se possa considerar que houve uma compensação adequada, uma condenação não se pode fundar unicamente nem em medida determinante sobre declarações anónimas ou sobre testemunhos que o arguido não pode contraditar nem na fase da instrução nem durante a audiência de julgamento, nomeadamente nos depoimentos de testemunhas que não comparecem na audiência. Note-se, contudo, que, respeitado o contraditório, uma prova por ouvir dizer mesmo que constitua o elemento único e determinante que suporta a condenação, não importa automaticamente a violação deste artigo 6º[491].

[489] Acórdão Marcello Viola, de 5 de outubro de 2006, R06-XI, pág. 119, § 66.

[490] Acórdãos Doorson R96-II, pág. 472, § 76, Van Mechelen, R97-III, pág. 712, § 55, e Visser, de 14 de fevereiro de 2002, § 43.

[491] Acórdãos Kostovski, A 166, pág. 20, § 42, Windisch, A 186, pág. 10, § 28, Ludi, A 238, págs. 20-21, §§ 43-50, Doorson, R96-II, pág. 471, §§ 72 e 73, Van Mechelen, R97-III, pág. 711 e 712, §§ 51 e 57, e Al-Khawaja e Tahery, de 15 de dezembro de 2011, §§ 119, 128 e 147, Decisões do Tribunal, de 4 de julho de 2000, Queixa nº 43 149/98, R00-VI, pág. 635, e de 27 de maio de 2003, Queixa nº 37 235/97, R03-VII, pág. 367, e Decisão de 4 de maio de 1979, Queixa nº 8417/78, *Digest*, vol. 2, pág. 904; ver, porém, a doutrina discordante citada por Jacques Velu e Rusen Ergec, *ob. cit.*, pág. 506, e as reservas em relação ao valor das declarações dos arrependidos que beneficiem de uma redução de pena na Decisão de 6 de outubro de 1976, Queixa nº 7306/75, *Déc. Rap.* 7, pág. 115.

9.5. Na análise do testemunho anónimo, o Tribunal tem sido confrontado com a problemática do «agente infiltrado» versus «agente provocador».

Na definição da figura do agente infiltrado ou encoberto, a generalidade dos autores[492] tem sempre presente a figura próxima do agente provocador, procurando avançar elementos de distinção numa área em que a linha divisória é de reconhecimento difícil. Geralmente, admite-se que, na hipótese do agente provocador, não existe até à atuação deste uma intenção/resolução criminosa, enquanto que, na hipótese do agente infiltrado, a pessoa já está decidida a delinquir e a incitação apenas pôs em marcha uma decisão previamente tomada.

O agente provocador faz nascer ou reforçar a resolução criminosa; enquanto a ação do agente encoberto ou infiltrado não suscita qualquer infração, limitando-se este a «infiltrar-se» na organização com o objetivo de descobrir e fazer punir o criminoso, não atuando para dar vida ao crime, mas com uma pretensão de descoberta.

A ação do agente provocador é desaprovada na generalidade dos países, condenando os tribunais as ações onde a polícia, ou alguém a seu mando, ultrapassa os limites de uma conduta aceitável, tendo em conta os princípios de um julgamento equitativo e o respeito da legalidade.

Esta matéria é examinada pelo Tribunal no quadro das exigências de um processo equitativo.

A *Convenção* não impede o recurso, na fase da investigação criminal e quando a natureza da infração o justificar, a fontes ocultas, tais como o recurso a agentes infiltrados, mas a sua utilização posterior pelo juiz de fundo para justificar uma condenação suscita um problema diferente.

A utilização de agentes infiltrados deve ser circunscrita e revestida de garantias, mesmo quando está em causa a repressão da criminalidade organizada, como a do tráfico de estupefacientes.

De facto, se a expansão deste tipo de delinquência exige a adoção de medidas apropriadas, não é menos verdade que, numa sociedade democrática, o direito a uma boa administração da Justiça ocupa um lugar eminente, aplicando-se as exigências gerais da equidade consagradas no artigo 6º da *Convenção* a todos os processos do mais simples aos mais complexos.

[492] Sobre esta matéria, ver, na doutrina portuguesa, Costa Andrade, «*Sobre as proibições de prova em processo penal*», Coimbra, 1992, págs. 220 e segs., Lourenço Martins, «*Droga. Prevenção e tratamento. Combate ao tráfico*», Coimbra, 1984, págs. 154 e segs., «*Droga e direito*», Aequitas, Editorial Notícias, 1994, págs. 278 e segs., e «Nova Lei anti-droga – Um equilíbrio instável», in *Droga e Sociedade – O novo enquadramento legal*, CPCCD, Lisboa, 1994, págs. 58 e segs., Germano Marques da Silva, «Bufos, infiltrados e arrependidos», in *Direito e Justiça*, VII, t. 2, 1994, págs. 27 e segs., e Rui Pereira, «O consumo e o tráfico de droga na lei penal portuguesa», in *Revista do Ministério Público*, nº 65, págs. 59 e segs.

Da Jurisprudência do Tribunal numa matéria que, pela sua natureza, se apresenta avessa a um tratamento científico rigoroso, infere-se que a atuação de um agente infiltrado deve ser organizada no âmbito de um processo de inquérito com a autorização ou, pelo menos, com a aquiescência do Magistrado que o dirige.

Só circunstâncias muito excecionais podem dispensar estas exigências, que, de todo o modo, não prescindirão jamais e logo que for possível da informação ao magistrado que dirige a instrução para que ele possa ajuizar em conformidade e dar ou retirar o seu apoio.

Com tudo isto, limitar-se-ão os riscos de uma apressada intervenção do agente infiltrado.

A abertura do inquérito revela que suspeitas consistentes de uma possível atuação delituosa já existem; com a intervenção do magistrado, a dar o seu acordo prévio ou a não desautorizar a atuação, dissipam-se as dúvidas sobre qualquer entusiasmo mais ou menos emotivo por parte dos agentes.

Trata-se, como se sabe, de um terreno com uma margem de atuação restrita que deve ser rodeada de todas as cautelas para evitar a crítica de que se está a infringir as regras de um processo equitativo, as únicas que devem presidir nesta área.

Com efeito, se a expansão da delinquência organizada impõe a adoção de medidas apropriadas, também, numa sociedade democrática, o direito a uma boa administração da justiça ocupa um lugar eminente que não se pode sacrificar por razões de oportunidade: as exigências gerais de equidade consagradas no artigo 6º aplicam-se aos processos relativos a todos os tipos de infração criminal, da mais simples à mais complexa. O interesse público não pode justificar a utilização de elementos recolhidos na sequência de uma provocação policial[493].

[493] Acórdão Teixeira de Castro, de 9 de junho de 1998, R98-IV, pág. 1463, § 36; ver o Acórdão Ramanauskas, de 5 de fevereiro de 2008, §§ 54 e 55, que confirma a jurisprudência anterior, distinguindo a provocação policial (quando não há atuação passiva mas o exercício de uma influência de natureza a incitar a pessoa a cometer o crime) do agente infiltrado, e as Decisões do Tribunal, de 6 de maio de 2003, Queixa nº 73 557/01, R03-VI, pág. 345 (onde o Tribunal chegou à conclusão que neste caso (Modesto Sequeira) se verificou a atuação de um agente infiltrado não contrária à *Convenção*), de 6 de abril de 2004, Queixa nº 67 537/01 (onde o Tribunal distingue a «prova» obtida por alguém a mando das autoridades daquela que é fornecida por um terceiro agindo livremente ainda que utilizando processos idênticos aos de um agente «infiltrado»), de 6 de abril de 2004, Queixa nº 67 537/01, R04-IV, pág. 385 (atuação de uma pessoa agindo por conta própria que recolheu prova de infrações penais que colocou à disposição das autoridades; a utilização destes elementos de prova no processo penal seria compatível com a *Convenção*), e de 7 de setembro de 2004, Queixa nº 58 753/00, R04-VII, pág. 379 (a *Convenção* não impede o apoio, ao nível da instrução preparatória e quando a natureza da infração o pode justificar, de fontes tais como a de informadores ocultos, mas a utilização de tais informadores por um juiz de fundo para fundamentar uma acusação suscita um problema de âmbito diferente).

9.6. A alínea *e)* do nº 3 do artigo 6º confere ao *acusado* o direito de *fazer-se assistir gratuitamente por intérprete, se não compreender ou não falar a língua usada no processo.*

Este direito tende a impedir toda a desigualdade entre um *acusado* que não conhece a língua utilizada no processo e um *acusado* que a fala e a compreende; trata-se de uma regra particular relativamente à regra geral do nº 1 do mesmo artigo 6º[494].

A dispensa de intérprete só é admissível quando o *acusado* fala e compreende a língua utilizada, não sendo por isso suficiente que ele tenha um conhecimento passivo dessa língua ou que o seu defensor a domine; o grau desse conhecimento é deixado à apreciação das jurisdições nacionais[495].

Este direito estende-se não só à audiência de discussão e julgamento mas ainda a todos os atos do processo, incluindo o primeiro interrogatório feito por qualquer autoridade, que o *acusado* tenha necessidade de compreender para beneficiar de um processo equitativo[496].

Mas um membro de uma minoria linguística não pode reivindicar o direito a ser ouvido na sua própria língua perante um tribunal utilizando a língua da maioria[497].

Tão-pouco a *Convenção* garante o direito de um estrangeiro escolher a língua para se corresponder com o tribunal[498].

A assistência de intérprete é gratuita; colocou-se, no entanto, a questão de saber se a garantia se limitava a dispensa prévia da importância exigível em caso de condenação[499].

Baseando-se no fim e no objeto do artigo 6º e no texto da sua alínea *e)*, o Tribunal afirmou que a gratuitidade implicava a dispensa definitiva dos custos da interpretação, independentemente da sorte do processo.

Uma outra solução deixava subsistir as desvantagens que teria um *acusado* não compreendendo ou falando a língua utilizada no processo relativamente a um outro que a conhecesse[500].

[494] Acórdão Luedicke, Belkacem e Koç, A 29, pág. 21, § 53.

[495] Decisão de 7 de dezembro de 1978, Queixa nº 8124/77, *Digest*, vol. 2, pág. 916.

[496] Acórdãos Luedicke, Belkacem e Koç, A 29, pág. 20, § 48, Öztürk, A 73, pág. 22, § 58, e Decisão do Tribunal, de 5 de janeiro de 2010, Queixa nº 13 205/07.

[497] Acórdãos Luedicke, Belkacem e Koç, A 29, pág. 20, § 48, e Brozicek, de 19 de dezembro de 1989, A 167, pág. 18, § 41, e Decisão de 21 de outubro de 1993, Queixa nº 18 954/91, *Déc. Rap.* 75, pág. 192.

[498] Decisão de 12 de dezembro de 1985, Queixa nº 1110/84, *Déc. Rap.* 45, pág. 240.

[499] A Suíça fez a seguinte «declaração interpretativa»: «O Conselho Federal Suíço declara interpretar a garantia de assistência de um advogado oficioso e de um intérprete referidos no artigo 6º, nº 3, alíneas *c)* e *e)*, da *Convenção* como não liberando definitivamente o beneficiário do pagamento dos custos que daí derivem»; sobre a conformidade desta declaração com o artigo 64º da *Convenção*, ver o Relatório, de 5 de maio de 1982, caso Temeltash, Queixa nº 9116/80, *Déc. Rap.* 31, págs. 120 e segs.

[500] Acórdãos Luedicke, Belkacem e Koç, A 29, págs. 16-19, §§ 38-46, e Öztürk, A 73, pág. 22, §§ 57-58.

Artigo 7º – Princípio da legalidade

1 – Ninguém pode ser condenado por uma ação ou uma omissão que, no momento em que foi cometida, não constituía infração, segundo o direito nacional ou internacional. Igualmente não pode ser imposta uma pena mais grave do que a aplicável no momento em que a infração foi cometida.

2 – O presente artigo não invalidará a sentença ou a pena de uma pessoa culpada de uma ação ou de uma omissão que, no momento em que foi cometida, constituía crime segundo os princípios gerais de direito reconhecidos pelas nações civilizadas.

REFERÊNCIAS
DUDH – artigo 11º, nº 2.
PIDCP – artigo 15º
Conv. Interam. – artigo 9º
Carta Afric. – artigo 7º, nº 2.
Carta EU – artigo 49º
Const. – artigo 29º

1. O nº 1 deste artigo proclama o princípio da não retroatividade da lei criminal, ou seja, proíbe que uma lei criminalize factos passados (*nullum crimen sine lege*) ou que puna mais severamente crimes anteriormente praticados (*nulla poena sine lege*), ou que se aplique a lei penal de maneira extensiva em prejuízo do acusado, nomeadamente por analogia, princípios que guardam todo o seu valor mesmo numa sucessão de Estados – Acórdãos Kokkinakis, de 25 de maio de 1993, A 260-A, pág. 22, § 52, G/França, de 27 de agosto de 1995, A 325-B, pág. 38, § 24, SW/Reino Unido, de 22 de novembro de 1995, A 335-B, pág. 41, § 35, CR//Reino Unido, de 22 de novembro de 1995, A 335-C, pág. 68, § 33, Streletz, Kessler e Krenz, de 22 de março de 2001, R01-II, págs. 381 e 388, §§ 50 e 81, K.-H.W., de 22 de março de 2001, R01-II, §§ 45 e 84-85, Veeber nº 2, de 21 de janeiro de 2003, R03-I, pág. 118, § 30, Kafkaris, de 13 de fevereiro de 2008, § 138, Korbely, de 19 de setembro de 2008, § 70, Kononov, Queixa nº 36376/04, de 17 de maio de 2010 (onde se defendeu que os crimes de guerra cometidos durante a II Guerra Mundial estavam já previstos e punidos pelo direito internacional codificado e não codificado), Maktouf Damjanović, 18 de julho de 2013, § 66, e Del Rio Prada, de 21 de Outubro de 2013, § 77, Decisões do Tribunal, de 16 de setembro de 2004, Queixa nº 60 819/00, R04-IX., pág. 357, e de 25 de setembro de 2008, Queixa nº 38 126/06, e Decisão de 28 de junho de 2001, Queixa nº 46 362/99, R01-VII, pág. *427.*

As infrações contínuas colocam questões complexas que foram estudadas no Acórdão Rohlena, de 27 de janeiro de 2015, nomeadamente qual a moldura penal a aplicar quando ocorre agravamento da pena, no decurso do tempo entre a primeira e a última infração; o Tribunal concluiu que deve ser considerada a última moldura penal, apesar de mais grave, desde que daqui na resulte uma pena mais pesada do que aquela que caberia se todas aquelas infrações fossem punidas autonomamente – ver os §§ 30, 50 e 70.

E, embora lhe falte uma referência expressa à retroatividade da lei criminal mais favorável, como acontece nas correspondentes disposições do Pacto e da Convenção Interamericana, deve considerar-se implícito naquele princípio geral o subprincípio da aplicação da lei penal mais favorável, na sua dupla vertente – a de deixar de constituir crime o facto que lei posterior venha a despenalizar e a de se penalizar o facto com a pena mais leve que entretanto lei posterior venha consagrar; e isto é válido mesmo para os crimes de guerra ou contra a humanidade – Acórdãos Scoppola nº 2, de 17 de setembro de 2009, § 109, e Maktouf e Damjanović, 18 de julho de 2013, § 72.

Mas esta disposição não proíbe a *reformatio in pejus* – Decisão de 9 de maio de 1994, Queixa nº 15 384/89, *Déc. Rap.* 77-A, pág. 5.

1.1. Este número aponta para a condenação, o que pressuporia o fim do processo – Decisão de 12 de janeiro de 1995, Queixa nº 21 915/93, *Déc. Rap.* 80-A, pág. 108; mas ele vale também para outras decisões que, não podendo ser consideradas propriamente como aplicações de penas, poderiam conter declarações no sentido de que determinado facto, criminoso à sombra da lei nova, teria sido cometido, acarretando repercussões sociais ou outras para a pessoa em causa[501].

As medidas de caráter penitenciário, como as relativas à execução das condenações ou à liberdade condicional, não estão cobertas pelo disposto neste artigo, mesmo que a distinção em relação «a uma «pena» nem sempre é nítida na prática; a noção de pena está ligada a uma condenação por uma infração penal, ainda que outros elementos possam ser pertinentes a este respeito: a natureza e o fim da medida em causa, a sua qualificação em direito interno, os processos associados à sua adoção e à sua execução – Acórdãos M./Alemanha, de 17 de dezembro de 2009, § 121 (prolongação de uma medida de segurança que passou de dez anos a ilimitada; o Tribunal considerou a medida uma «pena» e constatou, por conseguinte, uma violação), Del Rio Prada, de 21 de Outubro de 2013, § 82, e Decisão de 23 de maio de 1966, Queixa nº 1760/63, *Ann. Conv.*, vol. IX, pág. 175.

Mas o Tribunal não exclui que medidas tomadas pelo legislador, pelas autoridades administrativas e judiciais após a fixação da pena definitiva e durante a sua execução possam conduzir a uma redefinição ou modificação do conteúdo da pena aplicada pelo juiz – exame que o Tribunal deve fazer caso a caso; e, nesta hipótese, as medidas em questão estarão sujeitas ao disposto neste artigo – Acórdão Del Rio Prada, de 21 de Outubro de 2013, §§ 80 e 90.

[501] P. van Dijk e G. J. H. van Hoof, *ob. cit.*, pág. 359.

Tão-pouco as de caráter administrativo, como, por exemplo, a não emissão de passaporte a favor de quem se recuse a cumprir o serviço militar – Decisão de 20 de fevereiro de 1995, Queixa nº 19 583/92, *Déc. Rap.* 80-A, pág. 38.

E o mesmo acontece com as medidas preventivas para impedir a perturbação da ordem pública ou a vagabundagem – Acórdãos Lawless, de 14 de novembro de 1960, A1, pág. 54, § 19, e De Wilde, Ooms e Versyp, de 18 de junho de 1971, A 12, pág. 44, § 87.

Ou a inscrição de uma pessoa condenada num ficheiro policial – Acórdão Gardel, de 17 de dezembro de 2009, § 46.

Estes princípios não se aplicam a uma lei que aumente o prazo de prescrição do procedimento criminal, quando este prazo está em curso – Acórdão Coéme e outros, de 22 de junho de 2000, R00-VII, pág. 62, § 149, ou que aumente o prazo para a reincidência – Acórdão Achour, de 29 de março de 2006, R06-IV, págs. 237 e 239, §§ 46 e 60.

O princípio é também inaplicável em matéria disciplinar – Decisões de 5 de fevereiro de 1970, Queixa nº 4519/70, *Ann. Conv.*, vol. XIV, pág. 616, de 6 de janeiro de 1993, Queixa nº 14 524/93, *Déc. Rap.* 74, pág. 14, de 15 de janeiro de 1993, Queixa nº 15 965/90, *Déc. Rap.* 74, pág. 76, e de 3 de março de 1997, Queixa nº 23 201/94, *Déc. Rap.* 88-A, pág. 25; ele não se aplica, por exemplo, a uma medida disciplinar de aposentação – Decisão de 6 de junho de 1995, Queixa nº 23 326/94, *Déc. Rap.* 82-A, pág. 31.

Note-se, porém, que, como se viu para a noção de acusação em matéria penal – (cfr. *supra* a anotação ao artigo 6º, nº 2.4.) –, deve procurar-se definir autonomamente o conceito, pois poderá acontecer que matérias consideradas não penais a nível interno sejam criminais segundo os critérios dos órgãos de controlo – Decisão do Tribunal, de 7 de dezembro de 2006, Queixa nº 29 514/05 (introdução do teste do ADN para a condenação de pessoas)[502].

Efetivamente, importa apreciar se a medida em questão, para além das aparências, se traduz numa pena no sentido deste número – Acórdãos Welch, de 9 de fevereiro de 1995, A 307-A, pág. 13, § 27, e Jamil, de 8 de junho de 1995, A 317-B, pág. 27, § 30, e Decisões do Tribunal de 21 de março de 2006, Queixa nº 70 074/01, R06-III, pág. 375 (multa fixada pela Administração e examinada pelos tribunais administrativos).

1.2. A noção de «lei» aqui prevista coincide com a que figura nos outros artigos da *Convenção*: deve ser clara, precisa, previsível e acessível.

[502] Se é que ele não deve ser aplicado por analogia, na parte pertinente, aos demais domínios sancionatórios, designadamente ao ilícito de mera ordenação social e ao ilícito disciplinar, como preconizam Gomes Canotilho e Vital Moreira, *ob. cit.*, pág. 195.

Impõe-se que a infração esteja prevista pelo direito nacional ou internacional, mas não se exige um direito escrito, admitindo-se que o costume ou a jurisprudência possam definir a infração como crime, como acontece no sistema da *common law* – Acórdãos Kruslin e Huvig, de 24 de abril de 1990, A 176-A, pág. 22, § 30, e 176-B, pág. 54, § 20, respetivamente, Tolstoy Miloslavsky, de 13 de julho de 1995, A 316-B, pág. 23, § 37, SW/Reino Unido, A 335-B, pág. 71, § 35, CR/Reino Unido, A 335-C, pág. 68, § 33, Cantoni, de 15 de novembro de 1996, R96-V, pág. 1627, § 29, Erdoÿdu e Ince, de 8 de julho de 1999, R99-IV, pág. 249, § 59, Baÿkaya e Okçuoÿlu, de 8 de julho de 1999, R99-IV, pág. 324, § 36, Streletz, Kessler e Krenz, de 22 de março de 2001, R01-II, pág. 381, § 50, Achour, de 29 de março de 2006, R06-IV, pág. 236, § 42, Kafkaris, de 13 de fevereiro de 2008, § 151 (falta de clareza na definição da pena), Korbely, de 19 de setembro de 2008, § 76, e Maktouf e Damjanović, 18 de julho de 2013, § 66, Decisão do Tribunal, de 21 de março de 2006, Queixa nº 70 074/01, R06-III, pág. 375, e Decisões de 14 de dezembro de 1972, Queixa nº 5327/71, *Rec.* 43, pág. 89, de 4 de abril de 1974, Queixa nº 5493/72, *Ann. Conv.*, vol. XVII, pág. 291, de 10 de dezembro de 1975, Queixa nº 6683/74, *Déc. Rap.* 3, pág. 95, de 7 de maio de 1982, Queixa nº 8710/79, *Déc. Rap.* 28, pág. 77, de 11 de maio de 1984, Queixa nº 10 038/82, *Déc. Rap.* 38, pág. 53, de 12 de outubro de 1989, Queixa nº 12 774/87, *Déc. Rap.* 62, pág. 216, e de 3 de dezembro de 1993, Queixa nº 18 892/91, *Déc. Rap.* 76-A, pág. 51.

Admite-se mesmo a clarificação das regras da responsabilidade penal através da interpretação dos tribunais, desde que este resultado seja coerente com a substância da infração e razoavelmente previsível – Acórdãos Rádio France, de 30 de março de 2004, R04-II, pág. 104, § 20, e Del Rio Prada, de 21 de Outubro de 2013, §93.

Neste último Acórdão concluiu-se que, se à data da condenação a pena máxima a cumprir era de 30 anos, o detido tinha a esperança legítima de ser libertado depois de expirado este tempo, pelo que as modificações introduzidas pelos tribunais que não respeitaram esta previsão do interessado colidiam com o disposto neste artigo – § 117.

A condição de clareza está preenchida quando o indivíduo pode saber, a partir do texto da cláusula pertinente e, se necessário, com o recurso à interpretação pelos tribunais, quais os atos e omissões que acarretam a sua responsabilidade – Acórdãos Kokkinakis, A 260-A, pág. 22, § 52, e Veeber nº 2, de 21 de janeiro de 2003, R03-I, pág. 118, § 30, e Decisão de 1 de dezembro de 1997, Queixa nº 31 363/96, *Déc. Rap.* 91-A, pág. 46.

E, mesmo que para tal se tenha de recorrer a um conselho esclarecido para avaliar, com um grau de razoabilidade nas circunstâncias da causa, as consequências que possam resultar de um determinado ato – Acórdãos Cantoni, R96-V, pág. 1629, § 35, e Del Rio Prada, de 21 de Outubro de 2013, § 79.

Da necessidade de lei decorre a proibição da analogia, salvo naquilo que for mais favorável ao acusado – Acórdão Cantoni, R96-V, pág. 1627, § 29, Decisão do Tribunal, de 21 de março de 2006, Queixa nº 70 074/01, R06-III, pág. 375, e Decisão de 12 de dezembro de 1977, Queixa nº 7721/76, *Déc. Rap.* 11, pág. 209; como implica não aplicar a lei penal de uma maneira extensiva em prejuízo do acusado – Acórdãos Kokkinakis, A 260-A, pág. 22, § 52, e Achour, de 29 de março de 2006, § 41, e Decisão de 9 de abril de 1996, Queixa nº 25 399/96, *Déc. Rap.* 85-A, pág. 117.

A proibição de condenar com fundamento numa lei revogada, tácita ou expressamente, quando os factos são posteriores a esta revogação constitui uma outra vertente do mesmo princípio da legalidade dos crimes e das penas – Decisão de 24 de setembro de 1963, Queixa nº 1169/61, *Ann. Conv.*, vol. VI, pág. 521.

A Comissão declarou mesmo a proibição de condenar com base numa lei caída em desuso – Decisão de 12 de dezembro de 1977, Queixa nº 7721/76, *Déc. Rap.* 11, pág. 211.

Para além do direito nacional, o juiz pode condenar ao abrigo do direito internacional, este entendido, nos termos do artigo 38º do Estatuto do Tribunal de Justiça, como os tratados, o costume e os princípios gerais de direito comuns às nações civilizadas – ver o Acórdão Kononov, Queixa nº 36376/04, de 17 de maio de 2010.

Na sua Decisão de 17 março de 2009, Queixa nº 13 113/03, o Tribunal precisou que, se um Estado é competente para julgar uma pessoa, ele pode aplicar a sua legislação desde que os outros requisitos, nomeadamente a previsibilidade, estejam adquiridos (julgamento de um cidadão marroquino que se encontrava em França por atos de tortura cometidos em Marrocos).

1.3. Sobre a não retroatividade das penas, a Comissão precisou que o facto de se determinar a pena em função da idade no momento da condenação e não do da prática dos factos, não contrariava aquele princípio – Decisão de 15 de outubro de 1981, Queixa nº 9167/80, *Déc. Rap.* 26, pág. 248.

Tão-pouco viola esta disposição quando se considera, na condenação, o elemento «nacionalidade» que tenha sido adquirida após a prática do delito – Decisão de 21 de outubro de 1993, Queixa nº 17 265/90, *Déc. Rap.* 75, pág. 76.

Por outro lado, esta disposição não é violada quando, de acordo com uma interpretação razoável da lei, o juiz do recurso requalifica a infração, implicando como consequência uma pena mais grave – Decisão de 6 de maio de 1985, Queixa nº 11 130/84, *Déc. Rap.* 43, pág. 210.

Mas já a conversão de uma multa ou de outra medida em prisão, em condições que tornem esta mais longa do que a decorrente das regras existentes na altura da prática do facto é contrária a este artigo – Acórdão Jamil, de 8 de junho de 1995, A 317-B, págs. 28-29, §§ 34-36.

Aliás, a própria noção de pena deve ser avaliada autonomamente – Acórdão Gurguchiani, de 15 de dezembro de 2009, § 31 (examinou se uma pena de prisão, que podia ou não ser substituída pela expulsão do país, podia ser considerada equivalente à pena de expulsão com interdição de entrada no país durante dez anos, entretanto introduzida; neste contexto, colocava-se também a questão da acessibilidade e previsibilidade do novo sistema – § 35.

2. O nº 2 deste artigo está ligado ao nº 1, pelo que devem os dois nºs ser objeto de uma interpretação concordante.

Sobre a exceção constante do nº 2 deste artigo, explicada nos trabalhos preparatórios com o exemplo de Nuremberga, note-se que os princípios gerais de direito reconhecidos pelas nações civilizadas são os que, nas circunstâncias de todo excecionais ligadas às sequelas da 2ª Guerra Mundial, foram produzidos nas leis para reprimir os crimes de guerra, de traição e de colaboração com o inimigo – Acórdão Kononov, de 17 de maio de 2010, § 186, e Decisão de 20 de julho de 1957, Queixa nº 268/57, *Ann. Conv.*, vol. I, pág. 24.

Mas esta exceção vale também para os crimes contra a humanidade – Acórdão Korbely, de 19 de setembro de 2008, §§ 56 e segs. (noção de crime contra a humanidade em 1956), Decisões do Tribunal, de 15 de novembro de 2001, Queixa nº 54 210/00, R01-XII, pág. 20, e de 17 de janeiro de 2006, Queixa nº 23 052/04, R06-I, pág. 417, e Decisão de 13 de janeiro de 1997, Queixa nº 29 420/95, *Déc. Rap.* 88-A, pág. 148.

3. Portugal mantém uma reserva a este artigo para poder incriminar e julgar os agentes e responsáveis da PIDE/DGS – cfr. *supra*, Introdução III (4).

Artigo 8º – Direito ao respeito pela vida privada e familiar

1 – Qualquer pessoa tem o direito ao respeito da sua vida privada e familiar, do seu domicílio e da sua correspondência.

2 – Não pode haver ingerência da autoridade pública no exercício deste direito senão quando esta ingerência estiver prevista na lei e constituir uma providência que, numa sociedade democrática, seja necessária para a segurança nacional, para a segurança pública, para o bem-estar económico do país, a defesa da ordem e a prevenção das infrações penais, a proteção da saúde ou da moral, ou a proteção dos direito e das liberdades de terceiros.

REFERÊNCIAS

DUDH – artigo 12º
PIDCP – artigo 17º
Conv. Interam. – artigo 11º
Carta Afric. – artigo 18º
Carta UE – artigos 7º e 8º
Const. – artigo 26º

I

1. Este artigo tem como objetivo essencial prevenir o indivíduo contra as ingerências arbitrárias dos poderes públicos na sua vida privada e familiar, no seu domicílio e na sua correspondência.

Ele exige do Estado não só um dever de abstenção mas também um papel ativo inerente àquele efetivo respeito, até nas relações entre os indivíduos; o Estado deve, nomeadamente, fornecer as informações que detenha e que se relacionem com a vida privada ou familiar, como adotar medidas que assegurem o respeito de vida privada e familiar mesmo na esfera das relações entre as pessoas – Acórdãos Marckx, de 13 de junho de 1979, A 31, pág. 15, § 31, Airey, de 9 de outubro de 1979, A 32, pág. 17, § 32, X e Y/Holanda, de 26 de março de 1985, A 91, pág. 11, § 23, Keegan, de 26 de maio de 1994, A 290, pág. 27, § 49, Stjerna, de 25 de novembro de 1994, A 299-B, pág. 61, § 38, Lopez Ostra, de 9 de dezembro de 1994, A 303-C, § 51, Veloza Barreto, de 21 de novembro de 1995, A 334, pág. 11, § 23, Stubbings e outros, de 22 de outubro de 1996, R96-IV, pág. 1505, § 62, Botta, de 24 de fevereiro de 1998, R98II, pág. 422, § 34, Mcginley e Egan, de 9 de junho de 1998, R98-III, pág. 1363, § 98, Odièvre, de 13 de fevereiro de 2003, R03-III, pág. 28, § 40, Von Hannover, de 24 de junho de 2004, R04-VI, pág. 29, § 57, Roche, de 19 de outubro de 2005, R05-X, pág. 222, § 160, Evans, de 10 de abril de 2007, § 75 (impossibilidade de utilizar ovos fecundados sem autorização do fecundante), Pfeifer, 15 de novembro 2007, § 37, e Söderman, de 12 de novembro de 2013, § 78, Decisão do Tribunal, de 28 de junho de 2001, Queixa nº 41 953/98, R01-VII, pág. 407, e Decisão de 17 de maio de 1990, Queixa nº 13 728/88, *Déc. Rap.* 65, pág. 250.

Contudo, as medidas positivas exigidas aos Estados estão, em geral, sujeitas à margem de apreciação do próprio Estado e não devem traduzir-se num fardo insuportável ou excessivo; é preciso ressalvar um justo equilíbrio entre o interesse geral e o interesse do indivíduo; nos casos em que há um conflito entre a "vida privada" (artigo 8º) e a "liberdade de expressão" (artigo 10º), o Tribunal está obrigado a conjugar aquele direito com o interesse geral à liberdade de expressão, sem perder de vista que não existe numa relação de subordinação entre os direitos garantidos pelas duas disposições – Acórdãos Abdulaziz, Cabales e Balkandali, de 28 de maio de 1985, A 94, pág. 33, § 23, Rees, de 17 de outubro de 1986, A 106, pág. 14, §§ 35-37, Johnston e outros, de 18 de dezembro de 1986, A 112, pág. 25, § 55, W/Reino Unido, de 8 de julho de 1987, A 121, pág. 27, § 60, Powell e Rayner, de 21 de fevereiro de 1990, A 172, pág. 18, § 41, B/França, de 25 de março de 1992, A 232-A, págs. 47 e segs., §§ 44 e segs., Keegan, A 290, pág. 19, § 49, Kroon e outros, de 27 de outubro de 1994, A 297-C, § 31, Gul, de 19 de fevereiro de 1996, R96-I, pág. 174, § 38, Ignaccolo-Zenide, de 25 de janeiro de 2000, R00-I, pág. 229, § 94, Pannullo e Forte, de 30 de outubro de 2001, R01-X, pág. 276, § 35, Iglésias Gil e A.U.I., de 29 de abril de 2003, R03-V, pág. 269, § 48, Moreno Gómez, de 16 de novembro de 2004, R04-X, pág. 321, § 55, Novosseletski, de

22 de fevereiro de 2005, R05-II, pág. 110, § 70, Moldovan e outros, de 12 de julho de 2005, R05-VII, pág. 228, § 97, Bajrami, de 12 de dezembro de 2006, § 50, e Aksu, de 15 de março de 2012, § 63, Decisões do Tribunal, de 28 de junho de 2001, Queixa nº 70 258/01, R01-VII, pág. 473, de 14 de maio de 2002, Queixa nº 38 621/97, R02-V, pág. 321, e de 4 de janeiro de 2005, Queixa nº 14 462/03, R05-I, pág. 383, e Decisões de 30 de agosto de 1993, Queixa nº 19 898/92, *Déc. Rap.* 75, pág. 223, de 7 de março de 1994, Queixa nº 20 357/92, *Déc. Rap.* 76-A, pág. 80, de 19 de maio de 1994, Queixa nº 23 634/94, *Déc. Rap.* 77-A, pág. 133, e de 20 de fevereiro de 1995, Queixa nº 24 967/94, *Déc. Rap.* 80-A, pág. 175.

Nomeadamente, o exercício efetivo das diversas facetas em que se desenvolve o direito à vida privada de um deficiente exigirá do Estado a adoção de várias medidas positivas – Decisão do Tribunal, de 11 de abril de 2006, Queixa nº 56 550/00, R06-IV, pág. 379 (acesso de um deficiente a uma secção de voto).

A par do respeito da vida privada, esta disposição protege também a vida familiar, o domicílio e a correspondência da pessoa; o modo de vida de uma «minoria» pode, em princípio, beneficiar da proteção da vida privada, da vida familiar e do domicílio – Decisão do Tribunal, de 25 de maio de 2000, Queixa nº 46 346/99, R00-VI, pág. 519.

***a)* Vida privada**

2. É difícil definir vida privada, que é uma noção larga sem poder ser objeto de uma definição exaustiva – Acórdão Nada, de 12 de setembro de 2012, § 150.

2.1. A Comissão, na sua Decisão de 18 de maio de 1976, Queixa nº 6825/74, *Déc. Rap.* 5, pág. 86, entendeu que o direito ao respeito da vida privada não se limitava a possibilitar ao indivíduo o viver protegido da publicidade no desenvolvimento da sua personalidade, mas ainda o de travar relações com outros seres humanos; no entanto, já não protegeria as relações com animais.

O Tribunal não precisou ainda a noção de «vida privada»; sublinhou apenas que seria muito restritivo limitá-la a um círculo íntimo onde cada um pode fruir a vida pessoal à sua maneira e de a esconder inteiramente do mundo exterior a este círculo; o respeito da vida privada engloba, numa certa medida, o direito de um indivíduo criar e desenvolver relações com os seus semelhantes, incluindo as suas atividades profissionais ou comerciais e os seus interesses materiais; e abarca o direito à autonomia pessoal, cobrindo elementos tais como a identificação sexual, a orientação sexual e a vida sexual, a identidade da pessoa, englobando o seu nome, a sua fotografia, a sua integridade física e moral e as decisões de vir ou não vir a ser pai, nomeadamente no sentido genético do termo – Acórdãos Niemietz, de 16 de dezembro de 1992, A 251-B, pág. 33, § 29, e pág. 36, § 37, Mikuliÿ, de 7 de fevereiro de 2002, R02-I, pág. 174, § 53 (relevam da vida privada as relações entre uma criança nascida fora do casamento e o seu pai natural, nomeadamente o estabelecimento da paternidade), Perry, de 17 de julho de 2003, R03-IX, pág. 166, § 38 (filmagem de uma pessoa contra a sua vontade numa esquadra de polícia para identificação), Sidabras e Diziautas, de 27 de julho de 2004, R04-VIII, pág. 418, § 47 (interdição do exercício de uma profissão pode relevar da vida privada), A.B. e C./Irlanda, de 16 de dezembro de 2010, § 212 (examinou a questão da proibição de abortar – ver infra), S.H. e outros/Áustria, de 3 de Novembro de 2011, § 82 (o direito a conceber uma criança e a recorrer para tal à procriação medicamente assistida releva da proteção do artigo 8º), Gillberg, de 3 de abril de 2012, § 66 (uma condenação penal, que resulta de uma maneira previsível das suas próprias ações, não pode constituir uma interferência na vida privada da pessoa), e Söderman, de 12 de novembro de 2013, § 117 (é necessária a existência de meios penais ou civis que previnam os atentados à vida privada das pessoas, no caso, a filmagem, no domicílio e com objetivo sexual, pelo padrasto de uma menor na casa de banho e no quarto), Decisão do Tribunal, de 19 de setembro de 2002, Queixa nº 62 002/00, R02-VIII, pág. 419, e Decisão de 6 de setembro de 1995, Queixa nº 23 953/94, *Déc. Rap.* 82-A, pág. 51; e cobre a integridade física e moral de uma pessoa, incluindo, por exemplo, a imagem, o nome, a orientação sexual e a vida sexual – Acórdãos Botta, R98-II, pág. 422, § 31, P.G., J.H./Reino Unido, de 25 de setembro de 2001, R01-IX, pág. 256, § 56, Glass, de março de 2004, R04-II, pág. 74, § 70 (impor um tratamento médico a uma criança não obstante a oposição da mãe), Von Hannover, de 24 de junho de 2004, R04-VI, pág. 27, § 50, Pfeifer, de 15 de novembro de 2007, § 33, K.U./Finlândia, de 2 de dezembro de 2008, §§ 41 e 49 (publicidade de natureza sexual recebida por um menor no seu computador, tornando-o um alvo para os pedófilos; obrigação para o Estado de identificar e punir o autor), Von Hannover (nº 2), de 7 de fevereiro de 2012, § 95 (a noção de vida privada compreende elementos relacionados com a identidade de uma pessoa, tais como o seu nome, a sua fotografia, a sua integridade física e moral), e Fernández Martinez, de 12 de junho de 2014, §§ 109, 110, 138 e 151 (a dispensa pelo Estado das funções de professor de moral e religião de um padre católico, que se casou e era membro e militante ativo de uma associação que sustentava ideias contrárias aos ensinamentos da religião católica, não viola o disposto neste artigo), e Decisões do Tribunal de 7 de dezembro de 2004, Queixa nº 71 074/01, R04-XII, pág. 271 (nome), e de 5 de outubro de 2006, Queixa nº 75 725/01, Glor, de 30 de abril de 2009, § 63 (incapacidade de servir no exército por causa de uma doença e o pagamento de uma taxa por esta isenção).

Mas admite-se que o parto sob anonimato e a subsequente interdição do filho investigar a sua maternidade sem o consentimento da mãe não ofende o disposto neste artigo – Acórdão Odièvre, R03-III, pág. 31, § 49.

E seria levar muito longe esta noção e considerar que a exumação seguida de exames praticados sobre um cadáver possa ser considerada como uma ingerência nos direitos à sucessão do defunto garantidos por este artigo 8º – Decisão do Tribunal, de 15 de junho de 2006, Queixa nº 1338/03, R06-V, pág. 369.

Por outro lado, um documento de identidade, necessário para atos essenciais do dia-a-dia, integra-se na noção de vida privada, pelo que a sua privação constitui uma ingerência – Acórdão Smirnova, de 24 de julho de 2003, R03-IX, pág. 363, § 97; a apreensão de um passaporte, durante anos, constituirá uma ingerência no exercício do direito ao respeito da vida privada quando existem relações pessoais suficientemente fortes que correm o risco de virem a ser afetados por aquela medida – Acórdão İletmiş, de 6 de dezembro de 2005, R05-XII, pág. 42, § 42.

Note-se que a vida privada cessa quando o indivíduo entra em contacto com a vida pública ou interfere com outros interesses igualmente protegidos – Relatório de 12 de julho de 1977, caso Bruggemann e Scheuten, *Déc. Rap.* 10, pág. 100, §§ 55 e segs.

Este artigo consagra, sob certas condições, o direito de gozar de uma boa reputação, como protege contra os atentados a essa reputação – Decisão de 10 de julho de 1986, Queixa nº 10 871/84, *Déc. Rap.* 48, pág. 154.

2.2. Um domínio onde a proteção da vida privada é posta em causa relaciona-se com as medidas de investigação, de inquérito ou de polícia.

Uma busca traduz-se numa ingerência no direito ao respeito da vida privada, suscetível de justificação ao abrigo do nº 2 deste artigo – Decisão de 30 de maio de 1974, Queixa nº 5488/72, *Ann. Conv.*, vol. XVII, pág. 222.

E a busca a um escritório de um advogado tem sido considerada como uma ingerência na sua «vida privada», na «correspondência» e, eventualmente, no domicílio – Acórdãos Niemietz, A 251-B, pág. 34, § 30, Wieser e Bicos Beteiligungen Gmbh, de 16 de outubro de 2007, § 43, e André e outro, de 24 de julho de 2009, § 36, e Decisão de 29 de março de 1993, Queixa nº 15 882/90, *Déc. Rap.* 74, pág. 48.

E uma revista que eventualmente colida com o disposto no artigo 3º pode vir a ser avaliada sob o ângulo da proteção da integridade física e moral – Acórdão Wainwright, 26 de setembro de 2006, R06-X, pág. 269, § 43.

Do mesmo modo, fotografar uma pessoa durante uma manifestação não constitui uma violação da sua vida privada, se a fotografia se destina a identificá-la em futuras manifestações – Decisão de 12 de outubro de 1973, Queixa nº 5877/72, *Ann. Conv.*, vol. XVI, pág. 328.

A vigilância secreta feita por uma autoridade pública para recolha e conservação de dados da vida privada pode implicar violação deste artigo – Decisão de 9 de maio de 1989, Queixa nº 12 175/86, *Déc. Rap.* 67, pág. 88.

E, em princípio, não constitui ingerência no direito ao respeito pela vida privada a obrigação de ser portador de um bilhete de identidade e de o mostrar a solicitação da autoridade policial, na medida em que este documento não contém nenhum dado relativo à vida privada – Decisão de 9 de setembro de 1992, Queixa nº 16 810/90, *Déc. Rap.* 73, pág. 136[503-504].

2.3. As conversas telefónicas, quer sejam feitas do domicílio ou dos locais de trabalho, compreendem-se nas noções de «vida privada» e de «correspondência»; e assim como os *fax* e os *e-mails* – Acórdãos Klass e outros, de 6 de setembro de 1978, A 28, pág. 21, § 41, Malone, de 2 de agosto de 1984, A 82, pág. 30, § 53, Kruslin, de 24 de abril de 1990, A 176-A, pág. 20, § 26, Huvig, de 24 de abril de 1990, A 176-B, pág. 52, § 25, Halford, de 25 de junho de 1997, R97-III, pág. 1015, §§ 42 e 44, Kopp, de 25 de março de 1998, R98-II, pág. 539, § 50, Valenzuela Contreras, de 30 de julho de 1998, R98-V, pág. 1922, § 42, Lambert, de 24 de agosto de 1998, R98-V, pág. 2238, § 21, Amann, de 16 de fevereiro de 2000, R00-II, pág. 219, § 44, Copland, 3 de abril de 2007, §§ 41 e 48 (recolha de informações sobre a data da chamada, a duração e o número do telefone, sem conhecimento do visado e sem quadro legal definido), e Liberty e outros, de 1 de julho de 2008, § 56 (fax e e-mail), e Decisões de 8 de junho de 1990, Queixa nº 13 564/88, *Déc. Rap.* 65, pág. 210, de 30 de novembro de 1994, Queixa nº 21 207/93, *Déc. Rap.* 79-A, pág. 31, de 13 de setembro de 1995, Queixas nºs 23 363/94 e 24 082/94, *Déc. Rap.* 82-A, pág. 36, e de 28 de novembro de 1995, Queixa nº 23 413/94, *Déc. Rap.* 83-A, pág. 31.

Por isso, toda a escuta telefónica constitui uma ingerência no exercício dos direitos aqui protegidos, qualquer que seja o seu modo ou natureza – Acórdão Malone, A 82, pág. 30, § 64; mas, como é evidente, essa escuta pode vir a estar justificada nos termos do nº 2 deste artigo (v. *infra*), mesmo quando existe um agente infiltrado que provoca a conversação registada – Acórdão Ludi, de 15 de junho de 1992, A 238, pág. 19, § 40.

2.4. A integridade física e moral, a livre disposição do seu corpo e a vida sexual estão cobertas pela proteção da vida privada – Acórdãos Stubbings e outros, de 22 de outubro de 1996, R96-IV, pág. 1505, § 61, Von Hannover, de 24 de junho de 2004, R04-VI, pág. 27, § 50, e Nada, de 12 de setembro de 2012, § 151.

Em determinadas circunstâncias, uma pessoa, mesmo conhecida do público, pode prevalecer-se de uma "esperança legítima" de proteção e respeito da sua vida privada, nomeadamente da difusão de fotografias contra a sua vontade – Acórdão Von Hannover (nº 2), de 7 de fevereiro de 2012, §§ 96 e 97.

[503] Ver uma aplicação destes princípios no Assento do Supremo Tribunal de Justiça nº 14/96, de 7 de novembro de 1996, no *Diário da República*, I Série, de 27 de novembro de 1996, e no *BMJ*, nº 461, págs. 54 e segs.

[504] Em sentido contrário, a Decisão do Tribunal Federal suíço, de 6 de julho de 1983, referida por Jacques Velu e Rusen Ergec, *ob. cit.*, pág. 542, que considerou o porte obrigatório de um bilhete de identidade e a possibilidade de as forças da ordem efetuarem, à sua discrição, controlos de identidade como uma ingerência direta no direito à vida privada dos cidadãos.

A obrigação de se sujeitar a um exame médico ou a uma intervenção cirúrgica constitui uma ingerência na vida privada, eventualmente justificada à luz do nº 2 – Acórdãos Y. F., de 22 de julho de 2003, R03-IX, págs. 195 e segs., §§ 41 e segs., Worwa, de 27 de novembro de 2003, R03-XI, pág. 178, § 80, e Bogumil, de 7 de outubro de 2008, § 84, e Decisões de 14 de março de 1980, Queixa nº 8518/79, *Déc. Rap.* 20, pág. 193, de 7 de maio de 1981, Queixa nº 8334/78, *Déc. Rap.* 24, pág. 104, e de 6 de abril de 1994, Queixa nº 21 132/93, *Déc. Rap.* 77-A, pág. 75.

A vida sexual releva de um dos aspetos mais íntimos da vida privada.

As relações de homossexuais devem ser examinadas pelo ângulo da vida privada e já não da vida familiar – Decisão do Tribunal, de 10 de maio de 2001, Queixa nº 56 501/00, R01-VI, pág. 305, e Decisão de 15 de maio de 1996, Queixa nº 28 318/95, *Déc. Rap.* 85-A, pág. 149.

Um homossexual pode queixar-se com sucesso de uma legislação que proíbe as relações homossexuais quando estas são mantidas sem constrangimento, em privado e entre adultos – Acórdãos Dudgeon, de 22 de outubro de 1981, A 45, pág. 21, § 52, Norris, de 26 de outubro de 1988, A 142, págs. 17-18, §§ 35-38, Modinos, de 22 de abril de 1993, A 259, pág. 11, § 24, e A.D.T., de 31 de julho de 2000, R00-IX, pág. 317, § 23.

A falta de legislação permitindo a perseguição penal do autor de violências sexuais sobre um deficiente mental suscita dificuldades de compatibilização com o disposto neste artigo – Acórdão X e Y/Holanda, A 91, pág. 11, §§ 22 e 23.

Mas já a interdição de práticas sadomasoquistas, com lesões físicas graves, não violará o disposto neste número – Acórdão Laskey, Laggard e Brown, de 19 de fevereiro de 1997, R97-I.

2.5. A situação jurídica dos transexuais dividia a Comissão e o Tribunal, nomeadamente sobre a questão de saber se o transexual que consegue mudar de sexo tem o direito de ver retificados na sua documentação os elementos relativos à sua identificação e ao sexo[505].

A Comissão, no caso *van Ooterwijck*, Relatório de 1 de março de 1979, B 36, pág. 24, respondeu afirmativamente, porquanto obrigar alguém a exibir documentação mencionando um sexo que não corresponde à sua aparência seria expô-lo a interferências na sua vida íntima: a quem fosse presente um tal documento não deixaria de se interrogar sobre a discrepância, tudo com repercussões negativas sobre a sua vida social e profissional.

O Tribunal não seguiu inicialmente a aproximação feita pela Comissão e entendeu que o modo como os Estados regulam a matéria relevava da sua margem de apreciação – Acórdão Rees, de 17 de outubro de 1986, A 106, págs. 15-19, §§ 38-47; no seu

505 Para uma visão da situação jurídica dos transexuais em Portugal, cfr. a *Revista do Ministério Público*, ano 14, nº 56, págs. 155 e segs.

Acórdão Cossey, de 27 de setembro de 1990, A 184, pág. 15, § 37, o Tribunal lembrou, a propósito, que à noção de respeito inscrita no artigo 8º falta nitidez, sobretudo quando implica obrigações positivas do Estado, pelo que, para determinar se existe uma tal obrigação, é preciso ter em conta o justo equilíbrio entre o interesse geral e os interesses do indivíduo. Ver, ainda, os Acórdãos Sheffield e Horsham, de 30 de julho de 1998, R98-V, págs. 2026 a 2028, §§ 52 e 58.

O Tribunal evoluiu nesta matéria: assim, passou a considerar que, para o cumprimento das obrigações positivas que lhes incumbem, os Estados gozam de uma certa margem de apreciação; mas, quando um aspeto importante da existência ou da identidade de um indivíduo está em jogo, a margem deixada ao Estado é restrita, sendo esta, no entanto, maior quando não exista consenso entre os Estados membros do Conselho da Europa.

O Tribunal atenuou o rigor da sua posição no Acórdão B/França, de 27 de março de 1992, A 232-C, pág. 53, § 63. E, embora repetindo a sua tese, veio a reconhecer que o regime jurídico em França era bem diferente do vigente no Reino Unido; a requerente estava diariamente sujeita a uma situação incompatível com o respeito pela sua vida privada, pelo que, mesmo considerando a margem de apreciação, havia rutura do justo equilíbrio entre o interesse geral e os interesses do indivíduo.

No Acórdão Christine Goodwin, de 11 de julho de 2002, R02-VI, pág. 72, o Tribunal, examinando o caso à luz das condições atuais, afirma, a propósito da falta de reconhecimento no plano jurídico da mudança de sexo: nenhum elemento importante de interesse público entra em concorrência com o interesse da requerente em obter o reconhecimento jurídico da sua conversão sexual pelo que o justo equilíbrio inerente à *Convenção* faz desde agora decisivamente inclinar a balança a favor da requerente; assim, existe violação do respeito pela vida privada da requerente.

Os Estados devem reconhecer o novo estado decorrente da operação dos transexuais, mas se ele era casado, este reconhecimento só deve ocorrer após o fim deste casamento – Decisão do Tribunal, de 28 de novembro de 2006, Queixa nº 42 971/05.

No Acórdão Hämäläinen, de 16 de julho de 2014, §§ 69 e segs., o Tribunal estudou a situação de um transexual casado com uma mulher; o transexual mudou de sexo, mas os dois desejavam conservar os seus laços maritais num País como a Finlândia, que não reconhece o casamento homossexual. O Tribunal mais uma vez lembrou que não pode impor as Estados a obrigação de abrir o casamento aos casais homossexuais, casamento este que era nessa altura adotado apenas em dez países membros.

Considerando que a Finlândia abria várias portas nesta situação, incluindo, por exemplo, o divórcio seguido de uma união de facto reconhecida juridicamente (hipótese que permitiria à requerente obter um reconhecimento pleno da sua nova identidade, sem efeito ou com efeitos mínimos sobre a sua vida familiar), o Tribunal considerou que o referido justo equilíbrio entre os interesses em jogo estava respeitado – § 35.

Ver também os Acórdãos Grant, de 23 de maio de 2006, R06-VII, págs. 31-33, §§ 39-43 (pensão, como mulher, de um transexual homem/mulher), e L/Lituânia, de 11 de setembro de 2007, § 57 (o Estado deve definir as condições em que um transexual pode submeter-se a uma cirurgia para adaptar o seu sexo à sua condição).

2.6. Para além das questões examinadas no quadro do direito à vida – cfr. anotação ao artigo 2º –, a própria regulamentação do aborto pode traduzir-se numa ingerência no direito à vida privada da mulher, o que pode exigir do Estado obrigações negativas e positivas, incluindo a criação de um mecanismo judiciário onde as pessoas que queiram abortar possam obter a proteção adequada aos seus interesses – Acórdãos Tysiac, de 20 de março de 2007, §§ 108 e 113 (mulher que corria o risco de cegar se levasse até ao fim uma gravidez e que não conseguiu um processo adequado para discutir os pareceres dos médicos que consideraram que não estavam reunidas as condições para um aborto terapêutico), e A.B. e C./Irlanda, de 16 de dezembro de 2010, §§ 216, 241 e 266 (estava em causa a impossibilidade de interromper a gravidez por motivos de saúde ou de bem-estar que vigora na Irlanda; o Tribunal considerou que não havia violação deste artigo dada a grande margem de apreciação de que gozam os Estados nestas matérias e ainda que as mulheres na Irlanda podiam, sem infringir a lei, ir abortar ao estrangeiro; mas considerou que havia violação porque no sistema irlandês não existe um processo acessível e efetivo através do qual uma das interessadas, atingida com um cancro, poderia estabelecer se ela reunia ou não as condições para abortar na Irlanda).

E o aborto toca com os interesses da sociedade e, por isso, a sua limitação pode justificar-se nos termos do nº 2 – Decisão de 19 de maio de 1976, Queixa nº 6959/74, *Déc. Rap.* 5, pág. 103, e Relatório de 12 de julho de 1977, caso *Bruggemann e Scheuten, Déc. Rap.* 10, pág. 100.

O aborto atinge, por seu turno, a vida privada e familiar do futuro pai.

Contudo, o interesse da mulher é aqui preponderante, pelo que os direitos do pai devem ser ponderados tendo em conta, antes de tudo, os direitos da mulher grávida – Decisões de 13 de maio de 1980, Queixa nº 8416/79, *Déc. Rap.* 19, pág. 244, e de 19 de maio de 1992, Queixa nº 17 004/94, *Déc. Rap.* 73, pág. 155.

2.7. A proteção de dados de caráter pessoal e sobretudo a interconexão de ficheiros ou a utilização destes para fins diferentes dos previstos aquando da sua recolha, para além de uma eventual colisão com o disposto no artigo 10º, entram no campo de aplicação deste artigo – Acórdãos Leander, de 7 de maio de 1987, A 116, pág. 22, § 48, Amann, de 16 de fevereiro de 2000, R00-II, pág. 225, § 69, Rotaru, de 4 de maio de 2000, R00-V, pág. 80, § 43, Turek, de 14 de fevereiro de 2006, R06-II, pág. 91, § 110, Segerstedt-Wiberg, 6 de junho de 2006, R06-VII, pág. 161, § 72, L.L./França, 10 de outubro de 2006, R06-XI, pág. 159, § 32 (dados relativos à saúde), e Matyjek, de 24 de abril de 2007, § 56, Decisão do Tribunal, de 22 de novembro de 2001, Queixa nº 41 111/98, R01-XII, pág. 305, e Decisão de 7 de maio de 1981, Queixa nº 8334/78, *Déc. Rap.* 24, pág. 110.

Para determinar se as informações de caráter pessoal conservadas pelas autoridades colocam em jogo a «vida privada», o Tribunal tem em conta o contexto particular no qual estas informações foram recolhidas e conservadas, a natureza dos dados consignados, a maneira como eles são utilizados e os resultados que podem deles ser retirados – Acórdãos S. e Marper, de 4 de dezembro de 2008, § 67, e Gardel, de 17 de dezembro de 2009, § 62 (inscrição de uma pessoa condenada num ficheiro policial).

Neste Acórdão, § 125, considerou-se que violava o artigo 8º da *Convenção* a conservação indiferenciada e sem limitação temporal das impressões digitais, amostras biológicas ou perfis de ADN de pessoas suspeitas de terem cometido crimes mas que não chegaram a ser condenadas.

A interdição de acesso a ficheiros contendo os seus dados pessoais, nomeadamente aos ficheiros médicos e os que permitam compreender a sua infância e os anos de formação, pode também contrariar o disposto neste nº 1 – Acórdãos Odièvre, de 13 de fevereiro de 2003, R03-III, pág. 28, § 42, e K.H. e outros/Eslováquia, de 28 de abril de 2009, § 46, Relatório de 13 de novembro de 1987, caso Gaskin, A 160, pág. 29, § 91, e Decisão de 28 de fevereiro de 1996, Queixa nº 27 533/95, *Déc. Rap.* 84-A, pág. 169.

O Tribunal deixou em aberto a questão de saber se o direito de acesso aos dados pessoais se pode deduzir deste nº 1, fundamentando a *condenação* do Estado na circunstância do requerente não ter beneficiado da possibilidade processual de combater uma recusa abusiva ou de obter uma proteção efetiva do seu direito ao respeito da sua vida privada – Acórdãos Gaskin, de 7 de julho de 1989, A 160, págs. 19-20, §§ 47-49, e Turek, de 14 de fevereiro de 2006, R06-II, pág. 93, § 116.

Por outro lado, a divulgação no decurso de um processo civil da identidade da pessoa ligada ao seu estado de saúde (HIV) pode constituir uma interferência na sua vida privada – Acórdão C.C./Espanha, de 6 de outubro de 2009, § 26.

2.8. A identidade étnica – dados de caráter pessoal revelando a origem racial – integra a vida privada – Acórdãos S. e Marper, de 4 de dezembro de 2008, § 66, e Aksu, de 15 de março de 2012, § 58 (no caso, tratava-se de uma publicação apresentada pelo requerente como atentatória da identidade de um grupo de que era membro e, por conseguinte, também da sua vida privada).

2.9. Constituirá, em princípio, uma ingerência na vida privada de um recluso as medidas de isolamento que cortam os seus contactos com os outros reclusos – Decisão de 15 de maio de 1980, Queixa nº 8317/78, *Déc. Rap.* 20, pág. 44; assim como o uso do registo áudio ou vídeo da cela ou da área da prisão destinada a visitas – Acórdãos

Khan, de 12 de maio de 2000, R00-V, pág. 315, §§ 26-28, e Allan, de 5 de novembro de 2002, R02-IX, pág. 76, § 36.

2.10. Os ruídos sonoros ou outros que causem danos no domicílio e afetem o bem-estar físico do indivíduo atingem a sua vida privada – Acórdão Moreno Gómez, de 16 de novembro de 2004, R04-X, pág. 321, § 53, e Decisões de 16 de julho de 1986, Queixa nº 9310/81, *Déc. Rap.* 47, pág. 13, e de 17 de maio de 1990, Queixa nº 13 728/88, *Déc. Rap.* 65, pág. 250.

Assim, o barulho de um aeroporto constitui eventualmente um atentado à vida privada da sua vizinhança – Acórdãos Powell e Rayner, de 21 de julho de 1990, A 272, pág. 18, § 41, Hatton e outros, de 8 de julho de 2003, R03-VIII, pág. 272, § 96, e Giacomelli, de 2 de novembro de 2006, § 77, e Decisões de 15 de julho de 1980, Queixa nº 7889/77, *Déc. Rap.* 19, pág. 186, e de 16 de outubro de 1985, Queixa nº 9310/81, *Déc. Rap.* 44, pág. 13; e, eventualmente, o barulho de um campo de tiro – Decisão de 18 de janeiro de 1989, Queixa nº 12 816/87, *Déc. Rap.* 59, pág. 181.

Do mesmo modo, uma poluição com um grau mínimo de gravidade que atinja o bem-estar físico de um indivíduo vem a contender com a sua vida privada e com a possibilidade de usufruir convenientemente do seu domicílio – Relatório de 31 de agosto de 1993, caso Lopez Ostra, Queixa nº 16 796/90, e Acórdãos no mesmo «Caso», de 9 de dezembro de 1994, A 303-C, pág. 54, § 51, Guerra e outros, de 19 de fevereiro de 1998, R98-I, pág. 228, § 60, Kyrtatos, de 22 de maio de 2003, R03-VI, pág. 286, § 52, Hatton e outros, R03-VIII, pág. 272, § 96, Taşkin, de 10 de novembro de 2004, R04-X, pág. 171, § 113, Fadeyeva, de 9 de junho de 2005, R05-IV, pág. 277, § 69, Okyay e outros, de 12 de julho de 2005, R05-VII, pág. 162, § 67, e Giacomelli, de 2 de novembro de 2006, § 77.

Neste campo do ambiente, os Estados devem gozar de uma margem de apreciação alargada – Acórdãos Hatton e outros, R03-VIII, pág. 273, § 100, e Giacomelli, de 2 de novembro de 2006, § 80.

2.11. Diz respeito à vida privada o direito a guardar silêncio sobre as suas convicções religiosas – Decisão de 16 de janeiro de 1996, Queixa nº 23 380/94, *Déc. Rap.* 84-A, pág. 46.

2.12. A transferência dos *habitantes* de uma aldeia suscita um problema ao nível do artigo 8º, porquanto ela implica diretamente com a vida privada e o domicílio das pessoas afetadas – Decisão do Tribunal, de 25 de maio de 2000, Queixa nº 46 346/99, R00-VI, pág. 519.

***b)* Vida familiar**

3. A vida familiar repousa sobre um conjunto de relações de natureza física, jurídica e afetiva assim como nas responsabilidades económicas e sociais.

No seu conteúdo, pode-se referir o nome, a nacionalidade, a coabitação e sobretudo as relações de filiação.

O direito ao respeito da vida familiar exige, obviamente, uma «família»; definir esta noção de uma forma abrangente revela-se extremamente difícil numa sociedade em mutação, pelo que os órgãos da *Convenção* preferem uma aproximação prática baseada na existência de laços substanciais e afetivos entre as pessoas que se apresentam como uma família, mesmo que se encontrem separadas – Acórdãos Berrehab, de 21 de junho de 1988, A 138, pág. 14, § 21, Hokkanen, de 23 de setembro de 1994, A 299-A, pág. 19, § 54, Gul, de 19 de fevereiro de 1996, R96-I, pág. 173, § 32, e Ciliz, de 11 de julho de 2000, R00-VII, pág. 309, § 59, e Decisões de 3 de julho de 1992, Queixa nº 14 247/89, *Déc. Rap.* 73, pág. 27.

Assim, coloca-se a exigência de um casamento legal e não fictício, afastam-se os casamentos de conveniência, como se duvida da existência de uma família quando não há interdependência financeira – Acórdão Abdulaziz, Cabales e Balkandali, de 28 de maio de 1986, A 94, pág. 32, § 62, Relatório de 7 de outubro de 1986, caso Berrehab, A 138, pág. 14, §§ 71-72, e Decisões de 10 de março de 1981, Queixa nº 8924/80, *Déc. Rap.* 24, pág. 184, de 14 de julho de 1982, Queixa nº 9492/81, *Déc. Rap.* 30, pág. 71, e de 10 de dezembro de 1984, Queixa nº 10 375, *Déc. Rap.* 40, pág. 196.

A coabitação é também um dos elementos a ponderar quando se examina a existência de laços familiares – Decisão do Tribunal, de 2 de setembro de 2003, Queixa nº 56 838/00, R03-X, pág. 405, Relatório de 9 de fevereiro de 1993, caso Boyle, A 282-B, pág. 27, e Decisões de 9 de março de 1988, Queixa nº 12 402/86, *Déc. Rap.* 53, pág. 224, e de 6 de janeiro de 1992, Queixa nº 14 501/89, *Déc. Rap.* 72, pág. 118.

Por outro lado, a família não se esgota no casamento, protegendo o artigo 8º também a família natural, as uniões hétero ou homossexuais de facto e os filhos nascidos desta união, ou seja, a coabitação mesmo fora de toda a ligação matrimonial; o que não impedirá o Estado de estabelecer certas condições para a investigação da paternidade biológica (consentimento da mãe ou do filho, prazos) – Acórdãos Johnston e outros, A 112, pág. 25, § 55, Keegan, A 290, págs. 17-18, § 44, Kroon e outros, A 297.C, pág. 55, § 30, Elsholz, de 13 de julho de 2000, R00-VII, pág. 390, § 43, Yousef, de 5 de novembro de 2002, R02-VIII, pág. 282, § 67, Lebbink, de 1 de junho de 2004, R04-IV, pág. 211, § 35, Mizzi, de 12 de janeiro de 2006, R06-I, págs. 140 e segs., §§ 108-115, e Paulík, de 10 de outubro de 2006, R06-XI, pág. 215, § 41 (impossibilidade de quem consta no registo como pai vir a impugnar a paternidade depois de saber que não é o pai biológico), e X e outros/Áustria, de 19 de fevereiro de 2013, § 96 (uniões homossexuais), Decisão do Tribunal, de 29 de junho de 1999, Queixa nº 27 110/95, R99-VI, pág. 394, e Decisões de 6 de abril de 1994, Queixa nº 22 920/93, *Déc. Rap.* 77-A, pág. 108, e de 4 de março de 1998, Queixa nº 34 615/97, *Déc. Rap.* 92-A, pág. 135.

Mas sem que isto implique a obrigação para os Estados de atribuir aos casamentos não reconhecidos juridicamente, como o casamento religioso, ou às uniões de facto o mesmo estatuto do casamento celebrado de acordo com o regime jurídico em vigor – Acórdãos Marckx, A 31, pág. 14, § 31, Johnston e outros, A 112, pág. 25, § 25, e Şerife Yiğit, de 2 de novembro de 2010, § 102, e Decisões de 9 de outubro de 1989, *Déc. Rap.* 63, pág. 167, e de 29 de junho de 1994, Queixa nº 20 769/92, *Déc. Rap.* 78-A, pág. 111.

Nem tão-pouco a «família» termina com o fim do casamento, continuando, por exemplo, entre pais divorciados e os filhos – Acórdãos W/Reino Unido, de 8 de julho de 1987, A 121, pág. 44, § 98, Bronda, de 9 de junho de 1998, R98-IV, pág. 1489, § 51, e Elsholz, R00-VII, pág. 390, § 43, e Decisões de 2 de maio de 1978, Queixa nº 7770/77, *Déc. Rap.* 14, pág. 175, e de 10 de outubro de 1986, Queixa nº 11 526/85, *Déc. Rap.* 50, pág. 219.

O direito de visita de pais separados aos filhos pode suscitar também um problema face a esta norma – Acórdão Sahin, de 8 de julho de 2003, R03-VIII, pág. 116, § 49, e Decisão de 14 de dezembro de 1969, Queixa nº 14 013/88, *Déc. Rap.* 64, pág. 176.

E existe «família» entre adotante e adotado – Decisão de 5 de outubro de 1982, Queixa nº 9993/82, *Déc. Rap.* 31, pág. 241; e entre um dos pais e o filho entregue aos cuidados dos avós – Acórdão Hokkanen, de 23 de setembro de 1994, A 299-A, § 54.

Contudo, as relações entre pais e filhos adultos não beneficiam da proteção do artigo 8º a menos que seja demonstrada existência de elementos suplementares de dependência para além dos laços afetivos normais – Acórdão Emonet e outros, de 13 de dezembro de 2007, § 35.

Na falta de um laço jurídico ou biológico, será difícil afirmar como de «família» as relações existentes entre um menor e um casal, sobretudo quando essas relações se estabeleceram fora de um quadro que visasse dar uma família ao menor – Decisão do Tribunal, de 15 de maio de 2007, Queixa nº 38 972/06.

Os direitos à sucessão na herança que se estabelecem entre filhos e pais ou entre netos e avós estão estreitamente ligados à vida familiar pelo que estão cobertos por este artigo – Acórdãos Marckx, de 13 de junho de 1979, A 31, págs. 23-24, §§ 51-52, e Brauer, de 28 de maio de 2009, § 30.

Note-se que a *Convenção* não exige que os Estados membros adotem disposições legais em matéria de indignidade; mas se adotadas, elas devem ser aplicadas num justo equilíbrio ente os interesses concorrentes – Acórdão Velcea e Mazăre, de 1 de dezembro de 2009, § 129 (examinou a possibilidade da família do marido poder suceder nos bens da mulher, quando aquele assassinou esta e se suicidou em seguida).

3.1. O artigo. 8º protege a família natural e os filhos nascidos de uma união de facto. Mas a vida familiar pressupõe uma vida efetivamente «vivida».

O simples facto de uma relação biológica existente entre uma criança e uma mulher ou um homem não chega para concluir pela existência de uma vida familiar entre as pessoas, se ela não for efetivamente «vivida» entre eles.

Na sua Decisão na Queixa nº 16 944/90, M/Holanda, de 8 de fevereiro de 1993, DR 74, pág. 120, a Comissão estudou o caso em que um casal de lésbicas decidiu ter um filho por inseminação artificial de uma delas, mas com um dador de esperma conhecido, pois desejavam que a criança a nascer soubesse quem era o seu pai biológico.

O requerente concordou e doou o seu esperma, vindo a nascer uma criança do sexo feminino.

Passado cerca de um ano após o nascimento, este pai biológico, alegando acordos prévios com o casal, solicitou-lhe que a criança passasse alguns fins-de-semana com ele.

Perante a recusa da sua pretensão, o pai biológico dirigiu-se aos tribunais sem sucesso.

Apresentou então queixa à Comissão, queixa que foi rejeitada, pois a situação na qual uma pessoa doa o seu esperma unicamente para permitir a uma mulher conceber por inseminação artificial não confere, por si só, ao dador o direito ao respeito da sua vida familiar com a criança.

E os contactos que o requerente tinha mantido com a criança eram vagos e insuficientes para se considerarem reunidos os pressupostos de uma vida familiar.

Por outro lado, no Acórdão X, Y e Z//Reino Unido, de 22 de abril de 1997, R97-II, pág. 629, §§ 36 e 37, o Tribunal estudou as relações de um transexual (X) (indivíduo do sexo feminino convertido ao sexo masculino) com uma criança nascida por inseminação artificial da mulher que com ele vivia em união de facto estável.

X pediu, sem sucesso, aos serviços do registo civil do seu País para ser inscrito como pai da criança.

O Tribunal concluiu que os três – X, a mãe da criança e esta – estavam reunidos por laços familiares de facto, mas reconheceu que faltava uma norma comum europeia sobre os direitos de paternidade dos transexuais, nem mesmo sobre a questão de saber se se deve proteger o anonimato do dador de esperma ou se a criança tem o direito de conhecer a sua identidade e que, portanto, os Estados gozavam de uma larga margem de apreciação.

E, por isso, ao decidir sobre o justo equilíbrio dos interesses em jogo, o da sociedade, de X e da criança, o Tribunal, por maioria, concluiu que não havia violação do artigo 8º (outra tinha sido a opinião da Comissão), dadas, na altura, as muitas incertezas quanto à melhor maneira de proteger os interesses das crianças naquela mesma situação, acrescentando que o transexualismo suscita questões complexas de natureza científica, jurídica, moral e social, onde falta um consenso geral por parte dos Estados partes na *Convenção*.

Não obstante esta conclusão, o Tribunal aceitou que nada impedia que, mesmo na falta de um vínculo jurídico, X se comportasse em sociedade como o pai da criança.

3.2. A problemática da separação dos filhos de seus pais tem sido objeto de atenta análise do Tribunal.

Segundo a sua jurisprudência, impõe-se ao Estado, que goza de uma certa margem de apreciação, a adoção de medidas adequadas a reunir a criança e os seus pais.

No entanto, esta obrigação não é absoluta, porquanto, por exemplo, a reunião de um dos pais com os filhos que vivam depois de um certo tempo com o outro progenitor requer uma certa preparação, tendo em conta sobretudo os interesses dos menores – em todas as decisões relativas às crianças, o seu interesse superior deve primar –, sendo preciso respeitar aqui um justo equilíbrio entre os interesses concorrentes – Acórdãos Gnahoré, de 19 de setembro de 2000, R00-IX, pág. 427, §§ 50, 51 e 52, Neulinger e Shuruk, de 6 de julho de 2010, § 135, e Jeunesse, de 3 de outubro de 2014, § 109 (o interesse superior da criança deve primar).

Quando o bem-estar da criança está em perigo no seio da sua família, a autoridade pública deve assumir as suas responsabilidades e, em caso de conflito entre o interesse da criança e os dos pais, é o primeiro que prevalece.

Se a criança é entregue a uma assistência pública, um justo equilíbrio deve ser exigido entre os interesses da criança e o dos pais a viverem com ela, podendo sempre os pais reivindicar o direito de visita.

A regulação do exercício do poder paternal sempre se revelou um campo fértil em potenciais conflitos com a *Convenção*.

A dificuldade na execução das decisões relativas à regulação do poder paternal, nomeadamente quando se trata da entrega do menor por um dos pais ao outro ou das visitas a um deles quando o menor está confiado apenas a um dos pais, constitui, nos dias de hoje, um dos mais graves problemas com que se confrontam os tribunais de família.

O Estado tem a obrigação de tomar as medidas necessárias para fazer cumprir aquelas decisões, exigindo-se aqui uma especial diligência.

Porém, importa não esquecer que a passagem do tempo pode ter consequências irremediáveis sobre as relações entre as crianças e os pais que não vivem com elas.

O ponto decisivo consiste em saber se as autoridades nacionais tomaram, para facilitar a reunião familiar, todas as medidas necessárias que se poderiam razoavelmente exigir delas na ocorrência.

O Tribunal afirmou que o facto de um pai e um filho estarem juntos representa um elemento fundamental da vida familiar, pelo que, no caso da sua separação em consequência de divórcio ou outros acontecimentos, as medidas que restringem as visitas se traduzem numa ingerência da sua vida familiar – Acórdãos W/Reino Unido, A 121, pág. 27, § 59, Olsson, de 24 de março de 1988, A 130, pág. 29, § 59, Rieme, de 22 de abril de 1992, A 226-B, pág. 68, § 54, Keegan, A 290, pág. 19, § 50, Johansen, de 7 de agosto de 1996, R96-III, pág. 1001, § 52, Gnahoré, R00-IX, pág. 427, § 50, K. e T./

Finlândia, de 12 de julho de 2001, R01-VII, pág. 296, § 151, Kutzner, de 26 de fevereiro de 2002, R02-I, pág. 197, § 58, Mehemi, de 10 de abril de 2003, R03-IV, pág. 305, § 45, Lebbink, de 1 de junho de 2004, R04-IV, pág. 212, § 37, e Mubilanzila Mayeka e Kaniki Mitunga, de 12 de outubro de 2006, R06-XI, pág. 253, § 75, e Decisões do Tribunal, de 27 de abril de 2000, Queixa nº R00-IV, pág. 509, e de 2 de setembro de 2003, Queixa nº 56 838/00.

E impõe-se ao Estado, que goza de uma certa margem de apreciação, a adoção de medidas adequadas a reunir a criança e os seus pais; é preciso respeitar aqui um justo equilíbrio entre os interesses concorrentes em jogo – os da criança, os dos pais e da ordem pública, sem esquecer que o interesse superior da criança deve prevalecer; por outro lado, os pais devem ser associados ao processo de aplicação de medidas aos filhos – Acórdãos Hokkanen, de 23 de setembro de 1994, A 299-A, pág. 22, § 58, Ignaccolo-Zenide, de 25 de janeiro de 2000, R00-I, pág. 229, § 94, Nuutinen, de 27 de junho de 2000, R00-VII, pág. 133, § 128, P.C. e S./Reino Unido, de 16 de julho de 2002, R02-VI, pág. 283, § 117, Venema, de 17 de dezembro de 2002, R02-X, pág. 110, § 91, Maire, 26 de junho de 2003, R03-VII, pág. 328, § 73, Sahin, R03-VIII, pág. 119, § 66, Haase, de 8 de abril de 2004, R04-III, pág. 162, § 89, Bajrami, de 12 de dezembro de 2006, § 53, Maumousseau e Washington, de 6 de dezembro de 2007, § 59 (reunião de uma criança ao seu pai a quem o poder paternal tinha sido confiado, perante a resistência da mãe que deixou os EUA para se refugiar com a filha em França), Carlson, de 6 de novembro de 2008, § 81 (deficiências no processo para fazer regressar o menor ao seu meio de vida habitual), Neulinger e Shuruk, de 6 de julho de 2010, § 134 (regresso de uma criança a Israel acompanhada pela mãe que corria o risco de ser presa à chegada), e X/Letónia, de 26 de novembro de 2013, §§ 95, 96 e 106 (harmonização entre a Convenção de Haia e a *Convenção* relativamente ao "retorno imediato" da criança, nomeadamente quanto ao risco grave que tal retorno possa implicar), e Decisão do Tribunal, de 2 de setembro de 2003, Queixa nº 56 838/00, R03-X, pág. 405.

A dificuldade surge acrescida quando se trata de executar decisões estrangeiras (normalmente quando elas estão relacionadas com rapto ou situações quase equiparadas), onde as obrigações dos Estados devem ser lidas à luz da Convenção de Haia, de 25 de outubro de 1980, sobre os aspetos civis do rapto internacional de crianças e a Convenção relativa aos direitos da criança, de 20 de novembro de 1989; no artigo 7º daquela Convenção estabelece-se uma série de medidas a tomar pelos Estados para assegurar o regresso imediato das crianças. Cfr. Acórdãos Ignaccolo-Zenide, de 25 de janeiro de 2000, R00-I, págs. 205 e segs., e Neulinger e Shuruk, de 6 de julho de 2010, § 132.

4. Os órgãos de controlo da *Convenção* tiveram oportunidade de aplicar a diversas situações os princípios atinentes à vida privada e familiar, mesmo relativamente a pessoas já falecidas.

4.1. Um processo tendente a estabelecer ou a negar os laços familiares releva da vida privada – Decisão de 6 de abril de 1994, Queixa nº 22 920/93, *Déc. Rap.* 77-A, pág. 108.

Na realização de teste de ADN no corpo de alguém já falecido para tentar estabelecer uma relação de filiação, estão em conflito os interesses da família do morto em relação à sua privacidade e os da pessoa que quer estabelecer a sua ascendência; e, não obstante a margem de apreciação dos Estados, a proibição de realização de um tal exame, aliás pouco intrusivo, não se concilia com o disposto neste artigo – Acórdão Jäggi, de 13 de julho de 2006, R06-X, pág. 11, § 38.

O Tribunal aplica os princípios deste artigo aos «restos mortais», sem se comprometer em precisar se as «relações» de uma família com os seus mortos releva da vida familiar ou da vida privada – Acórdão Elli Poluhas Dödsbo, de 17 de janeiro de 2006, R06-I, pág. 218, § 23, e Hadri-Vionnet, de 14 de fevereiro de 2008, § 57 (enterramento do corpo de uma criança pelas autoridades sem que os pais fossem informados).

4.2. Algumas medidas, como a adoção, só devem ser aplicadas em circunstâncias excecionais, e só podem ser justificadas se elas se inspiram de uma exigência primordial que releve do interesse superior da criança – Acórdão Sõderbãck, de 28 de outubro de 1998, R98-VII, pág. 3095, § 30; sobre o interesse superior da criança, ver o Acórdão Maumousseau e Washington, 6 de dezembro de 2007, § 67.

Note-se que, embora o direito a adotar não esteja contemplado na *Convenção*, as relações entre o adotante e o adotado são da mesma natureza que as relações familiares protegidas pelo artigo 8º – Acórdão Pini e outros, de 22 de junho de 2004, R04-V, pág. 273, § 140; o Estado deve facilitar a passagem de uma situação de facto a uma situação jurídica, acordando o *exequatur* a uma adoção fixada em sentença estrangeira, tanto mais que a criança já vivia com os adotantes há vários anos – Acórdão Wagner e J. M. L., de 28 de junho de 2007, § 135.

O Acórdão Emonet e outros, de 13 de dezembro de 2007, § 87, considerou violador deste artigo 8º um sistema que consagre o fim dos laços jurídicos entre mãe e filha quando esta é adotada pelo concubino da mãe.

Sobre a coadoção parental, ver o Acórdão X e outros/Áustria, de 19 de fevereiro de 2013, §§ 56 e seguintes (na altura da publicação deste Acórdão, a posição dos Estados membros nesta questão era a seguinte: apenas onze países possibilitavam este tipo de adoção aos casais homossexuais; a maioria reservava a coadoção parental aos casais unidos pelo casamento; só dez Estados, incluindo Portugal, permitiam a coadoção a uniões de facto, mas cinco destes Estados, entre eles Portugal, reservavam esta forma de adoção às uniões heterossexuais proibindo-a às uniões homossexuais).

O Tribunal considerou violador do artigo 14º da *Convenção* a interdição da coadoção aos casais homossexuais vivendo em união de facto – ver anotação a este artigo.

De interesse o Acórdão do Tribunal Constitucional nº 100/84, de 19 de fevereiro de 2014, que considerou que não respeitava os requisitos exigidos pelos artigos 115º, nº 6, da Constituição da República Portuguesa, e 7º, nº 2, da Lei Orgânica do Regime do Referendo, «a proposta de realização de referendo sobre a possibilidade de coadoção pelo cônjuge ou unido de facto do mesmo sexo e sobre a possibilidade de adoção por casais do mesmo sexo, casados ou unidos de facto».

4.3. Curioso o Acórdão Hoffmann, de 23 de junho de 1993, A 255-C, onde, em matéria de colocação dos filhos de pais separados, se detetou uma violação do artigo 8º conjugado com o artigo 14º, dado o facto de ter sido retirada a guarda do filho a um dos pais por ser Testemunha de Jeová.

Ver o Acórdão Salgueiro da Silva Mouta, de 21 de dezembro de 1999, R99-IX, pág. 335, onde se detetou também uma violação do artigo 8º conjugado com o artigo 14º, dado o facto de não ter sido entregue a filha ao pai por, entre outras razões, este, homossexual, viver em comunhão com outro homem; e ainda as visitas entre o pai e filha terem sido condicionadas dada a orientação sexual do pai.

Note-se que a ausência de um regime jurídico adequado para as relações entre a criança e os seus pais naturais viola o disposto no nº 1 deste artigo – Acórdão Johnston e outros, A 112, pág. 30, § 75.

5. Embora este artigo não contenha uma disposição expressa em matéria do nome, enquanto meio de identificação pessoal e de ligação a uma família, o nome de uma pessoa releva da sua vida privada e familiar.

Acresce que a escolha de um nome para o filho reveste um caráter íntimo e afetivo para os pais e entra, por isso, na esfera privada destes.

Mas o Estado tem o direito de regulamentar esta escolha para proteger a criança das consequências nefastas que lhe poderiam advir de trazer consigo toda a vida um nome que, no seu conjunto, fosse considerado ridículo, deslocado ou incompreensível; as restrições legais podem, por isso, ser justificadas no interesse da criança e no interesse público – Acórdãos Burghartz, de 22 de fevereiro de 1994, A 280-B, pág. 28, § 24, Stjerna, de 25 de novembro de 1994, A 299-B, § 37, Guillot, de 24 de outubro de 1996, R96-V, pág. 1603, § 23, e Johansson, de 6 de setembro de 2007, § 28, e Decisões de 20 de maio de 1996, Queixa nº 28 319/95, *Déc. Rap.* 85-A, pág. 153, e de 2 de julho de 1997, Queixa nº 27 868/95, *Déc. Rap.* 90-A, pág. 60.

No Acórdão Kemal Taşkin e outros, de 2 de fevereiro de 2010, § 71, considerou-se que a exigência de determinada ortografia para o nome não colidia com o disposto neste artigo.

A recusa da mudança de nome constitui matéria a analisar sob o ângulo deste artigo – Acórdão B/França, de 25 de março de 1992, A 232-C, pág. 52, § 58, e Decisão do Tribunal, de 7 de dezembro de 2004, Queixa nº 71 074/01, R04-XII, pág. 271.

Mas um título nobiliárquico, mesmo que possa ser inscrito no registo civil enquanto informação supletiva facilitando a identificação da pessoa, não entra na proteção deste artigo – Decisão do Tribunal, de 28 de outubro de 1999, Queixas nºs 41 127/98, 41 503/98, 41 717/98 e 45 726/99, R99-VII, pág. 503.

6. Se a *Convenção* não garante o direito de entrar ou residir num país determinado do qual não se detém a nacionalidade, pelo que os estrangeiros têm a obrigação de se submeter aos controlos e aos processos de emigração e de deixar o território do Estado quando recebem essa ordem caso a entrada ou a estadia no território lhes sejam validamente recusadas – Acórdão Jeunesse, de 3 de Outubro de 2014, § 100, Decisão de 2 de março de 1994, Queixa nº 16 360/90, *Déc. Rap.* 76-A, pág. 13 –, já a expulsão de uma pessoa de um país onde vive a sua família próxima pode colocar problemas em relação ao disposto neste artigo – Acórdãos Moustaquim, de 18 de fevereiro de 1991, A 193, pág. 18, § 36, e Slivenko, de 9 de outubro de 2003, R03-X, pág. 319, § 95, Decisão do Tribunal, de 25 de outubro de 2005, Queixa nº 39 203/02, R05-XII, pág. 285, e Decisões de 6 de julho de 1982, Queixa nº 9285/81, *Déc. Rap.* 29, pág. 205, de 10 de fevereiro de 1990, Queixa nº 16 106/90, *Déc. Rap.* 64, pág. 278, de 25 de outubro de 1996, Queixa nº 32 225/96, *Déc. Rap.* 87-A, pág. 173, e de 12 de janeiro de 1998, Queixa nº 21 336/96, *Déc. Rap.* 92-A, pág. 23.

O facto de um Estado tolerar a presença sobre o seu solo de um cidadão estrangeiro, dando-lhe a possibilidade de esperar a decisão do seu pedido de concessão de uma autorização de estadia, a da decisão de um recurso de tal decisão ou a um novo pedido nesse sentido, permitindo-lhe assim participar na vida social do país onde se encontra e de estabelecer relações e de aí fundar uma família, não implica automaticamente que o Estado seja obrigado a autorizar o estrangeiro a instalar-se no seu país – Acórdão Jeunesse, de 3 de Outubro de 2014, § 103.

E quando a vida familiar começa no momento em que os implicados sabiam que a situação de um de entre eles relativamente à emigração era tal que conferia um caráter precário à sua vida familiar, só em circunstâncias excecionais o afastamento desse membro da família acarretará violação deste artigo 8º – Acórdão Jeunesse, de 3 de Outubro de 2014, § 108.

Um estrangeiro admitido condicionalmente deve estar consciente do caráter temporário e precário dessas relações, de modo a que a sua expulsão não constitua, em si, uma ingerência na sua vida privada – Acórdão Jeunesse, de 3 de Outubro de 2014, § 103, e Decisão de 3 de maio de 1983, *Déc. Rap.* 32, pág. 220.

Os estrangeiros estabelecem naturalmente relações sociais e familiares no país de acolhimento – Acórdão Dalia, de 19 de fevereiro de 1998, R98-I, pág. 89, § 45.

Por isso, a sua expulsão pode vir a ferir aquelas; a expulsão de um estrangeiro para um país onde não tem ligações só pode ser admitida em circunstâncias excecionais – Relatório de 15 de março de 1990, caso Djeroud, A 191-B, págs. 35-36, § 65.

Ainda que a *Convenção* não atribua o direito a um estrangeiro de adquirir uma nacionalidade ou o de entrar ou permanecer num país de que não possui a nacionalidade, a recusa arbitrária da nacionalidade ou a impossibilidade de ele se juntar à sua família ou da sua família a ele se reunir pode, em certas circunstâncias, suscitar problemas a este nível – Decisão do Tribunal, de 12 de janeiro de 1999, R99, pág. 432, Relatório de 14 de dezembro de 1973, Queixas nºs 4403/70 e outras, *Déc. Rap.* 78-A, pág. 5, e Decisões de 24 de abril de 1965, Queixa nº 1855/63, *Ann. Conv.*, vol. VII, pág. 203, e de 7 de abril de 1983, Queixa nº 14 852/89, *Déc. Rap.* 74, pág. 29. Mas, não haverá ingerência na sua vida familiar se a família do interessado o pode encontrar no estrangeiro, desde que aí tenham ligações – Decisões de 19 de maio de 1977, Queixa nº 7671/76, *Déc. Rap.* 9, pág. 185, de 14 de julho de 1982, Queixa nº 9492/81, *Déc. Rap.* 30, pág. 237, e de 11 de abril de 1997, Queixa nº 2841/95, *Déc. Rap.* 89-A, pág. 83.

O artigo 8º não comporta o direito de escolha pelo casal do seu domicílio comum, nem a obrigação do Estado de aceitar a instalação do cônjuge não nacional, nem tão pouco o direito de comprar um bem destinado a servir de domicílio – Acórdãos Abdulaziz, Cabales e Balkandali, A 94, pág. 34, § 69, e Jeunesse, de 3 de Outubro de 2014, §107, e Decisão do Tribunal, de 5 de outubro de 2000, Queixa nº 46 934/99, R00-X, pág. 611.

O estrangeiro também não tem direito de escolher um determinado título de permanência, competindo às autoridades definir as condições em que autorizam a sua residência – Acórdão Sisojeva e outros, de 15 de janeiro de 2007, § 91.

7. Os detidos continuam a gozar durante a sua detenção de todos os direitos e liberdades fundamentais garantidos pela *Convenção*, com exceção do direito à liberdade – Acórdão Khoroshenko, de 30 de junho de 2015, § 116.

É essencial à vida privada e familiar do recluso que ele mantenha contactos com o mundo exterior, nomeadamente com a sua família próxima; contudo, a administração penitenciária pode limitar essas visitas aos parentes e amigos próximos – Acórdãos Messina, de 28 de setembro de 2000, R00-X, pág. 47, § 62, Enea, de 17 de setembro de 2009, § 126 (restrições para impedir os contactos com o meio criminal), e Khoroshenko, de 30 de junho de 2015, § 108, e Decisão de 8 de outubro de 1982, Queixa nº 9054/80, *Déc. Rap.* 30, pág. 118.

Os Estados gozam aqui uma certa margem de apreciação quando regulamentam os contactos dos presos com as suas famílias; mas o Tribunal tem recordado a necessidade de um justo equilíbrio entre a sanção e a correção dos presos, tendo em conta a tendência geral das políticas penais europeias em acordar uma importância crescente ao objetivo de reinserção da detenção – Acórdãos Boyle e Rice, de 27 de abril de 1988, A 131, pág. 29, § 74, Dikme, de 11 de julho de 2000, R00-V, pág. 218, § 117, e Khoroshenko, de 30 de junho de 2015, §§ 121 e 148 (regime de visitas extremamente severo e restritivo para os condenados a prisão perpétua).

A proibição de os presos contactarem a família quando aguardam interrogatório pode constituir uma violação do disposto neste artigo – Relatório de 18 de março de 1981, caso McVeigh e outros, Queixas nºs 8022/77, 8025/77 e 8027/77, *Déc. Rap.* 25, pág. 15.

Embora a *Convenção* não garanta ao preso um direito a estar numa determinada prisão, as dificuldades dos presos receberem visitas, por estarem colocados em prisões distantes da sua família, podem revelar-se violadoras do disposto neste número, ainda que essa circunstância se venha a justificar por razões de ordem pública – Decisão do Tribunal, de 18 de janeiro de 2005, Queixa nº 59 638/00, R05-II, pág. 363, e Decisões de 3 de abril de 1967, Queixa nº 2676/65, *Rec.*, 23, pág. 31, de 10 de outubro de 1986, Queixa nº 8586/79, *Digest*, vol. 3, pág. 126, de 12 de março de 1990, *Déc. Rap.* 65, pág. 265, de 1 de outubro de 1990, Queixa nº 15 817/89, *Déc. Rap.* 66, pág. 251, e de 20 de outubro de 1994, Queixa nº 23 121/94, *Déc. Rap.* 79-A, pág. 121.

Sobre as visitas conjugais, o Tribunal, considerando com simpatia os movimentos de reforma em diversos países europeus visando melhorar as condições penitenciárias e facilitando as visitas conjugais, lembra que a recusa ou a restrição de tais visitas deve, entretanto, ser tida como justificada pela defesa da ordem e da prevenção das infrações penais – Acórdãos Aliev, de 29 de abril de 2003, § 188, e Nazaranko, de 1 de fevereiro de 2007, § 74.

Neste contexto, o Acórdão Dickson, de 4 de dezembro de 2007, § 85, concluiu que, não obstante a margem de apreciação dos Estados, a proibição de inseminação artificial de uma mulher com o esperma do seu marido que cumpria uma longa pena de prisão não pondera devidamente o justo equilíbrio entre os interesses públicos e privados em presença e, por isso, essa limitação é incompatível com o disposto no artigo 8º

c) Domicílio

8. A proteção do domicílio tem um conteúdo amplo, abarcando não só a casa de habitação, ainda que ilegal, mas também os locais comerciais ou profissionais, como um escritório de um advogado ou ainda a caravana para a população cigana – Acórdãos Niemietz, de 16 de outubro de 1992, A 251-B, pág. 35, § 33, Gillow, de 24 de novembro de 1986, A 109, pág. 19, § 46, Buckley, de 25 de setembro de 1996, R96-IV, pág. 1287, § 54, Chapman, de 18 de janeiro de 2001, R01-I, pág. 118, § 73, Société Colas Est e outros, de 16 de abril de 2002, R02-III, pág. 122, § 40, Buck, de 28 de abril de 2005, R05-IV, pág. 33, § 31, Smirnov, de 7 de junho de 2007, § 44, e McCann, de 13 de maio de 2008, § 46, e Relatório de 14 de outubro de 1987, caso Chappell, A 152, pág. 29, § 96.

Mas ainda aqui há que introduzir alguns limites: um veículo estacionado na via pública não constitui um domicílio – Decisão de 30 de maio de 1974, Queixa nº 5488/72, *Ann. Conv.*, vol. XVII, pág. 222; uma exploração de porcos não pode ser considerada coberta por esta larga noção de domicílio – Decisão do Tribunal, de 6 de setembro de 2005, Queixas nºs 63 512/00 e 63 513/00, R05-X, pág. 433, nem tão pouco o espaço que for usado para uma exploração industrial – Khamidov, de 15 de novembro de 2007, § 131.

Uma pessoa conserva o seu domicílio na casa onde viva com outra em união de facto, após a morte desta, mesmo que essa casa tenha sido atribuída pelo empregador ao companheiro falecido – Acórdão Prokopovitch, de 18 de novembro de 2004, R04-XI., pág. 20, § 39.

Quando a pessoa não habita a casa durante algum tempo, ela não perde a caraterística de «domicílio» se ela tomou providências para a sua manutenção com vista ao seu regresso – Acórdão Blecic, de 29 de julho de 2004, § 51.

E quando um Estado proíbe a um indivíduo o acesso ao domicílio e às campas dos seus familiares, sem adotar medidas para proteger os seus direitos ou ao menos o indemnizar pela perda do seu gozo, está a violar continuamente o disposto neste artigo – Acórdão Sargsyan, de 16 de junho de 2015, § 260.

A proibição feita aos proprietários de uma casa de a habitar constitui uma violação do nº 1, porventura justificada nos termos do nº 2 – Acórdão Gillow, de 24 de novembro de 1986, A 109, pág. 23, § 58.

d) Correspondência

9. O artigo 8º protege a correspondência, no sentido mais amplo do termo, incluindo os mais sofisticados meios de comunicação de mensagens e os respetivos dados eletrónicos – Acórdão Wieser e Bicos Beteiligungen Gmbh, de 16 de outubro de 2007, § 45, Decisão de 27 de junho de 1994, Queixa nº 21 482/93, *Déc. Rap.* 78-A, pág. 119.

Aliás, o artigo 8º constitui uma *lex specialis* relativamente aos artigos 10º e 11º quando a interferência diz respeito à correspondência – Decisão de 28 de novembro de 1995, Queixa nº 23 413/94, *Déc. Rap.* 83-A, pág. 31.

A Comissão considerou que constitui «correspondência» a comunicação por emissões privadas de radiodifusão (banda do cidadão) – Decisão de 13 de maio de 1982, Queixa nº 8962/80, *Déc. Rap.* 28, pág. 112.

Mas a proteção sob este ângulo não engloba os documentos já recebidos e arquivados, pelo que a sua busca e apreensão não constituem uma ingerência na «correspondência» – Decisões de 12 de outubro de 1983, Queixa nº 9614/81, *Déc. Rap.* 34, pág. 125, e de 11 de janeiro de 1994, Queixa nº 21 962/93, *Déc. Rap.* 76-A, pág. 157.

Um dos campos onde os órgãos de controlo se têm pronunciado com algumas inflexões é o da correspondência dos e para os presos.

Porventura justificada nos termos do nº 2, a ingerência na correspondência dos presos com os seus defensores constitui, em princípio, um atentado ao disposto no nº 1 – Acórdãos De Wilde, Ooms e Versyp, de 18 de junho de 1971, A 12, pág. 45, § 93, Calogero Diana, de 15 de novembro de 1996, R96-V, pág. 1775, § 28, Labita, de 6 de abril de 2000, R00-IV, pág. 70, § 176, Messina, de 28 de setembro de 2000, R00-X, pág. 50, § 83, Frérot, de 12 de junho de 2007, § 54, e Enea, de 17 de setembro de 2009, § 140, e Relatório de 17 de maio de 1990, Queixa nº 12 395/96, *Déc. Rap.* 68, pág. 65.

Sublinhe-se que a correspondência enviada ao preso deve, em princípio, ser-lhe entregue, incumbindo ao Estado prova de que a correspondência litigiosa foi efetivamente entregue – Relatório de 20 de fevereiro de 1992, caso Messina, A 257-H, pág. 110, §§ 64-65, e Acórdão no mesmo «Caso», de 26 de fevereiro de 1993, A 257-H, pág. 104, §§ 30-31.

Registe-se que a abertura da correspondência que os presos trocam com o Tribunal, no âmbito de uma queixa, viola o disposto neste artigo – Acórdãos Campbell, de 25 de março de 1992, A 233, pág. 22, §§ 62-64, Demirtepe, de 21 de dezembro de 1999, R99, pág. 381, § 26, Rehbock, de 28 de novembro de 2000, R00-XII, pág. 246, § 99, Peers, de 19 de abril de 2001, R01-III, pág. 331, § 84, e Valašinas, de 24 de julho de 2001, R01-VIII, pág. 461, § 129.

II

A ingerência

1. Segundo o nº 2 deste artigo, a ingerência da autoridade pública na vida privada, familiar, no domicílio e na correspondência da pessoa deve estar «prevista na lei», «ser necessária numa sociedade democrática» a um dos objetivos ali enumerados: segurança nacional, segurança pública, bem-estar económico do país, defesa da ordem e prevenção de infrações penais, proteção da saúde ou da moral, proteção dos direitos e das liberdades de terceiros.

E em certos casos de grave ingerência, como a privação do domicílio pela venda da casa, esta venda deve ser determinada por um tribunal independente e imparcial, depois de ponderar a proporcionalidade desta medida – Acórdãos McCann, de 13 de maio de 2008, § 50, e Zehentner, de 16 de julho de 2009, § 59.

a) Prevista na lei

2. A restrição deve estar prevista na lei, englobando o direito escrito, aí se compreendendo os textos infra-legislativos e a jurisprudência que os interpreta, e não escrito – Acórdãos Sunday Times, de 26 de abril de 1979, A 30, pág. 30, § 47, e Acórdão Dogru, de 4 de dezembro de 2008, § 52[506]; e também as garantias substanciais e processuais – McCann, de 13 de maio de 2008, § 49.

[506] Entre nós, esta lei deve ser ou uma lei da Assembleia da República ou um decreto-lei autorizado – artigo 165º, nº 1, alínea *b)*, da Constituição.

Esta lei deve ser acessível, previsível e compatível com a preeminência do direito, isto é, deve ser clara, precisa e previsível nos seus efeitos, pois o cidadão deve dispor de informações suficientes, nas circunstâncias do caso, sobre as normas jurídicas aplicáveis para assim prever as consequências que podem decorrer de determinado ato, se necessário com o recurso a conselho adequado, para assim poder regular a sua conduta – Acórdãos Kruslin, A 176-A, pág. 20, §§ 20-27, Huvig, A 176-B, pág. 52, §§ 25-26, Herczegfalvy, de 24 de setembro de 1992, A 244, pág. 27, § 88, A/França, de 23 de novembro de 1993, A 277-B, pág. 55, § 39, Calogero Diana, R96-V, pág. 1176, § 33, Camenzind, de 16 de dezembro de 1997, R97-VIII, pág. 2892, § 37, Kopp, de 25 de março de 1998, R98-II, pág. 541, § 64, Valenzuela Contreras, de 30 de julho de 1998, R98-V, pág. 1924, § 46, Mcleod, de 23 de setembro de 1998, R98-VII, pág. 2788, § 41, Amann, de 16 de fevereiro de 2000, R00-II, pág. 222, § 56, Rotaru, de 4 de maio de 2000, R00-V, pág. 83, § 55, Khan, de 12 de maio de 2000, R00-V, pág. 315, § 26, Tammer, de 6 de fevereiro de 2001, R01-I, pág. 295, § 37, VGT Verein Gegen Tierfabriken, de 28 de junho de 2001, R01-VI, pág. 288, § 52, Partido da Prosperidade (Refah Partisi) e outros, de 13 de fevereiro de 2003, R03-II, pág. 238, § 57, Segerstedt-Wiberg, 6 de junho de 2006, R06-VII, pág. 162, § 76, e X/Letónia, de 26 de novembro de 2013, § 58, Decisão do Tribunal, de 29 de junho de 2006, Queixa nº 54 934/00, R06-XI, pág. 357, e Relatório de 9 de maio de 1989, Queixa nº 12 175/86, *Déc. Rap.* 67, pág. 88.

Contudo, a experiência mostra a dificuldade em chegar a uma exatidão absoluta na redação da lei num domínio onde os dados mudam em função da evolução das conceções da sociedade – Acórdãos Muller e outros, de 24 de maio de 1988, A 133, pág. 20, § 29, e Ezelin, de 26 de abril de 1991, A 202, págs. 21-22, § 45, e Decisão do Tribunal, de 18 de outubro de 2005, Queixa nº 5446/03, R05-XI, pág. 343.

A lei deve fixar o conteúdo da restrição; porém, quando a lei confere um poder de apreciação será impossível chegar a uma precisão absoluta na sua redação, pois acarretaria, como provável resultado de um tal esforço, uma rigidez excessiva do texto – Acórdãos Calogero Diana, R96-V, pág. 1175, § 32, e Petra, de 23 de setembro de 1998, R98-VII, pág. 2853, § 37.

Tratando-se de uma vigilância secreta, a lei deve fixar a extensão e as modalidades do exercício das funções da autoridade com nitidez suficiente para proteger o indivíduo contra o arbítrio – Decisão de 27 de junho de 1994, Queixa nº 21 482/93, *Déc. Rap.* 78-A, pág. 119.

Os cidadãos poderão reclamar um controlo sobre essas restrições, sempre que possível judicial, ainda que um controlo parlamentar, e mesmo um administrativo com um mínimo de eficácia, se admita – Acórdãos Silver, A 67, págs. 33 e segs., §§ 88 e segs., Malone, A 82, pág. 32, § 67, Leander, 26 de março de 1987, A 116, págs. 23 e 26 e segs., §§ 53 e 64 e segs., e Herczegfalvy, A 244, pág. 27, § 89.

Enfim, a legislação e a prática devem oferecer garantias adequadas contra os abusos – Acórdãos Klass e outros, A 28, pág. 23, § 50, e Miailhe, de 25 de fevereiro de 1993, A 256-C, pág. 89, § 37.

Quando não há uma base legal, jamais a ingerência pode estar justificada – Acórdãos Chipre/Turquia, de 10 de maio de 2001, R01-IV, pág. 312, § 293, e Sari e Çolak, de 4 de abril de 2004, R06-V, pág. 293, § 37.

***b)* Necessária numa sociedade democrática**

3. A restrição deve mostrar-se necessária numa sociedade democrática para alcançar um dos seus objetivos legítimos.

As medidas restritivas devem ser proporcionais ao fim visado e jamais atingirem a substância do direito mas limitarem-se a regular o seu exercício – Acórdão relativo a certos aspetos do regime de ensino linguístico belga, de 27 de junho de 1968, A 6, pág. 32, § 5.

Esta medida deve responder a um motivo social imperioso ou a motivos pertinentes e suficientes e terá de ser a menos gravosa das disponíveis, no justo equilíbrio entre o interesse público e a vida privada, e mostrar-se proporcional ao fim a atingir – Acórdãos Barthold, de 25 de março de 1985, A 90, pág. 33, § 55, Lingens, de 8 de julho de 1986, A 103, pág. 26, § 41, Olsson, A 130, pág. 32, § 68, Leander, A 116, pág. 25, § 59, Rieme, A 226-B, pág. 68, § 56, Beldjoudi, de 26 de março de 1992, A 234-A, pág. 27, § 74, Keegan, de 26 de maio de 1994, A 290, pág. 19, § 49, Stjerna, A 299-B, pág. 60, § 38, Lopez Ostra, A 303-C, pág. 54, § 51, Veloza Barreto, A 334, pág. 12, § 30, Sürek (nº 1), de 8 de julho de 1999, R99-IV, pág. 433, § 58, e Messina, de 28 de setembro de 2000, R00-X, pág. 47, § 65, Decisões do Tribunal, de 25 de maio de 2000, Queixa nº 46 346/99, R00-VI, pág. 519, e de 18 de outubro de 2005, Queixa nº 5446/03, R05-XI, pág. 343, e Decisões de 16 de julho de 1980, Queixa nº 8440/78, *Ann. Conv.*, vol. XXIV, pág. 199, de 4 de setembro de 1995, Queixa nº 25 342/94, *Déc. Rap.* 82-A, pág. 134, de 25 de outubro de 1996, Queixa nº 32 025/96, *Déc. Rap.* 87-A, pág. 173, e de 20 de janeiro de 1997, Queixa nº 26 601/95, *Déc. Rap.* 88-A, pág. 85.

Assim, a obrigação de trabalhar aos domingos numa base rotativa, num total de cinco dias por semana, não é de tal monta que constitua uma interferência no direito ao respeito da vida familiar – Decisão de 9 de abril de 1997, Queixa nº 29 107/95, *Déc. Rap.* 89-A, pág. 104.

Mas já as limitações ao exercício dos direitos de caráter civil do falido, que automaticamente decorrem da lei, sem controlo jurisdicional, não se mostram necessárias numa sociedade democrática – Acórdão Campagnano, de 23 de março de 2006, R06-IV, pág. 192, § 66.

Os Estados gozam de uma certa margem de apreciação para julgarem da necessidade de uma ingerência, mas as exceções deste nº 2 apelam para uma interpretação restrita e a sua necessidade para um caso concreto deve encontrar-se estabelecida de forma convincente; porém, quando não há um consenso no seio dos Estados membros do Conselho da Europa, seja sobre a importância relativa do interesse em jogo ou sobre os melhores meios de o proteger, nomeadamente quando o caso suscita questões morais ou éticas delicadas, a margem de apreciação é mais larga – Acórdãos Funke, de 25 de fevereiro de 1993, A 256-A, pág. 24, § 55, Crémieux, da mesma data, A 256-B, pág. 62, § 38, Jabubowski, de 23 de junho de 1994, A 291, § 26, Vogt, de 26 de outubro de 1995, A 323, págs. 25-26, § 52, Buckley, R96-IV, págs. 1291 e 1292, §§ 74-78, Zana, de 25 de novembro de 1997, R97-VII, pág. 2547, § 51, Camenzind, R97-VIII, pág. 2893, § 44, Bronda, de 9 de junho de 1998, R98-II, pág. 1491, § 59, Geylan, de 8 de julho de 1999, R99-IV, pág. 67, § 32, Chapman, de 18 de janeiro de 2001, R01-I, pág. 123, § 91, Société Colas Est e outros, de 16 de abril de 2002, R02-III, pág. 125, § 47, Fadeyeva, de 9 de junho de 2005, R05-IV, pág. 285, § 103, Evans, de 10 de abril de 2007, § 77, e S.H. e outros/Áustria, de 3 de Novembro de 2011, §§ 94, 115 e 118 (questões relacionadas com a procriação assistida, doação de óvulos, doação de esperma, numa altura em que a legislação desta matéria nos Estados membros da *Convenção* era muito diversa; o Tribunal concluiu que nem a proibição da doação de óvulos nem a do esperma excediam a margem de apreciação de que o legislador austríaco dispunha na época em causa, embora recomendasse um exame permanente destas matérias pelos Estados, pois elas conhecem uma evolução científica e jurídica particularmente rápidas).

E se os Estados gozam, é certo, daquela margem de apreciação sobre a existência e o conteúdo desta necessidade, que varia segundo a natureza das questões e a importância dos interesses em jogo, um controlo europeu impõe-se – Acórdão T.P. e K.M., de 10 de maio de 2001, R01-V, pág. 176, § 71; e nesse controlo sobre a lei e sobre as decisões que a aplicam, o Tribunal preocupa-se com as garantias adequadas e suficientes contra os abusos, procurando verificar se os processos destinados a analisar a aplicação das medidas restritivas são adequados a limitar a ingerência ao que é necessário numa sociedade democrática.

Entre os valores fundamentais de uma sociedade democrática figura a preeminência do direito, o que implica que a ingerência do executivo nos direitos de um indivíduo seja submetida a um controlo eficaz – Acórdãos Klass, de 6 de setembro de 1978, A 28, pág. 23 e 25, §§ 50, 54 e 55, Silver e outros, de 25 de março de 1983, A 61, págs. 3738, § 97, Barford, de 22 de fevereiro de 1989, A 149, pág. 12, § 28, e Lambert, de 24 de agosto de 1998, R98-V, pág. 2240, §§ 30 e 31.

No exercício do seu poder de controlo, o Tribunal deve considerar a ingerência litigiosa à luz do caso no seu conjunto, incumbindo-lhe determinar se a medida incriminada era proporcional aos fins legítimos perseguidos (por exemplo, se, num processo penal, a busca na casa do arguido se mostrava «proporcional» relativamente ao crime que estava em investigação) e se os motivos invocados pelas autoridades nacionais para a justificar aparecem como pertinentes e suficientes. Para tanto, o Tribunal deve convencer-se de que as autoridades nacionais aplicaram regras conformes aos princípios consagrados na *Convenção* e se basearam numa apreciação aceitável dos factos pertinentes – Acórdãos Zana, de 25 de novembro de 1998, R97-VII, pág. 2547, § 51, Õzgür Gündem, de 16 março 2000, R00-III, pág. 62, § 57, Buck, de 28 de abril de 2005, § 45, e Acórdão Shtukaturov, de 27 de março de 2008, § 85, e Decisão do Tribunal, de 8 de janeiro de 2002, Queixa nº 51 578/99, R02-I, pág. 463.

Enfim, mesmo se o artigo 8º não contém nenhuma condição processual explícita, é preciso que o processo decisório sobre as medidas de ingerência seja equitativo e respeite os direitos do indivíduo aqui protegidos; e os interessados que se considerem prejudicados devem poder recorrer aos tribunais – Acórdão Giacomelli, de 2 de novembro de 2006, §§ 82 e 83.

c) Para a segurança nacional e segurança pública

4. O Tribunal reconhece que as ameaças à segurança nacional podem variar no tempo e quanto à sua natureza, o que as torna, por isso, dificilmente identificáveis antecipadamente, mas mesmo aqui a ingerência deve estar justificada e o visado deve poder usufruir de todas as garantias, nomeadamente de um controlo judicial – Acórdão Lupsa, de 8 de junho de 2006, R06-VII, pág. 362, § 34.

No âmbito das medidas necessárias para a segurança nacional e para a segurança pública, apontam-se as escutas das conversações telefónicas dos suspeitos de atividades terroristas ou de espionagem – Acórdão Klass e outros, de 6 de setembro de 1978, A 28, págs. 22 e segs., §§ 45 e segs.

As autoridades competentes podem recolher e memorizar em ficheiros as informações sobre pessoas e utilizá-las quando se trate de escolher entre os candidatos a postos importantes da segurança nacional; a delicadeza da matéria postula garantias de controlo adequadas – Acórdãos Leander, A 116, págs. 25 e 27, §§ 59, 60 e 67, e Decisão de 28 de fevereiro de 1996, Queixa nº 25 147/94, *Déc. Rap.* 84-A, pág. 106.

E, neste contexto, a recusa de comunicar o seu registo policial a um interessado ou a confiscação de documentos pessoais pode justificar-se pela segurança nacional – Acórdão Segerstedt-Wiberg, 6 de junho de 2006, R06-VII, pág. 170, § 102, e Decisões de 5 de abril de 1995, Queixa nº 25 099/95, *Déc. Rap.* 81-A, pág. 136, e de 6 de setembro de 1995, Queixa nº 22 909/93, *Déc. Rap.* 82-A, pág. 25.

As restrições na vida prisional, seja a obrigação de usar uniforme, de isolamento, limitações de visitas e de saídas, justificam-se por este ângulo – Decisões de 3 de maio de 1978, Queixa nº 8065/77, *Déc. Rap.* 14, pág. 246, de 15 de maio de 1980, Queixa nº 8317/78, *Déc. Rap.* 20, pág. 44, e de 6 de março de 1982, Queixa nº 8231/78, *Déc. Rap.* 28, pág. 5.

A apreensão de uma publicação contendo um relatório do serviço de segurança interna pode justificar-se com a proteção da segurança nacional – Acórdão Vereniging Weekblad Bluf!, A 306-A, pág. 14, §§ 35-36.

A conservação de fotografias ou impressões digitais pode ser necessária à segurança pública ou nacional – Relatório de 18 de março de 1981, caso McVeigh e outros, *Déc. Rap.* 25, pág. 95, § 229.

Note-se que um risco para a eficácia operacional deve ser provado com exemplos concretos – Acórdão Smith e Grady, de 29 de setembro de 1999, R99-VI, pág. 140, § 89 (a destituição sistemática de homossexuais do exército britânico não podia ser justificada por razões de segurança nacional ou de operacionalidade).

***d)* Para o bem económico do país**

5. Entre as restrições necessárias para o bem-estar económico do país apontam-se a ingerência na correspondência do falido; mas essa interferência, sobretudo quando perdura no tempo, deve mostrar-se proporcional ao fim visado – Acórdãos Luordo, 17 de julho de 2003, § 78, e Campagnano, de 23 de março de 2006, R06-IV, pág. 186, § 38, e Decisão de 10 de março de 1981, Queixa nº 8988/80, *Déc. Rap.* 24, pág. 198.

A crise na habitação permite ingerências no direito ao domicílio, obrigando, por exemplo, o locatário a desocupar um apartamento de grandes proporções onde resida só – Decisão de 3 de maio de 1983, Queixa nº 9327/81, *Déc. Rap.* 22, pág. 187 – ou a manter-se o inquilino na casa em prejuízo do proprietário – Acórdão Veloza Barreto, A 334, pág. 11, § 25.

Por outro lado, as pessoas com laços profundos a determinado lugar devem ter a possibilidade de aí conservarem um alojamento quando se ausentam ou, no mínimo, aí encontrar um quando regressam – Acórdão Gillow, A 109, págs. 21 e segs., §§ 53 e segs.

Enfim, as restrições à permanência de estrangeiros para regularizar um mercado de trabalho em crise justificam-se pela defesa do bem-estar económico do país – Acórdão Berrehad, A 138, pág. 15, § 26, e Decisão de 16 de janeiro de 1992, Queixa nº 14 501/89, *Déc. Rap.* 72, pág. 118.

***e)* Para a defesa da ordem e a prevenção das infrações**

6. O nº 2 do artigo 8º permite ingerências no exercício do direito garantido no nº 1 para defesa da ordem e para prevenção das infrações penais.

6.1. A política de controlo da imigração pode encontrar justificação na defesa da ordem pública – Decisão de 6 de julho de 1982, Queixa nº 9285/81, *Déc. Rap.* 29, pág. 205.

Note-se que, segundo um princípio de direito internacional, os Estados têm o direito, sem prejuízo dos compromissos que derivam dos tratados, de controlar a entrada dos estrangeiros no seu solo; de outro modo, a *Convenção* não garante o direito de um indivíduo entrar num território de que não é nacional – Acórdão Nada, de

12 de setembro de 2012, § 164 (neste Acórdão estudou-se a situação de um indivíduo que residia num enclave italiano, o que o obrigava a entrar no território suíço sempre que pretendesse sair do seu local de residência; a Suíça, cumprindo uma Resolução do Conselho de Segurança, não autorizou, durante seis anos, a sua entrada no território pois ele constava de uma lista de "terroristas" organizada pelas Nações Unidas. A atitude da Suíça não foi considerada "proporcional").

Deve, no entanto, tentar-se o equilíbrio entre a vida familiar do estrangeiro e o prejuízo que ele causa à ordem pública – Acórdão Berrehad, A 138, pág. 15, § 26; assim, a expulsão de um estrangeiro na sequência de uma *condenação* penal, afetando a sua vida familiar, deve estar justificada por uma necessidade social imperiosa, proporcional ao fim perseguido – Acórdão Moustaquim, A 193, pág. 19, § 43; e se a infração cometida pode permitir pensar que existe um perigo para a ordem e a segurança públicas, também pode acontecer que circunstâncias particulares possam atenuar esse receio (no caso, dificuldades da mulher do expulso em se estabelecer no país do marido) – Acórdãos Boultif, de 2 de agosto de 2001, R01-IX, pág. 149, § 51, Rodrigues da Silva e Hoogkamer, de 31 de janeiro de 2006, R06-I, pág. 253, § 44, e Maslov, de 23 de junho de 2008, § 68.

E, se uma especial exigência quanto à proporcionalidade é requerida para os casos de expulsão dos imigrantes de «segunda geração» – Acórdãos Beldjoudi, A 234-A, pág. 27, § 74, Nasri, de 13 de julho de 1995, A 320-B, pág. 25, § 44, Boughanemi, de 24 de abril de 1996, R96-II, pág. 610, § 44, C/Bélgica, de 7 de agosto de 1996, R96-III, págs. 923-925, §§ 29-36, El Boujaidi, de 26 de setembro de 1997, R97-VI, pág. 1996, §§ 39-41, Boujlifa, de 21 de outubro de 1997, R97-VI, pág. 2264, § 44, Maslov, de 23 de junho de 2008, § 71 (caso de jovem adulto), Decisão do Tribunal, de 8 de dezembro de 1998, Queixa nº 39 518/98, R99-II, pág. 384, e Decisões de 5 de abril de 1995, Queixa nº 25 439/94, *Déc. Rap.* 81-A, pág. 142, e de 25 de outubro de 1996, Queixa nº 32 025/96, *Déc. Rap.* 87-A, pág. 173, não existe para este tipo de imigrantes o direito a não ser expulso – Acórdão Üner, de 18 de outubro de 2006, § 55.

Na aplicação prática destes princípios relativamente aos imigrantes de «segunda geração», afigura-se-me que os órgãos da *Convenção*, embora tenham adotado inicialmente uma ponderação correta dos valores em jogo, vieram posteriormente a postergar as fortes ligações do «imigrante» com o país que o viu nascer ou que pelo menos o acolheu ainda muito novo em benefício de outros interesses, como a defesa da ordem ou a prevenção das infrações – cfr., entre outros, o Acórdão Baghli, de 30 de novembro de 1999, R99-VIII, pág. 202, § 49.

Note-se que um estrangeiro residindo legalmente num país pode desejar continuar a aí viver sem forçosamente adquirir a nacionalidade – Acórdão Kurić, de 26 de junho de 2012, §357, onde se considerou que a Eslovénia violou o disposto neste artigo por não ter regularizado o estatuto de residente dos cidadãos da ex-Jugoslávia que não quiseram adquirir a nacionalidade eslovena; o facto de essas pessoas viverem num vazio jurídico durante muito tempo, porque não conseguiam uma autorização de residência, constituiu uma violação do disposto neste artigo pela desproporcionalidade entre a proteção da segurança nacional e o respeito efetivo da vida privada e ou familiar dos queixosos.

Este princípio de proporcionalidade deve também ser observado em matéria de extradição – Decisão de 4 de setembro de 1995, Queixa nº 25 342/94, *Déc. Rap.* 82-A, pág. 134.

6.2. Relativamente às buscas domiciliárias, a legislação e a prática devem oferecer ao indivíduo garantias adequadas e suficientes contra os abusos – Acórdão Keegan, de 18 de julho de 2006, R06-X, pág. 72, § 34.

E quando o direito nacional habilita a administração a levar a cabo uma busca domiciliária sem mandato judicial, a vigilância dos órgãos da *Convenção* deve ser redobrada: a proteção dos indivíduos contra a arbitrariedade do poder público relativamente aos direitos garantidos pelo artigo 8º reclama um enquadramento legal e uma limitação mais estrita de tais poderes – Acórdão Camenzind, R97-VIII, pág. 2893, § 45.

As buscas em viaturas estacionadas na via pública foram consideradas compatíveis no quadro das investigações de infrações penais e na recolha de provas para identificar os seus autores – Decisão de 30 de maio de 1971, Queixa nº 5488/72, *Ann. Conv.*, vol. XVII, pág. 222.

A realização de exames de ADN só após a prática da infração não colide com o disposto no nº 1 do artigo 8º – Decisão do Tribunal, de 7 de dezembro de 2006, Queixa nº 29 514/05.

6.3. Se o nº 1 obriga as autoridades a conceder aos presos os meios necessários para a circulação efetiva da sua correspondência – Relatório de 15 de dezembro de 1988, caso Grace, Queixa nº 11 523/85, *Déc. Rap.* 62, pág. 22 –, já a defesa da ordem e a prevenção de infrações penais justificam o controlo da correspondência dos detidos, mesmo em prisão preventiva – Acórdão Silver, de 25 de março de 1983, A 61, pág. 61, § 38 –, bem como a sua censura – Decisão de 6 de março de 1985, Queixa nº 9853, *Déc. Rap.* 41, pág. 99.

Contudo, as cartas dos presos que contenham apenas expressões injuriosas contra as autoridades não devem ser retidas – Acórdão Pfeifer e Plankl, de 25 de fevereiro de 1992, A 227, pág. 18, § 47.

A fixação de quotas de cartas a escrever pelos presos pode mostrar-se necessária à defesa da ordem numa sociedade democrática – Relatório de 17 de maio de 1990, *Déc. Rap.* 68, pág. 65.

O controlo da correspondência não se estende, em princípio, a que os detidos mantenham com os seus médicos no exterior da prisão relativas às suas condições de saúde – Acórdão Szuluk, de 2 de junho de 2009, § 54.

Tão pouco pode haver, em princípio, controlo da correspondência que eles mantenham com os seus advogados – Acórdãos Golder, A 18, pág. 57, § 45, Silver, A 61, pág. 38, § 99, e Schonenberger e Durmaz, de 20 de junho de 1988, A 137, pág. 34, § 25.

Como o Tribunal precisou no Acórdão Campbell, de 25 de março de 1992, A 233, pág. 21, § 53, uma pessoa que precisa de consultar um advogado deve poder fazê-lo em condições propícias a uma plena e livre discussão; se um advogado não pudesse corresponder-se livremente com o seu cliente, a sua assistência perderia muito da sua utilidade.

Por isso, as autoridades penitenciárias só podem abrir uma carta de um advogado a um detido se tiverem motivos plausíveis para pensar que ela contém um elemento ilícito não revelado pelos meios normais.

Todavia, elas devem abri-la somente, sem a ler e se possível devem ser abertas na presença do detido.

Quanto à leitura de cartas trocadas entre um detido e um advogado, ela só deve ser admitida em casos excecionais se as autoridades acreditam que o conteúdo da carta ameaça a segurança do estabelecimento ou de outrem ou assume um caráter delituoso.

No Acórdão Erdem, de 5 de julho de 2001, R01-VII, pág. 13, § 69, concluiu-se que não havia violação do artigo 8º num caso de leitura da correspondência entre um advogado e um detido tendo em conta as circunstâncias concretas do caso (suspeita de terrorismo), as garantias de que se revestia esse controlo e a margem de apreciação do Estado.

6.4. As escutas telefónicas também se justificam por este ângulo da prevenção da ordem e das infrações penais – Acórdão Kruslin, A 176-A, pág. 20, § 20-27, e Decisão de 6 de setembro de 1990, Queixa nº 13 274, *Déc. Rap.* 66, pág. 164; mas elas devem estar colocadas sob o controlo de órgãos judiciais – Acórdãos Klass, A 28, pág. 25, § 55, e Malone, A 82, pág. 36, § 81.

No processo penal, a escuta telefónica pressupõe uma lei interna que a admita e que essa escuta se destine a prevenir e a investigar infrações penais.

A jurisprudência de Estrasburgo, tendo em conta a gravidade da ingerência na vida das pessoas que representa a escuta telefónica, precisou que não basta uma lei a prever essa possibilidade.

Para prevenir o risco de arbítrio que o uso desta medida poderia acarretar, entende-se que uma tal lei deve conter uma série de garantias mínimas:

- definir as categorias de pessoas suscetíveis de serem colocadas em escuta judiciária;
- a natureza das infrações que podem permitir essa escuta;
- a fixação de um limite de duração dessa medida;

- as condições do estabelecimento de processos verbais de síntese consignando as conversas intercetadas;
- as precauções a tomar para comunicar, intatos e completos, os registos realizados, para o controlo do juiz e da defesa;
- as circunstâncias nas quais pode e deve proceder-se ao apagamento ou destruição das fitas magnéticas, nomeadamente após uma absolvição ou o arquivamento do processo – Acórdãos Kruslin e Huvig, ambos de 24 de abril de 1990, A 176-A e B, pág. 24, § 35, e pág. 56, § 34, respetivamente, Valenzuela Contreras, de 30 de julho de 1998, R98-V, pág. 1924, § 46, Rotaru, de 4 de maio de 2000, R00-V, pág. 85, § 59, e Dumitru Popescu, de 26 de abril de 2007, § 78, e Decisão do Tribunal, de 19 de março de 2002, Queixa nº 40 045/98.

6.5. Não constitui violação a exibição de fotografias tiradas a um suspeito em ocasião precedente no âmbito de um inquérito policial – Decisão de 29 de novembro de 1993, Queixa nº 20 524, *Déc. Rap.* 75, pág. 231.

E é admissível o registo em vídeo num lugar público – Decisão de 14 de janeiro de 1998, Queixas nºs 32 200/96 e 32 201/96, *Déc. Rap.* 92-A, pág. 92.

Já a exibição pública desse registo constitui uma interferência na vida privada da pessoa que pode ou não ser justificada – Acórdão Peck, 28 de janeiro de 2003, R03-I, pág. 192, § 87.

***f)* Para a proteção da saúde**

7.1. A proteção da saúde engloba a do corpo social e a do próprio indivíduo; este último aspeto revela-se muito importante quando se consideram os interesses dos filhos – Acórdão Olsson (2), de 27 de novembro de 1992, A 250, pág. 36, § 91, Relatório de 14 de julho de 1988, caso Cecilia e Lisa Eriksson, A 156, pág. 46, § 221, e Decisão de 10 de julho de 1978, Queixa nº 8257/78, *Déc. Rap.* 13, pág. 248.

A atribuição de uma criança a um dos pais e a regulamentação das visitas também se justificam à luz da saúde da criança, gozando as jurisdições nacionais de uma larga margem de apreciação que pode ir até à interdição total das visitas ou à colocação da criança num estabelecimento de assistência pública – Acórdão Olsson, A 130, pág. 33, § 72, e Decisões de 14 de dezembro de 1972, Queixa nº 5239/71, *Recueil*, nº 42, pág. 142, de 2 de maio de 1978, Queixa nº 7770/77, *Déc. Rap.* 14, pág. 175, e de 9 de maio de 1989, Queixa nº 12 651/87, *Déc. Rap.* 61, pág. 176.

Se as autoridades públicas tomam conta da criança, isto não põe fim às relações familiares; tal medida deve aliás considerar-se como temporária e ser suspensa logo que a situação familiar da criança o possibilite.

A este propósito, um justo equilíbrio deve ser exigido entre os interesses da criança a ser entregue a uma autoridade pública e aos dos pais a viverem com ela – Acórdãos Eriksson, de 22 de junho de 1989, A 156, pág. 24, § 58, Johansen, de 7 de agosto de 1996, R96-III, pág. 1008, § 76, e Scozzari e Giunta, de 13 de julho de 2000, R00-VII, pág. 441, § 169.

E assim também a colocação de uma criança, sem o consentimento dos pais, junto de uma família, visando a sua adoção, pode não estar justificada e representar, antes, uma violação dos princípios que regem o respeito dos laços familiares – Acórdão Keegan, A 290, pág. 20, § 55, e Decisão de 20 de maio de 1996, Queixa nº 23 558/94, *Déc. Rap.* 85-A, pág. 188.

7.2. A memorização dos dados hospitalares de um internado num estabelecimento psiquiátrico e a revelação de dados sobre a saúde mental ou física justifica-se pela proteção da saúde – Decisões de 9 de julho de 1991, Queixa nº 14 461/88, *Déc. Rap.* 71, pág. 141, e de 22 de maio de 1995, Queixa nº 20 022/92, *Déc. Rap.* 81-A, pág. 15.

A recolha de urina de um detido, no âmbito da prevenção da toxicodependência, está também por aqui justificada – Decisão de 22 de fevereiro de 1995, Queixa nº 20 872/92, *Déc. Rap.* 80-A, pág. 66; ou a obrigação de tratar os dentes dos estudantes – Decisão de 5 de abril de 1995, Queixa nº 23 398/93, *Déc. Rap.* 81-A, pág. 61; ou de se submeter a uma vacinação – Decisão de 15 de janeiro de 1998, Queixa nº 26 536/95, *Déc. Rap.* 92-A, pág. 27.

Também a revelação do dossier médico aos serviços que devem estudar as condições para a reforma da pessoa está justificada a este nível – Acórdão M. S./Suécia, de 27 de agosto de 1997, R97-IV, págs. 1449 e 1450, §§ 41 e 44; porém, essa mesma revelação no quadro de um processo de divórcio pode não estar justificada – Acórdão L.L./França, de 10 de outubro de 2006, R06-XI, pág. 162, § 46.

***g)* Para a proteção da moral**

8. A proteção da moral encontra-se muitas vezes relacionada com a repressão de atos homossexuais; porém, como a repressão destes atos se destina em regra a proteger os interesses morais de certas pessoas, nomeadamente dos menores, os órgãos de controlo referem-se, a este propósito, igualmente, à proteção dos direitos e liberdades de terceiros – Acórdão Dudgeon, A 45, pág. 20, § 47, e Relatório de 12 de outubro de 1978, Queixa nº 7215/75, *Déc. Rap.* 19, pág. 66.

O impedimento de a segunda ou terceira mulher, num casamento polígamo, se reunir ao marido justifica-se com a presença dominante da família monogâmica nos Estados membros – Decisão de 29 de junho de 1992, Queixa nº 19 628/92 (não publicada).

***h)* Para a proteção dos direitos de terceiros**

9. Os direitos de terceiros podem justificar, por exemplo, a realização de exames para determinação do nível de alcoolemia dos condutores de veículos automóveis

– Decisão de 13 de dezembro de 1977, Queixa nº 8278/78, *Déc. Rap.* 18, pág. 154, ou a realização de teste como o de ADN para esclarecer a ascendência da pessoa – Acórdão Jäggi, de 13 de julho de 2006, R06-X, pág. 11, § 38; para os testes do ADN no cadáver ver a Decisão do Tribunal, de 15 de junho de 2006, Queixa nº 1338/03, R06-V, pág. 369.

O acesso da direção da prisão e do pessoal médico à informação sobre a seropositividade de um detido justifica-se com a proteção dos direitos de terceiros – Decisão de 2 de março de 1994, Queixa nº 21 780/83, *Déc. Rap.* 76-A, pág. 140.

Como se justifica a informação aos pais da prisão do filho – Decisão de 19 de janeiro de 1995, Queixa nº 19 601/95, *Déc. Rap.* 80-A, pág. 46.

A proteção dos direitos de terceiros impede que se autorize a assistência ao suicídio – Acórdão Pretty, de 29 de abril de 2002, R02-III, pág. 247, § 69.

Artigo 9º – Liberdade de pensamento, de consciência e de religião

1 – Qualquer pessoa tem direito à liberdade de pensamento, de consciência e de religião; este direito implica a liberdade de mudar de religião ou de crença[507] assim como a liberdade de manifestar a sua religião ou a sua crença, individual ou coletivamente, em público e em privado, por meio do culto, do ensino, de práticas e da celebração de ritos.

2 – A liberdade de manifestar a sua religião ou convicções, individual ou coletivamente, não pode ser objeto de outras restrições senão as que, previstas na lei, constituírem disposições necessárias, numa sociedade democrática, à segurança pública, à proteção da ordem, da saúde e moral públicas, ou à proteção dos direitos e das liberdades de outrem.

REFERÊNCIAS
DUDH – artigo 18º
PIDCP – artigo 18º, nº 1.
Conv. Interam. – artigo 12º
Carta Afric. – artigo 8º
Carta UE – artigo 10º
Const. – artigo 41º

[507] A tradução das palavras «conviction» (francês) e «belief» (inglês) por «crença» pode induzir em erro, porquanto neste número protegem-se práticas que não se referem exclusivamente à religião, como se infere da Decisão de 15 de dezembro de 1983, Queixa nº 10 358/83, *Déc. Rap.* 37, pág. 142; melhor fora que se utilizasse a palavra «convicção» como aparece no nº 2 deste artigo ou outra despida de conotação religiosa, para não lhe reduzir o seu alcance.

I

1. Este artigo ocupa-se primacialmente da proteção das convicções pessoais e das crenças religiosas; esta liberdade implica, nomeadamente, a de aderir ou não a uma religião e a de a praticar ou não – Acórdão Leyla Şahin, de 10 de novembro de 2005, R05-XI, pág. 145, § 104, e Decisões de 5 de julho de 1984, Queixa nº 10 678/83, *Déc. Rap.* 9, pág. 267, de 8 de setembro de 1989, Queixas nºs 14 331/83 e 14 332/83, *Déc. Rap.* 62, pág. 309, e de 15 de janeiro de 1998, Queixa nº 26 536/95, *Déc. Rap.* 92-A, pág. 27.

São três os direitos aqui consagrados: liberdade de pensamento, de consciência e de religião, incluindo-se neste a liberdade de culto.

A liberdade de pensamento, de consciência e de religião representa um dos fundamentos de uma sociedade democrática, no sentido da *Convenção*; assim o exige o pluralismo – duramente conquistado ao longo de séculos – consubstancial àquela sociedade – Acórdãos Hassan e Tchaouch, de 26 de outubro de 2000, R00-XI, pág. 177, § 60, e Moscow Branch of the Salvator Army, 5 de outubro de 2006, § 57.

Na sua dimensão religiosa, essa liberdade figura entre os elementos mais essenciais da identidade dos crentes e da sua conceção de vida; mas ela é também um bem precioso para os ateus, os agnósticos, os céticos ou indiferentes – Acórdãos Kokkinakis, de 25 de março de 1993, A 260-A, pág. 17, § 34, e Buscarini e outros, de 18 de fevereiro de 1999, R99-I, pág. 638, § 34, e Decisão de 8 de junho de 1999, Queixa nº 39 511/98, R99-V, pág. 506.

A liberdade religiosa releva, antes de mais, do foro interior – Decisões de 6 de janeiro de 1993, Queixa nº 14 524/89, *Déc. Rap.* 74, pág. 14, de 3 de maio de 1993, Queixa nº 16 278/90, *Déc. Rap.* 74, pág. 93, e de 22 de fevereiro de 1995, Queixa nº 22 838/93, *Déc. Rap.* 80-A, pág. 147; mas o facto de se solicitar a alguém uma informação sobre o destino a ser dado a uma parte do imposto sobre o seu rendimento (para uma religião ou para obras humanitárias), não implica necessariamente a manifestação da adesão a uma determinada confissão religiosa – Decisão do Tribunal, de 29 de março de 2007, Queixa nº 23 123/04.

A liberdade religiosa implica o direito de manifestar a sua religião por palavras e atos, e por isso, abarca os atos intimamente ligados a estas atitudes, tais como os atos de ensino, de culto e de devoção que sejam aspetos da prática de religião ou de crença em geral como tal reconhecidos, ou as práticas e realização de ritos, como o modo de enterrar os mortos e de organizar os cemitérios – Acórdãos Kalaç, de 1 de julho de 1997, R97-IV, pág. 1209, § 27, Cha'are Shalom Ve Tsedek, de 27 de junho de 2000, R00-VII, pág. 221, § 73, e Hassan e Tchaouch, de 26 de outubro de 2000, R00-XI, pág. 177, § 60, Decisão do Tribunal, de 10 de julho de 2001, Queixa nº 41 754/98, R01-VIII, pág. 535, e Decisão de 3 de dezembro de 1996, Queixa nº 24 949/94, *Déc. Rap.* 87-A, pág. 68.

Essa liberdade religiosa pode ser exercida coletiva ou privadamente e comporta, em princípio, o direito de tentar convencer o seu próximo, por exemplo, por intermédio do ensino, sem o que, de resto, a liberdade de mudar de religião ou de convicção, consagrada pelo artigo 9º, correria o risco de ficar letra morta – Acórdãos Kokkinakis, de 25 de maio de 1993, A 260-A, pág. 17, § 31, Larissis e outros, de 24 de fevereiro de 1998, R98-II, pág. 379, § 45, e Ivanova, de 12 de abril de 2007, § 78 (professor demitido por causa da sua religião); mas este artigo não garante o direito à dissidência no interior de um organismo religioso, mas apenas a faculdade de deixar livremente a comunidade – Acórdão Fernández Martinez, de 12 de junho de 2014, § 128.

Todas as convicções da pessoa humana são protegidas, sejam elas de ordem religiosa, filosófica, moral, política, social, económica ou científica.

A liberdade implica a faculdade de definir os próprios critérios de valoração de pensamento e de consciência; como permite a faculdade de escolher ou não uma religião, de fazer ou não o seu proselitismo, como o direito de não ser prejudicado por assumir uma determinada posição religiosa ou anti-religiosa.

Estes direitos apresentam uma vertente interna que se desenvolve no foro íntimo de cada um e, enquanto tais, são absolutos, escapando a toda a restrição – Decisão de 16 de janeiro de 1996, Queixa nº 23 380/94, *Déc. Rap.* 84-A, pág. 46.

Na sua feição externa, a liberdade reconhecida àqueles direitos está condicionada nos termos do nº 2 deste artigo – Decisão de 22 de janeiro de 1995, Queixa nº 22 838/93, *Déc. Rap.* 80-A, pág. 147.

Assim, este artigo não garante o direito de se comportar, no domínio público, de uma maneira ditada pelas suas convicções; por exemplo, os farmacêuticos não se podem prevalecer e impor aos outros as suas convicções religiosas, recusando a venda da pílula contracetiva – Decisão do Tribunal, de 2 de outubro de 2001, Queixa nº 49 853/99, R01-X, pág. 375.

E já não será uma prática reconhecida por esta disposição um ato que não exprima diretamente uma convicção, ainda que seja inspirada ou motivada por esta – Acórdão Leyla Şahin, de 10 de novembro de 2005, R05-XI, pág. 148, § 111 (proibição de usar o lenço islâmico pelas alunas de uma Universidade); ver também Acórdãos Dogru, de 4 de dezembro de 2008, § 47, Ahmet Arslan e outros, de 23 de fevereiro de 2010, § 52 (trajes religiosos exibidos na via pública de uma forma pacífica não colide com o disposto neste artigo), e S.A.S./França, de 1 de julho de 2014, §§ 137 e segs. (a proibição do porte do véu integral (Burka) não colide com o disposto neste artigo), Decisões do Tribunal, de 15 de fevereiro de 2001, Queixa nº 42 393/98, R01-V, pág. 433, 24 de janeiro de 2006, Queixa nº 65 500/01 (proibição feita a uma professora de usar o lenço islâmico durante as aulas), R06-II, pág. 285, de 24 de janeiro de 2006, Queixa nº 26 625/02, R06-II, pág. 317 (proibição de acesso às escolas com o lenço islâmico), e de 4 de março de 2008, Queixa nº 15 585/06 (recusa da entrada num consulado a quem não se quis submeter a um controlo de identidade que obrigava à retirada do lenço islâmico), e Decisões de 6 de janeiro de 1993, Queixa nº 14 524/89, *Déc. Rap.* 74, pág. 14 (não considerou ingerência à liberdade religiosa a proibição de aderir a um movimento fundamentalista feita a alunos de uma academia militar), e de 3 de maio de 1993, Queixa nº 16 278/90, *Déc. Rap.* 74, pág. 93 (proibição de utilizar num documento de identidade uma fotografia com o lenço islâmico feita por uma universidade laica).

A liberdade de culto consiste na possibilidade de manifestar individual ou coletivamente a veneração por uma determinada religião através da prática de atos externos, o que implica o direito dos fiéis a se associarem livremente, sem ingerência arbitrária dos Estados, bem como o direito, para a comunidade religiosa, de assegurar a proteção jurisdicional da sua própria comunidade, dos seus membros e bens – Acórdão Igreja Metropolitana de Bessarábia e outros, de 13 de dezembro de 2001, R01-XII, pág. 70, § 118.

Numa sociedade democrática, onde várias religiões coexistem no seio da mesma população, pode revelar-se necessário revestir essa liberdade de limitações adequadas a conciliar os diversos grupos e a assegurar o respeito pelas convicções de cada um, desde que essas restrições correspondam a uma necessidade social imperiosa e sejam proporcionais ao fim visado – Acórdão Igreja Metropolitana de Bessarábia e outros, de 13 de dezembro de 2001, R01-XII, pág. 69, § 115.

Contudo, no uso do seu poder de regulamentação e na sua relação com as diversas religiões, cultos e crenças, o Estado deve permanecer neutro e imparcial – Acórdãos Hassan e Tchaouch, de 26 de outubro de 2000, R00-XI, pág. 182, § 78, Igreja Metropolitana de Bessarábia e outros, de 13 de dezembro de 2001, R01-XII, pág. 69, § 116, Partido da Prosperidade (Refah Partisi) e outros, de 13 de fevereiro de 2003, R03-II, pág. 246, §§ 91-92, e 97 Membros da Congregação das Testemunhas de Jeová de Gldani e 4 outros, de 3 de maio de 2007, § 131.

Tudo isto implica o direito dos fiéis a associarem-se autónoma e livremente, sem ingerência arbitrária dos Estados, bem como o direito para a comunidade religiosa de assegurar a proteção jurisdicional da sua própria comunidade, dos seus membros e bens, de modo que o artigo 9º deve ser entendido não só à luz do artigo 11º, mas também do artigo 6º da *Convenção* – Acórdãos Sidiropoulos e outros, de 10 de julho de 1998, R98-IV, pág. 1614, § 40, Igreja Metropolitana de Bessarábia e outros, de 13 de dezembro de 2001, R01-XII, pág. 70, § 118, e Sindicatul "Păstorul Cel Bun", de 9 de julho de 2013, § 136 (a autonomia religiosa proíbe o Estado de obrigar uma comunidade religiosa a admitir no seu seio novos membros ou a excluir outros).

Quando há controvérsia sobre a natureza religiosa ou não de uma determinada organização, no caso a «Igreja da Cientologia», o Tribunal aceita a classificação que as autoridades internas competentes lhe atribuem – Acórdão Kimlya e outros, de 1 de outubro de 2009, § 79.

2. Inicialmente, a Comissão defendeu que estes direitos não podiam ser invocados por uma pessoa moral, nomeadamente uma igreja – Decisão de 17 de dezembro de 1968, Queixa nº 3798/68, *Ann. Conv.*, vol. XII, pág. 306.

Mas esta posição, que distinguia a igreja dos seus membros, foi revista, admitindo-se que uma igreja possa invocar a seu favor os direitos aqui consagrados – Decisões de 5 de maio de 1979, Queixa nº 7805/77, *Ann. Conv.*, vol. XXII, pág. 244, de 19 de março de 1981, Queixa nº 8118/77, *Déc. Rap.* 25, pág. 105, e de 11 de abril de 1996, Queixa nº 24 019/96, *Déc. Rap.* 85-A, pág. 94; assim como uma associação com fins religiosos ou filosóficos – Decisão de 19 de janeiro de 1994, Queixa nº 26 308/95, *Déc. Rap.* 92-A, pág. 15.

Aliás, um órgão eclesial ou religioso pode, enquanto tal, exercer em nome dos seus fiéis os direitos garantidos por este artigo – Acórdãos Cha'are Shalom Ve Tsedek, de 27 de junho de 2000, R00-VII, pág. 221, § 72, e Igreja Metropolitana de Bessarábia e outros, de 13 de dezembro de 2001, R01-XII, pág. 66, § 101.

Mais, a Comissão reconheceu que uma campanha de agitação contra uma igreja ou grupo religioso pode acarretar a responsabilidade do Estado, se as autoridades não tomarem medidas apropriadas para lhe pôr fim – Decisão de 14 de julho de 1990, Queixa nº 8282/78, *Déc. Rap.* 21, pág. 109.

Já uma sociedade comercial não pode invocar o direito aqui garantido – Decisão de 15 de abril de 1996, Queixa nº 20 471/92, *Déc. Rap.* 85-A, pág. 29.

3. A *Convenção* não proíbe o sistema de igreja de Estado como existe em certos países membros do Conselho da Europa; o que interdita é a obrigatoriedade de pertencer a essa religião ou de aí permanecer, como impede um tratamento favorável dos seus membros.

A *Convenção*, aliás, não se intromete nas obrigações que derivam para os membros de uma igreja, de fidelidade e ou de ortodoxia – Decisões de 4 de dezembro de 1984, Queixa nº 10 618/83, *Déc. Rap.* 40, pág. 284, e de 8 de março de 1985, Queixa nº 11 054/84, *Déc. Rap.* 42, pág. 247.

4. Algumas aplicações práticas ajudam a compreender o conteúdo e alcance destes direitos.

4.1. A obrigação de aceitar um emprego incompatível com as convicções morais ou religiosas colidirá com o disposto neste artigo – Decisão de 5 de março de 1980, Queixa nº 8753/79, *Digest*, vol. 3, pág. 375.

Mas admite-se o trabalho ao domingo – Decisões de 3 de dezembro de 1996, Queixa nº 24 949/96, *Déc. Rap.* 87-A, pág. 68, e de 8 de abril de 1997, Queixa nº 29 107/95, *Déc. Rap.* 89-A, pág. 104.

4.2. O voto obrigatório é compatível com o disposto neste artigo, pois o eleitor pode votar em branco – Decisão de 22 de abril de 1965, Queixa nº 17 181/62, *Ann. Conv.*, vol. VIII, pág. 468.

Mas este artigo não garante o direito ao voto – Decisão de 21 de maio de 1997, Queixa nº 27 614/95, *Déc. Rap.* 89-A, pág. 76.

4.3. Inicialmente, entendia-se que a objeção de consciência não está consagrada, como tal, pelo artigo 9º ou por qualquer disposição da *Convenção* ou dos seus Protocolos – Decisões de 11 de outubro de 1984, Queixa nº 10 410/83, *Déc. Rap.* 40, pág. 203, de 20 de março de 1987, Queixa nº 11 850/83, *Déc. Rap.* 51, pág. 180, e de 6 de fevereiro de 1991, Queixa nº 17 086/90, *Déc. Rap.* 72, pág. 245.

Aliás, da alínea *b)* do nº 3 do artigo 4º da *Convenção* inferia-se implicitamente que os Estados não estavam obrigados a reconhecer tal direito.

Admitia-se, contudo, que a própria condição de objetor de consciência poderia vir a relevar nos termos deste artigo 9º, sobretudo quando conjugado com o artigo 14º – Decisões de 9 de maio de 1984, Queixa nº 10 684/83, *Déc. Rap.* 38, pág. 219, de 11 de outubro de 1984, Queixa nº 10 410/83, *Déc. Rap.* 40, pág. 203, e de 6 de dezembro de 1991, Queixa nº 17 086/90, *Déc. Rap.* 72, pág. 245.

Esta jurisprudência acabou por ser revista pelo Tribunal, atendendo à evolução que a matéria sofreu, pois atualmente a generalidade dos Estados membros da *Convenção* reconhecem o estatuto de objetor de consciência.

Assim, o Tribunal passou a admitir que a oposição ao serviço militar, quando ela é motivada por um conflito grave e insuperável entre a obrigação de servir nas forças armadas e a consciência de uma pessoa ou as suas convicções sinceras e profundas, de natureza religiosa ou outra, constitui uma convicção atingindo um grau suficiente de força, seriedade, coerência e importância para acarretar a aplicação das garantias do artigo 9º – Acórdão Bayatyan, de 7 de julho de 2011, § 110 (que examinou a situação das testemunhas de Jeová).

Contudo, o artigo 9º não concede aos objetores de consciência ao serviço militar qualquer direito a serem isentos do serviço civil de substituição –Acórdão Bayatyan, de 7 de julho de 2011, §§ 118 e segs., e Decisões de 6 de dezembro de 1991, Queixa nº 17 086/90, *Déc. Rap.* 72, pág. 245, e de 7 de março de 1996, Queixa nº 20 972, *Déc. Rap.* 84-A, pág. 17.

4.4. O disposto neste artigo não impõe aos Estados a obrigação de reconhecer efeitos civis aos casamentos religiosos – Decisão de 18 de dezembro de 1974, Queixa nº 6167/73, *Déc. Rap.* 1, pág. 64.

4.5. Nos limites impostos pela sua condição, aos presos devem ser concedidas facilidades para o exercício dos seus deveres religiosos, compreendendo o direito de contatar um ministro do seu culto – Decisões de 16 de dezembro de 1966, Queixa nº 2413/65, *Rec.*, nº 23, pág. 1, e de 20 de dezembro de 1974, Queixa nº 5442/72, *Déc. Rap.* 1, pág. 41.

4.6. Contraria o disposto neste artigo submeter o exercício de um mandato parlamentar que pretende representar no seio do Parlamento diferentes aspetos da Sociedade à condição de aderir previamente a uma determinada visão do Mundo, exigindo um juramento sobre os Santos Evangelhos – Acórdão Buscarini e outros, de 23 de fevereiro de 1999, R99-I, pág. 639, § 39; ver também o Acórdãos Alexandridis, de 21 de fevereiro de 2008, § 41, e Dimitras e outros, de 3 de junho de 2010, § 78 (juramentos que obrigam a revelar a religião praticada); mas já não o de exigir um juramento de fidelidade ao regime monárquico – Decisão de 8 de junho de 1999, Queixa nº 39 511/98, R99-V, pág. 497.

4.7. A eliminação da referência à religião do titular no Bilhete de Identidade não contraria o disposto neste artigo – Decisão do Tribunal, de 12 de dezembro de 2002, Queixa nº 1988/02 e outras, R02-X, pág. 445.

Mas já a simples existência de um espaço no Bilhete de Identidade para a menção de uma referência à religião, a preencher ou não sob uma base voluntária, viola o disposto neste artigo – Acórdão Sinan Işik, de 2 de fevereiro de 2010, § 51 (ver a minha opinião dissidente).

4.8. A expulsão de uma pessoa para um país onde não lhe seja possível o exercício da sua religião poderá, em princípio, colidir com o disposto neste artigo – Decisão do Tribunal, de 28 de fevereiro de 2006, Queixa nº 27 034/05, R06-III, pág. 335.

II

1. As exceções à liberdade cada um de manifestar a sua religião e a suas convicções é exaustiva e a definição destas exceções é restritiva – Acórdão S.A.S./França, de 1 de julho de 2014, § 113.

Ao contrário do que acontece no nº 2 dos artigos 8º, 10º e 11º, que se referem à globalidade dos direitos mencionados no nº 1, o nº 2 do artigo 9º visa apenas a liberdade de manifestar a sua religião ou as suas convicções.

Numa sociedade democrática, onde várias religiões coexistem no seio da mesma população, pode revelar-se necessário revestir essa liberdade de limitações adequadas a conciliar os diversos grupos e a assegurar o respeito pelas convicções de cada um, desde que essas restrições correspondam a uma necessidade social imperiosa e sejam proporcionais ao fim visado – Acórdãos Kokkinakis, A 260-A, pág. 18, § 33, Serif, de 14 de dezembro de 1999, R-99, pág. 105, § 49, e Igreja Metropolitana de Bessarábia e outros, de 13 de dezembro de 2001, R01-XII, pág. 69, § 115.

O nº 2 deste artigo admite que se condicione a liberdade de manifestar a sua religião ou as suas convicções a determinadas restrições que seguem o esquema previsto no nº 2 do artigo 8º: devem estar previstas na lei e mostrarem-se necessárias numa sociedade democrática à prossecução dos objetivos ali previstos.

Mas, ao contrário do que acontece no nº 2 do artigo 8º, as restrições agora previstas não se referem à segurança nacional e ao bem-estar económico do país; omite-se também a referência à prevenção das infrações penais, mas esta deve englobar-se na proteção da ordem.

As restantes restrições têm o conteúdo já delimitado na análise do nº 2 do artigo 8º

Especificamente para o nº 2 do artigo 9º, ver Acórdão Manoussakis, de 26 de setembro de 1996, R96-IV, págs. 1361-1366, §§ 37-51.

Entre as restrições admissíveis, sublinhem-se as de natureza escolar, comportando a adesão a um ideal ligado aos interesses neutros, recaindo sobre a segurança de uma coletividade – Acórdão Valsamis, de 18 de dezembro de 1996, R96-VI, págs. 2324 e 2326, §§ 31 e 37.

2. Os órgãos da *Convenção* tiveram oportunidade de precisar o alcance de algumas das restrições admitidas ao direito consagrado neste artigo.

2.1. A obrigação de substituir um turbante por um capacete quando se conduz uma mota justifica-se por motivos de saúde pública – Decisão de 10 de julho de 1978, Queixa nº 7992/77, *Déc. Rap.* 14, pág. 234.

A obrigação de retirar o turbante ao passar pela zona de segurança dos aeroportos justifica-se por razões de segurança pública – Decisão do Tribunal, de 11 de janeiro de 2005, Queixa nº 35 753/03, R05-I, pág. 405.

2.2. A apreensão a um preso de um livro religioso, contendo ensinamentos de artes marciais, seria necessária para a proteção dos direitos dos outros presos, designadamente o da sua integridade física – Decisão de 18 de maio de 1976, Queixa nº 6886/75, *Déc. Rap.* 5, pág. 100.

2.3. A liberdade religiosa não contende com cursos de formação moral e social – Decisão de 8 de agosto de 1993, Queixa nº 17 187/90, *Déc. Rap.* 75, pág. 57.

2.4. A escolha do médico não está aqui protegida – Decisão de 30 de agosto de 1993, Queixa nº 19 898/92, *Déc. Rap.* 75, pág. 223.

Artigo 10º – Liberdade de expressão

1 – Qualquer pessoa tem direito à liberdade de expressão. Este direito compreende a liberdade de opinião e a liberdade de receber ou de transmitir informações ou ideias sem que possa haver ingerência de quaisquer autoridades públicas e sem considerações de fronteiras. O presente artigo não impede que os Estados submetam as empresas de radiodifusão, de cinematografia ou de televisão a um regime de autorização prévia.

2 – O exercício destas liberdades, porquanto implica deveres e responsabilidades, pode ser submetido a certas formalidades, condições, restrições ou sanções, previstas pela lei, que constituam providências necessárias, numa sociedade democrática, para a segurança nacional, a integridade territorial ou a segurança pública, a defesa da ordem e a prevenção do crime, a proteção da saúde ou da moral, a proteção da honra ou dos direitos de outrem, para impedir a divulgação de informações confidenciais, ou para garantir a autoridade e a imparcialidade do poder judicial.

REFERÊNCIAS
DUDH – artigo 19º
PIDCP – artigo 19º
Conv. Interam. – artigo 13º
Carta Afric. – artigo 9º
Carta UE – artigo 11º
Const – artigos 37º e 38º

I

1. O titular do direito à liberdade de expressão é, sem dúvida, a pessoa dependente da jurisdição do Estado, que pode exercitá-lo face ao próprio Estado como diante das entidades privadas.

Efetivamente, as pessoas privadas estão obrigadas a respeitar a liberdade de expressão dos outros, podendo o Estado vir a ser responsabilizado se o seu sistema jurídico não acautelar devidamente aquele exercício; o Estado tem a obrigação positiva de proteger o direito à liberdade de expressão mesmo contra as violações vindas de pessoas privadas, desde que isso não represente um fardo insuportável – Acórdãos Fuentes Bobo, de 29 de fevereiro de 2000, § 38, Õzgür Gündem, de 16 março 2000, R00-III, pág. 58, § 43, Appleby e outros, de 6 de maio de 2003, R03-VI, pág. 221, § 39, Manole e outros, de 17 de setembro de 2009, § 99, e Palomo Sánchez e outros, de 12 de setembro de 2011, § 59.

A Comissão admitiu uma queixa contra um Estado que permitia a um empregador despedir um empregado por pertencer a um determinado partido político – Decisão de 8 de março de 1985, Queixa nº 11 002/84, *Déc. Rap.* 41, pág. 264; ver, também, a Decisão de 6 de setembro de 1989, Queixa nº 12 242/86, *Déc. Rap.* 62, pág. 151, onde se concluiu que o Estado que assegura, no campo da liberdade de expressão, uma relação razoável entre os direitos do empregado e do empregador satisfaz as exigências deste artigo.

Para além das limitações que podem sofrer os estrangeiros (ver a anotação ao artigo 16º), também as pessoas morais podem vir a sofrer restrições ao exercício deste direito, por força do princípio da especialidade – Decisão de 5 de março de 1983, Queixa nº 9615/81, *Déc. Rap.* 32, pág. 231.

2. Repetidas vezes se tem proclamado a importância deste direito numa sociedade democrática.

A liberdade de expressão constitui um dos fundamentos essenciais de uma tal sociedade, uma das condições primordiais do seu progresso e do desenvolvimento de cada um.

Desde logo, o direito à liberdade de expressão constitui um dos principais meios que permitem assegurar o gozo efetivo do direito à liberdade de reunião e de associação consagrado no artigo 11º – Acórdãos Rekvényi, de 20 de maio de 1999, R99-III, pág. 496, § 58, Nilsen e Johnsen, de 25 de novembro de 1999, R99-VIII, pág. 142, § 44, e Palomo Sánchez e outros, de 12 de setembro de 2011, § 52.

Sob reserva do nº 2, ela é válida não só para as informações ou ideias acolhidas favoravelmente ou consideradas como inofensivas ou indiferentes, mas também para aquelas que chocam ou inquietam o Estado ou uma parte da população.

Assim o exigem o pluralismo, a tolerância e o espírito de abertura sem os quais não existe sociedade democrática – Acórdãos Handyside, de 7 de dezembro de 1976, A 24, pág. 18, § 49, Muller e outros, de 24 de maio de 1988, A 133, pág. 22, § 33, Sunday Times (2), de 26 de novembro de 1991, A 211, págs. 29-30, § 50, Open Door e Dublin Well Woman, de 29 de outubro de 1992, A 246, pág. 30, § 71, Vereinigung Demokratischer Soldaten Osterreichs e Gubi, de 19 de dezembro de 1994, A 302, pág. 17, § 36, Piermont, de 27 de abril de 1995, A 314, pág. 26, § 76, Bowman, de 19 de fevereiro de 1998, R98-I, pág. 188, § 42, Incal, de 9 de junho de 1998, R98-IV, pág. 1566, § 46, Hertel, de 25 de agosto de 1998, R98-VI, pág. 2329, § 46, Lehideux e Isorni, de 23 de setembro de 1998, R98-VII, pág. 2887, § 55, Fressoz e Roire, de 21 de janeiro de 1999, R99-I, pág. 63, § 45, Janowski, de 21 de janeiro de 1999, R99-I, pág. 231, § 30, Karataÿ, de 8 de julho de 1999, R99-IV, pág. 160, § 48, Lopes Gomes da Silva, de 28 de setembro de 2000, R00-X, pág. 96, § 30, Jerusalem, de 27 de fevereiro de 2001, R01-II, pág. 102, § 32, Thoma, de 29 de março de 2001, R01-III, pág. 58, § 44, Marônek, de 19 de abril de 2001, R01-III, pág. 369, § 52, Radio France e outros, de 30 de março de 2004, R04-II, pág. 113, § 32, Monnat, de 21 de setembro de 2006, R06-X, pág. 180, § 55, Mamere, de 7 de novembro de 2006, § 18, Hachette Filipacchi Associes, de 14 de junho de 2007, § 40, (publicação de uma fotografia de uma vítima de homicídio sem o consentimento da família), Soulas e outros, de 10 de julho de 2008, § 48 (livro sobre a imigração na Europa de população muçulmana), Alex Springer AG, de 7 de fevereiro de 2012, § 78, Centro Europa 7 S.R.L. e Di Stefano, de 7 de junho de 2012, § 129, e Mouvement Raëlien Suisse, de 13 de julho de 2012, § 48, e Decisão do Tribunal, de 17 de janeiro de 2002, Queixa nº 53 440/99, R02-I, pág. 547.

Mas restrições à publicação de certa informação não conflituam com este número, desde que essa informação fique acessível ao público – Decisão de 5 de abril de 1995, Queixa nº 23 846/94, *Déc. Rap.* 81-A, pág. 98 – que estudou a brusca suspensão da exibição de um filme pela TV, devido às ameaças recebidas.

Por outro lado, o direito negativo à liberdade de expressão, ou seja, o direito a não se exprimir, a guardar silêncio, deve ser examinado caso a caso – Acórdão Gillberg, de 3 de abril de 2012, § 86 (ver *infra* para a proteção das fontes dos jornalistas).

2. A liberdade de expressão pode revestir as mais variadas formas, orais ou escritas, da música à pintura, do gesto à imagem, protegendo este artigo o modo de difusão das ideias e opiniões em questão.

O Tribunal reconhece que a Internet constitui um instrumento sem precedente do exercício da liberdade de expressão; porém, às vantagens deste meio junta-se um certo número de riscos, nomeadamente a possibilidade de difusão a nível mundial de comentários difamatórios, odiosos e apelando à violência – Acórdão Delfi As, de 16 de junho de 2015, § 110.

Os interessados devem poder escolher, sem interferências não razoáveis das autoridades, o modo que eles consideram como mais eficaz para atingir o máximo de pessoas – Acórdão Women on Waves e outros, de 3 de fevereiro de 2009, §§ 30 e 38.

Particularmente, a liberdade académica, o que ela representa no procurar e difundir sem restrições o saber e a verdade, deve ser enfatizada – Acórdão Lombardi Vallauri, de 20 de outubro de 2009, § 43.

O artista que cria e expõe as suas obras, como as pessoas que organizam a exposição, pode invocar a proteção deste direito – Acórdão Muller e outros, A 133, pág. 19, § 27.

Do mesmo modo, a pessoa que usa a estrela vermelha de cinco pontas durante uma demonstração pode também invocar a proteção deste artigo – Acórdão Vajnai, de 8 de julho de 2008, § 58.

Mas esta liberdade não abrange a expressão de sentimentos por contatos físicos, pelo que um preso não poderá queixar-se, nesta perspetiva, de que a sua prisão o impede de prosseguir a sua vida sexual – Relatório de 12 de outubro de 1978, Queixa nº 7215/75, *Déc. Rap.* 19, pág. 66.

Do mesmo modo, a possibilidade de utilizar a língua materna no contato com a Administração não está coberta por esta disposição – Decisão de 15 de julho de 1965, Queixa nº 2333/64, *Ann. Conv.*, vol. VIII, pág. 339; como o não está o desejo de estudar na sua própria língua materna – Decisão de 26 de julho de 1963, Queixa nº 1762/72, *Ann. Conv.*, vol. VI, pág. 445.

4. A liberdade da imprensa constitui um dos elementos fundamentais da liberdade de expressão – Acórdãos Sunday Times, de 26 de abril de 1979, A 30, pág. 40, § 65, Lingens, de 8 de julho de 1986, A 103, pág. 26, §§ 41 e segs., Gaweda, de 14 de março de 2002, R02-II, pág. 132, § 34, e Colombani e outros, de 25 de junho de 2002, R02-V, págs. 17 e 18, §§ 55 e 56.

A garantia deste artigo está subordinada à atuação de boa-fé dos interessados, fornecendo as informações exatas e dignas de crédito no respeito pela deontologia jornalística, sem ultrapassar certos limites ditados em especial pela reputação e direitos de outrem e pela necessidade de prevenir a revelação de informações confidenciais – Acórdãos Bergens Tidende e outros, de 2 de maio de 2000, R00-IV, pág. 442, § 53, Cumpănă e Mazăre, de 17 de dezembro de 2004, R04-XI, pág. 51, § 102, Tonsberg Blad e Haukom, de 1 de março de 2007, § 82, e Stoll, de 10 de dezembro de 2007, § 103, e Decisão do Tribunal, de 6 de junho de 2006, Queixa nº 28 807/04, R06-X, pág. 385.

À imprensa incumbe a comunicação das informações e das ideias de interesse público; a esta função de difundir acresce o direito do público a receber a informação – Acórdãos Sunday Times (2), de 28 de agosto de 1991, A 211, págs. 29-30, § 50, De Haes e Gijsels, de 24 de fevereiro de 1997, R97-I, pág. 236, § 46, Perna, de 6 de maio de 2003, R03-V, pág. 325, § 39, e Dupuis e outros, de 7 de junho de 2007, § 35 (publicação de um livro contendo elementos de um processo que estava em segredo de justiça, mas que relevava de questões de interesse geral), e Decisão do Tribunal, de 14 de novembro de 2002, Queixa nº 62 746/00, R02-X, pág. 295.

A liberdade de imprensa fornece aos cidadãos um dos melhores meios de conhecer e de julgar as ideias e as atitudes dos seus dirigentes.

Numa sociedade democrática, deve ser permitido à imprensa desempenhar o seu papel de «cão de guarda» e desenvolver a sua aptidão para fornecer informações sobre questões sérias de interesse público; neste campo, a margem de apreciação e as restrições que a acompanham encontram-se circunscritas para permitir à imprensa desenvolver plenamente o seu papel – Acórdãos Sanoma Uitgevers B.V., de 10 de outubro de 2010, § 50, Alex Springer AG, de 7 de fevereiro de 2012, § 79, e Animal Defenders International, de 22 de abril de 2013, § 102.

Por outro lado, a liberdade jornalística admite o recurso a uma certa dose de exagero, mesmo a uma certa provocação; um jornalista deve poder formular juízos críticos de valor sem que esteja obrigado à condição de demonstrar a verdade; aliás, deve distinguir-se com cuidado os factos dos julgamentos de valor: se a materialidade dos primeiros é suscetível de prova, os segundos já não se prestam a uma demonstração da sua exatidão; contudo um julgamento de valor sem qualquer suporte factual pode colocar a questão da proporcionalidade – Acórdãos Lingens, A 103, pág. 28, § 46, Prager e Oberschlick, de 26 de abril de 1995, A 313, pág. 18, § 37, De Haes e Gisels, R97-I, pág. 236, § 46, Oberschlick (2), de 1 de julho de 1997, R97-IV, pág. 1274, § 29, Dalban, de 28 de setembro de 1999, R99-VI, pág. 265, § 49, Bladet Tromso e Stensaas, de 20 de maio de 1999, R99-III, pág. 389, § 59, Lopes da Silva, R00-X, pág. 96, § 30, Du Roy e Malaurie, de 3 de outubro de 2000, R00-X, pág. 194, § 27, Thoma, de 29 de março de 2001, R01-III, pág. 59, § 46, Feldek, de 12 de julho de 2001, R01-VIII, pág. 140, § 75, Scharsachand News Verlagsgesellschaft, de 13 de novembro de 2003, R03-XI, pág. 153, § 29, Éditions Plon, de 18 de maio de 2004, R04-IV, pág. 30, § 43, Steel e Morris, de 13 de fevereiro de 2005, R05-II, pág. 82, § 87, Salov, de 6 de setembro de 2005, R05-VIII, pág. 227, § 112, Pfeifer, 15 de novembro de 2007, § 46, Sorguç, de 23 de junho, de 2009, § 29 (aludindo à importância da liberdade de expressão no domínio académico), Karsai, de 1 de dezembro de 2009, § 32, Alex Springer AG, de 7 de fevereiro de 2012, § 81, e Morice, de 23 de abril de 2015, § 126, e Decisão do Tribunal, de 12 de dezembro de 2000, Queixa nº 54 224/00, R00-XII, pág. 513.

Note-se que os editores, ao fornecerem apoio aos autores, participam no exercício da liberdade de expressão, como participam indiretamente nos deveres e responsabilidades que os autores assumem pela difusão das suas opiniões junto do público – Acórdão Öztürk, de 28 de setembro de 1999, R99-VI, pág. 340, § 49.

Mas toda esta liberdade não impede a exigência de uma acreditação – Decisão de 24 de fevereiro de 1995, Queixas nºs 23 868/94 e 23 869/94, *Déc. Rap.* 80-A, pág. 172 –, nem a confiscação de documentos que não tenham relação com a atividade de jornalista – Decisão de 6 de setembro de 1995, Queixa nº 22 909/93, *Déc. Rap.* 82-A, pág. 25.

E, numa sociedade democrática, a imprensa deve ser pluralista, pelo que o Estado deve, nos limites do nº 2 deste artigo, lutar contra as suas concentrações excessivas – Relatório de 6 de julho de 1976, caso De Geillustreerde Press, Queixa nº 5178/71, *Déc. Rap.* 8, pág. 5.

5. Se a liberdade de expressão é preciosa para todos, ela é-o particularmente para os partidos políticos e os seus membros ativos.

Eles representam os seus eleitores, assinalam as suas preocupações e defendem os seus interesses.

A liberdade de imprensa dá, em particular aos homens políticos, a oportunidade de refletir e comentar as preocupações da opinião pública; ela permite a cada um participar no livre jogo do debate político que se encontra no próprio âmago da noção de sociedade democrática – Acórdãos Lingens, A 103, pág. 26, § 42, Oberschlick, de 23 de maio de 1991, A 204, pág. 25, § 58, Observer e Guardian, de 26 de novembro de 1991, A 216, págs. 29-30, § 59, Castells, de 23 de abril de 1992, A 236, pág. 23, § 43, Jersild, de 23 de setembro de 1994, A 298, § 31, e Unabhangige Initiative Informationsvielfalt, de 26 de fevereiro de 2002, R02-I, pág. 282, § 36, e Decisão de 9 de maio de 1994, Queixa nº 18 714/91, *Déc. Rap.* 77-A, pág. 42.

Não há democracia sem pluralismo; na medida em que as suas atividades se traduzem no exercício coletivo da liberdade de expressão, os partidos políticos podem aspirar à proteção concedida pelos artigos 10º e 11º da *Convenção* – Acórdãos Partido Comunista Unificado e outros, de 30 de janeiro de 1998, R98-III, págs. 20 e 21, §§ 42 e 43, Partido da Liberdade e da Democracia, de 8 de dezembro de 1999, R99-VIII, pág. 354, § 37, Yazar e outros, de 9 de abril de 2002, R02-II, pág. 382, § 32, e Partido da Prosperidade (Refah Partisi) e outros, de 13 de fevereiro de 2003, R03-II, pág. 245, §§ 87-89.

As ingerências na liberdade de expressão de um homem político só devem ser admissíveis face a razões imperiosas e impõem um controle dos mais estritos, pois a margem de apreciação é aqui particularmente reduzida, mesmo nula – Acórdãos Incal, de 9 de junho de 1998, R98-IV, pág. 1566, § 46, Mamere, de 7 de novembro de 2006, § 20, Féret, de 16 de julho de 2009, § 63, e Mouvement Raëlien Suisse, de 13 de julho de 2012, § 61.

Aliás, eleições livres e liberdade de expressão, particularmente liberdade do debate político, constituem a pedra angular de qualquer sistema democrático – Acórdão Kwiecień, de 9 de janeiro de 2007, § 48.

6. Subsistiam dúvidas quanto à proteção que este artigo pode dispensar à publicidade comercial.

A Comissão afirmou que, para a proteção dos consumidores, os Estados gozam de uma grande latitude na regulamentação da publicidade – Decisão de 5 de maio de 1979, Queixa nº 7805/77, *Ann. Conv.*, vol. XXII, pág. 244; o Tribunal, perante declarações críticas de um veterinário que poderiam ser consideradas como de algum efeito publicitário, evitou comprometer-se sobre a questão de saber se a publicidade comercial beneficiava da proteção deste artigo, privilegiando o facto de as declarações em causa terem sido a expressão de uma opinião sobre uma matéria de interesse geral – Acórdão Barthold, de 25 de março de 1985, A 90, pág. 20, § 42.

Mais tarde, o Tribunal concluiu que este artigo protege certo tipo de informações, de ideias e modos de expressão e mesmo matéria comercial – Acórdão Markt Intern Verlag GmbH e Klaus Beermann, de 20 de novembro de 1989, A 165, pág. 17, § 26 –, englobando expressões artísticas – Acórdão Muller e outros, citado, A 133, pág. 19, § 27, e Vereinigung Bildender Künstler, de 25 de janeiro de 2007, § 26 –, assim como a música ligeira e mensagens publicitárias difundidas por cabo – Acórdão Groppera Radio Ag e outros, de 28 de março de 1990, A 173, pág. 22, §§ 54-55.

Mas, ao contrário do que acontece com a liberdade de expressão em matéria política, a margem de apreciação dos Estados cresce em matérias relacionadas com a moral ou a religião e sobretudo na regulamentação do discurso comercial ou publicitário – Acórdão Mouvement Raëlien Suisse, de 13 de julho de 2012, § 61 (a proibição de um cartaz publicitário num lugar público de um Movimento que defendia, entre outros, a clonagem de seres humanos e a "geniocracia", doutrina que defende que o poder deve ser entregue aos indivíduos com um coeficiente intelectual elevado).

7. A liberdade de expressão compreende a liberdade de opinião e a liberdade de receber e transmitir informações ou ideias.

7.1. A liberdade de opinião implica a proibição de obrigar alguém a revelar as suas opiniões – Decisão de 16 de dezembro de 1982, Queixa nº 9228/80, *Déc. Rap.* 30, pág. 132.

7.2. A liberdade de receber informações interdita essencialmente a um Governo a possibilidade de impedir alguém de receber informações que outros pretendem ou podem fornecer-lhe – Acórdãos Leander, A 116, pág. 29, § 74, Gaskin, de 7 de julho de 1989, A 160, pág. 21, § 52, Roche, de 19 de outubro de 2005, R05-X, pág. 221, § 158, Khurshid Mustafa e Tarzibachi, de 16 de dezembro de 2008, § 50 (a possibilidade de colocar uma antena parabólica para receber os canais de televisão do seu país de origem quando a pessoa se encontra num país estrangeiro), Times Newspappers Ltd (nºs 1 e 2), de 10 de março de 2009, § 27, e Társaság Szabadságjogokért, de 14 de abril de 2009, § 36 (acesso de uma ONG a um processo de revisão abstrata da constitucionalidade pendente no Tribunal constitucional húngaro), e Decisão de 15 de janeiro de 1998, Queixa nº 26 536/95, *Déc. Rap.* 92-A, pág. 27.

A liberdade de receber informações ou ideias não está sujeita a fronteiras, embora os Estados Contratantes não possam responder por atos de outros Estados não Partes que dificultem essa livre circulação – Decisão de 2 de maio de 1978, Queixa nº 7597/76, *Déc. Rap.* 14, pág. 117.

Neste contexto, a interdição de difusão por cabo de emissões de radiodifusão emitidas de um outro país é uma ingerência na liberdade de expressão que deve ser aferida pelo nº 2 deste artigo – Relatório de 13 de outubro de 1988, caso Groppera Radio AG e outros, A 173, pág. 45, §§ 138-140.

Mas já a obrigação de pagar uma certa quantia para transmitir por rádio ou por televisão desafios de futebol organizados por uma entidade privada não viola o disposto neste número – Decisão de 11 de julho de 1991, Queixa nº 13 920/88, *Déc. Rap.* 71, pág. 126.

7.3. O acesso das pessoas aos arquivos da Administração é uma matéria delicada, onde os órgãos da *Convenção* se têm mostrado extremamente cuidadosos: a Comissão reconheceu o direito dos particulares a aceder às fontes de informação que interessam à coletividade e, em certas circunstâncias, procurar informações que, não interessando ao público em geral, podem assumir uma importância particular para a pessoa em causa – Decisão de 3 de outubro de 1979, Queixa nº 8383/78, *Déc. Rap.* 17, pág. 227.

O Tribunal, num caso específico relativo a um arquivo secreto da segurança nacional, não reconheceu o direito do interessado a aceder a esse ficheiro para se informar sobre os dados pessoais nem a obrigação do Estado a comunicar-lhos – Acórdão Leander, de 26 de março de 1987, A 116, pág. 29, § 74. A prudência postula que não se retire deste caso concreto um princípio geral.

De qualquer modo, se não há um interesse legítimo, o acesso aos arquivos para saber, por exemplo, a situação patrimonial de um terceiro não está garantida – Decisão de 7 de abril de 1997, Queixa nº 32 849/96, *Déc. Rap.* 89-A, pág. 150.

7.4. Quanto à liberdade de transmitir informações ou ideias, a Comissão concluiu que dela só beneficiam as pessoas que produziram, forneceram ou organizaram a informação em causa, podendo o proprietário intelectual opor-se à comunicação por terceiras pessoas – Relatório de 6 de julho de 1976, caso De Geillustreerde Press, *Déc. Rap.* 8, pág. 5.

E, se não existe um direito ilimitado de acesso aos meios audiovisuais – Decisão de 18 de outubro de 1995, Queixa nº 25 060/94, *Déc. Rap.* 83-A, pág. 66, a recusa de direito de antena unicamente a determinados grupos em período eleitoral, enquanto outros se podem exprimir livremente, coloca dificuldades no âmbito deste artigo combinado com o artigo 14º – Decisão de 12 de julho de 1971, Queixa nº 4515/70, *Ann. Conv.*, vol. XIV, pág. 538.

A liberdade aqui referida não abarca, no entanto, a instalação de aparelhos técnicos para permitir o funcionamento de uma estação de radioamador – Decisão de 15 de março de 1984, Queixa nº 10 462/83, *Déc. Rap.* 37, pág. 155.

8. A força da rádio e da televisão obrigou a *Convenção* a ressalvar a possibilidade de o Estado as submeter a um regime de autorização prévia; os Estados podem submeter a um regime de licenças a organização do sistema de radiodifusão no seu território, em particular os seus aspetos técnicos; a recusa de uma licença ou da concessão de radiofrequências traduz-se sempre numa ingerência, justificada ou não, nos termos do nº 2 deste artigo – Acórdãos Groppera Radio AG e outros, A 173, pág. 24, § 61, Informationsverein Lentia e outros, de 24 de novembro de 1993, A 276, pág. 14, § 32, Demuth, de 5 de novembro de 2002, R02-IX, pág. 33, § 33, Glas Nadejda Eood e Elenkov, de 11 de outubro de 2007, § 42, e Centro Europa 7 S.R.L. e Di Stefano, de 7 de junho de 2012, §§ 136, 137 e 139, e Decisão de 11 de janeiro de 1994, Queixa nº 21 472/93, *Déc. Rap.* 76-A, pág. 129.

Uma situação em que uma fração económica ou política da sociedade pode obter uma posição dominante relativamente aos *médias* audiovisuais e exercer uma pressão sobre os difusores, para assim restringir a sua liberdade editorial, colide com o papel da liberdade de expressão numa sociedade democrática – Acórdão Animal Defenders International, de 22 de abril de 2013, § 133.

Existiam dúvidas sobre se este regime era compatível com o monopólio estatal da televisão existente no momento da ratificação da *Convenção* por Portugal e, por isso, se apôs uma reserva – alínea *c)* do artigo 2º da Lei nº 65/78, de 13 de outubro – mais tarde retirada com a abertura da televisão ao setor privado, pela Lei nº 12/87, de 7 de abril.

A situação não era muito clara e outros países, como a França e a Espanha, então com regimes televisivos semelhantes ao nosso, limitaram-se a fazer declarações interpretativas.

Efetivamente, a Comissão tinha afirmado inicialmente a compatibilidade de um regime de monopólio estatal de televisão com o disposto neste artigo – Decisões de 7 de fevereiro de 1968, Queixa nº 3071/67, *Ann. Conv.*, vol. XI, pág. 456, e de 20 de março de 1972, Queixa nº 4750/71, *Rec.*, nº 40, pág. 29; mas já deixou subentender que se poderia afastar deste modo de ver na sua Decisão de 12 de março de 1976, Queixa nº 6452/74, *Déc. Rap.* 5, pág. 43, onde se chegou a um acordo amigável e não foi por isso obtida uma posição sobre a questão de fundo.

Mais tarde, a Comissão, no caso Informationsverein Lentia e outros, concluiu que um regime de monopólio televisivo era uma ingerência desproporcionada ao fim a atingir e contrária por isso a este artigo, o que foi corroborado pelo Tribunal – Relatório de 9 de setembro de 1992, A 276, pág. 27, § 86, e Acórdão de 24 de novembro de 1993, A 276, pág. 17, § 43; ver, também, no mesmo sentido, o Acórdão Radio ABC, de 20 de outubro de 1997, R97-VI, pág. 2198, § 31.

De qualquer modo, mesmo em monopólio, a pluralidade de informação deve ser acautelada; aliás o Estado deve ser em todas as circunstâncias o último garante do pluralismo – Acórdão Malone e outros, de 17 de setembro de 2009, § 99.

Note-se que, no sistema de autorização, esta pode ser condicionada, impondo-se, por exemplo, a interdição de emitir para certas zonas ou de difundir publicidade comercial – Decisões de 17 de maio de 1984, Queixa nº 10 799/84, *Déc. Rap.* 37, pág. 236, e de 12 de julho de 1971, Queixa nº 4515/70, *Ann. Conv.*, vol. XIV, pág. 538.

II

Restrições

1. Não obstante uma aparente amplitude na redação dada ao nº 2 deste artigo, quando comparado com os nºs 2 dos artigos 8º, 9º e 11º, as exceções à liberdade de expressão, princípio fundamental numa sociedade democrática, devem ser interpretadas restritivamente e a necessidade das restrições deve ser convenientemente estabelecida – Acórdãos Sunday Times, citado, A 30, pág. 40, § 65, e Gaweda, de 14 de março de 2002, R02-II, pág. 131, § 32.

Os Estados gozam, em princípio, em certas áreas, de uma larga margem de apreciação sobre a necessidade de ingerência, mormente no domínio da moral e especialmente da religião, assim como na área da rádio comercial – Acórdãos Wingrove, de 25 de novembro de 1996, R96-V, pág. 1957, § 58, De Haes e Gijsels, R97-I, pág. 233, § 37, Demuth, de 5 de novembro de 2002, R02-IX, pág. 35, § 42, e Palomo Sánchez e outros, de 12 de setembro de 2011, § 54.

Note-se que o mesmo caso pode ser apresentado sob o ângulo do artigo 8º pela pessoa visada pelos médias ou sob o ângulo do artigo 10º pelo editor que publicou a reportagem litigiosa; mas, de qualquer modo, a margem de apreciação deve ser a mesma nas duas situações – Acórdão Alex Springer AG, de 7 de fevereiro de 2012, § 87.

Contudo não se dispensa um controlo europeu mais ou menos alargado sobre a lei e sobre as decisões, controlo que deve apurar se as medidas visadas – formalidades, condições, restrições ou sanções –, são proporcionais ao fim legítimo perseguido, tendo em vista o lugar eminente da liberdade de expressão numa sociedade democrática e, ainda, se os motivos invocados pelas autoridades nacionais para justificar a ingerência se afiguram pertinentes, suficientes e proporcionais aos fins visados e se as suas decisões encontram um fundamento aceitável nos factos relevantes – Acórdãos Barford, de 22 de fevereiro de 1989, A 149, pág. 28, § 28, Sunday Times (2), A 211, págs. 29-30, § 50, Observer e Guardian (nº 2), de 26 de novembro de 1991, A 216, pág. 30, § 59, Informationsverein Lentia e outros, A 276, pág. 15, § 35, Jersild, A 298, § 32, Worm, de 29 de agosto de 1997, R97-V, pág. 1550, § 47, Steel e outros, de 23 de setembro de 1998, R98-VII, pág. 2744, § 101, Janowski, de 21 de janeiro de 1999, R99-I, pág. 231, § 30, Karatas, de 8 de julho de 1999, R99-IV, pág. 160, § 48, Wille, de 28 de outubro de 1999, R99-VII, pág. 349, § 43, Lopes Gomes da Silva, R00-X, pág. 96, § 30, Pedersen e Bandsgaard, de 17 de dezembro de 2004, R04-XI, pág. 179, § 70, Lindon, Otchakovsky-Laurens e July, 22 de outubro de 2007, § 45, Kuliś e Różychi, de 6 de outubro de 2009, § 33, e Palomo Sánchez e outros, de 12 de setembro de 2011, § 55, e Decisão de 16 de abril de 1991, Queixa nº 15 404, *Déc. Rap.* 70, pág. 262.

No equilíbrio entre a proteção da vida privada e a liberdade de expressão, alguns critérios podem-se retirar da jurisprudência do Tribunal:

a) a contribuição para um debate de caráter geral; a definição deste elemento depende das circunstâncias do caso;
b) a notoriedade da pessoa visada e o objeto da reportagem: distinguir entre as pessoas privadas das que agem num contexto público, tanto como personalidade políticas ou pessoas públicas, aquelas merecendo uma maior proteção da sua vida privada;
c) o comportamento anterior da pessoa visada, embora o facto de ter colaborando anteriormente com os "médias" não chega para privar a pessoa de toda a proteção;

d) o modo como as informações foram obtidas e a sua veracidade: os jornalistas devem agir de boa-fé sobre a base de informações fiáveis no respeito da deontologia jornalística;

e) o conteúdo, a forma e as repercussões da publicação; a difusão da reportagem ou da fotografia pode, ela própria, revestir-se de uma importância, consoante se trate de uma cobertura nacional ou local;

f) a natureza e a gravidade das penas aplicadas são elementos a tomar em consideração quando se trata de avaliar a proporcionalidade da ingerência – Acórdão Axel Springer AG. De 7 de fevereiro de 2012, §§ 89 e segs.; ver ainda Acórdãos Perna, de 6 de maio de 2003, R03-V, pág. 326, § 39, *d)*, Cumpănă e Mazăre, de 17 de dezembro de 2004, R04-XI, pág. 53, § 111, Rádio Twist, A.S., de 19 de dezembro de 2006, § 53, e Morice, de 23 de abril de 2015, § 127, e Decisão do Tribunal, de 3 de outubro de 2006, Queixa nº 62 414/00.

2. O exercício da liberdade de expressão implica «deveres e responsabilidades», com a extensão e conteúdo dependentes da situação e do processo utilizado; nomeadamente quando a reputação do indivíduo é posta em causa e os «direitos de outrem» são atacados. Assim, devem existir motivos específicos para que se relevem aos "médias" a obrigação que lhes incumbe normalmente de verificar as declarações difamatórias contra particulares, e no caso da Internet, a responsabilidade dos "médias" estende-se não só ao que publicam mas também aos comentários que acolhem – Acórdãos Muller e outros, A 133, pág. 22, § 34, Bergens Tidende e outros, de 2 de maio de 2000, R00-IV, pág. 442, § 53, McVicar, de 7 de maio de 2002, R02-III, pág. 312, § 73, Times Newspapers Ltd, de 10 de março de 2009, § 42 (artigos publicados num Jornal e também de uma forma permanente na Internet no *site* do mesmo jornal), Alex Springer AG, de 7 de fevereiro de 2012, § 82, Delfi As, de 16 de junho de 2015, §§ 12º e segs. (responsabilidade pelos comentários que um Site na Internet acolheu), e Decisão do Tribunal, de 16 de outubro de 2001, Queixa nº 45 710/99, R01-X, pág. 469.

Assim, o advogado tem deveres específicos a preservar nas suas declarações públicas, nomeadamente à imprensa – Acórdão Engel e outros, de 8 de junho de 1976, A 22, pág. 41, § 100, e Decisão de 1 de outubro de 1984, Queixa nº 10 414/83, *Déc. Rap.* 40, pág. 214.

Por outro lado, este artigo não proíbe toda a restrição anterior à publicação, como o demonstram os termos «condições», «restrições», «impedir» e «prevenção» que dele constam; mas tais restrições apresentam um grande perigo, pelo que elas exigem da parte do Tribunal um exame escrupuloso; e isto é especialmente verdade para a imprensa – a informação é um bem precário e retardar a publicação, mesmo por um breve período, pode acarretar a privação de todo o seu valor e interesse – e mesmo para outras publicações, ainda que não periódicas, que tratem de um tema de atualidade – Acórdãos Association Ekin, de 17 de julho de 2001, R01-VIII, pág. 314, § 56, e Gaweda, 14 de março de 2002, R02-II, pág. 132, § 35.

3. Se a proteção prevista no artigo 10º cobre toda a pessoa, e naturalmente o funcionário público – Acórdãos Vogt, de 26 de outubro de 1995, A 323, pág. 26, § 53, Wille, de 28 de outubro de 1999, R99-VII, pág. 353, § 62, e Decisão do Tribunal, de 22 de novembro de 2001, Queixa nº 39 793/98, R01-XII, pág. 273 –, a verdade é que um dos campos privilegiados da aplicação destas restrições é o da função pública, onde o dever de discrição, variável segundo a natureza das funções e a hierarquia do funcionário, é regra – Acórdão Guja, de 12 de fevereiro de 2008, § 73 (reserva na revelação ao público do que se conheceu no exercício de funções), Relatório de 11 de maio de 1984, caso Glasenapp, A 104, pág. 52, § 124; em caso de infração, uma medida disciplinar constituiria uma sanção lícita – Decisões de 17 de dezembro de 1981, Queixa nº 9401/81, *Digest,* vol. 3, pág. 420, e de 13 de maio de 1992, Queixa nº 18 957/91, *Déc. Rap.* 73, pág. 225.

Outro dever no campo da função pública é o da lealdade, que foi estudado no Acórdão Vogt, A 323, pág. 25, § 51, e nos Relatórios de 11 de maio de 1984, no caso Glasenapp, A 104, pág. 54, §§ 128 e segs., e no caso Kosiek, A 105, pág. 45, §§ 115 e segs., tendo em vista as posições políticas dos interessados.

Os militares têm particulares deveres e responsabilidades, mas gozam obviamente de liberdade de expressão – Acórdãos Engel e outros, de 8 de junho de 1976, A 22, pág. 41, § 100, Hadjianastassiou, de 16 de dezembro de 1992, A 252, págs. 17 e 19, §§ 39 e 46, e Vereinigung Demokratischer Soldaten Osterreichs e Gubi, A 302, pág. 17, § 36; e se a segurança nacional permite ao Estado a imposição de restrições à liberdade de expressão quando exista uma ameaça verdadeira para a disciplina militar, já não cobre a proibição de exprimir opiniões, mesmo quando estas sejam dirigidas contra o exército enquanto instituição – Acórdãos Vereinigung Demokratischer Soldaten Osterreichs e Gubi, de 19 de dezembro de 1994, A 302, pág. 17, § 36, e Grigoriades, de 25 de novembro de 1997, R97-VII, pág. 2589, § 45.

E o mesmo se diga dos magistrados – Acórdão Albayrak, de 31 de janeiro de 2008, § 42.

***a)* Previstas na lei**

4. O exercício da liberdade de expressão pode ser submetido a certas formalidades, condições, restrições ou sanções previstas na lei e que constituam providências necessárias para atingir determinados objetivos numa sociedade democrática, valendo aqui as observações feitas a propósito do nº 2 do artigo 8º; a lei deve ser acessível e previsível (no sentido de que ela oferece uma certa garantia contra as violações arbitrárias do poder público), para permitir ao interessado regular a sua conduta ainda que com auxílio de conselhos esclarecidos – Acórdãos Sanoma Uitgevers B.V., de 10 de outubro de 2010, § 81, Centro Europa 7 S.R.L. e Di Stefano, de 7 de junho de 2012, §§ 140 e 142, e Delfi As, de 16 de junho de 2015, §§ 121 e 122.

O nível de precisão exigido à legislação interna depende em larga medida do texto considerado, do domínio que ele cobre, assim como do número e da qualidade dos seus destinatários; muitas das leis servem-se, pela força das coisas, de fórmulas mais ou menos vagas e por isso a sua interpretação e aplicação dependem da prática – ver a anotação ao artigo 8º e Acórdãos Silver e outros, de 25 de março de 1983, A 61, pág. 33, § 88, Groppera Radio AG e outros, de 28 de março de 1990, A 173, pág. 26, § 68, Herczegfalvy, de 24 de setembro de 1992, A 244, pág. 27, § 89, Chorherr, de 25 de agosto de 1993, A 266-B, pág. 35, § 25, Vereinigung Demokratischer Soldaten Österreichs e Gubi, A 302, § 31, Öztürk, de 28 de setembro de 1999, R99-VI, pág. 341, § 54, Hashman e Harrup, de 25 de novembro de 1999, R99-VIII, pág. 42, § 31, Amihalachioaie, de 20 de abril de 2004, R04-III, pág. 178, § 25, Éditions Plon, de 18 de maio de 2004, R04-IV, pág. 22, § 26, e Chauvy e outros, de 29 de junho de 2004, R04-VI, pág. 195, § 44.

Contudo, quando a inobservância de uma formalidade é reprimida por uma sanção penal, a lei deve definir os casos em que pode ser aplicada, lei essa que não pode permitir a analogia – Acórdão Karademici e outros, de 25 de janeiro de 2005, R05-I, pág. 172, § 40.

Incumbe, em primeiro lugar, às autoridades nacionais, nomeadamente aos tribunais, interpretar e aplicar a lei interna – Acórdãos Hadjianastassiou, A 252, pág. 18, § 42, e Chorherr, A 266-B, pág. 35, § 25, e Decisão de 24 de junho de 1996, Queixa nº 31 159/96, *Déc. Rap.* 86-A, pág. 184.

Uma lei que confere um poder de apreciação não acolhe aquela exigência, salvo se o conteúdo e as modalidades de execução de um tal poder estão definidos com nitidez suficiente, tendo em vista o fim legítimo em causa, para fornecer ao indivíduo uma proteção adequada contra o arbítrio; os poderes de apreciação concedidos ao executivo devem conhecer os seus limites, tendo a lei de definir o conteúdo e as modalidades do exercício desse poder com nitidez suficiente, prevendo garantias adequadas e suficientes contra os abusos, o que pode implicar nalguns casos um processo tendo em vista um exame efetivo pelos tribunais – Acórdãos Margareta e Roger Anderson, de 25 de fevereiro de 1992, A 226-A, pág. 25, § 75, Tolstoy Miloslavsky, de 13 de julho de 1995, A 316-B, pág. 71, § 37, e Glas Nadejda Eood e Elenkov, de 11 de outubro de 2007, § 46.

***b)* e necessárias numa sociedade democrática**

5. A ingerência deve fundar-se numa necessidade social imperiosa e deve ser proporcional ao fim visado; quando se trata da imprensa, convém acordar uma grande importância ao interesse de uma sociedade democrática em assegurar e manter a sua liberdade, pelo que este interesse deve ser enfatizado quando se tenha de ponderar se a restrição foi proporcional ao objetivo a alcançar – Acórdãos Sunday Times (2), A 211, págs. 29-30, § 50, Vogt, A 323, pág. 25, § 52, Wingrove, R96-V, pág. 1956, § 53, Hertel, de 25 de agosto de 1998, R98-VI, § 46, Ahmed, de 2 de setembro de 1998, R98-VI, pág. 2329, § 55, Fressoz e Roire, de 21 de janeiro de 1999, R99-I, pág. 63, § 45, Janowski, de 21 de janeiro de 1999, R99-I, pág. 231, § 30, Bladet Tromso e Stensaas, de 20 de maio de 1999, R99-III, pág. 388, § 58, Karataÿ, de 8 de julho de 1999, R99-IV, pág. 160, § 48, Öztürk, de 28 de setembro de 1999, R99-VI, pág. 345, § 64, Erdoÿdu, de 15 de junho de 2000, R00-VI, pág. 417, § 53, Tammer, de 6 de fevereiro de 2001, R01-I, pág. 299, § 59, VGT Verein Gegen Tierfabriken, de 28 de junho de 2001, R01-VI, pág. 291, § 67, Colombani e outros, de 25 de junho de 2002, R02-V, págs. 42 e 44, § 18 e § 20 (a *exceptio veritatis* constitui uma medida excessiva para proteger a reputação de uma pessoa mesmo que se trate de um Chefe de Estado ou de Governo), Krone Verlag Gmbh & Cokg, de 11 de dezembro de 2003, R03-XII, pág. 113, § 21, Chauvy e outros, de 29 de junho de 2004, R04-VI, págs. 198 e 199, §§ 64 e 68 (princípios aplicáveis em matéria de publicação de livros ou outros escritos tais como os que aparecem na imprensa periódica), Independet News and Média & Independent Newspapers Ireland LTd, de 16 de junho de 2005, R05-V, pág. 98, § 110 (a compensação a atribuir deve ser proporcional ao grau de ofensa recebida), Î. A./Turquia, de 13 de setembro de 2005, R05-VIII, pág. 245, § 23, Monnat, de 21 de setembro de 2006, R06-X, pág. 180, § 55 (emissão televisiva que, parecendo uma reportagem objetiva, era apenas a apresentação da visão de um jornalista sobre o papel da Suíça na Segunda Guerra Mundial), Stoll, de 10 de dezembro de 2007, § 101 (publicação de documentos confidenciais), Palomo Sánchez e outros, de 12 de setembro de 2011, §§ 54 e segs. (despedimento justificado pela ofensa feita numa caricatura em dois artigos contendo infâmias), Animal Defenders International, de 22 de abril de 2013, § 125 (a proibição da publicidade política na rádio e televisão é, em princípio, admitida nos termos do nº 2 deste artigo), e Delfi As, de 16 de junho de 2015, §§ 113 e segs. (responsabilidade de uma sociedade comercial, com uma publicação na Internet, pelos comentários que recebe aos artigos que edita, comentários esses difamatórios, odiosos e de apelo à violência sobre os quais exercia algum controlo, quer através do "filtro", quer sobretudo pela possibilidade de os eliminar), e Decisões do Tribunal, de 25 de outubro de 2005, Queixa nº 68 890/01, § 154, e de 3 de outubro de 2006, Queixa nº 62 414/00 (livro fazendo a apologia das drogas), e Relatório de 8 de outubro de 1991, Queixa nº 14 644/89, *Déc. Rap.* 73, pág. 41, e Decisões de 16 de abril de 1991, Queixa nº 15 409/89, *Déc. Rap.* 70, pág. 262, de 11 de janeiro de 1995, Queixa nº 21 128/92, *Déc. Rap.* 80-A, pág. 94, e de 22 de fevereiro de 1995, Queixa nº 22 838/95, *Déc. Rap.* 80-A, pág. 147.

O Tribunal deve verificar se as autoridades asseguraram um justo equilíbrio entre a proteção da liberdade de expressão e o direito à reputação das pessoas postas em causa – Acórdão Cumpănă e Mazăre, R04-XI, pág. 48, § 91.

De uma forma geral, a necessidade de uma restrição deve estar estabelecida de uma forma convincente – Acórdão Sunday Times (2), de 26 de novembro de 1991, A 217, págs. 28-29, § 50.

Assim, não se mostra necessária a medida de apreensão de um jornal para impedir a divulgação de informações que já foram tornadas públicas ou perderam o caráter confidencial – Acórdãos Weber, de 22 de maio de 1990, A 177, págs. 22-23, § 49, Sunday Times (2), de 26 de novembro de 1991, A 217, págs. 30-31, §§ 252-256, e Vereniging Weekblad Bluf!, de 9 de fevereiro de 1995, A 306, pág. 16, § 44.

No campo do discurso político ou de questões de interesse geral, pouco espaço há para as restrições à liberdade de expressão – Acórdãos Wingrove, R96-V, pág. 1957, § 58, e Morice, de 23 de abril de 2015, § 125; por outro lado, os limites de uma crítica aceitável são mais largos relativamente a uma figura pública, como um político, do que em relação a um privado – Acórdãos Rádio Twist, A.S., de 19 de dezembro de 2006, § 52, e Lindon, Otchakovsky-Laurens e July, de 22 de outubro de 2007, § 46.

Quando há incitamento à violência contra as pessoas, os representantes do Estado ou uma parte da população, as autoridades nacionais gozam de uma margem de apreciação mais alargada no seu exame da necessidade da ingerência no exercício da liberdade de expressão – Acórdão Karataÿ, R99-IV, pág. 161, § 50.

Aliás, as expressões concretas constituindo um discurso de violência, insultuosas para os indivíduos ou grupos, não beneficiam da proteção deste artigo – Acórdão Gündüz, de 4 de dezembro de 2003, R03-XI, pág. 245, § 41, e Decisão do Tribunal, de 13 de novembro de 2003, Queixa nº 59 745/00, R03-XI, pág. 429.

E, em princípio, pode ser necessário, nas sociedades democráticas, sancionar ou prevenir todas as formas de expressão que propaguem, incitem, promovam ou justifiquem o ódio fundado na intolerância (aí se compreendendo a intolerância religiosa), desde que as «restrições» sejam proporcionais – Acórdão Féret, de 16 de julho de 2009, § 64.

A proteção das fontes jornalísticas é uma das pedras angulares da liberdade da imprensa, como resulta das leis, dos códigos deontológicos e de vários instrumentos internacionais; a sua violação, eventualmente justificada por razões de interesse público preponderante, impõe ao Tribunal um controlo escrupuloso; com efeito, a proteção das fontes constitui uma pedra angular da liberdade de imprensa, sem a qual as fontes poder-se-iam mostrar reticentes a ajudar a imprensa a informar o público sobre questões de interesse geral – Acórdãos Goodwin, de 27 de março de 1996, R96-II, pág. 500, §§ 39 e 40, Roemen e Schmit, de 25 de fevereiro de 2003, R03-IV, pág. 79, § 46, Tillack, de 27 de novembro de 2007, § 65, Financial Times Ltd e outros, de 15 de dezembro de 2009, § 59, Acórdão Sanoma Uitgevers B.V., de 10 de outubro de 2010, §§ 50 e 51, e Decisão do Tribunal, de 8 de dezembro de 2005, Queixa nº 40 485/02.

Nalguns países onde a questão religiosa é uma matéria sensível, pode justificar-se a interdição da publicidade através da rádio de atividades religiosas – Acórdão Murphy, de 10 de julho de 2003, R03-IX, pág. 161, § 74.

Por outro lado, as garantias processuais para que o visado possa sindicar a ingerência devem estar asseguradas – Acórdão Vallauri, de 20 de outubro de 2009, § 55 (concurso para professor numa universidade católica sem que o recusado possa contestar judicialmente os motivos da sua não aceitação).

c) À segurança nacional, integridade territorial ou segurança pública

5.1. Nesses objetivos figuram a segurança nacional, a integridade territorial ou a segurança pública.

A Comissão considerou a *condenação* de pacifistas que incitavam militares a desertar justificada por motivos de segurança nacional, como considerou correta, pelo mesmo fundamento, a *condenação* de um investigador que comunicou informações científicas a agentes estrangeiros e a *condenação* de um editor e do chefe de redação de um jornal que publicou informações sobre as atividades ilegais dos serviços secretos – Relatórios de 12 de outubro de 1978, Queixa nº 7050/75, *Déc. Rap.* 19, pág. 5, e de 8 de outubro de 1991, Queixa nº 14 644/89, *Déc. Rap.* 73, pág. 41, e Decisão de 13 de dezembro de 1984, Queixa nº 10 078/82, *Déc. Rap.* 41, pág. 103.

A *condenação* de uma pessoa por pertencer a um partido de obediência totalitária, interdito por lei, pode justificar-se por considerações de segurança nacional e de segurança pública – Decisão de 21 de maio de 1976, Queixa nº 6741/74, *Déc. Rap.* 5, pág. 83.

Está também justificada a *condenação* de quem nega a exterminação em massa nos campos de concentração no decurso da segunda guerra mundial – Decisão de 18 de outubro de 1995, Queixa nº 25 062/94, *Déc. Rap.* 83-A, pág. 77.

A convocação para o serviço militar de uma pessoa devido às suas posições políticas públicas pode ser justificada com base na segurança nacional – Decisão do Tribunal, de 13 de fevereiro de 2007, Queixa nº 30 067/04.

d) À defesa da ordem e à prevenção do crime

5.2. A defesa da ordem e a prevenção do crime, outros dos objetivos das restrições, podem justificar a recusa aos jornalistas de visitar um preso ou interditar este de comunicar informações à imprensa ou de enviar um manuscrito a um editor – Decisões de 26 de maio de 1970, Queixa nº 3914/69, *Rec.*, nº 34, pág. 20, de 8 de julho de 1974, Queixa nº 5270/72, *Rec.*, nº 46, pág. 56, e de 20 de dezembro de 1974, Queixa nº 5442/72, *Déc. Rap.* 1, pág. 41.

Do mesmo modo, por estes motivos, pode justificar-se o regime de autorização de emissões privadas de radiodifusão – Decisão de 13 de maio de 1982, Queixa nº 8962/80, *Déc. Rap.* 28, pág. 112.

E por aqui justifica-se a *condenação* por incitamento ao racismo – Decisão de 6 de setembro de 1995, Queixa nº 25 096/94, *Déc. Rap.* 82-A, pág. 117.

e) À proteção da saúde ou da moral

5.3. A proteção da saúde ou da moral é outro dos objetivos possíveis para as restrições à liberdade de expressão; a falta de uma conceção uniforme entre os países europeus alarga a margem de apreciação dos Estados Contratantes quando eles regulamentam a liberdade de expressão nos domínios suscetíveis de ofender as convicções pessoais íntimas relevando da moral ou da religião – Acórdão Giniewski, de 31 de janeiro de 2006, R06-I, pág. 259, § 44.

O Tribunal considerou justificadas, à luz da proteção da moral, a *condenação* numa multa de um editor que pretendia publicar um livro considerado obsceno – Acórdão Handyside, de 7 de dezembro de 1976, A 24, págs. 20-28, §§ 42-59 – e a confiscação de quadros expostos ao grande público contendo cenas consideradas obscenas – Acórdão Muller e outros, A 133, pág. 23, § 36.

f) À proteção da honra

5.4. As restrições para a proteção da honra encontram-se frequentemente relacionadas com a liberdade de imprensa – ver, nomeadamente, o Acórdão Lingens, A 103, págs. 24-28, §§ 34-47, onde o Tribunal considerou violação ao disposto neste artigo a *condenação* por difamação de um jornalista que escreveu sobre o passado duvidoso de um político. Cfr., também, os Acórdãos Oberschlick, de 23 de maio de 1991, A 204, pág. 27, § 63, Schwabe, de 28 de agosto de 1992, A 242-B, pág. 34, § 34, e Vereinigung Bildender Künstler, de 25 de janeiro de 2007, § 34; em sentido diferente, onde a *condenação* foi considerada justificada, o Acórdão Prager e Oberschlick, A 313, pág. 19, § 39.

Note-se que, quanto aos limites da crítica admissível, eles são mais amplos relativamente a um homem político, agindo como personagem pública, do que a um particular. O homem político expõe-se inevitável e conscientemente a um controlo atento dos seus atos e gestos, tanto por parte dos jornalistas como pela massa dos cidadãos, e deve mostrar uma maior tolerância sobretudo quando ele próprio produz declarações públicas que se prestam à crítica; e é preciso não esquecer o caráter, por vezes ostentatório, do militantismo político do «ofendido» – Acórdãos Perna, de 25 de julho de 2001, R03-V, pág. 327, § 42, e Karhuvaara e Iltalehti, 16 de novembro de 2004, R04-X, pág. 298, § 40; e também em relação aos funcionários públicos a crítica, em certas circunstâncias, pode ser mais larga do que para os cidadãos comuns – Acórdão Lesník, de 11 de março de 2003, R03-IV, pág. 199, § 53.

E, se há um dever de proteger a sua reputação, mesmo para além da sua vida privada, os imperativos desta proteção devem ser postos em equação com os interesses da livre discussão das questões políticas – Acórdãos Obesrchilck (nº 2), de 1 de julho de 1997, R97-IV, pág. 1274, § 29, Lopes Gomes da Silva, R00-X, pág. 96, § 30, e Karhuvaara e Iltalehti, 16 de novembro de 2004, R04-X, pág. 299, § 42.

Neste campo, o direito de resposta garante o pluralismo da informação; ao Estado pode ser exigida a obrigação positiva de assegurar a quem foi ofendido a publicação de uma retratação ou de desculpas pelo ofensor ou de uma decisão judicial – Decisão do Tribunal, de 5 de julho de 2005, R05-IX, pág. 413, e Decisão de 12 de julho de 1989, Queixa nº 13 010/87, *Déc. Rap.* 62, pág. 247.

A proteção do segredo médico visa defender a honra, a reputação e intimidade da vida privada, direitos transmissíveis à família em caso de morte do visado – Acórdão Éditions Plon, de 18 de maio de 2004, R04-IV, pág. 25, § 34.

Se a liberdade de expressão compreende a publicação de fotografias, a interdição de publicar fotografias de uma pessoa, por mais célebre que ela se apresente, releva da proteção da reputação e dos direitos de outrem, porquanto as fotografias podem conter informações muito pessoais, mesmo íntimas, sobre o indivíduo ou a sua família; aliás, em regra, essas fotografias, publicadas pela imprensa sensacionalista ou dita "cor-de-rosa", são muitas vezes realizadas num clima de assédio contínuo, podendo acarretar para a pessoa visada um sentimento muito forte de intromissão na sua vida privada, mesmo de perseguição – Acórdãos Von Hannover, de 24 de junho de 2004, R04-VI, pág. 31, § 59, Pfeifer, 15 de novembro de 2007, § 34, e Von Hannover (nº 2), de 7 de fevereiro de 2012, § 103.

Contudo, será preciso distinguir uma pessoa privada das pessoas agindo num contexto público; uma pessoa privada pode pretender uma proteção especial do seu direito a vida privada; já uma pessoa pública, agindo no exercício das suas funções, tem de aceitar o papel de "cão de guarda" da imprensa que deve comunicar as ideias e informações sobre as questões de interesse público, o que pode implicar, em determinadas circunstâncias, a informação de aspetos da sua vida privada. Nesta área, deve também ser valorizado o comportamento anterior da pessoa visada, o conteúdo, a forma e as repercussões da publicação e as circunstâncias em que as fotografias foram realizadas (se houve ou não consentimento para a sua realização) – Acórdãos Sciacca, de 11 de janeiro de 2005, R05-I, pág. 54, § 29, e Von Hannover (nº 2), de 7 de fevereiro de 2012, §§ 110, 111, 112 e 113.

g) À proteção dos direitos de outrem

5.5. A proteção dos direitos de outrem interdita seguramente a injúria e a difamação – Acórdão Jacubowsbi, de 23 de junho de 1994, A 291, págs. 14-15, § 25, e Decisão de 25 de novembro de 1996, Queixa nº 31 506/96, *Déc. Rap.* 76-A, pág. 164, mas não se esgota ali: por exemplo, quando as afirmações são feitas de boa-fé e tendem a defender a pessoa do filho, a condenação por difamação está sujeita a caução – Acórdão Juppala, de 2 de dezembro de 2008, § 45.

Perante a imputação da prática de um crime a alguém num artigo de jornal, haverá que ponderar os interesses em presença: a informação ao público e a presunção de inocência – Decisão de 12 de abril de 1996, Queixa nº 28 236/95, *Déc. Rap.* 85-A, pág. 141.

As convicções religiosas e filosóficas dos pais relativamente à educação dos filhos estão aqui englobadas – Decisões de 1 de março de 1979, Queixa nº 8010/77, *Déc. Rap.* 16, pág. 101.

Ataques a uma igreja que ofendam gravemente os sentimentos dos seus fiéis podem desencadear justificadamente a perseguição penal do seu autor – Decisão de 7 de maio de 1982, Queixa nº 8710/79, *Déc. Rap.* 28, pág. 77.

Do mesmo modo, as ofensas aos sentimentos religiosos justificam a própria confiscação ou apreensão do material ofensivo daqueles sentimentos – Acórdão Otto-Preminger Institut, de 20 de setembro de 1994, A 295-A, págs. 18 e 21, §§ 48 e 57.

***h)* Para impedir a divulgação de informações confidenciais**

5.6. A interdição de divulgar este tipo de informações incide não só sobre a pessoa submetida a um dever de confidencialidade como um terceiro e nomeadamente um jornalista que a elas teve acesso – Acórdão Stoll, de 10 de dezembro de 2007, § 61.

Mas, como todas as restrições, esta interdição deve mostrar-se necessária numa sociedade democrática, pois uma condenação sistemática de um jornalista pela divulgação de informações confidenciais ou secretas pode vir a dissuadir os jornalistas a informar o público sobre as questões de interesse geral; para determinar se uma ingerência está justificada neste campo, devem assim ser examinados diversos aspetos, como os interesses em presença, o controlo exercido pelas jurisdições nacionais, o comportamento da pessoa em causa e a proporcionalidade da sanção infligida – Acórdão Stoll, de 10 de dezembro de 2007, §§ 110 e 112.

Efetivamente, a divulgação de informações confidenciais pode dar lugar à *condenação* penal, como a de um funcionário que publica informações secretas sobre o funcionamento interno do serviço onde trabalha ou de um jornalista que publicou um documento confidencial do Parlamento – Decisões de 24 de julho de 1970, Queixa nº 4274/69, *Ann. Conv.*, vol. XIII, pág. 888, e de 6 de outubro de 1983, Queixa nº 10 343/83, *Déc. Rap.* 35, pág. 224.

***i)* Para garantir a autoridade e a imparcialidade do poder judicial**

5.7. As ingerências para garantir a autoridade e a imparcialidade do poder judicial, que devem ser interpretadas como incluindo os direitos dos litigantes, foram analisadas no caso Sunday Times, jornal inglês que pretendia publicar um artigo sobre factos relacionados com um julgamento em curso, estabelecendo a responsabilidade do fabricante e vendedor de um medicamento que, tomado por mulheres grávidas, provocou malformações nos filhos.

Os tribunais ingleses interditaram a publicação por *contempt of Court,* na medida em que a publicação poderia prejudicar o julgamento, inclusive as negociações para um acordo amigável.

O Tribunal entendeu que houve violação deste artigo naquela interdição, porquanto o jornalista tinha o direito de informar o público e era-lhe difícil falar do acontecimento sem fazer referência ao problema da responsabilidade que constituía o seu aspeto fundamental – Acórdão de 26 de abril de 1979, A 30, págs. 34-35, §§ 58-68; ver o Acórdão News Verlags GmbH & Co. KG, de 11 de janeiro de 2000, R00-I, pág. 197, § 45, e a Decisão de 13 de abril de 1989, Queixa nº 14 132/88, *Déc. Rap.* 61, pág. 285.

Note-se que os magistrados são passíveis de críticas pessoais, nos limites admissíveis, e não unicamente de uma maneira teórica e geral; e os limites da crítica admissível, quando se trata do exercício de funções oficiais, são mais largos de que relativamente a simples particulares – Acórdão Lambert e outros, de 5 de junho de 2015, § 131.

Note-se que é preciso distinguir aqui a ingerência na liberdade de expressão de um magistrado do direito da Administração regular o exercício da função judicial – Decisões do Tribunal, de 3 de junho de 2004, Queixa nº 45 655/99, R04-VI, pág. 367, e de 29 de junho de 2004, Queixa nº 62 584/00, R04-VI, pág. 367.

Por outro lado, a interdição da publicidade da profissão de advogado pode justificar-se pelos imperativos de uma boa administração da justiça e da dignidade da própria profissão – Acórdão Casado Coca, de 24 de fevereiro de 1994, A 285, pág. 21, §§ 54-57, e Decisão de 7 de março de 1991, Queixa nº 14 622/89, *Déc. Rap.* 69, pág. 272.

E a aplicação de uma coima a um advogado por criticar a decisão sobre a prisão do seu constituinte justifica-se para garantir a autoridade e a imparcialidade do poder judiciário – Decisão de 28 de junho de 1995, Queixa nº 21 861/93, *Déc. Rap.* 82-A, pág. 12.

Aliás, lembre-se que o estatuto dos advogados os coloca numa situação central na administração da justiça, como intermediários entre os que pedem justiça e os tribunais, o que implica normas de conduta impostas em geral aos membros da Ordem.

E a ação dos tribunais, que são garantes da justiça e, por isso, com uma missão fundamental num Estado de direito, necessita da confiança do público.

Tendo em vista o papel chave dos advogados neste campo, deve aguardar-se que eles contribuam para o bom funcionamento da justiça e, deste modo, para a confiança do público nesta – Acórdãos Schöpfer, de 20 de maio de 1998, R98-III, pág. 1052, § 29, Amihalachioaie, de 20 de abril de 2004, R04-III, pág. 179, § 28, e Lambert e outros, de 5 de junho de 2015, § 132.

Contudo, a censura feita a um advogado pelo modo como ele exerceu a defesa dos interesses que lhe foram confiados pelo seu cliente pode ter um efeito desencorajador fazendo com que, no quadro de processos posteriores, ele se venha a sentir limitado na escolha de argumentos factuais e jurídicos.

Neste contexto, no Acórdão Nikula, de 21 de março de 2002, R02-II, pág. 325, o Tribunal examinou a situação de uma advogada finlandesa que, durante a audiência num processo penal, teria criticado, num escrito intitulado «manipulação e apresentação ilegal de provas», que foi lido e oferecido ao tribunal, o Ministério Público; ela acabou por ser condenada no Supremo Tribunal ao pagamento de uma indemnização, numa decisão por 3/2, com 2 Juízes a pronunciarem-se pela absolvição, sendo que a solução encontrada se deveu ao voto preponderante do Presidente.

Curiosamente, a ONG *Interights*, no processo em Estrasburgo, apresentou um estudo da situação existente em alguns países membros do Conselho da Europa e da Austrália, Canadá e África do Sul, onde se constata que a maioria destes países acorda aos advogados uma imunidade relativamente às declarações que eles pronunciem quando representam os seus clientes perante um tribunal, ligada à obrigação, que lhes incumbe, de os defender.

E, quando mesmo assim, for imperioso reagir, a maior parte destes sistemas opta por sanções disciplinares e não por sanções penais.

O Tribunal salientou a diferença ente o papel do juiz e do Ministério Público num processo penal, este último o adversário do arguido: de uma maneira geral, esta diferença confere uma melhor proteção às declarações pelas quais um arguido critica o Ministério Público do que àquelas em que se critica o juiz ou o tribunal no seu conjunto.

O Tribunal foi também sensível ao facto de a crítica não ter saído da sala de audiência e de que não poderia tão-pouco ser considerada um insulto pessoal, pois revestia-se de um caráter processual; aliás, ela não foi objeto de reação imediata do visado nem de quem tinha a disciplina da audiência, o juiz que a presidia.

Neste contexto, o Tribunal precisou que só excecionalmente, o que não se verificava no caso, se poderia admitir, numa sociedade democrática, uma sanção penal, mesmo ligeira, para os eventuais excessos na liberdade de expressão de que devem gozar os advogados no exercício da sua profissão, pelo que havia violação do disposto neste artigo 10º. Ver, a este propósito, os Acórdãos Steur, de 28 de outubro de 2003, R03-XI, pág. 91, § 39, Kyprianou, de 15 de dezembro de 2005, § 175, e Lambert e outros, de 5 de junho de 2015, § 135.

Tudo isto não impede que o advogado venha a ser censurado nos seus excessos, nomeadamente quando ele intervém fora do quadro da defesa no processo do seu cliente – Decisão de 24 de janeiro de 2008, Queixa nº 17 155/03.

A boa administração da justiça pode justificar que não se autorize transmissões ao vivo, via rádio ou televisão, das audiências de julgamento – Decisão de 6 de maio 2003, Queixa nº 76 682/01, R03-VI, pág. 377.

Artigo 11º – Liberdade de reunião e de associação

1 – Qualquer pessoa tem o direito à liberdade de reunião pacífica e à liberdade de associação, incluindo o direito de, com outrem, fundar e filiar-se em sindicatos para a defesa dos seus interesses.

2 – O exercício deste direito só pode ser objeto de restrições que, sendo previstas na lei, constituírem disposições necessárias, numa sociedade democrática, para a segurança nacional, a segurança pública, a defesa da ordem

e a prevenção do crime, a proteção da saúde ou da moral, ou a proteção dos direitos e das liberdades de terceiros. O presente artigo não proíbe que sejam impostas restrições legítimas ao exercício destes direitos aos membros das Forças Armadas, da polícia ou da Administração do Estado.

REFERÊNCIAS
DUDH – artigos 20º e 23º, nº 4.
PIDCP – artigos 21º e 22º
PIDESC – artigo 8º
Conv. Interam. – artigos 15º e 16º
Carta Afric. – artigos 10º e 11º
Carta UE – artigo 12º
Const. – artigos 45º, 46º, 51º e 55º

I

a) Liberdade de reunião pacífica

1. O exercício do direito de reunião pressupõe uma consciência e vontade de reunir, por um período mais ou menos longo, para prosseguir um ou vários objetivos e está subordinado ao seu caráter pacífico.

A proteção das opiniões e a liberdade de as exprimir constitui um dos objetivos da liberdade de reunião e de associação consagrada neste artigo, pelo que este artigo deve ser visto também à luz dos princípios consagrados no artigo 10º da *Convenção* – Acórdãos Associação dos cidadãos Radko e Paunkovski, de 15 de janeiro de 2009, § 63, e Herri Batasuna et Batasuna, de 30 de junho de 2009, § 74.

O Estado deve garantir o direito à liberdade de reunião e de associação, o que implica uma atitude de não ingerência (não tomar medidas arbitrárias de modo a entravar o direito de se reunir ou associar), mas, outras vezes, uma atitude positiva de modo a garantir o bom exercício desses direitos; uma ofensa a estes mesmos direitos pelos particulares pode implicar responsabilidade para o Estado, se se concluir que ele não adotou as medidas adequadas para prevenir e reprimir tais atentados – Acórdãos Young, James e Webster, de 13 de agosto de 1981, A 44, pág. 20, § 49, Plattform «Arzte fur das Leben», de 21 de junho de 1988, A 139, pág. 12, §§ 32 e 34, Ouranio Toxo e outros, de 20 de outubro de 2005, R05-X, pág. 256, §§ 36 e 37, Öllimger, de 29 de junho de 2006, § 36, e Oya Ataman, de 5 de dezembro de 2006, § 35.

E, se ocorrerem contramanifestações, incumbe às autoridades públicas tomar medidas para impedir que aquela consiga anular a reunião, sem contudo se exigir ao Estado uma garantia absoluta: a obrigação do Estado é uma obrigação de meios e não de resultado – Acórdão Plattform «Arzte fur das Leben», A 139, pág. 12, §§ 32 e 34.

O organizador, mesmo uma pessoa moral, e os participantes na reunião gozam da proteção concedida pelo disposto neste artigo – Acórdão Barraco, de 5 de março de 2009, § 41, e Decisão de 15 de março de 1984, Queixa nº 9905/82, *Déc. Rap.* 36, pág. 187.

A reunião pode desenrolar-se à porta fechada ou decorrer em lugar público e aqui assumir a forma de desfile, manifestação ou procissão pública – Acórdão Djavit An, 20 de fevereiro de 2003, R03-III, pág. 294, § 56, e Decisão de 16 de julho de 1980, Queixa nº 8440/78, *Déc. Rap.* 21, pág. 138.

E se este artigo permite submeter as reuniões ou manifestações a uma autorização prévia, é no pressuposto de a lei vir a fixar os critérios para evitar que o poder de apreciação das autoridades degenere em arbítrio – Relatório de 5 de novembro de 1969, caso Grego, *Ann. Conv.*, vol. XII, §§ 393 e segs.

Aliás, se a obrigação de informar previamente as autoridades públicas da pretensão de efetuar uma reunião ou manifestação não é, em si, contrária ao disposto no artigo 11º da *Convenção*, será necessário que tal obrigação não se revele um impedimento escondido ao exercício de liberdade de reunião e manifestação – Acórdão Balçik e outros, de 29 de novembro de 2007, § 49, e Decisão do Tribunal de 17 de novembro de 2009, Queixas nºs 26 258/07 e 26 255/07.

Assim, por razões de ordem pública e de segurança nacional, uma Alta Parte Contratante pode submeter à autorização a realização de reuniões e regulamentar a livre circulação de pessoas a tais reuniões pacíficas – Decisão do Tribunal de 7 de julho de 2009, Queixa nº 10 659/03.

Mas, em circunstâncias excecionais, o direito de ter uma reunião pacífica espontânea pode sobrepor-se à obrigação de a declarar às autoridades, nomeadamente quando essa reunião assim se impõe como resposta imediata a um acontecimento de atualidade – Acórdão Eva Molnàr, de 7 de outubro de 2008, § 38.

Sublinhe-se, contudo, que, se uma reunião ou manifestação pacífica decorre irregularmente, por falta de informação prévia, ela continua a ser protegida pelo artigo 11º da *Convenção* pelo que haverá eventualmente violação desta disposição se as autoridades impedem o seu desenvolvimento com base nessa irregularidade, sem que isso impeça que os seus responsáveis sejam multados – Acórdão Cissé, de 9 de abril de 2002, R02-III, pág. 16, § 50, e Decisões do Tribunal, de 7 de julho de 2009, Queixa nº 10 659/03, e de 17 de novembro de 2009, Queixas nºs 26 258/07 e 26 255/07.

***b)* Liberdade de associação**

2. O direito das pessoas físicas e morais de se agruparem de forma organizada, por um período mais ou menos longo, para a prossecução de determinados fins, está reconhecido neste artigo.

Esta disposição protege não só os sindicatos, mas todas as formas de associação que não contrariem as estruturas constitucionais – Acórdãos Sidiropoulos e outros, de 10 de julho de 1998, R98-IV, pág. 1614, § 40, Grande Oriente d'Italia di Palazzo Giustiniani, de 2 de agosto de 2001, R01-VIII, pág. 508, § 15, e Wilson & the National

Union of Journalists e outros, de 2 de julho de 2002, R02-V, pág. 95, § 41 –, incluindo nomeadamente os partidos políticos – Acórdãos Partido Comunista Unificado Turco, de 30 de janeiro de 1998, R98-I, pág. 16, § 24, Partido Socialista e outros, de 25 de maio de 1998, R98-III, pág. 1252, § 29, e Ouranio Toxo e outros, de 20 de outubro de 2005, R05-X, pág. 255, § 34, e Decisão do Tribunal de 7 de dezembro de 2006, Queixa nº 17 582/05, assim como as consagradas a outros fins, nomeadamente à proclamação e ao ensino de uma religião – Acórdão Branche de Moscou de l'Armée du Salut, de 5 de outubro de 2006, R06-XI, pág. 34, 61.

A associação pressupõe determinados objetivos e uma estrutura, pelo que um prisioneiro em isolamento celular não pode invocar violação do seu direito de associação por estar privado da companhia dos outros presos – Decisão de 15 de maio de 1980, Queixa nº 8317/78, *Déc. Rap.* 20, pág. 44.

2.1. A questão de saber se a liberdade de se não associar está garantida pela *Convenção* preocupou os seus órgãos, confrontados com os trabalhos preparatórios, donde se infere que os autores da *Convenção* se abstiveram de tomar posição. O Tribunal, ao abordar o problema do *closed shop* (obrigação de filiação sindical para determinados trabalhadores), afirmou:

- Não obstante uma cláusula geral idêntica à do artigo 20º, nº 2, da Declaração Universal dos Direitos do Homem ter sido intencionalmente omitida na *Convenção*, e não podendo, portanto, ser considerada como consagrada enquanto tal, daí não decorre que o aspeto negativo da liberdade de associação de cada um saia completamente do domínio do artigo 11º, nem que a obrigação de se inscrever num sindicato se enquadre sempre no espírito desta disposição.
- Interpretar o artigo 11º como autorizando qualquer espécie de coerção em matéria de filiação sindical seria tocar mesmo na substância da liberdade que ele pretende garantir – Acórdão Young, James e Webster, de 13 de agosto de 1981, A 44, págs. 22-23, §§ 55-57, onde se concluiu que a ameaça de despedir por recusa de filiação sindical violava este artigo. Esta doutrina foi reafirmada nos Acórdãos Sibson, de 20 de abril de 1993, A 258-A, pág. 14, § 29, e Danilenkov e outros, de 30 de julho de 2009, § 123 (um trabalhador deve ser livre de aderir ou de não aderir a um sindicato sem que seja passível de sanções ou de perda de incentivos), e pela Comissão na sua Decisão de 1 de março de 1983, Queixa nº 9926/82, *Déc. Rap.* 32, pág. 277.

Com o caso Sigurdur A. Sigurjonsson, avançou-se um pouco mais.

A Comissão, depois de invocar o artigo 5º da Carta Social Europeia, onde a liberdade de pertencer ou não a um sindicato é claramente afirmada, não teve necessidade de assumir um compromisso ao formular o seu parecer – Relatório de 15 de maio de 1992, A 264, pág. 26, § 57.

O Tribunal enfrentou o problema, lembrando que a *Convenção* é um instrumento vivo a interpretar de acordo com as condições atuais.

Tendo em conta o desenvolvimento ocorrido na matéria ao nível dos países membros, deve considerar-se que o artigo 11º consagra um direito de associação negativo – Acórdão de 30 de junho de 1993, A 264, págs. 15-16, § 35.

Ver, também, os Acórdãos Gustafsson, de 25 de abril de 1996, R96-II, pág. 652, § 45, e Sorensen e Rasmussen, de 11 de janeiro de 2006, R06-I, pág. 78, § 54, e a Decisão de 8 de abril de 1994, Queixa nº 15 533/89, *Déc. Rap.* 77-A, pág. 10.

2.2. Este direito de associação negativo é frequentemente invocado face às «Ordens», associações públicas a que obrigatoriamente devem pertencer certas categorias de pessoas para poderem exercer a sua profissão.

Estas «Ordens», criadas pela autoridade pública, não colidem com o disposto neste artigo, desde que a inscrição obrigatória não seja impeditiva para os interessados de criarem eles próprios associações ou de nelas se filiarem para a defesa dos seus interesses profissionais – Acórdão Le Compte, van Leuven e De Meyere, de 23 de junho de 1981, A 43, pág. 27, § 65, Decisão do Tribunal, de 3 de abril de 2001, Queixa nº 44 319/98, R01-V, pág. 521, e Decisões de 12 de março de 1981, Queixa nº 8734/79, *Déc. Rap.* 26, pág. 145, de 5 de maio de 1981, Queixa nº 9164/80, *Digest*, vol. 3, pág. 518, de 8 de setembro de 1989, Queixas nºs 14 331/88 e 14 332/88, *Déc. Rap.* 62, pág. 309, e de 2 de julho de 1990, Queixa nº 13 570/88, *Déc. Rap.* 66, pág. 188.

Sublinhe-se, contudo, que a noção de associação «privada» a que se refere este artigo tem um conteúdo autónomo; a qualificação no direito nacional não tem mais que um valor relativo a constituir apenas um ponto de partida – Acórdão Chassagnou e outros, de 29 de abril de 1999, R99-III, pág. 164, § 100.

c) Liberdade sindical

3. A *Convenção* apresenta o direito de fundar sindicatos e o de filiação sindical como um aspeto particular da liberdade de associação, assumindo-se como um elemento do diálogo social entre trabalhadores e empregadores e, assim, um utensílio importante na procura da justiça e paz sociais – Acórdãos Sindicato Nacional da Polícia Belga, de 12 de abril de 1975, A 19, pág. 17, § 38, Sindicato Sueco de Condutores de Locomotivas, de 6 de fevereiro de 1976, A 20, pág. 15, § 39, Schmidt e Dahlstrom, de 6 de fevereiro de 1976, A 21, pág. 15, § 34, Sigurdur A. Sigurjonsson, de 30 de junho de 1993, A 264, pág. 14, § 32, Sorensen e Rasmussen, de 11 de janeiro de 2006, R06-I, pág. 78, § 54, Tüm Haber Sen e Çinar, de 21 de fevereiro de 2006, R06-II, pág. 179, § 28, Danilenkov e outros, de 30 de julho de 2009, § 121, e Sindicatul "Păstorul Cel Bun", de 9 de julho de 2013, § 130, e Decisões do Tribunal, de 21 de junho de 2001, Queixa nº 57 442/00, R01-VI, pág. 503, e de 30 de novembro de 2004, Queixa nº 53 507/99. R04-XII, pág. 259.

Esta liberdade exclui qualquer monopólio sindical, antes pressupondo necessariamente uma pluralidade de sindicatos – Relatório Young, James e Webster, de 14 de dezembro de 1979, B 39, § 159; e quando o direito interno permite acordos de monopólio sindical entre sindicatos e empregadores, o Tribunal deve verificar se esta possibilidade se contém dentro da margem de apreciação de que gozam os Estados – Sorensen e Rasmussen, de 11 de janeiro de 2006, R06-I, pág. 80, § 58.

O direito de fundar sindicatos implica o de constituir federações sindicais ou de a elas aderir – Decisão de 13 de maio de 1985, Queixa nº 10 550/83, *Déc. Rap.* 42, pág. 193, onde a Comissão afirmou o direito de não ser expulso arbitrariamente de um sindicato e de não ser expulso quando isso possa acarretar consequências particularmente gravosas, como a perda do seu emprego.

E se o direito de fundar sindicatos comporta, para estes, o de estabelecer os seus próprios regulamentos, definindo quem pode ser membro e as condições da sua exclusão, o Estado deve proteger o indivíduo de todo o abuso de uma posição sindical dominante, como aquela que se poderia produzir quando a exclusão ou expulsão não estão conformes aos regulamentos do sindicato ou as suas regras sejam totalmente irrazoáveis ou arbitrárias ou ainda quando as consequências da exclusão ou da expulsão sejam particularmente gravosas para o interessado – Acórdão Associated Society of Locomotive Engineers & Firemem (Aslef), de 27 fevereiro de 2007, §§ 38 e 41, e Decisão de 7 de maio de 1990, Queixa nº 13 537/88, *Déc. Rap.* 65, pág. 202.

4. A liberdade sindical compreende o direito de defender os seus interesses contra a ingerência arbitrária dos poderes públicos e pode implicar a obrigação positiva de assegurar o seu gozo efetivo – Acórdão Sindicatul "Păstorul Cel Bun", de 9 de julho de 2013, §131.

Mas a jurisprudência do Tribunal e da Comissão tem sido muito prudente na delimitação do conteúdo dos «interesses» a defender, gozando aqui os Estados de uma ampla margem de apreciação quanto à maneira de assegurar a liberdade sindical e a possibilidade para os sindicatos de proteger os interesses profissionais dos seus membros – Acórdão Sindicatul "Păstorul Cel Bun", de 9 de julho de 2013, § 133.

O Tribunal concluiu inicialmente que o Estado não tem a obrigação de expressamente consultar os sindicatos aquando da feitura das leis que interessem aos seus filiados, porquanto os sindicatos possuem outros meios, como a reivindicação, para defenderem os seus interesses; a *Convenção* deixa aos Estados a escolha dos meios para que o interesse dos sindicatos neste contexto seja concretizado – Acórdãos Sindicato Nacional da Polícia Belga, A 19, pág. 17, §§ 38 e 39, Wilson & the National Union of Journalists e outros, de 2 de julho de 2002, R02-V, pág. 95, § 42, e Acórdão Demir e Baykara, de 12 de novembro de 2008, § 141.

O Tribunal entendia que a defesa dos interesses sindicais não passava apenas pelas convenções coletivas, pelo que o Estado não é obrigado a concluí-las e muito menos a impô-las ao patronato – ver, entre outros, o Acórdão Sindicato Sueco dos Condutores de Locomotivas, A 20, pág. 15, § 39, e também as Decisões de 14 de julho de 1983, Queixa nº 9792/82, *Déc. Rap.* 34, pág. 137, e de 13 de março de 1992, Queixa nº 18 881/91, *Déc. Rap.* 72, pág. 278; no seu Acórdão Demir e Baykara, de 12 de novembro de 2008, § 154, o Tribunal reviu esta jurisprudência e passou a entender que o direito a celebrar convenções coletivas com o empregador é, em princípio, um dos elementos essenciais do direito de fundar sindicatos ou de neles se filiar – ver também o Acórdão Sindicatul "Păstorul Cel Bun", de 9 de julho de 2013, § 135, sobre os elementos constitutivos do direito sindical, entre outros, o de formar um sindicato ou de aí se filiar, a interdição dos acordos de monopólio sindical e o direito de procurar persuadir o empregador a escutar o que tem a dizer em nome dos seus membros.

O direito à greve, embora não consagrado expressamente pela *Convenção*, representa uma componente essencial do direito sindical; contudo, os Estados podem limitar nalguns casos o seu exercício – Acórdão Schmidt e Dahlstrom, A 21, pág. 16, §§ 36 e segs., Decisões do Tribunal, de 10 de janeiro de 2002, Queixa nº 53 574/99, R02-I, pág. 513, e de 27 de junho de 2002, Queixa nº 38 190/97, R02-VI, pág. 331, e Decisão de 16 de abril de 1998, Queixa nº 28 910/63, *Déc. Rap.* 93-A, pág. 63.

II

As restrições

1. Este artigo consagra dois tipos de restrições: as necessárias numa sociedade democrática para a defesa de certos interesses públicos e as relativas aos membros das Forças Armadas, da polícia ou da Administração do Estado.

Nestas restrições englobam-se as medidas, nomeadamente de ordem repressiva, tomadas antes, durante ou após uma reunião – Decisão do Tribunal, de 11 de outubro de 2001, Queixa nº 50 641/99, R01-X, pág. 421.

a) Necessárias numa sociedade democrática

2. As restrições devem estar previstas na lei e mostrarem-se necessárias numa sociedade democrática para a prossecução de determinados objetivos, os já mencionados para o artigo 8º, com exceção do «bem-estar económico do país», pelo que valem aqui todas as considerações ali produzidas, designadamente as atinentes à qualidade da lei que deve ser acessível, previsível e compatível com a preeminência do direito, como a medida restritiva deve corresponder a uma necessidade convincente e imperiosa e ser proporcional ao fim visado – Acórdãos Sidiropoulos e outros, de 10 de julho de 1998, R98-IV, pág. 1614, § 40, Cissé, de 9 de abril de 2002, R02-III, pág. 16, § 50 (uma manifestação pacífica que não foi comunicada às autoridades é irregular, mas esta irregularidade não justifica um atentado à liberdade de reunião), e Tebieti Műhafize Cemiyyeti e Israfilov, de 8 de outubro de 2009, § 56 (qualidade da lei); ver também Oya Ataman, de 5 de dezembro de 2006, § 39, Bukta e outros, de 17 de outubro de 2007, §§ 35 e 37, e Barraco, de 5 de março de 2009, § 45; em sentido algo diferente, ver Acórdão Eva Molnár, de 7 de outubro de 2008, § 45, e Decisões de 5 de junho de 1991, Queixa nº 14 223, *Déc. Rap.* 70, pág. 218, e de 16 de outubro de 1995, Queixa nº 23 892/94, *Déc. Rap.* 83-A, pág. 57.

No Acórdão N.F./Itália, de 2 de agosto de 2001, R01-IX, pág. 5, entendeu-se que não havia «lei» que proibisse um magistrado de se filiar na maçonaria; ver também o Acórdão Maestri, de 17 de fevereiro de 2004, R04-I, pág. 161, § 42, onde se decidiu que a proibição de um magistrado italiano pertencer à maçonaria não estava prevista pela lei.

No que diz respeito aos partidos políticos, dado o seu papel essencial para o bom funcionamento da democracia, as exceções previstas neste artigo 11º exigem uma interpretação restrita: só razões convincentes e imperiosas podem justificar restrições à sua liberdade de associação – Acórdãos Christian Democratic People's Party, de 14 de fevereiro de 2006, R06-II, § 68 (suspensão temporária da sua atividade), e Baczkowski, de 3 de maio de 2007, § 61.

Note-se que o facto de um partido político ter um projeto incompatível com os princípios e estruturas atuais de um Estado não o torna, por si só, contrário às regras democráticas; é da essência da democracia o permitir a proposta e a discussão de projetos políticos diversos, mesmo aqueles que põem em causa o modelo de organização de um Estado, desde que eles não pretendam atentar contra a própria democracia.

Um partido político pode promover uma campanha a favor de uma mudança de legislação ou das estruturas legais ou constitucionais do Estado desde que observe duas condições:

a) os meios utilizados para este efeito devem ser, sobre todos os pontos de vista, legais e democráticos;
b) a mudança proposta deve ela mesma ser compatível com os princípios democráticos – Acórdãos Partidul Comunistilor (Nepeceristi) e Ungureanu, de 3 de fevereiro de 2005, R05-I, pág. 204, § 46, e Herri Batasuna et Batasuna, de 30 de junho de 2009, § 79.

Assim, um partido político em que os responsáveis incitam o recurso à violência ou propõem um projeto político que não observa uma ou mais regras da democracia, ou que visa a destruição desta, ou o desrespeito dos direitos e liberdades que ela reconhece, não pode prevalecer-se da proteção da *Convenção* contra as sanções aplicadas por estes motivos. Mas, ainda aqui, o estatuto e o programa do partido político não podem ser o único critério para determinar os seus objetivos e intenções; é preciso comparar o conteúdo do programa com os atos e as tomadas de posição dos seus membros e dirigentes; o conjunto destes atos e de tomadas de posição, se formarem um todo revelador do objetivo e das intenções do partido, pode entrar em linha de conta no processo da sua dissolução – Acórdãos Yazar e outros, de 9 de abril de 2002, R02-II, pág. 386, §

49, Partido da Prosperidade (Refah Partisi) e outros, de 13 de fevereiro de 2003, R03-II, pág. 248, §§ 96 e 98, Mÿslÿm Gündüz, de 4 de dezembro de 2003, R03-XI, pág. 247, § 51, e Herri Batasuna et Batasuna, de 30 de junho de 2009, §§ 79 e 80.

Para julgar da existência da «necessidade», os Estados Contratantes dispõem apenas de uma margem de apreciação reduzida, à qual acresce um controlo europeu rigoroso sobre a lei e as decisões que a aplicam, incluindo as de uma jurisdição independente; as exceções à regra da liberdade de associação apelam a uma interpretação estrita pois só razões convincentes e imperativas podem justificar as restrições a esta liberdade – Acórdãos Partido Socialista e outros, de 25 de maio de 1998, R98-III, págs. 1257 e 1258, §§ 47 e 50, Partido da Liberdade e da Democracia, de 8 de dezembro de 1999, R99-VIII, págs. 355 e 356, §§ 41 e 44, Stankov e Organização Macedónica «Unie Ilinden», de 2 de outubro de 2001, R01-IX, pág. 342, § 87, Yazar e outros, de 9 de abril de 2002, R02-II, págs. 385 e 386, §§ 47 e 48, Gorzelik e outros, de 17 de fevereiro de 2004, R04-I, pág. 315, § 88, Christian Democratic People's Party, de 14 de fevereiro de 2006, R06-II, pág. 152, § 69, Tüm Haber Sem e Çinar, de 21 de fevereiro de 2006, R06-II, pág. 181, § 36 (dissolução de um Sindicato de funcionários públicos), Associação dos cidadãos Radko e Paunkovski, de 15 de janeiro de 2009, § 65, e Barraco, de 5 de março de 2009, §§ 42 e 43 (os poderes públicos devem fazer prova de uma certa tolerância perante reuniões públicas pacíficas, mesmo que causem alguma perturbação, para que a liberdade de reunião não seja desprovida de todo o seu conteúdo; mas neste contexto devem ser ponderados os interesses em jogo: no caso, uma operação *"marcha lenta"* que bloqueou durante cerca de cinco horas uma autoestrada não se mostrava justificada nos termos deste artigo), e Decisão do Tribunal de 7 de dezembro de 2006, Queixa nº 17 582/05 (partido baseado na pertença a uma etnia ou religião).

O Tribunal considerou que a interdição de financiamento de partidos políticos por pessoas morais estrangeiras visava a transparência financeira na vida política e estava justificada numa sociedade democrática – Acórdão Partido Nacionalista Basco – Organização Regional d'Iparralde, de 7 de junho de 2007, §§ 45 e segs.

Algumas decisões da Comissão ajudam a precisar o conteúdo deste nº 2:

2.1. A dissolução de uma associação fascista pode ser necessária para a segurança pública – Decisão de 21 de maio de 1976, Queixa nº 6741/74, *Déc. Rap.* 5, pág. 83.

2.2. A segurança nacional justifica a interdição de uma reunião visando pôr em causa a identidade de uma Nação – Decisão de 15 de março de 1984, Queixa nº 9905/82, *Déc. Rap.* 36, pág. 187.

2.3. A ordem pública justifica a interdição de manifestações, dependendo a justificação da gravidade da ameaça e da proporcionalidade da medida; mesmo uma interdição total pode estar justificada em certas circunstâncias graves, desde que limitada no tempo e no espaço – Decisões de 10 de outubro de 1979, Queixa nº 8191/78, *Déc. Rap.* 17, pág. 93, de 16 de julho de 1980, Queixa nº 8440/78, *Déc. Rap.* 21, pág. 138, de 3 de outubro de 1983, Queixa nº 9278/81, *Déc. Rap.* 35, pág. 30, e de 6 de abril de 1995, Queixa nº 25 522/94, *Déc. Rap.* 81-A, pág. 146.

***b)* Ao exercício destes direitos pelos membros das forças armadas, da polícia ou da Administração do Estado**

3. As restrições que podem ser impostas aos três grupos de pessoas citadas apelam a uma interpretação restrita e devem por isso limitar-se ao exercício dos direitos em causa; elas não devem atingir a essência do direito de se organizar e mostrarem-se ainda proporcionais – Acórdão Demir e Baykara, de 12 de novembro de 2008, § 97.

Note-se que deste especial limite se deduz que, em regra, as garantias da *Convenção* se aplicam à generalidade dos funcionários públicos – Acórdãos Glasenapp, de 28 de agosto de 1986, A 104, pág. 26, § 49, Kosiek, da mesma, data, A 105, pág. 20, § 35, Vogt, de 26 de setembro de 1995, A 323, pág. 31, §§ 66-68, Wille, de 28 de outubro de 1999, R99-VII, pág. 349, § 41, Tüm Haber Sen e Çinar, de 21 de fevereiro de 2006, R06-II, pág. 180, § 29, e Acórdão Demir e Baykara, de 12 de novembro de 2008, § 109.

Sobre as restrições à liberdade de associação dos membros das forças policiais, ver o Acórdão Rekvényi, de 20 de maio de 1999, R99-III, págs. 494-497, §§ 51-62.

Sobre a compatibilidade entre ser membro da maçonaria e funcionário público, ver o Acórdão Grande Oriente d'Italia di Palazzo Giustiniani, de 2 de agosto de 2001, R01-VIII, págs. 510 e segs., §§ 27 e segs.

Artigo 12º – Direito ao casamento

A partir da idade núbil, o homem e a mulher têm o direito de casar-se e de constituir família, segundo as leis nacionais que regem o exercício deste direito.

REFERÊNCIAS
DUDH – artigo 16º
PIDCP – artigo 23º, nº 2.
Conv. Interam. – artigo 17º, nº 2.
Carta UE – artigo 9º
Const. – artigo 36º

1. A jurisprudência dos órgãos da *Convenção* entendia que o direito ao casamento aqui consagrado é o de duas pessoas de sexo diferente – Acórdãos Rees, de 24 de janeiro de 1986, A 106, pág. 19, § 49, e Sheffield e Horsham, de 30 de julho de 1998,

R98-V, pág. 2030, § 66, Relatório de 7 de março de 1989, Queixa nº 111 095, *Déc. Rap.* 63, pág. 34, e Decisão de 9 de novembro de 1989, Queixa nº 14 573/89, *Déc. Rap.* 63, pág. 213.

E defendia-se que na determinação do sexo devia presidir o critério biológico – Acórdãos Cossey, de 27 de agosto de 1990, A 184, pág. 18, § 46, e Sheffield e Horsham, de 30 de julho de 1998, R98-V, pág. 2030, § 67.

Mas esta é uma matéria que releva de condições sociais, culturais e jurídicas em permanente evolução.

1.1. Assim, o Tribunal defendia, inicialmente, que a falta de reconhecimento jurídico da nova identidade sexual masculina impedia o transexual de contrair casamento com uma pessoa do sexo feminino – Acórdão Rees, citado, pág. 19, § 50; a Comissão tinha uma posição diferente – Relatório de 1 de março de 1979, caso van Oosterwijck, B 36, págs. 26-28, §§ 53-60, que reviu no seu Relatório de 7 de março de 1989, *Déc. Rap.* 63, pág. 34, e na sua Decisão de 9 de novembro de 1989, Queixa nº 14 573/89, *Déc. Rap.* 63, pág. 213 (cfr. também a anotação ao artigo 8º).

Esta posição foi revista, tendo o Tribunal afirmado que um transexual que mudou de sexo relativamente ao que tinha inscrito no seu ato de nascimento tem o direito de casar de acordo com a sua nova situação – Acórdão Christine Goodwin, de 11 de julho de 2002, R02-VI, págs. 61 e 62, §§ 101-103.

O Tribunal constatou que, se uma pessoa transexual não pode adquirir todas as caraterísticas biológicas do novo sexo, com a sofisticação crescente das intervenções cirúrgicas e os tratamentos hormonais, o principal aspeto biológico que continua inalterado é o elemento cromossómico.

E aqui residirá um dos pontos essenciais deste Acórdão, para o Tribunal, não é evidente que o elemento cromossómico deve inevitavelmente constituir – na exclusão de qualquer outro – o critério determinante para os fins da atribuição jurídica de uma identidade sexual aos transexuais.

Depois de passar em revista a anterior jurisprudência, o Tribunal avançou que, no século XXI, a faculdade para os transexuais de gozarem plenamente, como os seus concidadãos, do direito ao desenvolvimento pessoal e à integridade física e moral não pode continuar a ser uma questão controversa.

A situação dos transexuais operados que vivem entre dois mundos, porque eles não pertencem verdadeiramente nem a um sexo nem a outro, não podia continuar.

O Tribunal decidiu, assim, reexaminar a questão, sublinhando que no artigo 12º se encontra garantido o direito fundamental, para um homem e uma mulher, de se casar e fundar uma família.

Todavia, o segundo aspeto não é condição do primeiro, e a incapacidade para um casal de conceber e educar uma criança não pode acarretar em si a privação do direito visado pela primeira parte da disposição em causa.

À luz da evolução atual das conceções sobre a instituição «casamento» e das mudanças radicais que a medicina e a ciência acarretaram no domínio da transexualidade, o Tribunal deixou de sustentar que a primeira parte daquela disposição exige que o sexo deva ser determinado segundo critérios puramente biológicos.

Admitindo que pertence sempre ao Estado Contratante determinar as condições que deve preencher uma pessoa transexual para ser aceite que a sua conversão sexual foi conseguida ou aquelas em que um anterior casamento deixa de ser válido ou ainda as formalidades aplicáveis a um futuro casamento, o Tribunal não vê nenhuma razão que justifique a privação em todas as circunstâncias do direito ao casamento aos transexuais.

Note-se que a possibilidade de um transexual casado poder manter o seu casamento após ter mudado de sexo foi deixada à margem de apreciação dos Estados – Decisão do Tribunal de 28 de novembro de 2006, Queixa nº 42 971/05.

1.2. Relativamente aos casamentos entre pessoas do mesmo sexo, o Acórdão Rees, A 106, pág. 19, § 49, admitiu que os Estados podem proibir esta forma de casamentos.

Nestas matérias onde o Tribunal está sempre atento aos sinais dos tempos – ver, por exemplo, o Acórdão E.B./França, citado a seguir –, é de admitir uma evolução; mas, sem que se desenhe uma tendência maioritária ou significativa entre os Estados Membros da *Convenção*, será difícil que o Tribunal reveja a sua jurisprudência e venha a concluir em sentido inverso ao do Acórdão Rees.

Como o Tribunal afirmou na sua Decisão de 10 de maio de 2001, Queixa nº 56 501/00. R01-VI, pág. 305, e no seu Acórdão Schalk e Kopf, de 24 de junho de 2010, apesar da evolução verificada em diversos Estados europeus tendendo ao reconhecimento legal e jurídico das uniões de facto estáveis entre homossexuais, trata-se de um domínio em que os Estados Contratantes, na ausência de um denominador comum largamente partilhado, gozam ainda de uma ampla margem de apreciação.

Mas neste último Acórdão, o Tribunal, invocando o artigo 9º da Carta dos Direitos Fundamentais da UE, admitiu que a aplicação do artigo 12º da *Convenção* não podia continuar a limitar-se ao casamento entre pessoas de sexo diferente; contudo, mais uma vez, o Tribunal acentuou que não pode substituir o seu próprio julgamento ao das autoridades nacionais que estão melhor colocadas para conhecer e responder às necessidades da sociedade.

O que não quer dizer que seja contrária à *Convenção* esta forma de casamento já consagrada em diversos Estados Partes, pois a *Convenção* é um instrumento que pretende proteger direitos e liberdades e não restringi-los. Ver a anotação ao artigo 53º da *Convenção*.

Aliás, esta questão está ultrapassada no que diz respeito a Portugal, que admite o casamento entre pessoas do mesmo sexo, como a Espanha, a Bélgica, a Holanda, a Noruega e a Suécia (referência a 1 de junho de 2010).

Ver, sobre esta matéria, o Acórdão do Tribunal Constitucional nº 359/2009, Processo nº 779/07, de 9 de julho de 2009.

2. Sobre o direito de constituir família, regista-se também uma significativa evolução.

No Acórdão Fretté, de 26 de fevereiro de 2002, R02-I, págs. 309 e segs., o Tribunal entendeu que a impossibilidade de um homossexual adotar uma criança não colidiria com o artigo 14º, mas a questão não foi examinada sob o ângulo deste artigo 12º

Esta jurisprudência não deixava de suscitar dúvidas sobre a bondade e atualidade, dúvidas aliás refletidas nos votos de vencido apostos àquele Acórdão e dificilmente se poderia manter.

Note-se, em primeiro lugar, que o artigo 9º da Carta da União Europeia distingue claramente o direito de contrair casamento do direito de constituir família.

Depois, a constituição de famílias monoparentais ou homossexuais ganhou cada vez mais espaço na ordem jurídica dos países membros do Conselho da Europa.

E, assim, perante esta nova realidade, o Tribunal, no seu Acórdão E.B./França, de 26 de fevereiro de 2008, § 91, veio rever aquela orientação, afirmando claramente que uma discriminação baseada numa orientação sexual para estar justificada necessita de razões particularmente graves e convincentes, pelo que a orientação sexual não pode ser invocada *per se* para recusar o direito à adoção.

Sobre a coadoção parental, ver o Acórdão X e outros/Áustria, de 19 de fevereiro de 2013, §§ 56 e seguintes (na altura da publicação deste Acórdão, a posição dos Estados membros nesta questão era a seguinte: apenas onze países possibilitavam este tipo de adoção aos casais homossexuais; a maioria reservava a coadoção parental aos casais unidos pelo casamento; só dez Estados, incluindo Portugal, permitiam a coadoção a uniões de facto, mas cinco destes Estados, entre eles Portugal, reservavam esta forma de adoção às uniões heterossexuais proibindo-a às uniões homossexuais).

O Tribunal considerou violador do artigo 14º da *Convenção* a interdição da coadoção aos casais homossexuais vivendo em união de facto – ver anotação a este artigo.

3. O direito ao casamento pode ser condicionado e regulamentado pelas leis nacionais que não podem contudo atingi-lo na sua essência: seriam, assim, manifestamente contrárias disposições que prescrevessem o uso obrigatório de contracetivos, impusessem a esterilização ou o aborto não voluntário ou tolerassem estas práticas.

Essas limitações podem relevar da forma – publicidade e celebração do casamento ou do fundo – capacidade, consentimento e impedimentos – Acórdão F/Suíça, de 18 de dezembro de 1987, A 128, pág. 16, § 32.

Assim, foram considerados compatíveis com esta disposição a interdição da bigamia – Decisão de 22 de julho de 1970, Queixa nº 3998/68, *Ann. Conv.*, vol. XIII, pág. 674; e o não reconhecimento do casamento religioso em detrimento do casamento civil – Decisão de 18 de dezembro de 1974, Queixa nº 6167/73, *Déc. Rap.* 1, pág. 64.

E admitem-se ainda medidas destinadas a combater o casamento de conveniência – Decisão de 16 de outubro de 1996, Queixa nº 31 401/96, *Déc. Rap.* 87-A, pág. 160.

No Acórdão F/Suíça, já citado, A 128, pág. 19, § 40, o Tribunal concluiu, por escassa maioria, que a interdição de voltar a casar durante um certo período imposta a um divorciado por três vezes constituía uma violação deste artigo.

Note-se, contudo, que o artigo não garante o direito ao divórcio e, por isso, não há violação quando a proibição do divórcio está consagrada a nível interno – Acórdãos Johnston e outros, de 18 de dezembro de 1986, A 112, págs. 24-25, §§ 52-57, e F/Suíça, A 128, pág. 18, § 38, e Decisão de 5 de outubro de 1981, Queixa nº 9057/80, *Déc. Rap.* 26, pág. 207.

4. Os presos têm o direito de se casar sem terem de esperar pelo fim do cumprimento da pena, incumbindo aos Estados tomar as providências para o exercício daquele direito, no interior ou exterior da prisão – Acórdão Jaremowicz, de 5 de janeiro de 2010, § 64, e Relatórios de 13 de dezembro de 1979, caso Hamer, Queixa nº 7114/75, *Déc. Rap.* 24, pág. 5, e de 10 de julho de 1980, caso Draper, Queixa nº 8186/78, *Déc. Rap.* 24, pág. 72.

5. A Comissão não reconheceu o direito a um casamento póstumo – Decisão de 13 de dezembro de 1984, Queixa nº 10 995/85, *Déc. Rap.* 41, pág. 259.

Artigo 13º – Direito a um recurso efetivo

Qualquer pessoa cujos direitos e liberdades reconhecidos na presente Convenção tiverem sido violados tem direito a recurso perante uma instância nacional, mesmo quando a violação tiver sido cometida por pessoas que atuaram no exercício das suas funções oficiais.

REFERÊNCIAS
DUDH – artigo 8º
PIDCP – artigo 2º, nº 3, alínea *a)*.
Conv. Interam. – artigo 25º
Carta Afric. – artigo 7º
Carta UR – artigo 47º, alínea *a)*.
Const. – artigo 20º
Código de Processo Civil – artigo 2º

Pretende-se que os Estados Contratantes instituam um mecanismo de controlo interno das violações dos direitos e liberdades reconhecidos na *Convenção* – Acórdão AD/Reino Unido, de 2 de maio de 1997, R97-III, pág. 797, § 69 – a exercer perante uma autoridade nacional para verificar se a proteção conferida pela *Convenção* foi assegurada – Acórdãos Wille, de 28 de outubro de 1999, R99-VII, pág. 357, § 75, e Glas Nadejda Eood e Elenkov, de 11 de outubro de 2007, § 69, e não forçosamente uma instância judicial – Acórdão Giuliani e Gaggio, de 24 de março de 2011, § 335.

O caráter subsidiário do sistema de proteção supõe que pertence ao Estado e nomeadamente aos seus tribunais internos sancionar as violações dos direitos e liberdades garantidas pela *Convenção*; o mecanismo de queixa perante o Tribunal só pode intervir após o esgotamento dos meios internos – artigo 35º da *Convenção*.

Os Estados devem assegurar na sua ordem jurídica interna um sistema que permita reparar as violações aos direitos e garantias consagrados na *Convenção*, pois são as autoridades nacionais quem, nos termos do artigo 1º da *Convenção*, são responsáveis, em primeiro lugar, pela proteção dos direitos e garantias.

Inicialmente entendia-se que esta disposição não consagrava um direito autónomo, pois a sua violação dependia da existência de uma outra violação de um direito ou liberdade reconhecidos noutro preceito da *Convenção* ou dos seus Protocolos – Decisões de 1 de julho de 1985, Queixa nº 11 278/84, *Déc. Rap.* 43, pág. 214, de 17 de outubro de 1985, Queixa nº 9984, *Déc. Rap.* 44, pág. 54, de 19 de maio de 1992, Queixa nº 17 004/94, *Déc. Rap.* 73, pág. 155, de 15 de maio de 1995, Queixa nº 23 997/94, *Déc. Rap.* 81-A, pág. 102, e de 13 de janeiro de 1997, Queixa nº 28 479/95 e outras, *Déc. Rap.* 88-A, pág. 137.

Porém, e após algumas inflexões, pode considerar-se dominante a exigência de um recurso, no mais lato sentido do termo, desde que exista uma pretensão que se considere sustentável a nível interno. O caráter sustentável aprecia-se em função dos factos da causa e da natureza dos problemas jurídicos em jogo, mesmo se os Estados gozam de uma certa margem de apreciação quanto ao modo de se conformarem às obrigações que decorrem desta disposição – Acórdãos Boyle e Rice, A 27, de abril de 1988, A 131, pág. 23, § 52, Plattform «Arzte fur das Leben», de 21 de junho de 1988, A 139, pág. 111, § 25, Valsamis, de 18 de dezembro de 1996, R96-VI, pág. 2327, § 46, Efstratiou, de 18 de dezembro de 1996, R96-VI, pág. 2362, § 47, M. S./Suécia, de 27 de agosto de 1997, R97-IV, pág. 1452, § 54, Gündem, de 25 de maio de 1998, R98-III, pág. 136, § 75, Rotaru, de 4 de maio de 2000, R00-V, pág. 86, § 67, Messina, de 28 de setembro de 2000, R00-X, pág. 51, § 89, Hassan e Tchaouch, de 26 de outubro de 2000, R00-XI, pág. 186, § 96, Keenan, de 3 de abril de 2001, R01-III, pág. 198, § 123, T.P. e K.M., de 10 de maio de 2001, R01-V, pág. 181, § 107, Igreja Metropolitana de Bessarábia e outros, de 13 de dezembro de 2001, R01-XII, pág. 76, § 137, Čonka, de 5 fevereiro de 2002, R02-I, pág. 78, § 76, Chamaïev, de 12 de abril de 2005, R05-III, pág. 124, § 446, Mamič, de 27 de julho de 2006, § 40, Gebremedhin, de 26 de julho de 2007, §§ 53 e 67, Hirsi Jamaa e outros, de 23 de fevereiro de 2012, § 200, De Souza Ribeiro, de 13 de dezembro de 2012, § 82 (em caso de expulsão do território, o recurso deve ter efeito suspensivo quando esteja em causa um tratamento contrário ao artigo 3º da

Convenção; quando a expulsão contende com a vida privada ou familiar, a efetividade do recurso já não exige o efeito suspensivo; ver também o Acórdão Tarakhel, de 4 de novembro de 2014, § 123), e Geórgia/Federação Russa, de 3 de julho de 2014, § 210, Relatório de 3 de outubro de 1988, Queixa nº 10 801/84, *Déc. Rap.* 61, pág. 62, e Decisões de 13 de abril de 1989, Queixa nº 14 132/88, *Déc. Rap.* 61, pág. 285, e de 9 de abril de 1997, Queixa nº 29 107/95, *Déc. Rap.* 89-A, pág. 104.

Este recurso deve ser efetivo, em direito e na prática, isto é, o seu exercício não pode ser perturbado de uma maneira injustificada por atos ou omissões das autoridades do Estado requerido, e oferecer a possibilidade de superar a violação alegada; mas a sua efetividade não depende da certeza de uma solução favorável ao requerente – Acórdãos Aksoy, de 18 de dezembro de 1996, R96-VI, pág. 2286, § 89, Aydin, de 25 de setembro de 1997, R97-VI, pág. 1895, § 103, Camenzind, de 16 de dezembro de 1997, R97-VIII, pág. 2896, § 53, Kaya, de 19 de fevereiro de 1998, 65, pág. 329, § 106, Tanrikulu, de 8 de julho de 1999, R99-IV, pág. 554, § 117, Keenan, de 3 de abril de 2001, R01-III, pág. 198, § 123, Bati e outros, de 3 de junho de 2004, R04-IV, pág. 244, § 134, Sueli, de 8 de junho de 2006, R06-VII, pág. 212, § 98, Stanev, de 15 de janeiro de 2012, § 217, e De Souza Ribeiro, de 13 de dezembro de 2012, § 78.

A efetividade dos recursos exigida por este artigo supõe que eles possam impedir a execução das medidas contrárias à *Convenção* e cujas consequências são potencialmente irreversíveis; assim, o artigo 13º opõe-se a que tais medidas sejam executadas antes mesmo do resultado do exame pelas autoridades nacionais da sua compatibilidade com a *Convenção* – Acórdão Čonka, de 5 fevereiro de 2002, R02-I, pág. 78, § 79.

A efetividade dos recursos não exige a intervenção de uma instância judiciária. Porém, os poderes e as garantias processuais que esta instância representa entram em linha de conta para determinar se o recurso é efetivo. Quando se trata de meios não judiciais, o Tribunal preocupa-se em verificar a sua independência assim como as garantias processuais oferecidas. Por outro lado, deve evitar-se que a sua duração excessiva o torne inadequado – Acórdão De Souza Ribeiro, de 13 de dezembro de 2012, §§ 79 e 81.

Tendo em conta a importância do direito à vida e a proibição da tortura e de outros tratamentos desumanos ou degradantes, este artigo impõe que, quando um indivíduo formula uma queixa «séria», segundo a qual os agentes do Estado feriram direitos protegidos na *Convenção*, como o direito à vida, ou destruíram voluntariamente a sua habitação e os seus bens, para além da atribuição de uma eventual indemnização, deve ter lugar uma investigação profunda e efetiva, adequada a identificar e punir os responsáveis, com acesso da vítima ou da sua família ao processo de inquérito (ver as anotações aos artigos 2º e 3º); mas, como se sabe da análise do artigo 6º, nem o artigo 13º nem qualquer outra disposição da *Convenção* garante a um requerente o direito de fazer perseguir e condenar terceiros ou o direito à vingança privada – Acórdãos Aksoy, de 18 de dezembro de 1996, R96-VI, pág. 2287, § 98, Aydin, de 25 de setembro de 1997,

R97-VI, págs. 1895-1896, § 103, Menteÿ e outros, de 28 de novembro de 1997, R97-VIII, pág. 2715, § 89, Kaya, de 19 de fevereiro de 1998, R98-I, pág. 330, § 107, Selçuk e Asker, de 24 de abril de 1998, R98-II, pág. 913, § 96, 106, Kiliç, de 28 de março de 2000, R00-III, pág. 139, § 91, Mahmut Kaya, de 28 de março de 2000, R00-III, pág. 232, § 124, Ilhan, de 27 de junho de 2000, R00-VII, pág. 296, § 97, Salman, de 27 de junho de 2000, R00-VII, pág. 464, § 121, Öneryildiz, de 30 de novembro de 2004, R04-XII, pág. 56, § 147, Bubbins, 17 de março de 2005, R05-II, pág. 242, § 171, El-Masri, de 13 de dezembro de 2013, § 255, e "Centre de Ressources Juridiques au nom de Valentin Câmpeanu", de 17 de julho de 2014, § 149.

E o mesmo se diga quando está em causa a alegação credível de sevícias contrárias ao disposto no artigo 3º: a noção de recurso efetivo postula, também aqui, a abertura de um inquérito apropriado com o acesso do queixoso ao processo e a atribuição de uma indemnização quando for o caso – Acórdão Assenov e outros, de 28 de outubro de 1998, R98-VIII, pág. 3293, § 117.

Este artigo protege as vítimas dos atos do poder judicial mas não garante um segundo grau de jurisdição nem recurso das decisões dos tribunais superiores.

Em princípio, a todos os atos do executivo deve corresponder um direito de recurso.

Em relação à aplicação deste artigo aos atos do poder legislativo, notam-se algumas hesitações do Tribunal, embora recentemente se mostre claramente contra essa aplicação neste âmbito – cfr. Acórdãos James e outros, de 21 de fevereiro de 1986, A 98, pág. 47, § 85, Litghow, de 8 de julho de 1986, A 102, pág. 74, § 205, Boyle e Rice, de 27 de abril de 1988, A 131, pág. 32, § 87, Willis, de 11 de junho de 2002, R02-IV, pág. 351, § 62, Hatton e outros, de 8 de julho de 2003, R03-VIII, pág. 287, § 138, Paksas, de 6 de janeiro de 2011, § 114, Nada, de 12 de setembro de 2012, § 208, e Vallianatos e outros, de 7 de Novembro de 2013, § 94; enquanto a Comissão se pronunciou claramente pela sua não aplicabilidade – cfr. Relatórios de 14 de dezembro de 1979, caso Young, James e Webster, § 177, de 8 de outubro de 1981, caso Sporrong e Lonroth, § 154, e de 3 de outubro de 1988, Queixa nº 10 801/84, L/Suécia, *Déc. Rap.* 61, pág. 62, e Decisões de 10 de março de 1981, Queixa nº 8531/79, *Déc. Rap.* 23, pág. 203, de 14 de dezembro de 1989, Queixa nº 15 344/89, *Déc. Rap.* 64, pág. 210, e de 6 de abril de 1995, Queixa nº 24 581/94, *Déc. Rap.* 81-A, pág. 123.

No citado Acórdão Paksas, § 114, afirma-se que a ausência de recurso contra uma decisão de uma jurisdição constitucional com efeito normativo não suscita problemas em relação ao disposto neste artigo.

Durante muito tempo considerou-se que os recursos perante instâncias nacionais previstos nos artigos 5º, §§ 4 e 5, e 6º, § 1 – examinados oportunamente –, absorviam o recurso a que alude este artigo 13º, porquanto seriam mais rigorosos do que o aqui consagrado; acrescentava-se que, quando o direito reivindicado apresentava um caráter civil, o artigo 6º, nº 1, constituía uma *lex specialis* relativamente a este artigo –

Acórdãos Bouamar, de 29 de fevereiro de 1988, A 129, pág. 29, § 65, Hakansson e Sturesson, de 21 de fevereiro de 1990, A 171-A, pág. 21, § 69, Geouffre de La Pradelle, de 16 de dezembro de 1992, A 253-B, pág. 43, § 37, Pizetti, de 26 de fevereiro de 1993, A 257-C, pág. 37, § 40, Brannigan e McBride, de 26 de maio de 1993, A 258-B, pág. 57, § 76, Hentrich, de 22 de setembro de 1994, A 296-A, pág. 24, § 65, Brualla Gomez de Ia Torre, de 19 de dezembro de 1997, R97-VII, pág. 2957, § 41, e Nikolova, de 25 de março de 1999, R99-II, pág. 24, § 69, e Decisão de 6 de abril de 1995, Queixa nº 24 142/94, *Déc. Rap.* 81-A, pág. 108.

Por isso, eram frequentes as decisões em que, uma vez constatadas as violações daqueles artigos, se dispensava o exame da queixa por este ângulo.

Esta jurisprudência começou a ser posta em dúvida, ao menos relativamente ao direito ao exame da causa em prazo razoável garantido no artigo 6º, pela Comissão (cfr. o Relatório no caso Mikulki, de 10 de setembro de 1999, e opinião minoritária no caso Kudla, 26 de outubro de 1999), e acabou por ser abandonada pelo Tribunal, no seu Acórdão Kudla, de 26 de outubro de 2000.

Neste Acórdão, o Tribunal conclui que a questão de saber se o requerente, num caso concreto, conseguiu uma decisão num prazo razoável é juridicamente distinta daquela que consiste em saber se ele dispunha, no direito interno, de um recurso efetivo para se queixar a esse respeito.

O direito a que a causa seja examinada num prazo razoável será menos efetivo se não existir a possibilidade de solicitar a uma autoridade nacional o exame das queixas baseadas na *Convenção* e as exigências do artigo 13º devem ser vistas como reforçando as do artigo 6º e não absorvidas pela obrigação geral, imposta por este artigo, de evitar processos judiciais anormalmente longos – Acórdão Kudła, R00-XI, págs. 286 e 288, §§ 147 e 152; ver ainda o Acórdãos Krasuski, de 14 de junho de 2005, R05-V, pág. 30, § 66, (exige, nesta área, um meio que previna a violação ou a sua continuação ou a sua reparação se ela já ocorreu), Sürmeli, de 8 de junho de 2006, R06-VII, pág. 212, §§ 98 e 99 (exigências para que um recurso nesta área possa ser considerado efetivo), Wasserman (nº 2), de 10 de abril de 2008, § 47, e Burdov nº 2, de 15 de janeiro de 2009, § 98 (a prevenção, com a consagração de meios que façam avançar o processo, é o recurso mais eficaz para combater a duração de um processo).

Por outro lado, um recurso permitindo denunciar o atraso num processo penal deve nomeadamente funcionar sem prazos excessivos e fornecer um nível de reparação adequado – Acórdão Mcfarlane, de 10 de setembro de 2010, § 108.

E quando o recurso a utilizar é um pedido de indemnização, as regras processuais não devem fazer pesar sobre os peticionários uma carga excessiva se a ação é fundada – Acórdão Mcfarlane, de 10 de setembro de 2010, § 124.

Por este ângulo, as exigências do artigo 13º são mais amplas do que a obrigação de proceder a um inquérito efetivo que o artigo 2º faz pesar sobre os Estados – Acórdãos

Ergi, de 28 de julho de 1998, R98, § 98, e Yaÿa, de 2 de setembro de 1998, R98-IV, pág. 1782, § 114.

Artigo 14º – Proibição da discriminação

O gozo dos direitos e liberdades reconhecidos na presente Convenção deve ser assegurado sem quaisquer distinções, tais como as fundadas no sexo, raça, cor, língua, religião, opiniões políticas ou outras, a origem nacional ou social, a pertença a uma minoria nacional, a riqueza, o nascimento ou qualquer outra situação.

REFERÊNCIAS
DUDH – artigos 1º, 2º e 7º
PIDCP – artigos 2º, nº 1, e 3º
Conv. Interam. – artigo 24º
Carta Afric. – artigo 3º
Carta UE – artigos 20º, 21º, 22º e 23º
Const. – artigo 13º

1. O direito reconhecido neste inciso pode ser identificado como o direito à igualdade, um dos princípios estruturantes de um sistema que conjuga dialeticamente as dimensões liberais, democráticas e sociais inerentes ao conceito de Estado de direito democrático e social[508-509].

Este direito à igualdade não tem existência independente, completando outras cláusulas normativas, devendo ser conjugado com um dos direitos e liberdades reconhecidos pela *Convenção* ou pelos seus Protocolos – Acórdãos Stubbings e outros, de 22 de outubro de 1996, R96-IV, pág. 1507, § 72, Prince Hans-Adam II de Liechtenstein, § 91, e Vallianatos e outros, de 7 de Novembro de 2013, § 72, e Decisão do Tribunal, de 10 de abril de 2001, Queixa nº 52 449/99, R01-V, pág. 533, e Decisões de 19 de maio de 1992, Queixa nº 17 004/92, *Déc. Rap.* 73, pág. 155, de 14 de abril de 1994, Queixa nº 22 564/93, *Déc. Rap.* 77-A, pág. 190, de 5 de julho de 1994, Queixa nº 19 819/92, *Déc. Rap.* 78-A, pág. 88, e de 29 de junho de 1994, Queixa nº 20 769/92, *Déc. Rap.* 78-A, pág. 111.

Contudo, esta dependência não implica com a autonomia do preceito, sendo possível constatar a sua violação sem que concomitantemente se verifique violação do

[508] Vital Moreira e Gomes Canotilho, *ob. cit.*, pág. 125.

[509] Criticava-se, e com razão, o conteúdo limitado deste artigo quando comparado com os preceitos do PIDCP, mormente com o seu artigo 26º que consagra a igualdade perante a lei.
A situação foi agora superada com o Protocolo nº 12, em vigor a partir de 1 de abril de 2005, que introduz uma cláusula de «interdição geral de discriminação». (Ver a anotação a este Protocolo).

direito ou da liberdade a que está associado; basta que os factos da causa possam relevar de um dos artigos da *Convenção* – Acórdãos Abdulaziz, Cabales e Balkandali, de 28 de maio de 1985, A 94, pág. 35, § 71, Inze, de 28 de outubro de 1987, A 126, pág. 17, § 36, Karlheinz Schmidt, de 18 de julho de 1994, A 291-B, pág. 32, § 22, Thlimmenos, de 6 de abril de 2000, R00-IV, pág. 316, § 40, Camp e Bourimi, de 3 de outubro de 2000, R00-X, pág. 150, § 34, Koua Poirrez, de 30 de setembro de 2003, R03-X, pág. 59, § 36, Stummer, de 7 de julho de 2011, § 81, Kurić, de 26 de junho de 2012, § 384, e Fabris, de 7 de fevereiro de 2013, § 47, e Relatório de 14 de dezembro de 1973, Queixa nº 4403/70 e outras, *Déc. Rap.* 78-A, pág. 5, e Decisão de 6 de setembro de 1995, Queixa nº 23 419/94, *Déc. Rap.* 82-A, pág. 41.

Após algumas hesitações iniciais, a jurisprudência dos órgãos de controlo fixou-se nesse sentido.

O Tribunal, no seu Acórdão relativo ao ensino da língua na Bélgica, de 23 de julho de 1968, A 6, págs. 33 e segs., afirmou: se esta garantia não tem, é verdade, existência independente, pois visa unicamente os direitos e liberdades reconhecidos na *Convenção*, uma medida, conforme ela própria às exigências do artigo consagrando o direito ou liberdade em questão, pode, no entanto, contrariar o artigo 14º, se ela revestir um caráter discriminatório[510].

O Tribunal oferece, entre outros, o seguinte exemplo:

O artigo 6º não impõe aos Estados a instituição do duplo grau de jurisdição. O Estado que estabelece tribunais de recurso vai para além das obrigações derivadas do artigo 6º Mas o Estado violaria este artigo, combinado com o artigo 14º, se ele recusasse a utilização do recurso a certas pessoas sem razão legítima, enquanto permitia a outras no mesmo tipo de processos.

No mesmo sentido se pronunciou a Comissão – cfr., entre outros, Relatório de 4 de outubro de 1989, caso *van Breedam*, Queixa nº 11 577/85, *Déc. Rap.* 62, pág. 109, onde se recordava que basta que a matéria entre no domínio de aplicação do artigo.

E o Tribunal precisou que, se o artigo 1º do Protocolo nº 1 não comporta um direito a receber prestações sociais de qualquer tipo, quando um Estado decide criar um regime de prestações, ele deve fazê-lo de uma forma compatível com o artigo 14º – Acórdãos Andrejeva, de 18 de fevereiro de 2009, § 79, Serif Yigit, de 2 de novembro de 2010, § 58, e Stummer, de 7 de julho de 2011, §, 82.

Em princípio, quando se verifica a violação de um direito, dispensa-se a análise sob o ângulo do artigo 14º, exceto quando a discriminação constitui um aspeto fundamental – Acórdão relativos ao ensino da língua na Bélgica, A 6, pág. 33, § 9, Airey, de 9 de outubro de 1979, A 32, pág. 16, § 30, Dudgeon, de 22 de outubro de 1981, A 45, pág. 26, § 67, Karlheinz Schmidt, A 291-B, pág. 33, § 29, Chassagnou e outros, de 29 de

[510] O mesmo se diga para as restrições aos direitos e liberdades – ver, nomeadamente, Acórdão Marckx, de 13 de junho de 1979, A 31, pág. 28, §§ 64 e segs.

abril de 1999, R99-III, pág. 161, § 89, e Acórdão Timishev, de 13 de dezembro de 2005, R05-XII, pág. 211, § 53.

2. Apesar da força literal da expressão «sem quaisquer distinções», o artigo não impossibilita discriminações positivas, diferenciações de tratamento tendentes a corrigir desigualdades de facto.

O que importa é que essas diferenças sejam objetivas e razoáveis e que prossigam um fim legítimo, ou seja, que exista uma justificação objetiva, razoável e proporcional entre o meio utilizado e os fins visados – Acórdãos Fredin, de 18 de fevereiro de 1991, A 192, pág. 19, § 60, Karlheinz Schmidt, A 291-B, págs. 32-33, § 24, Gaygusuz, de 16 de setembro de 1996, R96-IV, pág. 1142, § 42, Larkos, de 18 de fevereiro de 1999, R99-I, pág. 593, § 29, Camp e Bourim, de 3 de outubro de 2000, R00-X, pág. 150, § 37, Wessels-Bergervoet, de 4 de junho de 2002, R02-IV, pág. 270, § 46, Koua Poirrez, de 30 de setembro de 2003, R03-X, pág. 62, § 46, Palau-Martinez, de 16 de dezembro de 2003, R03-XII, pág. 314, § 31, Jahn, de 30 de junho de 2005, R05-VI, pág. 36, § 122, Stec e outros, de 12 de abril de 2006, § 51, R06-VI, pág. 180, e Stummer, de 7 de julho de 2011, § 87, Decisão do Tribunal, de 26 de setembro de 2002, Queixa nº 44 792/98, R02-VIII, pág. 433, e Decisões de 6 de janeiro de 1992, Queixa nº 14 501/89, *Déc. Rap.* 72, pág. 118, e de 11 de janeiro de 1994, Queixa nº 21 472, *Déc. Rap.* 76-A, pág. 129.

Os Estados gozam de uma certa margem de apreciação para determinar se e em que medida as diferenças entre as situações justificam as diferenças de tratamento; a extensão desta margem varia de acordo com as circunstâncias, os domínios e o contexto; em regra, uma ampla latitude é deixada ao Estado quando se trata de definir medidas de ordem geral em matéria económica ou social, mas quando a diferença de tratamento se funda sobre a raça, a cor ou a origem étnica, a noção de justificação objetiva e razoável deve ser interpretada de maneira tão estrita quanto possível – Acórdãos Rasmussen, de 28 de novembro de 1984, A 87, pág. 15, § 40, Stubbings e outros, R96-IV, pág. 1507, § 72, van Raalte, de 21 de fevereiro de 1997, R97-I, pág. 186, § 39, Sheffield e Horsham, de 30 de julho de 1998, R98-V, pág. 2032, § 75, Andrejeva, de 18 de fevereiro de 2009, §§ 82 e 83, Stummer, de 7 de julho de 2011, §§ 88 e 89 (o Tribunal examinou o regime de segurança social (pensões) de que beneficia um preso pelo seu trabalho na prisão, que era diferente daquele de que beneficiava um trabalhador em liberdade, para concluir que essa diferença de tratamento não era discriminatória – § 109), e Kurić, de 26 de junho de 2012, § 386 (não é admissível a situação consagrada aquando da independência da Eslovénia entre estrangeiros "verdadeiros" e os cidadãos originários da ex-Jugoslávia), Decisão do Tribunal de 20 de novembro de 2006, Queixa nº 4295/03, e Decisões de 8 de junho de 1999, Queixa nº 39 511/98, R99-V, pág. 507, e de 24 de junho de 1996, Queixa nº 29 742/96, *Déc. Rap.* 86-A, pág. 163.

3. O igual deve ser tratado do mesmo modo, as situações análogas devem obter o mesmo tratamento, o que coloca difíceis problemas de identificação das situações, rebeldes, por vezes, a uma abordagem de caráter geral – Acórdãos Rasmussen, A 87, págs. 12-13, §§ 29-35, e Timishev, R05-XII, pág. 211, § 56, e Decisões de 19 de maio de 1992, Queixa nº 17 004/94, *Déc. Rap.* 73, pág. 155, e de 6 de setembro de 1995, Queixa nº 23 419/94, *Déc. Rap.* 82-A, pág. 41.

O caráter objetivo e razoável da diferenciação de tratamento deve ser aferido com o fim legítimo a alcançar – cfr., entre outros, Acórdão Abdulaziz, Cabales e Balkandi, A 94, pág. 37, § 78, e o Relatório no caso van Breedam, citado, *Déc. Rap.* 62, pág. 114.

O direito de gozar dos direitos garantidos pela *Convenção* sem ser submetido a uma discriminação é também violado quando, sem justificação objetiva e razoável, os Estados não aplicam um tratamento diferente a pessoas que se encontram em situações sensivelmente diferentes – Acórdão Thlimmenos, de 6 de abril de 2000, R00-IV, pág. 317, § 44 (exclusão de uma profissão de alguém que tinha sido condenado por se recusar a usar um uniforme militar quando condenações mais graves não são motivo daquela exclusão); ver ainda os Acórdãos Posti e Rahko, de 24 de setembro de 2002, R02-VII, pág. 351, § 82, Nachova e outros, de 6 de julho de 2005, R05-VII, pág. 87, § 145, e Bekos e Koutropoulos, de 13 de dezembro de 2005, R05-XIII, pág. 40, § 63.

4. Os motivos de discriminação enumerados neste artigo são puramente exemplificativos, como claramente o demonstram as expressões "tais como" e "qualquer outra situação" – cfr. Acórdão Engel, A 22, pág. 30, § 72.

Anotem-se algumas das decisões sobre os motivos de discriminação:

4.1. Sexo – Só considerações muito fortes, particularmente sólidas e convincentes, podem justificar uma diferença de tratamento fundada sobre o sexo ou sobre a orientação sexual – Acórdãos Per Rasmussen, de 28 de novembro de 1984, A 87 (admissível a diferença de tratamento entre o marido e a mulher para contestar a paternidade atribuída ao marido em relação a uma criança nascida na constância do matrimónio), Abdulaziz, Cabales e Balkandali, de 28 de maio de 1985, A 94 (a recusa de um Estado em admitir no seu território um marido que pretende juntar-se à mulher enquanto uma mulher em circunstâncias análogas teria sido autorizada a juntar-se ao marido, constitui uma injustificada discriminação fundada no sexo contra os emigrantes do sexo masculino), Schuler-Zgraggen, de 24 de junho de 1993, A 263, págs. 21-22, § 67 (o Tribunal, recordando mais uma vez a progressão para a igualdade dos sexos, considerou que a discriminação entre mãe e pai em matéria de pensões por incapacidade para o trabalho não era nem objetiva nem razoável), Burghartz, de 22 de fevereiro de 1994, A 280-B, pág. 29, § 27, Karlheinz Schmidt, A 291-B, págs. 32-33, § 24, Van Raalte, R97-I, pág. 187, § 44 (há violação deste artigo quando se exige o pagamento de uma taxa a um celibatário mas já não a uma celibatária), Petrovic, de 27 de março de 1998, R98-II, pág. 588, § 43 (a recusa de atribuir um subsídio ao pai que cuida do filho, ao contrário do que acontecia em hipótese paralela com a mãe, não viola o disposto neste artigo), Wessels-Bergervoet, de 4 de junho de 2002, R02-IV, pág. 271, § 54 (é discriminatória a redução de uma pensão de uma mulher casada quando um homem casado nas mesmas circunstâncias não sofre essa redução), Willis, de 11 de junho de 2002, R02-IV, pág. 348, § 42 (discriminatória a recusa de uma pensão a um viúvo, enquanto uma viúva, nas mesmas circunstâncias, a receberia), Karner, de 24 de julho de 2003, R03-IX, pág. 232, § 37 (impossibilidade para um dos elementos de uma união homossexual continuar no apartamento arrendado pelo outro, após a morte deste), Ünel Tekeli, de 16 de novembro de 2004, R04-X, pág. 233, § 68 (a unidade da família não justifica a obrigação da mulher usar o nome do marido), Stec e outros, de 12 de abril de 2006, R06-VI, pág. 180, § 52 (a diferença de idade entre homem e mulher para a aposentação continua a ser razoável e objetivamente justificada), Zarb Adam, de 20 de junho de 2006, § 82 (impossibilidade de um júri reservado exclusivamente aos homens), Opuz, de 9 de junho de 2009, § 202 (insuficiente proteção da mulher nos casos de violência doméstica por parte do marido dada a passividade das autoridades que conheciam aquele comportamento), Vallianatos e outros, de 7 de Novembro de 2013, §§ 77 e segs. (uma lei que reconhece o "pacto de vida em comum" apenas para os casais heterossexuais, excluindo os casais homossexuais, não é compatível com o disposto neste artigo conjugado com o artigo 8º), e Hämäläinen, de 16 de julho de 2014, § 104 (um transexual não pode ser comparado, para este efeito, a um cissexual), Decisão do Tribunal, de 15 de fevereiro de 2001, Queixa nº 42 393/98, R01-V, pág. 433, (é compatível com o artigo 14º a proibição de usar o «véu islâmico» durante as aulas feita a uma professora, pois não há discriminação em relação ao sexo porquanto a interdição imposta à queixosa de não usar o véu apenas no âmbito da sua atividade profissional não visava a sua condição de pertença ao sexo feminino, mas perseguia um fim legítimo de respeito da neutralidade do ensino primário público; aliás, uma tal medida poderia igualmente aplicar-se a um homem usando ostensivamente, nas mesmas circunstâncias, os hábitos próprios de uma outra confissão), Decisão do Tribunal, de 26 de setembro de 2002, Queixa nº 44 792/98, R02-VIII, pág. 433 (não é discriminatória a atribuição apenas a um dos cônjuges de um subsídio por chefe de família), e Decisão de 15 de maio de 1996, Queixa nº 22 956/93, *Déc. Rap.* 85-A, pág. 58 (admissível a distinção entre a mulher e o homem relativamente ao serviço militar obrigatório). Cfr., ainda, Relatório de 14 de dezembro de 1973, Queixas nº 4403/70 e outras, *Déc. Rap.* 78-A, pág. 5, e Decisões de 15 de março de 1984, Queixa nº 9639/82, *Déc. Rap.* 36, pág. 130, e de 18 de janeiro de 1996, Queixa nº 25 053/94, *Déc. Rap.* 84-A, pág. 101.

4.2. Raça – Quando a diferença de tratamento é fundada sobre a raça, a cor ou a origem étnica, a noção de justificação objetiva e razoável deve ser interpretada de maneira tão estrita quanto possível – Acórdão Sejdič e Finci, de 22 de dezembro de 2009, § 44 (interdição de ser candidato a um órgão legislativo da Bósnia-Herzegovina a quem não pertencesse a um dos «povos fundadores»). Ver, ainda, os Acórdãos Nachova e outros, de 6 de julho de 2005, R05-VII, pág. 87, § 145 (ciganos), Šečić, de 31 de maio de 2007, § 69 (ataque de Skinheads que demorou sete anos a ser investigado), D.H. e outros/República Checa, de 13 de novembro de 2007, § 176, e Oršuš e outros, de 16 de março de 2010, § 184 (a discriminação baseada numa origem étnica constitui uma forma de discriminação racial; nestes julgamentos, estudou-se a colocação de crianças de origem cigana em escolas primárias especiais destinadas a crianças sofrendo de uma deficiência mental, tendo o Tribunal salientado que a vulnerabilidade dos ciganos implica conceder uma atenção especial às suas necessidades e ao seu modo de vida), e Decisão de 10 de março de 1981, Queixa nº 8896/80, *Déc. Rap.* 24, pág. 176.

4.3. Língua – Acórdão relativo ao ensino da língua na Bélgica, A 6, pág. 69, § 32;

4.4. Religião – Acórdão Hoffmann, de 23 de junho de 1993, A 255-C, que, em matéria de colocação dos filhos de pais separados, detetou uma violação do artigo 8º conjugado com o artigo 14º, dado o facto de ter sido retirada a guarda do filho a um dos pais por ser Testemunha de Jeová; ver também os Acórdãos Palau-Martinez, de 16 de dezembro de 2003, R03-XII, pág. 315, §§ 38 e segs., e 97 Membros da Congregação das Testemunhas de Jeová de Gldani e 4 outros, de 3 de maio de 2007, § 140 (indiferença das autoridades perante os ataques violentos de populares contra a assembleia daquela congregação).

4.4. Orientação sexual – Acórdão Salgueiro da Silva Mouta, de 21 de dezembro de 1999, R99-IX, pág. 335, onde se detetou uma violação do artigo 8º conjugado com o artigo 14º, dado o facto de não ter sido entregue a filha ao pai por, entre outras razões, este, homossexual, viver em comunhão com outro homem e ainda as visitas entre o pai e filha terem sido condicionadas dada a orientação sexual do pai; L. e V./Áustria, de 9 de janeiro de 2003, R03-I, pág. 88, § 41 (há violação quando se confere aos rapazes entre os 14 e os 18 anos proteção relativamente às relações sexuais com homens adultos enquanto as raparigas daquela idade não gozam da mesma proteção relativamente às relações sexuais com homens ou mulheres adultos); Baczkowski, de 3 de maio de 2007, § 100 (proibição de manifestações de homossexuais).

4.5. Nascimento – Acórdãos Marckx, de 13 de junho de 1979, A 31, págs. 18-20, §§ 38 a 43 (a distinção em matéria de sucessão entre filhos "naturais" e "legítimos" coloca problemas sob o ângulo deste artigo), Camp e Bourim, de 3 de outubro de 2000, R00-X, pág. 151, § 38, Inze, de 28 de outubro de 1987, A 126, págs. 18 e segs., §§ 41-45 (preferência na exploração de um bem adquirido por sucessão ao filho nascido de um casamento), Mazurek, de 1 de fevereiro de 2000, R00-II, pág. 17, § 54 (herança a dividir em partes desiguais entre um filho nascido do casamento e um filho nascido fora do casamento), Sahin de 8 de julho de 2003, R03-VIII, pág. 127, § 94 (ver também o Acórdão Zaunegger, de 3 de dezembro de 2009, § 37) (diferença de tratamento entre o pai de uma criança nascida de uma união de facto e o pai de uma criança nascida na constância do casamento), Haas, de 13 de janeiro de 2004, R04-I, pág. 60, §§ 42 e 43 (diferença no estabelecimento de direitos à herança de um individuo que não tem estabelecida a sua filiação em relação a um filho legítimo ou natural reconhecido), Pla e Puncerau, de 13 de julho de 2004, R04-VIII, pág. 202, § 62 (filho adotivo e filho natural na interpretação de uma cláusula testamentária), Brauer, de 28 de maio de 2009, § 44 (diferença de tratamento em matéria de sucessão entre os filhos nascidos dentro e fora de um casamento na antiga República Democrática Alemã), e Fabris, de 7 de fevereiro de 2013, § 59 (só fortes razões podem levar a considerar compatível com a *Convenção* uma distinção fundada sobre o nascimento fora do casamento, o que não acontece quando há uma partilha em vida entre os filhos nascido do casamento mas que produz efeito com a morte do *de cujus*, excluindo da sucessão o filho nascido fora do casamento e reconhecido após aquela divisão de bens) e Decisões da Comissão 3 de dezembro de 1997, Queixa nº 33 257/96, *Déc. Rap.* 91-A, pág. 66 (admissível a exigência de um atestado de residência a um estrangeiro que quer casar com um nacional), e de 6 de abril de 1994, Queixa nº 22 920/93, Déc. Rap 77-A, págs. 108 e segs. (a primazia do interesse da criança, que goza de uma presunção de filiação «legítima», sobre o interesse do pai natural a estabelecer a sua paternidade, não era nem arbitrária nem abusiva e não denotava nenhuma falta de respeito pela vida privada deste).

O Acórdão X e outros/Áustria, de 19 de fevereiro de 2013, §§ 56 e seguintes, examinou a coadoção parental, estudando as diferenças estabelecidas na legislação austríaca.

Assim, não considerou discriminatória a diferença nesta matéria entre casais unidos pelo matrimónio e uniões de facto, admitido no primeiro caso, interditado no segundo – § 110.

Mas, pelo contrário, a discriminação entre uniões hétero e homossexuais neste campo da coadoção parental, admitida apenas na primeira situação, não assenta em nenhum critério objetivo e razoável – § 153.

Na altura da publicação deste Acórdão, a posição dos Estados membros nesta questão era a seguinte: a maioria reservava a coadoção parental aos casais unidos pelo casamento, apenas onze países possibilitavam este tipo de adoção aos casais homossexuais.

Só dez Estados, incluindo Portugal, permitiam esta coadoção a uniões de facto, mas cinco destes Estados, entre eles Portugal, reservavam-na às uniões heterossexuais proibindo-a às uniões homossexuais.

O Tribunal considerou violador do artigo 14º combinado com o artigo 8º da *Convenção* a interdição desta coadoção aos casais homossexuais vivendo em união de facto quando ela era admitida aos casais heterossexuais vivendo em união de facto.

4.6. Deficiência física – Acórdão Glor, de 30 de abril de 2009, onde Tribunal considerou discriminatória a exigência de o pagamento de uma taxa por isenção do serviço militar de uma pessoa sofrendo de diabetes.

4.7. Origem nacional – Acórdãos Gaygusuz, R96-IV, pág. 1142, § 40, Koua Poirrez, de 30 de setembro de 2003, R03-X, pág. 62, § 49, Aziz, de 22 de junho de 2004, R04-V, pág. 232, § 36 (interdição de uma comunidade (cipriota turca) de participar na vida política do País); Wagner e J.M.L., de 28 de junho de 2007, § 158 (em matéria de adoção), Luczak, de 27 de novembro de 2007, § 48, e Andrejeva, de 18 de fevereiro de 2009, § 89 (no acesso à segurança social);

4.8. Outros – a situação militar admite um regime disciplinar mais rigoroso – Acórdão Engel, de 8 de junho de 1976, A 22, pág. 31, § 73; a imprensa e os parlamentares têm deveres e responsabilidades distintas – Acórdão Sunday Times, de 26 de abril de 1979, A 30, pág. 43, § 73; a nacionalização de bens não é análoga à expropriação, pois os dois institutos visam objetivos diferentes – Acórdão Lithgow, de 8 de julho de 1980, A 102, pág. 69, § 189; a assistência jurídica gratuita aos pobres, imposta aos advogados estagiários na Bélgica, não é discriminatória – Acórdão van der Mussele, de 23 de novembro de 1983, A 70, pág. 22, § 46; a interdição do exercício de uma profissão pelo desempenho de funções anteriores poder relevar deste artigo – Acórdão Sidabras e Džiautas, de 27 de julho de 2004, R04-VIII, pág. 420, § 56; a diferença na concessão de indultos entre presos condenados a prisão perpétua está justificada pelos elementos que são tomados em conta na concessão daquela medida – Acórdão Kafkaris, de 13 de fevereiro de 2008, § 164; é justificada diferença para efeitos de imposto sucessório entre duas irmãs que vivem juntas e o cônjuge ou o parceiro sobrevivo – Acórdão Burden, de 29 de abril de 2008, § 66; não é admissível tratar diferentemente ao nível das indemnizações os doentes contaminados com o vírus HIV em consequência de transfusões sanguíneas – Acórdão G.N. e outros/Itália, de 1 de dezembro de 2009, § 133; não é admissível para a atribuição de uma pensão por morte do homem tratar diferentemente um casamento segundo a tradição cigana quando o Estado reconheceu o estatuto de família numerosa e concedeu à mulher e aos filhos assistência no domínio da saúde; mas já é possível tratar diferentemente um casamento religioso de alguém que, por esta circunstância e por não ter realizado um casamento civil, perdeu os direitos sociais ligados à morte do companheiro – Acórdãos Muñoz Diaz, de 8 de dezembro de 2009, §§ 69 e 81, e Serif Yigit, de 2 de novembro de 2010, §§ 85 e 86; não é discriminatório aumentar as pensões apenas a quem vive no país e não o fazer aos não residentes, salva a existência de acordos bilaterais de reciprocidade – Acórdão Carson, de 16 de março de 2010, § 89; obrigar os pequenos proprietários a colocar em comum as suas terras de caça no objetivo, legítimo e de interesse geral, de favorecer uma melhor gestão cinegética não é, em si, discriminatório em relação aos grandes proprietários – Acórdão Chabauty, de 4 de outubro de 2012, § 56; é admissível o tratamento fiscal mais favorável da Igreja Católica, de acordo com tratados celebrados ente o Estado e o Vaticano, ou a concessão de subsídios apenas a escolas religiosas, ou permitir aos cidadãos afetar uma parte do seu imposto sobre o rendimento à Igreja Católica e já não a outras Igrejas – Decisão do Tribunal, de 14 de junho de 2001, Queixa nº 53 072/99, R01-VI, pág. 477 (ver também as Decisões de 11 de janeiro de 1992, Queixa nº 17 522/90, *Déc. Rap.* 72, pág. 256, e de 6 de setembro de 1995, Queixa nº 23 419/94, *Déc. Rap.* 82-A, pág. 41); a recusa a um partido de usar a rádio ou a televisão, durante uma campanha eleitoral, enquanto aos outros é concedido tempo de antena nesses meios de comunicação – Decisão de 12 de julho de 1971, *Ann. Conv.*, vol. XIV, pág. 539; a exigência ao empregador de uma caução como condição para interpor recurso, justificada pela desigualdade de facto existente entre empregador e trabalhador e as consequências que um recurso pode acarretar para um e para outro – Decisão de 4 de setembro de 1989, Queixa nº 13 012/87, *Déc. Rap.* 62, pág. 255; é admissível um tratamento diferenciado de atividades inspiradas no nacional-socialismo relativamente a outras atividades políticas – Decisão de 12 de outubro de 1989, Queixa nº 12 774/87, *Déc. Rap.* 62, pág. 216; a concessão de tempo de antena apenas aos partidos que atingiram uma determinada percentagem nas últimas eleições – Decisão de 28 de junho de 1995, Queixa nº 24 744/94, *Déc. Rap.* 82-A, pág. 98.

No Acórdão S. H. e outros/Áustria, de 1 de abril de 2010, o Tribunal não considerou objetivamente justificada a diferença de tratamento entre pessoas vivendo em união de facto e as ligadas pelo casamento relativamente ao recurso a esperma ou a óvulo de terceiros para a fertilização *in vitro* (não autorizado na primeira situação, mas já sim na segunda).

Artigo 15º – Derrogação em caso de estado de necessidade

1 – Em caso de guerra ou de outro perigo público que ameace a vida da nação, qualquer Alta Parte Contratante pode tomar providências que derroguem as obrigações previstas na presente Convenção, na estrita medida em que o exigir a situação, e em que tais providências não estejam em contradição com as outras obrigações decorrentes do direito internacional.

2 – A disposição precedente não autoriza nenhuma derrogação ao artigo 2º, salvo quanto ao caso de morte resultante de atos lícitos de guerra, nem aos artigos 3º, 4º (parágrafo 1) e 7º

3 – Qualquer Alta Parte Contratante que exercer este direito de derrogação manterá completamente informado o secretário-geral do Conselho da Europa das providências tomadas e dos motivos que as provocaram. Deverá igualmente informar o secretário-geral do Conselho da Europa da data em que essas disposições tiverem deixado de estar em vigor e da data em que as da Convenção voltarem a ter plena aplicação.

REFERÊNCIAS
PIDCP – artigo 4º
Conv. Interam. – artigo 27º
Const. – artigo 19º

1. São numerosos os instrumentos internacionais que possibilitam aos Estados, mediante certas condições, o afastamento provisório das suas obrigações convencionais; serão situações de exceção e de estado de necessidade que afetam o conjunto da população e constituem uma ameaça para a vida organizada da comunidade constituindo o Estado – Acórdão A. e outros/Reino Unido, de 19 de fevereiro de 2009, § 176.

Nesse contexto, um Estado Parte pode suspender todos os direitos e liberdades garantidos pela *Convenção*, com exceção dos ressalvados no nº 2 deste artigo, sem esquecer que essa suspensão não pode estar em contradição com outras obrigações decorrentes do direito internacional – Acórdão Brannigan e McBride, de 26 de maio de 1993, A 258-B, págs. 56-57, §§ 67-73.

A guerra – internacional ou civil, declarada formalmente ou não – é, sem dúvida, uma dessas situações.

Um outro perigo público será uma situação de crise ou de perigo excecional e iminente que afeta a população no seu conjunto e constitui uma ameaça para a vida organizada da comunidade que compõe o Estado, pouco importando a sua origem: catástrofes ou calamidades naturais, insurreições, revoltas, golpes de Estado – Acórdão Lawless, A 3, pág. 56, § 28; ver também o Relatório de 5 de novembro de 1969, caso Grego, *Ann. Conv.*, vol. XII, pág. 72.

Face a este perigo, as forças normais devem mostrar-se incapazes para o dominar; então, o Estado pode suspender os direitos e liberdades na proporção e pelo tempo exigido pela situação – Relatório de 8 de janeiro de 1960, caso Becker, B 2, pág. 131, § 267.

Neste Relatório, a Comissão precisou que o «perigo público» devia assumir as seguintes condições:

a) Ser atual ou iminente;
b) Ter repercussões sobre o conjunto da Nação;
c) Constituir uma ameaça para a vida organizada da comunidade;

d) A crise ou o perigo devem ter um caráter excecional, isto é, que as medidas ou restrições ordinárias, autorizadas pela *Convenção* para manter a segurança, a saúde e a ordem pública, sejam manifestamente insuficientes.

Na aplicação deste artigo, os Estados gozam de uma certa margem de apreciação, incumbindo-lhes determinar se um perigo público ameaça a Nação e, na afirmativa, até onde é preciso ir para o tentar eliminar; mas esta margem de apreciação não dispensa um controlo europeu no sentido de averiguar se os Estados excederam a «estrita medida» das exigências da crise – Acórdãos Irlanda/Reino Unido, de 18 de janeiro de 1978, A 25, págs. 78-79, § 207, Brannigan e McBride, A 258-B, pág. 49, § 43, Demir e outros, de 23 de setembro de 1998, R98-VI, pág. 2654, § 43, e A. e outros/Reino Unido, de 19 de fevereiro de 2009, § 173.

2. No nº 2 deste artigo enumeram-se as hipóteses onde, mesmo naquelas situações limite, os direitos reconhecidos devem ser respeitados: o direito à vida – artigo 2º; a interdição da tortura ou de tratamentos desumanos ou degradantes – artigo 3º; a proibição da escravidão ou da servidão – artigo 4º, nº 1; a legalidade dos crimes e das penas – artigo 7º

A estas exceções devem juntar-se a abolição da pena de morte – Protocolos nºs 6, artigo 3º, e 13, artigo 3º –, e o princípio de *ne bis in idem* – artigo 4º do Protocolo nº 7 – matérias inderrogáveis.

3. O nº 3 deste artigo, ao impor a obrigação de informar o Secretário-geral das providências adotadas, visa facilitar o seu controlo, pois o Secretário-geral deve por seu turno comunicá-las aos restantes Estados Contratantes e ao Tribunal.

Essa comunicação, contendo o texto das medidas e os elementos suficientes para que os seus destinatários possam apreciar a sua natureza e conteúdo, deve ser feita no mais curto prazo – Relatórios de 19 de dezembro de 1959, caso Lawless, B 1, pág. 73, e de 5 de novembro de 1969, caso Grego, *Ann. Conv.*, vol. XII, §§ 22-86.

Apesar da paz que se desfruta nos Estados membros, os órgãos de controlo da *Convenção* já por diversas vezes foram confrontados com medidas tomadas ao abrigo deste artigo.

V., por exemplo, os casos Lawless, Irlanda/Reino, Grego e Brannigan e McBride, já referidos, o Acórdão Brogan e outros, de 29 de novembro de 1988, A 145-B, e o caso Grécia/Reino Unido, Queixa nº 176/56, que terminou com a desistência grega – Resoluções do Comité de Ministros 59(12) e (59)32, e as Queixas nºs 6780/74 e 6950/75, Chipre/Turquia, Relatório de 10 de julho de 1976, não publicado, e nºs 9940-9944/82, da França, Dinamarca, Noruega, Holanda e Suécia contra Turquia, declarada admissível por Decisão de 6 de dezembro de 1983, e terminada por um acordo amigável (Relatório de 7 de dezembro de 1985, *Déc. Rap.* 44, pág. 31).

A França recorreu a esta salvaguarda, em 1985, por causa da situação na Nova Caledónia.

E a Turquia, em 1990, com alterações em 1992, recorreu também a este regime de exceção, por causa da situação curda – Acórdãos Aksoy, de 18 de dezembro de 1996, R96-VI, págs. 2270-2271, §§ 31-35, e Sakik e outros, de 26 de novembro de 1997, R97VII, págs. 2621 e 2622, §§ 34-39.

Na sequência do 11 de setembro de 2001, o Reino Unido adotou leis antiterroristas, consagrando um poder alargado de detenção de pessoas; com a sua declaração de 18 dezembro de 2001 (retirada com efeito a partir de 16 de março de 2005), e invocando o perigo público contemplado neste artigo, o Reino Unido pretendia salvaguardar uma eventual desarmonia entre as medidas adotadas e o artigo 5º da *Convenção*.

4. O nosso sistema constitucional engloba o estado de sítio e o estado de emergência, mais extensos que o estado de guerra ou de insurreição, incluindo os casos de calamidade pública.

O seu conteúdo harmoniza-se, assim, com o do artigo em análise.

Artigo 16º – Restrições à atividade política dos estrangeiros

Nenhuma das disposições dos artigos 10º, 11º e 14º pode ser considerada como proibição às Altas Partes Contratantes de imporem restrições à atividade política dos estrangeiros.

REFERÊNCIAS
PIDCP – artigo 2º
Conv. Interam. – artigo 21º, nº 2.
Carta UE – artigos 39º e 40º
Const. – artigo 15º

Esta disposição permite aos Estados estabelecerem limitações especiais para estrangeiros (incluindo os apátridas), relativamente ao gozo das liberdades de expressão, associação e reunião, previstas nos artigos 10º e 11º, na vertente relacionada com a sua atividade política.

O direito internacional comum autoriza limitações à atividade política dos estrangeiros; contudo, uma interpretação restritiva impõe-se na matéria, circunscrevendo-a, segundo certos autores, a três hipóteses:

a) Atividades políticas que possam deteriorar as relações entre o Estado de acolhimento e o Estado estrangeiro, as mais frequentes relacionadas com opositores ao regime do país de origem;

b) Dever de discrição dos estrangeiros em relação ao país de acolhimento; aqueles devem abster-se de ingerência na vida política deste;

c) Evitar conflitos entre facões ou grupos políticos do país de origem que perturbem a ordem pública no país de acolhimento[511].

Os órgãos de controlo ainda não tiveram oportunidade de analisar, em toda a sua amplitude, esta disposição que deve, hoje, ser vista com certa reserva.

Note-se, desde logo, a abertura que a União Europeia oferece à vida política dos estrangeiros nos diversos países que a integram, especificamente para os originários dos seus Estados membros; o que impedirá, por exemplo, que um Estado se prevaleça desta disposição para restringir o direito garantido pelo artigo 10º, ao menos para um deputado ao Parlamento Europeu – Acórdão Piermont, de 27 de abril de 1995, A 314, pág. 24, § 64.

Acresce que a Carta Europeia atribui a todos os cidadãos da União Europeia o direito de eleger e de ser eleito nas eleições para o Parlamento Europeu e nas eleições municipais do Estado membro de residência – Artigos 39º e 40º

E recorde-se que vários Estados, incluindo Portugal, permitem, hoje em dia, a participação ativa e passiva dos estrangeiros nas eleições para as autarquias locais.

Por outro lado, o Pacto Internacional sobre Direitos Civis e Políticos não contém semelhante restrição (cfr. o seu artigo 2º) e a generalidade dos Estados que ratificaram a *Convenção* também ratificaram aquele Pacto sem lhe aportarem qualquer reserva.

O artigo 18º da Convenção Europeia sobre Estabelecimento acorda, aos estrangeiros que tenham exercido uma atividade apropriada durante cinco anos num determinado país, o direito de participar, nas mesmas condições que os nacionais, como eleitores, nas eleições para os organismos de caráter económico ou profissional.

Assim, o tempo está hoje suficientemente maduro para se dar sequência à Recomendação nº 799 (1977), de 25 de janeiro de 1977, da Assembleia Parlamentar do Conselho da Europa, preconizando a eliminação das restrições contidas neste artigo.

Artigo 17º – Proibição do abuso de direito

Nenhuma das disposições da presente Convenção se pode interpretar no sentido de implicar para um Estado, grupo ou indivíduo qualquer direito de se dedicar a atividade ou praticar atos em ordem à destruição dos direitos ou liberdades reconhecidos na presente Convenção ou a maiores limitações de tais direitos e liberdades do que as previstas na Convenção.

[511] Ver, entre outros, Jacques Velu e Rusen Ergec, *ob. cit.*, pág. 157.

REFERÊNCIAS
Carta UE – artigo 54º

1. Esta disposição comporta duas vertentes: uma, a restrição aos direitos que não podem ser utilizados para violarem ou destruírem os direitos e liberdades, e a outra, uma limitação às restrições formuladas nas diversas normas da própria *Convenção*.

A Comissão sublinhou que ressalta da economia da *Convenção* em geral e do artigo 17º em particular que o fim último das restrições aos direitos reconhecidos reside na proteção da ordem social democrática e do seu pilar que é a preeminência do direito – Relatório de 11 de maio de 1984, caso Glasenapp, A 104, pág. 43, § 89.

2. Um Estado não pode praticar atos visando a destruição dos direitos e liberdades consagrados ou ampliar as restrições desses mesmos direitos e liberdades para além dos limites previstos na *Convenção*.

Coloca-se, também aqui, a questão da autonomia desta disposição, vista sob o ângulo das restrições.

Quando se constata que uma restrição a um direito está de acordo com uma norma específica da *Convenção*, não é necessário aferi-la a esta disposição – cfr., por todos, Acórdão Handyside, de 7 de dezembro de 1976, A 24, pág. 30, § 64 – e, quando se verifica que a restrição viola uma disposição da *Convenção* ou dos seus Protocolos, dispensa-se a análise sob a perspetiva deste artigo 17º – Acórdão Sporrong e Lonroth, de 23 de setembro de 1982, A 52, pág. 28, § 76[512].

3. Este artigo permite a um Estado negar os direitos reconhecidos na *Convenção* a quem pretenda, com a sua atividade, destruí-los; visa impedir-se que indivíduos ou grupos subversivos possam explorar, em seu benefício, os princípios consagrados na *Convenção* – Acórdão Paksas, de 6 de janeiro de 2011, § 87, Decisões do Tribunal, de 23 de fevereiro de 1999, R99-II, pág. 537, de 2 de setembro de 2004, Queixa nº 42 264/98, R04-VII, pág. 365, e de 20 de fevereiro de 2007, Queixa nº 35 222/04, e Decisões de 11 de outubro de 1979, Queixas nºs 8348/78 e 8406/78, *Ann. Conv.*, vol. XXIII, pág. 381, de 12 de maio de 1988, Queixa nº 12 194/86, *Déc. Rap.* 56, pág. 506, de 11 de novembro de 1995, Queixa nº 21 128/92, *Déc. Rap.* 80-A, pág. 94, de 6 de setembro de 1995, Queixa nº 25 096/94, *Déc. Rap.* 82-A, pág. 117, de 29 de novembro de 1995, Queixa nº 25 992/94, *Déc. Rap.* 84-A, pág. 149, e de 24 de junho de 1996, Queixa nº 31 159/86, *Déc. Rap.* 86-A, pág. 184.

[512] P. van Dijk e G. J. H. van Hoof, *ob. cit.*, pág. 562, são também de opinião que esta disposição não tem caráter independente.

Assim, a negação ou a revisão de factos históricos claramente estabelecidos – como, *v.g.*, o Holocausto –, deixam de ter a proteção do artigo 10º, por força do disposto neste artigo – Acórdão Lehideux e Isorni, de 23 de setembro de 1998, R 98-VII, pág. 2884, § 47, e Decisões do Tribunal, de 24 de junho de 2003, Queixa nº 65 831/01, R03-IX, pág. 339, e de 3 de outubro de 2006, Queixa nº 62 414/00; assim como um ataque veemente de caráter geral contra um grupo religioso não goza da proteção do artigo 10º – Decisão do Tribunal, de16 de novembro de 2004, R04-XI, pág. 353.

Esta doutrina foi aplicada no caso da proibição do Partido Comunista Alemão, onde a Comissão afirmou que o recurso à ditadura para instauração de um regime era incompatível com a *Convenção*, no que ele comporta de destruição de inúmeros direitos e liberdades ali consagrados – Decisão de 20 de julho de 1957, Queixa nº 250/57, *Ann. Conv.*, vol. I, pág. 225.

A Comissão precisou que a *Convenção* não pode ser interpretada como implicando para um grupo ou um indivíduo um qualquer direito de se dedicar a uma atividade visando a destruição dos direitos reconhecidos na *Convenção* ou das suas limitações – Decisão de 12 de maio de 1988, Queixa nº 12 194/86, *Déc. Rap.* 56, pág. 205.

Neste contexto, a Comissão observou que o nacional-socialismo é uma doutrina totalitária incompatível com a democracia e os Direitos Humanos e que os seus partidários visam incontestavelmente objetivos do tipo dos mencionados neste artigo – Decisões de 12 de outubro de 1989, Queixa nº 12 774/87, *Déc. Rap.* 62, pág. 216, e de 18 de outubro de 1995, Queixa nº 25 062/94, *Déc. Rap.* 83-A, pág. 72.

Como é evidente, todas estas decisões devem ser lidas à luz de fatores então predominantes.

4. Da jurisprudência da Comissão e do Tribunal, resulta que certos direitos escapam totalmente ao campo de aplicação do artigo 17º, como os direitos à vida e à interdição da tortura.

Outros não se prestam a servir de instrumentos a atividades destruidoras das liberdades, como sejam o direito à liberdade e à segurança (artigo 5º), a um processo equitativo (artigo 6º), à não retroatividade das leis penais (artigo 7º) e os consagrados nos artigos 13º e 14º

Já os direitos à liberdade de expressão (artigo 10º), de reunião ou associação (artigo 11º), de circulação e residência (artigo 2º, nº 2, do Protocolo nº 4) são dos que se prestam a atividades prejudiciais às liberdades – Acórdão Lawless, de 1 de julho de 1961, A 3, pág. 45, § 7, e Relatório de 19 de dezembro de 1959, no mesmo «Caso», série B, nº 1, pág. 180.

Artigo 18º – Limitação da aplicação de restrições aos direitos

As restrições feitas nos termos da presente Convenção aos referidos direitos e liberdades só podem ser aplicadas para os fins que foram previstas.

Pode dizer-se que esta disposição se limita a enunciar uma interdição que já consta do artigo 17º[513].

Pretende-se que os Estados não utilizem os poderes que a *Convenção* lhes reconhece em matéria de restrições para além dos limites e dos fins a que elas se destinam.

Veda-se, no fundo, o desvio de poder, vício que a doutrina administrativa define como o «que afeta o ato administrativo praticado no exercício de poderes discricionários quando estes hajam sido usados pelo órgão competente com fim diverso daquele para que a lei os conferiu ou por motivos determinantes que não condigam com o fim visado pela lei que conferiu tais poderes»[514].

Note-se que é impossível invocá-lo quando a violação é feita a um direito que, fazendo parte do núcleo central da *Convenção*, não admite nem restrições nem derrogação – Decisão de 12 de julho de 1984, Queixa nº 9009/80, *Déc. Rap.* 39, pág. 64.

Por seu turno, a Comissão lembrou este artigo para afirmar que a privação de liberdade prevista na alínea *f)* do nº 1 do artigo 5º está preordenada aos fins que aí estão enumerados, isto é, à extradição ou expulsão da pessoa que se detém – Decisão de 12 de julho de 1984, Queixa nº 9009/80, *Déc. Rap.* 39, pág. 58.

Quanto à questão da sua autonomia, verifica-se alguma evolução.

É aceite que este preceito não tem existência independente, tendo sempre de ser conjugado com as cláusulas que autorizam as restrições aos direitos consagrados na *Convenção* – Acórdão Gusinskiy, de 19 de maio de 2004, R04-IV, pág. 177, § 73 (uma detenção usada para intimidar o requerente); cfr. Relatório de 14 de julho de 1974, Queixa nº 4771/71, caso Kamma, *Déc. Rap.* 1, pág. 4.

Contudo, a Comissão e o Tribunal estavam divididos, aquela defendendo a possibilidade de violação autónoma, enquanto o Tribunal se recusava a examinar essa possibilidade, como se nota na posição assumida por aqueles órgãos no caso Bozano – Relatório de 7 de dezembro de 1984 e Acórdão de 18 de dezembro de 1986, A 111, pág. 34, § 78, e pág. 27, § 61, respetivamente; ver, também, o caso Handyside, Relatório de 30 de setembro de 1975, série B nº 22, pág. 52, e Acórdão de 7 de dezembro de 1976, A 22, págs. 25 e 30, § 64.

[513] Jacques Velu e Rusen Ergec, *ob. cit.*, pág. 135.

[514] Marcello Caetano, *Manual de Direito Administrativo*, vol. I, 10ª ed. (reimpressão), Coimbra, 1980, pág. 506.

No caso Bozano, onde era evidente que as autoridades francesas tinham invocado abusivamente o artigo 5º, nº 1, alínea *f)*, a Comissão examinou a questão sob a perspetiva do artigo 18º, enquanto o Tribunal se limitou a constatar a violação do artigo 5º[515].

Contudo, já no Acórdão Gusinskiy, o Tribunal, depois de constatar a violação do artigo 5º, afirmou, no § 73, que, embora o artigo 18º só possa ser aplicado conjuntamente com outros artigos da *Convenção*, não tendo por isso um papel independente, pode todavia haver violação do artigo 18º conjuntamente com outro artigo sem que haja violação deste último em si.

TÍTULO II
Tribunal Europeu dos Direitos do Homem

A
Nota Prévia

I

1. Numa sistematização discutível, a *Convenção* dedicava o seu título II à instituição da Comissão e do Tribunal, para, no título III, se ocupar da Comissão e do processo de queixa e, no título IV, do Tribunal e do processo respetivo.

O processo de queixa estava confiado a uma estrutura tripartida: a Comissão, encarregada de se pronunciar sobre a admissibilidade das queixas, de estabelecer os factos, de contribuir para os acordos amigáveis e, se este fracassasse, de formular um parecer sobre se havia ou não violação da *Convenção*; um Tribunal, encarregado de uma decisão definitiva e obrigatória sobre os casos que lhe eram apresentados pela Comissão ou por uma Alta Parte Contratante; e um *Comité de Ministros*, encarregado de tomar uma decisão definitiva e obrigatória sobre os casos que não fossem remetidos ao Tribunal.

Este processo de queixa foi profundamente reformulado pelo Protocolo nº 11 que reuniu num só aqueles três títulos, nele agrupando a disciplina do órgão único que cria para decidir sobre as queixas relativas às violações à *Convenção* e aos seus Protocolos.

Não obstante os votos da Conferência dos Chefes de Estado e de Governo de Viena – outubro de 1993 –, no sentido de uma ratificação no mais curto prazo, o Protocolo nº 11 entrou em vigor no dia 1 de novembro de 1998 e, com ele, abriu-se uma nova etapa

[515] O desvio do poder é, pela sua própria natureza, uma acusação grave, pelo que, mesmo nos casos em que esse desvio é manifesto, o Tribunal se limitava a apontar a disposição de fundo violada. Cfr. Jacques Velu e Rusen Ergec, *ob. cit.*, pág. 138.

na disciplina processual de proteção dos Direitos Humanos no âmbito do Conselho da Europa, com a jurisdicionalização de todo o processo.

O Protocolo nº 11 anuncia, aliás, o regresso a uma ideia inicial de um Tribunal para aplicar as sanções necessárias para que seja respeitada a *Carta*[516] e supera uma das fraquezas do sistema ao colocar as partes – Estado e requerente – em posição de igualdade, o que só imperfeitamente o Protocolo nº 9 tinha conseguido.

2. Um Tribunal capaz de aplicar as sanções necessárias para fazer respeitar a «Carta dos Direitos do Homem» foi invocado no Congresso da Europa, reunido em Haia de 8 a 10 de maio de 1948, sobre a iniciativa do Comité Internacional do Movimento para a Unidade Europeia.

A Resolução, elaborada pela Comissão Política deste Congresso, propunha a criação de um Tribunal capaz de aplicar as sanções necessárias para fazer respeitar a Carta (dos Direitos do Homem), permitindo assim a cada cidadão dos países associados introduzir perante o Tribunal um recurso contra a violação dos seus direitos.

O projeto de *Convenção*, enviado em 12 de julho de 1949 pelo Movimento Europeu ao *Comité de Ministros*, previa a instituição de um Tribunal – (para além de uma Comissão) –, que poderia ser solicitado a intervir quer pela Comissão e pelo Estado Parte, quer por qualquer pessoa interessada, mediante autorização da Comissão – artigo 12º

Aquele projeto foi estudado numa Assembleia Consultativa, reunida em Estrasburgo, de 16 de agosto a 18 de setembro de 1949, onde inicialmente se sustentou a mesma ideia[517].

Esta ideia foi, porém, rejeitada pela Comissão das Questões Jurídicas e Administrativas, na sua reunião de 1 de setembro de 1949, por 12 votos contra, 9 a favor e 1 abstenção[518], e passou, então, a defender-se que só a Comissão e o Estado parte poderiam fazer intervir o Tribunal.

Aliás a própria ideia da criação de um Tribunal conheceria também um período de crise[519].

O Comité de Peritos, no seu Relatório ao *Comité de Ministros*, propunha a criação de um Tribunal que, no que respeitava à sua intervenção, diferia do projeto da Assembleia Consultativa, sendo mais restritivo que o de esta.

A Assembleia Consultativa (que, entretanto, passou a chamar-se Assembleia Parlamentar) atribuía aos Estados um pleno direito de requerer a intervenção do Tribu-

[516] Ver a Mensagem aos Europeus adotada pelo Congresso da Europa, reunido em Haia, de 8 a 10 de maio de 1948.

[517] Cfr. a intervenção de Teitgen, in *Recueil des Travaux Préparatoires*, vol. I, Martinus Nijhoff, La Haye, 1975, pág. 49.

[518] *Recueil des Travaux Préparatoires*, vol. I, pág. 187.

[519] *Recueil des Travaux Préparatoires*, vol. II, pág. 171, e vol. III, págs. 19 e segs.

nal, enquanto, na proposta do Comité de Peritos, este direito só era concedido nalguns casos prevenidos nas alíneas *b), c)* e *d)* do artigo 37º do seu projeto.

Enfim, na Conferência de Altos Funcionários, reunida em Estrasburgo, de 5 a 17 de julho de 1950, os delegados continuavam divididos entre os que sustentavam que um Tribunal não correspondia a uma necessidade real dos Estados membros e os que consideravam essencial a sua criação; os anteriores artigos 46º e 48º da *Convenção* representam um compromisso que consistiu na criação desse órgão apenas com competência facultativa[520].

Enfim, apesar destas hesitações, a *Convenção* acabou por consagrar como órgãos de controlo, a Comissão, com competência para receber e instruir as queixas dos Estados e do indivíduo que se tornou assim sujeito de direito internacional, e o Tribunal para sancionar a faltas dos Estados às suas obrigações perante a *Convenção* a pedido da Comissão e ou dos Estados.

É aqui que se encontrava a originalidade e a força do sistema europeu de proteção dos Direitos Humanos.

3. Contudo, o indivíduo não tinha o direito de se dirigir diretamente ao Tribunal; este direito só emergiu em toda a sua plenitude com a entrada em vigor do Protocolo nº 11, em 1 de novembro de 1998.

Podem distinguir-se quatro grandes etapas nesta evolução: a primeira, até à entrada em vigor do novo Regulamento do Tribunal, a 1 de janeiro de 1983; a segunda, depois desta data; a terceira, consagrada com a entrada em vigor do Protocolo nº 9; e a quarta com a entrada em vigor do Protocolo nº 11.

3.1. Se a possibilidade de um indivíduo solicitar a intervenção do Tribunal foi invocada em maio de 1948, durante o Congresso Europeu, e figurava no projeto de *Convenção* elaborado em julho desse ano pelo Movimento Europeu, ela foi rejeitada durante os debates sobre o projeto da *Convenção*, fundamentalmente porque se entendia que os interesses dos particulares sempre seriam defendidos ou pela Comissão ou por um Estado.

Mas, quando o processo perante o Tribunal revestia um caráter contraditório, e uma vez que a Comissão não se apresentava na qualidade de parte litigiosa, fácil seria constatar que o adversário real do Estado, o indivíduo, não poderia estar ausente[521]

[520] *Recueil des Travaux Préparatoires,* vol. IV, págs. 115 e segs., pág. 179, págs. 211 e segs., págs. 249 e segs., pág. 267; ver também «La fusion de la Commission et de la Cour Européennes des Droits de l'Homme: questions soulevées, solutions possibles», pela Direction des Droits de l'Homme du Conseil de l'Europe, in *La fusion de la Commission et de la Cour Européennes des Droits de l'Homme,* Olivier Jacot-Guillarmod (éd.), Engel, Kehl am Rhein, 1987, págs. 96 e 97.

[521] Mesmo se o processo perante o Tribunal conservava como objeto essencial o exame do seu caso e se o anterior artigo 50º da *Convenção* o designava como a parte lesada a quem devia ser atribuída, em certas circunstâncias, uma reparação razoável.

para assegurar o princípio contraditório, inerente a toda a instância perante um órgão judiciário e ainda para não colocar em causa o próprio princípio de uma boa administração da justiça[522].

Quando apresentou o seu primeiro caso perante o Tribunal, a Comissão considerou que lhe cabia, de certa maneira, um papel de intermediária entre o requerente e o Tribunal, tudo isto com a finalidade de permitir ao Tribunal examinar o caso em condições conformes a uma boa administração da justiça e tendo em vista preservar o princípio do equilíbrio[523].

Na audiência no caso *Lawless*, o Presidente Waldock afirmou:

> «*A Comissão está disposta a reconhecer com o Governo que a intenção geral e o efeito do artigo 44º são o de negar ao indivíduo o direito de comparecer perante o Tribunal como parte na causa*», tendo, no entanto, acrescentado que o anterior artigo 44º não podia ser interpretado como «*recusando ao indivíduo qualquer papel no processo perante o Tribunal ou todo o contacto com este, chamado a julgar definitivamente o caso que lhe diz respeito*»[524].

O Tribunal aceitou que a Comissão tinha o direito de lhe apresentar as observações do requerente enquanto elementos adequados a esclarecê-lo; mais: «*o Tribunal pode ainda ouvir o requerente nos termos do artigo 38º do seu Regulamento, e o Tribunal tem o direito, como medida de instrução, seja convidar oficiosamente a Comissão, seja de a seu pedido a autorizar a lhe submeter as observações do requerente relativas ao relatório ou a outra questão determinada que tenha surgido no decurso dos debates*»[525].

A Comissão, nos termos do seu Regulamento Interno, de 1960 (artigo 76º), de 1970 e de 1977 (artigo 61º), uma vez apresentado o caso ao Tribunal, comunicava o seu relatório ao requerente que, se para tanto fosse convidado, podia apresentar-lhe as suas observações sobre o caso; em seguida, os delegados da Comissão decidiam do destino a dar a estas observações[526].

Por outro lado, o artigo 29º, nº 1, do Regulamento do Tribunal adotado em 1950, já previa que os delegados da Comissão podiam, se assim o desejassem, fazer-se assistir por qualquer pessoa da sua escolha, nomeadamente o requerente ou um representante deste[527].

522 François Monconduit, *La Commission Européenne des Droits de l'Homme,* Leiden, 1965, pág. 512.

523 François Monconduit, *op. cit.*, pág. 512.

524 Caso Lawless, série B, pág. 512.

525 Série A, nº 1, pág. 16. A importância do indivíduo no processo perante o Tribunal torna-se ainda mais evidente nas hipóteses relativas à sua desistência ou ao acordo amigável.

526 O que foi alterado a partir do Regulamento de 1983.

527 Segundo o artigo 63º do Regulamento da Comissão: «O delegados podem ser assistidos por uma pessoa designada pela Comissão.»

A Comissão utilizou pela primeira vez esta faculdade no caso *De Wilde, Ooms e Versyp*[528]; os delegados da Comissão apresentaram-se na audiência com um advogado para os assistir; apesar da oposição do Governo belga, o Tribunal admitiu a intervenção do advogado.

Em seguida, esta prática tornou-se rotina e mesmo os Governos vieram a aceitá-la pacificamente.

3.2. Contudo, este sistema de assistência aos delegados da Comissão pelos representantes do requerente continuava a não responder às exigências que o caráter contraditório do processo perante o Tribunal postula, como o Tribunal e a Comissão sublinharam nos seus pareceres de 1974 sobre o projeto de programa a curto e médio prazos do Conselho da Europa no domínio geral dos Direitos Humanos.

Nos referidos pareceres, aqueles órgãos recomendavam a consagração do direito do requerente poder solicitar a intervenção do Tribunal e, devidamente assistido, de participar no processo como parte.

Na verdade, o requerente ou o seu advogado apresentavam-se perante o Tribunal sob a tutela da Comissão, não podendo desenvolver com total autonomia a defesa das suas posições sobre o fundo do caso; por outro lado, a Comissão experimentava ela própria dificuldades, ao menos aparentes, quando pretendia conciliar o seu papel de assistência ao Tribunal, em toda a sua objetividade e imparcialidade, com a posição de intermediária entre o requerente e o Tribunal.

A partir de 1 de janeiro de 1983, com a entrada em vigor do novo Regulamento do Tribunal, o requerente ganhou um espaço de ação autónomo no processo, apresentando-se em relação direta com o Tribunal, sem necessidade da mediação da Comissão.

O caráter contraditório do processo reforçou-se.

É certo que a solicitação da intervenção do Tribunal continuava confiada apenas à Comissão e aos Estados; mas, após a receção do ato introdutivo, o *greffier* do Tribunal enviava um exemplar desta peça, não apenas aos juízes, à Comissão e às Partes designadas no anterior artigo 48º da *Convenção*, mas ainda à pessoa física, à organização não-governamental ou ao grupo de particulares que se tinham dirigido à Comissão, nos termos do artigo 25º da *Convenção*, acompanhado de uma cópia do relatório da Comissão, convidando-os a indicar, no prazo de duas semanas, se desejavam participar no processo pendente no Tribunal e, na afirmativa, o nome e o endereço do seu representante.

O Presidente podia autorizar o requerente a assumir ele próprio a defesa dos seus interesses, se necessário, com assistência de um advogado ou de uma outra pessoa aceite pelo Presidente.

[528] Acórdão de 18 de novembro de 1970, série A, nº 12, págs. 6 e segs.

Se o indivíduo aceitava participar diretamente no processo, passava a estar associado à sua marcha, e por conseguinte:

- era notificado da composição da Secção do Tribunal;
- podia pedir medidas provisórias;
- uma vez consultado pelo Presidente sobre a organização do processo, podia formular observações escritas e receber do *greffier* uma cópia de todas as peças apresentadas pelo Estado Parte ou pela Comissão;
- era consultado sobre a data da abertura da fase oral;
- devia comparecer na audiência a fim de usar da palavra;
- podia sugerir diligências de instrução;
- respondia às questões do Presidente e dos juízes;
- interrogava as testemunhas, os peritos e outras pessoas ouvidas pelo Tribunal no âmbito da instrução do processo;
- era consultado sobre a desistência ou arquivamento do processo;
- podia reclamar a atribuição de uma *reparação razoável;*
- era informado da data e da hora da leitura do acórdão;
- recebia do *greffier* uma cópia da decisão autenticada[529].

3.3. Esquecendo pequenos privilégios[530], o indivíduo tinha adquirido um estatuto que conferia à instância um caráter verdadeiramente contraditório.

Contudo, para que o princípio da igualdade de armas, tão claramente proclamado na *Convenção,* fosse verdadeiramente respeitado, impunha-se fazer reviver a ideia inicial do Movimento Europeu, reafirmada pelo Tribunal e pela Comissão em 1974: conferir ao indivíduo o direito de requerer a intervenção do Tribunal, com toda a autonomia, sem reservas ou condições e em plano de igualdade com a Comissão e os Estados[531].

O que aliás se mostrava conforme com outros instrumentos de direito internacional que consagravam a capacidade de intervenção do indivíduo no processo.

A título de exemplo: a Comissão Central para a Navegação do Reno (1816), órgão competente para receber as queixas dos indivíduos sobre o sistema de navegação no rio Reno, o Projeto de Criação do Tribunal Internacional das «Presas» (1907),

[529] Ver Marc-André Eissen, «La Cour Européenne des Droits de l'Homme», in *Revue de Droit Publique,* nº 6 – 1986, pág. 1553, e Gérard Cohen-Jonathan, *op. cit.,* pág. 173.

[530] O requerente não podia suscitar uma exceção preliminar ou solicitar a interpretação ou a revisão do acórdão.

[531] O que acontecia já no quadro do Tribunal Europeu para Imunidade dos Estados, criado pelo Protocolo Adicional à Convenção Europeia sobre a Imunidade dos Estados. Ao instalar, em 28 de maio de 1986, este Tribunal, o presidente do Tribunal Europeu dos Direitos do Homem, Wiarda, sublinhou a possibilidade, ali existente, de uma solicitação direta dos particulares e o contraste entre os processos perante os dois Tribunais.

um tribunal internacional para receber as queixas dos Estados neutros e dos indivíduos afetados pelas decisões dos tribunais dos Estados em guerra, o Tribunal Centro-americano de Justiça (1907-1908), estabelecido pela Convenção de Washington de dezembro de 1907 para intervir nos diferendos entre os Estados da América Central e que, no decurso da sua existência, recebeu cinco queixas individuais, e a Convenção sobre a Alta Silésia (1922-1937), para se ocupar das questões das minorias alemães e polacas na Polónia e na Alemanha, respetivamente, com um sistema de queixas individuais»[532].

3.4. A questão do reconhecimento do direito dos requerentes individuais de solicitarem a intervenção do Tribunal para os casos declarados admissíveis pela Comissão foi invocada em diversas circunstâncias, nomeadamente na Conferência Ministerial sobre os Direitos Humanos que teve lugar em Viena, nos dias 19 e 20 de março de 1985; por fim, no Terceiro Plano a médio prazo (1987-1991) do Conselho da Europa, este direito era mencionado entre as reformas que deviam ser estudadas.

Desta tarefa foi encarregado um Comité de peritos (o DH-PR) que, em setembro de 1990, apresentou ao Comité Diretor para os Direitos Humanos um texto final; este texto, afinado por este Comité Diretor, foi em seguida apresentado ao *Comité de Ministros* que veio a adotá-lo, tornando-se no Protocolo nº 9, aberto à assinatura dos Estados membros do Conselho da Europa a 6 de novembro de 1990, em Roma, durante a 87ª sessão do *Comité de Ministros*, no quadro das celebrações do 40º aniversário da assinatura da *Convenção*[533].

O Protocolo nº 9, revogado pelo nº 8 do artigo 2º do Protocolo nº 11, era um protocolo facultativo que entrou em vigor em 1 de outubro de 1994, após a ratificação por 10 Estados membros do Conselho da Europa.

Consagrando o direito de o indivíduo solicitar a intervenção do Tribunal, o Protocolo nº 9 emendou os anteriores artigos 31º, nº 2, 44º e 45º, visando harmonizá-los com a nova redação do artigo 48º da *Convenção*: um caso declarado admitido podia ser enviado ao Tribunal também pela pessoa física, pela organização não-governamental ou pelo grupo de particulares que se tivesse queixado à Comissão.

4. A dificuldade para responder em tempo razoável às solicitações dos indivíduos que apresentavam as suas queixas exigiu a passagem da Comissão a órgão semipermanente – Ver a Introdução, II, nºs 4 e 5.

[532] Lucius Caflish, «Cent ans de Règlement Pacifique des Diférends Interétatiques », Académie de Droit International de la Haye, tiré à part du Recueil des Cours, tome 288 (2001), págs. 304 e segs., e Stephan Parmentier, «The implementation of International Human Rights Norms», Leuven, março de 1997, págs. 155 e segs.

[533] Relatório explicativo do Protocolo nº 9.

Por outro lado, o afluxo de novos Estados, vindos da Europa Central e Oriental, mostrava que só uma estrutura pesadíssima, de dois órgãos em permanência, com uma dimensão correspondente ao número de novos Estados membros, podia responder às acrescidas solicitações.

Face a estas dificuldades, iniciou-se, então, um penoso trabalho, feito de avanços e recuos, de cedências e compromissos, até que se chegou ao Protocolo nº 11, com o qual se pretendeu instituir um processo mais simples, de um exame por apenas um órgão, reforçando, por seu turno, o caráter judiciário do sistema[534].

As principais características deste sistema instituído pelo Protocolo nº 11 podem ser assim sintetizadas:

- o Tribunal permanente tem competência para todas as queixas individuais ou estaduais, bem como para emitir pareceres a solicitação do *Comité de Ministros*;
- o Tribunal é composto de um número de juízes igual ao dos Estados Partes na *Convenção*;
- o Tribunal trabalhava em Comités, Secções e Pleno;
- os Comités, de 3 juízes, tinham a competência de declarar inadmissíveis as queixas ou de as mandar arquivar;
- as queixas que não fossem declaradas inadmissíveis pelo comité seriam examinadas por uma Secção composta por 7 juízes;
- o Pleno, composto por 17 juízes, examina as queixas, estaduais e individuais, que lhe sejam remetidas pelas Secções ou as queixas que, após o exame numa Secção, lhes fossem apresentadas por uma das partes, para reexame; o Tribunal pleno elaborava ainda os pareceres solicitados pelo *Comité de Ministros*;
- o processo seria oral e escrito, com as partes colocadas em pé de igualdade;
- o acordo amigável deve ser sempre tentado.

Este sistema apresentava aspetos positivos mas deixava em aberto algumas lacunas.

Nos aspetos positivos, justo será salientar, em primeiro lugar, o caráter obrigatório do direito de recurso contra todos os Estados Partes na *Convenção* – Cfr. artigo 34º

Depois, a consagração do caráter judiciário do processo com a eliminação da competência do *Comité de Ministros*.

A perfeita igualdade das partes no processo, com a superação de algumas discrepâncias que restavam do Protocolo nº 9, é também de assinalar.

A racionalização processual, com a eliminação do duplo exame por dois órgãos, seria também de considerar, em princípio, um fator de progresso.

Mas é precisamente por este ângulo que o Protocolo se apresenta fragilizado.

O Protocolo, como instrumento de compromissos e cedências, acabou por deixar ficar a possibilidade de um reexame da decisão da Secção pelo Tribunal Pleno.

[534] Cfr. o Relatório explicativo do Protocolo nº 11, que se segue de muito perto.

Para este reexame, têm assento no Pleno o Presidente da Secção e o juiz nacional que já tinham participado na decisão inicial.

Esta participação do Presidente da secção e do juiz nacional, nas duas *instâncias*, vai contra os mais elementares princípios de um processo equitativo que a *Convenção* consagra no seu artigo 6º, como repetidamente foi apontado pela Comissão e pelo Tribunal.

E sobretudo este sistema revelou-se incapaz de responder ao desafio que o número crescente e avassalador de queixas colocava ao trabalho do Tribunal.

5. Face à situação preocupante em que se encontra o Tribunal, sem capacidade para responder a todas as queixas que lhe são apresentadas em tempo útil, não obstante todos os paliativos acima referidos, o Conselho da Europa tentou, com a reforma introduzida pelo Protocolo nº 14, aberto à assinatura a 13 de maio de 2004, mas que só entrou em vigor a 1 de junho de 2010, que a credibilidade do sistema europeu de proteção dos Direitos Humanos não seja posta em causa de uma forma definitiva.

Este Protocolo pretendeu, além do mais, conferir ao Tribunal os meios de processo e de flexibilidade para examinar o conjunto das queixas em prazos aceitáveis, permitindo-lhe concentrar-se sobre os casos mais importantes que necessitam de um exame cuidadoso.

As modificações principais introduzidas relevam de três domínios principais:

- o reforço da capacidade de filtragem do Tribunal para as queixas manifestamente mal fundadas, conferindo-se a um só juiz a competência para as rejeitar;
- um novo critério de admissibilidade para os casos nos quais o requerente não sofreu um prejuízo importante;
- medidas especiais para os casos simples ou repetitivos, que são decididos por um Comité de três juízes.

Mas, sem pretender negar a sua importância, reconhece-se que a situação do Tribunal tenderá a agravar-se enquanto o volume de queixas continuar todos os anos a aumentar.

Que fazer? Que perspetivas para o futuro do Tribunal?

Vejamos.

6. O Tribunal, desenhado pelo Protocolo nº 11, constitui um mecanismo único no Mundo, funcionando em permanência e dotado de poderes de investigação e de sanção.

Cerca de 800 milhões de cidadãos europeus e, potencialmente, todos os cidadãos do Mundo que estabeleçam uma relação com um dos Países Contratantes podem dirigir-se ao Tribunal, apresentando uma queixa.

Desde 1980, com o aumento constante do número de casos, tem sido cada vez mais difícil manter a duração do processo em Estrasburgo dentro de limites aceitáveis e o problema agravou-se com a adesão de novos Estados a partir de 1990.

Por outro lado, o Tribunal não pode deixar de respeitar o «*acquis*» constituído pela jurisprudência dos antigos órgãos de controlo da *Convenção*.

As decisões da Comissão e do antigo Tribunal constituem um quadro de referência para o novo Tribunal, porquanto elas representam a dimensão mínima dos valores que se encontram inscritos na *Convenção* e que todas as Altas Partes Contratantes devem respeitar; dimensão mínima porquanto a *Convenção* é um instrumento vivo e atuante, em permanente e progressiva atualização[535], e onde os retrocessos não serão admitidos.

Uma Europa a duas velocidades em matéria dos direitos do homem não pode ser concebida, apesar das dificuldades que alguns países sentem para acompanhar o seu passo.

Não se ignora que alguns países da Europa central e oriental chegaram ao Conselho da Europa e ratificaram a *Convenção* sem que tivessem preenchido previamente todos os valores essenciais numa democracia.

Aliás, no que diz respeito ao acesso destes Países ao Conselho da Europa e à *Convenção*, existiam duas correntes: uma preconizava que eles só deviam aceder depois de realizadas as reformas necessárias; outra contentava-se com um mínimo de garantias, defendendo que as reformas seriam facilitadas se esses Países já se encontrassem inseridos no Conselho da Europa e nos seus órgãos.

Venceu esta última corrente e, por isso, é possível verificar, mesmo após um considerável número de anos decorridos sobre a ratificação da *Convenção*, que determinadas reformas estruturais nalguns Países ainda não se encontram realizadas.

Mas mesmo que existam dificuldades sérias, o Tribunal não pode, apesar de tudo, deixar de constatar uma violação quando ela efetivamente se verificar.

E isto porque, como o antigo Tribunal lembrou no primeiro caso contra Portugal[536], ao ratificarem a *Convenção*, os Estados reconhecem automaticamente a toda a pessoa relevando da sua jurisdição os direitos e liberdades ali definidos, pelo que se devem organizar para que possam respeitá-los.

7. A situação atual de sobrecarga de trabalho do Tribunal está ligada, repete-se, ao crescimento exponencial do número das queixas individuais que aí são introduzidas.

E, para além dos números, a natureza dos casos pendentes no Tribunal reflete a mudança da composição do Conselho da Europa, onde alguns Estados estão em

[535] Acórdão Loizidou, de 23 de março de 1995 (exceções preliminares), A 310, pág. 26, § 71.

[536] Acórdão Guincho, de 10 de julho de 1984, A 81, pág. 16, § 38. Portugal alegou as dificuldades decorrentes da transição para a democracia e as derivadas do processo de descolonização, num clima de crise económica.

diversos domínios e nomeadamente ao nível da sua ordem judiciária em transição ou sofrem de problemas estruturais que não encontram soluções fáceis.

Tudo isto vai contra a eficácia do trabalho do Tribunal e, sem mudar a prática e o sistema em vigor, será impossível salvar a situação, pois é evidente que há um limite quanto ao número de casos que o Tribunal pode examinar dentro de prazos razoáveis.

A título exemplificativo, atente-se que o Tribunal Federal dos Estados Unidos da América pronuncia 80 a 90 acórdãos por ano, o Tribunal Supremo do Canadá 120 e o Tribunal Constitucional alemão de 30 a 40.

O Tribunal elaborou, nos primeiros dez anos após a sua entrada em vigor, 7320 acórdãos e mais de cem mil decisões de todo o género.

E, se a maior parte dos casos são simples ou repetitivos, eles sempre acabam por tomar o tempo do Tribunal, enquanto o trabalho dos juízes e do *Greffe* poderia e deveria ser consagrado aos casos que suscitem questões mais sérias.

Note-se que o Tribunal ele próprio não ficou inativo perante esta situação.

7.1. O Tribunal introduziu um sistema mais flexível na fase do registo da queixa, reduzindo nomeadamente ao mínimo os contactos entre o *Greffe* e o queixoso, nesta fase.

O indivíduo que manifesta a intenção de introduzir uma queixa não é dissuadido a não o fazer, mesmo se aparentemente ela não apresenta qualquer possibilidade de sucesso, esperando-se, com esta medida, reduzir o trabalho do *Greffe*, que por vezes se confrontava com uma árdua troca de correspondência com pessoas que, por fim, sempre acabavam por queixar-se.

A queixa que não merecia um exame aprofundado era rejeitada, quase sistematicamente, por uma decisão de Comité.

Estas decisões de Comité eram mencionadas num processo verbal e a inadmissibilidade da queixa era comunicada por carta ao queixoso com uma indicação sucinta dos motivos.

As queixas repetitivas simples ou «clones», que não colocam questões sérias, são, em princípio, comunicadas em grupo e examinadas sob uma forma abreviada: as decisões sobre a admissibilidade e o fundo são tomadas de uma só vez – nº 1 do artigo 29º da *Convenção.*

O Tribunal continua na busca de soluções que lhe permitam melhorar os seus métodos de trabalho para o tornar mais fácil e aumentar a sua produtividade.

O *Comité de Ministros*, na sua Resolução de 12 de maio de 2004 (DH Rés (2004) 3), convidou o Tribunal a identificar nos acórdãos onde se constatasse uma violação da *Convenção* o que releva de um problema estrutural e a razão do mesmo, nomeadamente quando ele é suscetível de dar lugar a numerosas queixas.

Acedendo ao apelo, no seu Acórdão Broniowski, de 22 de junho de 2004, R04-V, págs. 163 e segs., §§ 188 e segs. (ver também o Acórdão de 28 de setembro de 2005,

R05-IX, pág. 29, sobre o acordo amigável obtido neste caso), o Tribunal iniciou esta prática, sublinhando a existência de uma situação estrutural que necessitava de uma atuação de caráter geral ao nível interno que a superasse e que evitasse a apresentação de novas queixas sobre a mesma matéria; ver também os Acórdãos Xenides-Arestis, de 22 de dezembro de 2005, §§ 39 e 40, Lukenda, 6 de outubro de 2005, R05-X, pág. 52, §§ 97 e 98, Hutten-Czapska, de 19 de junho de 2006, R06-VIII, pág. s 250 e segs., §§ 231 e segs., Driza, de 13 de novembro de 2007, § 126, e Hutten-Czapska (acordo amigável), de 28 de abril de 2008, § 33.

Pretende-se que, após um «acórdão piloto», as Partes Altas Partes Contratantes introduzam a nível interno, e com caráter retractivo, meios acessíveis e eficazes para pôr termo a uma violação que assuma um caráter estrutural e que dê satisfação, não só ao requerente da queixa em concreto, mas a todos aqueles que se encontrem na mesma situação e que seriam potencialmente queixosos.

Após a pronúncia de Acórdãos deste tipo, o Tribunal adia todas as queixas relativas ao Estado em causa que coloquem o mesmo problema, na esperança de que uma solução interna seja encontrada – Acórdãos Burdov nº 2, de 15 de janeiro de 2009, § 143, Kurić, de 26 de junho de 2012, § 415, e Ališić e outros, de 16 de julho de 2014, § 150.

E, cada vez mais e de uma forma sistemática, quando deteta um problema estrutural, o Tribunal, ao abrigo do artigo 46º da *Convenção,* convida as Altas Partes contratantes a encontrar medidas, mesmo a nível legislativo, que superem a dificuldade e evitem a repetição deste tipo de queixas.

7.2. Por outro lado, a partir de 2009, o Tribunal modificou o artigo 14º do seu Regulamento para adotar uma nova política.

O Tribunal abandonou o critério de examinar as queixas de acordo com a sua antiguidade e passou a conceder prioridade no exame das queixas conforme a sua importância e urgência.

Assim, o Tribunal passou a distinguir sete categorias de queixas por ordem de tratamento:

1) Urgentes, nomeadamente quando existe o risco para a vida ou a saúde do queixoso, ou outras circunstâncias ligadas à situação pessoal ou familiar, em particular quando o bem-estar das crianças está em jogo, e ainda nos casos em que for necessário aplicar medidas provisórias;
2) As que possam ter uma incidência sobre a eficácia do sistema da *Convenção,* como, por exemplo, as que possam dar origem a um "acórdão piloto";
3) As que relevam dos artigos 2º, 3º, 4º ou 5º, § 1 da *Convenção,* ou relativas a ameaças diretas à integridade física e a dignidade da pessoa humana;
4) As bem fundadas relativas a outros artigos da *Convenção;*
5) As que suscitam questões já tratadas num "acórdão piloto";

6) As identificadas como suscitando um problema de admissibilidade;
7) As manifestamente inadmissíveis.

O objetivo é claramente o de agir de maneira a que os casos mais graves ou aqueles que apresentam problemas passíveis de gerar um grande número de queixas sejam tratados mais rapidamente.

Pretende-se evitar que eles sejam examinados tardiamente, passados, por vezes, muitos anos, o que acontecia com alguma frequência precisamente nas queixas contra os Estados que estão na origem do maior número de queixas.

7.3. O Tribunal adotou, a partir de 1 de janeiro de 2014, uma atitude que se afigura radical: o prazo de seis meses só se interrompe, não com a simples carta a manifestar a intenção de apresentar uma queixa, mas tão-só com a apresentação de um formulário devidamente preenchido; se, no fim daquele prazo, a queixa estiver incompleta por falta do formulário devidamente preenchido ou por falta de documentos essenciais para sustentá-la, a queixa será rejeitada.

8. Mas todo este esforço desenvolvido pelo Tribunal é insuficiente para resolver a situação crítica em que ele se encontra.

Por isso, nos dias 18 e 19 de fevereiro de 2010, realizou-se em Interlaken, Suíça, uma Conferência Ministerial dos Estados membros da *Convenção*, onde foi decidido o estudo de diversas medidas a curto e longo prazo que, sem prejuízo do direito de recurso individual, permitam superar as dificuldades em que o Tribunal se encontra.

Na Declaração de 19 de fevereiro de 2010, saída da Conferência, acolhem-se várias propostas de medidas a curto e a médio prazo destinadas a suplantar aquelas dificuldades.

Essas medidas podem ser divididas em três grandes áreas:

a) reforço do caráter subsidiário do sistema, apelando aos Estados partes para garantirem a aplicação da *Convenção* a nível interno, com a introdução de meios eficazes para reparar as violações;
b) estatuto do Tribunal (reforço da sua autonomia) e organização do seu trabalho, nomeadamente no tratamento das queixas manifestamente inadmissíveis (criação eventual de um mecanismo de filtragem), das queixas repetitivas (acordos amigáveis, declarações unilaterais, "acórdãos piloto");
c) execução dos acórdãos do Tribunal, devendo os Estados visados aceitar todas as consequências que deles derivam, assegurando as medidas necessárias para evitar futuras condenações, tendo os restantes Estados em consideração os desenvolvimentos jurisprudenciais e retirar as devidas ilações se as respetivas ordens jurídicas suscitarem o mesmo problema de princípio.

Estas ideias foram aprofundadas nas Conferências de Izmir, de 26 e 27 de abril de 2011, e de Brighton, de 19 e 20 de abril de 2012, e desembocaram em dois Protocolos: o 15, aberto à assinatura a 24 de junho de 2013 (para entrar em vigor precisa da ratificação de todos os Estados Membros) e o 16, aberto à assinatura a 2 de outubro de 2013 (precisa apenas de 10 ratificações para entrar em vigor).

O Protocolo 15 veio reforçar o carácter subsidiário do sistema, introduzindo no Preâmbulo da *Convenção* o parágrafo: "*Afirmando que incumbe em primeiro lugar às Altas Partes contratantes, em conformidade com o princípio da subsidiariedade, garantir o respeito dos direitos e liberdades definidas na presente Convenção e seus Protocolos, e que, neste contexto, elas gozam de uma margem de apreciação, sob o controlo do Tribunal Europeu dos Direitos Humanos instituído pela presente Convenção*".

O Protocolo 15 modificou também o artigo 35º, reduzindo o prazo para a introdução da queixa de seis para quatro meses e permitindo a rejeição das queixas quando não haja prejuízo significativo, mas sem a limitação que exigia que a questão tivesse sido apreciada por um tribunal interno.

O Protocolo 16 veio acordar às Altas jurisdições dos Estados Membros a possibilidade de pedirem pareceres ao Tribunal sobre as questões relativas à *Convenção.*

O espírito que preside a estas reformas é manifesto: aliviar o trabalho do Tribunal.

8.1. Ao reforçar o caráter subsidiário do sistema, pretende em primeiro lugar dar aos Estados maior liberdade na escolha de medidas para reparar as violações.

O Tribunal sempre defendeu que, graças a um conhecimento direto da sociedade e das suas necessidades, as autoridades nacionais, e nomeadamente os tribunais, se encontram, em princípio, melhor colocados do que o juiz internacional para se pronunciarem sobre a existência de um problema de interesse geral justificando ingerências nos direitos e garantias ali protegidos que não se apresentem como absolutos mas que admitem limitações.

Há efetivamente um conjunto de direitos que são considerados intangíveis, o «núcleo duro» da *Convenção* – (cfr. o artigo 15º) – e que não são suscetíveis de restrições nem mesmo em caso de guerra ou outro perigo público que ameace a vida da Nação.

Estes direitos absolutos estão enumerados no nº 2 do artigo 15º da *Convenção*: o direito à vida – artigo 2º; a interdição da tortura ou de tratamentos desumanos ou degradantes – artigo 3º; a proibição da escravidão ou da servidão – artigo 4º, nº 1; a legalidade dos crimes e das penas – artigo 7º; a estas exceções devem juntar-se a abolição da pena de morte – Protocolos nºs 6, artigo 3º, e 13, artigo 3º –, e o princípio *ne bis in idem* – artigo 4º do Protocolo nº 7.

Fora destas exceções, as autoridades nacionais gozam de uma certa margem autónoma de atuação, a chamada «margem de apreciação», mais ou menos extensa, variando segundo as circunstâncias, os domínios e o contexto, para responder às especificidades locais mas sem prejuízo da unidade jurisprudencial[537].

Esta margem de apreciação reflete-se em dois aspetos.

Em primeiro lugar, se é certo que o Tribunal julga de facto e de direito, não estando limitado no estabelecimento dos factos oferecidos pelas partes, podendo dedicar-se a uma instrução própria[538], e está naturalmente livre para a qualificação jurídica dos factos que apurar[539], a verdade é que, no respeito daquele princípio da subsidiariedade, o estabelecimento dos factos e a interpretação do direito interno devem ser devolvidos, em princípio, à competência exclusiva das jurisdições nacionais.

O Tribunal só os pode pôr em causa perante um arbítrio ou irracionalidade manifestos; não lhe pertence, portanto, averiguar sobre eventuais erros de facto ou de direito pretensamente cometidos por uma jurisdição interna, salvo se e na medida em que eles poderiam ter ofendido os direitos e liberdades consagrados na *Convenção.*

Em segundo lugar, perante uma violação dos direitos humanos que foi sancionada ao nível interno, o Tribunal, no respeito por aquele mesmo princípio, deve aceitar a solução encontrada, exceto se a reparação da violação se mostrar manifestamente insuficiente.

Espera-se aqui uma colaboração e um respeito recíproco entre o Tribunal e as jurisdições nacionais; estas devem, é óbvio, observar a jurisprudência do Tribunal e o Tribunal deve aceitar as decisões das instâncias nacionais que não sejam claramente incompatíveis com as exigências da *Convenção* e se encontrem naquele espaço de ação que a referida «margem de apreciação» aceita.

Aquele mesmo princípio pressupõe, como exige o artigo 13º da *Convenção*, a existência de meios internos para examinar e sancionar as violações dos direitos humanos que venham a ocorrer.

Esta doutrina tem sido criticada por diversos ângulos, acusada de favorecer uma proteção de Direitos Humanos de geometria variável; mas o respeito pela «margem de apreciação» tem permitido ao Tribunal, sem conceder sobre o essencial, acolher as posições das jurisdições nacionais que se encontrem melhor apetrechadas para, por exemplo, examinarem determinados aspetos de uma medida restritiva que releva de uma certa especificidade, nomeadamente sobre questões de sociedade.

E, neste campo, o diálogo entre as duas jurisdições tem sido frutuoso e mutuamente enriquecedor, permitindo ao Tribunal fazer evoluir de uma forma pragmática

[537] Acórdão Rasmussen, de 28 de novembro de 1984.
Questão complexa é a de saber até onde vai a «margem de apreciação». Ver, criticamente, Michel de Salvia, «Contrôle européen et principe de subsidiarité: faut-il encore (et toujours) émarger à la marge d'appréciation», in *Mélanges à la mémoire de Rolv Ryssdal*, Colónia, 2000, pág. 373.

[538] Cfr. os Acórdãos Kraska, de 19 de abril de 1993, § 22, e Kampanis, de 13 de julho de 1995, § 44.

[539] Cfr., *mutatis mutandis*, os Acórdãos Kefalas, de 8 de junho de 1995, § 44, e Agrotexim, de 24 de outubro de 1995, § 75.

a sua jurisprudência tendo em conta as mutações das realidades nacional e europeia, preservando o essencial, ou seja, uma aplicação harmoniosa da *Convenção*, mas sem que harmonia signifique uniformidade cega, esperando que, por seu turno, as jurisdições nacionais apliquem a jurisprudência de Estrasburgo.

O Protocolo 15, ao "legitimar" e reforçar a doutrina da margem de apreciação, vai permitir ao Tribunal evitar muito do seu esforço quer na averiguação da matéria de facto e de direito quer em relação ao exame do fundo das queixas.

8.2. A redução do prazo para a apresentação da queixa para quatro meses [540], conjugada com a nova prática do Tribunal de só considerar a queixa introduzida quando o formulário esteja devidamente preenchido com os documentos pertinentes, determinará um acréscimo de rejeição de queixas e, consequentemente, uma diminuição óbvia do trabalho pedido ao Tribunal.

Espera-se contudo que estas limitações não se venham a traduzir numa dificuldade excessiva no acesso ao Tribunal, contrariando a sua génese.

8.3. A modificação introduzida no artigo 35º, eliminando-se a exigência "contanto que não se rejeite, por esse motivo, qualquer questão que não tenha sido devidamente apreciada por um tribunal interno", destinada a conferir um maior efeito à máxima *"de minimis no curat praetor"*, insere-se também na ideia de libertar o Tribunal de bagatelas.

8.4. O Protocolo 16, ao permitir que as mais altas instâncias judiciárias peçam ao Tribunal um parecer sobre as questões de princípio relativas à interpretação ou aplicação dos direitos e liberdades definidos na *Convenção* e seus Protocolos, pode considerar-se inserido nas medidas destinadas a mitigar o excesso de trabalho do Tribunal.

É de presumir que as queixas sobre aquelas questões possam ser resolvidas a nível interno, uma vez que as instâncias nacionais deverão seguir a solução avançada no Parecer.

Enfim, o Tribunal pode tornar-se uma espécie de Tribunal constitucional europeu, uniformizando a jurisprudência europeia nestas matérias[541].

[540] Justificada pelo desenvolvimento das tecnologias de comunicação mais rápidas e pelos prazos de recurso em vigor nos Estados membros de uma duração equivalente. Cfr. Relatório explicativo do Protocolo 15.

[541] Para o Tribunal como uma espécie de tribunal constitucional europeu, ver R. ST. J. Macdonald, «Supervision of the Execution of the Judgments of the European Court of Human Rights», nas *Mélanges en l'honneur de Nicolas Valticos – Droit et justice*, Pedone, Paris, 1999, p. 417, Evert Albert Alkema, «The European Convention as a Constitution and its Court as a Constitutional Court», in *Mélanges à la mémoire de Rolv Ryssdal*, Carl Heymanns Verlag KGpp, Köln, 2000, p. 41, e Henry Schermers, «A European Supreme Court», in *Mélanges à la Mémoire de Rolv Ryssdal*, p. 1271.
A possibilidade de Pareceres consultivos está prevista para o Tribunal Interamericano dos Direitos Humanos, no artigo 64º da Convenção Interamericana dos Direitos Humanos.

Contudo, este efeito ganharia maior vigor se os Pareceres fossem obrigatórios ao menos para as entidades que os pediram, à semelhança do que acontece com os pareceres do Tribunal de Justiça das Comunidades[542].

8.5. Entre as medidas em estudo, uma parece que vem ganhando corpo: a instituição de um mecanismo de filtragem que se ocuparia de examinar as queixas e enviar ao Tribunal apenas aquelas que o merecessem (cfr. a Declaração de Interlaken, adotada na Conferência Ministerial a 19 de fevereiro de 2010).

Neste momento, o estudo deste mecanismo de filtragem, que deverá funcionar no interior do próprio Tribunal, está ainda numa fase embrionária, desconhecendo-se a sua composição, modo de funcionamento, critérios de filtragem e âmbito da sua competência.

9. Mas tudo isto é insuficiente, pelo que é preciso decidir qual o caminho a prosseguir, nomeadamente se o recurso individual deve ser mantido.

Para alguns, o futuro do sistema não pode repousar sobre a reparação individual; é preciso dar ao Tribunal, antes de tudo, a função prioritária de um verdadeiro tribunal constitucional europeu, conferindo-lhe a possibilidade de concentrar os seus esforços nas decisões de «princípio», que contribuirão para o progresso dos direitos humanos nos Estados Membros da *Convenção* e assim construir a «ordem pública» europeia.

Outros sustentam antes que a ideia central deve continuar a mesma: quaisquer que sejam a reforma ou reformas, elas devem respeitar a substância do recurso individual.

Mas preservar um sistema de recurso individual aberto a 800 milhões de pessoas de 47 países membros da *Convenção* e manter a eficácia do trabalho do Tribunal representa uma verdadeira quadratura do círculo.

É uma evidência que a Europa tem necessidade deste direito de recurso colocado no exterior dos seus Estados e que representa a última esperança para todos aqueles que são vítimas de violações dos direitos e garantias fundamentais.

O indivíduo e as autoridades devem saber que existe um Tribunal, colocado no exterior do sistema, com a capacidade de sancionar, de uma maneira exemplar, este tipo de violações.

Talvez se deva sujeitar o direito de queixa a algumas restrições que não desvirtuem a sua natureza; penso nomeadamente, mas não só, na exigência da queixa ser apresentada por um advogado, mormente quando, para o exame da questão a nível interno, ou seja, no âmbito dos recursos a esgotar, o patrocínio de advogado fosse necessário.

[542] As razões indicadas no Relatório explicativo – os Pareceres inserem-se no diálogo judiciário entre o Tribunal e a jurisdições internas – esquece que quem deve interpretar a *Convenção* é o Tribunal – artigo 32º da *Convenção*.

Mas é pertinente a interrogação: perante o número de queixas que, hoje em dia, chegam ao Tribunal, como conciliar o papel de última esperança para o indivíduo e a função estrutural da ordem jurídica europeia que o Tribunal deve também desempenhar?

Se não se quiser tocar no direito de recurso individual, o caráter subsidiário do mecanismo de controlo da *Convenção* deve ser aprofundado em todas as direções.

Uma importante redução do contencioso apresentado ao Tribunal passa pela melhoria dos sistemas internos de recursos eficazes para a proteção dos direitos humanos, ou seja, na concretização do carácter subsidiário do mecanismo de controlo da *Convenção.*

Os Direitos Humanos sempre foram entendidos como um conjunto de normas que visam defender a pessoa humana contra os excessos de poder cometidos pelos órgãos do Estado.

O Estado tem o dever de proteger a pessoa humana, salvaguardando-a nos seus direitos e liberdades fundamentais, o que o obrigará a uma atitude negativa de abstenção de violação desses direitos e liberdades e a uma atitude positiva na criação das condições necessárias à efetivação desses mesmos direitos e liberdades.

Perante uma violação desses direitos ou liberdades por parte dos seus agentes ou vinda de particulares, o Estado tem a obrigação de agir de modo a fazer cessar a violação em curso e/ou reparar o prejuízo que tenha causado.

Os Estados gozam aqui de uma larga margem de atuação na escolha das medidas adequadas àquele fim, mas a toda a violação deve corresponder um meio interno adequado a repará-la.

Esta obrigação de instituírem um mecanismo de controlo interno das violações aos direitos e liberdades ali reconhecidos é expressamente assumida pelos Estados ao ratificarem a *Convenção.*

A Declaração de Interlaken enfatiza, uma vez mais, o caráter subsidiário da intervenção do Tribunal e apela a uma maior intervenção dos órgãos internos das Altas Partes Contratantes na prevenção e na sanção das violações da *Convenção; o que foi de novo relembrado, ainda com maior ênfase, na Declaração saída da Conferência de Brighton: instaurar, se necessário, novas vias de recurso interno, de natureza específica ou geral, para as violações alegadas dos direitos e liberdades protegidos pela Convenção.*

Mecanismo esse que deverá, em princípio, contemplar todas as violações, venham elas da Administração, do poder legislativo ou do judiciário.

Se este princípio da subsidiariedade for devidamente compreendido, se os Estados se dotarem de mecanismos que lhes permitam sanar de uma forma eficaz as violações aos direitos e liberdades garantidas na *Convenção,* o recurso ao Tribunal de Estrasburgo ficará reservado para as situações-limite em que, apesar de tudo, não foi possível encontrar remédio ou a solução oferecida à nível interno não pôde satisfazer a vítima.

Na verdade, o exato cumprimento do disposto no referido artigo 13º acabará por se revelar crucial, como o Tribunal o reafirmou no seu Acórdão Z. e outros c. Reino Unido[543]:

> *« em conformidade com o objeto e o fim subjacentes à Convenção, tais como eles decorrem do seu artigo 1º, cada Estado Contratante deve assegurar na sua ordem jurídica interna o gozo dos direitos e liberdades garantidos.*
>
> *É fundamental para o mecanismo de proteção estabelecido pela Convenção que os sistemas nacionais eles próprios permitam reparar as violações cometidas, pois o Tribunal exerce um controlo no respeito do princípio da subsidiariedade».*

O caráter subsidiário do sistema de Estrasburgo deve ser assim melhorado com o reforço dos meios ao nível interno para reparar as violações da *Convenção*.

Esta subsidiariedade exprime-se também no artigo 35º, nº 1, da *Convenção*.

A finalidade deste artigo 35º, nº 1, que enuncia a regra do esgotamento das vias de recurso internas, é de conceder aos Estados Contratantes a ocasião de prevenir ou de reparar as violações alegadas contra eles antes que o Tribunal seja disso encarregado.

A regra do artigo 35º, nº 1, funda-se na hipótese, incorporada no artigo 13º (com o qual apresenta estreitas afinidades), de que a ordem interna deve oferecer um recurso efetivo relativamente à violação alegada.

Assim, ao anunciar de maneira explícita a obrigação para os Estados de proteger os Direitos Humanos, primeiramente no seio da sua própria ordem jurídica interna, o artigo 13º estabelece, em benefício dos indivíduos, uma garantia suplementar de gozo efetivo dos direitos em questão.

Tal como decorre dos trabalhos preparatórios, «o objeto do artigo 13º é o de fornecer um meio através do qual os indivíduos possam obter, ao nível nacional, a reparação das violações dos seus direitos garantidos pela *Convenção*, antes de terem de desencadear o mecanismo internacional de queixa perante o Tribunal»[544].

A regra do esgotamento dos meios internos e o direito a um recurso efetivo são na realidade as duas faces da mesma moeda: exigir, antes de mais, que os Estados membros garantam os direitos e obrigações consagrados na *Convenção* e, se estes forem violados, que ofereça às vítimas os meios adequados, efetivos e acessíveis, para que possam obter a nível interno a reparação para os danos que sofreram.

Mesmo que as instâncias internas apliquem os princípios que emergem da jurisprudência de Estrasburgo, a vítima poderá sempre recorrer ao Tribunal se o resultado obtido a nível interno não lhe agradar.

[543] De 10 de maio de 2001, § 103.

[544] Recueil des Travaux préparatoires de la Convention européenne des Droits de l'Homme, vol. II, pp. 485 e 490, et vol. III, p. 651.

Mas, neste contexto, o Tribunal limitar-se-á a concluir que a sua jurisprudência foi aplicada corretamente e que a vítima obteve a nível interno o que poderia esperar de Estrasburgo, declarando, portanto, a queixa mal fundada.

A compreensão e o respeito mútuos das duas jurisdições, a interna e convencional, serão fatores que poderão ajudar à redução do volume de queixas ao Tribunal.

Em alguns Estados, existem processos especiais para sancionar as violações dos direitos humanos, como o recurso de amparo em Espanha ou o «recurso constitucional» na Alemanha.

Todavia, na maioria dos Estados Partes, um meio específico ao dispor dos que se julgam vítimas de violação dos direitos e garantias inscritos na *Convenção* ou não existe ou é um meio rígido, lento e, muitas vezes, caro.

E, sobretudo, estes meios estão, em regra, desprovidos da possibilidade de propor soluções de conciliação, quando hoje em dia a regulação pacífica dos conflitos entre os Estados e os cidadãos ocupa um lugar cada vez mais importante.

Por tudo isto, justifica-se a criação, a nível interno, de um meio específico para examinar as queixas relativas às violações dos direitos humanos.

A instituição de um mecanismo flexível a nível interno, independente e imparcial em relação às partes, capaz de examinar as queixas que os indivíduos desejam apresentar ao Tribunal e de propor soluções de reparação, nomeadamente propostas de conciliação e de arbitragem na procura de um compromisso ou de uma solução aceitável, poderia constituir um instrumento que libertaria o Tribunal de toda uma massa de casos que lhe chega atualmente, mas onde nenhuma questão jurídica importante se coloca.

E, mesmo nos casos onde não existem dúvidas sobre a existência de violação e onde a única questão que subsiste é a da fixação de uma reparação razoável, a fase da tentativa do acordo amigável a nível interno evitaria a subida de muitas queixas ao Tribunal.

10. Em alguns Estados, existem, repete-se, processos especiais para sancionar as violações dos Direitos Humanos; aliás, nos que praticam a exceção de inconstitucionalidade, a taxa de queixas apresentadas ao Tribunal é proporcionalmente menos importante do que a que se verifica nos que não conhecem este tipo de sistema.

10.1. Perante as incontáveis queixas relativas à excessiva duração dos processos que provinham de Itália e que, num determinado momento, atingiram o número de 13000 queixas pendentes, foi preciso reagir.

A fim de tornar efetivo ao nível interno o princípio da «duração razoável», entretanto inscrito na Constituição, o Parlamento italiano adotou, a 24 de Março de 2001, uma Lei, a Lei Pinto, consagrando o direito a uma reparação razoável em caso de duração excessiva de um processo e a respetiva ação judicial para a efetivar.

10.2. Um outro meio específico existe, desde há muito, na ordem jurídica espanhola, para as violações do «prazo razoável», para além do recurso de *amparo*.

Os artigos 292º e segs. da Lei orgânica do Poder Judicial oferecem a possibilidade de apresentar um pedido de reparação junto do Ministério da Justiça por funcionamento anormal da justiça, uma vez terminado o processo interno.

Note-se que a decisão do Ministro da Justiça pode ser passível de recurso contencioso perante as jurisdições administrativas.

Neste contexto, este meio jurídico apresenta um grau suficiente de acessibilidade e de eficácia para os prejudicados e constitui, assim, um recurso que deve ser exercido antes de se apresentar a queixa em Estrasburgo [545].

10.3. Os meios específicos que existem hoje em dia em Itália, Espanha, França (ação cível contra o Estado)[546] e Portugal (incidente de aceleração processual no processo penal)[547] são de natureza judiciária/administrativa.

Todos estes instrumentos se aplicam apenas às violações do prazo razoável de duração dos processos e a dúvida sobre a sua eficácia para sancionar outro tipo de violações parece justificar-se.

Será possível que, para certo tipo de violações, a existência de um órgão de filtragem ao nível interno não se revele eficaz.

Mas assim não deverá ser para os casos repetitivos ou «clones» e para aqueles manifestamente bem fundados com uma jurisprudência solidamente estabelecida e onde o que resta determinar é o «quantum» da reparação razoável.

Neste tipo de casos, o órgão interno poderia, à luz da jurisprudência do Tribunal, verificar se as condições para uma constatação da violação estão reunidas e, na afirmativa, propor às partes um acordo amigável ou, se o acordo amigável não fosse possível, determinar ele próprio o montante que o Estado requerido deveria pagar.

Relativamente aos casos de *Juiz singular*, os manifestamente mal fundados, eles não deixam de sobrecarregar a carga de trabalho do Greffe.

Os processos de *Juiz singular* estão, em regra, recheados de documentos, por vezes manuscritos, que é preciso ler atentamente para se chegar a compreender qual é a queixa e a sua consistência.

[545] Ver a Decisão da Comissão de 6 de Julho de 1993, Queixa nº 17553/90 (Prieto Rodrigues c. Espanha), Décisions et Rapports, nº 75, pág. 128; ver ainda a Decisão do Tribunal de 5 de Outubro de 1999, Queixa nº 39521/98 (Gonzalez Marin c. Espanha).
A eficácia deste meio pode ser avaliada quando se comparam as condenações até 1 de janeiro de 2015 por violação do prazo razoável entre Portugal e Espanha: treze para a Espanha e cento e treze para Portugal.

[546] Uma ação fundada no artigo L 781º do Código Francês da organização judiciária é um meio a esgotar por quem pretenda queixar-se de uma duração excessiva de um processo.

[547] O incidente de aceleração processual é um meio a esgotar face à duração excessiva do processo penal – Decisão do Tribunal de 2 de Setembro de 1999, Queixa nº 32082/96.

Se o órgão nacional de filtragem tivesse também como tarefa estudar os processos de *Juiz singular* e concluir pela inadmissibilidade das queixas, muitas delas terminariam ali.

Relativamente aos casos de Comité, eles não deixam de sobrecarregar a carga de trabalho do Greffe.

É verdade que, para manter a coerência de um sistema de direito de recurso individual, as decisões do órgão interno não poderiam ter, por si só, força de caso julgado e que o indivíduo e o Estado continuariam a ter a possibilidade de submeter o assunto ao Tribunal; mas, mesmo assim, quanto esforço não seria retirado ao Tribunal?

Este modelo terá certamente os seus inconvenientes e ninguém poderá assegurar que ele iria resolver os atrasos do Tribunal de uma maneira satisfatória.

Mas esta solução não impede todas as outras que visem o mesmo fim; pelo contrário, ela é compatível com quase todas aquelas que têm sido propostas.

11. Uma delas, várias vezes recomendada, será a aplicação da *Convenção* pelas jurisdições nacionais.

Se os magistrados conhecessem a *Convenção* e, sobretudo, se eles fossem obrigados a aplicar a *Convenção* mesmo contra a legislação interna, um grande número de violações dos direitos humanos seria reparado a nível interno.

Para tanto, a difusão da *Convenção* e da sua jurisprudência entre os juristas na Europa apresenta-se como primordial.

E, ainda, é preciso convencer todos os que têm como tarefa a aplicação da lei que a *Convenção* é também uma lei interna, colocada, regra geral, a um nível superior em relação às leis ordinárias.

Por outro lado, o acatamento da jurisprudência do Tribunal pelos Estados Contratantes, prevenindo violações futuras nas mesmas circunstâncias, contribuiria para reduzir o número de processos e, assim, o volume de trabalho do Tribunal.

O que poderá implicar uma adaptação da ordem jurídica ou da «praxis», de modo a respeitar a *Convenção,* com a dimensão que a jurisprudência dos seus órgãos de controlo lhe conferiu.

A obrigação de evitar violações semelhantes no futuro decorre da letra e do espírito da *Convenção* e será o corolário da execução de boa-fé de um acórdão do Tribunal que postula a revogação de toda a disposição e a modificação de toda a prática administrativa ou judiciária suscetíveis de provocar uma nova violação da *Convenção.*

Esta é aliás uma das obrigações dos Estados que, ao ratificarem a *Convenção,* aceitam ficar obrigados pelas decisões do Tribunal e observar a sua plena e rápida execução.

Em princípio, só as Partes no processo ficam obrigadas pelas decisões do Tribunal; um Estado parte deve conformar-se com a decisão, isto é, deve executá-la de boa-fé e voluntariamente.

O Acórdão, repete-se, vincula apenas o Estado parte no processo; o princípio da relatividade do caso julgado aplica-se aos Acórdãos do Tribunal.

Todavia, isto não impede que os acórdãos do Tribunal, enquanto interpretam as disposições da *Convenção*, adquiram uma autoridade própria que se exerce sobre todos os Estados Contratantes, tendo em vista a obrigação que sobre eles recai de aplicar a *Convenção* em conformidade com a jurisprudência mais recente do Tribunal, pois, de outro modo, ficam expostos a sanção idêntica à infligida no acórdão.

Convirá, por isso, a todas as autoridades, mesmo àquelas que não pertencem ao Estado em causa, acolher a doutrina que deriva dos acórdãos do Tribunal para evitar futuras condenações por violação da *Convenção*.

Certo, repete-se, que o acórdão não tem eficácia *erga omnes*; mas um Estado deve possuir boas razões para se desviar da linha traçada na decisão do Tribunal, pois em casos paralelos terá de o convencer alterar a sua jurisprudência, o que, não sendo impossível, é, no entanto, muito difícil.

Note-se que um acórdão contra um terceiro Estado pode implicar modificações legislativas ou de práticas judiciárias ou administrativas imediatas em razão da incompatibilidade manifesta do sistema interno com as exigências derivadas da *Convenção*, tal como foram precisadas na jurisprudência do Tribunal.

12. Em resumo e conclusão: todas as medidas que tentem fornecer ao Tribunal os meios para prosseguir o seu papel de guardião da ordem jurídica europeia merecem ser acolhidas, na condição de que elas não impeçam uma outra função tão primordial do Tribunal: constituir a última porta à qual podem bater todos aqueles que foram vítimas de violações dos Direitos Humanos e que não obtiveram ao nível interno a reparação adequada.

II

1. Esquematicamente, o processo relativo a uma queixa individual poderá ter as seguintes fases:

Queixa examinada por um Juiz singular – artigo 27º da *Convenção:*

1. Introdução da queixa;
2. Contactos preliminares com o *Greffe;*
3. Registo da queixa;
4. Decisão de inadmissibilidade ou de arquivamento.

Queixa examinada por um Comité de três juízes – artigo 28º da *Convenção*:

1. Introdução da queixa;
2. Contactos preliminares com o *Greffe;*

3. Registo da queixa;
4. Designação de um juiz relator;
5. Atribuição da queixa a um Comité;
6. Comunicação da queixa ao Governo ou decisão de inadmissibilidade;
7. Se comunicada, negociação sobre o acordo amigável e depósito das observações e estabelecimento dos factos;
8. Acórdão sobre a admissibilidade e sobre o fundo.

Queixa examinada por uma Secção e, eventualmente, pelo Tribunal pleno:

1. Introdução da queixa;
2. Contactos preliminares com o *Greffe;*
3. Registo da queixa;
4. Atribuição da queixa a uma Secção;
5. Designação de um juiz relator;
6. Comunicação da queixa ao governo;
7. Negociação sobre o acordo amigável e depósito das observações e estabelecimento dos factos;
8. Eventual audiência;
9. Acórdão da Secção sobre a admissibilidade e sobre o fundo;
10. Em casos excecionais, queixa submetida ao Tribunal pleno;
11. Audiência no Tribunal pleno;
12. Acórdão do Tribunal pleno;
13. Execução da decisão, fase sob a supervisão do *Comité de Ministros.*

Como nota distinta, a decisão sobre a inadmissibilidade nas queixas estaduais não pertence nem ao Juiz singular nem ao Comité, mas à Secção ou ao Pleno, decisão que deve, em regra, ser tomada em separado da decisão sobre o fundo – artigo 29º, nº 2, da *Convenção.*

2. Vejam-se com algum pormenor todas estas fases, sendo evidente que as considerações emitidas para o exame da queixa pela Secção, são válidas, com as necessárias adaptações, para as queixas examinadas pelo Comité ou pelo Juiz único.

A – *Introdução da queixa*

1. Uma simples «comunicação escrita» enviada ao Tribunal[548], ainda que redigida na língua materna, a expor sumariamente o objeto da queixa, basta para desencadear o processo.

[548] O endereço do Tribunal é o seguinte: Tribunal Europeu dos Direitos do Homem, Conselho da Europa, F – 67075 Estrasburgo Cedex, França.

Esta «comunicação», (bem como o formulário da queixa, ver *infra*), podem ser enviados por Fax. Todavia, o original do formulário deve ser sempre enviado pelo correio no prazo de oito semanas contado a partir da data da carta do Greffe a assinalar a receção do Fax. Ver nº 5 da «Instrução prática» sobre a Introdução da queixa, anexa ao Regulamento do Tribunal, editada pelo Presidente do Tribunal em 1 de novembro de 2003, e modificada a 22 de setembro de 2008 e 24 de junho de 2009.

As queixas não podem ser formuladas pelo telefone, nem por *e-mail*.

Aquela «comunicação escrita» deverá conter, sempre que possível:

a) um breve resumo dos factos;

b) a menção do ou dos direitos e garantias que se pensa terem sido violados;

c) a indicação dos meios internos que foram esgotados;

d) a lista das decisões proferidas pelas autoridades públicas, precisando para cada uma delas a data, o seu conteúdo e a autoridade que a emitiu (deve juntar-se a fotocópia das decisões).

2. Recebida aquela exposição, será enviado ao requerente um formulário oficial a fim de ser preenchido de acordo com uma nota explicativa que o acompanha.

Se for solicitado, é também enviado um formulário para a procuração do requerente a um jurista ou outra pessoa que deve, em princípio, residir num Estado Parte, salvo decisão em sentido diferente do Tribunal.

Como o formulário da queixa pode ser obtido diretamente via Internet, este pode e deve ser desde logo utilizado não só por economia de meios, mas também porque, como se verá em breve ao estudar a questão dos «seis meses», a data a considerar como a da introdução da queixa pode não ser a data da «comunicação escrita» mas a da apresentação do formulário.

Embora as línguas oficiais do Conselho da Europa sejam o inglês e o francês, os formulários da queixa e da procuração podem ser preenchidos na língua materna e, mediante autorização do Presidente, nesta mesma língua podem ser redigidas as peças, observações, documentos ou informações que o requerente venha a apresentar durante o processo.

A queixa deve, em princípio, mencionar:

a) O nome, a idade, a profissão e o endereço do requerente;

b) Se for o caso, o nome, a profissão e a morada do seu representante;

c) A Alta Parte Contratante contra a qual a queixa é dirigida;

d) O objeto da queixa e a disposição da *Convenção* cuja violação é alegada;

e) A exposição dos factos e da motivação;

f) Toda a documentação pertinente, nomeadamente as decisões judiciárias ou outras que respeitem ao objeto da queixa.

Todo o requerente deve ainda:

a) Fornecer os elementos permitindo estabelecer que as condições do artigo 35º da *Convenção* se encontram preenchidas;
b) Indicar se ele submeteu a sua queixa a outra instância internacional de inquérito ou de arbitragem;
c) Se assim o pretender, deve solicitar que a sua identidade não seja revelada (este pedido é decidido pelo Presidente da Secção que também pode agir nesse sentido oficiosamente – artigo 47º, nº 4 do Regulamento do Tribunal).

O requerente deve informar o Tribunal de qualquer mudança de endereço e de qualquer facto pertinente para o exame da queixa.

3. Para o sucesso duma queixa, convém ter presente:

- O Tribunal não é uma quarta instância de recurso que possa reformar a decisão interna;
- Só a vítima pode apresentar a queixa, salvo a hipótese de estar incapacitada para o fazer;
- Os recursos internos disponíveis, eficazes e acessíveis devem ser esgotados previamente;
- A queixa deve ser apresentada no prazo de seis meses a contar da decisão interna definitiva.

B – *Exame da queixa por um juiz único*

Registada a queixa, o *Greffe*, se entende que ela é manifestamente inadmissível, apresenta uma proposta nesse sentido a um *juiz* – artigo 27º da *Convenção*[549].

Se o juiz não aceitar a proposta, transmite a queixa ao Comité de três juízes ou à Secção para posterior apreciação.

C – *Exame da queixa por um Comité de três juízes*

1. Se a queixa não se apresentar nas condições descritas no número anterior, ela será afeta a um juiz relator que prepara uma proposta.

O relator pode propor que a queixa seja declarada inadmissível, nos termos do artigo 35º da *Convenção*, ou que seja comunicada ao Governo para observações sobre a admissibilidade e o fundo; em regra, nos casos onde a questão da comunicação não suscita dúvidas, a decisão da comunicação é tomada pelo Presidente de Secção.

[549] Todas as decisões de inadmissibilidade tomadas por este Juiz singular, pelo comité, pela secção ou pelo tribunal pleno são definitivas; delas não há recurso ou reclamação – cfr. artigos 27º e 28º, nº 2, e, *a contrario*, o nº 2 do artigo 37º da *Convenção*.

Para a elaboração dessa proposta, o relator, se necessário, solicita ao requerente, ou ao Governo implicado, informação sobre algum elemento da queixa.

2. Se a proposta de comunicar a queixa for aceite, o Governo é convidado a apresentar as suas observações em prazo que lhe é acordado.

As observações do Governo são enviadas ao requerente para as comentar.

Nesta fase, decide-se eventualmente sobre o pedido de assistência judiciária formulado pelo requerente, decisão que pode vir, aliás, a ocorrer posteriormente.

Entretanto decorrem as negociações para um acordo amigável.

3. Fracassada a negociação para o acordo amigável, após o recebimento das observações das partes, o Comité pode declarar a queixa inadmissível ou pronunciar um acórdão sobre a admissibilidade e o fundo.

D – *Exame da queixa pela Secção*

1. Se a queixa não for examinada nem por um Juiz singular nem por um Comité, ela será afeta a uma Secção e um juiz relator será designado.

O relator pode propor que a queixa seja declarada inadmissível, nos termos do artigo 35º da *Convenção,* ou que seja comunicada ao Governo para observações sobre a admissibilidade e o fundo; também, em regra, nos casos onde a questão da comunicação não suscita dúvidas, a decisão da comunicação é tomada pelo Presidente de Secção.

Para a elaboração dessa proposta, o relator, se necessário, solicita ao requerente, ou ao Governo implicado, informação sobre algum elemento da queixa.

2. Se a proposta de comunicar a queixa for aceite, o Governo é convidado a apresentar as suas observações em prazo que lhe é acordado.

As observações do Governo são enviadas ao requerente para as comentar.

Nesta fase, decide-se eventualmente sobre o pedido de assistência judiciária formulado pelo requerente, decisão que pode vir, aliás, a ocorrer posteriormente.

3. A Secção procura, por um lado, o acordo amigável entre as partes e, por outro, fixar os factos decisivos para o exame de fundo.

O apuramento dos factos pode implicar um inquérito, mesmo ao local onde os factos se produziram, a realização de exames, a recolha de documentação ou de depoimentos de testemunhas ou peritos.

4. Fracassada a negociação para o acordo amigável, após o recebimento das observações das partes, a Secção pode declarar a queixa inadmissível ou decidir realizar uma audiência sobre a admissibilidade e o fundo, onde o requerente e a Alta Parte Contratante expõem contraditoriamente as suas teses, respondem às perguntas do Tribunal, exibem, se necessário, documentos e produzem a restante prova.

Para a audiência, são convocados os representantes das partes, as testemunhas, os peritos e outras pessoas, nomeadamente terceiros admitidos a intervir.

As línguas a utilizar na audiência são, em princípio, o francês ou o inglês, mas pode ser solicitada a utilização de uma outra língua, nomeadamente a materna dos intervenientes.

Estes mesmos princípios aplicam-se à audiência sobre a admissibilidade.

Note-se que a Secção, na imensa maioria dos casos, dispensa estas audiências, observando-se apenas um processo escrito.

5. A Secção toma, em seguida, ou uma decisão declarando inadmissível a queixa, ou pronuncia-se, em acórdão sobre a admissibilidade e o fundo.

Só muito raramente a Secção separa as decisões sobre a admissibilidade e o fundo nas queixas individuais.

Nas queixas interestaduais, em regra, a decisão sobre a admissibilidade é tomada em separado – ver artigo 29º da *Convenção.*

Aliás as queixas interestaduais são sempre confiadas a uma Secção.

6. A Secção pode, enquanto a queixa lhe está confiada, enviá-la para exame pelo Tribunal pleno, salvo se as partes se opuserem – artigo 30º (*Ver a anotação a este artigo e ao artigo 3º do Protocolo 15*).

7. O acórdão pode concluir ou não sobre a existência de violação da *Convenção.*

Se concluir que há violação, e se essa violação não puder ser efetiva e completamente reparada no direito interno, pode fixar uma indemnização à vítima no próprio acórdão ou mais tarde em acórdão próprio.

O acórdão da Secção é lido em audiência pública pelo Presidente ou por um outro juiz ou depositado no *Greffe*, depósito que equivale à publicação; o acórdão do Comité nunca é pronunciado em audiência pública.

O acórdão é transmitido ao *Comité de Ministros*, órgão encarregado de velar pela sua execução e é comunicado às partes e terceiros que intervieram no processo.

O acórdão do Comité é definitivo; o acórdão da Secção é, em princípio, definitivo – artigo 42º, nº 2, da *Convenção* – salvo se for requerida a intervenção do Tribunal pleno – artigos 43º e 44º da *Convenção.*

As partes podem pedir, no ano seguinte à sua publicação, uma interpretação do acórdão.

As partes podem pedir a revisão do acórdão, no prazo de seis meses a partir do conhecimento de um facto que pudesse influenciar decisivamente a decisão e que na altura em que esta foi proferida era desconhecido.

E – *Intervenção do Tribunal pleno*

1. No prazo de três meses a contar da data do acórdão, as partes, que a tal não tenham renunciado, podem pedir que a queixa seja examinada pelo Tribunal pleno.

Este pedido é, em seguida, analisado por um Comité de cinco juízes.

Se o pedido for aceite, o Tribunal pleno examina a queixa e decide por acórdão – artigos 43º e 44º da *Convenção.*

2. O Tribunal pleno examina ainda as queixas que lhe forem enviadas pelas Secções nos termos do artigo 30º da *Convenção.*

3. As regras a observar pela Secção aplicam-se, *mutatis mutandis,* ao Tribunal pleno; mas em princípio, este, antes de se pronunciar, realiza uma audiência.

Para uma correta compreensão do desenvolvimento processual, ver a anotação aos respetivos artigos.

B

Artigo 19º – Criação do Tribunal

A fim de assegurar o respeito pelos compromissos que resultam, para as Altas Partes Contratantes, da presente Convenção e dos seus Protocolos, é criado um Tribunal Europeu dos Direitos do Homem, a seguir designado «o Tribunal», o qual funcionará a título permanente.

1. Não obstante a referência neste artigo apenas ao Tribunal, o mecanismo de controlo instituído pela *Convenção* inclui ainda o *Comité de Ministros* (artigo 46º, nº 2) e, até certo ponto, o Secretário-Geral (artigo 57º).

O Tribunal apenas assegura o controlo dos compromissos que as Altas Partes Contratantes assumiram face à *Convenção* e aos seus Protocolos, sendo incompetente para conhecer de violações de outros compromissos internacionais, constitucionais ou de direito interno.

Como também não tem competência para examinar as queixas relativas a erros de facto ou de direito, pretensamente cometidos por uma jurisdição interna, salvo se e na medida em que esses erros implicarem, por si, uma violação dos direitos e liberdades garantidos pela *Convenção* – Acórdão Schenk, de 12 de julho de 1988, A 140, pág. 29, § 45, e Decisão de 20 de maio de 1997, Queixa nº 22 420/93, *Déc. Rap.* 89-A, pág. 17.

2. As pessoas participantes no processo perante o Tribunal beneficiam de imunidades e facilidades consagradas no Acordo europeu relativo às pessoas participando nos processos pendentes no Tribunal Europeu dos Direitos do Homem, feito em Estrasburgo a 5 de março de 1996[550].

As pessoas que beneficiam dessas imunidades e facilidades são os diversos intervenientes no processo:

a) Qualquer pessoa participante no processo em nome próprio ou como representante ou conselheiro das partes;
b) As testemunhas, os peritos e demais pessoas convocadas pelo Tribunal – nº 1 do artigo 1º deste Acordo.

Estas pessoas gozam de imunidade de jurisdição no que respeita às declarações orais ou escritas que prestarem e aos documentos que apresentarem perante o Tribunal – artigo 2º

As pessoas gozam de liberdade de correspondência com o Tribunal; e os presos não podem ver a sua correspondência enviada ao Tribunal retida ou sofrerem consequências disciplinares por esse motivo; mais, os presos podem comunicar com o seu advogado, fora de interferências, sobre a matéria objeto da queixa – artigo 3º

Aquelas pessoas gozam do direito de circulação, do direito de entrar e sair do país onde tenham iniciado a viagem; as restrições a estas medidas devem estar previstas na lei e constituírem, numa sociedade democrática, medidas essenciais à segurança nacional, manutenção da ordem pública, prevenção de infrações penais, proteção da saúde ou da moral e proteção dos direitos e liberdades de terceiros – artigo 4º

Estas imunidades e facilidades, que podem ser retiradas pelo Tribunal, visam assegurar a liberdade de palavra e a independência necessárias ao desempenho das funções, tarefas ou deveres ou ao exercício de direitos – artigo 5º do referido Acordo.

3. Outros instrumentos internacionais sobre Direitos Humanos preveem mecanismos de controlo.

O Pacto sobre Direitos Civis e Políticos, com o seu Protocolo Facultativo, prevê um sistema de apresentação obrigatória de relatórios ao Secretário-Geral das Nações Unidas, sobre os progressos realizados nesta matéria, um sistema facultativo de comunicações de um Estado sobre as condições dos Direitos Humanos noutro Estado e, após a entrada em vigor do Protocolo Facultativo, um sistema de *queixas* de particulares que se pretendam vítimas de violações de direitos reconhecidos no Pacto.

Um Comité, o Comité dos Direitos do Homem, constituído por 18 membros, ocupa-se dos relatórios, das comunicações e das queixas.

O Pacto sobre Direitos Económicos, Sociais e Culturais prevê um sistema de controlo baseado na apresentação de relatórios ao Secretário-Geral das Nações Unidas,

[550] Este Acordo está transcrito na II Parte.
O Acordo aplica-se também ao processo pendente no Comité de Ministros – nº 3 do artigo 1º

que são estudados pelo Conselho Económico e Social ou por outros organismos especializados das Nações Unidas.

A nível mundial, destacam-se ainda a Organização Internacional do Trabalho (OIT) e diversas Convenções das Nações Unidas com mecanismos de controlo, como a Convenção Internacional sobre a Eliminação de Todas as Formas de Discriminação Racial, a Convenção sobre a Eliminação de Todas as Formas de Discriminação contra as Mulheres, a Convenção contra a Tortura e Outras Penas ou Tratamentos Cruéis, Desumanos ou Degradantes e a Convenção sobre os Direitos da Criança.

A nível regional, a Convenção Interamericana dos Direitos do Homem, com uma Comissão e um Tribunal, e a Carta Africana dos Direitos do Homem e dos Povos, com uma Comissão e um Tribunal.

Na União Europeia, a Carta dos Direitos Fundamentais, de 7 de dezembro de 2000.

No quadro do Conselho da Europa, a Carta Social Europeia prevê um sistema de apresentação de relatórios ao Secretário-Geral, relatórios que são examinados por um Comité de Peritos Independentes, composto por sete membros; os relatórios e as conclusões deste Comité são, por seu turno, estudados por um Comité Governamental que apresenta as suas conclusões ao *Comité de Ministros*.

O terceiro Protocolo adicional à Carta Social, de 9 de novembro de 1995, ratificado por Portugal em 20 de março de 1998, prevê um sistema de reclamações de certas organizações internacionais e nacionais alegando uma aplicação não satisfatória da Carta por parte dos Estados partes.

Ainda no âmbito do Conselho da Europa, aponta-se a Convenção Europeia para a Prevenção da Tortura e as Penas ou Tratamentos Desumanos ou Degradantes; o seu Comité efetua visitas aos países membros para examinar o modo como as pessoas privadas de liberdade são tratadas.

Também no Conselho da Europa, foi criada a Comissão Europeia contra o Racismo e a Intolerância (ECRI) a fim de combater os problemas crescentes do racismo, da xenofobia, do antissemitismo e da intolerância; a ECRI trabalha sobretudo com base nos relatórios elaborados pelas suas delegações após visitas aos países membros.

Artigo 20º – Número de juízes

O Tribunal compõe-se de um número de juízes igual ao número de Altas Partes Contratantes.

1. O número de membros do Tribunal é determinado pelo dos Estados membros que ratificaram a *Convenção*, e não em razão dos Estados membros do Conselho da Europa.

Adotou-se o que estava estabelecido para a Comissão, em detrimento do que estava previsto para o Tribunal.

Na versão da *Convenção* anterior ao Protocolo nº 11, no artigo 20º, nº 1, dizia-se: *A Comissão compõe-se de um número de membros igual ao das Altas Partes Contratantes*; e no artigo 38º: *O Tribunal Europeu dos Direitos do Homem compõe-se de um número de juízes igual ao número de membros do Conselho da Europa.*

Termina-se, assim, com o que alguns consideravam uma inadvertência[551], pois os Estados, uma vez membros do Conselho da Europa, tinham o seu juiz no Tribunal, sem que tivessem ratificado a *Convenção* e, muito menos, feito a declaração reconhecendo a sua jurisdição.

Um dos exemplos mais conhecidos é o da França: René Cassin, eleito em seu nome em 1959, presidiu ao Tribunal entre 1965 e 1968, mas a França só veio a ratificar a *Convenção* em 1974 e a reconhecer a jurisdição do Tribunal em 1981.

2. Se, por qualquer razão, um Estado deixa de ser parte na *Convenção*, o mandato do membro eleito relativamente a esse Estado termina – ver Relatório da 89ª Reunião da Comissão, *Ann. Conv.*, vol. XIII, pág. 33, e a Resolução de 29 de setembro do Tribunal (*Ann. Conv.*, vol. XIII, pág. 43), sobre as consequências de o Governo grego ter denunciado a *Convenção.*

Quando a Checoslováquia se dividiu em duas Repúblicas, a Checa e a Eslováquia, em 31 de dezembro de 1992, o seu juiz viu terminado o seu mandato, sendo mais tarde reeleito pela Eslováquia – cfr. Acórdão Brannigan e McBride, de 26 de maio de 1993, A 258-B, pág. 37, § 9.

Artigo 21º – Condições para o exercício de funções

1 – Os juízes deverão gozar da mais alta reputação moral e reunir as condições requeridas para o exercício de altas funções judiciais ou ser jurisconsultos de reconhecida competência.

2 – Os juízes exercem as suas funções a título individual.

3 – Durante o respetivo mandato, os juízes não poderão exercer qualquer atividade incompatível com as exigências de independência, imparcialidade ou disponibilidade exigidas por uma atividade exercida a tempo inteiro. Qualquer questão relativa à aplicação do disposto no presente número é decidida pelo Tribunal.

O artigo 2º do Protocolo 15, que ainda não entrou em vigor, vem dispor:

"1. Ao artigo 21 º da Convenção é inserido um novo n º 2 do seguinte teor:

"Os candidatos devem ter menos de 65 anos na data em que a lista de três candidatos é examinada pela Assembleia Parlamentar, nos termos do artigo 22º".

[551] Jacques Velu e Rusen Ergec, *ob. cit.*, pág. 927.

2. Os números 2 e 3 do artigo 21º da Convenção passam a ser os números 3 e 4 do artigo 21º.

...".

E o nº 1 artigo 8º deste Protocolo 15 vem estatuir:

"As alterações introduzidas pelo artigo 2º do presente Protocolo aplicam-se apenas aos candidatos figurando nas listas apresentadas à Assembleia Parlamentar pelas Altas Partes Contratantes, nos termos do artigo 22º da Convenção, após a entrada em vigor do presente Protocolo".

1. Os juízes devem gozar da mais alta reputação moral, reunir condições para o exercício de altas funções judiciais ou, então, ser jurisconsultos de reconhecida competência.

A alta reputação moral não obrigará a um inquérito sobre a *moralidade* dos candidatos, mas, como já acontecia anteriormente para os membros dos órgãos de controlo, não serão elegíveis os candidatos que, de acordo com o parecer da Subcomissão da Assembleia Parlamentar para a eleição dos juízes, não demonstraram, no decurso da sua carreira anterior, um comportamento sem censura, seja a título de pessoa privada ou no exercício das suas funções – cfr. o Doc. AS/Ja (5) 19, de 22 de setembro de 1953.

A expressão *altas funções judiciais* deve ser interpretada com um amplo sentido: o seu sentido não se limita à mais alta instância do país nem necessariamente aos juízes.

No contexto do diploma, o termo *jurisconsulto* deve ser lido à luz do nº 3 do anterior artigo 21º, como pessoa de reconhecida competência em direito nacional ou internacional, ou seja, que possua um diploma em Direito e uma experiência significativa num daqueles domínios jurídicos.

Por outro lado, basta que o candidato reúna as condições, ainda que não esteja nomeado ou não exerça funções, por exemplo, por se encontrar já na situação de aposentado.

Os juízes são, em regra, altos magistrados, professores universitários e funcionários superiores.

2. Duas outras condições, ainda que não expressas neste artigo, devem influenciar a escolha.

A primeira consiste no conhecimento ativo de, pelo menos, uma das línguas oficiais do Tribunal, o francês ou o inglês, e passivo da outra.

A segunda consiste na idade, uma vez que o mandato dos juízes termina quando atingem os setenta anos de idade.

3. Os juízes exercem a suas funções a título individual, com independência e imparcialidade.

Não são representantes dos Estados de onde são originários ou em nome de quem tenham sido eleitos nem deles dependentes.

Ao iniciarem as suas funções, os juízes prestam juramento em como as exercerão com honradez, independência e imparcialidade e que observarão o segredo das deliberações.

4. Os juízes devem ter a disponibilidade de tempo necessária ao exercício das funções, não podendo exercer nenhuma atividade incompatível com as exigências de independência, imparcialidade e disponibilidade inerentes a uma atividade a tempo inteiro.

Nenhum juiz pode participar no exame de um caso:

a) se ele tem um interesse pessoal, por causa, por exemplo, de um laço conjugal ou parental ou outro laço com um parente próximo, um laço pessoal ou profissional estreito ou uma ligação de subordinação com alguma das partes;
b) se teve anteriormente intervenção no caso seja como agente, advogado ou conselheiro de uma parte ou de uma pessoa interessada diretamente no caso, seja ao nível nacional ou internacional, como membro de uma outra jurisdição ou de uma comissão de inquérito ou a qualquer outro título;
c) se prossegue, enquanto é juiz *ad hoc* ou antigo juiz eleito continuando a trabalhar nos termos do artigo 26º, nº 3, do Regulamento do Tribunal, uma atividade política ou administrativa ou uma atividade profissional incompatível com a sua independência ou imparcialidade;
d) se exprime em público, através dos *media*, por escrito, por ações públicas ou por outro meio, opiniões que são objetivamente de natureza a prejudicar a sua imparcialidade;
e) se, por qualquer outra razão que seja, a sua independência ou imparcialidade podem legitimamente ser postas em causa – nº 2 do artigo 28º do Regulamento.

Os juízes não podem presidir ao exame de um processo relativo a uma Alta Parte Contratante de que sejam nacionais ou em nome de quem tenham sido eleitos ou escolhidos como Juiz *ad hoc* ou como juiz da «comunidade de interesse» – artigo 13º do Regulamento.

5. O Protocolo 15, que ainda não entrou em vigor, vem estabelecer que os candidatos devem ter menos de 65 anos na data em que a lista for examinada pela Assembleia Parlamentar.

Este novo regime aplica-se apenas às listas apresentadas após a entrada em vigor do Protocolo.

Em consequência, o limite de 70 anos estabelecido pelo nº 2 do artigo 23º desaparece; os juízes que atinjam esta idade terão assim a possibilidade de finalizar o seu mandato de 9 anos, reforçando-se a coerência da composição do Tribunal.

Entendeu-se que não era indispensável impor um limite de idade, tendo em conta o caráter não renovável do mandato – Relatório explicativo do Protocolo.

Artigo 22º – Eleição dos juízes

Os juízes são eleitos pela Assembleia Parlamentar relativamente a cada Alta Parte Contratante, por maioria dos votos expressos, recaindo numa lista de três candidatos apresentados pela Alta Parte Contratante.

1. A Assembleia Parlamentar, reagindo, de certo modo, a críticas sobre o modo empírico de agir na eleição dos juízes para o Tribunal, resolveu introduzir um processo especial de exame das candidaturas, tendo em vista o novo Tribunal.

Pelas suas Resoluções nºs 1082 (1996), de 22 de abril de 1996, 1200 (1999), de 24 de setembro de 1999, 1366 (2004), de 30 de janeiro de 2004, 1646 (2009), de 27 de janeiro de 2009, 1841 (2011), de 7 de outubro de 2011, e 2002 (2014), de 24 de junho de 2014, e Recomendações nºs 1295 (1996), de 22 de abril de 1996, 1429 (1999), de 24 de setembro de 1999, e 1649 (2004), de 30 de janeiro de 2004, a Assembleia Parlamentar traçou o processo de eleição dos juízes.

Por seu turno, o Comité de Ministros decidiu ter uma intervenção ativa neste processo através da sua Resolução CM/Res (2010) 26, de 10 de novembro de 2010, e de um documento sobre as linhas diretoras relativas à seleção dos candidatos ao lugar de juiz do Tribunal, adotado na reunião de 28/29 março de 2012.

Para que as informações curriculares pedidas aos candidatos sejam apresentadas de uma maneira sistemática e segundo um esquema idêntico, o que facilitará a comparação entre eles, foi estabelecido um modelo de currículo que cada candidato preenche e que integra o seu processo de candidatura.

Neste currículo, os candidatos são convidados a fornecer informações sobre estudos, diplomas e outras qualificações, atividades profissionais, atividades e experiências no domínio dos Direitos Humanos, trabalhos científicos e publicações, conhecimentos linguísticos.

2. Esquematicamente, o processo de eleição dos juízes pode ser assim descrito:

- Processo de candidaturas elaborado pela Alta Parte Contratante, aberto público e transparente; os candidatos devem, em princípio, ser ouvidos pelo órgão encarregado de os selecionar;
- Elaboração da lista pelo Governo de cada Estado Parte (a escolha pode recair em não nacionais, desaparecida que foi a exigência, constante do anterior nº 1 do artigo 39º, de que dois dos candidatos deveriam ter a respetiva nacionalidade; esta limitação dificultava, mormente nos pequenos países, a elaboração da lista de candidatos, pois não abundavam os que satisfaziam as condições definidas no artigo 21º);
- Apresentação da lista ao *Comité de Ministros*;
- Exame informal da lista por um Painel composto por sete membros nomeado pelo *Comité de Ministros*, que poderá convidar o Governo a apresentar

uma nova lista ou a substituir um ou outro candidato que não apresente o perfil adequado;

- Se o Painel aprova a lista assim o informa a Alta Parte Contratante sem comentários;
- Transmissão da lista pela Alta Parte contratante à Assembleia Parlamentar (então o referido Painel envia à Assembleia Parlamentar o seu parecer sobre se os candidatos reúnem os critérios previstos pelo artigo 21º, nº 1 da *Convenção*; esta informação permanece confidencial);
- Entrevista dos candidatos pela "Comissão para a eleição dos Juízes do Tribunal Europeu dos Direitos do Homem";
- Relatório desta Comissão sobre as condições e o mérito relativo dos candidatos;
- As recomendações desta Comissão – a eleição dos candidatos que reúnam as condições e estejam inscritos em listas regulares, a rejeição das listas que não respondam aos critérios definidos ou que as listas, que entretanto ficaram incompletas, sejam preenchidas com o número de candidatos em falta – são transmitidas à Assembleia pelo Bureau;
- Deliberação da Assembleia Parlamentar sobre as aquelas propostas;
- Eleição dos juízes, em escrutínio secreto, por maioria absoluta, na primeira volta, ou por maioria relativa, na segunda volta.

Artigo 23º – Duração do mandato e destituição

1 – Os juízes são eleitos por um período de nove anos. Não são reelegíveis.

2 – O mandato dos juízes cessará logo que estes atinjam a idade de 70 anos.

3 – Os juízes permanecerão em funções até serem substituídos. Depois da sua substituição continuarão a ocupar-se dos assuntos que já lhes tinham sido cometidos.

4 – Nenhum juiz poderá ser afastado das suas funções, salvo se os restantes juízes decidirem, por maioria de dois terços, que o juiz em causa deixou de corresponder aos requisitos exigidos.

O artigo 2º do Protocolo 15, que ainda não entrou em vigor, vem introduzir as seguintes alterações a este artigo:

"...

3. O número 2 do artigo 23º da Convenção é suprimido. Os números 3 e 4 do artigo 23º passam a ser os números 2 e 3 do artigo 23º".

E o nº 1 artigo 8º deste Protocolo 15 vem estatuir:

"As alterações introduzidas pelo artigo 2º do presente Protocolo aplicam-se apenas aos candidatos figurando nas listas apresentadas à Assembleia Parlamentar pelas Altas Partes

Contratantes, nos termos do artigo 22º da Convenção, após a entrada em vigor do presente Protocolo".

1. O mandato dos juízes é fixado em 9 anos, sem possibilidade de reeleição.

O Relatório explicativo do Protocolo 14 recomenda que as Altas Partes Contratantes proponham candidatos que, dada a sua idade, possam ficar pelo menos metade do mandato de 9 anos.

Se um dos lugares vagar, o juiz eleito exercerá o seu próprio mandato de 9 anos.

Os juízes não podem, em princípio, ser afastados das suas funções antes de findo o mandato.

2. O juiz cessará o seu mandato quando atingir setenta anos de idade.

O nº 2 deste artigo é uma disposição discutível, tendo nomeadamente em conta o regime anterior.

O argumento mais importante a favor desta inovação – até aqui pretendia-se, sem grande sucesso, que o juiz cessasse funções aos 75 anos –, é o facto de o Tribunal funcionar numa base permanente, pelo que seria natural introduzir um limite de idade, como acontece nos tribunais supremos da generalidade dos países membros – § 63 do Relatório explicativo do Protocolo nº 11.

Ver o novo regime estabelecido no artigo 2º do Protocolo 15, que ainda não entrou em vigor.

3. Os juízes permanecem, no entanto, em funções, quando o seu mandato termine ou atinjam o limite de idade e, mesmo no caso de terem apresentado a sua demissão, até à posse do seu sucessor e, após esta posse, continuam a acompanhar os casos em que tenham participado no exame sobre o fundo.

4. O nº 4 deste artigo reproduz o antigo artigo 23º que é suprimido por razões de ordem técnica: evitar, dada a inserção de uma nova disposição (o artigo 27º), ter de numerar de novo uma série de artigos da *Convenção.*

Segundo o § 64 do Relatório explicativo do Protocolo nº 11, este nº 4 inspira-se no nº 1 do artigo 18º do Estatuto do Tribunal Internacional de Justiça, substituindo-se a unanimidade, aí necessária para destituir um juiz das suas funções, pela maioria de dois terços de todos os juízes do Tribunal.

Esta destituição só poderá ter lugar se o juiz deixar de corresponder aos requisitos necessários para o exercício das funções previstas no artigo 21º

5. Ver o artigo 21º do Protocolo nº 14 que prolonga o mandato dos juízes que, à data da entrada em vigor do Protocolo, estejam a cumprir o seu primeiro mandato até atingirem um total de nove anos e o dos outros juízes por mais dois anos para conferir à composição do Tribunal alguma estabilidade.

6. As modificações introduzidas neste artigo pelo Protocolo 15 (a eliminação do seu nº 2) derivam das alterações introduzidas no artigo 21º que permite que os juízes terminem o seu mandato mesmo depois de atingirem 70 anos de idade.

Este Protocolo ainda não entrou em vigor.

Artigo 24º – Secretaria e relatores

1 – O Tribunal dispõe de uma secretaria, cujas tarefas e organização serão definidas no regulamento do Tribunal.

2 – Sempre que funcionar enquanto tribunal singular, o Tribunal será assistido por relatores que exercerão as suas funções sob a autoridade do Presidente do Tribunal. Estes integram a secretaria do Tribunal.

1. O Protocolo nº 14 introduziu a função de «relator» para assistir ao Juiz singular que decidirá os casos que estavam atribuídos ao Comité de três juízes.

O Tribunal decidirá o número de relatores necessários, o modo e a duração da sua nomeação.

De acordo com o Relatório explicativo do referido Protocolo, será desejável que o modo de recrutamento dos juristas da Secretaria e dos relatores seja diversificado; a função de relator deverá ser confiada a pessoas dotadas de uma sólida experiência jurídica, um conhecimento especializado da *Convenção* e da sua jurisprudência e um bom conhecimento de, ao menos, uma das línguas oficiais do Conselho da Europa.

2. A secretaria do Tribunal compõe-se do *greffier,* de dois *greffiers-adjuntos* e de outros agentes juristas.

O *greffier* e os *greffiers-adjuntos* são nomeados pelo Tribunal, que os elege em escrutínio secreto – artigos 15º e 16º do Regulamento do Tribunal.

Os *greffiers-adjuntos* são eleitos num processo semelhante ao do greffier, devendo o Tribunal consultar previamente o *greffier.*

A secretaria do Tribunal, o *Greffe,* conterá tantos *Greffes* como secções, e, em consequência um greffier e um greffier-adjunto de Câmara por cada Câmara.

O *greffier* é o responsável pela atividade da secretaria; em particular, assiste ao Tribunal e aos seus membros no exercício das suas funções, serve de intermediário para todas as comunicações relativas ao Tribunal e guarda os arquivos do Tribunal.

O *greffier* assegura a publicação das decisões do Tribunal e de qualquer documento cuja publicação seja considerada útil pelo Presidente.

Os agentes são nomeados pelo Secretário-Geral, a solicitação do Presidente ou do *greffier* agindo sob as ordens do Presidente.

Os membros da secretaria são recrutados nos países membros, variando o seu número de país para país, segundo o número de queixas relativas a cada um deles; tenta-se que haja, em regra e pelo menos, um nacional de cada Estado Parte.

Pretende-se que sejam, para além de conhecedores das línguas oficiais do Tribunal, juristas com alguma prática nos diversos ramos do direito do seu país.

Para além dos juristas, refiram-se ainda os tradutores e o pessoal administrativo.

O Tribunal tenta obter para os seus quadros, pelo menos, um administrativo de cada país membro.

Artigo 25º – Assembleia plenária do Tribunal

O Tribunal, reunido em sessão plenária:

a) Elegerá o seu Presidente e um ou dois Vice-Presidentes por um período de três anos. Todos eles são reelegíveis;

b) Criará secções, que funcionarão por período determinado;

c) Elegerá os Presidentes das secções do Tribunal, os quais são reelegíveis;

d) Adotará o regulamento do Tribunal;

e) Elegerá o secretário e um ou vários secretários-adjuntos;

f) Apresentará qualquer pedido nos termos do artigo 26º, nº 2.

1. O Tribunal, em sessão plenária, procede às eleições do seu Presidente e Vice-Presidentes e dos Presidentes de Secção, por escrutínio secreto, e por um período de três anos – artigo 8º do Regulamento do Tribunal.

Participam nessas eleições os juízes eleitos que estejam presentes; se nenhum dos juízes obtém a maioria absoluta, procede-se a uma ou várias voltas de escrutínio até que um candidato alcance a maioria absoluta; a cada volta, o candidato com menos de 5 votos é eliminado.

Em caso de igualdade, a preferência é dada ao juiz mais antigo – ver artigo 8º, nº 5, do Regulamento do Tribunal.

2. O Presidente dirige os trabalhos e os serviços do Tribunal, preside às sessões plenárias e às sessões do Tribunal pleno e representa o Tribunal, nomeadamente nas relações com as autoridades do Conselho da Europa – artigo 9º do Regulamento do Tribunal.

O Tribunal tem um Bureau, composto pelo Presidente, pelos Vice-Presidentes do Tribunal e pelos Presidentes de Câmara, assistidos pelos *greffier* e *greffiers adjuntos*. O *Bureau* tem por funções assistir o Presidente no desempenho das suas funções de direção do trabalho e serviços do Tribunal – artigo 9º-A do Regulamento do Tribunal.

Os Vice-Presidentes substituem o Presidente nos impedimentos deste ou se a presidência estiver vaga e presidem, ainda, a uma das Câmaras – artigo 10º do Regulamento do Tribunal.

Nos casos de impedimento simultâneo de ambos ou de os lugares estarem vagos, a presidência é assumida por um dos Presidentes de Câmara ou, na falta deste, pelo juiz mais antigo – artigo 11º do Regulamento do Tribunal.

3. A assembleia plenária cria, por um período de três anos, as Câmaras. Há, pelo menos, quatro Câmaras (atualmente, estão constituídas cinco Câmaras) – artigo 25º, nº 1, do Regulamento do Tribunal e, para além de uma Câmara de filtragem (juízes únicos).

4. Compete também ao Tribunal, em sessão plenária, adotar, por maioria dos seus membros presentes e votantes, o seu Regulamento.

O Regulamento do Tribunal é um texto fundamental para compreender o funcionamento do Tribunal e o processamento das queixas.

Ali se estabelece que as línguas oficiais do Tribunal são o inglês e o francês – artigo 34º, nº 1. Mas, como se sabe, a utilização de uma outra língua pode ser autorizada, em certas condições, pelo Presidente.

Também, no Regulamento do Tribunal, se precisa que a representação processual do requerente pode ser confiada a ele próprio, a um advogado ou a outra pessoa autorizada pelo Presidente – artigo 36º

5. O Regulamento do Tribunal (artigos 100º e segs.) contém a disciplina sobre a assistência judiciária de que pode beneficiar o requerente, a seu pedido ou por iniciativa do Presidente da Secção.

A assistência judiciária é concedida se o requerente não tiver meios para cobrir as despesas e se a concessão da assistência judiciária se mostrar necessária para o bom andamento do processo.

A assistência judiciária pode cobrir, para além dos honorários do representante do requerente, as despesas de deslocação e de estadia e outras despesas necessárias, tais como as referentes à recolha e envio de documentos – artigos 103º e 104º do Regulamento do Tribunal.

A prova da insuficiência económica pertence ao requerente, sendo o Estado requerido ouvido antes da decisão – artigo 102º, nºs 1 e 2, do Regulamento do Tribunal.

A assistência judiciária pode ser retirada se as condições que a permitiam desapareceram – artigo 100º do Regulamento do Tribunal.

Quando o requerente, neste quadro da assistência judiciária, não escolhe ele próprio o advogado, o Tribunal solicita à Ordem de Advogados nacional a indicação de um dos seus membros em condições de assegurar a representação daquele.

6. No Regulamento do Tribunal contempla-se a possibilidade de o Tribunal aplicar medidas provisórias – artigo 39º

Ver a anotação nº 11 ao artigo 34º

7. O Protocolo nº 14 acrescentou a aliena *f)* para refletir a nova função atribuída à Assembleia plenária: solicitar ao *Comité de Ministros* a redução para cinco do número de Juízes das Secções.

Artigo 26º – Tribunal singular, comités, secções e tribunal pleno

1 – Para o exame dos assuntos que lhe sejam submetidos, o Tribunal funcionará com juiz singular, em comités compostos por 3 juízes, em secções compostas por 7 juízes e em tribunal pleno composto por 17 juízes. As secções do tribunal constituem os comités por período determinado.

2 – A pedido da Assembleia Plenária do Tribunal, o *Comité de Ministros* poderá, por decisão unânime e por período determinado, reduzir para cinco o número de juízes das secções.

3 – Um juiz com assento na qualidade de juiz singular não procederá à apreciação de qualquer petição formulada contra a Alta Parte Contratante em nome da qual o juiz em causa tenha sido eleito.

4 – O juiz eleito por uma Alta Parte Contratante que seja Parte no diferendo será membro de direito da secção e do tribunal pleno. Em caso de ausência deste juiz, ou se ele não estiver em condições de intervir, uma pessoa escolhida pelo Presidente do Tribunal de uma lista apresentada previamente por essa Parte intervirá na qualidade de juiz.

5 – Integram igualmente o tribunal pleno o Presidente do Tribunal, os Vice-Presidentes, os Presidentes das Secções e outros juízes designados em conformidade ao regulamento do Tribunal. Se o assunto tiver sido deferido ao tribunal pleno nos termos do artigo 43º, nenhum juiz da secção que haja proferido a decisão poderá naquele intervir, salvo no que respeita ao Presidente da secção e ao juiz que decidiu em nome da Alta Parte Contratante que seja Parte interessada.

1. As queixas são examinadas por um Juiz singular, Comités, Secções ou em Tribunal pleno.

2. O Protocolo nº 14 introduziu uma formação de Juiz singular e uma nova regra no nº 3 para evitar que um juiz possa decidir os casos relativos à Alta Parte Contratante em nome da qual tenha sido eleito, que são examinados numa formação deste tipo.

O Juiz singular é nomeado, em regime de rotação, por doze meses – artigo 27º-A do Regulamento do Tribunal.

3. Os Comités são compostos por três juízes, em regime de rotação, por um período de 12 meses – artigo 27º do Regulamento do Tribunal.

O Presidente do Comité é o seu membro mais antigo.

4. As Secções são compostas por sete juízes entre os que compõem as Câmaras.

Na composição das Câmaras, devem respeitar-se os principais sistemas jurídicos dos Estados membros do Conselho da Europa e uma equitativa representação geográfica – artigo 25º, nº 2, do Regulamento do Tribunal.

Note-se que o juiz eleito em nome do Estado requerido não pode presidir à Secção quando esta examina as queixas relativas a esse Estado – artigo 13º do Regulamento do Tribunal.

5. O Tribunal pleno, composto por 17 juízes efetivos e alguns suplentes, tem as suas atribuições definidas no artigo 31º

O Tribunal pleno é composto por membros naturais – o Presidente do Tribunal, os Vice-Presidentes, os Presidentes das secções e o juiz eleito em nome do Estado requerido.

Nos casos que lhe são enviados por uma Secção, fazem parte do Tribunal pleno os membros desta Secção – artigo 24º, nº 2, alínea *c)*, do Regulamento do Tribunal.

Os restantes são escolhidos por sorteio.

Para permitir que o Tribunal pleno projete sobre o caso um olhar novo, nenhum membro que tenha examinado a queixa ao nível da Secção pode participar no seu exame perante o Tribunal pleno, salvo dois dos seus membros naturais, o Presidente da Secção e o juiz eleito em nome do Estado requerido – artigo 24º, alínea *d)*, do Regulamento do Tribunal.

Sublinhe-se, uma vez mais, que esta solução, ao permitir que dois juízes examinem duas vezes a mesma queixa, uma na Secção, outra no Tribunal pleno, vai ao encontro de elementares princípios de equidade frequentemente denunciados em Estrasburgo quando se aprecia a atividade das jurisdições dos Estados membros.

A justificação apresentada no § 74 do Relatório explicativo para a presença do juiz eleito em nome do Estado requerido – seria necessária para evitar a designação de juízes *ad hoc* nacionais, para além de não ser convincente, deixa em claro a presença do Presidente da Secção que já examinou o caso.

Com esta presença, como a dos restantes Presidentes das secções, pretende-se assegurar a coerência da jurisprudência do Tribunal.

6. O membro eleito em nome da Alta Parte Contratante requerida não tem obrigatoriamente assento no Comité, mas já tem o direito de estar na Secção ou no Tribunal pleno que aprecia uma queixa contra este Estado, ainda que esteja afeto a uma outra Secção. Cfr. os artigos 26º, nº 1, alínea *a)*, e 27º do Regulamento do Tribunal.

Retomou-se a ideia, ventilada aquando da redação do Protocolo nº 8, que criou secções na Comissão, da obrigatoriedade da presença do membro eleito em nome do Estado requerido quando se examinam as queixas que lhe dizem respeito, pela razão simples de que ele conhece melhor o seu sistema jurídico.

7. Admite-se a redução, por um período determinado, para cinco, do número de juízes de uma Secção por decisão do *Comité de Ministros* a solicitação da Assembleia Plenária do Tribunal.

8. Uma nova fórmula para designar o Juiz *ad hoc* foi introduzida no nº 4 deste artigo: a Alta Parte Contratante já não designa esse juiz.

As Altas Partes Contratantes deverão elaborar previamente uma lista de pessoas que poderão desempenhar essas funções, incluindo o nome de juízes eleitos em nome de outras Altas Partes Contratantes. Cfr. o artigo 29º do Regulamento do Tribunal.

Compete depois ao Presidente, quando necessário, escolher, entre os nomes figurando nessa lista, quem deve desempenhar essas funções num caso concreto.

Artigo 27º – Competência dos juízes singulares

Qualquer juiz singular pode declarar a inadmissibilidade ou mandar arquivar qualquer petição formulada nos termos do artigo 34º, se essa decisão puder ser tomada sem posterior apreciação.

A decisão é definitiva.

Se o juiz singular não declarar a inadmissibilidade ou não mandar arquivar uma petição, o juiz em causa transmite-a a um comité ou a uma secção para fins de posterior apreciação.

1. Este artigo define a competência do Juiz singular, formação criada pelo nº 1 do artigo 26º, modificado pelo Protocolo nº 14.

Este juiz será auxiliado nestas funções por relatores – ver a anotação ao artigo 24º

Este juiz decidirá queixas manifestamente mal fundadas ou onde a falta de requisitos de admissibilidade seja manifesta.

Segundo o artigo 20º, nº 2, do Protocolo nº 14, este Juiz singular só poderá aplicar o novo critério de admissibilidade (prejuízo significativo) acrescentado ao artigo 35º, nº 3, alínea *b)*, da *Convenção*, dois anos após a entrada em vigor do Protocolo.

2. Após o registo da queixa, se ela for claramente mal fundada ou se a falta dos requisitos de admissibilidade for manifesta, uma proposta de inadmissibilidade é apresentada ao Juiz singular.

Este, ou decide declarar a queixa inadmissível ou, então, não aceita a proposta do *Greffe*.

Estas decisões de Juiz singular são mencionadas num processo verbal e a inadmissibilidade da queixa é comunicada por carta ao queixoso com uma indicação sucinta dos motivos.

3. Se o Juiz singular rejeitar a proposta, será então designado um juiz relator que deve propor a um Comité ou a uma Secção uma decisão de inadmissibilidade ou de comunicação da queixa ao Estado requerido para observações.

Artigo 28º – Competência dos comités

1 – Um comité que conheça de uma petição individual formulada nos termos do artigo 34º pode, por voto unânime:

a) Declarar a inadmissibilidade ou mandar arquivar a mesma sempre que essa decisão puder ser tomada sem posterior apreciação; ou

b) Declarar a admissibilidade da mesma e proferir ao mesmo tempo uma sentença quanto ao fundo, sempre que a questão subjacente ao assunto e relativa à interpretação ou à aplicação da Convenção ou dos respetivos Protocolos for já objeto de jurisprudência bem firmada do Tribunal.

2 – As decisões e sentenças previstas pelo nº 1 são definitivas.

3 – Se o juiz eleito pela Alta Parte Contratante, parte no litígio, não for membro do comité, o comité pode, em qualquer momento do processo, convidar o juiz em causa a ter assento no lugar de um dos membros do comité, tendo em consideração todos os fatores relevantes, incluindo a questão de saber se essa Parte contestou a aplicação do processo previsto no nº 1, alínea *b*).

1. O Comité de três juízes pode conhecer da admissibilidade e do fundo das queixas que coloquem questões que relevam de «uma jurisprudência bem firmada do Tribunal».

As decisões sobre a admissibilidade e o fundo são tomadas ao mesmo tempo, num processo que guarda todas as características do contraditório; note-se que nada impede que, no fim desse processo, o Comité entenda que a queixa deve ser declarada inadmissível.

Exige-se a unanimidade para todas as decisões do Comité, pelo que quando este requisito não é atingido a decisão é entregue à Secção.

2. Um dos aspetos a salientar é a possível ausência do Juiz eleito pela Alta Parte Contratante nas decisões de fundo do Comité, ao contrário do que sempre acontecia nas decisões do género proferidas pelo Tribunal.

Esta circunstância é justificada pelo facto de os casos em apreciação – repetitivos ou clones – relevarem de uma jurisprudência bem firmada.

Mas isso não impede que, quando na composição do Comité o «juiz eleito» não tenha assento, esse juiz venha a entrar na composição do Comité, em substituição de um dos seus membros, se alguma questão a debater possa necessitar dos seus conhecimentos, nomeadamente quando a Parte requerida contestar o processo utilizado ou invocar um meio interno que não foi esgotado – Relatório explicativo do Protocolo nº 14.

Artigo 29º – Decisões das secções quanto à admissibilidade e ao fundo

1 – Se nenhuma decisão tiver sido tomada nos termos dos artigos 27º ou 28º e se nenhuma sentença tiver sido proferida nos termos do artigo 28º, uma das secções pronunciar-se-á quanto à admissibilidade e ao fundo das petições individuais formuladas nos termos do artigo 34º A decisão quanto à admissibilidade pode ser tomada em separado.

2 – Uma das secções pronunciar-se-á quanto à admissibilidade e ao fundo das petições estaduais formuladas nos termos do artigo 33º A decisão quanto à admissibilidade é tomada em separado, salvo deliberação em contrário do Tribunal relativamente a casos excecionais.

1. O Protocolo nº 14 veio consagrar a prática, para as queixas individuais, da junção num só acórdão das questões da admissibilidade e do fundo.

Note-se ainda que as Secções passam a ocupar-se, em regra, das queixas que não relevem de uma jurisprudência bem firmada ou daquelas onde não se chega a uma decisão unânime.

2. Mantém-se para as queixas interestaduais, como regra, que a decisão sobre a admissibilidade deve ser tomada em separado.

Artigo 30º – Devolução da decisão a favor do tribunal pleno

Se um assunto pendente numa secção levantar uma questão grave quanto à interpretação da Convenção ou dos seus protocolos, ou se a solução de um litígio puder conduzir a uma contradição com uma sentença já produzida pelo Tribunal, a secção pode, antes de proferir a sua sentença, devolver a decisão do litígio ao tribunal pleno, salvo se qualquer das partes do mesmo a tal se opuser.

O artigo 3º do Protocolo 15, que ainda não entrou em vigor, veio suprimir a expressão "salvo se qualquer das partes do mesmo a tal se opuser".

O nº 2 do artigo 8º do Protocolo 15 estabelece:

> *"A alteração introduzida pelo artigo 3º do presente Protocolo não se aplica aos processos pendentes em que uma das partes se opôs, antes da entrada em vigor do presente Protocolo, a uma proposta de uma Secção de devolver a decisão do litígio ao Tribunal Pleno".*

1. Esta disposição, assim como a do artigo 43º, releva de um compromisso político que foi necessário estabelecer para se chegar a acordo sobre o Protocolo nº 11 e não está em conformidade com os modelos jurídicos tradicionais, ao limitar a ação de um órgão, que deve ser independente por natureza, ao acordo das partes.

Esta solução podia, no entanto, encontrar já algum eco durante a discussão do Protocolo nº 8 e da instituição de secções na Comissão.

O nº 2 do anterior artigo 20º estabelecia:

A Comissão reúne em plenário. Pode, no entanto, constituir no seu seio secções compostas de, pelo menos, sete membros cada uma. As secções podem examinar as reclamações apresentadas nos termos do artigo 25º da presente Convenção que possam ser apreciadas com base em jurisprudência assente ou que não suscitem problema grave de interpretação ou de aplicação da Convenção.

E o nº 4 daquele artigo acrescentava:

Uma Secção ou um Comité pode, em qualquer fase do processo, submeter a apreciação da reclamação à Comissão plenária, que pode também avocar a apreciação de qualquer reclamação confiada a uma Secção ou a um Comité.

Os peritos que elaboraram este Protocolo hesitaram longamente sobre a necessidade de imporem uma consulta prévia às partes antes de a Comissão se decidir.

O Relatório explicativo do Protocolo nº 8 indicava que pertenceria à Comissão estabelecer as regras desta consulta no seu Regulamento interno.

Este processo de consulta foi inicialmente adotado pela Comissão, mas rapidamente abandonado, com o acordo dos Governos, porque se revelou um fator de perturbação no desenrolar do processo, tanto mais que a decisão final sobre a questão de saber se a queixa devia ou não ser examinada em plenário ou em Secção pertencia à Comissão.

A solução encontrada no Protocolo nº 11 vai mais longe e condiciona o envio da queixa ao Tribunal pleno ao acordo das partes.

Dentro da ideia que sempre esteve presente durante a discussão do Tribunal permanente no seio de uma corrente conhecida como sueco-holandesa e que sustentava uma solução que concedesse às partes o direito de requerer o reexame da queixa, veio a condicionar-se o reenvio da queixa ao Tribunal pleno a uma espécie de renúncia a este direito de solicitar o reexame da queixa.

São também estes princípios que estão na base do disposto no artigo 43º

2. O Protocolo nº 8 permitia o reenvio da queixa à Comissão plenária em caso de questão grave de interpretação ou aplicação da *Convenção.*

Uma questão grave de interpretação pode ocorrer, de acordo com o § 100 do Relatório explicativo do Protocolo nº 11, quando está em jogo um ponto importante, sobre o qual o Tribunal ainda não se pronunciou, ou quando a decisão se apresenta com importância para os casos futuros ou para a evolução da jurisprudência do Tribunal; uma questão grave deste género pode colocar-se quando o acórdão em causa não é compatível com um acórdão anterior do Tribunal.

Questões graves relativas à aplicação da *Convenção* podem ocorrer quando o acórdão impõe uma modificação notável do direito nacional ou da prática administrativa, mas não suscita em si uma questão grave de interpretação da *Convenção* – § 101 do Relatório explicativo do Protocolo nº 11. Ver, ainda, o § 16 do Relatório explicativo do Protocolo nº 8.

O Protocolo nº 11 seguiu, antes, o disposto no artigo 51º do Regulamento do antigo Tribunal que falava apenas em questões graves que afetem a interpretação da *Convenção* – (notar a diferença com a solução consagrada no artigo 43º, em que a solicitação do Tribunal pleno pelas partes é admissível para as duas hipóteses).

Por outro lado, a solução defendida na Comissão – as secções não tinham competência para examinar queixas que não pudessem ser apreciadas com base numa jurisprudência já assente – afigura-se demasiado restrita para a competência atribuída às secções do Tribunal.

3. Esta possibilidade pode ser utilizada a qualquer momento do processo até à pronúncia do acórdão e não necessita de motivação.

O *greffier* comunica às partes a intenção da devolução; estas dispõem de um mês para objetarem – nº 2 do artigo 72º do Regulamento do Tribunal.

4. O artigo 3º do Protocolo 15, que ainda não entrou em vigor, vem suprimir a possibilidade de uma das partes se opor à devolução do processo ao tribunal pleno,

Pretende-se contribuir assim para a coerência da jurisprudência e para acelerar o processo quando está em causa uma questão grave relativa à interpretação da Convenção ou dos seus Protocolos ou que possa potencialmente conduzir ao afastamento da jurisprudência existente.

Mas, de acordo com o relatório explicativo do referido Protocolo, espera-se que a Secção consulte as partes sobre a sua intenção.

Esta alteração, quando o Protocolo entrar em vigor, não se aplica aos processos pendentes em que um das partes já se tenha oposto à proposta de devolução; pretende-se, assim, salvaguardar a segurança jurídica e a previsibilidade do processo – Relatório explicativo do Protocolo 15.

Artigo 31º – Atribuições do tribunal pleno

O tribunal pleno:

a) Pronunciar-se-á sobre as petições formuladas nos termos do artigo 33º ou do artigo 34º, se a secção tiver cessado de conhecer de um assunto nos termos do artigo 30º ou se o assunto lhe tiver sido cometido nos termos do artigo 43º;

b) Pronunciar-se-á sobre as questões submetidas ao Tribunal pelo Comité de Ministros nos termos do artigo 46º, nº 4; e

c) Apreciará os pedidos de parecer formulados nos termos do artigo 47º

1. Descontando a competência para emitir pareceres (cfr. o artigo 47º), o Tribunal pleno, composto de 17 juízes, não possui uma competência originária.

A sua competência para examinar as queixas pressupõe um exame prévio ao nível de uma das secções, quer se trate de queixas interestaduais quer se trate de queixas individuais.

Nos termos do artigo 30º, verificadas as condições ali previstas, o exame da queixa pode ser-lhe cometido pela Secção, em qualquer fase do processo, ou seja, mesmo antes da decisão sobre a admissibilidade, desde que as partes se não oponham.

Nos termos do artigo 43º, a intervenção do Tribunal pleno acontece a requerimento de uma ou das duas partes que não aceitarem a decisão da Secção sobre o fundo – artigo 73º do Regulamento do Tribunal.

2. O Tribunal pleno só pode examinar as questões declaradas admissíveis pelas Secções; isto é, o Tribunal pleno pode examinar a totalidade do caso na medida em que a queixa foi toda declarada admissível – Acórdão Kurić, de 26 de junho de 2012, § 235.

Mas não está excluído que o Tribunal pleno se volte a pronunciar sobre essas questões, mesmo sobre os aspetos relacionados com a sua admissibilidade; assim, mesmo na fase do exame do fundo, o Tribunal pode reexaminar a decisão sobre a admissibilidade e decidir que a queixa é inadmissível por uma das razões enumeradas no artigo 35º da *Convenção*; como pode qualificar diferentemente os factos (ver anotação ao artigo 43º) – Acórdãos Bosphorus Hava Yollari Turizan Ve Ticaret Anomim Şirketi, de 30 de junho de 2005, R05-VI, pág. 209, § 103, Scoppola, de 17 de setembro de 2009, § 48, Vučković, de 25 de março de 2014, § 56, e Svinarendo e Slyadnev, de 17 de julho de 2014, § 79.

Sobre a questão de saber se o Tribunal pode examinar uma questão de admissibilidade suscitada pelo Estado pela primeira vez diante dele, ver o Acórdão Blečići, de 8 de março de 2006, R06-III, pág. 115, §§ 63 e segs., e a minha opinião dissidente aposta a este Acórdão.

3. Uma nova função foi atribuída pelo Protocolo nº 14 ao Tribunal pleno: pronunciar-se, a solicitação do *Comité de Ministros*, sobre a recusa de uma Alta Parte Contratante a respeitar um acórdão do Tribunal – nº 4 do artigo 46º da *Convenção*, e por isso a nova alínea *b)*.

***4.** O Protocolo 16, que ainda não entrou em vigor, veio permitir às Altas Jurisdições das Altas Partes Contratantes que solicitem ao Tribunal a emissão de Pareceres. Ver a anotação a este Protocolo e ao artigo 47º.*

Artigo 32º – Competência do Tribunal

1 – A competência do Tribunal abrange todas as questões relativas à interpretação e à aplicação da Convenção e dos respetivos protocolos que lhe sejam submetidas nas condições previstas pelos artigos 33º, 34º, 46º e 47º

2 – O Tribunal decide sobre quaisquer contestações à sua competência.

Cfr. a anotações aos artigos 33º, 34º, 46º, e 47º

1. O nº 1 deste artigo corresponde ao antigo artigo 45º da *Convenção.*

Preenchidas as condições definidas nos artigos 33º, 34º ou 47º, o Tribunal é competente para conhecer de todas as questões relativas à interpretação e aplicação da *Convenção* – Acórdão De Wilde, Ooms e Versyp, de 18 de junho de 1971, A 12, pág. 29, § 47 –, salvo se o Estado requerido formulou, nos termos do artigo 57º, uma reserva relativamente a uma disposição da *Convenção* – Acórdão no caso Linguístico Belga, de 9 de fevereiro de 1967, A 5, págs. 18-19, § 3.

2. Infere-se desta disposição que os tribunais nacionais ao aplicá-la devem fazê-lo de acordo com a interpretação dada pelo Tribunal que, pela natureza das suas funções, é a instância encarregue de interpretar a *Convenção* (artigo 32º, nº 1) e, como tal, a mais qualificada para fixar o sentido e o conteúdo das noções ali inscritas.

Efetivamente, os acórdãos do Tribunal servem não apenas para julgar os casos que lhe são confiados, mas, mais amplamente, para clarificar, salvaguardar e desenvolver as normas da *Convenção,* contribuindo assim para o respeito pelos Estados dos compromissos assumidos na sua qualidade de Partes Contratantes[552].

O acórdão obriga apenas o Estado parte no processo, não tem eficácia *erga omnes,* entendida no sentido clássico da expressão, na medida em que não obriga os outros Estados a tomarem as medidas constantes do seu dispositivo.

Contudo, isto não impede que os acórdãos do Tribunal, enquanto interpretam as disposições da *Convenção,* adquiram uma autoridade própria que se exerce sobre todos os Estados Contratantes, tendo em vista a obrigação que sobre eles recai de aplicar a *Convenção* em conformidade com a jurisprudência mais recente do Tribunal, pois de outro modo ficam expostos a sanção idêntica à infligida no acórdão.

Isto significa que os tribunais nacionais devem não apenas aplicar a *Convenção,* mas também aplicá-la de acordo com a interpretação dada pelo Tribunal, pois só assim evitam a futura condenação por violação da *Convenção.*

Aliás, ao conformarem-se com a jurisprudência do Tribunal, os Estados limitam-se a cumprir a obrigação geral que subscreveram, nos termos do artigo 1º da *Convenção,* de reconhecerem a qualquer pessoa dependente da sua jurisdição os direitos e liber-

[552] Acórdão Irlanda/Reino Unido, de 18 de janeiro de 1978, Série A 25, pág. 62, § 154.

dades, tais como são enunciados pela *Convenção*, e como os interpreta e os explica o Tribunal nos seus acórdãos[553].

Pretende-se assim, criar uma ordem pública europeia no domínio dos direitos fundamentais, obrigando os Estados ao respeito de um conjunto de normas internacionais, sem que, no entanto, tal signifique uma uniformidade absoluta.

Tudo isto pode implicar modificações legislativas ou de práticas judiciárias ou administrativas imediatas num outro Estado não parte no processo, em razão da incompatibilidade manifesta do sistema interno com as exigências derivadas da *Convenção*, tal como foram precisadas na Jurisprudência do Tribunal.

3. Como o sublinhou o Tribunal de Cassação italiano (pleno), no seu Acórdão de 27 de novembro de 2003, a *Convenção* instituiu um Tribunal para fazer respeitar as suas disposições; por esta razão, deve ser-lhe reconhecido o poder de determinar o significado das disposições da *Convenção* e de as interpretar; permitir diferentes interpretações daquela que é dada em Estrasburgo conduziria o Estado italiano a violar o artigo 1º da *Convenção*, segundo o qual as Altas Partes Contratantes reconhecem a qualquer pessoa dependente da sua jurisdição os direitos e liberdades ali consagrados.

Desta forma, a interpretação da *Convenção* feita pelo Tribunal deve ser entendida como fazendo corpo daquela, como se de uma interpretação «autêntica» se tratasse, impondo-se a todos; pode dizer-se que não são os acórdãos do Tribunal que têm autoridade sobre os Estados membros não parte no litígio, mas a *Convenção* ela própria tal como foi interpretada pelo Tribunal[554].

Por tudo isto, convirá precisar o modo como o Tribunal interpreta a *Convenção.*

3.1. Desde logo, importa sublinhar que a Jurisprudência do novo Tribunal se inscreve numa linha evolutiva de continuidade, com o aprofundamento das soluções já adquiridas e algumas inflexões.

E, aqui e ali, mas raramente, uma nova visão, pois, se o novo Tribunal se sente ligado à jurisprudência anterior, ele exige de si próprio um esforço permanente na busca das soluções e dos meios que tornem mais eficaz a proteção e a promoção dos Direitos Humanos na Europa.

O Tribunal tem de estar aberto e atento ao pulsar da «sociedade europeia», ao evoluir das conceções e dos métodos e sobretudo das ideias, jurídicas e não só, dominantes.

[553] Rolv Ryssdal, «*Le système de mise en œuvre instauré par la Convention européenne des Droits de l'Homme*», intervenção no Simpósio em honra do Prof. Schmers, Leyde, 7 de outubro de 1994, § 22.

[554] Andrew Drzemczewski e Paul Tavernier, «L'exécution des «décisions » des instances internationales de contrôle dans le domaine des droits de l'homme», comunicação ao 31º Colóquio da Sociedade francesa para o direito internacional (Estrasburgo, 29-31 maio de 1997), in «La protection des droits de l'homme et l'évolution du droit international», Paris, 1998, pág. 197.

Aliás, o Tribunal sempre entendeu que a *Convenção* é um instrumento vivo a interpretar à luz das condições de vida atual, de acordo com as transformações que se devem considerar adquiridas no seio da sociedade de que fazem parte os Estados Contratantes, pois só assim se protegem os direitos não teóricos ou ilusórios mas concretos e efetivos; e o Tribunal sempre chamou a si esta tarefa[555].

Esta interpretação extensiva e evolutiva tem os seus limites, não podendo ser retirado do texto da *Convenção* um direito que não foi inicialmente consagrado, como o direito a morrer, o direito ao suicídio; mas nada impede que o conteúdo dos direitos consagrados inicialmente seja enriquecido à luz da atualidade; por exemplo, não será possível recusar aos modernos meios de correspondência a proteção que a *Convenção* garante à «correspondência» sob o pretexto de que tais formas eram desconhecidas em 1950.

3.2. A *Convenção* é um tratado internacional, pelo que deve ser interpretada em conformidade com as regras estabelecidas pela Convenção de Viena sobre o direito dos Tratados, de 23 de maio de 1969.

De acordo com a regra geral inscrita no nº 1 do artigo 31º desta Convenção de Viena, os Tratados devem ser interpretados de boa-fé, segundo o sentido comum atribuível aos termos do tratado no seu contexto e à luz do seu objetivo e finalidade.

Segundo o artigo 32º da referida Convenção de Viena, pode-se recorrer a meios suplementares de interpretação, inclusive aos trabalhos preparatórios do tratado e às circunstâncias da sua conclusão, a fim de confirmar o sentido resultante da aplicação do artigo 31º ou de determinar o sentido quando a interpretação, de conformidade com o artigo 31º:

a) deixa o sentido ambíguo ou obscuro; ou
b) conduz a um resultado que é manifestamente absurdo ou desarrazoado.

Mas nem sempre a interpretação da *Convenção* de acordo com estas regras é suficiente e não poucas vezes o Tribunal faz apelo a outros instrumentos internacionais.

Assim, para precisar a definição de «trabalho forçado ou obrigatório», o Tribunal teve em conta a definição dada pelos Tratados da Organização Internacional do Trabalho; para a definição de «tortura» o que consta na Convenção das Nações Unidas que entrou em vigor a 26 de junho de 1987; para a definição de «violência sexual» socorreu-se do que sobre a matéria defendeu o Tribunal Penal para a ex-Jugoslávia[556].

[555] Ver, desde logo, o Acórdão Guzardi, de 6 de novembro de 1980, Serie A, pág. 34, § 95.

[556] Ver os acórdãos Van der Muselle, de 23 de novembro de 1983, Serie A 70, pág. 16, § 32, Selmouni, de 28 de julho de 1999, R99 – V, pág. 235, §§ 96 e 97, e M.C./Bulgária, de 4 de dezembro de 2003, R03-XII, pág. 81, § 163.

O Tribunal socorre-se também de diversos princípios gerais de Direito admitidos nas Altas Partes Contratantes, entre outros, os princípios da legalidade, da economia judicial, da proteção da confiança e da segurança jurídica[557].

3.3. Um outro elemento importante para a interpretação da *Convenção* é constituído pelos «conceitos autónomos».

Trata-se de termos ou expressões utilizados na *Convenção* aos quais o Tribunal tem conferido um significado ou interpretação que não corresponde necessariamente ao sentido preciso que aos mesmos é dado no direito interno.

Como exemplos, as noções de «direitos e obrigações de caráter civil» e «acusação em matéria penal», referidas no artigo 6º da *Convenção* (cfr. a anotação respetiva para perceber as diferenças entre o direito da *Convenção* e o direito interno).

3.4. O conceito de proporcionalidade, ainda que não conste da *Convenção*, é frequentemente chamado pelo Tribunal para analisar as interferências do Estado nos direitos e liberdades reconhecidos nos artigos 8º a 11º, como na limitação à liberdade (artigo 5º), como no acesso a um tribunal garantido pelo artigo 6º

Mas o apelo à proporcionalidade é excluído quando se trata dos chamados direitos absolutos.

Estes direitos absolutos estão enumerados no nº 2 do artigo 15º da *Convenção*: o direito à vida – artigo 2º; a interdição da tortura ou de tratamentos desumanos ou degradantes – artigo 3º; a proibição da escravidão ou da servidão – artigo 4º, nº 1; a legalidade dos crimes e das penas – artigo 7º; a estas exceções devem juntar-se a abolição da pena de morte – Protocolos nºs 6, artigo 3º, e 13, artigo 3º –, e o princípio *ne bis in idem* – artigo 4º do Protocolo nº 7.

3.5. Com este conceito de proporcionalidade está intrinsecamente ligado um outro, o da chamada «margem de apreciação» imbricado por seu turno com o princípio da subsidiariedade.

3.5.1. Em princípio, o Tribunal julga de facto e de direito, não estando limitado no estabelecimento dos factos oferecidos pelas partes, podendo dedicar-se a uma instrução própria[558].

[557] Ver Olivier Jacot-Guillarmod, «Règles, méthodes, et príncipes d'interprétation dans la jurisprudence de la Cour européenne des Droits de l'Homme», in «La Convention européenne des Droits de l'Homme», ed. Louis-Edmond Pettiti et autres, Economica, Paris, 2ª edição, 1999, págs. 41 e segs.

[558] Cfr. os Acórdãos Kraska, de 19 de abril de 1993, A 245-B, pág. 47, § 22, e Kampanis, de 13 de julho de 1995, A 318-B, pág. 45, § 44.

O Tribunal está naturalmente livre para a qualificação jurídica dos factos que apurar[559].

Contudo, e conforme ao princípio da subsidiariedade inerente ao sistema de proteção dos direitos individuais instaurado pela *Convenção*, o estabelecimento dos factos e a interpretação do direito interno relevam, em princípio, da competência exclusiva das jurisdições nacionais.

O Tribunal só os pode pôr em causa perante um arbítrio ou irracionalidade manifestos; não lhe pertence, portanto, averiguar sobre eventuais erros de facto ou de direito pretensamente cometidos por uma jurisdição interna, salvo se e na medida em que eles poderiam ter ofendido os direitos e liberdades consagrados na *Convenção*.

Esta aparente firmeza de conclusões é contudo frequentemente posta em causa, sobretudo no que diz respeito à matéria de facto, perante algumas realidades que ultrapassam a competência dos Tribunais Supremos.

Os Tribunais Supremos, quando só conhecem questões de direito, aceitam a matéria de facto assente pelas instâncias inferiores.

O Tribunal, pelo seu lado, se não deve pôr em causa a matéria de facto fixada a nível nacional, pode contudo conhecer de toda uma outra que lhe venha a ser oferecida pelas partes no processo.

Assim, o Tribunal pode vir a chegar a uma conclusão de violação da *Convenção*, contrária à que tinha sido encontrada a nível interno, com base em matéria de facto que escapou ao controlo do último recurso interno, sem que a bondade da decisão do Tribunal Supremo do País fique prejudicada.

Note-se, contudo, a dificuldade do Tribunal no apuramento de matéria de facto, num processo normalmente escrito e onde raramente há a imediação com as provas.

Ainda aqui, o Tribunal adotou algumas regras que podem chocar quem está habituado a trabalhar segundo o modelo continental.

Por exemplo, o Tribunal admite, nalgumas circunstâncias, que a fixação de factos seja baseada no princípio «para além da dúvida razoável», que não exige um grau de certeza mas a simples convicção da veracidade de um facto, convicção baseada num conjunto de indícios ou de presunções não refutados, suficientemente graves, precisos e concordantes – Acórdão El-Masri, de 13 de dezembro de 2012, § 151.

Depois, o Tribunal aceita nesta área da avaliação da matéria de facto determinadas presunções; por exemplo, se alguém foi detido em boas condições de saúde e, continuando nas mãos das autoridades, é mais tarde encontrado morto ou com lesões físicas ou psíquicas, incumbe ao Estado fornecer uma explicação plausível para esses eventos, para afastar a sua responsabilidade.

[559] Cfr., *mutatis mutandis*, os Acórdãos Kefalas, de 8 de junho de 1995, A 318-A, pág. 19, § 44, e Agrotexim, de 24 de outubro de 1995, A 330-A, pág. 27, § 75.

E, finalmente, nalguns casos, a responsabilidade equacionada perante o Tribunal situa-se num plano diferente relativamente à examinada no tribunal interno.

Imagine-se a queixa de alguém que foi torturado por agentes de autoridade.

No decurso do processo interno, prova-se a tortura mas sem que se possam identificar individualmente os seus autores morais ou materiais e, por isso, nenhuma sanção foi possível, como o exige o artigo 3º da *Convenção.*

Contudo, perante a situação de facto assim descrita, o Tribunal concluirá pela violação da *Convenção* pois a responsabilidade que agora está em causa é a do Estado que não conseguiu evitar a tortura nem punir os seus responsáveis.

Não valerá aqui o princípio *affirmanti incumbit probatio,* pois quando os acontecimentos em causa são apenas conhecidos pelas autoridades pesa sobre elas uma presunção de facto; o ónus da prova recai nestas circunstâncias sobre as autoridades que devem apresentar uma explicação satisfatória e convincente – Acórdão El-Masri, de 13 de dezembro de 2012, § 152.

Em resumo, existem situações onde o Tribunal chega a uma conclusão diferente da dos tribunais internos, mas sem que se possa falar propriamente em divergência mas sim de diferentes pressupostos de facto e de direito em que uma e outra decisão se fundamentaram.

3.5.2. O princípio de que a interpretação da lei interna é deixada à competência das instâncias nacionais sofre algumas limitações; quando a *Convenção* se refere ela própria ao direito interno, o Tribunal exerce o seu controlo para verificar se a disposição em causa foi devidamente aplicada.

Isto acontece com o artigo 7º da *Convenção,* mas também com os artigos 8º a 11º

O artigo 7º da *Convenção* exige que «ninguém seja condenado por uma ação ou omissão que, no momento em que foi praticada, não constituía infração, segundo o direito nacional ou internacional».

Por isso, o Tribunal, nestas circunstâncias, para se pronunciar sobre essa eventual violação, tem de examinar e interpretar a norma em causa, preocupando-se, sobretudo, com a qualidade da «lei interna»; esta deve ser clara, precisa, previsível e acessível.

A aplicação de uma norma do direito penal que não respeite estes princípios entra diretamente em conflito com a *Convenção.*

3.5.3. E, finalmente, o Tribunal sempre defendeu que, graças a um conhecimento direto da sociedade e das suas necessidades, as autoridades nacionais, e nomeadamente os tribunais, se encontram, em princípio, melhor colocados que o juiz internacional para determinar o que é de «utilidade pública»[560].

[560] Acórdão Jahn e outros, de 30 de junho de 2005, R05-VI, pág. 27, § 91.

No mecanismo de proteção criado pela *Convenção*, pertence, em primeiro lugar, àquelas autoridades nacionais pronunciarem-se sobre a existência de um problema de interesse geral justificando ingerências nos direitos e garantias ali protegidos que não se apresentem como absolutos mas que admitem limitações.

Há efetivamente, como se viu, um conjunto de direitos que são considerados intangíveis, o «núcleo duro» da *Convenção*, e que não são suscetíveis de restrições nem mesmo em caso de guerra ou outro perigo público que ameace a vida da Nação.

Fora destas exceções, as autoridades nacionais podem gozar de uma certa margem autónoma de atuação, a chamada «margem de apreciação», mais ou menos extensa, variando segundo as circunstâncias, os domínios e o contexto, para responder às especificidades locais mas sem prejuízo da unidade jurisprudencial[561].

A jurisprudência do Tribunal ensina-nos, por exemplo, que há uma estreita margem de apreciação em matérias relativas à liberdade de imprensa mas que ela é muito vasta no âmbito do processo eleitoral.

No primeiro campo, pretende-se que haja no espaço europeu uma limitada ingerência no direito à liberdade de expressão exercida através dos *media*; no segundo, admite-se profundas diferenças no modo de escolha dos eleitos tendo em conta sensibilidades, tradições e culturas diversas[562].

Contudo, pertence ao Tribunal decidir, em último lugar, sobre o respeito das exigências da *Convenção*; o Tribunal deverá convencer-se de que as limitações não restringem o direito de uma maneira ou a um ponto tais que ele se apresente atingido na sua substância.

Espera-se aqui uma colaboração e um respeito recíproco entre o Tribunal e as jurisdições nacionais; estas devem, é obvio, observar a jurisprudência do Tribunal e o Tribunal deve aceitar as decisões das instâncias nacionais que não sejam claramente incompatíveis com as exigências da *Convenção* e se encontrem naquele espaço de ação que a referida «margem de apreciação» aceita.

Esta doutrina, concebida inicialmente para as situações previstas no artigo 15º da *Convenção*, é aplicada com alguma parcimónia pelo Tribunal.

Criticada por diversos ângulos, acusada de favorecer uma proteção de Direitos Humanos de geometria variável, o respeito pela «margem de apreciação» tem contudo permitido ao Tribunal, sem conceder sobre o essencial, acolher as posições das jurisdições nacionais que se encontrem melhor apetre-

[561] Acórdão Rasmussen, de 28 de novembro de 1984, Serie A nº 87, pág. 15, § 40.
Questão complexa é a de saber até onde vai a «margem de apreciação». Ver, criticamente, Michel de Salvia, «Contrôle européen et principe de subsidiarité: faut-il encore (et toujours) émarger à la marge d'appréciation», in Mélanges à la mémoire de Rolv Ryssdal, Colónia, 2000, pág. 373.

[562] Acórdãos Mathieu-Mohin e Clerfayt, de 2 de março de 1987, Serie A 113, pág. 23, § 54, e Yumak e Sadat, de 8 de julho de 2008, §§ 109, 110 e 125.

chadas do que o juiz internacional para examinarem determinados aspetos de uma medida restritiva que releva de uma certa especificidade, nomeadamente sobre questões de sociedade.

E, neste campo, o diálogo entre as duas jurisdições tem sido frutuoso e mutuamente enriquecedor, permitindo ao Tribunal fazer evoluir de uma forma pragmática a sua jurisprudência tendo em conta as mutações das realidades nacional e europeia, preservando o essencial, ou seja, uma aplicação harmoniosa da *Convenção*, mas sem que harmonia signifique uniformidade cega.

4. O Tribunal não é, convém ter sempre presente, uma 4ª instância de recurso ou um 2ª instância constitucional; o Tribunal, constatada uma violação, não tem poderes para anular ou modificar as leis ou regulamentos ou os atos administrativos, jurisdicionais ou outros que em sua opinião violam a *Convenção*[563].

Tão-pouco pode exigir do Estado requerido a anulação de penas criminais ou sanções disciplinares[564].

Isto não impede que, na motivação dos seus acórdãos, o Tribunal defina concretamente a obrigação que incumbe ao Estado no caso concreto[565].

5. O nº 2 deste artigo corresponde ao antigo artigo 49º da *Convenção.*

A competência do Tribunal, nas suas vertentes, *personae, materiae, temporis* e mesmo *loci,* pode ser posta em causa sob a forma de uma exceção preliminar.

A parte que entenda suscitar uma exceção preliminar, onde se inclui a própria competência do Tribunal, deve motivá-la por escrito dentro do prazo fixado para a apresentação das primeiras observações, ou quando ela informa que não vai apresentá-las[566].

A apresentação da exceção não suspende o processo, salvo se a Secção assim o decidir; a Secção decide sobre a exceção autonomamente ou deixa para conhecê-la conjuntamente com o fundo.

[563] Acórdão Belilos, de 29 de abril de 1988, A 132, pág. 19, § 43.
[564] Acórdão Belilos, citado, A 132, pág. 33, § 78.
[565] Acórdãos Marckx, de 13 de junho de 1979, A 31, pág. 26, § 58, Assanidzé, de 8 de abril de 2004, R04-II, pág. 210, § 202 e 203, e Ilaşcu e outros, de 8 de julho de 2004, R04-VII, pág. 134, nº 22 do dispositivo.
[566] Ver artigo 55º do Regulamento do Tribunal e Acórdão Sergueï Zolotoukhine, 19 de fevereiro de 2009, § 46.

Artigo 33º – Assuntos interestaduais

Qualquer Alta Parte Contratante pode submeter ao Tribunal qualquer violação das disposições da Convenção e dos seus protocolos que creia poder ser imputada a outra Alta Parte Contratante.

A possibilidade do Tribunal examinar uma queixa interestadual depende de se encontrarem reunidos fatores vários que delimitam a sua competência: *ratione personae, ratione materiae, ratione temporis* e *ratione loci.*

Estes fatores não coincidem, aliás, nos dois tipos de queixa a que aludem os artigos 33º e 34º; por isso, na anotação a este artigo 33º, apontar-se-ão os aspetos peculiares das queixas interestaduais, para abordar a competência em geral do Tribunal na anotação ao artigo seguinte.

Qualquer Alta Parte Contratante (APC) parte na *Convenção* é competente, *ratione personae,* para denunciar outra APC por violação dos direitos e liberdades que ela consagra.

A APC queixosa não age como vítima nem sequer como representante dos seus nacionais, mas simplesmente para fazer respeitar a *Convenção,* apresentando, de um ponto de vista objetivo, uma questão que interessa à ordem pública europeia; não há aqui qualquer resquício de reciprocidade ou de direitos ou obrigações diretas entre APC queixosa e APC requerida – Acórdão Irlanda/Reino Unido, de 16 de janeiro de 1978, A 25, págs. 90-91, §§ 239-240, e Decisão de 10 de julho de 1978, Queixa nº 8007/77, *Déc. Rap.* 13, pág. 85.

Tão-pouco interessa que a APC requerida alegue não reconhecer o Governo da APC requerente – Acórdãos Loizidou (exceções preliminares), de 23 de março de 1995, A 310, pág. 18, § 41, e Chipre/Turquia, de 10 de maio de 2001, R01-IV, pág. 257, § 62, e Decisão de 10 de julho de 1978, Queixa nº 8007/77, *Déc. Rap.* 13, pág. 85.

E, embora se tenha afirmado que os Estados podem apresentar queixas mesmo que os seus nacionais não estejam implicados, é natural que este tipo de queixas surja com mais frequência quando os nacionais de um Estado sejam vítimas de eventuais violações da *Convenção* por parte de um outro Estado.

Assim aconteceu nas quatro queixas de Chipre contra a Turquia, por causa da invasão da parte norte da ilha por este país (Queixas nºs 6780/74, 6950/75, 8007/77, 25 781/94), na Queixa da Grécia contra o Reino Unido, motivada pelo tratamento de indivíduos de origem grega na ilha de Chipre, então sobre administração daquele (Queixas nºs 176/56 e 299/57), e da Áustria contra a Itália, por incidentes no Alto Adige (Queixa nº 788/60).

Até 31 de dezembro de 2014, tinham sido apresentadas vinte e quatro queixas interestaduais.

A Irlanda queixou-se contra o Reino Unido, pelo tratamento e legislação relativa aos católicos na Irlanda do Norte (Queixas nºs 5310/71 e 5451/72).

De registar ainda queixas de diversos Estados membros contra a Grécia dos coronéis (1967, 1968 e 1970) e contra a Turquia (1982), por violações relacionadas com os respetivos regimes políticos.

Três destas queixas foram já apreciadas pelo Tribunal – a da Irlanda contra o Reino Unido, Acórdão de 16 de junho de 1978, A 25, a da Dinamarca contra a Turquia, Acórdão de 5 de abril de 2000, arquivada dado o acordo amigável a que chegaram as partes, e a de Chipre contra a Turquia (Queixa nº 25 781/94), Acórdãos de 10 de maio de 2001 e de 12 de maio de 2014 (reparação razoável), e a da Geórgia contra a Federação Russa (Queixa nº 13255/07), Acórdão de 3 de julho de 2014.

Estão pendentes três queixas: duas da Geórgia contra a Federação Russa e uma outra da Ucrânia contra a Federação Rússia.

Artigo 34º – Petições individuais

O Tribunal pode receber petições de qualquer pessoa singular, organização não-governamental ou grupo de particulares, que se considere vítima de uma violação por qualquer Alta Parte Contratante, dos direitos reconhecidos na Convenção ou nos seus protocolos. As Altas Partes Contratantes comprometem-se a não criar qualquer entrave ao exercício efetivo desse direito.

1. A competência do Tribunal para receber queixas sofre limitações *ratione personae.*

Só pode queixar-se ao Tribunal toda a pessoa física, organização não-governamental ou grupo de particulares que se pretenda vítima de uma violação dos direitos ou liberdades reconhecidos pela *Convenção* por uma das Altas Partes Contratantes[567].

[567] O sujeito passivo dos direitos e liberdades garantidos pela *Convenção* é sempre uma Alta Parte Contratante e nunca um particular, não obstante, nalgumas situações, o autor direto da violação não ser aquela Parte. Cfr., entre outros, o Acórdão Artico, de 13 de maio de 1980, A 37.
Por outro lado, só quem possa alegar ter sido vítima pode apresentar queixa, no que se difere de outros sistemas paralelos, a Convenção Americana dos Direitos do Homem (artigo 44º) e a Carta Africana dos Direitos do Homem e dos Povos (artigos 55º e 56º).
Esta possibilidade assume um grande interesse quando a vítima se encontra na impossibilidade de ela própria apresentar a queixa.
Mas é preciso dizer que os órgãos da *Convenção* admitiram queixas apresentadas por terceiros em nome das vítimas que estavam na impossibilidade de o fazer, uma vez que, restabelecidas na sua capacidade, elas venham a confirmar a queixa.
No sistema inter-americano, só os Estados e a Comissão podem apresentar queixas ao Tribunal interamericano.
Não obstante, o *locus standi* da vítima perante o Tribunal interamericano ganhou muito mais visibilidade nos últimos anos: assim, os representantes da vítima são integrados na Delegação da Comissão como assistentes; e, nalguns casos, a vítima tornou-se o interlocutor privilegiado do Tribunal. Ver, sobre a matéria, António A. Cançado Trindade, «El aceso directo del individuo a los Tribunales Internacionales de derechos humanos», Universidad de Deusto, Bilbao, 2001, pág. 31.

E a queixa deve ser apresentada contra uma ou mais das Altas Partes Contratantes; a União Europeia, como tal, enquanto não aderir à *Convenção* não pode ser passível de queixa – Decisão do Tribunal de 20 de janeiro de 2009, Queixa nº 13 645/05.

Basta que alguém se pretenda vítima para adquirir o direito a queixar-se, mesmo que a análise posterior venha a evidenciar o contrário; o Tribunal examina se o requerente, supondo que a violação existe, pode ser considerado vítima, para lhe reconhecer legitimidade para apresentar a queixa; e vítima será quem sofre diretamente os efeitos da medida litigiosa – Acórdão Sakhnovski, de 2 de novembro de 2010, § 66.

Em princípio, a violação deve existir e manter atualidade, não sendo o Tribunal competente para examinar, em abstrato, a compatibilidade de uma legislação com a *Convenção* – Decisão de 12 de julho de 1989, Queixa nº 12 947/87, *Déc. Rap.* 62, pág. 226; a vítima potencial não pode, em princípio, queixar-se – Decisões do Tribunal de 23 de maio de 2002, Queixas nºs 6422/02 e 6422/02, R02-V, pág. 36, e de 10 de março de 2004, Queixa nº 56 672/00.

Embora o Tribunal não examine, em abstrato, a compatibilidade de uma lei nacional com a *Convenção,* pode pretender-se vítima quem seja ou corra o risco de ser afetado diretamente pela existência de uma certa legislação, mesmo na ausência de um ato individual de execução ou ainda quando o risco de execução é mínimo – Acórdãos Marckx, de 13 de junho 1979, A 31, pág. 13, § 27, Dudgeon, de 22 de outubro de 1981, A 45, pág. 18, § 45, Johnston e outros, de 18 de dezembro de 1986, A 112, pág. 21, § 42, Norris, de 26 de outubro de 1988, A 142, pág. 142, § 33, Open Door e Dublin Well Woman, de 29 de outubro de 1992, A 246-A, pág. 22, § 44, Burden e Burden, de 12 de dezembro de 2006, § 28, e "Centre de Ressources Jurídiques au nom de Valentin Câmpeanu", de 17 de julho de 2014, § 101, Decisões do Tribunal de 25 de novembro de 1999, Queixa nº 46 306/99, R99-VIII, pág. 467, de 6 de novembro de 2001, Queixa nº 53 430/99, R01-XI, pág. 405, de 15 de fevereiro de 2002, Queixa nº 35 441/97, R02-III, pág. 491, e de 13 de fevereiro de 2003, Queixa nº 36 117/02, R03-II, pág. 369, e Decisões de 6 de dezembro de 1990, Queixa nº 15 070/89, *Déc. Rap.* 67, pág. 295, de 29 de junho de 1994, Queixa nº 23 256/94, *Déc. Rap.* 78-A, pág. 139, de 15 de abril de 1996, Queixa nº 20 471/92, *Déc. Rap.* 85-A, pág. 29, e de 11 de abril de 1997, Queixa nº 25 390/94, *Déc. Rap.* 89-A, pág. 47.

Assim, por exemplo, uma mulher, mesmo que não esteja grávida, pode queixar-se da legislação sobre a interrupção voluntária da gravidez – Decisão de 19 de maio de 1976, Queixa nº 6959/75, *Déc. Rap.* 5, pág. 103 –, e as pessoas visadas por uma lei que incrimina certas práticas homossexuais podem pretender-se vítimas de uma violação

Recentemente, e como um dos meios para minimizar o número de queixas pendentes no Tribunal, reclama-se a possibilidade de apresentação de queixas coletivas (*class actions*) pelas pessoas ou grupos de pessoas que aleguem terem sido vítimas da mesma violação.

do artigo 8º, dadas as restrições que a lei impõe ao seu comportamento – Relatório de 12 de outubro de 1978, Queixa nº 7215/75, *Déc. Rap.* 19, pág. 66.

Pode aliás acontecer que o requerente não possa demonstrar que a legislação que ele contesta lhe foi efetivamente aplicada, dado o caráter secreto das medidas permitidas pela legislação.

Mas, mesmo nestas circunstâncias, a queixa é admissível se a legislação for em si contrária à *Convenção*; por exemplo, uma queixa relativa a uma legislação que autoriza a escuta telefónica em condições que não respeitam a *Convenção* é admissível, independentemente de se apurar se o requerente foi ou não sujeito a essa escuta – Acórdão Klass, de 6 de setembro de 1978, A 28, págs. 18 e 19, §§ 34-36, e Decisão de 18 de dezembro de 1974, Queixa nº 5029/71, *Déc. Rap.* 1, pág. 20; ou se o requerente apresentar indícios razoáveis e convincentes da probabilidade da realização de uma violação que lhe diga pessoalmente respeito – Decisão de 6 de novembro de 2001, Queixa nº 53 430/99, R01-XI, pág. 405.

E um jornalista pode, em certos casos, ser considerado vítima de uma violação do artigo 10º da *Convenção,* mesmo que nenhuma ação por ofensa à autoridade tenha sido iniciada contra ele, quando a legislação na matéria é muito vaga, permitindo prever o risco de um processo – Decisão do Tribunal de 19 de fevereiro de 2002, Queixa nº 35 441/97, R02-III, pág. 491.

Aliás, a possibilidade de vir a ser vítima de uma violação, como acontece no caso de alguém que está num Estado que se apressa a expulsá-lo para um país onde corre o risco de um tratamento contrário ao artigo 3º, permite a queixa – Decisões de 27 de fevereiro de 1991, Queixa nº 17 262/90, *Déc. Rap.* 68, pág. 319, e de 13 de janeiro de 1993, Queixa nº 19 373/92, *Déc. Rap.* 74, pág. 199.

A *Convenção* não admite a ação popular (*actio popularis*); um requerente não pode queixar-se em nome da população em geral; mas, se uma ação intentada por uma associação na defesa de um interesse geral apresentar uma ligação com um direito de que esta parte se possa dizer titular enquanto pessoa moral, ela terá já legitimidade para apresentar uma queixa – Acórdãos L'Erablière A.S.B.L., de 24 de fevereiro de 2009, §§ 25 e 26, e "Centre de Ressources Jurídiques au nom de Valentin Câmpeanu", de 17 de julho de 2014, § 101, e Decisões do Tribunal de 23 de maio de 2002, Queixas nºs 6422/02 e 9916/02, R02-V, pág. 361, e de 8 de março de 2003, Queixa nº 24 790/04, e Decisões de 11 de maio de 1984, Queixa nº 8612/79, *Déc. Rap.* 15, pág. 259, de 5 de março de 1990, Queixa nº 14 631/89, *Déc. Rap.* 65, pág. 307, de 18 de outubro de 1995, Queixa nº 25 060/94, *Déc. Rap.* 83-A, pág. 66, e de 13 de janeiro de 1997, Queixa nº 22 057/93, *Déc. Rap.* 88-A, pág. 17.

2. As organizações não-governamentais aqui assinaladas são as organizações de direito privado, as pessoas coletivas de direito privado, para utilizar a terminologia do nosso Código Civil; ou mesmo pessoas coletivas de direito público, mas que não exercem prerrogativas de poder público, nem prosseguem objetivos da administração pública e que gozam de total autonomia em relação ao Estado.

Serão organizações governamentais as que prosseguem objetivos da administração pública, qualquer que seja o grau de autonomia em relação aos órgãos centrais do Estado – Acórdão Santos Mosteiros, de 9 de dezembro de 1994, A 301-A, § 49, e Decisão do Tribunal de 23 de setembro de 2003, Queixa nº 53 984/00, R03-X, pág. 319, § 441.

As organizações governamentais, mesmo locais, não podem ser consideradas vítimas; assim, uma Câmara municipal[568] ou uma ordem, quando de direito público, não podem apresentar queixas – Decisões do Tribunal de 23 de novembro de 1999, Queixa nº 45 129/98, R99-VIII, pág. 449, de 1 de fevereiro de 2001, Queixa nº 55 346/00, R01-I, pág. 527, e de 26 de agosto de 2003, Queixa nº 76 976/01, R03-X, pág. 319, § 389, e Decisões da Comissão, de 7 de janeiro de 1991, Queixa nº 15 090/89, *Déc. Rap.* 68, pág. 209, e de 28 de junho de 1995, Queixas nºs 26 114/95 e 26 455/95, *Déc. Rap.* 82-A, pág. 150.

Contudo, uma organização não-governamental, como uma sociedade comercial, mesmo que pertença inteiramente a um Estado já pode apresentar queixa – Acórdão Islamic Republic of Iran Shipping Lines, de 13 de dezembro de 2007, § 82 (a sociedade em causa pertencia integralmente ao Irão, mas governava-se pelas regras do direito comercial; o Tribunal entendeu que a queixa não era apresentada pelo Estado Iraniano, um terceiro em relação à *Convenção*, e que assim a queixa era admissível).

Quando a violação invocada é a duração excessiva de um processo, só as partes nesse processo têm a qualidade de vítima – Decisão do Tribunal de 19 de setembro de 2000, Queixa nº 49 020/99, R00-X, pág. 553.

Uma sociedade comercial pode apresentar-se como vítima – Relatório de 17 de julho de 1980, Queixa nº 7598/76, *Déc. Rap.* 21, pág. 5, e Decisões de 4 de outubro de 1968, Queixa nº 1706/62, *Ann. Conv.*, vol. IX, pág. 113, de 28 de janeiro de 1983, Queixa nº 9266/81, *Déc. Rap.* 30, pág. 155, de 3 de maio de 1989, Queixa nº 12 742/87, *Déc. Rap.* 61, pág. 206, e de 12 de fevereiro de 1992, Queixa nº 14 807/89, *Déc. Rap.* 72, pág. 148.

Relativamente à posição de um sócio perante as decisões que afetem a sociedade, o caso Agrotexim permitiu revelar certa divergência entre a Comissão e o Tribunal.

A Comissão adotou uma posição mais lata, defendendo que um sócio poderia queixar-se quando a sociedade estivesse numa situação em que lhe fosse indiferente a violação.

O Tribunal considerou que esta tese suscitava dificuldades; entendeu-se que a queixa de um sócio só é possível quando estiver claramente estabelecido que a sociedade se encontra impossibilitada de apresentar a queixa por intermédio dos seus

[568] O que não deixa de ser duvidoso face à autonomia do poder local; ver Jacques Velu e Rusen Ergec, *ob. cit.*, pág. 72.

órgãos estatutários ou – em caso de liquidação – pelos seus liquidatários – Acórdão Agroxetim e outros, de 24 de outubro de 1995, A 330-A, págs. 24-25, §§ 63-65; ver ainda os Acórdãos Credit and Industrial Bank, de 21 de outubro de 2003, R03-XI, pág. 62, § 50, e Centro Europa 7 S.R.L. e Di Stefano, de 7 de junho de 2012, § 92, e Decisão do Tribunal de 5 de outubro de 2006, Queixa nº 528/02 (os sócios não se podem apresentar como *vítimas* relativamente às ações de liquidação de uma sociedade); cfr., já neste sentido, as Decisões de 11 de setembro de 1997, Queixa nº 27 917/95, *Déc. Rap.* 90-A, pág. 69, e de 20 de maio de 1995, Queixa nº 29 010/95, *Déc. Rap.* 93-A, pág. 72; contudo quando o sócio é o único proprietário o impedimento desaparece – Decisão do Tribunal de 27 de junho de 2000, Queixa nº 35 178/97, R00-VI, pág. 589.

As organizações que possam, elas próprias, apresentar-se como vítimas têm legitimidade para a queixa, carecendo-a em relação às violações que afetem diretamente os seus associados – Decisões do Tribunal de 25 de maio de 2000, Queixa nº 46 346/99, R00-VI, pág. 519, e de 16 de dezembro de 2008, Queixa nº 55 185/08, e Decisões de 4 de maio de 1983, Queixa nº 9900/82, *Déc. Rap.* 32, pág. 261, de 4 de julho de 1983, Queixa nº 9939/82, *Déc. Rap.* 34, pág. 213, de 11 de março de 1985, Queixa nº 10 733, *Déc. Rap.* 41, pág. 211, de 16 de maio de 1985, Queixa nº 10 581/83, *Déc. Rap.* 44, pág. 132, de 16 de abril de 1991, Queixa nº 15 404/89, *Déc. Rap.* 70, pág. 262, de 18 de maio de 1994, Queixa nº 18 598/91, *Déc. Rap.* 78-A, pág. 71, de 6 de abril de 1995, Queixa nº 24 581/94, *Déc. Rap.* 81-A, pág. 123, e de 16 de outubro de 1996, Queixa nº 24 877/94, *Déc. Rap.* 87-A, pág. 63, salvo se oferecerem prova de que receberam específicas instruções de cada um deles nesse sentido e apresentarem poderes de representação – Decisões de 7 de abril de 1997, Queixa nº 34 614/96, *Déc. Rap.* 89-A, pág. 163, e de 14 de janeiro de 1998, Queixas nºs 32 200/96 e 32 201/96, *Déc. Rap.* 92-A, pág. 92.

Por vezes, acontecerá que a violação afetará a organização e os seus associados e assim todos poderão apresentar queixa – Decisão de 21 de março de 1975, Queixa nº 6538/74, *Déc. Rap.* 2, pág. 90.

Do mesmo modo, a interdição de uma reunião organizada por um partido político, permite, ao partido e aos seus membros que nela pretendiam participar, apresentarem queixa – Decisão de 15 de março de 1984, Queixa nº 9905/82, *Déc. Rap.* 36, pág. 187.

Note-se que uma associação que foi dissolvida, ou a quem foi recusado o registo, pode ela própria apresentar queixa por aqueles motivos – Decisão de 29 de junho de 1998, Queixas nºs 29 221/95 e 29 225/95, *Déc. Rap.* 94-A, pág. 68.

3. A noção de vítima deve ser entendida de uma forma autónoma, independentemente do modo como a legislação interna regula o interesse ou a qualidade para agir – Acórdãos Gorraiz Lizarraga e outros, de 27 de abril de 2004, R04-III, pág. 242, § 36, e Vallianatos e outros, de 7 de Novembro de 2013, § 47, e Decisões de 4 de julho de 1983, Queixa nº 9939/82, *Déc. Rap.* 34, pág. 213, de 11 de março de 1985, Queixa nº 10 733/84, *Déc. Rap.* 41, pág. 211, de 5 de fevereiro de 1990, Queixa nº 11 724/85 (Mendes Godinho e Filhos/Portugal), *Déc. Rap.* 64, pág. 72, e de 15 de janeiro de 1998, Queixa nº 26 536/95, *Déc. Rap.* 92-A, pág. 27.

Mesmo a falta de capacidade para agir a nível interno não afeta a possibilidade de a vítima apresentar ela própria a queixa – Acórdão Zehentner, de 16 de julho de 2009, § 39, e Decisão de 4 de outubro de 1962, Queixa 1527/62, *Ann. Conv.*, vol. V, pág. 238.

Tende-se a aproximar a noção de vítima da de parte lesada a que alude o artigo 41º, embora a qualidade de vítima seja independente de existir ou não prejuízo; vítima será quem for diretamente atingido pelo ato ou omissão litigiosos, sofrendo ou correndo o risco de sofrer diretamente os seus efeitos – Acórdãos Malone, de 2 de agosto de 1984, A 82, págs. 30-31, § 64, Johnston e outros, de 18 de dezembro de 1986, A 112, pág. 21, § 42, Balmer-Schafroth e outros, de 26 de agosto de 1997, R97-IV, pág. 1356, § 26, Ûnal Tekeli, de 16 de novembro de 2004, R04-X, pág. 227, § 35, Nada, de 12 de setembro de 2012, § 128, e "Centre de Ressources Juridiques au nom de Valentin Câmpeanu", de 17 de julho de 2014, § 96, Decisões do Tribunal de 6 de março de 2001, Queixa nº 39 291/98, R01-V, pág. 469, de 2 de julho de 2002, Queixa nº 45 526/99 e outras, R02-VI, pág. 393, e de 10 de março de 2004, Queixa nº 56 672/00, R04-IV, pág. 351, Relatório de 10 de março de 1988, Queixa nº 11 688/85, *Déc. Rap.* 62, pág. 120, e Decisão de 28 de fevereiro de 1994, Queixa nº 18 997/91, *Déc. Rap.* 76-A, pág. 65.

Note-se que o Tribunal tem desenvolvido na sua jurisprudência alguma "benevolência" em relação às provas que os requerentes devem fornecer em apoio às alegações sobre a perda de bens ou do seu domicílio, nas situações de conflito armado internacional ou interno que impliquem nomeadamente a deslocação de pessoas – ver, entre outros, os Acórdão Chiragov e outros, de 16 de junho de 2015, § 136, e Sargsyan, de 16 de junho de 2015, § 184 .

4. O requerente deve manter a qualidade de vítima ao longo do processo e não apenas aquando da apresentação da queixa – Decisões de 15 de março de 1984, Queixa nº 9320/81, *Déc. Rap.* 36, pág. 24, e de 7 de setembro de 1989, Queixa nº 13 420/87, *Déc. Rap.* 62, pág. 258.

Se o interesse desaparece, porque, por exemplo, a violação foi reconhecida, explicitamente ou em substância, e foi completamente reparada a nível interno, ou se o requerente aceitou uma indemnização, a queixa deve ser arquivada, dado o seu caráter subsidiário– Acórdãos Eckle, de 15 de julho de 1982, A 51, págs. 30-31, § 66, Amuur, de 25 de junho de 1996, R96-III, nº 11, pág. 846, § 36, Guillemin, de 21 de fevereiro de 1997, R97-I, nº 29, pág. 163, § 50, Chevrol, de 13 de fevereiro de 2003, R03-III, pág. 174, § 36, Chraidi, de 26 de outubro de 2006, § 34, Carlson, de 6 de novembro de 2008, § 54, e Sakhnovski, de 2 de novembro de 2010, § 67, e Decisões do Tribunal de 11 de janeiro de 2000, Queixa nº 24 520/94, R00-I, pág. 395, de 17 de outubro de 2000, Queixa nº 41 894/98, R00-XI, pág. 437, de 3 de junho de 2004, Queixa nº 45 656/99, R04-VI, pág. 315, de 26 abril de 2005, Queixa nº 35 242/04, R05-VIII, pág. 367, Relatório de 14 de dezembro de 1973, Queixas nºs 4403/70 e outras, *Déc. Rap.* 78-A, pág. 5, e Decisões de 16 de fevereiro de 1993, Queixa nº 13 156/87, *Déc. Rap.* 74, pág. 5, de 5 de julho de 1995, Queixa nº 25 052/94, *Déc. Rap.* 82-A, pág. 102, e de 14 de maio de 1996, Queixa nº 20 339/92, *Déc. Rap.* 85-A, pág. 21.

Isto é, uma decisão ou medida favorável ao requerente não basta, em princípio, para lhe retirar a qualidade de vítima, salvo se as autoridades nacionais reconhecerem a violação explicitamente ou em substância, e depois a repararem – Acórdãos Amuur, R96-III, pág. 846, § 36, Dalban, de 28 de setembro de 1999, R99-VI, pág. 263, § 44, Ryabykh, de 24 de julho de 2003, R03-IX, pág. 292, § 47, Scordino nº 1, de 29 de março de 2006, R06-V, pág. 54, § 180, Delle Cave e Corrado, de 5 de junho de 2007, § 26, Centro Europa 7 S.R.L. e Di Stefano, de 7 de junho de 2012, § 81, Kurić, de 26 de junho de 2012, § 259, e O'Keeffe, de 28 de janeiro de 2014, § 115, e Decisões do Tribunal de 20 de setembro de 2001, Queixa nº 48 470/99, R01-X, pág. 345, de 1 de fevereiro de 2000, Queixa nº 28 293/95, R00-III, pág. 381, de 11 de outubro de 2001, Queixa nº 50 841/99, e de 13 de novembro de 2003, Queixa nº 27 156/02, R03-XI, pág. 449; por exemplo, o facto de, por circunstâncias especiais, não se aplicar uma pena embora se considere que o requerente praticou a infração, não chega para que ele perca a qualidade de vítima – Acórdão Guisset, de 26 de setembro de 2000, R00-IX, pág. 490, §§ 68 e 69; como não chega o pagamento tardio de uma importância a que o Estado tinha sido condenado – Decisão do Tribunal de 21 de junho de 2001, Queixa nº 59 498/00, R01-VI, pág. 527.

Aliás, mesmo que a legislação desconforme com a *Convenção* se modifique, se a situação constituída ao seu abrigo se mantém, a qualidade de vítima permanece – Decisão de 7 de abril de 1997, Queixa nº 24 645/94, *Déc. Rap.* 89-A, pág. 35.

Quando é alegado que a morte foi infligida voluntariamente ou que ela sobreveio em consequência de uma agressão ou de maus tratamentos, a atribuição de uma indemnização não dispensa os Estados contratantes da obrigação de proceder a investigações conducentes à identificação e punição dos responsáveis; mas quando a morte não é causada intencionalmente, a obtenção de uma indemnização através de um processo civil ou administrativo pode constituir uma reparação apropriada – Acórdão Mustafa Tunç e Fecire Tunç, de 14 de abril de 2015, §§ 130 e 131.

Tratando-se de uma duração do processo excessiva, nem a transação entre as partes nem a decisão final que não considere expressamente, para o cálculo da indemnização, essa duração fazem perder a «qualidade de vítima» – Relatório de 16 de fevereiro de 1993, Queixa nº 13 156/87, *Déc. Rap.* 74, pág. 5, e Decisões de 6 de julho de 1983, Queixas nºs 9345/81 e 9346/81, *Déc. Rap.* 41, pág. 60, de 5 de março de 1990, Queixa nº 12 659/87, *Déc. Rap.* 65, pág. 136, de 1 de julho de 1992, Queixa nº 13 156/87, *Déc. Rap.* 73, pág. 5, e de 31 de março de 1993, Queixa nº 17 669/91, *Déc. Rap.* 74, pág. 156; Ver o Acórdão Burdov nº 2, de 15 de janeiro de 2009, § 56 (a execução do julgamento após um longo período não chega, por si só, para fazer perder a qualidade de vítima).

Note-se que a indemnização deve mostrar-se «razoável» relativamente àquela que o Tribunal teria fixado se fosse ele a examinar o caso; isto é, a qualidade de vítima pode depender do montante de indemnização que foi atribuída a nível nacional – Acórdãos Scordino nº 1, de 29 de março de 2006, R06-V, págs. 61 e 75, §§ 214 e 269, e O'Keeffe, de 28 de janeiro de 2014, §115.

Contudo, quando as autoridades nacionais reconhecem expressamente, ou em substância, a violação do prazo razoável e, consequentemente, na decisão, tomam em consideração tal aspeto, reduzindo a pena, por exemplo, o requerente perde a qualidade de vítima – Acórdãos Eckle, A 51, págs. 30-31, § 66, Relatório de 12 de junho de 1985, Queixa nº 9299/81, *Déc. Rap.* 46, pág. 5, e Decisões de 13 de dezembro de 1984, Queixa nº 10 884/84, *Déc. Rap.* 41, pág. 252, de 21 de janeiro de 1987, Queixas nºs 10 868/87 e 10 868/84, *Déc. Rap.* 51, pág. 62, e de 10 de março de 1998, Queixa nº 31 464/96, *Déc. Rap.* 92-A, pág. 76.

E, do mesmo modo, o acusado reconhecido a final inocente não pode pretender-se vítima de violações da *Convenção* que eventualmente ocorreram relacionadas com o artigo 6º, desde que ele não seja mais lesado e que todas as consequências prejudiciais sejam eliminadas – Acórdão Sakhnovski, de 2 de novembro de 2010, § 71, Decisões de 8 de julho de 1974, Queixa nº 5575/72, *Déc. Rap.* 1, pág. 44, de 13 de março de 1980, Queixa nº 8083/77, *Déc. Rap.* 19, pág. 223, e de 1 de julho de 1992, Queixa nº 13 156/87, *Déc. Rap.* 73, pág. 5.

Por isso, e de um modo geral, as queixas sobre a equidade de um processo ainda pendente serão, em princípio, prematuras – Acórdão Sakhnovski, de 2 de novembro de 2010, § 77.

5. A queixa deve ser apresentada em vida do requerente.

Se a queixa é apresentada após a morte do requerente, por exemplo, por um advogado que tinha recebido do requerente procuração para tanto, ela será arquivada.

O tratamento das consequências da morte do requerente durante a pendência da queixa sofreu uma forte evolução.

Assim, a morte do requerente implicava o arquivamento da queixa, salvo se o direito em causa fosse transmissível – Relatório no caso Kofler, de 9 de outubro de 1982, *Déc. Rap.* 30, págs. 5 e 13, e Decisão de 7 de janeiro de 1991, Queixa nº 12 526/86, *Déc. Rap.* 68, pág. 104; só nessas hipóteses, os seus herdeiros podiam substituir o requerente – Acórdãos X/França, de 31 de março de 1992, A 234-C, pág. 69, § 26, Raimondo, de 22 de fevereiro de 1994, A 281-A, pág. 8, § 2, e Scherer, de 25 de março de 1994, A 287, págs. 14-15, § 31.

A Comissão considerava que as queixas fundadas no artigo 6º da *Convenção* e, nomeadamente, as relativas à equidade e à duração do processo estavam intimamente ligadas à pessoa do requerente. Daí que a morte deste acarretasse o arquivamento da queixa – Decisões de 12 de dezembro de 1984, Queixa nº 10 300/83, *Déc. Rap.* 40, pág. 180, e de 13 de julho de 1981, Queixa nº 9502/81, *Déc. Rap.* 34, pág. 102.

O Tribunal sempre adotou uma atitude mais flexível, concedendo aos herdeiros do requerente, entretanto falecido, a possibilidade de prosseguirem a queixa, sem preocupação com a natureza do direito em causa, desde que tenham um interesse "*suficiente*" com o caso. O que acabou por ser aceite pela Comissão – Acórdãos Vocaturo, de 24 de maio de 1991, A 206-C, pág. 29, § 2, G/Itália, de 27 de fevereiro de 1992, A 228-F, pág. 65, § 2, Pandolfelli e Palumbo, de 27 de fevereiro de 1992, A 231-B, pág. 16, § 2, e X/França, de 31 de março de 1992, A 234-C, pág. 89, § 26, e Decisões de 16 de abril de 1996, Queixa nº 23 539/94, *Déc. Rap.* 85-A, pág. 84, e de 8 de dezembro de 1997, Queixa nº 24 738/94, *Déc. Rap.* 91-A, pág. 14.

Esta atitude foi também aceite pelo novo Tribunal – Acórdão "Centre de Ressources Jurídiques au nom de Valentin Câmpeanu", de 17 de julho de 2014, § 97, e Decisão do Tribunal de 13 de novembro de 2003, Queixa nº 46 213/99, R03-XI, pág. 381.

Ver, contudo, a Decisão do Tribunal de 28 de fevereiro de 2006, Queixa nº 2476/02, R06-III, pág. 303 (uma legatária universal, sem qualquer ligação familiar, não pode suceder ao requerente); e um herdeiro menor só pode prosseguir a queixa se quem assegura a sua tutela assim o decidir – Decisão de 4 de janeiro de 2007, Queixa nº 49/03.

6. Quando a vítima morre antes da apresentação da queixa, nos casos em que há uma ligação particular e pessoal com a vítima, normal mas não formalmente por laços familiares, admite-se a apresentação de queixa, em nome próprio, por aqueles que se considerem «vítimas indiretas», isto é, seja porque a queixa suscita uma questão de interesse geral relativa ao respeito dos direitos humanos, seja porque podem alegar que a violação lhes causou um prejuízo ou que têm interesse pessoal válido em que seja posto termo à violação; assim, os pais e os irmãos podem apresentar-se como vítimas afetadas pela morte do seu parente – Acórdãos Luluyev e outros, de 9 de novembro de 2006, § 111, Varnava e outros, de 18 de setembro de 2009, § 112, Vallianatos e outros, de 7 de Novembro de 2013, § 47, e "Centre de Ressources Jurídiques au nom de Valentin Câmpeanu", de 17 de julho de 2014, § 98, e Decisões de 22 de maio de 1995, Queixa nº 20 948/94, *Déc. Rap.* 81-A, pág. 35, de 14 de outubro de 1996, Queixa nº 22 998/93, *Déc. Rap.* 87-A, pág. 24, e de 25 de fevereiro de 1997, Queixa nº 26 561/95, *Déc. Rap.* 88-A, pág. 72.

E o mesmo se diga para os desaparecidos; a prática tem sido considerar como queixosos os seus familiares que apresentem formalmente a queixa – Acórdão Varnava e outros, de 18 de setembro de 2009, § 111.

E quando duas pessoas viveram em comum durante um longo período, pode considerar-se «vítima» uma delas relativamente a factos que provocaram a morte da outra – Decisão de 18 de maio de 1999, Queixa nº 41 488/98, R99-V, pág. 409.

Contudo há certos direitos eminentemente pessoais que não são transmissíveis por morte, como o de continuar uma ação iniciada por uma pessoa, que entretanto morre, a fim de lhe ser reconhecida o direito à eutanásia – Decisão de 26 de outubro de 2000, Queixa nº 48 335/99, R00-XI, pág. 483; ver também a Decisão do Tribunal de 8 de março de 2005, R05-VI, pág. 407 (queixa apresentada pelos herdeiros dois anos após a morte da «vítima», por violação dos artigos 9º e 10º da *Convenção*, dada a detenção e condenação desta por pregar numa praça pública exibindo bandeirolas consideradas ofensivas).

Apesar de tudo isto, ver o Acórdão "Centre de Ressources Jurídiques au nom de Valentin Câmpeanu", de 17 de julho de 2014, §§ 104 e segs., onde o Tribunal considerou que uma associação, mesmo que não se pudesse apresentar como vítima direta ou indireta ou sequer como representante da vítima, que já tinha falecido, podia, dado as condições especiais desta, pessoa diminuída intelectualmente a quem nunca foi nomeado tutor e sem parentes próximos, apresentar uma queixa sobre eventuais negligências que lhe acarretaram a morte.

7. A queixa é assinada pelo requerente ou pelo seu representante – artigo 45º, nº 1, do Regulamento do Tribunal.

Nos casos de impedimento da «vítima», nem sempre é fácil determinar quem pode apresentar a queixa por ela.

Só os pais que detenham o poder paternal representam os menores – Decisão de 13 de março de 1983, Queixa nº 9580/81, *Déc. Rap.* 36, pág. 100.

Mas, mesmo uma pessoa que não tenha, ao nível interno, o direito de representar uma pessoa, poderá, em certas circunstâncias, agir perante o Tribunal em sua representação; em especial, o menor pode dirigir-se ao Tribunal por intermédio de um dos pais em conflito com as autoridades a quem critica as decisões e o comportamento à luz dos direitos garantidos pela *Convenção* – Acórdãos Nielsen, de 28 de novembro de 1988, A 144, págs. 21-22, §§ 56-57, e Scozzari e Giunta, de 13 de julho de 2000, R00-VIII, pág. 138, § 138, e Decisão do Tribunal de 15 de maio de 2007, Queixa nº 38 972/06.

Se a vítima está impossibilitada de agir, outra pessoa pode apresentar, em nome dela, a queixa – Decisão de 16 de dezembro de 1957, Queixa nº 282/57, *Ann. Conv.*, vol. I, pág. 164.

8. O representante «processual» do requerente perante o Tribunal deve ser um advogado habilitado a exercer num dos Estados Contratantes e residente no território de um deles, ou outra pessoa autorizada pelo Presidente da Secção – alínea *a)* do nº 4 do artigo 36º do Regulamento do Tribunal.

Este representante deve apresentar uma procuração com poderes para tanto, isto é, demonstrando que recebeu instruções precisas e explícitas da parte da vítima, em nome de quem pretende agir perante o Tribunal, no ato da introdução da queixa ou quando solicitado pelo Tribunal; na falta desta procuração, a queixa será arquivada – Decisão do Tribunal de 20 de janeiro de 2009, Queixa nº 21 727/08.

9. Para além da competência *ratione personae* acima estudada, vejam-se, em seguida, as competências *ratione materiae, temporis* e *loci.*

9.1. O Tribunal está também limitado *ratione materiae*, isto é, só é competente para examinar as queixas relativas aos direitos e liberdades consagrados na *Convenção* e nos seus Protocolos, dentro dos limites (reservas, declarações interpretativas) às obrigações assumidas pelos Estados sobre a aplicação da *Convenção* – Decisões de 7 de março de 1996, Queixa nº 20 972/92, *Déc. Rap.* 84-A, pág. 17, de 17 de janeiro de 1996, Queixa nº 23 991/94, *Déc. Rap.* 88-A, pág. 69, e de 2 de setembro de 1996, Queixa nº 30 913/96, *Déc. Rap.* 86-A, pág. 176.

Note-se primeiro que nem todos os Estados Partes ratificaram os Protocolos e que, pelo mecanismo das reservas, os compromissos assumidos podem diferir de Estado para Estado.

O requerente está dispensado de indicar, na sua queixa, o ou os artigos violados; o Tribunal faz oficiosamente essa investigação e pode relevar violações que não foram apontadas na queixa – Acórdão Guzzardi, de 6 de novembro de 1980, A 39, págs. 21-23, §§ 58-63, e Decisão de 11 de maio de 1978, Queixas nºs 7604/76, 7719/76 e 7781/77, *Déc. Rap.* 14, pág. 133.

Mas o Tribunal procura também, para definir a sua competência, saber se o Estado requerido está subordinado às normas que teriam sido violadas.

9.2. De acordo com um princípio geral, consagrado no artigo 28º da Convenção de Viena sobre o Direito dos Tratados, a competência do Tribunal, *ratione temporis*, para conhecer das queixas define-se a partir do depósito do instrumento de ratificação da *Convenção* – Decisões de 11 de janeiro de 1978, Queixa nº 788/60, *Ann. Conv.*, vol. IV, pág. 117, e de 16 de janeiro de 1996, Queixa nº 23 380/94, *Déc. Rap.* 84-A, pág. 46.

9.2.1. O Protocolo nº 11 terminou com a necessidade de reconhecimento do direito de queixa e com a declaração de aceitação da jurisdição do Tribunal; a competência do Tribunal tornou-se obrigatória, pelo simples facto de se ter ratificado a *Convenção.*

Nem sempre foi assim para as queixas individuais.

O artigo 25º da *Convenção*, na redação anterior àquele Protocolo, estabelecia:

A Comissão pode conhecer de qualquer petição dirigida ao secretário-geral do Conselho da Europa por qualquer pessoa singular, organização não-governamental ou grupo de particulares, que se considere vítima de uma violação, cometida por uma das Altas Partes Contratantes, dos direitos reconhecidos na presente Convenção, no caso de a Alta Parte Contratante acusada haver declarado reconhecer a competência da Comissão nesta matéria. As Altas Partes Contratantes que tiverem assinado tal declaração obrigam-se a não pôr qualquer impedimento do exercício deste direito.

Estas declarações podem ser feitas por prazo determinado.

Nas queixas individuais, na falta de estipulação em contrário na declaração feita por um Estado nos termos deste artigo 25º (na redação anterior ao Protocolo nº 11), a Comissão era competente para conhecer dos factos ocorridos entre a data da ratificação da *Convenção* e aquela em que produzia efeitos a referida declaração – Relatórios de 12 de outubro de 1989, Queixa nº 10 882/84, *Déc. Rap.* 67, pág. 5, e de 11 de dezembro de 1989, Queixa nº 11 926/86, *Déc. Rap.* 68, pág. 36, e Decisões de 28 de novembro de 1995, Queixa nº 23 413/94, *Déc. Rap.* 83-A, pág. 31, e de 21 de janeiro de 1997, Queixa nº 27 337/95, *Déc. Rap.* 88-A, pág. 114[569].

Aliás, para além das limitações de natureza temporal previstas no nº 2 daquele artigo 25º que permitiam a um Estado delimitar no tempo o direito de queixa, por exemplo, aos factos posteriores à declaração ou a partir de uma data precisa – Acórdãos Stamoulakatos, de 26 de outubro de 1993, A 271, pág. 13, § 32, e Kefalas e outros, de 8 de junho de 1995, A 318-A, pág. 19, § 45, e Decisões de 4 de março de 1976, Queixa nº 6323/73, *Déc. Rap.* 3, pág. 80, e de 15 de abril de 1991, Queixa nº 12 806/87, *Déc. Rap.* 69, pág. 144 –, a *Convenção* não autorizava qualquer outra restrição na declaração de aceitação do direito de queixa – Acórdão Loizidou (exceções preliminares), de 23 de março de 1995, A 310, págs. 27-30, §§ 75-89, e Decisões de 4 de março de 1991, Queixas nºs 15 299/89, 15 300/89 e 15 318/89, *Déc. Rap.* 68, pág. 216, e de 6 de janeiro de 1993, Queixa nº 14 524/89, *Déc. Rap.* 74, pág. 14.

Sublinhe-se que cláusulas de sentido contrário não afetavam a validade da declaração de reconhecimento do direito de recurso individual – Acórdão Loizidou (exceções preliminares), A 310, págs. 30-32, §§ 90-98.

9.2.2. O princípio geral de que o Tribunal é competente para conhecer das queixas por violações cometidas a partir da data da ratificação da *Convenção* deve ser visto com cautela perante atos instantâneos de efeitos duráveis ou situações contínuas de violação ou quando são prolongamentos de uma situação pré-existente – Decisões do Tribunal de 28 de fevereiro de 2002, Queixa nº 59 109/00, R02-III, pág. 559, e de 12 de março de 2003, Queixa nº 31 443/96.

Perante os efeitos duráveis de atos instantâneos, sempre se decidiu pela incompetência; por exemplo, se uma lei anterior à declaração reconhecendo o direito de recurso proibia que determinados atos administrativos fossem sindicados, a Comissão era incompetente para examinar eventuais violações por falta de acesso a um tribunal – Acórdão Kefalas e outros, A 318-A, pág. 19, § 45, e Relatório no mesmo caso, de 17 de janeiro de 1994, A 318, pág. 23, §§ 47-49.

Ante situações contínuas, afirma-se a competência do Tribunal – Decisão do Tribunal de 7 de março de 2002, Queixa nº 53 320/99, R02-IV, pág. 515, e Decisões de 16

[569] Em relação a Portugal, houve coincidência entre a ratificação da *Convenção* e o reconhecimento do direito de queixa – 9 de novembro de 1978.

de fevereiro de 1992, Queixa nº 14 807/89, *Déc. Rap.* 72, pág. 148, de 12 de janeiro de 1995, Queixa nº 21 915/93, *Déc. Rap.* 80-A, pág. 108, e de 24 de maio de 1995, Queixa nº 21 228/93, *Déc. Rap.* 81-A, pág. 42.

Nem sempre será fácil distinguir os efeitos duráveis das situações contínuas.

Há situação contínua e o Tribunal é competente, se a disposição da *Convenção* garante o gozo de uma certa situação e o requerente se queixa de que se viu impedido de usufruir dessa situação durante um certo período de tempo[570].

A Comissão agiu com pragmatismo, considerando uma questão de facto saber se há ou não violação contínua, valorando as circunstâncias particulares de cada caso – Decisão de 15 de julho de 1970, Queixa nº 2717/66, *Ann. Conv.*, vol. XIII, pág. 201.

Note-se que, tratando-se de um processo judicial, o Tribunal será seguramente competente para apreciar a conformidade dos atos, incluindo o julgamento final, que ocorram após a ratificação – Acórdão Sovtransavto Holding, de 25 de julho de 2002, R02-VII, pág. 114, § 57, e Decisões de 28 de junho de 1995, Queixa nº 24 571/94, *Déc. Rap.* 82-A, pág. 85, e de 2 de fevereiro de 1996, Queixa nº 24 086/94, *Déc. Rap.* 87-A, pág. 53.

Ver ainda o Acórdão Blečići, de 8 de março de 2006, R06-III, págs. 119 e segs., §§ 77 e segs., que introduz um novo critério limitativo para as violações ocorridos antes da ratificação, e o Acórdão Šilih, de 9 de abril de 2009, §§ 153 a 163, que veio precisar que quando existe uma obrigação processual para levar a cabo um inquérito efetivo, por exemplo, face a uma alegada violação do artigo 2º da *Convenção*, esta obrigação pode ser considerada independente do facto principal, impondo-se ao Estado, mesmo que a morte tenha ocorrido antes da entrada em vigor da *Convenção, desde que exista uma ligação verdadeira entre o ato em causa e a entrada em vigor da Convenção.*

Para esta ligação existir é importante, desde logo, o elemento temporal, isto é, o tempo decorrido entre aqueles dois momentos deve ser breve, não excedendo os dez anos; como deve ser estabelecido que uma parte importante das medidas processuais, não somente um inquérito efetivo sobre a morte da pessoa mas também a abertura de um processo adequado visando determinar a causa da morte e a obrigar os responsáveis a responder pelos seus atos, foram ou deveriam ser postas em prática depois da data crítica.

Para *ir além deste limite temporal de dez anos, será preciso considerar outro elemento, «os valores da Convenção», que pode ser chamado em situações extraordinárias, quando se está perante crimes graves, tais como os crimes de guerra, o genocídio ou os crimes contra humanidade, desde eles tenham ocorrido depois da adoção da Convenção, ou seja, 4 de novembro de 1950* – Acórdão Janowiec, de 21 de outubro de 2013, §§ 150 e 151.

Cfr., ainda os Acórdão Varnava e outros, de 18 de setembro de 2009, § 138, e Mocanu e outros, de 17 de setembro de 2014, § 208 (o facto gerador de responsa-

[570] Ricardo Passos, «A Comissão Europeia dos Direitos do Homem», in *BDDC*, nº 22, págs. 287 e segs., que reconhece a dificuldade prática da questão.

bilidade e a entrada em vigor da Convenção em relação ao Estado em causa era de quatro anos).

9.2.3. O artigo 6º do Protocolo nº 11 explica claramente que as declarações feitas nos termos dos anteriores artigos 25º e 46º da *Convenção* e relativas à aplicação *ratione temporis* da *Convenção* continuam válidas para o novo Tribunal.

Assim dispõe o artigo 6º do referido Protocolo:

> *Desde que uma Alta Parte Contratante tenha reconhecido a competência da Comissão ou a jurisdição do Tribunal mediante a declaração prevista pelo anterior artigo 25º ou pelo anterior artigo 46º da Convenção, unicamente para os assuntos ulteriores, ou fundamentados em factos ulteriores à referida declaração, tal restrição continuará a ser aplicada à jurisdição do Tribunal nos termos do presente Protocolo.*

9.3. O Tribunal é seguramente competente *ratione loci* para conhecer os factos que, podendo constituir uma violação da *Convenção*, teriam sido cometidos nos territórios onde ela se aplica – ver o artigo 56º sobre a chamada «cláusula colonial».

Mas esta regra geral, que decorre do artigo 29º da Convenção de Viena sobre o Direito dos Tratados, deve ser conjugada com o disposto no artigo 1º da *Convenção*, que garante a proteção a todos os que se encontrem sob a jurisdição do Estado e impõe o seu respeito aos órgãos interiores ou exteriores do Estado – cfr. a anotação ao artigo 1º

10. Os Estados não podem dificultar o exercício do direito de queixa, ou seja, o direito do requerente de apresentar a queixa e de defender efetivamente a sua causa perante o Tribunal, comunicando, livre de qualquer pressão, com este e com os seus advogados para preparar e acompanhar a queixa – Acórdãos Cruz Varas e outros, de 20 de março de 1991, A 201, pág. 29, § 74, Campbell, de 25 de março de 1992, A 233, pág. 2, §§ 61-64, Akdivar e outros, de 16 de setembro de 1996, R96-IV, págs. 1218-1219, §§ 103-105, Aydin, de 25 de setembro de 1997, R97-VI, nº 50, pág. 1899, § 115, Assenov, de 28 de outubro de 1998, R98-VIII, pág. 3303, § 169, Sisojeva e outros, de 15 de janeiro de 2007, § 115, e Shtukaturov, de 27 de março de 2008, § 140 (dificuldades no contacto com o advogado).

Para que o mecanismo do recurso individual seja eficaz, é da maior importância que os queixosos, declarados ou potenciais, sejam livres de comunicar com o Tribunal, sem que as autoridades os pressionem de qualquer modo no sentido de modificarem ou alterarem as suas queixas.

Por pressão deve entender-se não apenas a coação direta e os atos de intimidação aos declarados ou potenciais requerentes, da sua família ou dos seus representantes, mas também os atos ou contactos indiretos e de má-fé tendendo a dissuadi-los ou a desencorajá-los de se prevalecerem do recurso oferecido pela *Convenção* – Acórdãos

Assenov, de 28 de outubro de 1998, R98-VIII, pág. 3304, § 170, Tarariyeva, de 14 de dezembro de 2006, § 122 (contacto com uma testemunha por parte das autoridades não constitui suficiente pressão para que o requerente retirasse a queixa), e Sindicatul "Păstorul Cel Bun", de 9 de julho de 2013, § 73.

Serão pressões indiretas, por exemplo, as ameaças de transferência de prisão, de restrições de visitas familiares, de não fornecer papel e tinta para a escrita ou retardar o encaminhamento das cartas dirigidas ao Tribunal, ...

Para determinar se os contactos entre as autoridades e um requerente constituem práticas inaceitáveis, deve ter-se em conta as circunstâncias particulares da causa; a este propósito, é preciso atentar na vulnerabilidade do queixoso e no risco de ser influenciado pelas autoridades – Acórdãos Kurt, de 25 de maio de 1998, R98-III, pág. 1192, §§ 159 e 160, Petra, de 23 de setembro de 1998, R98-VII, pág. 2854, § 43, Tanrikulu, de 8 de julho de 1999, R99-IV, pág. 557, § 130, e Salman, de 27 de junho de 2000, R00-VII, pág. R00-VII, pág. 467, § 131.

Assim, no Acórdão Akdivar e outros, R96-IV, págs. 1218-1219, §§ 103-105, o Tribunal lembrou que para que o mecanismo do recurso individual instaurado no artigo 25º (atual 34º) da *Convenção* seja eficaz, é da mais alta importância que os queixosos, declarados ou potenciais, sejam livres de comunicar com os órgãos da *Convenção*, sem que as autoridades os pressionem de qualquer maneira para retirarem ou modificarem as queixas.

Neste caso, não obstante terem os queixosos mantido a queixa perante a Comissão, o Tribunal considerou que a atitude das autoridades, ao interrogarem os queixosos a propósito da queixa, constituía para estes um impedimento contrário ao artigo 34º

Os Estados devem ainda fornecer as facilidades necessárias a permitir o exame eficaz da queixa, nomeadamente no estabelecimento dos factos através dos inquéritos – Acórdãos Cakici, de 8 de julho de 1999, R99-IV, p 680, § 76, Tanrikulu, de 8 de julho de 1999, R99-IV, pág. 543, § 70, Tashsin Acar, de 8 de abril de 2004, pág. § 254, e Acórdão Chamaïev, de 12 de abril de 2005, R05-III, pág. 137, § 509.

11. A Secção ou o seu Presidente podem solicitar às partes a adoção de medidas provisórias que lhes pareçam desejáveis no interesse das partes ou ao desenrolar normal do processo.

Perante situações graves ou eminentes que possam causar danos irreparáveis ou, então, quando determinadas medidas estão em execução e, sem a sua suspensão, tudo o que o Tribunal venha a decidir possa vir a revelar-se inútil ou de nenhum efeito, o queixoso pode pedir ao Tribunal que solicite ao Estado requerido a tomada de medidas adequadas.

O Tribunal decide aplicar estas medidas provisórias, a solicitação do requerente ou por iniciativa própria, normalmente em duas situações-limite:

a) quando a violação da *Convenção* apresenta aspetos graves e de continuidade: por exemplo, perante uma detenção em condições que eventualmente podem constituir um tratamento desumano ou degradante, o Tribunal pode ser levado a solicitar ao Estado requerido que suspenda, até a apreciação do caso pelo Tribunal, as condições em que o requerente se encontra detido;

b) quando a execução imediata da medida em causa torna inútil, ou sem os efeitos reparadores adequados, a posterior decisão do Tribunal: por exemplo, se alguém está na iminência de ser expulso para um país onde corre o risco de ser submetido a tortura, o Tribunal tende a solicitar que a expulsão não seja executada antes de ter a oportunidade de examinar os riscos que poderá sofrer o requerente.

As medidas provisórias são aplicadas com muita parcimónia e perante indícios seguros dos riscos de violações graves da *Convenção,* em regra as relacionadas com o seu artigo 3º

Esta solicitação é normalmente acolhida pelos Estados requeridos.

Quanto à questão de saber se a não observância das medidas provisórias decretadas pelo Tribunal (artigo 39º do Regulamento do Tribunal) implica a violação do artigo 34º, *in fine,* da *Convenção,* os órgãos de controlo estavam divididos: a Comissão inclinava-se para a violação, enquanto o Tribunal chegou a uma conclusão contrária – Decisão de 7 de dezembro de 1989, Queixa nº 15 658/89, *Déc. Rap.* 64, pág. 242, e Relatório de 7 de junho de 1990 (caso Cruz Varas e outros), A 201, pág. 52, § 128, e Acórdão no mesmo «Caso», de 20 de março de 1991, A 201, págs. 37, § 105.

Esta questão foi de novo ponderada no Acórdão Mamatkoulov e Askarov, de 4 de fevereiro de 2005, R05-I, págs. 259 e segs.

O Tribunal concluiu que, se pelo facto de não aceitar as medidas provisórias, o Estado acaba por impedir que o Tribunal possa examinar adequadamente a queixa, por exemplo, porque expulsa o requerente para um País de onde é difícil o contacto com o Tribunal, assim prejudicando a decisão, haverá violação deste artigo – § 127.

No § 128, o Tribunal parece ter ido mais além, revendo a jurisprudência anterior, afirmando, nomeadamente que «a inobservância das medidas provisórias por um Estado Contratante deve ser considerada como impedindo o Tribunal de examinar eficazmente a queixa do requerente e impedindo o exercício eficaz do seu direito e, por consequência, como uma violação do artigo 34º da *Convenção*». Ver a minha opinião concordante *in* R05-I, pág. 272.

Ver também os Acórdãos Chamaïev, de 12 de abril de 2005, R05-III, pág. 129, § 473, Aoulmi, de 17 de janeiro de 2006, R06-I, pág. 155, § 103, e Olaechea Cahuas, de 10 de agosto de 2006, § 81, que vêm confirmar a ideia de que a não obediência ao pedido do Tribunal constitui por si violação deste artigo independentemente das consequências desse ato para o exame da queixa pois haverá sempre um risco de perturbação do exercício efetivo do direito de queixa. Ver ainda os Acórdãos Shtukaturov, de 27 de março de 2008, § 145, e Paladi, de 10 de março de 2009, § 94 (impedir a transferência do detido doente de um estabelecimento hospitalar para outro).

Artigo 35º – Condições de admissibilidade

1 – O Tribunal só pode ser solicitado a conhecer de um assunto depois de esgotadas todas as vias de recurso internas, em conformidade com os princípios do direito internacional geralmente reconhecidos e num prazo de seis meses a partir da data de prolação da decisão interna definitiva.

2 – O Tribunal não conhecerá de qualquer petição individual formulada em aplicação do disposto no artigo 34º se tal petição:

a) For anónima;

b) For, no essencial, idêntica a uma petição anteriormente examinada pelo Tribunal ou já submetida a outra instância internacional de inquérito ou de decisão e não contiver factos novos.

3 – O Tribunal declarará a inadmissibilidade de qualquer petição individual formulada nos termos do artigo 34º sempre que considerar que:

a) A petição é incompatível com o disposto na Convenção ou nos seus Protocolos, é manifestamente mal fundada ou tem caráter abusivo; ou

b) O autor da petição não sofreu qualquer prejuízo significativo, salvo se o respeito pelos direitos do homem garantidos na Convenção e nos respetivos Protocolos exigir uma apreciação da petição quanto ao fundo e contanto que não se rejeite, por esse motivo, qualquer questão que não tenha sido devidamente apreciada por um tribunal interno.

4 – O Tribunal rejeitará qualquer petição que considere inadmissível nos termos do presente artigo. O Tribunal poderá decidir nestes termos em qualquer momento do processo.

O artigo 4º do Protocolo 15, que ainda não entrou em vigor, veio introduzir a seguinte modificação:

"No artigo 35º, nº 1, da Convenção, a expressão "num prazo de seis meses" é substituída pela expressão "num prazo de quatro meses"".

O artigo 5º deste Protocolo dispõe:

"No artigo 35º, nº 3, alínea b, da Convenção, a expressão "e contando que não se rejeite, por esse motivo, qualquer questão que não tenha sido devidamente apreciada por um tribunal interno " é suprimida".

E o artigo 8º, nº 3, do mesmo Protocolo estabelece:

"O artigo 4º do presente Protocolo entrará em vigor no termo de um período de seis meses após a data de entrada em vigor do presente Protocolo. O artigo 4 º do presente Protocolo não se aplica às queixas em relação às quais uma decisão final, nos termos do artigo 35º, nº 1, da Convenção tenha sido tomada, antes da data de entrada em vigor do artigo 4º do presente Protocolo".

I

1. Reúnem-se neste artigo as anteriores disposições da *Convenção* em que se definiam as condições de admissibilidade das queixas interestaduais e individuais (artigo 26º), de inadmissibilidade das queixas individuais (artigo 27º) e de rejeição da queixa (artigo 29º).

2. No nº 1 deste artigo enunciam-se as condições de admissibilidade comuns às queixas interestaduais e individuais – Decisões de 11 de janeiro de 1961, Queixa nº 788/60, *Ann. Conv.*, vol. IV, pág. 117, e de 28 de junho de 1996, Queixa nº 25 781/94, *Déc. Rap.* 86-A, pág. 104.

Estas condições são examinadas *ex officio* pelo Tribunal e nelas naufraga a esmagadora maioria das queixas apresentadas.

As exigências deste artigo, no que diz respeito ao esgotamento dos recursos internos e ao prazo de seis meses, estão estreitamente ligadas, pois, não só estão reunidas no mesmo artigo, como também são mencionadas numa só frase cuja construção gramatical implica uma certa correlação; por vezes, só depois de decidido que os meios internos foram esgotados é que se poderá determinar se a regra dos seis meses foi observada – Decisão do Tribunal de 29 de janeiro de 2004, Queixa nº 31 697/03, R04-II, pág. 333, e Decisão de 4 de abril de 1990, Queixa nº 12 945/87, *Déc. Rap.* 65, pág. 173.

3. O fundamento da regra de esgotamento dos meios internos assenta no caráter subsidiário do sistema da *Convenção* relativamente aos sistemas nacionais de garantia dos Direitos Humanos; cfr. o disposto no artigo 13º – Acórdãos Handyside, de 7 de setembro de 1976, A 24, pág. 12, § 48, Akdivar, de 16 de setembro de 1996, R96-IV, nº 15, pág. 1210, § 65, Sabeh El Leil, de 29 de junho de 2011, § 32, Vallianatos e outros, de 7 de Novembro de 2013, § 51, Vučković, de 25 de março de 2014, § 69, Chiragov e outros, de 16 de junho de 2015, §§ 115 e 116, e Sargsyan, de 16 de junho de 2015, § 115, e Decisões do Tribunal de 9 de março de 1999, Queixa nº 37 680/97, R99-II, pág. 557, e de 6 de setembro de 2001, Queixa nº 69 789/01, R01-IX, pág. 397.

3.1. Antes de demandar um tribunal internacional, o requerente deve conceder ao Estado responsável a possibilidade de remediar, pelos meios internos, as violações alegadas, utilizando as fontes oferecidas pela legislação nacional que se revelem acessíveis, adequadas, eficazes e suficientes, não só em teoria mas também na prática – Acórdãos Guzzardi, de 6 de novembro de 1980, A 39, pág. 27, § 72, Cardot, de 19 de março de 1991, A 200, pág. 19, § 36, Keegan, de 25 de maio de 1994, A 290, pág. 17, § 39, Pressos Compania Naviera S.A. e outros, de 20 de novembro de 1995, A 332, pág. 19, § 27, Remli, de 23 de abril de 1996, R96-II, pág. 571, § 33, Akdivar, de 16 de setembro de 1996, R96-IV, págs. 1210-1211, §§ 66-69, Bahadar, de 19 de fevereiro de 1998, R98-I, pág. 262, § 44, Selçuk e Asker, de 24 de abril de 1998, R98-II, pág. 907, § 65, Buscarini, de 18 de fevereiro de 1999, R99-I, pág. 636, § 26, Aquilina, de 29 de abril de 1999, R99-III, pág. 272, § 39, Demirtepe, de 21 de dezembro de 1999, R99-IX, pág. 380, § 22, Apostol, de 28 de novembro de 2006, § 46 (recurso ao Tribunal Constitucional; ver também Csikós, de 5 de dezembro de 2006, § 18), Vallianatos e outros, de 7 de Novembro de 2013, §52, e Vučković, de 25 de março de 2014, § 71, Decisões do Tribunal de 29 de junho de 1999, Queixa nº 38 670/97, R99-VI, pág. 452, de 18 de setembro de 2001, Queixa nº 47 293/99, R01-IX, pág. 455, de 20 de junho de 2002, Queixa nº 54 767/00, R02-V, pág. 389, de 4 de julho de 2002, Queixa nº 20 862/02, R02-VII, pág. 369, de 27 de março de 2003, Queixa nº 36 813/97, R03-IV, pág. 335, de 8 de janeiro de 2004, Queixa nº 56 271/00, R04-I, pág. 377, de 18 de outubro de 2005, Queixa nº 6778/05, R05-XI, pág. 407, e de 12 de janeiro de 2006, Queixa nº 18 888/02, R06-I, pág. 325, e Decisões de 26 de junho de 1996, Queixa nº 26 384/95, *Déc. Rap.* 86-A, pág. 143, e de 25 de fevereiro de 1997, Queixa nº 19 417/92, *Déc. Rap.* 88-A, pág. 5.

Para ser eficaz, um recurso deve ser capaz de remediar a situação criticada – Decisão de 27 de fevereiro de 1995, Queixa nº 15 488/89, *Déc. Rap.* 80-A, pág. 14.

A obrigação de esgotar os recursos internos impõe aos requerentes fazer um uso normal dos recursos disponíveis e suficientes para permitir a reparação das violações que aleguem; nada impõe o uso de recursos que não são adequados nem efetivos para reparar a violação alegada – Acórdãos Andronicou e Constantinou, de 9 de outubro de 1997, R97-VI, pág. 2094, § 159, Raninen, de 16 de dezembro de 1997, R97-VIII, pág. 2817, § 41, Iatridis, de 25 de março de 1999, R99-II, pág. 133, § 47, Scordino nº 1, de 29 de março de 2006, R06-V, pág. 46, § 142, e Mocanu e outros, de 17 de setembro de 2014, §§ 222 e 223, Decisões do Tribunal de 14 de outubro de 1999, Queixa nº 39 076/97, R99-VII, pág. 473, de 18 de setembro de 2001, Queixa nº 47 095/99, R01-XI, pág. 225, de 17 de dezembro de 2002, Queixa nº 21 287/02, R02-X, pág. 483, e de 2 de outubro de 2003, Queixa nº 54 268/00, R03-XI, pág. 323, e Decisão de 23 de janeiro de 1998, Queixa nº 25 723/94, *Déc. Rap.* 92-A, pág. 9.

O requerente deve não apenas fazer intervir as jurisdições nacionais, mas igualmente suscitar perante estas, ao menos em substância e nas formas e prazos previstos no direito interno, as violações que entende formular em seguida perante os órgãos da *Convenção*, mesmo que não faça alusão a esta – Acórdãos Guzzardi, A 39, págs. 25-27, §§ 71-72, Cardot, A 200, pág. 18, § 34, Saidi, de 20 de setembro de 1993, A 261-C, pág. 54, § 38, Gasus Dosier – und Fördertechnik GmbH, de 23 de fevereiro de 1995, A 306-B, pág. 45, § 48, Tanrikulu, de 8 de julho de 1999, R99-IV, pág. 545, § 76, Cível, de 28 de setembro de 1999, R99-VI, pág. 209, § 44, Sabeh El Leil, de 29 de junho de 2011, § 32, e Vučković, de 25 de março de 2014, § 77, Decisão do Tribunal de 4 de julho de 2000, Queixa nº 43 149/98, R00-VI, pág. 635, e Decisões de 10 de abril de 1995, Queixa nº 24 722/94, *Déc. Rap.* 81-A, pág. 130, e de 6 de março de 1997, Queixa nº 25 759/94, *Déc. Rap.* 88-A, pág. 46.

Não é, com efeito, necessário invocar uma disposição precisa da *Convenção*; basta fazer valer, perante a autoridade nacional, argumentos equivalentes. Aliás, este número deve aplicar-se com uma certa flexibilidade e sem excessivo formalismo, tendo em conta o contexto jurídico e político no qual se inserem os meios a esgotar e a situação pessoal do requerente – Acórdãos Castells, de 23 de abril de 1992, A 236, pág. 19, § 27, Mentes, e outros, de 28 de novembro de 1997, R97-VIII, nº 59, pág. 2707, § 58, Iatridis, de 25 de março de 1999, R99-II, pág. 473, § 47, Fressoz e Roire, de 21 de janeiro de 2000, R00-I, pág. 61, § 37, Horvat, de 26 de julho de 2001, R01-VIII, pág. 490, § 40, e D.H. e outros/República checa, de 13 de novembro de 2007, § 116, Decisões do Tribunal de 18 de outubro de 2005, Queixa nº 6223/04, R05-XI, pág. 373, e de 5 de outubro de 2006, Queixa nº 75 725/01, e Decisão de 25 de maio de 1997, Queixa nº 29 183/95, *Déc. Rap.* 89-A, pág. 111.

Quando existem várias possibilidades para atingir o objetivo de sanar a violação, basta ao requerente utilizar uma delas, permitindo às jurisdições internas reparar as violações imputadas – Acórdãos Crémiex, de 25 de fevereiro de 1993, A 256-B, pág. 60, § 30, A/França, de 23 de novembro de 1993, A 277/B, pág. 9, § 32, Lopez Ostra, de 9 de dezembro de 1994, A 303-C, § 38, Nada, de 12 de setembro de 2012, § 141, e O'Keeffe, de 28 de janeiro de 2014, § 109, Decisões do Tribunal de 18 de maio de 1999, Queixa nº 4188/98, R99-V, pág. 409, e de 29 de abril de 2004, Queixa nº 65 681/01, R04-V, pág. 359, e Decisão de 5 de março de 1991, Queixa nº 14 838/89, *Déc. Rap.* 69, pág. 286.

E o requerente deve observar as regras formais e de fundo previstas na lei interna: não chega a esgotar o meio o requerente que vê o seu recurso ser declarado inadmissível por um erro formal – Decisão do Tribunal de 27 de abril de 2000, Queixa nº 45 023/98, R00-IV, pág. 485, e Decisões de 1 de julho de 1985, Queixa nº 10 636/83, *Déc. Rap.* 43, pág. 171, e de 12 de janeiro de 1994, Queixa nº 19 117/91, *Déc. Rap.* 76-A, pág. 70; contudo, se apesar disso, a autoridade competente examinou o fundo, já não pode ser oposto ao requerente a exceção do não esgotamento – Decisão de 9 de julho de 1988, Queixa nº 12 794/87, *Déc. Rap.* 57, pág. 251.

Em princípio, não esgota os meios internos o requerente que tem pendente um recurso perante as jurisdições internas; porém, embora a queixa tenha sido introduzida nessas circunstâncias, se a decisão interna acontece antes de o Tribunal analisar a admissibilidade da queixa, a condição está preenchida – Acórdão Ringeisen, de 16 de julho de 1971, A 13, págs. 36-38, §§ 85-91, e Decisões de 7 de julho de 1981, Queixa nº 9019/80, *Déc. Rap.* 27, pág. 18, e de 10 de outubro de 1991, Queixas nºs 19 530/89 e 19 531/89, *Déc. Rap.* 72, pág. 169.

Recorde-se que quem obteve, no plano nacional, a reparação da violação, já não se pode apresentar perante o Tribunal como vítima – Acórdão Eckle, de 15 de julho de 1982, A 51, pág. 30, § 66, Decisões do Tribunal de 7 de março de 2002, Queixa nº 49 126/99, R02-IV, pág. 481, e de 3 de junho de 2004, Queixa nº 45 656/99, R04-VI, pág. 315, e Relatório de 8 de setembro de 1993, Queixa nº 21 689/93, *Déc. Rap.* 75, pág. 257.

E, segundo os «princípios do direito internacional geralmente reconhecidos», determinadas circunstâncias particulares podem dispensar o requerente da obrigação de esgotar os recursos internos – Acórdão Henaf, de 27 de novembro de 2003, R03-XI, pág. 206, § 32.

3.2. Uma vez comunicada a queixa, o Tribunal não pode proceder *ex officio* ao exame do esgotamento dos meios internos, pois o Estado pode renunciar a prevalecer-se desta regra – Acórdãos Olsson (nº 1), de 24 de março de 1988, A 130, pág. 28, § 56, Open Door e Dublin Well Woman, de 29 de outubro de 1992, A 246-A, pág. 23, § 46, e Steel, de 29 de setembro de 1998, R98-VII, pág. 2737, § 63, Decisões de 5 de março de 1964, Queixa nº 1994/63, *Ann. Conv.*, vol. VII, pág. 253, e de 28 de novembro de 1994, Queixa nº 23 178/94, *Déc. Rap.* 79-A, pág. 116.

Sobre o momento para invocar esta exceção, a Comissão admitiu que ela poderia ser apresentada a todo o tempo até à decisão sobre a admissibilidade – Decisão de 4 de setembro de 1992, Queixa nº 17 441/90, *Déc. Rap.* 73, pág. 201; porém, na sua Decisão de 11 de outubro de 1994, Queixas nºs 22 497/93 e 22 498/93, *Déc. Rap.* 79-A, pág. 108, a Comissão decidiu que a exceção devia ser apresentada com as observações iniciais.

Por seu turno, o Tribunal entende que o Governo deve invocar uma exceção de inadmissibilidade, nomeadamente o «não esgotamento», bem como os seus fundamentos, na fase da admissibilidade da queixa (artigo 55º do seu Regulamento do Tribunal) – Acórdãos Zana, de 25 de novembro de 1997, R97-VII, pág. 2546, § 44, Nikolova, de 25 de março de 1999, R99-II, pág. 254 § 44, K/Itália, de 20 de julho de 2004, R04-VIII. pág. 317, § 31, Sejdovic, de 1 de março de 2006, R06-II, pág. 215, § 41, Fener Rum Erkek Lisesi Vakfi, de 9 de janeiro de 2007, § 33, Sergueï Zolotoukhine, 19 de fevereiro de 2009, § 46, e Mooren, de 9 de julho de 2009, § 58; se uma exceção foi examinada *ex-officio* pela Secção, as Partes podem ventilá-la pela primeira vez perante o Tribunal pleno, no respeito do princípio do contraditório e da igualdade de armas – Acórdãos Dikme, de 11 de julho de 2000, R00-VIII, págs. 200 e 201, §§ 44 e 45, e Blečić, de 6 de março de 2006, R06-III, pág. § 69.

E a apreciação desta questão é feita, em princípio, na fase da admissibilidade; só elementos novos e circunstâncias excecionais podem levar o Tribunal a reconsiderar a sua posição após ter decidido rejeitar uma exceção apresentada na fase do exame da admissibilidade; e, quando seja esse o caso, a Parte contratante que a quer suscitar deve fazê-lo logo que possível – Acórdãos Dikme, de 11 de julho de 2000, R00-VIII, pág. s., §§ 44 e 45, Svinarendo e Slyadnev, de 17 de julho de 2014, § 79, e Mustafa Tunç e Fecire Tunç, de 14 de abril de 2015, § 123.

Mas, uma vez invocada sem sucesso esta exceção perante a Secção, ela pode voltar a ser suscitada perante o Tribunal pleno – Acórdãos Azinas, de 28 de abril de 2004, R04-III, pág. 336, § 37, e Mustafa Tunç e Fecire Tunç, de 14 de abril de 2015, § 122.

Prevê-se aqui uma repartição do ónus da prova:

- no caso de o requerente sustentar na sua queixa que os recursos foram esgotados, competirá ao Estado requerido que pretenda deduzir esta exceção indicar com clareza quais os meios adequados e acessíveis que não foram utilizados, de modo a convencer que o recurso era efetivo e estava disponível, tanto na teoria como na prática, à época dos factos, isto é, que ele era acessível, suscetível de oferecer ao requerente a reparação das suas queixas e apresentava razoáveis garantias de sucesso – Acórdãos Johnston e outros, de 18 de dezembro de 1968, A 112, pág. 22, § 45, Barberà, Messegué e Jabardo, de 6 de dezembro de 1988, A 146, pág. 27, § 58, Ciulla, de 22 de fevereiro de 1989, A 148, pág. 15, § 31, Refinarias Gregas Stran e Stratis Andreadis, de 9 de dezembro de 1994, A 301-B, § 35, Akdivar e outros, R96-IV, pág. 1210, § 66, Stamoulakatos, de 26 de novembro de 1997, R97-VII, pág. 2647, § 26, Aka, de 23 de setembro de 1998, R98-VI, pág. 2678, § 34, Selmouni, de 28 de julho de 1999, R99-V, pág. 230, § 76, Civet, de 28 de setembro de 1999, R99-VI, pág. 207, § 41, Basic, de 30 de janeiro de 2001, R01-I, pág. 211, § 32, Lukenda, 6 de outubro de 2005, R05-X, pág. 44, § 44, e Chiragov e outros, de 16 de junho de 2015, §§ 115 e 116, e Sargsyan, de 16 de junho de 2015, § 119, e Decisões de 9 de outubro de 1991, Queixa nº 12 976/87, *Déc. Rap.* 71, pág. 45, e de 16 de janeiro de 1998, Queixas nºs 28 851/95 e 28 852/95, *Déc. Rap.* 92-A, pág. 56;
- uma vez feita a prova da existência do meio a esgotar, é o requerente quem deve estabelecer que o recurso invocado pelo Estado não era efetivo, tendo em conta os factos da causa ou ainda que certas circunstâncias particulares o dispensavam de o utilizar – Acórdãos Beïs, de 20 de março de 1997, R97-II, nº 34, pág. 569, § 32, e Aytekin, de 23 de setembro de 1998, R98-VII, pág. 2827, § 82; por exemplo, a passividade das autoridades face à alegação séria de que os agentes do Estado cometeram violações ou causaram prejuízos – Acórdão Selmouni, de 28 de julho de 1999, R99-V, pág. 230, § 76, e Decisões do Tribunal de 9 de março de 1999, R99-II, pág. 591, e de 22 de outubro de 2002, Queixa nº 57 984/00 e outras, R02-IX, pág. 377.

Sublinhe-se que o Estado que invoca esta exceção não deverá apresentar argumentos incompatíveis com a sua tese perante o juiz nacional – Decisão de 16 de outubro de 1995, Queixa nº 23 892/94, *Déc. Rap.* 83-A, pág. 57.

3.3. Anotem-se algumas situações especiais:

- Só devem ser esgotados, em princípio, os meios existentes à data da introdução da queixa; mas podem existir exceções, nomeadamente em relação à violação do princípio da administração da justiça em prazo razoável, justificadas pelas circunstâncias particulares do caso – Decisões do Tribunal de 6 de setembro de 2001, Queixa nº 69 789/01, R01-IX, pág. 397, de 26 de setembro de 2002, Queixa nº 62 503/00, R02-VIII, pág. 461, de 1 de março de 2005, Queixa nº 15 212/03, R05-V, pág. 346, § 35, e de 31 de maio de 2005, Queixa nº 11 215/02, R05-VIII, pág. 397; e apenas os recursos ordinários, pois os recursos extraordinários, como a revisão, não são meios a esgotar – Decisão de 17 de dezembro de 2002, Queixa nº 21 291/02, R02-X, pág. 503;
- Quando se denuncia uma «prática administrativa» – a prática administrativa define-se por dois elementos: a repetição dos atos e a tolerância oficial de violações incompatíveis com a *Convenção* –, esta regra não tem aplicação – Acórdãos Irlanda/Reino Unido, de 18 de janeiro de 1978, A 25, pág. 64, § 159, Manole e outros, de 17 de setembro de 2009, § 85, Vučković, de 25 de março de 2014, § 73, e Geórgia/Federação Russa, de 3 de julho de 2014, § 123.
- A aceleração processual prevista nos artigos 108º e 109º do nosso Código de Processo Penal é um meio a esgotar no âmbito de uma queixa pela duração excessiva de um processo penal – Decisão do Tribunal de 2 de dezembro de 1999, Queixa nº 32 082/96, R99-IX, pág. 417; ver ainda os Acórdãos Holzinger, de 30 de janeiro de 2001, R01-I, pág. 175, §§ 22 e 23, Basic, da mesma data, R01-I, pág. 211, § 34, e Hartman, de 10 de julho de 2003, R03-VIII, pág. 314, § 67;
- A passividade das autoridades nacionais face às violações dos Direitos Humanos pelos agentes do Estado bem como a dificuldade na recolha de provas através de inquéritos administrativos por parte das autoridades, pode dispensar a utilização dos meios internos – Acórdãos Akdivar e outros, R96-IV, nº 15, pág. 1211, § 68, e Gündem, de 25 de maio de 1998, R98-III, pág. 1136, § 59;
- A exceção não se aplica nas queixas interestaduais, quando se denuncia uma medida legislativa – Decisão de 6 de dezembro de 1983, Queixas nºs 9940-9944/82, *Déc. Rap.* 35, pág. 153;
- O recurso deve ser utilizado logo que a situação criticada é conhecida – Decisão de 6 de abril de 1995, Queixa nº 23 451/94, *Déc. Rap.* 81-A, pág. 72;
- Não é necessário usar um recurso que não tem qualquer possibilidade de sucesso, o que acontecerá, por exemplo, quando existe uma jurisprudência

interna bem estabelecida – Acórdão Augusto, de 11 de janeiro de 2007, § 42, e Decisões de 6 de julho de 1984, Queixa nº 10 103/82, *Déc. Rap.* 39, pág. 186, e de 5 de fevereiro de 1984, Queixa nº 10 127/82, *Déc. Rap.* 40, pág. 100; mas, na dúvida sobre a eficácia de um recurso, este deve ser tentado – Acórdãos Vallianatos e outros, de 7 de Novembro de 2013, § 52, e Vučković, de 25 de março de 2014, § 74, Decisão do Tribunal de 30 de novembro de 2004, Queixa nº 29 288/02, R04-XII, pág. 229, e Decisões de 15 de fevereiro de 1990, Queixa nº 15 141/89, *Déc. Rap.* 64, pág. 203, e de 7 de março de 1990, Queixa nº 13 669/88, *Déc. Rap.* 65, pág. 245; sublinhe-se que um meio interno, em princípio eficaz, pode, com o decorrer do tempo, vir a revelar-se que não o é, devendo o requerente introduzir a sua queixa quando estiver convencido daquela ineficácia – Acórdão Mocanu e outros, de 17 de setembro de 2014, §§ 263 e 268.

- A condição prisional pode, em certas circunstâncias de isolamento, dispensar o detido de esgotar os meios internos – *a contrario*, Decisão de 8 de janeiro de 1968, Queixa nº 13 208/87, *Déc. Rap.* 68, pág. 125;
- Face a uma medida de expulsão, só um recurso com efeito suspensivo é considerado um meio a esgotar – Decisões de 27 de fevereiro de 1991, Queixa nº 17 262/90, *Déc. Rap.* 68, pág. 319, de 12 de janeiro de 1998, Queixa nº 32 829/96, *Déc. Rap.* 92-A, pág. 99, e de 23 de abril de 1998, Queixa nº 37 681/97, *Déc. Rap.* 93-A, pág. 126;
- No caso de tratamento contrário ao artigo 3º, a possibilidade de obter reparação pode constituir, em circunstâncias normais, um meio adequado e suficiente – Decisões de 11 de outubro de 1993, Queixa nº 19 092/91, *Déc. Rap.* 75, pág. 207, e de 10 de abril de 1996, Queixa nº 21 300/96, *Déc. Rap.* 85-A, pág. 47;
- Quando está em causa a legalidade de uma prisão, uma ação de indemnização dirigida contra o Estado não constitui um recurso a esgotar porque o direito de fazer examinar a legalidade de uma detenção e o de obter reparação por uma privação de liberdade contrária ao artigo 5º são dois direitos distintos – Acórdão Wolch, de 19 de outubro de 2000, R00-XI, pág. 72, § 90;
- Se uma queixa é rejeitada por não esgotamento dos meios internos, o requerente pode voltar a introduzi-la após tê-los utilizado sem sucesso – Decisão de 2 de julho de 1990, Queixa nº 13 249/87 (P/Portugal), *Déc. Rap.* 66, pág. 148, também publicada no *BDDC*, nºs 39-40, págs. 103 e segs.

4. A queixa tem de ser apresentada no prazo de seis meses a contar da data da decisão interna definitiva ao nível interno – Acórdão Centro Europa 7 S.R.L. e Di Stefano, de 7 de junho de 2012, § 102.

O Protocolo 15, que ainda não entrou em vigor, veio reduzir de seis para quatro meses o prazo para a apresentação da queixa, redução justificada pelo desenvolvimento das tecnolo-

gias de comunicação mais rápidas e pelos prazos de recurso em vigor nos Estados membros – Relatório explicativo.

Este novo prazo só se aplicará decorridos seis meses após a entrada em vigor do Protocolo, para permitir aos requerentes potenciais dele tomarem pleno conhecimento; este novo prazo não tem aliás caráter retroativo, pois não se aplicará às queixas que já obtiveram uma decisão definitiva sobre a admissibilidade – Relatório explicativo.

A redução deste prazo, conjugada com a nova prática do Tribunal de só considerar a queixa introduzida quando o formulário esteja devidamente preenchido com os documentos pertinentes, determinará um acréscimo de rejeição de queixas e consequentemente uma diminuição do trabalho pedido ao Tribunal.

Espera-se, contudo, que estas limitações não se venham a traduzir numa dificuldade excessiva no acesso ao Tribunal.

4.1. Mais propriamente, o prazo conta-se a partir, não da data da decisão, mas do momento em que o requerente ou o seu advogado (um deles, mesmo que o advogado não contacte o seu cliente) teve dela conhecimento ou devia conhecê-la – Decisões do Tribunal de 7 de janeiro de 2003, Queixa nº 57 420/00, R03-I, pág. 319, e de 23 de setembro de 2004, Queixa nº 52 991/99, R04-X, pág. 357, e Decisão de 28 de maio de 1991, Queixa nº 14 056/88, *Déc. Rap.* 70, pág. 208.

Se a decisão foi tomada em audiência pública, na presença do requerente ou do seu advogado, é, em princípio, a partir da data da audiência que o prazo começa a correr – Decisões de 20 de maio de 1976, Queixa nº 5759/72, *Déc. Rap.* 6, pág. 15, e de 12 de julho de 1984, Queixa nº 9991/82, *Déc. Rap.* 39, pág. 147.

Porém, se segundo o direito interno, o conhecimento da decisão exige notificação escrita, será a partir desta que o prazo se inicia – Acórdão Worn, de 29 de agosto de 1997, R97-V, pág. 1547, § 33, e Decisões de 13 de março de 1984, Queixa nº 9299/81, *Déc. Rap.* 36, pág. 20, e de 27 de novembro de 1995, Queixa nº 22 714/93, *Déc. Rap.* 83-A, pág. 17.

E quando, para a interposição de um recurso, seja necessário conhecer a fundamentação da decisão, o início deste prazo de seis meses só começa a correr quando toda a decisão, na sua argumentação, é conhecida – Decisão de 20 de outubro de 1997, Queixa nº 34 728/97, *Déc. Rap.* 91-A, pág. 85.

O período de seis meses visa um duplo objetivo: por um lado, a segurança jurídica, protegendo as autoridades e outras pessoas implicadas da incerteza em que as deixaria o decorrer prolongado do tempo e, por outro, conceder à vítima um lapso de tempo suficiente para ponderar a oportunidade da apresentação da queixa e de lhe definir o seu conteúdo – Acórdãos El-Masri, de 13 de dezembro de 2012, § 135, e Mocanu e outros, de 17 de setembro de 2014, § 258, e Decisões de 27 de novembro de 1995, Queixa nº 22 714/93, *Déc. Rap.* 83-A, pág. 17, e de 22 de maio de 1998, Queixa nº 27 229/95, *Déc. Rap.* 93-A, pág. 45.

Esta regra, constituindo uma exceção às atributivas de competência, exige uma interpretação restritiva – Decisão de 9 de junho de 1958, Queixa nº 214/56, *Ann. Conv.*, vol. II, pág. 215.

4.2. Por decisão interna definitiva deve entender-se a decisão tomada no quadro normal de esgotamento das vias internas de recurso utilizáveis para fazer cessar ou reparar a violação ou, na falta de recurso interno, a própria decisão criticada ou da data em que se teve conhecimento dessa decisão ou se sofre as suas consequências ou o seu prejuízo – Acórdão Svinarenko e Slyadnev, de 17 de julho de 2014, § 86, Decisões do Tribunal de 19 de janeiro de 1999, R99-II, pág. 473, e de 29 de janeiro de 2002, Queixa nº 38 587/97, R02-III, pág. 481, e Decisões de 14 de julho de 1977, Queixa nº 7629/75, *Déc. Rap.* 9, pág. 37, de 16 de maio de 1985, Queixa nº 10 530/83, *Déc. Rap.* 42, pág. 171, de 12 de fevereiro de 1992, Queixa nº 14 807/89, *Déc. Rap.* 72, pág. 148, de 15 de maio de 1995, Queixa nº 23 654/94, *Déc. Rap.* 81-A, pág. 76, e de 19 de janeiro de 1998, Queixa nº 26 308/95, *Déc. Rap.* 92-A, pág. 15.

Repete-se, o requerente deve observar as regras formais e de fundo previstas na lei interna: não chega a esgotar o meio o requerente que vê o seu recurso ser declarado inadmissível por um erro de forma, o que permite acentuar um outro aspeto muito importante e por vezes decisivo.

Imaginemos o caso de um indivíduo que recorre para o Tribunal Constitucional, mas que vê o seu recurso recusado por este porque tal recurso não era admissível; ou de alguém que recorre para o Supremo Tribunal de Justiça de um acórdão da Relação, mas o recurso acaba por ser rejeitado porque deste acórdão não cabia recurso.

Nestas duas hipóteses, a decisão interna definitiva será aquela que tratou da questão de fundo e não aquela que rejeitou os recursos.

Acontece, por vezes, que quando se vai apresentar a queixa, ela é rejeitada porque já decorreram os seis meses sobre a decisão interna considerada definitiva.

Nestas circunstâncias, de dúvida sobre a admissibilidade do recurso interno, aconselha-se a apresentação da queixa de imediato.

É verdade que, se o recurso interno vier a ser admitido, a queixa será considerada prematura.

Mas, nesta hipótese, nada de grave estará definitivamente perdido; após a decisão do recurso, se se entender que a alegada violação da *Convenção* se mantém, poder-se-á, então, renovar a queixa, sempre dentro do prazo de seis meses.

4.3. Este prazo de seis meses conta-se como no nosso Código Civil e é perentório.

Não se suspende nem mesmo em férias e só se compadece, em princípio, com justos impedimentos.

Muito importante: o facto de o último dia do prazo coincidir com um sábado, domingo ou dia feriado no país do envio da comunicação ou em França (país da sede do Tribunal), o prazo não se prolonga até ao dia útil seguinte; assim, a queixa deve ser apesentada no dia útil anterior – Acórdãos Sabri Güneş (do Pleno), de 29 de junho de 2012, e Buyukdere e outros, de 8 de junho de 2010, e Decisão do Tribunal de 10 de novembro de 2009, Queixa nº 21 425/06.

Esta jurisprudência merece-me sérias reservas pois parece ir ao arrepio dos princípios em vigor na generalidade dos Estados membros; ver a minha opinião dissidente junta ao Acórdão Buyukdere e outros.

A gestão dos prazos no decorrer do processo para a apresentação de observações ou documentos reveste-se, em regra, de alguma flexibilidade; pelo contrário, para «os seis meses», o Tribunal é extremamente rigoroso na aplicação deste critério de admissibilidade.

4.4. Note-se que, ao contrário do que acontece com o «não esgotamento dos meios internos», o facto de o Estado requerido não invocar a falta de observância desta condição dos «seis meses» não impede o Tribunal de a fazer funcionar, pois ela marca o limite temporal para além do qual o controlo a efetuar pelo Tribunal não pode ser exercido – Decisão do Tribunal de 25 de janeiro de 2000, Queixa nº 34 979/97, R00-I, pág. 453.

5. Algumas situações merecem uma referência particular:

- O prazo de seis meses só começa a correr a partir da data do reconhecimento do direito de queixa – Decisão de 9 de junho de 1961, Queixa nº 214/56, *Ann. Conv.*, vol. II, pág. 215;
- Se a queixa se refere à falta de um recurso interno contra a violação, ou se não há recurso interno a esgotar, o prazo começa quando cessa essa violação – Decisões do Tribunal de 1 de fevereiro de 2000, Queixa nº 28 293/95, R00-III, pág. 381, e de 7 de novembro de 2000, Queixa nº 49 859/99, R00-XI, pág. 509, e Decisão de 15 de maio de 1984, Queixa nº 9980/82, *Déc. Rap.* 39, pág. 119;
- Se o requerente utiliza um meio interno aparentemente eficaz e somente mais tarde toma conhecimento de que esse remédio é ineficaz, o prazo de seis meses só começa a correr a partir desta última data ou da data em que o requerente devia saber que o recurso era ineficaz – Acórdãos El-Masri, de 13 de dezembro de 2012, § 136, e Mocanu e outros, de 17 de setembro de 2014, § 260, Decisão do Tribunal de 7 de janeiro de 2003, Queixa nº 57 420/00, R03-I, pág. 319, e Decisão de 15 de maio de 1999. *Déc. Rap.* 81-A, pág. 76;
- No caso de uma situação contínua, só quando cessa essa situação é que realmente se inicia o prazo – Acórdãos Varnava e outros, de 18 de setembro de 2009, § 159, Svinarenko e Slyadnev, de 17 de julho de 2014, § 88, e Mocanu e outros, de 17 de setembro de 2014, § 261, e Decisões de 11 de outubro de

1985, Queixa nº 10 537/83, *Déc. Rap.* 44, pág. 98, de 5 de dezembro de 1994, Queixa nº 17 864/91, *Déc. Rap.* 79-A, pág. 5, e de 9 de janeiro de 1996, Queixa nº 25 681/94, *Déc. Rap.* 85-A, pág. 134;

- Nos casos de vários períodos de prisão preventiva (detido preso e libertado durante a instrução do processo), o prazo de seis meses conta-se separadamente a partir do fim da prisão de cada um dos períodos; isto é, não é possível introduzir validamente uma queixa por uma detenção preventiva que já terminou há mais de seis meses, ainda que o queixoso venha a ser preso preventivamente depois de findo aquele prazo. Se o Tribunal, no caso de sucessivas prisões preventivas, tiver de examinar uma delas, será, porém, possível considerar as detenções precedentes para a ponderação da razoabilidade desta última – Acórdão Idalov, de 22 de maio de 2012, §§ 117 e segs., que veio pôr fim a uma certa hesitação nesta matéria;
- A anulação de uma decisão judiciária definitiva é um ato instantâneo – Decisão do Tribunal de 12 de fevereiro de 2004, R04-II, pág. 389;
- Se a queixa é sobre a duração de um processo declarativo a que se seguiu uma execução, o prazo inicia-se a partir da decisão definitiva proferida no processo de execução – Acórdão Silva Pontes, de 23 de março de 1994, A 286-A, págs. 12-14, §§ 26-34;
- Para toda a matéria não contida na queixa inicial, o prazo de seis meses é interrompido somente no momento em que ela é suscitada pela primeira vez perante o Tribunal – Decisão de 14 de abril de 1996, Queixa nº 22 998/93, *Déc. Rap.* 87-A, pág. 24;

  Ou seja, para os motivos não invocados na queixa propriamente dita, o prazo de seis meses só se interrompe no dia em que aqueles são apresentados pela primeira vez perante o Tribunal – Decisão de 12 de dezembro de 1985, Queixa nº 10 293/83, *Déc. Rap.* 45, pág. 41; mas, se a invocação de novas violações se fundamenta nos factos apresentados dentro do prazo de seis meses, esta questão não se coloca – Decisões de 6 de julho de 1988, Queixa nº 12 015/86, *Déc. Rap.* 57, pág. 108, e de 7 de março de 1996, Queixa nº 20 972/92, *Déc. Rap.* 84-A, pág. 17;
- O Estado que alega a ultrapassagem do prazo deve provar a data em que o requerente conheceu a decisão interna definitiva – Decisão de 5 de março de 1990, Queixa nº 12 659/87 (Gama da Costa/Portugal), *Déc. Rap.* 65, pág. 136.

6. A determinação da data da apresentação da queixa, para este efeito, nem sempre se mostra fácil de definir.

O prazo de seis meses só se interrompe com a apresentação do formulário da queixa bem como de todos os documentos necessários que devem ser enviados ao Tribunal.

A data a considerar é a da apresentação do formulário no Tribunal, se essa apresentação é feita pessoalmente ou a do carimbo dos correios aposto no envelope.

Neste sentido, a alínea a) do nº 6 do artigo 47º do Regulamento do Tribunal estabelece que, "para os fins do artigo 35º, nº 1, da Convenção, a queixa é considerada como tendo sido introduzida na data em que um formulário de queixa satisfazendo as exigências enunciadas no presente artigo é enviado ao Tribunal, o carimbo do Correios fazendo fé".

Todavia, se assim o considerar justificado, o Tribunal pode decidir reter uma outra data – alínea b) do referido artigo 47º.

II

1. As condições de inadmissibilidade previstas nos nºs 2 e 3 deste artigo respeitam unicamente às queixas individuais; as queixas estaduais não estão sujeitas a este regime – Decisões de 10 de julho de 1978, Queixa nº 8007/77, *Déc. Rap.* 13, pág. 85, e de 4 de outubro de 1983, Queixa nº 8007/77 (Chipre//Turquia), *Déc. Rap.* 72, pág. 5.

2. A queixa deve conter os elementos de identificação do seu autor, a indicação da Alta Parte Contratante (APC) ou APCs contra quem é dirigida, o seu objeto, a disposição ou disposições violadas e uma descrição dos factos – nº 1 do artigo 47º do Regulamento do Tribunal – e ser assinada pelo requerente ou pelo seu representante, que deve juntar procuração – nºs 1 e 3 do artigo 45º do Regulamento do Tribunal; se dos elementos referidos na queixa não for possível identificar o queixoso, a queixa é considerada anónima – Decisão do Tribunal de 15 de setembro de 2009, Queixa nº 7245/09.

Note-se que, se a queixa não pode ser anónima, os queixosos podem requerer que a sua identidade não seja divulgada nos termos do artigo 47º, nº 3 do Regulamento do Tribunal – Acórdão Sindicatul "Păstorul Cel Bun", de 9 de julho de 2013, § 70.

Para as questões ligadas à procuração, ver o Acórdão Chamaïev, de 12 de abril de 2005, R05-III, pág. 86, §§ 301 e segs.

3. A queixa não pode ser idêntica a uma anterior – Decisão de 12 de outubro de 1994, *Déc. Rap.* 79-A, pág. 138.

As queixas são iguais quando têm o mesmo conteúdo – Decisão de 9 de janeiro de 1995, Queixa nº 24 872/94, *Déc. Rap.* 80-A, pág. 170; duas queixas podem ser diferentes, mesmo quando tenham por base os mesmos factos, se se invocam violações diversas – Decisão de 9 de janeiro de 1995, Queixa nº 16 717/90, *Déc. Rap.* 80-A, pág. 24 –, ou se os requerentes não são os mesmos – Decisão de 20 de fevereiro de 1995, Queixa nº 19 538/92, *Déc. Rap.* 80-A, pág. 38.

Assim, se numa queixa interestadual, o Tribunal apreciou determinados factos, isto não impede que os particulares que se considerem vítimas relativamente a esses mesmos factos apresentem queixas individuais – Acórdão Varnava e outros, de 18 de setembro de 2009, § 118.

Por outro lado, se compete ao Comité de Ministros velar pela execução dos acórdãos (artigo 46º), isto não impede o Tribunal de examinar uma nova queixa sobre as medidas tomadas pelo Estado requerido na execução de um acórdão desde que a queixa contenha elementos pertinentes relativos a questões até então não examinadas, nomeadamente as que possam vir a ocorrer no processo aberto a nível interno para aquele fim – Acórdão Bochan, de 5 de fevereiro de 2015, §§ 33 e 34.

A Comissão apreciava com alguma discricionariedade esta condição de inadmissibilidade, nomeadamente no que diz respeito a «factos novos»; por exemplo, rejeitada uma queixa por não esgotamento de recursos internos, a Comissão voltava a examinar uma nova queixa pelos mesmos factos se o requerente alegasse que, entretanto, esgotara os recursos internos ou que deixara de ter essa obrigação.

Sublinhe-se que uma queixa interestadual não pode ser declarada inadmissível por ser idêntica a uma anterior – Decisão de 28 de junho de 1996, Queixa nº 25 781/96, *Déc. Rap.* 86-A, pág. 104.

4. A mesma queixa não pode ser apresentada a outra instância internacional, salvo, evidentemente, se factos novos são referidos – Decisão do Tribunal de 15 de novembro de 2005, Queixa nº 41 183/02, R05-XII, pág. 359.

O Comité dos Direitos do Homem, instituído pelo PIDCP, o Comité da liberdade sindical da Organização Internacional do Trabalho e o Grupo de trabalho das Nações Unidas sobre a detenção arbitrária constituem uma instância internacional para este efeito – Decisão do Tribunal de 7 de abril de 2005, Queixa nº 2096/05 (não publicada), e Decisões de 6 de julho de 1992, Queixa nº 17 512/90, *Déc. Rap.* 73, pág. 214, de 12 de outubro 1992, Queixa nº 16 358/90, *Déc. Rap, 73,* pág. 190.

Ver Michael O'Boyle, «*Ne bis idem* for benefit of States?», in *Droits de l'Homme – Regards de Strasbourg,* Liber Amicorum Luzius Wildhaber, Engel, 2007, págs. 329 e segs., que estuda o caso Correia de Matos/Portugal.

Este Caso, Queixa nº 48 188/99, foi decidido pelo Tribunal em 15 de novembro de 2001, R01-XII, pág. 153, no sentido de que um advogado não pode defender-se a si próprio num processo penal.

A questão foi de novo submetida, em 1 de abril de 2002, pelo interessado àquele Comité dos Direitos do Homem, que veio, em março de 2006, a decidir em sentido contrário.

5. Como se viu na anotação ao artigo 34º, para ser recebida uma queixa deve ser compatível com a *Convenção;* o Tribunal deve ser competente *ratione personae, materiae, temporis* e *loci* para a conhecer.

A queixa deve ainda respeitar o disposto no artigo 17º.

III

1. A queixa é manifestamente mal fundada quando, pelo seu exame, não é possível detetar qualquer aparente violação de um dos direitos ou liberdades inscritos na *Convenção.*

2. A definição de queixa abusiva tem sido feita casuisticamente.

Será abusiva quando ela é ditada por um desejo de publicidade ou de propaganda, sem que esteja apoiada por qualquer facto ou os factos extravasem do campo de aplicação da *Convenção* ou dos seus Protocolos – Decisões de 26 de junho de 1995, Queixa nº 21 782/93, *Déc. Rap.* 82-A, pág. 5, e 27 de junho de 1996, Queixa nº 24 760/94, *Déc. Rap.* 86-A, pág. 54.

A queixa será abusiva se ela se funda deliberadamente sobre factos controversos; uma informação incompleta ou falsa pode igualmente traduzir-se como um abuso do direito de recurso, particularmente quando essa informação está no centro do caso e o requerente não explica de uma maneira suficiente porque não divulgou as informações pertinentes; e o mesmo se diga quando novos desenvolvimentos importantes ocorrerem no decurso do processo, impedindo o Tribunal de se pronunciar com pleno conhecimento de causa. Mas, de qualquer modo, a intenção do interessado em induzir o Tribunal em erro deve sempre ser estabelecida com suficiente certeza – Acórdão Gross, de 30 de setembro de 2014, § 28 (considerou abusiva uma queixa de uma requerente por não conseguir obter um medicamento para um suicídio assistido e que, uma vez obtido esse medicamento, se suicidou, sem previamente informar deste facto o seu advogado ou o Tribunal, tanto que prosseguiu com um acórdão da Secção; só quando processo chegou ao Tribunal pleno é que o governo suíço teve conhecimento do suicídio da requerente e disso informou o Tribunal).

A queixa será abusiva quando o seu autor utiliza termos particularmente excessivos, injuriosos ou difamatórios relativamente ao Estado requerido, aos juízes do Tribunal ou aos funcionários do *Greffe* – Decisão do Tribunal de 4 de fevereiro de 2003, Queixas nºs 61 164/2000 e 18 589/2002, R03-II, pág. 339; ela será também abusiva quando o requerente fundamenta conscientemente a sua queixa sob factos falsos – Acórdão Centro Europa 7 S.R.L. e Di Stefano, de 7 de junho de 2012, § 97, e Decisão do Tribunal de 12 de maio de 2006, Queixa nº 5667/02, R06-V, pág. 309.

Mas ela já não será abusiva se é apresentada apesar da proposta do Governo para um acordo amigável – Decisão de 5 de julho de 1991, Queixa nº 25 052/94, *Déc. Rap.* 82-A, pág. 102.

Tão-pouco será abusiva se os requerentes anunciaram à imprensa a sua intenção de a apresentar – Decisão de 7 de abril de 1997, Queixa nº 24 645/94, *Déc. Rap.* 89-A, pág. 35.

A falta de colaboração com o Tribunal, quando persistente, pode levar ao arquivamento da queixa, por abusiva.

A infração à regra de confidencialidade por parte do requerente conduzirá, eventualmente, o Tribunal a considerar a queixa abusiva – Decisões de 12 de abril de 1991, Queixa nº 13 524/88, *Déc. Rap.* 69, pág. 185, e de 5 de março de 1996, Queixa nº 26 135/95, *Déc. Rap.* 84-A, pág. 156.

Na sua Decisão de 19 de janeiro de 2010, Queixa nº 22 051/07, o Tribunal considerou abusiva uma queixa relativa à duração excessiva de um processo interno onde se discutiam 7 euros, alegando nomeadamente a falta de consideração para a situação de excessiva pendência em que o Tribunal se encontrava e a trivialidade dos factos.

Após entrada em vigor do Protocolo 14, a 1 de junho de 2010, é natural que este tipo de queixas seja rejeitado com base no novo critério – ver *infra*.

3. O Protocolo 14 veio consagrar um novo critério de admissibilidade que vem ao encontro das preocupações com o excessivo trabalho do Tribunal.

O novo critério veio admitir que o Tribunal possa rejeitar uma queixa que, em princípio, mereceria um exame de fundo, quando o requerente não sofreu prejuízo significativo.

Para a determinação do prejuízo significativo deverá atender-se ao impacto económico da questão litigiosa ou a importância do caso para o queixoso – Ver a Decisão de 1 de junho de 2010, Queixa nº 36 659/04, a primeira decisão nesta matéria, onde se considerou que, no quadro de uma violação eventual do artigo 6º da *Convenção* num processo que tinha o valor de 90 (noventa) euros, o requerente não podia ter sofrido um prejuízo significativo.

Duas limitações são introduzidas.

A primeira, de caráter geral: se o respeito pelos Direitos Humanos garantidos na *Convenção* e nos respetivos Protocolos exigir uma apreciação da petição quanto ao fundo, o Tribunal terá de conhecer do fundo não obstante a falta de prejuízo significativo.

A segunda, para que a queixa possa ser rejeitada, será necessário que a questão tenha sido devidamente apreciada por um tribunal interno.

A definição do elemento «prejuízo significativo» e a precisão das duas ressalvas relevarão da jurisprudência do Tribunal.

A utilidade deste novo critério dependerá, por isso, do alcance e do conteúdo que a jurisprudência do Tribunal lhes vier a atribuir.

4. O Protocolo 15, que ainda não entrou em vigor, vem no seu artigo 5º suprimir aquela segunda limitação, para reforçar a ideia de libertar o Tribunal de bagatelas, de acordo com a máxima "de minimis no curat praetor" – Relatório explicativo.

Esta modificação aplicar-se-á às queixas pendentes em que a decisão sobre a admissibilidade não tenha ainda sido tomada – Relatório explicativo.

IV

1. Nos termos do nº 4 deste artigo, mesmo após ter considerado admissível uma queixa, o Tribunal pode vir a verificar, mais tarde, que existe um motivo de inadmissibilidade previsto num dos números anteriores – Acórdão Woś, de 8 de junho de 2006, R06-VII, pág. 333, § 69.

Nessa hipótese, o Tribunal pode rejeitá-la em qualquer momento.

Recolhe-se aqui o previsto no anterior artigo 29º da *Convenção* (emendado pelo Protocolo nº 10, Protocolo que, aliás, nunca entrou em vigor) e que permitia à Comissão, nas queixas individuais, rejeitar uma queixa já declarada admissível se viesse a constatar a existência de algum motivo de inadmissibilidade.

Este número não faz distinção entre as queixas interestaduais e individuais; anteriormente, as queixas interestaduais, uma vez declaradas admissíveis, teriam de ser sempre apreciadas, a final, ou pelo *Comité de Ministros* ou pelo Tribunal.

2. O motivo de inadmissibilidade pode não ter sido detetado no exame inicial ou pode, entretanto, ter surgido – Decisões de 28 de maio de 1991, Queixa nº 14 056/88, *Déc. Rap.* 70, pág. 208, e de 5 de setembro de 1994, Queixa nº 22 408/93, *Déc. Rap.* 79-A, pág. 85.

E não é de excluir que uma queixa se torne abusiva, por exemplo, em consequência do comportamento que o requerente venha a assumir no decorrer do processo, ou que o Estado invoque tardiamente um motivo de inadmissibilidade.

Por isso, o Tribunal pode vir a declarar inadmissível uma queixa em qualquer altura do processo, mesmo quando ela já se encontra perante o Tribunal Pleno – Acórdão Ališić e outros, de 16 de julho de 2014, § 78.

Mas, como se viu antes e como está sublinhado no § 88 do Relatório explicativo do Protocolo nº 11, tudo isto não significa que um Estado possa suscitar uma questão de inadmissibilidade a qualquer momento do processo, se poderia tê-lo feito antes.

E o momento regra para este efeito é o das observações iniciais.

Artigo 36º – Intervenção de terceiros

1 – Em qualquer assunto pendente numa secção ou no tribunal pleno, a Alta Parte Contratante da qual o autor da petição seja nacional terá o direito de formular observações por escrito ou de participar nas audiências.

2 – No interesse da boa administração da justiça, o Presidente do Tribunal pode convidar qualquer Alta Parte Contratante que não seja parte no processo ou qualquer outra pessoa interessada que não o autor da petição a apresentar observações escritas ou a participar nas audiências.

3 – Em qualquer assunto pendente numa secção ou no tribunal pleno, o Comissário para os Direitos do Homem do Conselho da Europa poderá formular observações por escrito e participar nas audiências.

1. Segundo o nº 1 deste artigo, a Alta Parte Contratante da qual o autor da queixa seja nacional pode formular observações por escrito ou participar nas audiências, enquanto o processo estiver pendente numa Secção ou no Tribunal pleno – ver o Acórdão Scozzari e Giunta, de 13 de julho de 2000, R00-VIII, pág. 436, § 140.

Este nº 1 corresponde à alínea *b)* do anterior artigo 48º da *Convenção*, onde se conferia à Alta Parte Contratante (APC), nestas circunstâncias, a possibilidade de apresentar os seus argumentos ao Tribunal, tanto por escrito como oralmente, suscitar uma exceção preliminar ou solicitar a interpretação do acórdão do Tribunal ou a sua revisão.

A prática dirá se os poderes e o conteúdo da intervenção das APCs no quadro deste número continuarão a ter a mesma dimensão ou se eles se apresentam, num verdadeiro processo de partes, mais reduzidos, próximos dos da figura do assistente em processo civil.

Esta possibilidade, uma vez que um particular tem o direito de solicitar a intervenção do Tribunal[571], explica-se pela tradicional proteção diplomática ou judiciária, que permite aos Estados vir em socorro dos seus nacionais, na defesa de direitos eventualmente violados por um outro Estado.

Por isso, o *Greffe* deve enviar uma cópia da queixa à APC de que é cidadão o requerente – artigo 44º, nº 1, alínea *a)*, do Regulamento do Tribunal.

De qualquer modo, as APCs como as pessoas (ver o nº 2 deste artigo) que intervenham no processo não se tornam partes – § 91 do Relatório explicativo do Protocolo nº 11.

No quadro do anterior sistema – Comissão/Tribunal –, esta situação desenhou-se, pela primeira vez, no caso *Soering*[572]: o Tribunal foi solicitado não apenas pela Comissão e pelo Estado requerido (o Reino Unido), mas ainda pelo Estado da nacionalidade do requerente, a então República Federal da Alemanha[573].

[571] Já o Protocolo nº 9 tinha acautelado o direito de acesso ao Tribunal pelo indivíduo, uma vez declarada admissível a queixa pela Comissão.

[572] Acórdão de 7 de julho de 1989, Série A, nº 161: pedido de extradição formulado ao Reino Unido pelos Estados Unidos da América do Norte de um cidadão alemão, a fim de ser julgado por um crime passível de pena de morte.

[573] De acordo com o «Mémoire» do Governo alemão, dois motivos principais ditaram a sua atitude: considerações humanitárias e a preocupação de proteger o seu nacional, uma vez que o seu próprio pedido de extradição lhe tinha sido recusado.

2. No processo perante o Tribunal, para além das intervenções das partes, admite-se, no nº 2 deste artigo, a intervenção de um terceiro: qualquer Alta Parte Contratante ou qualquer outra pessoa interessada.

Esta pode ser uma pessoa física ou moral – § 91 do Relatório explicativo do Protocolo nº 11.

Este número, decalcado do artigo 37º, nº 2, do antigo Regulamento A do Tribunal, continua a não consagrar um verdadeiro processo de intervenção de terceiros[574], pois coloca nas mãos do Presidente o convite ou a autorização para apresentar observações escritas ou tomar parte nas audiências no interesse de uma boa administração da justiça – cfr. artigo 44º, nº 3, alínea *a)*, do Regulamento do Tribunal.

Esta solução parece ter por origem o caso *Winterwerp* contra a Holanda[575].

No decurso do exame deste caso, o governo do Reino Unido pediu para ser ouvido na audiência sobre a interpretação do artigo 5º, nº 4, da *Convenção*[576].

Este pedido foi rejeitado, mas os delegados da Comissão foram autorizados a submeter ao Tribunal uma declaração do governo do Reino Unido sobre a interpretação do referido artigo 5º, nº 4.

Já no caso *Young, James e Webster (closed shop)* contra o Reino Unido[577], o Tribunal ouviu um representante do *Trade Union Congress.*

O Tribunal tem utilizado com prudência e moderação o seu poder de autorizar a intervenção de terceiros.

São, efetivamente, frequentes os pedidos de intervenção por parte de organizações não governamentais[578] mas o Presidente do Tribunal apenas deferiu algumas dessas pretensões[579].

E se não são frequentes os pedidos de intervenção de uma terceira Parte Contratante[580], hipótese onde o Tribunal poderia mostrar-se menos reservado, compre-

[574] Os Estados gozam desse direito perante o Tribunal de Justiça das Comunidades e o Tribunal Internacional de Justiça.

[575] Acórdão de 27 de novembro de 1981, Série A, nº 47.

[576] O pedido fundava-se no artigo 38º do antigo Regulamento do Tribunal: «A secção pode, seja a pedido de uma Parte ou dos delegados da Comissão, seja oficiosamente, deliberar ouvir como testemunha ou perito, seja a outro título, qualquer pessoa cujo depoimento ou declaração se lhe afigure útil para o cumprimento da sua tarefa».

[577] Acórdão de 13 de agosto de 1981, Série A, nº 44.

[578] Cfr. Acórdãos Godi, de 9 de abril de 1984, A, nº 76, Malone, de 2 de agosto de 1984, A, nº 82, Ashingdane, de 28 de maio de 1985, A, nº 93, Lingens, de 28 de agosto de 1986, A, nº 103, Glasenapp e Kosiek, de 28 de agosto de 1986, A, nº 104, Monell e Morris, de 2 de março de 1987, A, nº 115, Leander, de 26 de março de 1987, A, nº 117, Capuano, de 25 de junho de 1987, A, nº 119, Brogan, de 29 de novembro de 1988, A, nº 145-B, Soering, de 2 de julho de 1989, A 161, Caleffi, de 24 de maio de 1991, A, nº 206-B, e Vocaturo, de 24 de maio de 1991, A, nº 206-C.

[579] Cfr. casos Malone, Ashingdane, Lingens, Monell e Morris, Capuano, Brogan, Soering.

[580] Ver o Acórdão Ruiz-Mateos, de 23 de junho de 1993, A 262, onde Portugal e a Alemanha foram admitidos a intervir no caso relativo a Espanha.

ende-se que será para melhor esclarecer a sua missão, graças a uma visão completa das coisas, que o Tribunal recolherá – sobre questões por si determinadas – observações escritas ou orais de terceiros[581].

3. Acrescentou-se um novo número (nº 3) para permitir a intervenção no processo do Comissário para os Direitos do Homem.

O Comissário para os Direitos do Homem já podia intervir no processo por iniciativa do Presidente do Tribunal.

O que se confere aqui é um direito: o Comissário passa a ter o direito de intervir no processo que se desenvolva na Secção ou Tribunal pleno.

Contudo, o Tribunal não ficou obrigado a comunicar-lhe as queixas pendentes, cabendo-lhe a ele procurar saber quais as queixas onde a sua intervenção se justifica – Relatório explicativo do Protocolo nº 14.

Artigo 37º – Arquivamento

1 – O Tribunal pode decidir, em qualquer momento do processo, arquivar uma petição se as circunstâncias permitirem concluir que:

a) O requerente não pretende mais manter tal petição;

b) O litígio foi resolvido;

c) Por qualquer outro motivo constatado pelo Tribunal, não se justifica prosseguir a apreciação da petição.

Contudo, o Tribunal dará seguimento à apreciação da petição se o respeito dos direitos do homem garantidos na Convenção e nos protocolos assim o exigir.

2 – O Tribunal poderá decidir-se pelo desarquivamento de uma petição se considerar que as circunstâncias assim o justificam.

1. São três as situações que permitem ao Tribunal arquivar uma queixa declarada admissível:

a) Quando o requerente não mantém a queixa, ou porque a retira expressamente ou, pelo seu comportamento, se deduz que ele não deseja prosseguir (por exemplo, na hipótese em que o requerente não responde às solicitações do Tribunal; mesmo aqui haverá, em regra, um aviso prévio sobre as possíveis consequências da sua atitude) – Decisão do Tribunal de 17 de novembro de 2005, Queixa nº 59 624/00, R05-XIII, pág. 201, e Decisão de 6 de novembro de 1989, Queixa nº 11 072/84, *Déc. Rap.* 63, pág. 26; mas, na dúvida sobre a vontade de

581 Marc-André Eissen, «La Cour Européenne des Droits de l'Homme», *Revue de Droit Publique,* nº 6 – 1986, pág. 1556.

retirar uma queixa, o Tribunal deve continuar a examiná-la – Decisão de 22 de maio de 1995, Queixa nº 24 276/94, *Déc. Rap.* 81-A, pág. 112;

b) Quando o litígio é resolvido a nível interno, obtendo a vítima reparação para a alegada violação e mesmo contra a vontade do requerente – Acórdão B. B./ França, de 7 de setembro de 1998, R98-VI, pág. 2606, § 37, e M.E./Suécia, de 8 de abril de 2015, §§ 33 e 34 (estrangeiro em risco de expulsão a quem foi outorgado um título de residência), Decisões do Tribunal de 26 de novembro de 2002, Queixa nº 3314/02, R02-X, pág. 329, e de 31 de janeiro de 2008, Queixa nº 31 252/03 e Decisões de 11 de outubro de 1989, Queixa nº 13 402/87, *Déc. Rap.* 63, pág. 147, de 20 de janeiro de 1994, Queixa nº 22 182/93, *Déc. Rap.* 79-A, pág. 76, e de 9 de janeiro de 1995, Queixa nº 22 382/93, *Déc. Rap.* 80-A, pág. 132;

c) Quando, por outro motivo, não se justifica a continuação do exame da queixa – Decisões de 4 de outubro 2006, Queixa nº 76 642/01, §§ 32 e segs. (queixa contra a França por esta se recusar a dar seguimento a um processo civil a pedir uma indemnização quando os requerentes já tinham chegado a acordo com os responsáveis por essa indemnização), e de 31 de janeiro de 2008, Queixa nº 31 252/03.

O exemplo mais citado era o da morte do requerente, quando este defendia um interesse pessoal que não podia ser continuado pelos seus herdeiros – Decisão de 5 de fevereiro de 1990, Queixa nº 13 528/88, *Déc. Rap.* 64, pág. 154; uma vez que, perante a morte do requerente, se permite aos seus herdeiros prosseguirem a queixa – cfr. o ponto 5 da anotação ao artigo 34º –, este exemplo perdeu pertinência.

Contudo, quando o requerente morre e nem os herdeiros nem os parentes próximos aparecem a solicitar que a queixa prossiga, esta pode então ser arquivada – Acórdão Léger, de 30 de março de 2009, § 44.

Num caso, onde as partes chegaram a acordo quanto à indemnização pela violação, mas não quanto às despesas e honorários, o Tribunal entendeu que não se justificava a continuação do exame da queixa e fixou apenas o montante devido pelas despesas e honorários – Decisão do Tribunal de 28 setembro de 2000, Queixa nº 41 518/98, R00-X, pág. 573.

Outras circunstâncias estão ainda aqui cobertas:

– as declarações unilaterais, que têm vindo a crescer nos últimos anos e que poderão vir a revelar-se um instrumento na luta contra a enorme pendência em que o Tribunal se encontra: no quadro das negociações para um acordo amigável, o Governo assume uma atitude (por exemplo, está disposto a avançar com a soma proposta pelo *Greffe*) que, embora não aceite pela outra parte, é considerada pelo Tribunal como reparadora da violação – Acórdãos Akman, de 26 de junho de 2001, R01-VI, pág. 242, § 30, Van Houten, de 29 de setembro de 2005, R05-IX, pág. 84, § 33, e Gergely, 26 de abril de 2007, § 31; mas nem sempre

a declaração unilateral será suficiente para que o Tribunal conclua que o respeito pelos Direitos Humanos garantidos pela *Convenção* não exige que o exame do caso prossiga – Acórdão Tahsín Acar (questão preliminar), de 6 de maio de 2003, R03-VI, pág. 51, § 75;
- a fuga do requerente à justiça quando se queixa do atraso desta;
- a quebra da confidencialidade do processo – Relatório de 3 de março de 1995, Queixa nº 20 915/92, *Déc. Rap.* 80-A, pág. 74, e de Decisão de 5 de março de 1996, Queixa nº 25 403/94, *Déc. Rap.* 84-A, pág. 114;
- dúvidas não superadas sobre a autenticidade da queixa – Decisão de 13 de janeiro de 1997, Queixa nº 22 057/93, *Déc. Rap.* 88-A, pág. 17.

Apesar da existência de um destes motivos, o exame da queixa deve prosseguir quando o respeito dos Direitos Humanos o exigir.

E quando uma queixa é arquivada, as despesas são deixadas à apreciação do Tribunal (artigo 43º, § 4, do Regulamento do Tribunal) –Acórdão Kalantari, de 11 de outubro de 2001, R01-X, pág. 102, § 61.

2. A decisão sobre o arquivamento da queixa deverá conter a indicação das partes e dos seus representantes, uma exposição dos factos, o resumo do processo e a motivação.

3. Segundo o nº 2 deste artigo, o exame de uma queixa arquivada nos termos do nº 1 deste artigo pode voltar a ser reiniciado quando as circunstâncias o justificam – Acórdãos Rubinat, de 12 de fevereiro de 1985, A 89, pág. 23, § 17, Pressos e outros, de 3 de julho de 1997 (artigo 50º), R97-IV, pág. 1292, § 14, e B. B./França, de 7 de setembro de 1998, R98-VI, pág. 2607, § 40, e Decisão de 7 de maio de 1990, Queixa nº 16 266/90, *Déc. Rap.* 65, pág. 337.

Isto poderá acontecer, nomeadamente, se o requerente oferece para o seu comportamento omissivo uma explicação aceitável, por exemplo, se o comportamento censurado é do seu advogado ou se a retirada da queixa se deve a um erro de que não é responsável; factos novos ou se os pressupostos em que se baseou a decisão se vierem a revelar inexatos podem também justificar a reabertura do processo – Decisão do Tribunal de 14 de outubro de 2004, Queixa nº 44 842/98, R04-XI, pág. 307.

O que já não acontece face às queixas declaradas inadmissíveis – Decisão de 1 de abril de 1992, Queixa nº 16 542/90, *Déc. Rap.* 72, pág. 226 –, salvo se os factos em que a decisão se baseou se revelarem inexatos – Decisão de 18 de outubro de 1985, Queixa nº 11 224/84, *Déc. Rap.* 45, pág. 269.

Artigo 38º – Apreciação contraditória do assunto

O Tribunal procederá a uma apreciação contraditória do assunto em conjunto com os representantes das Partes e, se for caso disso, realizará um inquérito para cuja eficaz condução as Altas Partes Contratantes interessadas fornecerão todas as facilidades necessárias.

1. Este artigo 38º corresponde à alínea *a)* do nº 1 do antigo artigo 38º

A principal modificação consiste na possibilidade de se proceder ao exame contraditório dos factos e à realização de inquéritos ainda mesmo antes de a queixa ter sido declarada admissível.

Tudo isto porque se pretende favorecer a junção da decisão sobre a admissibilidade à decisão sobre o fundo.

2. Todo o processo é subordinado ao princípio do contraditório, o que implica, nomeadamente, o respeito pela igualdade das partes, com exceção dos inquéritos que o próprio Tribunal decida realizar, para os quais as Altas Partes Contratantes devem oferecer todas as facilidades necessárias.

Mas algumas presunções são admissíveis: por exemplo, um Estado é normalmente responsável por toda a pessoa detida; em caso de lesões sobrevindas durante a prisão, incumbe ao governo produzir provas, estabelecendo os factos que ponham em causa a descrição da vítima, nomeadamente se ela está apoiada em relatórios médicos – Relatório de 4 de julho de 1994, caso Ribitsch, A 336, pág. 35, § 104.

A concretização do princípio do contraditório implica que as Altas Partes Contratantes não coloquem dificuldades ao requerente nas suas relações com o Tribunal, nomeadamente na sua comparência ou do seu representante perante ele em caso de audiência.

3. Por outro lado, as Altas Partes Contratantes devem conceder ao Tribunal todas as facilidades para o bom desenvolvimento dos seus inquéritos, permitindo, em primeiro lugar, o acesso ao país, o encontro com as pessoas e a visita aos locais que entenda necessário, deixando também liberdade aos requerentes para comunicarem com o Tribunal e oferecendo os meios de que dispõem, nomeadamente o conteúdo das investigações que realizaram, para permitir um exame sério e efetivo das queixas; os pedidos devem ser satisfeitos com prontidão – Acórdãos Kiliç, de 28 de março de 2000, R00-III, pág. 129, § 52, Aktas, de 24 de abril de 2003, R03-V, pág. 26, § 346, Ipek, de 17 de fevereiro de 2004, R04-II, pág. 18, § 112, Akkum, de 24 de março de 2005, R05-II, pág. 286, § 185, Chamaïev, de 12 de abril de 2005, R05-III, pág. 134, § 496, Taniş e outros, de 2 de agosto de 2005, R05-VIII, pág. 38, § 163, Imakayeva, de 9 de novembro de 2006, § 200, Medova, de 15 de janeiro de 2009, § 76 (recusa do Governo em fornecer cópia de um dossier relativo ao desaparecimento de uma pessoa), Janowiec, de 21 de outubro de 2013, §§ 202, 203, 205 e 206 (não produção de documentos sensíveis, confidenciais ou secretos), e Geórgia/Federação Russa, de 3 de julho de 2014, § 99 (não produção de documentos solicitados pelo Tribunal), e Relatório de 4 de outubro de 1983, Queixa nº 8007/77 (Chipre/Turquia), *Déc. Rap.* 72, pág. 5.

No anterior sistema Comissão/Tribunal, o estabelecimento dos factos incumbia à Comissão; mas as suas conclusões não vinculavam o Tribunal que continuava livre para proceder à sua própria avaliação – Acórdãos Stocké, de 19 de março de 1991, A 199, pág. 18, § 53, Cruz Varas, de 20 de março de 1991, A 201, pág. 29, § 74, Klaas, de 22 de setembro de 1993, A 269, pág. 17, § 29, e Ribitsch, de 4 de dezembro de 1995, A 336, pág. 24, § 32.

Como o Tribunal lembrou no seu Acórdão Mentes, e outros, de 28 de novembro de 1997, R97-VIII, pág. 2709, § 66, somente em circunstâncias excecionais o Tribunal usa os seus poderes; por exemplo, estas circunstâncias podiam ocorrer quando o Tribunal, após um exame aprofundado das provas sobre as quais a Comissão se baseara para estabelecer os factos, concluía que estes últimos não estavam provados fora de toda a dúvida razoável; ver também o Acórdão Imakayeva, de 9 de novembro de 2006, § 112.

Artigo 39º – Resoluções amigáveis

1 – O Tribunal poderá, em qualquer momento do processo, colocar-se à disposição dos interessados com o objetivo de se alcançar uma resolução amigável do assunto, inspirada no respeito pelos direitos do Homem como tais reconhecidos pela Convenção e pelos seus Protocolos.

2 – O processo descrito no nº 1 do presente artigo é confidencial.

3 – Em caso de resolução amigável, o Tribunal arquivará o assunto, proferindo, para o efeito, uma decisão que conterá uma breve exposição dos factos e da solução adotada.

4 – Tal decisão será transmitida ao Comité de Ministros, o qual velará pela execução dos termos da resolução amigável tais como constam da decisão.

1. Reuniram-se num só artigo as disposições dos antigos artigos 38º, nºs 1, alínea *b)*, e 2, e 39º da *Convenção.*

2. Depois de o Tribunal iniciar a prática de juntar a decisão da admissibilidade ao fundo, as negociações para o acordo amigável tinham lugar a qualquer momento, em regra logo após a comunicação da queixa ao Governo, sendo frequentes os acordos mesmo antes da receção das observações das partes.

É esta prática que é agora consagrada.

3. O nº 2 deste artigo estabelece, para a fase das negociações relativas ao acordo amigável, a regra da confidencialidade – cfr. artigo 62º, nº 2, do Regulamento do Tribunal.

Nenhuma comunicação escrita ou oral ou qualquer oferta ou concessão formulada no quadro das negociações relativas ao acordo amigável podem ser mencionadas ou invocadas no processo contraditório.

Esta solução amigável é a considerada preferível para regularizar litígios em direito internacional.

E se o acordo amigável passa frequentemente pela atribuição de uma soma em dinheiro – Relatório de 6 de março de 1990, Queixa nº 11 498/85 (Alves Gomes/Portugal), *Déc. Rap.* 64, pág. 45 –, por vezes ele implicou a reabertura do processo penal e até uma modificação de determinada legislação – Relatório de 11 de dezembro de 1989, Queixa nº 13 467/87, *Déc. Rap.* 63, pág. 156, e Acórdão K/Áustria, A 255-B, pág. 31, § 14.

Curioso o Acordo amigável na Queixa interestadual, Dinamarca/Turquia, Acórdão de 5 de abril de 2000, R00-IV, pág. 17, onde o Governo turco reconheceu a prática ocasional e individual de casos de tortura e de maus tratamentos.

Segundo o § 99 Relatório explicativo do Protocolo nº 11, as negociações poderiam ser «guiadas» ou mesmo encorajadas por um juiz, com a colaboração do *Greffe* do Tribunal.

Este empenhamento do juiz na procura de um acordo amigável é censurado por alguma doutrina que considera que esta atividade colide com o princípio da imparcialidade[582].

Talvez, por isso, o Tribunal, no artigo 62º do seu Regulamento, acabou por confiar o contacto com as partes ao *greffier.*

4. Com a comunicação da decisão de admissibilidade, o Tribunal solicita às partes observações sobre o fundo e sobretudo um eventual acordo amigável.

Quando o acordo amigável é atingido com base nas propostas do Tribunal, ou se esse acordo é conseguido pelas partes e se inspira no respeito dos Direitos Humanos, o Tribunal redige uma sucinta decisão com um breve resumo dos factos e da solução encontrada.

O conteúdo do acordo amigável pode ser muito diversificado, incluindo medidas individuais que resolvem o problema da queixa em concreto, ou ter um alcance geral.

A medida individual mais frequente é a atribuição de uma soma compensatória, muito próxima da reparação razoável prevista no artigo 41º, que engloba os danos

[582] Jean-François Flauss, «La nouvelle procédure», in *Le Protocole nº 11 à la Convention européenne des droits de l'homme,* Bruylant, Bruxelles, 1995, pág. 59.

materiais e morais, bem como os custos e honorários relativos aos processos interno e de Estrasburgo.

Outras vezes dizem respeito ao desenvolvimento dos processos pendentes.

Em matéria penal, registam-se acordos que incluem a reabertura do processo, a suspensão da execução de uma condenação, a concessão da liberdade condicional, um indulto, uma menção no registo criminal ou uma decisão de renúncia a perseguir criminalmente.

Em matéria civil, quando o Estado não é parte no processo, será difícil um acordo que incida sobre o seu objeto; pelo contrário, quando o Estado é parte, o acordo poderá incluir, por exemplo, a renúncia à execução patrimonial ou o pagamento de uma dívida que já não é possível executar.

Em matéria de imigração são frequentes os acordos que concedem o título de residência ao requerente.

As medidas de caráter geral não são, em regra, possíveis quando dependem do poder legislativo ou do judicial; já estarão facilitadas se relevam do executivo que pode emitir instruções gerais vinculantes da Administração – ver Acórdão Altan, de 14 de maio de 2002, R02-III, pág. 349.

O acordo amigável pode ocorrer em qualquer fase do processo – cfr., por exemplo, o Acórdão Tsavachidis, de 21 de janeiro de 1999, sobre um acordo amigável celebrado perante o novo Tribunal num processo que vinha da Comissão.

5. De acordo com os nºs 3 e 4 deste artigo, o Tribunal, na sequência de acordo amigável, arquivará a queixa sempre por uma decisão; esta decisão, no entanto, será enviada ao *Comité de Ministros* para que ele supervisione a execução do acordo.

Artigo 40º – Audiência pública e acesso aos documentos

1 – A audiência é pública, salvo se o Tribunal decidir em contrário por força de circunstâncias excecionais.

2 – Os documentos depositados na secretaria ficarão acessíveis ao público, salvo decisão em contrário do Presidente do Tribunal.

1. Segundo o § 96 do Relatório explicativo do Protocolo nº 11, os dois números deste artigo têm por fonte, respetivamente, os artigos 18º e 56º, nº 2, do Regulamento de velho Tribunal.

Assim, quando o processo decorre oralmente é, em princípio, público – artigo 63º do Regulamento do Tribunal.

E, mesmo os documentos apresentados na fase escrita do processo (observações, memórias ou outras informações), salvo os relativos ao acordo amigável, estão, em princípio, disponíveis para o público – nº 1 do artigo 33º do Regulamento do Tribunal.

O acesso a um documento ou a uma parte do documento pode ser restringido no interesse da moral, da ordem pública ou da segurança nacional numa sociedade democrática, quando os interesses dos menores ou a proteção da vida privada das partes o exigem ou, na medida considerada estritamente necessária pelo Presidente de Secção, quando, em circunstâncias especiais, a publicidade seria de natureza a prejudicar os interesses da justiça – nº 2 do artigo 33º do Regulamento do Tribunal.

2. O queixoso pode requerer que a sua identidade não seja revelada, apresentando razões que justifiquem a derrogação à regra geral da publicidade do processo perante o Tribunal.

A decisão cabe ao Presidente de Secção que também pode decidir oficiosamente nesse sentido – nº 4 do artigo 47º do Regulamento do Tribunal.

Artigo 41º – Reparação razoável

Se o Tribunal declarar que houve violação da Convenção ou dos seus protocolos e se o direito interno da Alta Parte Contratante não permitir senão imperfeitamente obviar às consequências de tal violação, o Tribunal atribuirá à parte lesada uma reparação razoável, se necessário.

1. Os acórdãos do Tribunal são declaratórios no essencial, limitando-se a decidir se, num caso concreto, houve ou não infração a uma ou outra disposição da *Convenção* e a acordar frequentemente uma soma a título de reparação razoável.

Se o Tribunal conclui que há violação da *Convenção* ou dos seus Protocolos, examina, em seguida, se o direito interno oferece meios de obviar às consequências de tal violação ou, em caso contrário, se há ou não que arbitrar uma reparação à parte lesada – Acórdão Kurić (reparação razoável), de 12 de março de 2014, § 80.

Esta tarefa deve considerar-se secundária face à principal, a de verificar se os Estados asseguraram ou não as suas obrigações que relevam da *Convenção* – Acórdão Salah, 6 de julho de 2006, § 70.

Em regra, o Tribunal não indica o modo como a violação deve ser sanada, deixando aos Estados a liberdade de escolher os meios que lhe parecem adequados, sob o controlo do *Comité de Ministros*; mas, por vezes, em situações-limite, o Tribunal indica a medida que deve ser tomada para reparar a violação.

Assim acontece quando a natureza da própria violação constatada não oferece qualquer possibilidade de escolha e, por isso, o Tribunal identifica as medidas capazes de repararem a situação – Acórdãos Assanidzé, de 8 de abril de 2004, R04-II, pág. 210, § 203 (só a liberdade imediata do queixoso poderia sanar a violação), Ilascu e outros, de 8 de julho de 2004, R04-VII, pág. 134, nº 22, do dispositivo (a Rússia e a Moldávia deviam tomar medidas para a libertação dos requerentes ainda presos na Transnistria),

M.S.S./Bélgica e Grécia, de 21 de janeiro de 2011, § 399 (a Grécia devia rever o seu processo de asilo), Stanev, de 15 de janeiro de 2012, § 257 (as autoridades devem verificar se o requerente quer continuar ou não na casa de cuidados sociais onde está colocado), e Del Rio Prada, de 21 de Outubro de 2013, § 139 (só a libertação imediata da queixosa o mais breve possível poderia sanar a violação), e "Centre de Ressources Jurídiques au nom de Valentin Câmpeanu", de 17 de julho de 2014, § 47 (nomear um tutor às pessoas deficientes mentais).

É o que também vem acontecendo no âmbito de condenações em processos penais onde elementares regras do processo equitativo não foram observadas; nestas situações, o Tribunal, por vezes, indica que só a reabertura de um novo julgamento onde tais regras sejam respeitadas poderá sanar a violação[583].

O Tribunal, mesmo assim, condiciona a reabertura do processo interno ao pedido do interessado.

Por vezes, a violação constatada radica-se num aspeto específico do processo e, nesse caso, o Tribunal não preconiza uma completa reabertura do processo, mas apenas a sanação do defeito que apurou.

2. *Como se afirmou,* constatada a violação, se o direito interno do Estado requerido não permitir obviar às suas consequências, isto é, se não possibilitar uma *restitutio in integrum,* o Tribunal fixará uma indemnização quando houver um prejuízo e um nexo de causalidade entre a violação e este prejuízo – Acórdãos Schuler-Zgraggen (artigo 50º), de 31 de janeiro de 1995, A 305-A, pág. 8, § 15, Papamichalopoulos e outros, A 330-B, pág. 59, § 34, Smith e Grady (artigo 41º), de 25 de julho de 2000, R00-IX, pág. 226, § 18, Lo Tufo, de 21 de abril de 2005, R05-III, pág. 318, § 69, e Kurić (reparação razoável), de 12 de março de 2014, § 81.

A indemnização compreende, em regra, o prejuízo material e moral e as despesas processuais a nível interno e perante o Tribunal.

Um requerente só pode obter o reembolso das despesas na medida em estas se encontrem estabelecidas na sua realidade, necessidade e razoabilidade – Acórdão Sabeh El Leil, de 29 de junho de 2011, § 75.

No Acórdão Oyal, de 23 de março de 2010, § 101, o Tribunal, tendo constando a violação do artigo 2º da *Convenção* porquanto o queixoso tinha sido infetado com o vírus HIV em consequência de uma transfusão sanguínea, condenou o Estado a suportar-lhe os custos do tratamento e da medicação durante a sua vida.

No Acórdão Comingersoll S.A., de 6 de abril de 2000, R00-IV, pág. 343, o Tribunal atribuiu uma soma como reparação de danos morais sofridos por uma sociedade comercial por atrasos num processo civil.

[583] É a chamada cláusula Öcalan, porque inserida no Acórdão Öcalan, de 12 de maio de 2005, R05-IV, § 210.

Por vezes, o Tribunal entende que a constatação da violação é bastante para reparar o dano moral – Acórdão Letellier, de 26 de junho de 1991, A 207, págs. 23, § 63; nomeadamente, para as violações dos nºs 3 e 4 do artigo 5º da *Convenção,* o Tribunal apenas arbitra a indemnização nos casos em que a privação da liberdade não teria lugar se aquelas disposições tivessem sido respeitadas – ver, por todos, Acórdão Nikolova, de 25 de março de 1999, R99-II, pág. 262, § 76.

Para os critérios em caso de privação de propriedade, ver os Acórdãos Guiso-Gallisay (artigo 41º), de 22 de dezembro de 2009, §§ 98 e segs., e Vistiņš e Perep Jolkins, de 25 de março de 2014, §§ 33 e segs.

Nas despesas, incluem-se obviamente os honorários do advogado; e mesmo os de dois advogados quando a importância do caso assim o justifica – Acórdãos Baraona, de 8 de julho de 1988, A 122, pág. 23, § 63, e Martins Moreira, de 26 de outubro de 1988, A 143, pág. 23, § 70; mas quando um advogado trata dos interesses de vários queixosos num mesmo processo a redução dos honorários está justificada – Acórdão Arvanitaki-Roboti e outros, de 15 de fevereiro de 2008, § 29.

Ao montante das despesas, o Tribunal deduz o que o lesado recebeu a título de assistência judiciária – Acórdão Martins Moreira, A 143, pág. 23, § 70.

O Tribunal fixa o montante da indemnização, o lugar e o modo de pagamento – Acórdão Vermeire, de 4 de outubro de 1993 (artigo 50º), A 270-A, pág. 10 – e, a partir do Acórdão Moreira Azevedo, de 28 de agosto de 1991 (artigo 50º), A 208-C, pág. 34, também o respetivo prazo de pagamento, normalmente três meses, a partir do qual são devidos juros de mora.

Esta situação está hoje contemplada no nº 3 do artigo 75º do Regulamento do Tribunal.

Contudo, as despesas que os Estados tenham realizado, mesmo quando tenham agido no interesse da «Comunidade da *Convenção*», não são reembolsadas, de acordo com os princípios gerais existentes nesta matéria (artigo 66º do Estatuto do Tribunal Internacional de Justiça) – Acórdão Loizidou (artigo 50º), de 28 de julho de 1998, R98-IV, pág. 1820, § 48.

Note-se que, por vezes, será preciso ajustar as somas acordadas à inflação – Acórdão Vistiņš e Perep Jolkins, de 25 de março de 2014, § 41.

3. Esta decisão é tomada no próprio acórdão que conhece da violação, se o Tribunal detém os elementos para tanto, ou em acórdão distinto (artigo 75º, nº 1, do Regulamento do Tribunal.) – cfr. os Acórdãos (artigo 50º) Bönisch, de 2 de junho de 1986, A 103, Fox, Campbell e Hartley, de 27 de março de 1991, A 190-B, Moreira de Azevedo, de 28 de agosto de 1991, A 208-C, Kemache, de 2 de novembro de 1993, A 270-B, Barberà, Messegué e Jabardo, de 13 de junho de 1994, A 285-C, Papamichalopoulos e outros, de 31 de outubro de 1995, A 330-B, Pressos, de 3 de julho de 1997, R97-IV, nº 42, Iatridis (artigo 41º), de 19 de outubro de 2000, R00-XI, e Kurić (reparação razoável), de 12 de março de 2014, § 82.

Por vezes, o Tribunal fixa uma soma sobre um dos aspetos a indemnizar, por exemplo, os custos processuais, e adia os outros aspetos – Acórdão Welch, de 9 de fevereiro de 1995, A 307-A, pág. 15, §§ 39/41.

Noutros casos, no Acórdão onde se constata uma violação, a questão relativa à «reparação razoável» é deixada em aberto, na esperança de que, entretanto, as partes possam chegar a um acordo nessa matéria, acordo que no limite pode contemplar não só medidas individuas mas também de caráter geral – Acórdão Hutten-Czapska (acordo amigável), de 28 de abril de 2008, § 45.

4. O Tribunal só decide, em regra, dos pedidos que lhe forem feitos.

Com a comunicação das observações da Parte requerida, o Tribunal solicita ao queixoso que apresente, no prazo fixado, normalmente de dois meses, o seu pedido sobre a reparação razoável, nele se incluindo os danos materiais e morais sofridos, as despesas e os honorários do seu advogado ou dos seus advogados.

Três notas a reter:

A primeira: mesmo que se tenha formulado um pedido de reparação razoável no formulário da queixa, deve responder-se ao convite do Tribunal; se não há resposta, de nada vale o que se avançou no formulário.

A segunda: o prazo fixado é para ser cumprido; o Tribunal, poderá, perante razões convincentes, conceder uma prorrogação deste prazo.

Mas esgotado aquele prazo sem apresentação do pedido sobre a reparação razoável ou sem o pedido de prorrogação de prazo, o pedido que vier a ser apresentado depois não será, em princípio, considerado.

Terceira: o pedido deve ser o mais pormenorizado possível, descrevendo-se convenientemente todos os itens que contribuem para o seu montante, e com justificativos em apoio, como faturas comprovativas das despesas feitas.

Relativamente aos honorários dos advogados, que abarcam também a atividade desenvolvida a nível interno para pôr cobro à violação, a prática demonstra que o Tribunal é muito sensível a uma nota de honorários apresentada em devida forma.

O pedido de reparação razoável não é considerado uma nova queixa, para a qual fosse necessário esgotar os recursos internos, nem tão-pouco o Tribunal o rejeita com o fundamento de que o lesado podia fazer idêntico pedido a nível interno – Acórdãos De Wilde, Ooms e Versyp, de 10 de março de 1972, A 14, págs. 8-9, § 16, e Barberà, Messegué e Jabardo (artigo 50º), A 285-C, pág. 57, § 17.

5. Após constatar a violação, e antes de arbitrar a reparação, se um acordo amigável ocorre, o Tribunal examina se ele é equitativo e, se assim for, arquiva o processo (nº 4 do artigo 75º do Regulamento do Tribunal.) – Acórdão Vogt (artigo 50º), de 2 de setembro de 1996, R96-IV, pág. 1091, § 10.

6. Quanto à natureza penhorável ou não da soma arbitrada, o Tribunal começou por sustentar que a soma deveria ser entregue ao requerente ao abrigo de qualquer penhora – Acórdão Ringeisen, de 23 de junho de 1973, A 16 (tratava-se de uma reparação por dano moral).

Mais tarde, o Tribunal parece ter revisto a sua posição, recusando declarar as somas relativas aos danos morais e às despesas impenhoráveis, porquanto a questão era hipotética ou então por não estar em condições de sobre isso decidir – Acórdão de Philis, de 27 de agosto de 1991, A 209, pág. 27, § 79.

No seu Acórdão Allenet de Ribemont, de 10 de fevereiro de 1995, A 308, pág. 23, § 65, o Tribunal clarificou a sua posição, precisando que não tinha competência para dirigir ao Estado uma ordem no sentido de que a soma atribuída era impenhorável e, no seu Acórdão interpretativo Allenet de Ribemont, de 7 de agosto de 1996, R96-III, nº 12, pág. 910, § 19, que essa questão fora deixada às autoridades nacionais que devem agir conforme o direito interno.

7. Ao contrário do defendido no Acórdão Irlanda/Reino Unido, de 18 de janeiro de 1978, o Tribunal entende que o artigo 41º é aplicável às queixas interestaduais, pois o princípio de direito internacional mais importante relativamente à violação por um Estado dos compromissos decorrentes de um tratado quer que essa violação acarrete a obrigação de reparar de uma forma adequada; aliás, está igualmente estabelecido que uma jurisdição internacional com competência para conhecer das alegações colocando em causa a responsabilidade de um Estado tem o poder de atribuir uma reparação pelo dano causado – Acórdão Chipre/Turquia (reparação razoável), de 12 de maio de 2014, §§ 39 e segs., que atribuiu ao Chipre somas a pagar pela Turquia relativamente a pessoas desaparecidas aquando da invasão turca e aos danos sofridos por cipriotas grecos que vivem encravados na Península de Karpas, somas essas a distribuir pelo Governo cipriota pelas vítimas individuais dos danos sofridos.

8. Curiosa é aplicação destes princípios no sistema Interamericano.

O artigo 63º da Convenção Interamericana estabelece:

> *«Quando decidir que houve violação de um direito ou liberdade protegidos nesta Convenção, a Corte determinará que se assegure ao prejudicado o gozo do seu direito ou liberdade. Determinará também, se isso for procedente, que sejam reparadas as consequências da medida ou situação que haja configurado a violação desses direitos, bem como o pagamento de indemnização justa à parte lesada.»*

Aproveitando a maior amplitude deste texto, que permite diversas formas de reparação, incluindo reparações não pecuniárias, a Corte Interamericana dos Direitos do Homem (Corte) tem encontrado formas especiais que, tendo em conta as características do caso concreto, possam de uma forma realística reparar efetivamente ou, ao menos, minimizar os danos provocados pela violação.

Assim, a Corte tem imposto aos Estados que modifiquem, adotem ou revoguem leis internas ou julgamentos ou adotem medidas específicas, algumas muito imaginativas, que reparem ou atenuem os danos materiais ou morais causados pela violação detetada.

Vejam-se alguns casos significativos:

No Acórdão Neira Alegria/Peru, de 19 de janeiro de 1995, a Corte ordenou ao Estado que fizesse os possíveis para localizar e identificar os cadáveres das vítimas e os entregasse às famílias.

No Acórdão Aloeboetoe/Suriname, de 14 setembro de 1996, as vítimas assassinadas eram de uma tribo de origem africana que vivia na selva preservando os costumes tradicionais; a Corte ordenou, para a reparação às vítimas ou às suas famílias, a criação de dois fundos com as somas que fixou, a reabertura de uma escola e de um serviço médico.

No Acórdão Loaysa Tamayo/Peru, de 27 de novembro de 1998, a Corte referiu-se pela primeira vez ao «projeto de vida» da vítima, afetado pela violação sofrida – uma detenção indevida; e nos Acórdãos Meninos da Rua (Villagrán Morales e outros/Guatemala), de 3 de dezembro de 2001, e Cantoral Benavides/Peru, de 3 de dezembro de 2001, invocando que a violação cometida contendia com o «projeto de vida», ligado ao desenvolvimento da personalidade e à construção da vida das vítimas, acarretando assim uma perda de oportunidades, obrigou o Estado a suportar os custos dos seus estudos superiores (naquele primeiro Acórdão como no Acórdão Trujillo Oroza/Bolívia, de 27 de fevereiro de 2002, mais determinou a Corte que o Estado desse o nome das vítimas a um centro educativo, durante uma cerimónia pública na presença dos seus familiares).

No Acórdão Barrios Altos/Peru, de 14 de março de 2001, a Corte examinou o massacre ocorrido durante uma festa popular que foi invadida por um esquadrão da morte denominado Grupo Colina; este grupo, armado e encapuçado, chacinou 15 pessoas e feriu outras 4; a Corte determinou que o Estado, para além de indemnizar as famílias das vítimas e os feridos, devia reabrir as investigações e punir os culpados, e considerou ainda que as amnistias concedidas que ilibavam os implicados contrariavam a CADH e constituíam uma verdadeira violação dos Direitos Humanos.

Artigo 42º – Decisões das secções

As decisões tomadas pelas secções tornam-se definitivas em conformidade com o disposto no nº 2 do artigo 44º

A Secção pronuncia-se por meio de acórdão sobre se há ou não violação da *Convenção* ou dos seus Protocolos – artigo 74º do Regulamento do Tribunal.

Contudo, este acórdão não se torna definitivo imediatamente mas apenas após as partes terem declarado que não requerem a intervenção do Tribunal pleno ou decorrido o prazo de três meses sem que qualquer das partes peça essa intervenção ou, se solicitada a intervenção do Tribunal pleno, um coletivo composto de cinco juízes rejeitar esse pedido – cfr. a anotação ao artigo 44º

Mesmo um acórdão definitivo da Secção, no sentido de que não admite recurso para outra entidade, pode ser objeto de interpretação ou de revisão – cfr. a anotação ao artigo 44º e os artigos 79º e 80º do Regulamento do Tribunal.

O acórdão da Secção é transmitido às partes mas só deverá ser publicado se se tornar definitivo – nº 3 do artigo 44º da *Convenção* e artigo 78º do Regulamento do Tribunal.

Artigo 43º – Devolução ao tribunal pleno

1 – Num prazo de três meses a contar da data da sentença proferida por uma secção, qualquer parte no assunto poderá, em casos excecionais, solicitar a devolução do assunto ao tribunal pleno.

2 – Um coletivo composto por cinco juízes do tribunal pleno conhecerá da petição, se o assunto levantar uma questão grave quanto à interpretação ou à aplicação da Convenção ou dos seus protocolos ou ainda se levantar uma questão grave de caráter geral.

3 – Se o coletivo aceitar a petição, o tribunal pleno pronunciar-se-á sobre o assunto por meio de sentença.

1. As partes no litígio podem solicitar o envio do processo para o Tribunal pleno para reexame do acórdão da Secção, no prazo de três meses a contar da data deste acórdão – artigo 73º do Regulamento do Tribunal.

Note-se que este prazo, como os outros prazos processuais, não se interrompe durante eventuais férias judicias que existam nos países membros da *Convenção* – ver, *mutatis mutandis*, Acórdão A.L.M./Itália, de 28 de julho de 1999, § 19, não publicado.

Para que as partes fiquem em posição de conhecer o início deste prazo, devem ser informadas da data em que o acórdão será pronunciado.

2. O reenvio está pensado para casos excecionais:

- Questões graves relativas à interpretação da *Convenção*, ou seja, de acordo com o § 100 do Relatório explicativo do Protocolo nº 11, quando está em jogo um ponto importante, sobre o qual o Tribunal ainda não se pronunciou ou quando a decisão se apresenta com importância para os casos futuros ou para a evolução da jurisprudência do Tribunal – (uma questão grave deste género pode colocar-se quando o acórdão em causa não é compatível com um acórdão anterior do Tribunal);

- Questões graves relativas à aplicação da *Convenção* que podem ocorrer quando o acórdão impõe uma modificação importante do direito nacional ou de uma prática administrativa mas não suscitam em si uma questão grave de interpretação da *Convenção* – § 101 do Relatório explicativo do Protocolo nº 11;
- Questões de caráter geral, ou seja, questões que se revestem de um importante interesse político ou público – § 101 do referido Relatório explicativo.

Se estas condições estão reunidas, um coletivo de cinco juízes aceita o caso e o Tribunal pleno é chamado a pronunciar-se definitivamente sobre a existência de uma violação, no decorrer de um processo que admite, em regra, uma audiência.

Se aquelas condições não estão reunidas, o coletivo rejeita o pedido, através de uma decisão que não necessita de motivação – § 105 do referido Relatório explicativo, e nº 2 do artigo 73º do Regulamento do Tribunal.

Em caso de rejeição deste pedido, o acórdão da Secção torna-se definitivo.

3. Uma vez aceite que o Tribunal pleno deve conhecer do caso, é todo o seu conjunto que é enviado para apreciação e não apenas a questão que determinou a devolução; e mestre da qualificação jurídica dos factos, o Tribunal não está ligado por aquela que lhe atribuem os requerentes ou os governos, podendo tratar de qualquer questão de facto ou de direito, examinando a queixa, por exemplo, em relação a outros artigos da *Convenção* que não os que foram considerados pela Secção; e pode mesmo examinar a questão da admissibilidade. – Acórdãos K. e T./Finlândia, de 12 de julho de 2001, R01-VII, pág. 272, §§ 140 e 141, Perna, de 6 de maio de 2003, R03-V, pág. 319, § 23, Cumpănă e Mazăre, de 17 de dezembro de 2004, R04-XI, pág. 42, § 66, Serif Yigit, de 2 de novembro de 2010, §§ 51 e 52, e Acórdão1išić e outros, de 16 de julho de 2014, § 78.

Artigo 44º – Sentenças definitivas

1 – A sentença do tribunal pleno é definitiva.

2 – A sentença de uma secção tornar-se-á definitiva:

a) Se as partes declararem que não solicitarão a devolução do assunto ao tribunal pleno;

b) Três meses após a data da sentença, se a devolução do assunto ao tribunal pleno não for solicitada;

c) Se o coletivo do tribunal pleno rejeitar a petição de devolução formulada nos termos do artigo 43º

3 – A sentença definitiva será publicada.

1. Só os acórdãos do Tribunal pleno são definitivos com efeito imediato.

Os acórdãos das secções tornam-se definitivos nas condições enunciadas no nº 2.

Os acórdãos são definitivos, no sentido em que não admitem recurso para outra entidade – Acórdãos Ringeisen, de 22 de junho de 1972 (artigo 50º), A 15, pág. 7, § 17, e de 23 de junho de 1973 (interpretação do Acórdão de 22 de junho de 1972), A 16, pág. 18, § 13.

Mas o acórdão do Tribunal pode ser objeto de interpretação ou de revisão pelo próprio Tribunal; e até a decisão quando o interesse da justiça assim o exigir – artigos 79º e 80º do Regulamento do Tribunal – Decisão do Tribunal de 18 de maio de 2004, Queixa nº 40 057/98, R04-V, pág. 387.

E o facto de o acórdão ser definitivo não impede que o Tribunal se pronuncie, em separado, sobre a reparação razoável (cfr. a anotação ao artigo 41º); mas obsta a que, no acórdão consagrado apenas à fixação de uma reparação razoável, se aceitem pretensões já afastadas no acórdão anterior.

2. As partes no processo podem solicitar ao Tribunal a interpretação de um acórdão no ano seguinte à sua publicação (nº 1 do artigo 79º do Regulamento do Tribunal.) – Acórdão Hentrich, de 3 de julho de 1997 (interpretação), R97-IV, págs. 1285 e segs.

O pedido deve indicar com precisão o ponto ou os pontos do dispositivo da decisão a interpretar – nº 2 do artigo 79º do Regulamento do Tribunal.

O Tribunal pode decidir rejeitar o pedido se entender que não se justifica o reexame – nº 3 do artigo 79º do Regulamento do Tribunal.

Após o depósito das observações escritas das partes, se necessário, há lugar a uma audiência – nº 4 do artigo 79º do Regulamento.

O pedido é examinado pela Secção ou pelo Tribunal pleno que pronunciou o acórdão a interpretar, compostos tanto quanto possível pelos mesmos juízes – nº 3 do artigo 78 do Regulamento Tribunal.

3. No caso de descoberta de um facto decisivo que na altura da decisão fosse desconhecido tanto do Tribunal como da parte que pede a revisão, aquela parte pode, no prazo de seis meses a contar do momento em que teve conhecimento do facto, pedir a revisão do acórdão (artigo 80º do Regulamento do Tribunal.) – Acórdão Pardo (revisão-admissibilidade), de 10 de julho de 1996, R96-III, pág. 869, § 21.

O pedido deve conter a menção do acórdão a rever e as indicações necessárias para o exame das condições que permitam a revisão do acórdão, acompanhado dos elementos de prova adequados – nº 2 do artigo 80º do Regulamento do Tribunal.

O Tribunal pode decidir rejeitar o pedido se entender que não se justifica o reexame, nomeadamente se os factos agora apresentados não teriam tido influência determinante na decisão (nº 3 do artigo 80º do Regulamento do Tribunal.) – Acórdãos

Pardo (revisão – fundo), de 29 de abril de 1997, R97-III, pág. 744, § 23, e Gustafsson (revisão – fundo), de 30 de julho de 1998, R98-V, pág. 2096, § 27.

Note-se que o acórdão do Tribunal é, em princípio, definitivo e que este processo de revisão, não previsto pela *Convenção* mas instaurado pelo Regulamento do Tribunal, reveste-se, por isso, de um caráter excecional; daqui a exigência de um exame estrito da admissibilidade e do bem fundado de todo o pedido desta natureza – Acórdãos Pardo (revisão – admissibilidade), R96-III, nº 36, pág. 869, § 21, Gustafsson (revisão – fundo), R98-V, pág. 2095, § 25, e McGinley e Egan (revisão), de 28 de janeiro de 2000, R00-I, pág. 357, § 30.

Se o pedido é declarado admissível, o *greffier* comunica-o à outra parte, convidando-a a apresentar observações escritas – nº 4 do artigo 80º do Regulamento do Tribunal.

Após o depósito das observações escritas das partes, se necessário, há lugar a uma audiência.

Todos os pedidos declarados admissíveis são objeto de decisão, a ser pronunciada, tanto quanto possível, pela Secção ou pelo Tribunal pleno autores do acórdão inicial.

4. Os acórdãos definitivos são publicados, tarefa da responsabilidade do *greffier* – artigo 78º do Regulamento do Tribunal.

As decisões da Comissão sobre a admissibilidade das queixas e os seus relatórios relativos a queixas que não fossem enviadas para o Tribunal, e que mostrassem interesse, eram objeto de uma publicação própria.

Por outro lado, os acórdãos do Tribunal e os respetivos relatórios da Comissão eram publicados conjuntamente numa outra edição.

Embora este artigo imponha apenas a publicação dos acórdãos, é manifesto que também as decisões do Tribunal sobre a admissibilidade que contenham elementos importantes sobre o desenrolar do processo, a interpretação da *Convenção* ou do direito interno, deverão ser publicadas.

Pense-se nomeadamente em toda a complexa problemática relacionada com o esgotamento dos meios internos ou a qualidade de vítima.

5. Em princípio, o Tribunal esgota o seu poder jurisdicional com a adoção do acórdão; mas isso não impede que uma questão que não ficou ali resolvida seja objeto de uma nova queixa – Wasserman (nº 2), de 10 de abril de 2008, § 32.

Como não impede que um processo a nível interno que tem em vista executar um acórdão do Tribunal dê origem a uma nova violação e, assim, abra a possibilidade de uma nova queixa – Acórdão Verein Gegen Tierfabriken Schweiz (VGT), de 30 de junho de 2009, § 62. (Neste acórdão, o Tribunal considerou uma nova violação do artigo 10º da *Convenção*, porquanto na execução de um anterior acórdão onde se tinha concluído pela violação do artigo 10º por ter sido recusada a difusão de um determinado *spot* televisivo, o Tribunal Federal Suíço não ordenou a difusão daquele *spot*).

Artigo 45º – Fundamentação das sentenças e das decisões

1 – As sentenças, bem como as decisões que declararem a admissibilidade ou a inadmissibilidade das petições, serão fundamentadas.

2 – Se a sentença não expressar, no todo ou em parte, a opinião unânime dos juízes, qualquer juiz terá o direito de lhe juntar uma exposição da sua opinião divergente.

1. O acórdão do Tribunal compreende – nº 1 do artigo 74º do Regulamento do Tribunal.:

a) *o nome do Presidente e dos juízes que compõem a Secção ou o Comité, bem como do greffier ou do greffier-adjunto da respetiva Secção;*
b) *a data da sua adoção e a da sua leitura;*
c) *a indicação da ou das partes;*
d) *o nome dos agentes, advogados e conselheiros da ou das partes;*
e) *a descrição do processo;*
f) *a matéria de facto;*
g) *um resumo das conclusões da ou das partes;*
h) *a fundamentação de direito;*
i) *a parte decisória;*
j) *se necessário, a decisão tomada sobre as despesas e os encargos;*
k) *a indicação do número de juízes que fizeram a maioria;*
l) *se necessário, a indicação do texto que faz fé.*

Qualquer dos juízes que tomou parte no exame do caso tem o direito de juntar ao acórdão a sua opinião separada, concordante ou dissidente, ou uma simples declaração de desacordo – nº 2 do artigo 74º do Regulamento do Tribunal.

2. O Tribunal procede à sua própria avaliação, à luz do conjunto dos elementos disponíveis – Acórdãos Stocké, de 19 de março de 1991, A 199, pág. 18, § 53, e Cruz Varas e outros, de 20 de março de 1991, A 201, pág. 29, § 74.

Contudo, não entra nas atribuições do Tribunal substituir a sua visão dos factos à dos tribunais internos, a quem pertence, em princípio, sopesar os dados recolhidos – Acórdãos Vidal, de 22 de abril de 1992, A 235-B, págs. 22-23, §§ 33-34, Eduards, de 16 de dezembro de 1992, A 247-B, pág. 12, § 34, e Klaas, de 22 de setembro de 1993, A 269, pág. 17, § 29; em caso de controvérsia sobre os factos, o Tribunal decidirá com base nos elementos de que dispõe – Acórdãos Messina, de 26 de fevereiro de 1993, A 257-H, pág. 104, § 31, e Pardo, de 20 de setembro de 1993, A 261, pág. 31, § 28.

3. Três situações que fogem à normalidade devem aqui ser mencionadas: os acórdãos «por revelia», de arquivamento, e os proferidos na sequência de uma confissão de violação pela Parte requerida.

3.1. Quando uma das partes não se apresenta ou se abstém de defender a sua posição, o Tribunal decide o seu arquivamento se isso lhe parece compatível com uma boa administração da justiça.

3.2. Quando uma das partes desiste e as outras partes aceitam essa desistência, quando se chega a um acordo amigável ou a outra solução que põe fim ao litígio, quando o requerente individual que introduziu a queixa não deseja mantê-la ou, se por qualquer outro motivo, não se justifica prosseguir o exame do caso, o Tribunal arquiva o processo.

O acórdão a ordenar o arquivamento deve ser comunicado ao *Comité de Ministros*, quando seja caso de velar pela execução do cumprimento de compromissos assumidos.

Ver o Acórdão Oliveira Neves, de 23 de maio de 1989, A 153-B, que deliberou arquivar uma queixa contra Portugal na sequência de um acordo amigável.

3.3. Se a Parte requerida aceita que há violação, deve o Tribunal, no seu Acórdão, limitar-se a constatar esta atitude ou examinar o fundo da questão?

No seu Acórdão Caballero, de 8 de fevereiro de 2000, R00-II, o Tribunal, por maioria, aceitou a confissão da Parte requerida de que tinha violado a *Convenção* e atribuiu uma quantia ao requerente como reparação razoável.

Ver, sobre a matéria, o Acórdão Irlanda/Reino Unido, de 18 de janeiro de 1978, A 25, pág. 62, § 155.

4. No anterior sistema, os acórdãos eram lidos em audiência pública, pelo Presidente ou por um outro juiz, numa das línguas oficiais; os acórdãos de arquivamento ou relativos à reparação razoável podiam apenas ser comunicados.

De acordo com o nº 3 do artigo 44º (ver anotação), a sentença definitiva é publicada, não se exigindo, como regra, a sua leitura pública, sendo equivalente à sua leitura o depósito junto do *Greffe* – nº 2 do artigo 77º do Regulamento do Tribunal.

Os acórdãos são comunicados às partes, aos terceiros que intervieram no processo, assim como a todas as pessoas diretamente interessadas, ao *Comité de Ministros*, ao Secretário-Geral do Conselho da Europa e aos Estados Contratantes – nº 3 do artigo 77º do Regulamento do Tribunal.

Artigo 46º – Força vinculativa e execução das sentenças

1 – As Altas Partes Contratantes obrigam-se a respeitar as sentenças definitivas do Tribunal nos litígios em que forem Partes.

2 – A sentença definitiva do Tribunal será transmitida ao Comité de Ministros, o qual velará pela sua execução.

3 – Sempre que o Comité de Ministros considerar que a supervisão da execução de uma sentença definitiva está a ser entravada por uma dificuldade de interpretação dessa sentença, poderá dar conhecimento ao Tribunal a fim de que o mesmo se pronuncie sobre essa questão de interpretação. A decisão de submeter a questão à apreciação do Tribunal será tomada por maioria de dois terços dos seus membros titulares.

4 – Sempre que o Comité de Ministros considerar que uma Alta Parte Contratante se recusa a respeitar uma sentença definitiva num litígio em que esta seja Parte, poderá, após notificação dessa Parte e por decisão tomada por maioria de dois terços dos seus membros titulares, submeter à apreciação do Tribunal a questão sobre o cumprimento, por essa Parte, da sua obrigação em conformidade com o nº 1.

5 – Se o Tribunal constatar que houve violação do nº 1, devolverá o assunto ao Comité de Ministros para fins de apreciação das medidas a tomar. Se o Tribunal constatar que não houve violação do nº 1, devolverá o assunto ao Comité de Ministros, o qual decidirá pela conclusão da sua apreciação.

1. Os Estados Partes obrigam-se a executar os acórdãos do Tribunal que são suscetíveis de execução; os acórdãos do Tribunal adquirem a autoridade de caso julgado entre as partes.

Os acórdãos são essencialmente declaratórios – Acórdão Verein Gegen Tierfabriken Schweiz (VGT), de 30 de junho de 2009, § 61; mas, uma vez constatado que um Estado violou a *Convenção*, este fica obrigado a tomar todas as medidas para pôr fim à violação ou para reparar as suas consequências.

Esta obrigação implica que os Estados ponham fim à violação e eliminem todas as consequências dela decorrentes de modo a restabelecer, tanto quanto possível, a situação anterior à violação – Acórdãos Brumărescu (artigo 41º), de 23 de janeiro de 2001, R01-I, págs. 150-151, §§ 19 e 20, e Salah, 6 de julho de 2006, § 71.

Se violou a *Convenção*, o Estado fica obrigado a tomar todas as medidas para pôr fim à violação ou para reparar as suas consequências[584].

[584] Sobre a matéria, ver, entre outros, Elisabeth Lambert, « *Les effets des arrêts de la Cour européenne des Droits de l'Homme. Contribution à une approche pluraliste du droit européen des droits de l'homme*», Bruylant, Bruxelles, 1999, e Johan Callewaert, «L'article 53», in «*La Convention européenne des Droits de l'Homme*», sous la direction de Louis-Edmond Pettiti, Emmanuel Decaux e Pierre-Henri Imbert, Economica, Paris, 1995, pág. 848; ver ainda o Acórdão Maestri, de 17 de fevereiro de 2004, R04-I, pág. 163, § 47.

Como sublinhou o Tribunal, ao Estado compete, sob o controlo do *Comité de Ministros*, escolher os meios disponíveis internamente para cumprir essa obrigação – Acórdãos Marckx, de 13 de junho de 1979, A 31, pág. 25, § 58, B/Reino Unido, de 9 de junho de 1988, A 136-D, pág. 35, § 17, Broniowski, de 22 de junho de 2004, R04-V, pág. 165, § 192, Sejdovic, de 1 de março de 2006. R06-II, pág. 234, § 119, Johansson, de 6 de setembro de 2007, § 45, Wasserman (nº 2), de 10 de abril de 2008, § 32, Varnava e outros, de 18 de setembro de 2009, § 222, Kurić (reparação razoável), de 12 de março de 2014, § 80, Acórdão Chipre/Turquia (reparação razoável), de 12 de maio de 2014, § 62, e Ališić e outros, de 16 de julho de 2014, § 142.

2. O efeito do acórdão no direito interno de uma Alta Parte Contratante (APC) necessita da mediação desta através de um ato que lhe dê satisfação.

Na execução de um acórdão podem ser múltiplas as obrigações decorrentes para a APC requerida.

Em primeiro lugar, **pôr fim à violação** se aquando do julgamento do Tribunal o ilícito se mantinha; tudo isto decorre diretamente da obrigação inscrita no nº 1 deste 46º da *Convenção,*

Em seguida, **apagar as consequências da violação.**

As modalidades e a natureza das medidas variam de APC para APC parte e podem ir para além da situação concreta.

Se o Tribunal concluir que há violação da *Convenção* ou dos seus Protocolos, examina, em seguida, se o Direito Interno oferece meios de obviar às consequências de tal violação ou, se assim não ocorrer, se há ou não que arbitrar uma reparação à parte lesada.

Em princípio, verificada uma violação, o ideal como reparação é **a** *restitutio in integrum*, com o apagamento de todas as consequências decorrentes da violação e o repor da situação tal como ela se encontraria não fora a dita violação.

A *restitutio in integrum* será excluída no caso de impossibilidade material, em razão da natureza da violação, como uma privação de liberdade que entretanto cessou ou no caso de impossibilidade jurídica.

Aliás, quando o Tribunal reconhece que a reparação da violação não pode ser perfeita e em consequência acorda uma indemnização ao queixoso, isto não significa que a APC executará plenamente o acórdão com o pagamento daquela indemnização, pois, como se disse, importa apagar, na medida do possível, todas as consequências decorrentes da violação verificada[585].

[585] Mesmo nos casos de atraso, onde uma violação do nº 1 do artigo 6º da *Convenção* foi encontrada, o Estado português, para além de pagar prontamente a quantia arbitrada, tem, algumas vezes, indicado medidas que foram tomadas para tentar evitar a repetição de novas violações deste género. Cfr. os casos Martins Moreira, Acórdão de 26 de outubro de 1988, Série A nº 143, (Resolução do Comité de Ministros DH (89) 22, de 19 de setembro de 1989), e Moreira Azevedo, de 23 de outubro de 1990, Série A nº 189 (Resolução do Comité de Ministros DH (92) 10, de 20 de fevereiro de 1992).

Em terceiro lugar, **prevenir violações semelhantes no futuro**: esta obrigação retira o seu fundamento tanto da letra (arts. 46º e 1º) como do espírito da *Convenção*; ao ratificarem a *Convenção*, as APCs comprometem-se a fazer o necessário para que o seu direito interno seja compatível com aquela.

Esta obrigação será assim o corolário da execução de boa-fé, a que alude o artigo 26º da Convenção de Viena sobre o direito dos Tratados, que impõe a eliminação no direito interno de toda a disposição ou de toda a prática suscetíveis de provocar uma nova violação da *Convenção*.

Quando a violação detetada assume um caráter estrutural, medidas de caráter geral são necessárias para a boa execução do Acórdão, devendo o Estado tomar medidas relativamente às pessoas que se encontram na mesma situação do queixoso, nomeadamente resolvendo os problemas que levaram o Tribunal a constatar a violação – Acórdãos Sejdovic, de 10 de novembro de 2004, § 46, Scordino nº 1, de 29 de março de 2006, R06-V, pág. 68, § 240, Salah, 6 de julho de 2006, § 77 e 78, Burdov nº 2, de 15 de janeiro de 2009, § 125, e Yuriy Nikolayevich Ivanov, de 15 de outubro de 2009, § 78.

Convirá, aliás, a todas as autoridades, mesmo àquelas que não pertencem à APC em causa, e entre elas os tribunais, acolher a doutrina que deles deriva para evitar futuras condenações por violação da *Convenção*[586].

Em resumo, no processo em que foi condenado, o Estado parte deve conformar-se com a decisão, executá-la de boa-fé e voluntariamente.

Esta obrigação decorre dos princípios subjacentes ao direito internacional aos quais os Estados subscritores dos textos internacionais se devem submeter.

Em primeiro lugar, **o princípio da coerência**: quando um país reconhece a competência do Tribunal, ele deve harmonizar a sua ordem jurídica com os direitos protegidos na *Convenção*, compatibilizando os mecanismos jurisdicionais internos de proteção com os mecanismos internacionais[587].

Depois, **os princípios de coordenação e cooperação**, aceites de maneira implícita e unilateral pelas APCs, obrigam estas últimas a integrarem-se no sistema internacional e a cooperar com ele tendo em vista a obrigação de executar *in foro domestico* a decisão do Tribunal e, assim, a tomar todas as medidas necessárias para alcançar este resultado.

[586] G. Ress, «The effects of Judgments and Decisions in Domestic Law», in *The European System for the protection of Human Rights*, edited by R. St. J. Macdolnald, F. Matscher and H. Petzold, Martinus Nijhoff Publishers, Dordrecht, 1993, págs. 801 e segs., *maxime* págs. 812 e segs.

[587] Luís Ignácio Sanchez Rodriguez, «Los sistemas de protección americana y europea de Derechos Humanos: el problema de la ejecución de las sentencias de las respecivas Cortes de justicia», San José, 1994, pág. 501.

Em terceiro lugar, **o princípio da «constitucionalidade democrática»,** seja, ao reconhecer à *Convenção* um nível constitucional (interpretativo ou de aplicação direta) seja um nível supra-legal[588].

Com efeito, a uma APC que, tendo voluntariamente aceite um sistema jurisdicional externo para a proteção dos direitos fundamentais, recusasse a eficácia deste sob o pretexto de conflitos constitucionais insuperáveis, faltaria coerência.

Por isso, os juízes nacionais devem procurar uma interpretação da Constituição que torne possível uma espécie de integração no sistema nacional da *Convenção* tendo em vista a execução das decisões do Tribunal.

Assim, ao interpretar a lei ordinária, o juiz nacional deve fazê-lo de maneira a que ela não contrarie a *Convenção*; e, quando tal interpretação não for possível, ele deve então apontar a violação da *Convenção* pela disposição legislativa e não a aplicar ao litígio[589].

3. Quando a violação encontra as suas causas numa disposição normativa, coloca-se a questão de saber se a reparação da violação se contenta com medidas individuais para o caso concreto ou se exige medidas de caráter geral.

Uma distinção deve ser feita entre as queixas estaduais e as individuais: nas queixas estaduais (artigo 34º), uma APC tem competência para atacar uma legislação que, em abstrato, viola a *Convenção* e o Tribunal tem, como consequência, competência para o mesmo fim; o acatamento de uma decisão de tal natureza exigirá medidas de caráter geral – Acórdão Irlanda/Reino Unido, de 18 de janeiro de 1978, A 25, págs. 92-93, §§ 241 e 243.

Nas queixas individuais, o Tribunal não pode decidir em abstrato, mas pronunciar-se sobre o caso concreto; se o Tribunal constata que uma norma viola os direitos do requerente, a APC cumprirá, em princípio, a decisão quando repara as consequências da violação e impede que a norma em questão se aplique ao requerente, para o que utilizará os meios que entender adequados.

Mas, por vezes, a violação radica-se na norma em si, pelo que só a modificação desta pode respeitar a decisão do Tribunal – Acórdão Young, James e Webster, de 13 de agosto de 1981, A 44, págs. 10-11 e 20, §§ 20-24 e 49; noutras, a APC assume perante o Tribunal o compromisso de modificar a norma – Acórdão Luedicke, Belkacem e Koç, de 22 de novembro de 1978, A 29.

[588] Sobre a posição da *Convenção* na hierarquia das fontes de direito nos diversos países membros, ver José Manuel Cardoso da Costa, «Constitutional Supremacy of Human Rights Treaties», in «The statues of international treaties on human rights», Conselho da Europa, setembro de 2006, pág. 77.

[589] Como não recordar aqui o Acórdão do Tribunal coletivo de Cascais, de 3 de maio de 1982, Coletânea de Jurisprudência, ano VIII, 1983, págs. 349 e segs., que, não obstante o expresso no Código das Custas, não condenou o arguido que não dominava a língua portuguesa no pagamento das custas com o intérprete. Ver Michel Fromont, «Le juge français et la Cour européenne des droits de l'homme», Mélanges Georg Ress, 2005, págs. 965 e segs.

4. Quando a violação emana de ato administrativo ou jurisdicional que não adquiriu força de «caso resolvido» ou de «caso julgado», a execução do acórdão do Tribunal passará pela reforma ou anulação do ato em conformidade com a decisão do Tribunal, o que se mostra facilitado pelo facto de a *Convenção* ser direito interno com valor supra legal.

Porém, quando o ato em questão já adquiriu força de caso resolvido ou julgado, o acórdão do Tribunal, nos países que não o consideram um «facto novo» para efeito de revisão das decisões, mostra-se inexequível.

Esta questão foi resolvida em Portugal com as alterações introduzidas em 2007 nos Códigos de Processo Civil e de Processo Penal.

O Decreto-Lei nº 303/2007, de 24 de agosto, alterou o artigo 771º, alínea *f)*, do então Código de Processo Civil – hoje, artigo 696º, alínea f) –, permitindo a revisão de decisão já transitada em julgado quando viole a *Convenção*, ou seja, quando essa decisão seja inconciliável com uma decisão definitiva do Tribunal.

Por seu turno, a Lei nº 43/2007, de 29 de agosto, alterou o nº 1 do artigo 449º, nº 1, do Código de Processo Penal, passando a admitir a revisão de sentença condenatória transitada em julgado quando uma sentença do Tribunal for inconciliável com a condenação ou suscitar dúvidas sobre a sua justiça.

Estas disposições vieram suprir uma lacuna existente na nossa ordem jurídica e representam, sem dúvida, passos significativos para harmonizá-la com a jurisprudência de Estrasburgo.

No processo de revisão será precisar observar, como é óbvio, as recomendações do Tribunal.

Assim, no Acórdão Panasenko contra Portugal, de 22 de julho de 2008, onde o Tribunal precisou que a violação identificada residia num defeito na assistência judiciária prestada ao arguido que impediu o Supremo Tribunal de Justiça de conhecer do seu recurso e que, portanto, o exame desse recurso pelo STJ poderia constituir uma reparação adequada para a violação constatada.

Mas, em regra, o Tribunal nada diz sobre a matéria, como por exemplo, no Acórdão Bogumil, de 7 outubro de 2008: o Tribunal, apesar de ter constatado uma violação do artigo 6º, nºs 1 e 3, alínea *c)*, da *Convenção*, também aqui por deficiências na assistência judiciária prestada, omitiu qualquer referência à necessidade de uma reapreciação do caso.

Nem sempre é fácil abarcar as razões para esta atitude.

Mas dela parece lícito retirar a conclusão de que o Tribunal entende que a execução integral do Acórdão não passa forçosamente pela reabertura do processo interno, deixando ao Estado em causa a escolha dos meios adequados para esse efeito[590].

[590] Talvez fosse preferível um texto como o do artigo 626º – 1 do Código de Processo Penal francês que diz que o reexame do processo só deve acontecer, nestas circunstâncias, quando, pela sua natureza e gravidade, a violação constatada acarreta para o condenado consequências danosas às quais a «satisfação razoável» acordada com base no artigo 41º da *Convenção* não consegue reparar.

Nestas hipóteses, a reabertura do processo ficará de certo modo à discrição das autoridades internas, sob o controlo do *Comité de Ministros*, órgão encarregado de velar pela execução do Acórdão nos termos do artigo 46º, nº 2 da *Convenção*[591].

Note-se que neste processo podem suscitar-se questões que justifiquem uma nova queixa – Acórdão Bochan, de 5 de fevereiro de 2015, §§ 33 e 34.

5. O *Comité de Ministros* é o único órgão encarregado da supervisão da execução dos acórdãos incluindo os relativos aos acordos amigáveis realizados perante o Tribunal – Decisão do Tribunal de 8 de julho de 2003, Queixa nº 15 227/03, R03-X, pág. 423, e Decisões de 29 de março de 1993, Queixa nº 19 438/92, *Déc. Rap.* 74, pág. 220, de 2 de dezembro de 1994, Queixa nº 24 469/94, *Déc. Rap.* 79-A, pág. 141, e de 16 de maio de 1995, Queixas nºs 19 255/92 e 21 655/93, *Déc. Rap.* 81-A, pág. 5.

5.1. Todos os acórdãos do Tribunal são transmitidos pelo seu Presidente ao *Comité de Ministros* e, do mesmo modo, devem ser transmitidas ao *Comité de Ministros* as decisões sobre medidas provisórias mesmo que estas não tenham caráter obrigatório.

O *Comité de Ministros* adotou novas regras para o exercício das funções que lhe incumbem nos termos do nº 2 do artigo 46º da *Convenção*, na 964ª reunião de Delegados dos Ministros, a 10 de maio de 2006, transcritas na Parte II.

Logo que recebido, o acórdão é inscrito na ordem do dia do *Comité* – regra nº 3.

Se o acórdão declara que há violação, o *Comité de Ministros* convida o Estado requerido a informá-lo das medidas tomadas na sequência do acórdão – regra nº 6.

Para a reabertura do processo, recorde-se a Recomendação do Comité de Ministros R (2000)2, de 19 de janeiro de 2002, que, na sua exposição de motivos, indica algumas das situações em que essa reabertura se justifica:

a) pessoas condenadas a longas penas de prisão e que continuam presas quando o seu caso é examinado pelo Tribunal;
b) pessoas injustamente privadas dos seus direitos civis e políticos;
c) pessoas expulsas com violação do seu direito ao respeito da sua vida familiar;
d) crianças interditas injustamente de todo o contacto com os pais;
e) condenações penais que violam os artigos 10º ou 9º, porque as declarações que as autoridades nacionais qualificam de criminais constituem o exercício legítimo da liberdade de expressão da parte lesada ou exercício legítimo da sua liberdade religiosa;
f) nos casos em que a parte lesada não teve tempo ou as facilidades para preparar a sua defesa nos processos penais;
g) nos casos em que a condenação se baseia em declarações extorquidas sob tortura ou sobre meios que a parte lesada nunca teve a possibilidade de verificar;
h) nos processos civis, nos casos em que as partes não foram tratadas com o respeito do princípio da igualdade de armas.

[591] Note-se, aliás, que haverá, desde logo, violações que são estranhas ao fundo das decisões e relevam de aspetos formais que as deixam intocáveis; por exemplo, a violação do prazo razoável da duração de um processo, mas não só.

O *Comité de Ministros* toma em consideração toda a comunicação recebida de um indivíduo que não tenha recebido a quantia fixada ou qualquer outra informação que ele preste sobre a execução do acórdão – regra nº 9.

Até que o Estado interessado forneça a informação relativa ao pagamento da reparação razoável atribuída pelo Tribunal ou a eventuais medidas individuais, o caso é inscrito em cada reunião «Direitos Humanos» do *Comité de Ministros*, salvo decisão em contrário do *Comité* – nº 1 da regra nº 7.

Se o Estado interessado declara ao *Comité de Ministros* que não está ainda em situação de informar quais as medidas de caráter geral necessárias para assegurar o respeito do Acórdão que foram tomadas, o caso é de novo inscrito na ordem do dia de uma reunião do *Comité de Ministros*, o mais tardar num prazo de seis meses, a menos que o *Comité de Ministros* decida de outro modo; a mesma regra se aplica findo este prazo e para cada novo prazo – nº 2 da regra nº 7.

De um modo geral, os Estados dão conta ao *Comité de Ministros* das modificações introduzidas na ordem jurídica, tornadas necessárias para cumprir a decisão e para evitar futuras condenações.

Se o Estado em causa cumpre atempadamente todas as obrigações decorrentes do Acórdão e presta a devida informação, o *Comité de Ministros* adota uma Resolução constatando este facto – artigo 17º das Regras.

5.2. Mas nem sempre os Acórdãos são executados com a celeridade devida.

A lentidão na execução do Acórdão pode derivar de diversos fatores, alguns inerentes à complexidade da situação, outros fundados numa falta de vontade ou mesmo de recusa por parte dos Estados condenados.

Na primeira hipótese, o que acontece com frequência quando há necessidade de alterar as leis, o *Comité de Ministros*, consciente da morosidade desse processo, adota resoluções provisórias, ditas encorajantes, recomendando, por vezes, a adoção de medidas temporárias que, na prática, possam evitar novas violações que decorram da aplicação de uma norma julgada incompatível com a *Convenção*[592].

Ou, então, encarrega a Divisão Geral II (Direitos Humanos), que é o Serviço do Conselho da Europa que presta, nesta área, o apoio necessário ao *Comité de Ministros*, de fornecer toda a ajuda técnica aos Estados para que eles venham a executar o Acórdão.

A segunda hipótese, de falta de vontade ou de recusa, é muita rara; e normalmente os Estados não declaram que não querem cumprir as suas obrigações, mas antes que têm dificuldades, de natureza económica ou outra, para se desobrigarem relativamente à execução do Acórdão.

[592] Élisabeth Lambert Abdelgawad, «*L'exécution des arrêts de la Cour Européenne des Droits de l'Homme*», in «*Revue Trimestrielle des Droits de l'Homme*», 18me Année, nº 71, 1er juillet 2007, pág. 680.

Nos casos onde se venha a denotar que o Estado em causa não executa as suas obrigações, invocando diversos motivos, mas que no fundo escondem uma falta de vontade ou uma recusa velada, o *Comité de Ministros* tenta, através de resoluções provisórias, exercer toda a pressão política possível sobre esse Estado, chamando-lhe a atenção para as suas responsabilidades e eventuais consequências da sua atitude, deixando uma alusão mais ou menos forte a medidas radicais, e apelando por vezes aos outros parceiros, os Estados Parte e a Assembleia Parlamentar.

Sublinhe-se que, nos últimos anos, a Assembleia Parlamentar tem tido um maior protagonismo, encarregando um seu Comité (dos Assuntos Jurídicos e Direitos Humanos) de seguir a execução dos Acórdãos do Tribunal que suscitem mais dificuldades, chegando a pedir a intervenção dos seus pares juntos dos seus Governos e Parlamentos, ou ameaçando pôr em causa a acreditação das delegações dos Estados que não executem os julgamentos do Tribunal[593].

No plano dos princípios, o Estatuto do Conselho da Europa (o artigo 3º) obriga os Estados membros a reconhecer a preeminência do direito e o gozo por toda a pessoa dos direitos e liberdades fundamentais, bem como a colaborar sincera e ativamente na salvaguarda dos direitos do homem e das liberdades fundamentais – ver a anotação ao artigo 54º

Ora, a recusa sistemática da execução de um Acórdão do Tribunal constituirá uma violação grave do disposto naquele artigo 3º, pelo que um Estado pode ver suspenso o seu direito de representação e ser convidado, pelo *Comité de Ministros*, a sair.

E, se não aceitar o convite, o *Comité de Ministros* pode decidir que o Estado em causa deixe de pertencer ao Conselho da Europa a contar de uma data que ele próprio fixará – artigo 8º do Estatuto.

Mas este remédio extremo, esta verdadeira espada de Dâmocles parece, se não impossível, pelo menos de muito delicada aplicação e, por enquanto, o diálogo construtivo tem possibilitado romper algumas resistências e a adoção de medidas satisfatórias relativas à execução dos acórdãos[594].

5.3. O Protocolo 14 adicional à *Convenção* tentou minimizar esta situação de desconforto em que se encontra o *Comité de Ministros* face a uma reiterada recusa de um Estado em executar um Acórdão, introduzindo a possibilidade de o *Comité de Ministros* se dirigir ao Tribunal quando sente que uma Parte se recusa a respeitar um Acórdão

[593] Ed Bates, «*Supervising the Execution of judgments delivered by the European Court of Human Rights: The challenges facing the Committee or Ministers*», in «*European Court of Human Rights – Remedies and Execution of Judgments*», BIICL, 2005, págs. 59 e segs.; ver ainda Élisabeth Lambert Abdelgawad, *loc. cit.*, pág. 695.

[594] Laurent Sermet, «*L'Exécution des Arrêts de la Cour européenne des Droits de l'homme*», in «*Annuaire de Droit Européen*», 2003, vol. I, Bruxelles, 2005, pág. 334.

deste – nºs 3, 4 e 5 do artigo 46º da *Convenção*, na redação dada por aquele Protocolo e as Regras 10 e 11.

O nº 3 deste artigo 46º habilita o *Comité de Ministros* a solicitar ao Tribunal a interpretação de um Acórdão a fim de facilitar a sua tarefa no controlo da execução dos Acórdãos, eliminando toda a controvérsia sobre o modo como o acórdão do Tribunal deve ser cumprido.

E os nºs 4 e 5 deste artigo preveem a possibilidade de o *Comité de Ministros* submeter à apreciação do Tribunal a questão de saber se a Parte Contratante contra a qual o Tribunal verificou uma violação está ou não a cumprir as obrigações que lhe incumbem na execução do Acórdão.

Este processo terá sempre um caráter excecional, a utilizar quando o *Comité de Ministros* sente que há uma certa resistência na submissão às obrigações que decorrem da verificação da violação da *Convenção.*

Enfim, será mais uma forma de pressão nos casos em que a Parte Contratante tentar protelar a execução do Acórdão do Tribunal – ver Relatório explicativo do Protocolo nº 14.

5.4. A questão que se pode colocar é a de saber se não se devia ir mais além seguindo o exemplo da União Europeia.

No sistema comunitário, no caso de reticências na execução de Acórdão do Tribunal de Justiça da União Europeia, o Estado condenado pode receber um aviso escrito da Comissão ordenando que proceda à execução; e se não cumprir, o Estado expõe-se a multas após um acórdão do Tribunal que constate precisamente essa falta.

Será que, ao introduzir no Protocolo 14 a possibilidade de o Tribunal constatar, a pedido do *Comité de Ministros*, que um Estado não executa o seu Acórdão, possibilidade inspirada claramente naquele sistema comunitário, não se deveria ir até ao fim e prever adequadas sanções para essas faltas, como o havia proposto a Assembleia Parlamentar?

6. As decisões que atribuam uma reparação pecuniária ao requerente serão naturalmente cumpridas sem dificuldades de maior, não se encontrando até hoje um Estado que não tivesse cumprido a decisão do Tribunal.

Por isso, a questão da não execução de uma decisão desta natureza tem sido colocada a nível teórico.

Nessa eventual hipótese, para além dos poderes que o artigo 46º, nº 2, confere ao *Comité de Ministros*, como poderá reagir o titular da reparação acordada, pois, ao contrário, por exemplo, das decisões do Tribunal de Justiça da União Europeia e do Tribunal Interamericano dos Direitos do Homem (artigo 68º da Conv. Interam.), os acórdãos do Tribunal não possuem força executiva interna?

Pinheiro Farinha aponta como possíveis a revisão e a confirmação de sentença estrangeira, a executoriedade sem revisão ou confirmação, a ação declarativa contra o

Estado e o requerimento ao Ministro das Finanças, fundamentado na decisão do Tribunal, com recurso, no caso de indeferimento, para o Supremo Tribunal Administrativo, sem se comprometer com nenhuma destas soluções, embora se incline para esta última[595].

Pelo nosso lado, afigura-se que, não detendo o acórdão força executiva interna, dificilmente se poderá afirmar que o Ministro das Finanças lhe deve obediência; a decisão não deixa de ser de um órgão estranho à organização judiciária portuguesa e, em princípio, só as decisões dos tribunais portugueses são obrigatórias para todas as entidades – nº 2 do artigo 205º da Constituição.

A decisão do Tribunal está, apesar de tudo, mais próxima de uma decisão de um tribunal estranho à ordem jurídica portuguesa, a necessitar de revisão antes de ser exequível em Portugal.

Se se considerar que o Tribunal não é um «tribunal estrangeiro», e que, por conseguinte, não se poderá aplicar, às suas decisões, o processo de revisão de sentenças estrangeiras previsto nos artigos 1094º e segs. do Código de Processo Civil, restará a ação declarativa de condenação a intentar contra o Estado português, seguida, se necessário, de execução.

Artigo 47º – Pareceres

1 – A pedido do Comité de Ministros, o Tribunal pode emitir pareceres sobre questões jurídicas relativas à interpretação da Convenção e dos seus protocolos.

2 – Tais pareceres não podem incidir sobre questões relativas ao conteúdo ou à extensão dos direitos e liberdades definidos no título I da Convenção e nos protocolos, nem sobre outras questões que, em virtude de recurso previsto pela Convenção, possam ser submetidas ao Tribunal ou ao Comité de Ministros.

3 – A decisão do Comité de Ministros de solicitar um parecer ao Tribunal será tomada por voto maioritário dos seus membros titulares.

1. Os artigos 47º, 48º e 49º são praticamente idênticos aos artigos 1º, 2º e 3º, nºs 2 a 4, do antigo Protocolo nº 2 – § 107 do Relatório explicativo do Protocolo nº 11.

E, uma vez que o referido Protocolo sempre necessitaria de algumas correções derivadas nomeadamente da extinção da Comissão, foi decidido incorporá-lo na *Convenção.*

[595] «As decisões do Tribunal Europeu dos Direitos do Homem na ordem interna e o contributo da jurisprudência nacional na interpretação da Convenção Europeia dos Direitos do Homem», in *BDDC*, nº 9, 1982, págs. 111 e segs.

A extrema limitação sobre a competência material para o Tribunal emitir pareceres – apenas sobre questões que não sejam relativas ao conteúdo ou extensão dos direitos e liberdades definidos no título I da *Convenção* e dos seus Protocolos ou que possam ser submetidas, no âmbito do direito de queixa, ao Tribunal ou ao *Comité de Ministros* – acarretou que até hoje só por três vezes tenha solicitado ao Tribunal um pedido de emissão de parecer, apesar de aquele protocolo ter estado em vigor desde 21 de setembro de 1970.

E mesmo o primeiro pedido foi recusado pois não se encontrava dentro da competência dada ao Tribunal por este artigo – ver a Decisão do Tribunal de 2 de junho de 2004, R04-VI, pág. 297.

Os dois outros Pareceres, o de 12 de junho de 2008, e o de 27 de janeiro de 2010, diziam respeito a questões ligadas à eleição dos juízes para o Tribunal: sobre a composição das listas, o primeiro, sobre os poderes dos Governos e da Assembleia Parlamentar relativamente às listas, nomeadamente sobre as possibilidades dos Governos alterarem as listas que já tinham apresentado.

2. Sublinhe-se que, na sequência do Protocolo nº 10 (este Protocolo, aliás, não chegou a entrar em vigor), que reduzia a maioria de dois terços à maioria simples para as decisões do *Comité de Ministros,* a maioria necessária para a decisão sobre o pedido passou a ser a maioria simples.

Para o processo relativo à emissão de Pareceres, ver os artigos 82º e segs. do Regulamento do Tribunal.

3. Critica-se, por vezes, a competência limitada do Tribunal nesta área e preconiza-se que ele devia emitir Pareceres sobre as matérias da *Convenção* a pedido dos tribunais internos.

E se esses Pareceres fossem vinculativos, poder-se-ia evitar um certo número de queixas pois as decisões internas seriam elas próprias conformes à *Convenção* tal como ela é interpretada pelo Tribunal.

4. O Protocolo 16, que ainda não entrou em vigor, ao permitir que as mais altas instâncias judiciárias peçam ao Tribunal um parecer sobre as questões de princípio relativas à interpretação ou aplicação dos direitos e liberdades definidos na Convenção e seus Protocolos vem responder àquelas críticas e pode também considerar-se inserido nas medidas destinadas a mitigar o excesso de trabalho do Tribunal.

É de presumir que as queixas sobre aquelas questões possam ser resolvidas a nível interno, uma vez que as instâncias nacionais deverão seguir a solução avançada no Parecer.

Enfim, o Tribunal pode tornar-se uma espécie de Tribunal constitucional europeu, uniformizando a jurisprudência europeia nestas matérias[596].

[596] Para o Tribunal como uma espécie de tribunal constitucional europeu, ver R. ST. J. Macdonald, «Supervision of the Execution of the Judgments of the European Court of Human Rights», nas

Contudo, este efeito ganharia maior vigor se os Pareceres fossem obrigatórios ao menos para as entidades que os pediram, à semelhança do que acontece com os pareceres do Tribunal de Justiça das Comunidades[597].

Ver a anotação a este Protocolo.

Artigo 48º – Competência consultiva do Tribunal

O Tribunal decidirá se o pedido de Parecer apresentado pelo Comité de Ministros cabe na sua competência consultiva, tal como a define o artigo 47º

Se o Tribunal constata que o pedido de Parecer não releva da sua competência, tal qual está definida pelo artigo 47º, ele declara-o numa decisão fundamentada, e esta decisão é soberana – ver a Decisão sobre a competência do Tribunal para emitir um parecer, de 2 de junho de 2004, R04-VI, pág. 297.

Pode ser que, para chegar a esta conclusão, o Tribunal necessite de observações escritas e mesmo de uma audiência oral.

Artigo 49º – Fundamentação dos pareceres

1 – O Parecer do Tribunal será fundamentado.

2 – Se o Parecer não expressar, no seu todo ou em parte, a opinião unânime dos juízes, qualquer juiz tem o direito de o fazer acompanhar de uma exposição com a sua opinião divergente.

3 – O Parecer do Tribunal será comunicado ao Comité de Ministros.

Como qualquer decisão de um órgão judicial, o Parecer deve ser fundamentado – cfr. o nº 1 do artigo 45º e a anotação respetiva.

O Parecer é emitido pelo Tribunal pleno – alínea *b)* do artigo 31º – composto por dezassete juízes – nº 1 do artigo 27º

O Parecer é adotado, pelo menos, pela maioria dos juízes que compõem o Tribunal, podendo ser junta uma opinião separada, concordante ou dissidente.

Mélanges en l'honneur de Nicolas Valticos – Droit et justice, Pedone, Paris, 1999, p. 417, Evert Albert Alkema, «The European Convention as a Constitution and its Court as a Constitutional Court», in Mélanges à la mémoire de Rolv Ryssdal, Carl Heymanns Verlag KGpp, Köln, 2000, p. 41, e Henry Schermers, «A European Supreme Court», in Mélanges à la Mémoire de Rolv Ryssdal, p. 1271.
A possibilidade de Pareceres consultivos está prevista para o Tribunal Interamericano dos Direitos Humanos, no artigo 64º da Convenção Interamericana dos Direitos Humanos.

[597] As razões indicadas no Relatório explicativo do Protocolo 16– os Pareceres inserem-se no diálogo judiciário entre o Tribunal e a jurisdições internas – esquece que quem deve interpretar a *Convenção* é o Tribunal – artigo 32º da *Convenção*.

Dada a sua importância, o Parecer pode ser lido em audiência pública para a qual são prevenidos o *Comité de Ministros* e as Partes Contratantes – artigo 89º do Regulamento do Tribunal.

Por estas mesmas razões, embora o nº 3 deste artigo se refira apenas à comunicação do parecer ao *Comité de Ministros*, este deve também ser enviado a todas as Altas Partes Contratantes e ao Secretário-Geral do Conselho da Europa, de acordo com o disposto no artigo 90º do Regulamento do Tribunal.

Artigo 50º – Despesas de funcionamento do Tribunal

As despesas com o funcionamento do Tribunal serão suportadas pelo Conselho da Europa.

As despesas com o funcionamento do Tribunal compreendem, para além dos postos relativos ao pessoal e ao material, a remuneração fixada aos juízes.

No § 109 do Relatório explicativo do Protocolo nº 11, referem-se, para além da remuneração devida aos juízes, as cotizações para a segurança social como englobadas nas despesas com o funcionamento do Tribunal.

O *Comité de Ministros* não seguiu inicialmente esta via pois, pela sua Resolução nº (97) 9, de 10 de setembro de 1997, atribuiu aos juízes uma soma global, deixando-lhes a seu cargo todas as despesas relacionadas com a segurança social e com as pensões de reforma.

Esta Resolução foi substituída pela (2004) 50, de 15 de dezembro de 2004, que manteve no essencial aquele regime.

Mas, com a Resolução (2009) 5, de 23 de setembro de 2009, o estatuto dos juízes foi profundamente alterado.

Assim, obrigatoriamente para os eleitos depois de 1 de janeiro de 2010 e voluntariamente para todos os outros que estivessem em funções nesta data, foi estabelecido um regime estatutário que contempla a cobertura médica e social e o direito a uma pensão.

Para além das despesas apontadas, ficam, em regra, a cargo do Tribunal as relativas ao processo, nomeadamente as decorrentes de inquéritos e de audição de testemunhas.

Porém, algumas despesas processuais ficam a cargo das partes. Assim, e por exemplo:

- as da testemunha, perito ou outra pessoa convocada a pedido de uma Altas das Partes Contratantes ficam a cargo desta, salvo se de outro modo o Tribunal decidir (nos outros casos o Tribunal decide se elas incumbirão ao Conselho da Europa ou se elas devem ficar a cargo do requerente ou de um terceiro) – nº 6 do artigo A5 do Anexo ao Regulamento do Tribunal;

- a tradução para inglês ou francês decorrente da utilização oral por uma Alta Parte Contratante de uma língua não oficial no processo pendente no Tribunal – alínea *b), ii,* do nº 4 do artigo 34º do Regulamento do Tribunal.

Artigo 51º – Privilégios e imunidades dos juízes

Os juízes gozam, enquanto no exercício das suas funções, dos privilégios e imunidades previstos no artigo 40º do Estatuto do Conselho da Europa e nos acordos concluídos em virtude desse artigo.

1. O artigo 40º do Estatuto do Conselho da Europa estabelece:

a) *O Conselho da Europa, os representantes dos Membros e o Secretariado gozam, nos territórios dos Membros, das imunidades e privilégios necessários ao exercício das suas funções. Em virtude destas imunidades, os Representantes da Assembleia Consultativa não podem nomeadamente ser presos ou perseguidos criminalmente nos territórios dos Membros por causa das opiniões ou dos votos emitidos no decurso dos debates da Assembleia, dos seus comités ou comissões.*

b) *Os Membros comprometem-se a concluir, logo que possível, um Acordo tendo em vista dar pleno efeito ao disposto na alínea* a) *anterior. Para este fim, o Comité de Ministros recomendará aos Governos a conclusão de um Acordo definindo os privilégios e imunidades reconhecidos nos seus territórios. Para além disso, um Acordo particular será concluído com o Governo da República francesa onde se definirão os privilégios e imunidades de que gozará o Conselho na sua sede.*

Na concretização deste dispositivo, foram celebrados um Acordo Geral sobre Privilégios e Imunidades do Conselho da Europa, de 2 de setembro de 1949, e diversos Protocolos adicionais a este Acordo.

2. Interessa, especificamente, o 6º Protocolo Adicional dedicado aos privilégios e imunidades dos juízes, seus cônjuges e filhos menores, aberto à assinatura em Estrasburgo, a 5 de março de 1996.

Os juízes (eleitos ou *ad hoc*, e, de um modo geral, o *greffier* e o *greffier*-adjunto) do Tribunal gozam dos privilégios, imunidades, isenções e facilidades concedidas, nos termos do direito internacional, aos enviados diplomáticos – artigo 1º

Os membros do Tribunal gozam de imunidade de jurisdição pelas palavras, escritos ou atos praticados no exercício das suas funções, mesmo depois de findo o seu mandato – artigo 3º

Estes privilégios e imunidades são concedidos para assegurar o exercício das respetivas funções com toda a independência e só o Tribunal é competente para levantar a imunidade – artigo 5º

Os documentos do Tribunal, dos juízes e do *Greffe*, relativos à atividade do Tribunal, são invioláveis; a correspondência oficial e outras comunicações oficiais do Tribunal, dos juízes e do *Greffe* não podem ser retidas ou censuradas – artigo 6º

3. Este 6º Protocolo Adicional entrou em vigor a 1 de novembro de 1998, com o Protocolo nº 11.

Portugal assinou este Acordo a 29 de abril de 1997 mas ainda não o ratificou; e, enquanto não entrar em vigor para Portugal, manter-se-á o 4º Protocolo adicional, que se ocupava de matéria idêntica, feito em Londres a 6 de maio de 1969, assinado por Portugal a 23 de fevereiro de 1979, aprovado para ratificação pelo Decreto nº 59/80, de 1 de agosto, tendo sido depositado o instrumento de ratificação a 24 de agosto de 1981.

TÍTULO III
Disposições Diversas

Artigo 52º – Inquéritos do Secretário-Geral

Qualquer Alta Parte Contratante deverá fornecer, a requerimento do Secretário-Geral do Conselho da Europa, os esclarecimentos pertinentes sobre a forma como o seu direito interno assegura a aplicação efetiva de quaisquer disposições desta Convenção.

O Secretário-Geral tem as suas funções definidas no Estatuto do Conselho da Europa e na *Convenção.*

O Secretário-Geral, através do seu Secretariado, e nomeadamente da Direção Geral dos Direitos do Homem e dos Assuntos Jurídicos, assiste o *Comité de Ministros* no desempenho das funções, nomeadamente as previstas no artigo 46º, nº 1, da *Convenção.*

O Secretário-Geral é o depositário da *Convenção,* recebendo as declarações dos Estados membros que se lhe refiram: cfr. artigos 15º, 56º, 58º e 59º

Para além de tudo isto, o Secretário-Geral tem o direito de solicitar informações sobre o modo como o direito interno dos Estados membros assegura a aplicação de qualquer das disposições da *Convenção,* correspondendo àquele direito a obrigação dos Estados de prestarem os esclarecimentos solicitados.

O poder do Secretário-Geral é discricionário, decidindo com toda a independência sobre a oportunidade para proceder a esse exercício, desde que atue com objetividade e imparcialidade.

O Secretário-Geral tem utilizado este seu direito por diversas vezes: a primeira, em 1964, questionando sobre o modo como o direito interno assegurava a proteção de todas as disposições da *Convenção*; as restantes, mais limitadas, incidindo sobre certos artigos da *Convenção* e dos seus protocolos: em 1970, sobre o nº 5 do artigo 5º; em 1975, sobre os artigos 8º, 9º, 10º e 11º; em 1983, sobre os artigos 3º, 4º, 5º, 8º, 9º, 13º e 2º do Protocolo nº 2; em 1988, sobre alguns aspetos do artigo 6º, nºs 1 e 3; em 1999, dirigida à Federação Russa sobre a situação na Chechénia e, em 2006, sobre a detenção e o transporte secreto de suspeitos de atos terroristas.

Artigo 53º – Salvaguarda dos Direitos do Homem reconhecidos por outra via

Nenhuma das disposições da presente Convenção será interpretada no sentido de limitar ou prejudicar os Direitos do Homem e as liberdades que tiverem sido reconhecidos de acordo com as leis de qualquer Alta Parte Contratante ou de qualquer outra Convenção em que aquela seja parte.

Esta disposição, que encontra paralelo na Carta Social Europeia (artigo 32º), nos Pactos das Nações Unidas sobre Direitos Civis e Políticos e sobre os Direitos Económicos, Sociais e Culturais (artigos 5º, § 2, de ambos) e na Carta dos Direitos Fundamentais da União Europeia (artigo 53º), compreende-se na lógica de uma *Convenção* que pretende proteger direitos e liberdades e não restringi-los.

Se o direito interno ou o direito internacional, aos quais o Estado está ligado, são mais generosos, prevalecerá o ali consagrado e não o disposto na *Convenção*; o aplicador do direito não poderá, pois, invocar a *Convenção* para deixar de aplicar uma norma que concede mais direitos ou liberdades do que os inscritos nesta.

Cfr. o Acórdão Costello-Roberts, de 25 de março de 1993, A 247-C, pág. 58, § 27, onde se invocou o direito da criança à educação consagrado no artigo 28º, nº 2, da Convenção das Nações Unidas de 1989 relativa aos direitos da criança.

Artigo 54º – Poderes do Comité de Ministros

Nenhuma das disposições da presente Convenção afeta os poderes conferidos ao Comité de Ministros pelo Estatuto do Conselho da Europa.

A *Convenção,* e nomeadamente o seu artigo 46º, nº 2, não prejudicam os poderes que o Estatuto do Conselho da Europa confere ao *Comité de Ministros,* tendo em vista o objetivo de assegurar a salvaguarda dos Direitos Humanos e das liberdades fundamentais.

O Estatuto obriga os Estados membros a reconhecer a preeminência do direito e o gozo por toda a pessoa dos direitos e liberdades fundamentais, bem como a colaborar sincera e ativamente na salvaguarda dos Direitos Humanos e das liberdades fundamentais – artigo 3º

Se um Estado viola gravemente o disposto naquele artigo 3º pode ver suspenso o seu direito de representação e ser convidado, pelo *Comité de Ministros*, a sair.

Se não aceitar o convite, o *Comité de Ministros* pode decidir que o Estado em causa deixe de pertencer ao Conselho a contar de uma data que ele próprio fixará – artigo 8º do Estatuto.

Esta situação de crise apresentou-se pela primeira vez no chamado caso *Grego*, consequente ao golpe militar de 1967 ocorrido na Grécia e à instauração, neste País, do «Regime dos Coronéis».

Assistiu-se, então, a uma dupla ação, da Assembleia Parlamentar e do *Comité de Ministros*, por um lado, e da Comissão, por outro, com base numa queixa interestadual.

Estes esforços terminaram com a retirada, ou melhor, com a «suspensão de facto» da Grécia do Conselho da Europa – cfr. Resolução (69)51 do *Comité de Ministros*, de 12 de dezembro de 1969, e a anotação ao artigo 58º

O *Comité de Ministros* elabora convenções e acordos, como faz recomendações aos governos, tendo em vista a concretização dos objetivos do Conselho da Europa – artigo 15º do Estatuto.

Artigo 55º – Renúncia a outras formas de resolução de litígios

As Altas Partes Contratantes renunciam reciprocamente, salvo acordo especial, a aproveitar-se dos tratados, convénios ou declarações que entre si existirem, com o fim de resolver, por via contenciosa, uma divergência de interpretação ou aplicação da presente *Convenção* por processo de solução diferente dos previstos na presente *Convenção.*

1. Na falta de um acordo especial, as Altas Partes Contratantes assumem a obrigação de apresentar ao Tribunal os diferendos relativos à interpretação ou à aplicação da *Convenção,* o que significa que lhes está vedado recorrer aos mecanismos das Nações Unidas ou da Organização Internacional do Trabalho a que eventualmente estejam ligados, quando se vejam confrontados com um litígio deste tipo – Decisão de 28 de junho de 1996, Queixa nº 25 781/94, *Déc. Rap.* 86-A, pág. 104.

2. A matéria é particularmente sensível em relação ao PIDCP.

2.1. No que diz respeito às queixas interestaduais, os Estados que subscreverem a declaração prevista no artigo 41º do PIDCP, reconhecendo a competência do Comité dos Direitos do Homem para aceitar queixas de outros Estados por violação dos direitos e garantias ali inscritos, deixariam aos Estados Partes na *Convenção* a escolha entre apresentar queixa àquele Comité ou ao Tribunal.

Esta delicada questão encontrou resposta na Resolução do *Comité de Ministros* nº (70) 17, de 15 de maio de 1970:

«Os Estados Partes na Convenção Europeia dos Direitos do Homem que ratificam o Pacto da ONU Relativo aos Direitos Civis e Políticos ou a ele aderem e que subscrevam a declaração facultativa prevista no artigo 41º do Pacto não deverão, por regra, recorrer senão ao processo instituído pela Convenção Europeia no que respeita às queixas dirigidas contra outro Estado ligado pela Convenção Europeia em que se alegue violação de um direito garantido, na sua substância, tanto pela Convenção Europeia (ou seus Protocolos) como pelo Pacto das Nações Unidas Relativo aos Direitos Civis e Políticos, sendo certo que o processo da ONU poderá ser utilizado sempre que se trate de direitos não garantidos pela Convenção Europeia ou em relação aos Estados que não sejam Partes na Convenção».

2.2. Para as queixas individuais contra os Estados que ratificaram o Protocolo Facultativo ao PIDCP, que instituiu um sistema de queixas a apresentar ao Comité dos Direitos do Homem, deverá ter-se em conta o disposto no artigo 35º, nº 2, alínea *b)*, da *Convenção.*

Segundo esta disposição, o Tribunal não se ocupa de uma queixa idêntica a uma já apresentada a outra instância internacional; do mesmo modo, o nº 2 do artigo 5º daquele Protocolo Facultativo dispõe que o Comité não examinará uma queixa sem antes se assegurar de que ela não está a ser examinada por outra instância internacional.

Nestes limites, os particulares que se considerem vítimas de violações de direitos, liberdades ou garantias protegidos pela *Convenção* ou pelo PIDCP podem escolher um dos dois processos, apresentando a sua queixa ao Tribunal ou ao Comité.

Note-se que o Comité é competente para conhecer de uma queixa por factos que foram examinados no quadro da *Convenção,* desde que este exame tenha terminado.

Nestes termos, as decisões da Comissão, do *Comité de Ministros* e do Tribunal podem ser postas em causa perante o Comité dos Direitos do Homem.

Por isso, foi sugerido pelo Comité de Peritos do Conselho da Europa, encarregado de estudar as questões decorrentes da coexistência dos Pactos e da *Convenção,* que os Estados Partes na *Convenção,* ao ratificarem o Protocolo Facultativo, fizessem uma declaração no sentido de que o Comité não deveria examinar uma queixa de um particular sem se assegurar de que ela está a ser examinada ou já foi examinada por outra instância internacional.

Ver, sobre tudo isto, a anotação nº 4, II, ao artigo 35º

Artigo 56º – Aplicação territorial

1 – Qualquer Estado pode, no momento da ratificação ou em qualquer outro momento ulterior, declarar, em notificação dirigida ao Secretário-Geral do Conselho da Europa, que a presente Convenção se aplicará, sob reserva do nº 4 do presente artigo, a todos os territórios ou a quaisquer dos territórios cujas relações internacionais assegura.

2 – A Convenção será aplicada ao território ou territórios designados na notificação, a partir do trigésimo dia seguinte à data em que o Secretário-Geral do Conselho da Europa a tiver recebido.

3 – Nos territórios em causa, as disposições da presente Convenção serão aplicáveis tendo em conta as necessidades locais.

4 – Qualquer Estado que tiver feito uma declaração de conformidade com o primeiro parágrafo deste artigo pode, em qualquer momento ulterior, declarar que aceita, a respeito de um ou vários territórios em questão, a competência do Tribunal para aceitar petições de pessoas singulares, de organizações não-governamentais ou de grupos de particulares, conforme o previsto pelo artigo 34º da Convenção.

1. A *Convenção* aplica-se, em princípio, apenas aos territórios metropolitanos dos Estados Contratantes – Decisão do Tribunal de 12 de dezembro de 2001, Queixa nº 52 207/99, (Caso Bankovic´), R01-XII, pág. 388, § 80, e Decisão de 12 de março de 1990, Queixa nº 16 137/90, *Déc. Rap.* 65, pág. 330.

Os Estados Contratantes podem, mediante declaração, alargar a aplicação da *Convenção* aos territórios cujas relações internacionais asseguram; a *Convenção* será, então, aplicada nesses territórios, tendo em conta as «necessidades locais» – nº 3.

A questão das necessidades locais, isto é, do desenvolvimento sociopolítico do território, foi analisada no Acórdão Tyrer, de 25 de abril de 1978, A 26, págs. 18-19, §§ 38-40, que exigiu uma prova decisiva e manifesta. Cfr. ainda os Acórdãos Matthews, de 18 de janeiro de 1999, R99-I, pág. 326, § 59, que recusou a existência de «uma necessidade local» em Gibraltar, e Py, de 11 de janeiro de 2005, R05-I, pág. 20, § 62 («necessidades locais» na Nova Caledónia).

Os Protocolos nºs 1 (artigo 4º), 4 (artigo 5º), 6 (artigo 5º), 7 (artigo 6º), 12 (artigo 2º) e 13 (artigo 4º) contêm também cláusulas de extensão territorial com algumas diferenças entre eles e relativamente à *Convenção.*

Com a chegada à independência do território, a cláusula caduca – Decisão de 3 de fevereiro de 1970, Queixa nº 3813/68, *Ann. Conv.*, vol. XIII, pág. 568.

O desaparecimento dos impérios coloniais fez perder importância à cláusula de extensão territorial, também conhecida como «cláusula colonial»; fica, contudo, apta para os territórios fora da Metrópole que continuem sob administração dos Estados Parte e que não gozem de personalidade jurídica internacional[598].

Hoje em dia, não obstante ser outra a realidade, o Tribunal não pode, contra a vontade dos Estados, interpretar diferentemente esta cláusula; aos Estados compete, se assim o entenderem, modificá-la – Decisão do Tribunal de 19 de setembro de 2006, Queixa nº 15 305/06.

2. Esta disposição não pode ser interpretada como limitando o conteúdo do termo *jurisdição* do artigo 1º aos territórios metropolitanos; ela não prejudica a aplicação da *Convenção* para além das fronteiras nacionais, englobando os atos dos órgãos do Estado no estrangeiro – ver a anotação ao artigo 1º, e Decisão do Tribunal de 19 de setembro de 2006, Queixa nº 15 305/06, e Decisão de 3 de março de 1991, Queixas nºs 15 299/89, 15 300/89 e 15 318/89, *Déc. Rap.* 68, pág. 216.

E parece não limitar a aplicação da *Convenção* aos órgãos do Estado que ratifiquem, reformem ou anulem os atos judiciais, de governo ou administrativos praticados nos territórios cujas relações internacionais sejam asseguradas pelo Estado Parte: estando aqueles órgãos submetidos à *Convenção*, não podem praticar atos que, de uma maneira ou de outra, venham a ofendê-la.

Ver, neste sentido, a Decisão de 27 de novembro de 1995, Queixa nº 25 862/94, *Déc. Rap.* 83-A, pág. 88, onde se encarou a possibilidade de aplicar, ainda que indiretamente, a *Convenção* a factos ocorridos em Macau, então território administrado por Portugal.

Nesta queixa, um cidadão chinês, detido em Macau à espera de ser extraditado para a China, sustentava que a sua extradição violava os artigos 2º e 3º da *Convenção* e artigo 1º do Protocolo nº 6.

O Tribunal Superior de Macau autorizou essa extradição, mas o Tribunal Constitucional, que apreciou, em recurso, aquela decisão, anulou-a.

Em seguida, o Tribunal Superior de Macau retificou a sua decisão anterior e não autorizou a extradição em causa.

A Comissão decidiu aplicar o artigo 36º do seu Regulamento Interno e convidar Portugal, na hipótese de a decisão do Tribunal Constitucional acarretar como consequência a extradição, a não a executar antes de a Comissão ter tido a possibilidade de examinar mais profundamente a queixa.

[598] A 1 de julho de 2015, para a França, os territórios do ultramar (St-Pierre-et-Miquelon, St Martin, St Barthélemy, Guadeloupe, Martinique, Guyane, Polynésie française, Mayotte, La Réunion, Îles Wallis et Futuna, Nouvelle Calédonie e Terres Australes et Antarctiques Françaises (TAAF)), para a Holanda, Curaçao, Sint Maarten, as ilhas de Bonaire, Sint Eustatius e Saba e Aruba, e para o Reino Unido, Anguilla, Bermuda, British Virgin Islands, Cayman Islands, Falkland Islands, Gibraltar, the Bailiwick of Guernsey, Isle of Man, the Bailiwick of Jersey, Montserrat, St Helena, Ascension and Tristan da Cunha, South Georgia and South Sandwich Islands, Sovereign Base Areas of Akrotiri and Dhekelia in Cyprus, Turks and Caicos Islands.

A queixa veio a ser arquivada por inutilidade superveniente.

Difícil será conjeturar sobre qual teria sido a posição final da Comissão; importa sublinhar, no entanto, o facto de a queixa não ter sido rejeitada *in limine*.

Artigo 57º – Reservas

1 – Qualquer Estado pode, no momento da assinatura desta Convenção ou do depósito do seu instrumento de ratificação, formular uma reserva a propósito de qualquer disposição da Convenção, na medida em que uma lei então em vigor no seu território estiver em discordância com aquela disposição. Este artigo não autoriza reservas de caráter geral.

2 – Toda a reserva feita em conformidade com o presente artigo será acompanhada de uma breve descrição da lei em causa.

1. As reservas são admitidas não só para as disposições da *Convenção* como também para as dos seus Protocolos que acrescentam direitos – Protocolo nº 1 (artigo 5º), Protocolo nº 4 (artigo 6º), Protocolo nº 7 (artigo 7º) e Protocolo nº 12 (artigo 3º) –, com exceção dos Protocolos nº 6, relativo à abolição da pena de morte, que não admite reservas (artigo 4º), e nº 13, relativo à abolição da pena de morte em todas as circunstâncias (artigo 3º).

Sobre a interpretação das reservas e das declarações interpretativas, ver a Introdução, *maxime* o estudo das reservas feitas por Portugal.

2. Toda a reserva deve, antes do mais, ser compatível com o objeto e o fim do instrumento internacional – artigo 19º, alínea *c)*, da Convenção de Viena sobre o Direito dos Tratados.

O artigo 57º acrescenta, ainda, as seguintes condições:

- Deve ser formulada no momento da assinatura da *Convenção* ou do depósito do seu instrumento de ratificação;
- Ser relativa a uma disposição da *Convenção*, na medida em que uma lei então em vigor estiver em discordância com aquela;
- Não revestir um caráter geral;
- Ser acompanhada de uma breve descrição da lei em causa.

3. Se a primeira condição não suscita dificuldades, já saber quais as disposições que admitem reservas é questão de complexidade acrescida. A melhor doutrina defende que só os artigos 2º a 12º da *Convenção* são suscetíveis de ser objeto de reservas[599].

[599] Cfr. Jacques Velu e Rusen Ergec, *ob. cit.*, págs. 160 e segs., e a doutrina aí referenciada.

A reserva não pode ter um caráter geral e não pode ser redigida em termos muito vagos ou amplos, para que o seu exato sentido e campo de aplicação sejam devidamente apreendidos – Acórdãos Belilos, de 29 de abril de 1988, A 132, pág. 26, § 55, Chorherr, de 25 de agosto de 1993, A 266-B, pág. 34, § 18, Eisenstecken, de 3 de outubro de 2000, R00-X, pág. 179, § 24, e Jėčius, de 31 de julho de 2000, R00-IX, pág. 286, § 79, e Decisões do Tribunal de 23 de outubro de 2001, Queixa nº 57 381/00, R01-XI, pág. 377, de 23 de janeiro de 2202, Queixa nº 48 321/99, R02-II, pág. 509, § 60, e de 14 de fevereiro de 2004, Queixa nº 63 151/00, R04-II, pág. 361.

A última condição – a breve descrição da lei interna em causa – destina-se a evitar que a reserva ultrapasse as disposições internas referidas; é um elemento de prova e de segurança jurídica – Acórdãos Belilos, A 132, págs. 27-28, § 59, Weber, de 22 de maio de 1990, A 177, pág. 19, § 38, Chorherr, A 266-B, pág. 34, § 20, e Dacosta Silva, de 2 de novembro de 2006, § 37.

A descrição deve referir a lei em questão, com indicação das matérias das disposições relevantes, de modo a ser possível identificar as leis e obter sobre elas informações – Decisão de 25 de novembro de 1996, Queixa nº 31 506/96, *Déc. Rap.* 87-A, pág. 164.

Registe-se que a lei em causa deve estar em vigor no momento em que é feita a reserva – Acórdãos Stallinger e Kuso, de 23 de abril de 1997, R97-II, pág. 679, § 48, e Dacosta Silva, de 2 de novembro de 2006, § 37.

4. A competência do Tribunal para interpretar e examinar a conformidade das reservas com o disposto neste artigo não suscita qualquer dúvida, mesmo na hipótese de os Estados ou o Secretário-Geral não terem levantado objeções – Acórdão Belilos, A 132, págs. 23-24, §§ 47 e 50, Decisão do Tribunal de 23 de janeiro de 2202, Queixa nº 48 321/99, R02-II, pág. 508, § 57, e Relatório de 5 de março de 1982, Queixa nº 9116/80, caso Temeltasch, *Déc. Rap.* 31, pág. 120.

Se a reserva for considerada inválida, a decisão tem efeito retroativo; na apreciação da conformidade do ato com a *Convenção*, a reserva inválida é pura e simplesmente afastada do debate – Acórdão Belilos, A 132, pág. 28, § 60.

Artigo 58º – Denúncia

1 – Uma Alta Parte Contratante só pode denunciar a presente Convenção ao fim do prazo de cinco anos a contar da data da entrada em vigor da Convenção para a dita Parte, e mediante um pré-aviso de seis meses, feito em notificação dirigida ao secretário-geral do Conselho da Europa, o qual informará as outras Partes contratantes.

2 – Esta denúncia não pode ter por efeito desvincular a Alta Parte Contratante em causa das obrigações contidas na presente Convenção no que se

refere a qualquer facto que, podendo constituir violação daquelas obrigações, tivesse sido praticado pela dita Parte anteriormente à data em que a denúncia produz efeito.

3 – Sob a mesma reserva, deixará de ser Parte na presente Convenção qualquer Alta Parte Contratante que deixa de ser membro do Conselho da Europa.

4 – A Convenção poderá ser denunciada, nos termos dos parágrafos precedentes, em relação a qualquer território a que tiver sido declarada aplicável nos termos do artigo 56º

Este artigo prevê duas vias de desvinculação da *Convenção* de uma Alta Parte Contratante: a denúncia e a retirada do Conselho da Europa.

Para a denúncia da própria *Convenção* duas condições são exigidas:

- Decurso de cinco anos após a entrada em vigor da *Convenção*;
- Notificação dirigida ao Secretário-Geral, mediante um pré-aviso de seis meses.

O Estado que deixe de ser membro do Conselho da Europa, seja porque se retira seja porque assim o decide o *Comité de Ministros* (artigo 8º do Estatuto do Conselho da Europa – ver a anotação ao artigo 54º da *Convenção*), deixa também de ser Parte na *Convenção*.

Mas o Estado só fica desvinculado das suas obrigações para com a *Convenção* relativamente aos factos praticados após terem produzido efeito a denúncia ou a retirada; concretamente, os factos praticados antes, mesmo após o pré-aviso da denúncia, continuam a responsabilizar o Estado, mantendo o Tribunal a sua competência para conhecer das queixas relativas a esses factos.

Assim aconteceu com a Grécia dos «Coronéis» que denunciou a *Convenção* e se retirou do Conselho da Europa em 12 de dezembro de 1969.

A denúncia produzia efeitos a 13 de junho de 1970, mas a 10 de abril a Dinamarca, a Noruega e a Suécia apresentaram uma queixa contra a Grécia.

A Comissão considerou-se competente, porquanto a Grécia continuava ligada à *Convenção*, mesmo para além de 12 de junho de 1970, no que dizia respeito aos factos que, podendo constituir uma violação da *Convenção*, tinham sido cometidos até esta data – Decisão de 26 de maio de 1970, Queixa nº 4448/70, *Ann. Conv.*, vol. XIII, pág. 109.

A Grécia regressou ao Conselho da Europa e ratificou de novo a *Convenção* em 28 de novembro de 1974; a referida queixa foi então arquivada, porquanto os Estados requerentes e requerido fizeram saber que não estavam interessados em prosseguir o processo – Decisão de 4 de outubro de 1976, Queixa nº 4448/70, *Déc. Rap.* 6, pág. 7.

Artigo 59º – Assinatura e ratificação

1 – A presente Convenção está aberta à assinatura dos membros do Conselho da Europa. Será ratificada. As ratificações serão depositadas junto do Secretário-Geral do Conselho da Europa.

2 – A União Europeia poderá aderir à presente Convenção.

3 – A presente Convenção entrará em vigor depois do depósito de 10 instrumentos de ratificação.

4 – Para todo o signatário que a ratifique ulteriormente, a Convenção entrará em vigor no momento em que realizar o depósito do instrumento de ratificação.

5 – O Secretário-Geral do Conselho da Europa notificará todos os membros do Conselho da Europa da entrada em vigor da Convenção, dos nomes das Altas Partes Contratantes que a tiverem ratificado, assim como do depósito de todo o instrumento de ratificação que ulteriormente venha a ser feito.

1. A *Convenção* está apenas aberta à assinatura dos Estados membros do Conselho da Europa e à União Europeia; ou, no limite, os seus «Membros associados» (artigo 5º do Estatuto do Conselho da Europa), como o Sarre em 1950, podem assinar e ratificar a *Convenção* – Acórdão Drozd e Janousek, de 26 de junho de 1992, A 240, pág. 28, § 89.

A *Convenção* entrou em vigor a 3 de setembro de 1953, após o depósito de 10 instrumentos de ratificação.

Para os Estados que a ratifiquem posteriormente, a *Convenção* entra em vigor na data em que realizarem o depósito do instrumento de ratificação.

Portugal fez esse depósito em 9 de novembro de 1978.

A *Convenção* só vincula os Estados Contratantes relativamente aos factos posteriores à sua entrada em vigor, o que decorre do princípio da não aplicação retractiva dos tratados, princípio consagrado no artigo 18º da Convenção de Viena sobre o Direito dos Tratados – Decisão de 9 de junho de 1958, Queixa nº 214/56, *Ann. Conv.*, vol. II, pág. 231.

Note-se, contudo, que os atos processuais praticados após a entrada em vigor da *Convenção*, mesmo que elas não sejam mais do que um prolongamento de uma situação pré-existente devem ser conformes com aquela. Ver a notação 9.2.2 ao artigo 34º

Assim, não podem ser tidas em conta queixas contra Portugal por atos anteriores a 9 de novembro de 1978, mesmo que a decisão interna que os apreciou seja posterior a tal ratificação – Decisões de 3 de outubro de 1979, Queixa nº 8629/79, in Pinheiro Farinha, *ob. cit.*, pág. 115, de 10 de julho de 1981, Queixa nº 9208/80, *BDDC*, nº 6, pág. 631, e de 13 de dezembro de 1982, Queixa nº 9453/81, *Déc. Rap.* 31, pág. 204, e *BDDC*, nº 12, pág. 90.

2. As dúvidas[600] que poderiam existir sobre a adesão da União Europeia à *Convenção* foram ultrapassadas com a entrada em vigor, a 1 de dezembro de 2009, do Tratado de Lisboa que veio dar ao artigo 6º, nº 2, do Tratado da União Europeia a seguinte redação:

«A União adere à Convenção Europeia para a Proteção dos Direitos do Homem e das Liberdades Fundamentais.»

Esta vontade política está também acolhida no Protocolo nº 14, artigo 17º, que introduziu o referido nº 2 a este artigo da *Convenção*, permitindo expressamente que a União Europeia possa aderir à *Convenção*.

Embora algumas modificações adicionais venham a ser necessárias para tornar possível essa adesão de um ponto de vista técnico-jurídico – do Relatório explicativo do Protocolo nº 14, que indica que tais modificações poderão ser introduzidas por um Protocolo de emenda à *Convenção* ou num Tratado de Adesão a concluir entre a União Europeia e os Estados Partes na *Convenção*, o caminho para essa adesão está aberto.

Haverá, por certo, diversas questões a precisar, nomeadamente a participação da União no *Comité de Ministros* no quadro das competências previstas no artigo 46º da *Convenção*, a existência ou não de um juiz eleito em nome da União e, sobretudo, a definição das relações entre os Tribunais do Luxemburgo e de Estrasburgo.

Mas já não será possível ressuscitar uma jurisprudência que defendia que as decisões dos tribunais da União Europeia não podiam ser escrutinadas pelo Tribunal, jurisprudência abandonada claramente no Acórdão Bosphurus Hava Yoltari Turizm Anomim Şirketi, de 30 de junho de 2005, R05-VI, págs. 179 e segs., em que

[600] Para a problemática da adesão da União Europeia à *Convenção*, ver: Jean Paul Jacqué, «The Convention and the European Communities», in *The European System for The Protection of Human Rights*, cit., págs. 889 e segs.; Peter Leuprecht, «La coopération européenne dans le domaine des Droits de L'Homme», in *L'Europe dans les Relations Internationales*, Pedone, Paris; Pierre Pescatore, «La Cour de Justice des Communautés Européennes et la Convention Européenne des Droits de L'Homme», in *Mélanges Wiarda*, cit., págs. 441 e segs.; J. Pipkorn, «La communauté Européenne et la Convention Européenne des Droits de l'Homme», in *Rev. Trim. des Droits de l'Homme*, avril 1993, págs. 221 e segs.; Laurent Pettiti, «L'Adhésion de l'Union Européenne à la Convention Européenne après l'Avis de la C. J. C. E.», in *Bulletin des Droits de l'Homme*, publié par l'Institut Luxembourgeois des Droits de l'Homme, nº 6, juillet 1996, pág. 20; Sandrine Mathieu, «L'Adhésion de la Communauté à la CEDH: un problème de compétence ou un problème de soumission?», in *Revue du Marché Commun et de l'Union Européenne*, nº 414, janvier 1998, pág. 31; Fréderic Sudre, «La Communauté Européenne et les Droits fondamentaux après le Traité d'Amsterdam: vers un nouveau système européen de protection des droits de l'homme», in *La Semaine Juridique*, 7 janvier 1998 – nºs 1-2, pág. 9; e Georg Ress, «L'adhésion de l'Union européenne à la Convention européenne des Droits de l'Homme», in *La Conscience des droits*, Mélanges en l'honneur de Jean-Paul Costa, Dalloz, Paris, 2011, pág. 515.
O entusiasmo que esta adesão parecia congraçar foi profundamente abalado com a posição crítica adotada pelo Tribunal de Justiça da União Europeia no seu Parecer nº 2/13, de 18 de dezembro de 2014, disponível em www.curia.europa.eu.

se afirmou a competência do Tribunal para o exame das decisões dos tribunais da União Europeia.

Neste Acórdão reconheceu-se, contudo, que os Direitos Humanos gozavam naquelas instâncias de uma proteção equivalente à concedida pelo próprio Tribunal, presunção que poderia ser elidida.

A questão que se colocará, por certo, será a de saber se o Tribunal deve manter esta aproximação ou antes não diferenciar estes tribunais dos Supremos Tribunais dos Estados Partes

Mas o que importa neste momento sublinhar é que um primeiro e decisivo passo foi alcançado e de uma forma irreversível.

Feito em Roma, aos 4 de novembro de 1950, em francês e em inglês, os dois textos fazendo igualmente fé, num só exemplar, que será depositado nos arquivos do Conselho da Europa. O Secretário-Geral enviará cópias conformes a todos os signatários.

Protocolo nº 1 adicional à Convenção de Proteção dos Direitos do Homem e das Liberdades Fundamentais

Os Governos signatários, membros do Conselho da Europa,

Resolvidos a tomar providências apropriadas para assegurar a garantia coletiva de direitos e liberdades, além dos que já figuram no título I da Convenção de Proteção dos Direitos do Homem e das Liberdades Fundamentais, assinada em Roma em 4 de novembro de 1950 (abaixo designada Convenção),

Convieram no seguinte:

Artigo 1º – Proteção da propriedade

Qualquer pessoa singular ou coletiva tem o direito ao respeito dos seus bens. Ninguém pode ser privado do que é sua propriedade a não ser por utilidade pública e nas condições previstas pela lei e pelos princípios gerais do direito internacional.

As condições precedentes entendem-se sem prejuízo do direito que os Estados possuem de pôr em vigor as leis que julguem necessárias para a regulamentação do uso dos bens, de acordo com o interesse geral, ou para assegurar o pagamento de impostos ou outras contribuições ou de multas.

REFERÊNCIAS
DUDH – artigo 17º
Conv. Interam. – artigo 21º
Carta Afric. – artigo 14º
Carta UE – artigo 17º
Const. – artigo 62º

1. Trata-se da única disposição da *Convenção* que se ocupa de um direito económico.

Contrariamente à maior parte das outras disposições da *Convenção*, este artigo protege explicitamente as pessoas físicas e as pessoas morais, nomeadamente as empresas.

O direito de propriedade aqui garantido não se apresenta com caráter absoluto, antes admite restrições tendo em vista o interesse geral.

Três regras estão enunciadas neste dispositivo.

A primeira, contida na frase inicial do primeiro parágrafo, assume caráter geral e enuncia o princípio do respeito do direito de propriedade; a segunda, contida na segunda frase do primeiro parágrafo, admite a privação da propriedade, segundo certas condições; a terceira, enunciada no segundo parágrafo, consagra a possibilidade de o Estado regulamentar o uso dos bens, de acordo com o interesse geral.

A segunda e a terceira, que se ocupam de exemplos particulares de violações do direito de propriedade, devem ser interpretadas à luz do princípio consagrado na primeira – Acórdãos Litghow e outros, de 8 de julho de 1986, A 102, pág. 46, § 106, Santos Mosteiros, de 9 de dezembro de 1994, A 301-A, pág. 31, § 56, Air Canada, de 5 de maio de 1995, A 316-A, pág. 15, § 29, Spadea e Scalabrino, de 28 de setembro de 1995, A 315-B, pág. 24, § 27, Scollo, de 28 de setembro de 1995, A 315-C, pág. 51, § 26, Pressos Compania Naviera S.A. e outros, de 20 de novembro de 1995, A 332, pág. 21, § 33, Phocas, de 23 de abril de 1996, R96-II, nº 7, pág. 541, § 51, Matos e Silva, Lda., de 16 de setembro de 1996, R96-IV, nº 14, pág. 1113, § 81, National & Provincial Building Society, Leeds Permanent Building Society e Yorkshire Building Society, de 23 de outubro de 1997, R97-VII, nº 55, pág. 2352, § 78, Iatridis, de 25 de março de 1999, R99-II, pág. 136, § 55, Immobiliare Saffi, de 28 de julho de 1999, R99-V, pág. 126, § 44, Beyeler, de 5 de janeiro de 2000, R00-I, pág. 28, § 98, Carbonara e Ventura, de 30 de maio de 2000, R00-VI, pág. 86, § 58, Malama, de 1 de março de 2001, R01-II, pág. 234, § 41, S. A. Dangeville, de 16 de abril de 2002, R02-III, pág. 58, § 49, Papastavrou, 10 de abril de 2003, R03-IV, pág. 285, § 33, Perdigão, de 16 de novembro de 2010, § 57, e Arlišić e outros, de 16 de julho de 2014, § 98, e Decisões do Tribunal, de 7 de setembro de 1999, Queixa nº 45 223/99, R99-VI, pág. 535, e de 25 de janeiro de 2001, Queixa nº 48 754/99 e outras, R01-I, pág. 495 (falta de indemnização pela França pela expropriação de bens ocorrida na Argélia).

Assim, para determinar se o princípio enunciado na primeira frase do artigo foi respeitado é necessário averiguar se uma ou outra das cláusulas que se seguem era aplicável ao caso; por isso, o Tribunal examina a aplicabilidade das duas últimas regras, antes de verificar o respeito da primeira – Acórdão Sporrong e Lonnroth, de 23 de setembro de 1982, A 52, pág. 24, § 61.

A proteção do direito de propriedade pode exigir do Estado não só uma obrigação negativa de não interferência como, em alguns casos, a adoção de medidas positivas – Acórdãos Broniowski, de 22 de junho de 2004, R04-V, pág. 145, § 143, e de 28 de setembro de 2005 (acordo amigável), R05-IX, pág. 29, Pădurarü, de 1 de dezembro de 2005, R05 – XII, pág. 97, § 88, e Ališić e outros, de 16 de julho de 2014, § 100.

a) **Proteção da propriedade**

1. O direito de propriedade aqui protegido é considerado, numa aceção abrangente e autónoma, independente das qualificações formais de direito interno, e não se limita aos bens corporais, mas engloba, de uma forma geral, «os bens» – Acórdãos Gasus Dosier - und Fördertechnik GmbH, de 23 de fevereiro de 1995, A 306-B, pág. 46, § 53, Matos e Silva, Lda. e outros, R96-IV, nº 14, pág. 1111, § 75, R99-II, pág. 136, § 54, Beyeler, R00-I, pág. 31, § 105, ex-Rei da Grécia e outros, de 23 de novembro de 2000, R00-XII, pág. 175, § 60, Dogăn e outros, de 29 de junho de 2004, R04-VI, pág. 166, § 138, e Chiragov e outros, de 16 de junho de 2015, § 144, e Decisão do Tribunal, de 2 de julho de 2002, Queixa nº 45 526/99 e outras, R02-VI, pág. 393.

A noção de bens pode cobrir tanto os bens atuais como os valores patrimoniais, quando o requerente possa pretender ter ao menos uma «esperança legítima» de gozar de um direito de propriedade; pelo contrário, a esperança de vir a ser reconhecido um antigo direito de propriedade há muito não efetivado não pode ser considerada um bem, nem tão pouco a convicção de que um regime de indemnização em vigor será mudado em seu favor, pois a esperança legítima deve fundar-se numa disposição legal ou num ato jurídico – Acórdãos Prince Hans-Adam II de Liechtenstein, de 12 de julho de 2001, R01-VIII, pág. 75, § 83, Eko-Elda Avee, de 9 de março de 2006, R06-IV, pág. 19, § 26 (devolução de impostos com os juros de mora), e Centro Europa 7 S.R.L. e Di Stefano, de 7 de junho de 2012, §172, Decisões do Tribunal, de 13 de dezembro de 2000, Queixa nº 33 071/96, R00-XII, pág. 563, de 23 de setembro de 2003, Queixa nº 63 156/00, R03-XI, pág. 287, de 26 de abril de 2005, Queixa nº 67 723/01, R05-VIII, pág. 335, de 2 de fevereiro de 2006, Queixa nº 66 783/01, R06-II, pág. 385, de 13 setembro de 2007, Queixa nº 15 638/06, e de 12 de maio de 2009, Queixa nº 14 849/08.

Seguramente os direitos reais, como as servidões – Decisão de 13 de dezembro de 1984, Queixa nº 10 741/84, *Déc. Rap.* 14, pág. 226 –, outros direitos reais menores (como a enfiteuse) – Acórdão Fleri Soler e Camilleri, de 26 de setembro de 2006, R06-X, pág. 316, § 57, as ações de uma sociedade anónima – Decisão do Tribunal de 23 de Outubro de 2014, Queixa nº 27785, e Decisão de 12 de outubro de 1982, Queixas nºs 8588/79 e 8989/79, *Déc. Rap.* 29, pág. 64 –, a licença de explorar um estabelecimento comercial – Acórdãos Tre Traktorer Ab, de 7 de julho de 1989, A 159, pág. 21, § 53, e Megadat.Com SRL, de 8 de abril de 2008, § 63, e Relatório de 10 de novembro de 1987, A 159, pág. 28 –, o direito exclusivo de caçar ou pescar – Decisão de 25 de novembro de 1996, Queixa nº 27 033/95, *Déc. Rap.* 87-A, pág. 78, e a propriedade intelectual – Acórdão Anheuser-Busch Inc, de 11 de janeiro de 2007, §§ 72 e 78 (o simples pedido de registo de uma marca é já protegido por este artigo).

Porém, o direito a habitar uma casa determinada, de que se não é proprietário, não constitui um «bem», nos termos deste artigo – Decisão do Tribunal, de 27 de abril de 1999, Queixa nº 41 917/98, R99-V, pág. 313; mas já constitui um bem uma casa cuja construção foi tolerada pelo Estado, proprietário do terreno – Acórdão Öneryildiz, de 30 novembro de 2004, R04-XII, pág. 51, § 129; ver também no mesmo sentido os Acórdãos Depalle e Brosset-Triboulet e outros, de 29 de março de 2010, onde o Tribunal admitiu que constituía um «bem» uma casa construída no domínio público marítimo e usufruída durante longos anos ainda que sujeita a periódicas autorizações; mas quando essas autorizações foram recusadas sem qualquer indemnização não existiria violação deste artigo pois tais recusas respeitavam os princípios consagrados na Jurisprudência relativos à regulamentação dos bens.

E esta norma aplica-se ao direito a uma herança indivisa – Acórdão Inze, de 28 de outubro de 1987, A 126, pág. 17, §§ 38-40 –, e, eventualmente, a uma licença permitindo exercer atividades económicas – Decisão de 5 de julho de 1994, Queixa nº 19 819/92, *Déc. Rap.* 78-A, pág. 88.

2. Um crédito não condicional pode constituir um bem, nomeadamente, as dívidas atuais e exigíveis e aquelas que foram reconhecidas numa decisão judicial que transitou em julgado ou sobre as quais haja a esperança legítima de as ver concretizadas – Acórdãos van der Mussele, de 23 de novembro de 1983, A 70, pág. 23, § 48, Almeida Garrett, Mascarenhas Falcão e outros, de 11 de janeiro de 2000, R00-I, pág. 126, § 47, S. A. Dangeville, R02-III, pág. 58, § 48, Prodan, de 18 de maio de 2004, R04-III, pág. 379, § 61, Malinovski, de 7 de julho de 2005, R05-VII, pág. 121, § 42, Aon Conseil et Courtages S.A. e outro, de 25 de janeiro de 2007, § 44, Driza, de 13 de novembro de 2007, § 102, e, Decisões do Tribunal, de 8 de outubro de 2002, Queixa nº 64 359/01, R02-IX, pág. 305, e de 3 de março de 2005, Queixa nº 60 861/00, R05-VI, pág. 325, e Decisões de 27 de fevereiro de 1995, Queixa nº 15 488/89, *Déc. Rap.* 80-A, pág. 14, de 6 de abril de 1995, Queixa nº 24 581/94, *Déc. Rap.* 81-A, pág. 213, de 16 de outubro de 1996, Queixa nº 24 873/94, *Déc. Rap.* 87-A, pág. 63, e de 4 de março de 1996, *Déc. Rap.* 85-A, pág. 65; assim como uma «clientela», o aviamento *(goodwill)* – Acórdãos Van Marle, de 6 de junho de 1986, A 101, pág. 13, § 41, e Iatridis, R99-II, pág. 136, § 54, e Decisões do Tribunal, de 20 de abril de 1999, Queixa nº 33 099/96, R99-V, pág. 293, de 25 de maio de 1999, Queixa nº 37 592/97, R99-V, pág. 443, de 9 de novembro de 1999, Queixa nº 37 595/97, R99-VIII, pág. 389, de 25 de janeiro de 2000, Queixa nº 37 683/97, R00-I, pág. 483, de 6 de fevereiro de 2003, Queixa nº 71 630/01, R03-II, pág. 359, de 22 maio de 2006, Queixa nº 6213/03, R06-VI, pág. 347 (radiação de um advogado que foi obrigado a fechar o escritório), de 20 de novembro de 2006, Queixa nº 4295/03 (recebimento de uma prestação mesmo que baseada numa decisão errónea).

Tratando-se de créditos provenientes da reparação de um dano num regime aquiliano, eles traduzem um valor patrimonial, tendo, portanto, um caráter de «bem», sobretudo quando os seus titulares têm a esperança legítima de ver concretizados aqueles créditos – Acórdão Pressos Compania Naviera e outros, A 322, pág. 21, § 31.

3. A proteção dirige-se, repete-se, a bens atuais e não futuros, como o direito a adquirir por via sucessória, pois esta disposição não reconhece o direito de vir a ser proprietário de um bem; mas aberta a sucessão, o direito à herança constitui um bem que não pode ser preterido com base em discriminações não admissíveis, como, por exemplo, a distinção entre filhos nascido dentro ou fora do casamento – Acórdãos Marckx, de 13 de junho de 1979, A 31, pág. 23, § 50, Nerva e outros, de 24 de setembro de 2002, R02-VIII, pág. 34, § 43, Kopecky, de 28 de setembro de 2004, R04-IX, pág. 172, § 35, Lupaş, de 14 de dezembro de 2006, § 84, Aon Conseil et Courtages S.A. e outro, de 25 de janeiro de 2007, § 45, Glaser, de 14 de fevereiro de 2008, § 54 (uma ação em reivindicação de um bem não está coberta por este artigo), e Fabris, de 7 de fevereiro de 2013, § 53 (direito à herança por morte de sua mãe de um filho nascido fora do casamento, reconhecido judicialmente após a partilha em vida dos bens daquela entre os filhos nascidos na constância do casamento, partilha que só produzia efeito com a morte do de *cujus*), Decisões do Tribunal, de 13 de dezembro de 2000, Queixa nº 33 071/96, R00-XII, pág. 563, de 10 de julho de 2002, Queixa nº 39 794/98, R02-VII, pág. 379, de 6 de fevereiro de 2003, Queixa nº 71 630/01, R03-II, pág. 359, de 2 de março de 2005, Queixas nºs 71 916/01, 71 917/01 e 10 260/02, R05-V, pág. 377, § 74, de 26 de abril de 2005, Queixa nº 67 723/01, R05-VIII, pág. 335, de 29 de junho de 2006, Queixa nº 26 937/04, e de 11 de julho de 2006, Queixa nº 33 244/02, e Decisões de 9 de maio de 1986, Queixa nº 11 628/85, *Déc. Rap.* 47, pág. 270, e de 15 de maio de 1996, Queixa nº 25 497/94, *Déc. Rap.* 85-A, pág. 126.

Em regra, uma ação a pedir uma indemnização não pode ser considerada ela própria como um bem ou uma dívida; a decisão que não concede a indemnização não tem por efeito privar o autor de um bem de que fosse proprietário – Decisão de 12 de outubro de 1988, Queixa nº 12 164/86, *Déc. Rap.* 58, pág. 73.

E, também por isso, o atraso num processo onde se pede uma indemnização não constitui, em princípio, uma violação desta disposição; contudo, o Tribunal não tem tomado uma posição formal sobre a matéria, pois, tendo verificado a violação do nº 1 do artigo 6º da *Convenção,* dispensa-se de examinar este aspeto – cfr., por todos, Acórdão Brigandi, de 19 de fevereiro de 1991, A 194-B, pág. 32, § 31.

Mas já o atraso no pagamento pelo Estado das quantias em que foi condenado pode constituir uma violação do disposto neste artigo – Acórdãos Burdov, de 7 de maio de 2002, R02-II, pág. 339, § 40, Zubko e outros, de 26 de abril de 2006, R06-VI, pág. 263, § 69, e Wasserman (nº 2), de 10 de abril de 2008, § 65.

4. A jurisprudência sobre a proteção concedida por este artigo às prestações sociais, designadamente às pensões, tem evoluído.

Inicialmente considerava-se que o facto de haver contribuído para um sistema de segurança social podia dar origem a um direito protegido por este artigo, se o direito à retribuição de uma prestação social estivesse diretamente ligado ao pagamento daquela contribuição – Acórdão Gaygusuz, de 16 de setembro de 1996, R96-IV, nº 14, pág. 1141, §§ 39-42, e Decisão do Tribunal, de 12 de outubro de 2000, Queixa nº 43 440/98, R00-X, pág. 639.

Porém, quando este sistema fosse concebido como uma segurança geral fundada num princípio de solidariedade social que rompia a ligação existente entre as quotizações e as prestações, o direito a estas não podia ser considerado um bem no sentido deste artigo – Decisões de 5 de outubro de 1977, Queixa nº 7459/76, *Déc. Rap.* 11, pág. 114, de 16 de maio de 1985, Queixa nº 10 503/83, *Déc. Rap.* 42, pág. 162, de 10 de julho de 1985, Queixa nº 10 971/84, *Déc. Rap.* 43, pág. 190, e de 5 de março de 1990, Queixa nº 11 543/85, *Déc. Rap.* 65, pág. 51.

Esta última exigência foi abandonada, dada a substancial mudança a que se assistiu neste domínio, e adotou-se uma linha abrangente concedendo-se a proteção deste artigo à prestação social que é reconhecida na legislação interna; porém, não há nenhum direito a receber um benefício social ou o pagamento de uma pensão quando eles não estiverem previstos na legislação interna – Decisão do Tribunal, 6 de julho de 2005, Queixas nºs 65 731/01 e 65 900/01, R05-X, pág. 353.

Mas já não o direito a uma pensão de um montante determinado – Decisões do Tribunal, de 15 de junho de 1999, Queixa nº 34 610/97, R99-V, pág. 584, e de 27 de setembro de 2001, Queixa nº 40 862/98, R01-X, pág. 355, e Relatório de 1 de outubro de 1975, Queixa nº 5849/72, caso Muller, *Déc. Rap.* 3, pág. 25. Esta questão foi examinada relativamente aos cortes ocorridos em 2012 nas pensões dos funcionários públicos portugueses; na sua Decisão de 8 de outubro de 2013, Queixas nºs 62235/12 e 57725/12, o Tribunal entendeu que esses cortes constituíam uma ingerência proporcional no direito de propriedade dos queixosos; tendo em conta os problemas financeiros excecionais aos quais Portugal estava então confrontado e o caráter limitado e temporário destas medidas, o Governo português tinha respeitado o justo equilíbrio entre o interesse geral e a proteção dos direitos individuais dos queixosos à sua pensão de reforma.

Note-se que já se defendia que o direito a uma pensão, ainda que esta tivesse sido financiada pela entidade patronal, estava protegido por este artigo – Acórdão Kjartan Ásmundsson, de 12 de outubro de 2004, R04-IX, pág. 343, § 39, e Decisão de 4 de março de 1985, Queixa nº 10 671/83, *Déc. Rap.* 42, pág. 229.

5. Indica-se alguma jurisprudência que ajuda a compreender a norma.

Um título nobiliárquico não pode ser considerado um bem para efeitos deste artigo – Decisão do Tribunal, de 28 de outubro de 1999, Queixas nºs 41 127/98, 41 503/98, 41 717/98 e 45 726/99, R99-VII, pág. 503.

Um processo não equitativo, em que se decide sobre «bens», pode traduzir-se numa violação do disposto neste nº 1 – Acórdão Sovtransavto Holding, de 25 de julho de 2002, R02-VII, pág. 127, § 97.

A privação de um direito real constitui, em princípio, um ato instantâneo que não engendra uma situação contínua de «falta de direito» – Acórdão Kopecký, R04-IX, pág. 172, § 35, e Decisão do Tribunal, de 12 de janeiro de 2006, Queixa nº 18 584/04, R06-I, pág. 377.

Os direitos aqui consagrados não englobam o direito de um estrangeiro, proprietário de bens num determinado país, de ali viver em permanência para usufruir da sua propriedade – Decisão do Tribunal, de 19 de setembro de 2000, Queixa nº 42 389/98, R00-X, pág. 541.

***b)* A privação da propriedade**

1. A privação de propriedade só pode justificar-se se se demonstrar que ela ocorre por causa de utilidade pública e nas condições previstas na lei. Lei de uma certa qualidade, compatível com a preeminência do direito e que ofereça garantias contra o arbitrário; com efeito, este artigo exige antes de mais que uma ingerência no direito ao respeito dos bens tenha uma base legal – Acórdãos Străin e outros, de 21 de julho de 2005, R05-VII, pág. 249, § 44, Sarl Amat-G, Mébaghichvili, de 27 de setembro de 2005, R05-VIII, pág. 306, § 59, e Vistiņš e Perep Jolkins, de 25 de outubro de 2012, § 95.

Com efeito, a privação de bens deve ocorrer de acordo com as condições previstas na lei – Acórdão James e outros, A 98, pág. 41, § 67; esta noção de lei corresponde à que é utilizada noutros artigos da *Convenção*; ela engloba o direito de origem legislativa e jurisprudencial e implica condições qualitativas, entre outras, as de acessibilidade e previsibilidade, com a possibilidade de apresentação do caso às entidades responsáveis de uma forma contraditória – Acórdãos Beyeler, R00-I, pág. 33, § 109, e ex-Rei da Grécia e outros, R00-XII, pág. 179, § 79.

2. A privação da propriedade engloba a expropriação formal e a expropriação de facto, traduzida, por exemplo, numa ocupação, mesmo temporária, sem que ao longo do tempo uma indemnização fosse concedida; para determinar se há ou não privação de «bens», é preciso examinar não somente se houve uma expropriação formal, mas observar para além das aparências e analisar a realidade da situação litigiosa.

A *Convenção* visa proteger direitos «concretos e efetivos», pelo que importa saber se a situação litigiosa equivale, no fundo, a uma expropriação de facto – Acórdãos Sporrong e Lonnroth, A 52, pág. 24, § 63, Papamichalopoulos e outros, de 24 de junho de 1993, A 260-B, pág. 69, § 42, Matos e Silva, Lda. e outros, R96-IV, pág. 1112, § 79, Loizidou (fundo), 18 de dezembro de 1996, R96-VI, pág. 2237, § 63, Vasilescu, de 22 de maio de 1998, R98-III, pág. 1078, § 51, Brumărescu, de 28 de outubro de 1999, R99-VII, pág. 264, § 76, Belvedere Alberghiera, S.r.l., de 30 de maio de 2000, R00-VI, pág. 126, § 54, Zwierzynski, de 19 de junho de 2001, R01-VI, pág. 199, § 69, Elia, de 2 de agosto de 2001, R01-IX, pág. 68, § 83 (interdição de construir durante longos anos), Khamidov, de 15 de novembro de 2007, § 138 (ocupação temporária de uma casa pelas autoridades policiais), Turgut e outros, de 8 de julho de 2008, § 87 (inscrição em nome do Tesouro Público, sem qualquer indemnização, de terrenos pertencentes a entidades privadas e que foram classificados como domínio florestal), Chiragov e outros, de 16 de junho de 2015, §§ 192 e segs. (pessoas deslocadas que perderam o acesso aos seus bens na região Nagorno-Karabakh), e Sargsyan, de 16 de junho de 2015, § 177 (bens situados numa zona fronteiriça do Azerbaijão reivindicada pela "República do Alto Karabakh"), e Decisão de 12 de outubro de 1982, *Déc. Rap.* 29, pág. 64.

Se a expropriação não tem base legal e o acesso à propriedade é negado sem o pagamento de qualquer indemnização, pode haver violação desta disposição; o princípio da legalidade implica a existência de normas de direito interno suficientemente acessíveis, precisas e previsíveis – Acórdãos Loizidou (fundo), R96-VI, nº 26, pág. 2230, § 41, Chipre/Turquia, de 10 de maio de 2001, R01-IV, pág. 288, § 187, Păduraru, R05-XII, pág. 95, § 75, Fener Rum Erkek Lisesi Vakfi, de 9 de janeiro de 2007, § 50, Scordino (Nº 3), de 17 de maio de 2007 (expropriação indireta, sem base legal e sem ato formal de expropriação), Paudicio, de 24 de maio de 2007, § 45 (recusa, sem qualquer suporte legal, da Administração a proceder a uma demolição de uma obra ordenada por um tribunal), e Ališić e outros, de 16 de julho de 2014, § 103, e Decisão de 24 de fevereiro de 1997, Queixa nº 19 918/92, *Déc. Rap.* 88-A, pág. 12.

3. Uma lei que surge para impedir alguém de receber uma indemnização fundada numa jurisprudência interna solidificada impõe um encargo especial e exorbitante – Acórdãos Maurice, de 6 de outubro de 2005, R05-IX, pág. 315 e 318, §§ 63-70, e 78/94, respetivamente, e (acordo amigável), de 21 de junho de 2006, R06-IX, págs. 33 e segs., e Draon (acordo amigável), de 21 de junho de 2006, R06-IX, págs. 5 e segs. (Ver sobre esta matéria a anotação ao artigo 6º da *Convenção* sobre o título «o processo equitativo»).

A obrigação de transmissão de bens entre particulares, como, por exemplo, no ordenamento rural, desde que prevista na lei, mostra-se, em princípio, compatível com o disposto neste artigo, se essa transmissão não se revela arbitrária, injusta ou desequilibrada – Acórdãos James e outros, de 21 de fevereiro de 1986, A 98, pág. 30, § 45, Erkner e Hofauer, de 23 de abril de 1987, A 117, pág. 66, §§ 76-79, e pág. 108, §§ 64-69, Wiesinger, de 30 de outubro de 1991, A 213, pág. 26, § 72, Gustafsson, de 25 de abril de 1996, R96-II, pág. 658, § 60, e Protsch, de 15 de novembro de 1996, R96-V, pág. 1824, § 42, e Decisões de 12 de outubro de 1982, Queixas nºs 8588/79 e 8589/79, *Déc. Rap.* 29, pág. 72, e de 4 de setembro de 1996, Queixa nº 29 785/96, *Déc. Rap.* 88-A, pág. 163.

4. Para a definição da utilidade pública, os Estados gozam de uma grande margem de apreciação, dado o melhor conhecimento das necessidades e do contexto local, mas nem toda a confiscação de bens pode ali ser integrada – Acórdãos Raimondo, de

22 de fevereiro de 1994, A 281-A, pág. 16, § 29, Pressos Compania Naviera e outros, A 332, pág. 22, § 37, ex-Rei da Grécia e outros, R00-XII, pág. 181, § 87, Zvolsky e Zvolska, de 12 de novembro de 2002, R02-IX, pág. 156, § 67, Bäck, de 20 de julho de 2004, R04-VIII, pág. 284, § 53, e Vistiņš e Perep Jolkins, de 25 de outubro de 2012, § 98.

No Acórdão Bosphorus Hava Yollari Turizan Ve Ticaret Anomim Şirketi, de 30 de junho de 2005, R05-VI, pág. 226, § 150, o Tribunal admitiu que o respeito do direito comunitário constitui para uma Parte Contratante um objetivo legítimo, conforme ao interesse geral, no sentido deste artigo.

Deve ainda haver uma proporcionalidade entre os meios utilizados e o fim visado; isto é, uma lei que atente com o direito ao respeito dos bens deve conciliar um justo equilíbrio entre os imperativos de interesse geral e os da salvaguarda dos direitos fundamentais do indivíduo – Acórdãos James e outros, A 98, pág. 32, § 46, e pág. 34, § 50, Katikaridis, de 15 de novembro de 1996, R96-V, nº 20, pág. 1688, § 49, Tsomtsos e outros, de 15 de novembro de 1996, R96-V, nº 21, pág. 1715, § 40, Papachelas, de 25 de março de 1999, R99-II, pág. 53, § 53, ex-Rei da Grécia e outros, R00-XII, pág. 182, § 89, Malama, R01-II, pág. 235, § 48, Allard, de 23 de junho de 2003, R03-VII, pág. 251, § 54, Scordino nº 1, de 29 de março de 2006, R06-V, pág. 35, § 94, Perdigão, de 16 de novembro de 2010, § 67 (considerou violação deste artigo num caso de expropriação em que o valor do bem expropriado foi inferior às custas exigidas), Herrmann, de 26 de junho de 2012, § 74, e Ališić e outros, de 16 de julho de 2014, § 108, e Decisões do Tribunal, de 5 de dezembro de 2002, Queixa nº 53 871/00, R02-X, pág. 359, de 6 de fevereiro de 2003, Queixa nº 71 630/01, R03-II, pág. 359, de 10 de outubro de 2006, Queixa nº 16 931/04 (controlo da produção de leite no mercado europeu), e de 22 de setembro de 2005, Queixa nº 75 255/01, R05-XI, pág. 285, – aspetos que são examinados pelos órgãos de controlo –, e Decisões de 1 de julho de 1993, Queixa nº 14 570/89, *Déc. Rap.* 75, pág. 5, de 8 de março de 1994, Queixa nº 20 490/92, *Déc. Rap.* 76-A, pág. 80, e de 17 de janeiro de 1997, Queixa nº 24 428/94, *Déc. Rap.* 84-A, pág. 89.

Por outro lado, um justo equilíbrio entre as exigências do interesse geral e o imperativo da salvaguarda dos direitos fundamentais do indivíduo deve ser mantido – Acórdãos Sporrong e Lönnroth, A 52, pág. 26, § 29, Katte Klitsche de la Grange, de 27 de outubro de 1994, A 293-B, § 42, Santos Mosteiros, A 301-A, § 70, Refinarias Gregas Stran e Stratis Andreadis, de 9 de dezembro de 1994, A 301-B, pág. 87, § 69, Phocas, R96-II, nº 7, pág. 542, § 52, Zubani, de 7 de agosto de 1996, R96-IV, pág. 1082, § 46, Iatridis, R99-II, pág. 136, § 54, Beyeler, R00-I, pág. 31, § 105, Almeida Garrett, Mascarenhas Falcão e outros, R00-I, pág. 129, § 49, Yagtzilar e outros, de 6 de dezembro de 2001, R01-XII, pág. 15, § 40, Pincová e Pinc, de 5 de novembro de 2002, R02-VIII, pág. 303, § 52, Wittek, de 12 de dezembro de 2002, R02-X, pág. 39, § 53, Jahn e outros, de 30 de junho de 2005, R05-VI, pág. 28, § 93, e J.A. Pye (Oxford) Ltd e J.A. Pye (Oxford) Land Ltd, de 30 de agosto de 2006, § 52, e Decisões do Tribunal, de 15 de maio de 2001, Queixa nº 58 752/00, R01-VI, pág.

329, e de 7 de março de 2002, Queixa nº 53 320/99, R02-IV, pág. 515, e de 23 de outubro de 2014, Queixa nº 27785/10 (não existe justo equilíbrio se se mantém a penhora dos bens num processo contencioso tributário quando o visado foi absolvido num processo crime pelos mesmos factos).

5. Circunstâncias excecionais podem dispensar uma indemnização, ou uma indemnização por um valor inferior ao do mercado, mesmo nos casos de transmissão entre particulares, o que poderá acontecer nas situações de prescrição aquisitiva, uma vez decorridos os prazos previstos na lei – Acórdãos Jahn e outros, R05-VI, pág. 35, § 117, J.A. Pye (Oxford) Ltd e J. A. Pye (Oxford) Land Ltd, de 30 de agosto de 2006, §§ 47 e 84, e Vistiņš e Perep Jolkins, de 25 de outubro de 2012, § 130.

Mas, em princípio, uma indemnização adequada é necessária, indemnização que deve ter em conta o valor do bem, inclusive as suas características arquiteturais e históricas – Acórdão Kozacioĝlu, 19 de fevereiro de 2009, § 71; e o caráter adequado dessa indemnização diminuirá se o seu pagamento faz abstração de elementos suscetíveis de lhe reduzir o seu valor, tal como o decorrer de um lapso de tempo que não pode ser considerado razoável – Acórdãos Refinarias Gregas Stran e Stratis Andreadis, A 301-B, pág. 90, § 82, Akkus, de 9 de julho de 1997, R97-IV, nº 43, pág. 1309, § 29, Aka, de 23 de setembro de 1998, R98-VI, pág. 2682., § 49, e N.A./Turquia, de 11 de outubro de 2005, R05-X, pág. 69, § 41.

O pagamento de indemnizações provisórias não chega para remediar a situação, uma vez que se mantém a incerteza sobre a indemnização definitiva – Acórdão Almeida Garrett, Mascarenhas Falcão e outros, R00-I, pág. 130, § 54.

6. Esta disposição não garante uma certa qualidade do meio ambiente; mas ruídos consideráveis podem, face à perda de valor do bem imobiliário, prejudicar o direito ao respeito dos bens; esta ofensa só estará justificada desde que se mantenha um justo equilíbrio entre as exigências de interesse geral e os imperativos dos direitos fundamentais de um indivíduo, graças a uma indemnização razoavelmente proporcional ao prejuízo – Decisão de 17 de maio de 1990, Queixa nº 13 728/88, *Déc. Rap.* 65, pág. 250.

7. A privação de bens a estrangeiros coloca dificuldades decorrentes dos princípios de direito internacional quando se queira compará-los com os relativos à indemnização devida aos nacionais pela privação da propriedade.

Segundo aqueles princípios, que perderam, contudo, a sua firmeza inicial, a privação de bens aos estrangeiros, e só a estes, pressupõe uma indemnização pronta, adequada e efetiva – Acórdão Lithgow e outros, A 102, pág. 50, § 119, e Decisão de 12 de julho de 1989, Queixa nº 12 947/87, *Déc. Rap.* 62, pág. 226.

Este artigo introduz, sem dúvida, uma certa discriminação para com os nacionais; mas o Tribunal torneou a dificuldade, sublinhando que decorre do conjunto do artigo a ideia de justo equilíbrio entre os diversos interesses, o que pode implicar, em regra, a necessidade de indemnizar, acordando uma soma razoável face ao valor do bem, ainda que se possam conceber situações excecionais por objetivos legítimos de utilidade pública onde ela não exista, seja parcial, ou inferior aos valores de mercado – Acórdãos James e outros, A 98, pág. 36, § 54, Lithgow e outros, A 102, pág. 50, § 120, e pág. 62, § 112, Pincová e Pinc, R02-VIII, pág. 304, § 53, e Efstathiou e outros, de 10 de julho de 2003, R03-IX, pág. 74, § 27.

A indemnização pode deixar de ser prévia à privação; contudo, se o processo é demorado, o Tribunal pode vir a considerar violado este artigo – Acórdãos James e outros, A 98, pág. 36, § 57, e Guillemin, de 21 de fevereiro de 1997, R97-I, pág. 164, § 54.

c) A regulamentação do uso dos bens

1. A terceira alínea deve ser interpretada, como se viu, à luz dos princípios enunciados na primeira frase do artigo; assim, a regulamentação do uso dos bens está subordinada à lei, o que pressupõe normas de direito interno suficientemente acessíveis, precisas e previsíveis, à prossecução do interesse geral e à proporcionalidade com o fim – Acórdãos Hentrich, de 22 de setembro de 1994, A 296-A, pág. 19, § 42, Iatridis, R99-II, pág. 137, § 58, Chassagnou e outros, de 29 de abril de 1999, R99-III, pág. 155, § 75 (o facto de impor a um proprietário que se opõe à caça por motivos éticos a obrigação de a tolerar nas suas terras é de natureza a romper o justo equilíbrio que deve existir entre a proteção do direito de propriedade e as exigências de interesse geral e faz pesar sobre o proprietário em causa um encargo desproporcionado incompatível com o disposto neste artigo; ver, também, os Acórdãos Schneider, de 10 de julho de 2007, e Herrmann, de 26 de junho de 2012), Carbonara e Ventura, R00-VI, pág. 87, § 64, e Decisão de 10 de julho de 1989, Queixa nº 12 565/86, *Déc. Rap.* 62, pág. 200 –, e ainda também a um justo equilíbrio entre as exigências do interesse geral e os imperativos de proteção dos direitos fundamentais dos indivíduos – Acórdãos Gasus Dosier – und Fördertechnik, A 306-B, pág. 49, § 62, Air Canada, A 316-A, pág. 16, § 36, Matos e Silva, Lda. e outros, R96-IV, pág. 1114, § 86, Immobiliare Saffi, R099-V, pág. § 49, Doğan e outros, R04-VI, pág. 168, § 145, Islamic Republic of Iran Shipping Lines, 13 de dezembro de 2007, § 96 (sequestro de um navio iraniano por suposto transporte de armas), e Sargsyan, de 16 de junho de 2015, §§ 227 e segs. (o Azerbaijão não tomou medidas para restabelecer os direitos de um arménio aos seus bens ou para o indemnizar pela perda do gozo desses bens, o que lhe acarretou uma carga desproporcional), e Decisões do Tribunal, de 26 de junho de 2001, Queixa nº 28 078/95, R01-VII, pág. 375, de 15 de novembro de 2001, Queixas nºs 53 991/00 e 54 999/00, R01-XII, pág. 177, e de 18 de outubro de 2005, Queixa nº 6223/04, R05-XI, pág. 373 (uma sanção disciplinar que tem como consequência a redução da pensão constitui uma ingerência).

E o interessado deve ter a possibilidade de apresentar o seu caso às autoridades competentes, discutindo as medidas que interferem com o seu direito – Acórdãos Hentrich, A 296-A, pág. 21, § 49, e Jokela, de 21 de maio de 2002, R02-IV, pág. 45, § 45.

2. Na definição do interesse geral, os Estados continuam a deter uma grande margem de apreciação, tanto para escolher as modalidades para executar a medida como para julgarem se as consequências estão legitimadas pela preocupação de atingir o objetivo visado; aliás, as autoridades nacionais estão melhor colocadas que o juiz internacional para apreciar este interesse geral – Acórdãos Spadea e Scalabrino, A 315-B, pág. 25, § 29, Scoblo, A 315-C, pág. 53, § 28, e Grifhorst, de 26 de fevereiro de 2009, § 83, Decisão do Tribunal, de 1 de dezembro de 2005, Queixa nº 61 093/00, e Decisão de 7 de junho de 1990, Queixa nº 12 484/86, *Déc. Rap.* 66, pág. 32.

A definição de «interesse geral» foi feita por aproximação aos casos concretos; ver, por exemplo, o Acórdão Handyside, de 7 de dezembro de 1976, A 24, pág. 29, § 62, onde a apreensão de publicações obscenas ou imorais foi considerada como correspondendo ao interesse geral.

3. As medidas de urbanismo que acordam, retiram ou limitam, por exemplo, o direito de construir em razão da proteção do ambiente, devem ser vistas como uma regulamentação do uso dos bens – Acórdãos Fredin, de 18 de fevereiro de 1991, A 192, pág. 15, § 47, e Pine Valley Developments Ltd e outros, de 29 de novembro de 1991, A 222, pág. 25, § 56, e Decisões de 11 de março de 1985, Queixa nº 11 185/84, *Déc. Rap.* 42, pág. 275, e de 10 de julho de 1989, Queixa nº 12 565, *Déc. Rap.* 62, pág. 200.

A impossibilidade de uma pessoa obter a execução de um julgamento que atribui uma vantagem patrimonial constitui uma ingerência no exercício do direito ao respeito dos seus bens – Acórdãos Bourdov, de 7 de maio de 2002, R02-III, pág. 339, § 40, e Mykhaïlenki e outros, de 30 de novembro de 2004, R04-XII, pág. 194, § 60.

A legislação sobre a proteção dos inquilinos, enquanto regulamentação do uso de um bem imóvel, pode estar justificada pelo interesse geral e prosseguir um fim legítimo de maneira proporcionada – Acórdãos Tre Traktorer AB, A 159, págs. 22-24, §§ 56-63, Hutten-Czapska, de 19 de junho de 2006, R06-VIII, pág. 221, § 160 (imposição de baixas rendas no arrendamento de imóveis para habitação), e Radovici e Stănescu, de 2 de novembro de 2006, § 76 (dispensar os arrendatários do pagamento da renda por longos períodos não se mostra proporcional), e Decisões da Comissão, de 3 de dezembro de 1990, Queixa nº 14 857/89, *Déc. Rap.* 67, pág. 285, e de 12 de janeiro de 1991, Queixa nº 16 756/90, *Déc. Rap.* 68, pág. 312.

4. A apreensão de bens no âmbito do processo penal está justificada, devendo contudo observar-se a proporcionalidade entre os meios empregados e o fim visado

– Acórdão Smirnov, de 7 de junho de 2007, § 57; essa apreensão deve cessar quando o processo termina por uma amnistia, com a restituição imediata dos bens apreendidos – Acórdão Vendittelli, de 18 de julho de 1994, A 293-A, pág. 13, § 40.

Nesta área, a confiscação tendente a impedir o uso ilícito e perigoso de bens, cuja proveniência legítima não está demonstrada, visa um objetivo que corresponde a um interesse geral e encontra-se, por isso, justificada – Acórdão Grifhorst, de 26 de fevereiro de 2009, § 85, e Decisões do Tribunal, de 5 de julho de 2001, Queixa nº 52 024/99, R01-VII, pág. 509, e de 27 de junho de 2002, Queixa nº 41 661/98, R02-VI, pág. 375; ver também a Decisão do Tribunal, de 10 de abril de 2003, Queixa nº 38 602/02, R03-IV, pág. 385.

Por outro lado, a decisão de um tribunal exigindo que o arguido pague uma determinada soma para evitar a prisão traduz-se numa regulamentação dos seus bens – Acórdão Phillips, de 5 de julho de 2001, R01-VII, pág. 76, § 50; ou o pagamento de um multa – Acórdão Grifhorst, de 26 de fevereiro de 2009, § 88.

5. A regulamentação de bens pode ainda justificar-se para assegurar o pagamento de impostos ou de outras contribuições e multas.

Mas ainda aqui se deve atentar, não obstante a margem de apreciação de que gozam os Estados, na proporcionalidade e razoabilidade que atravessam todo o conjunto da disposição – Decisão do Tribunal, de 21 de março de 2006, Queixa nº 70 074/01, R06-III, pág. 375, e Decisão de 16 de janeiro de 1995, Queixa nº 15 117/89, *Déc. Rap.* 80-A, pág. 5.

As custas judiciais são, em princípio, contribuições para os fins deste artigo – Acórdão Perdigão, de 16 de novembro de 2010, §§ 60 e 61 (considerou violação deste artigo num caso de expropriação em que o valor do bem expropriado foi inferior ao das custas exigidas), e Decisões de 12 de dezembro de 1978, Queixa nº 7909/74, *Déc. Rap.* 15, pág. 160, e de 15 de fevereiro de 1990, Queixa nº 15 434/89, *Déc. Rap.* 64, pág. 232; ver, contudo, a Decisão de 25 de maio de 1995, Queixa nº 21 775/93, *Déc. Rap.* 81-A, pág. 48.

O mesmo princípio se aplica aos custos de inscrição em caso de adesão obrigatória a uma instituição pública – Decisão de 10 de julho de 1991, Queixa nº 14 596/89, *Déc. Rap.* 71, pág. 158.

Artigo 2º – Direito à instrução

A ninguém pode ser negado o direito à instrução. O Estado, no exercício das funções que tem de assumir no campo da educação e do ensino, respeitará o direito dos pais a assegurar aquela educação e ensino consoante as suas convicções religiosas e filosóficas.

REFERÊNCIAS
DUDH – artigo 26º
PIDCP – artigo 18º, nº 4.
PIDESC – artigo 13º, nº 3.
Conv. Interam. – artigo 12º, nº 4.
Carta Afric. – artigo 17º, nº 1.
Carta UE – artigo 14º
Const. – artigos 36º, nº 5, e 43º

1. Inicialmente entendia-se que o direito à instrução garantido nesta disposição respeitava essencialmente o ensino elementar e já não o ensino superior – Decisões de 6 de janeiro de 1993, Queixa nº 14 524/89, *Déc. Rap.* 74, pág. 14, e de 17 de janeiro de 1996, Queixa nº 24 515/94, *Déc. Rap.* 84-A, pág. 98; contudo esta orientação foi revista, defendendo-se que esta disposição se aplica a todos os níveis de ensino, incluindo o superior – Acórdãos Leyla Şahin, de 10 de novembro de 2005, R05-XI, págs. 153 e 155, §§ 134 e 141, respetivamente, Mürsel Eren, de 7 de fevereiro de 2006, R06-II, pág. 31, § 41, e Folgerø, de 29 de junho de 2007, § 84.

Da forma negativa da formulação da primeira frase, deduz-se que os Estados não estão obrigados a organizar à sua custa ou a subvencionar um determinado ensino ou um escalão determinado – Acórdão no caso linguístico belga, de 23 de julho de 1968, A 6, pág. 31, § 3.

Tão-pouco os Estados estão obrigados a criar ou a subsidiar escolas privadas – Decisão de 7 de dezembro de 1982, Queixa nº 9461/81, *Déc. Rap.* 31, pág. 210.

Mas a primeira frase deste artigo garante ao indivíduo o acesso às escolas existentes num determinado momento, incluindo as do ensino superior, e a ver reconhecidos oficialmente os estudos que realizar; numa sociedade democrática, o direito à educação ocupa um lugar fundamental, pelo que uma interpretação restritiva da primeira frase do artigo 2º do Protocolo nº 1 não se apresenta conforme com o objetivo e fins desta disposição – Acórdãos Kjeldsen e outros, de 7 de dezembro de 1976, A 23, pág. 25, § 52, Chipre/Turquia, R01-IV, pág. 309, § 277, Leyla Şahin, R05-XI, pág. 154, § 137, e Acórdão Timishev, de 13 de dezembro de 2005, R05-XII, pág. 213, §§ 63 e 64.

Aquele direito de acesso não prejudica a possibilidade de o Estado o regulamentar, nomeadamente no aspeto disciplinar, no justo equilíbrio entre o interesse geral e os direitos fundamentais do indivíduo, regulamentação que pode variar no tempo e no espaço, em função das necessidades e das receitas da comunidade e dos indivíduos; note-se que o direito à instrução ficaria vazio de sentido se ele não implicasse, para os seus titulares, o direito de receberem o ensino na língua nacional ou numa das línguas nacionais – Acórdãos no caso linguístico belga, A 6, págs. 30-32, §§ 3-5, Campbell e Cosans, de 25 de fevereiro de 1982, A 48, pág. 19, § 41, Leyla Şahin, R05-XI, pág. 159, § 156, Mürsel Eren, R06-XII, pág. 32, § 44 (condições de acesso ao ensino superior), e Catan e outros, de 19 de outubro de 2012, § 137 (estudou a situação na Transnistria, território moldavo com controlo efetivo da Federação russa, onde haveria a tentativa de dificultar o ensino da língua nacional em favor da língua russa nos estabelecimentos primários e secundários), Decisões do Tribunal, de 17 de junho de 2004, Queixa nº 71 860/01, R04-VI, pág. 335 (regulamentação do acesso a determinados cursos), e de 24 de janeiro de 2006, Queixa nº 26 625/02, R06-II, pág. 317 (proibição de acesso às escolas com o lenço islâmico), e Decisão de 4 de dezembro de 1989, Queixa nº 14 688/89, *Déc. Rap.* 64, pág. 188.

O reconhecimento oficial dos estudos realizados pode estar sujeito a condições, desde que estas não atinjam a substância do direito à instrução – Acórdãos no caso linguístico belga, A 6, pág. 31, § 3, Valsamis, de 18 de dezembro de 1996, R96-VI, pág. 2323, § 27, e Efstratiou, de 18 de dezembro de 1996, R96-VI, nº 27, pág. 2358, § 28.

Se os estrangeiros e os apátridas, sob a jurisdição de um Estado, têm direito à instrução desse Estado, eles não podem invocar este direito para escapar às normas que disciplinam a entrada e a estadia dos estrangeiros – Decisão de 19 de maio de 1977, Queixa nº 7671/76, *Déc. Rap.* 9, pág. 185.

2. Em matéria de educação e de ensino, este artigo é, em princípio, *lex specialis* em relação ao artigo 9º da *Convenção*, sobretudo quando está em causa a obrigação dos Estados contratantes de respeitar o direito dos pais a assegurarem a educação e o ensino em conformidade com as suas convicções religiosas e filosóficas – Acórdão Lautsi e outros, de 18 de março de 2011, § 59.

A segunda frase deste artigo, assegurando o direito dos pais a proporcionar aos filhos a educação e o ensino que eles considerem mais apropriados, visa salvaguardar a possibilidade de um pluralismo educativo, essencial à preservação de uma sociedade democrática tal como a concebe a *Convenção;* em razão do peso do Estado moderno, é sobretudo no ensino público que se deve atingir este objetivo – Acórdãos Kjeldsen e outros, A 23, pág. 24, § 50, e Folgerø, de 29 de junho de 2007, § 84 –, mas sempre ligado ao direito fundamental dos filhos à educação – Decisão de 4 de julho de 1995, Queixa nº 25 212/94, *Déc. Rap.* 82-A, pág. 129.

O Estado, no exercício da sua função no domínio da instrução, tem um dever de neutralidade e imparcialidade, cuidando para que a educação da criança e o ensino que lhe é ministrado sejam, tanto quanto possível, conformes às convicções religiosas e filosóficas dos pais; esta obrigação impende não apenas sobre a substância do ensino, mas também sobre outros aspetos da função educativa, incluindo a decoração das escolas; o que não impede o Estado de difundir, pelo ensino ou educação, informações ou conhecimentos tendo, diretamente ou não, um caráter religioso ou filosófico – Acórdão Folgerø, de 29 de junho de 2007, § 84.

Todavia, no desempenho destas funções, o Estado deve cuidar para que as informações ou conhecimentos figurando nos programas sejam difundidos de maneira objetiva e pluralista, permitindo aos alunos desenvolver um sentido crítico relativamente ao fenómeno religioso, numa atmosfera serena, preservada de todo o proselitismo, sendo proibido um ensino que possa ser considerado como não respeitando as convicções religiosas e filosóficas dos pais; aqui reside o limite que não deve ser ultrapassado – Acórdãos Kjeldsen e outros, A 23, págs. 26-27, §-53, Campbell e Cosans, A 48, pág. 14, § 33, Folgerø, de 29 de junho de 2007, § 84, e Hasan e Eylem Zengin, de 9 de outubro de 2007, §§ 52 e segs. (no curso de religião e moral, ensino preponderante do islão a estudantes de religião alevi), e Lautsi e outros, de 18 de março de 2011, §§ 60, 62 e 63 (crucifixo nas salas de aula), Decisão do Tribunal, de 25 de maio de 2001, Queixa nº 51 188/99, R00-VI, pág. 469, e Decisão de 5 de fevereiro de 1990, Queixa nº 13 887/88, *Déc. Rap.* 64, pág. 158.

E, por isso, apesar da existência de escolas privadas, ainda que subsidiadas, o Estado está obrigado, nas escolas públicas, a respeitar as convicções dos pais no conjunto dos programas de ensino – Acórdão Kjeldsen e outros, A 23, págs. 24-25, §§ 50-51.

Este dever do Estado pode implicar uma certa obrigação positiva de agir; mas não impõe ao Estado a criação de meios específicos ou de uma forma particular de ensino para satisfazer uma ou outra convicção, ou seja, não se permite aos pais exigir do Estado que ele organize um determinado ensino – Acórdãos Campbell e Cosans, A 48, pág. 17, § 37, e Lautsi e outros, de 18 de março de 2011, §§ 61, e Decisões de 2 de maio de 1978, Queixa nº 7782/77, *Déc. Rap.* 14, pág. 179, de 2 de outubro de 1989, Queixa nº 14 135/88, *Déc. Rap.* 62, pág. 292, de 5 de fevereiro de 1990, Queixa nº 13 887/88, *Déc. Rap.* 64, pág. 158, e de 4 de julho de 1995, Queixa nº 25 212/94, *Déc. Rap.* 82-A, pág. 129.

No Acórdão Lautsi, o Tribunal estudou a questão da fixação de um crucifixo nas salas de aula italianas, frequentadas também por alunos de outras convicções religiosas que não apenas a católica, e considerou-a compatível com o disposto neste artigo, porquanto, não havendo consenso europeu sobre a matéria, ela relevava da margem de apreciação dos Estados e o crucifixo apresentava-se como elemento passivo a que não podia ser atribuído uma influência comparável àquela que pode ter um discurso didático ou a participação em atividades religiosas; acrescia que a afixação do crucifixo não estava associada a um ensino obrigatório do cristianismo, estando a Itália aberta no espaço escolar a outras religiões – §§ 72 e segs.

3. Os pais têm o direito de esclarecer e aconselhar os seus filhos, de exercer em relação a eles as suas funções de naturais educadores, de os orientar numa direção conforme às suas próprias convicções religiosas ou filosóficas – Acórdão Kjeldsen e outros, A 23, pág. 24, § 50, e págs. 27-28, § 54, Decisão do Tribunal, de 25 de maio de 2001, Queixa nº 51 188/99, R00-VI, pág. 469, e Decisão de 5 de julho de 1977, Queixa nº 7527/76, *Déc. Rap.* 11, pág. 147.

O Estado deve respeitar as convicções religiosas e filosóficas dos pais, proibindo as escolas de prosseguirem um endoutrinamento que possa ser considerado como não as respeitando – Acórdão Valsamis, R96-VI, págs. 2323-2324, §§ 26-27, e Decisão do Tribunal, de 24 de janeiro de 2006, Queixa nº 26 625/02, R06-II, pág. 317 (proibição de acesso às escolas com o lenço islâmico).

E se por vezes é preciso subordinar os interesses de um indivíduo aos do grupo, a democracia não se realiza com a supremacia constante da opinião da maioria; a democracia exige um equilíbrio que assegure às minorias um justo tratamento e que evite todo o abuso de uma posição dominante – Acórdão Folgerø, de 29 de junho de 2007, § 84.

Se a convicção religiosa não se mostra difícil de apreender, a vastidão da expressão «convicção filosófica» implicaria a própria destruição de qualquer sistema de ensino, se fosse levada à letra.

As convicções filosóficas são pontos de vista que atingem um certo grau de força, seriedade, coerência e de importância – Acórdãos Campbell e Cosans, A 48, pág. 16, § 36, e Folgerø, de 29 de junho de 2007, § 84, e Decisão de 8 de agosto de 1993, Queixa nº 17 187/90, *Déc. Rap.* 75, pág. 57.

As convicções filosóficas a considerar serão aquelas que, no seio de uma sociedade democrática, não são incompatíveis com a dignidade da pessoa e não contrariam o direito fundamental da criança à instrução; a primeira frase do artigo é preponderante – Acórdão Campbell e Cosans, A 48, pág. 16, § 36, e Decisões de 2 de outubro de 1989, Queixa nº 14 135/88, *Déc. Rap.* 62, pág. 292, e de 5 de fevereiro de 1990, Queixa nº 13 887/88, *Déc. Rap.* 64, pág. 158.

Assim, por exemplo, a escolaridade obrigatória é lícita e impõe-se à vontade dos pais de instruírem os filhos em casa, quer essa escolaridade seja imposta em escolas públicas ou privadas de nível satisfatório – Decisão do Tribunal, de 11 de setembro de 2006, Queixa nº 35 504/03, e Decisão de 6 de março de 1984, Queixa nº 10 233/83, *Déc. Rap.* 37, pág. 105.

Artigo 3º – Direito a eleições livres

As Altas Partes Contratantes obrigam-se a organizar, com intervalos razoáveis, eleições livres, por escrutínio secreto, em condições que assegurem a livre expressão da opinião do povo na eleição do órgão legislativo.

REFERÊNCIAS

DUDH – artigo 21º, nº 1.
PIDCP – artigo 25º
Conv. Interam. – artigo 23º

Carta Afric. – artigo 13º
Carta UE – artigos 39º e 40º
Const. – artigos 48º e 49º

1. Os direitos garantidos por este artigo – direito de voto e o de ser eleito – são cruciais para o estabelecimento e a manutenção dos fundamentos de uma verdadeira democracia regida pela preeminência do direito – Acórdãos Yumak e Sadak, de 8 de julho de 2008, § 105, Tănase, de 27 de abril de 2010, § 154, e Paksas, de 6 de janeiro de 2011, § 96.

Este direito a eleições livres está intimamente interligado com as liberdades de expressão e de associação; sem o respeito por estas liberdades, não se poderá falar verdadeiramente em eleições livres – Acórdão Kwiecień, de 9 de janeiro de 2007, § 48.

Impõe-se ao Estado a adoção de medidas positivas para organizar eleições democráticas – Acórdãos Mathieu-Mohin e Clerfayt, de 2 de março de 1987, A 113, pág. 22, § 50, e Podkolzina, de 9 de abril de 2002, R02-II, pág. 434, § 33.

Em regime autenticamente democrático, o povo, organizado em corpo eleitoral, é convidado e associado, segundo modalidades claramente definidas, na designação dos membros do seu corpo legislativo – Decisão de 14 de dezembro de 1989, Queixa nº 15 344/89, *Déc. Rap.* 64, pág. 210.

O que implica não só o direito de voto mas também o de se apresentar como candidato às eleições e, uma vez eleito, de exercer o seu mandato – Acórdãos Ahmed, de 2 de setembro de 1998, R98-VI, pág. 2384, § 75, Melnitchenko, de 19 de outubro de 2004, R04-X, pág. 51, § 54, Lykourezos, de 15 de setembro de 2006, § 50, e Russian Conservative Party of Entrepreneurs and others, de 11 de janeiro de 2007, § 48.

Mas não apenas o Parlamento nacional: o corpo legislativo será o órgão com poderes para legislar, o que deve ser interpretado em função da estrutura constitucional do Estado em causa – Acórdãos Vito Sante Santoro, de 1 de julho de 2004, R04-VI, pág. 265, § 50 (Conselhos regionais em Itália são órgãos legislativos), Py, de 11 de janeiro de 2005, R05-I, pág. 16, § 36 (Congresso da Nova Caledónia), Sejdič e Finci, de 22 de dezembro de 2009, § 40, e Decisões do Tribunal, de 25 de janeiro de 2000, Queixa nº 51 501/99, R00-I, pág. 507 (não cobre as eleições locais), de 7 de junho de 2001, Queixa nº 56 618/00, R01-VI, pág. 425, e de 12 de outubro de 2000, Queixa nº 5226/99, R00-XI, pág. 399 (conselheiros municipais), de 16 de janeiro de 2003, Queixa nº 36 681/97, R03-I, pág. 361 (não aplicável para a eleição de órgãos sem poder legislativo), de 2 de setembro de 2004, Queixa nº 11 676/04, R04-VI, pág. 395 (não se aplica à eleição de um Presidente da República que pouca ou nenhuma interferência tem no legislativo), e de 11 de abril de 2006, Queixa nº 56 550/00 (eleições locais), e Decisões de 12 de julho de 1983, Queixa nº 9267/81, *Déc. Rap.* 33, págs. 97 e 111, de 11 de setembro de 1995, Queixa nº 273 111/95, *Déc. Rap.* 82-A, pág. 158, e de 21 de maio de 1997, Queixa nº 27 614/95, *Déc. Rap.* 89-A, pág. 76.

A Comissão reservou-se relativamente ao Parlamento Europeu – Decisão de 10 de maio de 1979, Queixa nº 8612/79, *Déc. Rap.* 15, pág. 259; ver, também, a Decisão de 9 de dezembro de 1987, Queixa nº 11 123/84, *Déc. Rap.* 54, pág. 52.

Estas decisões são anteriores ao Tratado de Maastricht; o reforço dos poderes do Parlamento Europeu implicou uma revisão daquela posição.

No Relatório nos termos do artigo 31º (anterior redação) na Queixa nº 24 833/95 (Caso *Matthews*), de 29 de outubro de 1997, relativa à não participação nas eleições para o Parlamento Europeu dos habitantes de Gibraltar, a Comissão mostrou-se dividida quanto à aplicação desta disposição nessas circunstâncias.

Por seu turno, o Tribunal, que tinha reservado a sua posição quanto a estas eleições – Acórdão Ahmed, de 2 de setembro de 1998, R98-VI, pág. 2384, § 76 –, veio a concluir que o Parlamento Europeu se encontra associado ao processo legislativo específico conduzindo à adoção de atos nos termos dos artigos 189-B e 189-C do Tratado CE, assim como ao controlo democrático geral das atividades da União Europeia, pelo que se deve considerar que ele constitui uma parte do «corpo legislativo» para os fins deste artigo – Acórdão Matthews, de 18 de fevereiro de 1990, R99-I, pág. 325, § 54.

O artigo é omisso quanto às restantes eleições ou consultas populares, como o referendo, pelo que os órgãos de controlo são incompetentes para conhecer eventuais violações verificadas neste tipo de eleições – Decisão do Tribunal, de 7 de setembro de 1999, Queixa nº 31 981/96, R99-VI, pág. 465, e Decisões de 5 de julho de 1985, Queixa nº 11 391/85, *Déc. Rap.* 43, pág. 236, e de 14 de setembro de 1998, Queixas nºs 35 790/97 e 38 438/97, *Déc. Rap.* 94-A, pág. 102.

2. As eleições devem ser organizadas de modo a que a escolha dos eleitores seja livre, mas não impede que o voto seja o obrigatório – Decisão de 22 de abril de 1965, Queixa nº 1718/62, *Ann. Conv.*, vol. VIII, pág. 169.

As eleições devem ser organizadas em condições que assegurem a livre expressão da vontade dos eleitores, o que implica o sufrágio universal e impõe aos Estados o reconhecimento do direito de voto e o direito de os cidadãos se apresentarem como candidatos – Decisões de 12 de julho de 1983, Queixa nº 9267/81, *Déc. Rap.* 33, pág. 97, e de 28 de fevereiro de 1994, Queixa nº 18 997/91, *Déc. Rap.* 76-A, pág. 65.

A *Convenção* não exige um modo de escrutínio, gozando os Estados contratantes de uma ampla margem de apreciação neste domínio, desde que reúnam condições que assegurem a livre expressão da opinião do povo – Acórdão Sitaropoulos e Giakoumopoulos, de 15 de Março de 2012, § 65.

A este respeito, o artigo 3,º limita-se a prescrever que as eleições devem ser por escrutínio secreto, rejeitando-se, por isso, todas as formas que permitam dar a conhecer o sentido do voto emitido, o que poderia condicionar a expressão da vontade do eleitor.

As eleições devem ser periódicas, sem que se precise o prazo a mediar entre elas, prazo, aliás, que poderá variar consoante o órgão em causa.

Perante o estabelecido comummente nos Estados democráticos, dever-se-á considerar um prazo de 10 anos incompatível com a obrigação de periodicidade[601]; mas já um prazo de cinco anos seria compatível – Decisão de 11 de setembro de 1995, Queixa nº 27 311/95, *Déc. Rap.* 82-A, pág. 158.

E a contagem dos votos deve ser feita de uma forma transparente, nomeadamente quando se tenha de anular votos; e o contencioso relativo a essa a contagem deve mostrar-se justo e imparcial, evitando a arbitrariedade – Acórdão Kovach, de 7 de fevereiro de 2008, § 54.

3. Uma vez eleita, a pessoa goza do direito ao exercício do seu mandato; isto, sem prejuízo de um sistema de incompatibilidades, como, por exemplo, o que proíba a cumulação de mandatos eletivos ou o que impede o exercício simultâneo de funções como membro do órgão legislativo e do órgão executivo – Acórdãos Sadak e outros (2), de 11 de junho de 2002, R02-IV, pág. 285, § 33, e Lykourezos, de 15 de setembro de 2006, § 57 (compatibilidade do exercício do mandato de deputado com o exercício da advocacia), e Decisão de 7 de março de 1984, Queixa nº 10 316/83, *Déc. Rap.* 37, pág. 129.

4. O direito a eleições livres não pressupõe nenhum sistema eleitoral determinado, dispondo os Estados, neste campo, de uma larga capacidade de regulamentação – Decisões de 11 de setembro de 1995, Queixa nº 27 311/95, *Déc. Rap.* 82-A, pág. 158, de 15 de abril de 1996, Queixa nº 25 035/94, *Déc. Rap.* 85-A, pág. 212, e de 25 de novembro de 1996, Queixa nº 28 858/95, *Déc. Rap.* 87-A, pág. 130.

O essencial será que os Estados observem, para além, repete-se, dos direitos de liberdade de expressão e de associação, o princípio da igualdade de tratamento de todos os cidadãos no seu direito de voto e no direito de se apresentar ao sufrágio, mesmo que nem todos os boletins tenham o mesmo peso quanto ao resultado ou que o sistema seja proporcional, maioritário ou outro – Acórdão Mathieu-Mohin e Clerfayt, A 113, pág. 24, § 54, Decisão do Tribunal, de 4 de abril de 2006, Queixa nº 44 081/02, R06-IV, pág. 325 (falta de revisão dos limites das circunscrições eleitorais em função da evolução demográfica), e Decisões de 8 de dezembro de 1980, Queixa nº 8765/79, *Déc. Rap.* 21, pág. 211, de 8 de dezembro de 1981, Queixa nº 8941/80, *Déc. Rap.* 27, pág. 145, e de 3 de dezembro de 1990, Queixa nº 12 697/87, *Déc. Rap.* 67, pág. 166.

E que, no contencioso eleitoral, as decisões judiciais transitadas em julgado sejam respeitadas – Acórdão Petkov e outros, de 11 de junho de 2009, § 67 (recusa pelas autoridades de reinscrever três candidatos nas listas eleitorais após os tribunais terem ordenado essa inscrição).

[601] Jacques Velu e Rusen Ergec, *ob. cit.*, pág. 666, e a doutrina aí indicada.

O sistema de eleições livres pode acomodar-se à existência de duas câmaras, sendo apenas uma delas composta por cidadãos eleitos – Decisão de 30 de maio de 1975, Queixas nºs 6745/74 e 6746/74, *Déc. Rap.* 2, pág. 110, como pode viver com qualquer forma de governo, desde que este responda perante a assembleia legislativa ou, no caso de regimes presidenciais, o Presidente seja eleito diretamente.

5. O direito a eleições livres não tem um conteúdo absoluto, admitindo limitações, dispondo também aqui os Estados de uma larga margem de atuação, desde que não atinjam a substância do direito, desviando-o do seu fim; o sistema eleitoral deve ser apreciado à luz da evolução política do país em causa, de tal modo que características inaceitáveis no âmbito de um sistema determinado podem justificar-se num outro, desde que pelo menos ele responda a condições assegurando a livre expressão do povo sobre a escolha do corpo legislativo – Acórdãos Paksas, de 6 de janeiro de 2011, § 96, e Sitaropoulos e Giakoumopoulos, de 15 de Março de 2012, § 66.

E, em geral, os Estados podem fixar condições mais estritas para a elegibilidade de que para o direito de votar – Acórdão Paksas, § 96.

Assim, estão legitimadas restrições fundadas na nacionalidade, na idade, na profissão, no domicílio ou residência, na prisão, em consequências de certas condenações penais ou na suspeita de pertencer a uma associação criminosa; admitem-se também a exigência de um depósito ou condições para o reconhecimento de um partido político, para a apresentação de listas e a exigência da obtenção de um mínimo de votos para estar representado no órgão legislativo – Acórdãos Mathieu-Mohin e Clerfayt, A 113, pág. 23, § 52, Gitonas e outros, de 1 de julho de 1997, R97-IV, pág. 1233, § 39, Labita, de 6 de abril de 2000, R00-IV, pág. 75, § 202, Podkolzina, de 9 de abril de 2002, R02-II, pág. 434, § 33, Sadak e outros (nº 2), de 11 de junho de 2002, R02-IV, pág. 285, § 31, Aziz, de 22 de junho de 2004, R04-V, pág. 229, § 23 (interdição de uma determinada comunidade de participar na vida política do país), Santoro, de 1 de julho de 2004, R04-VI, pág. 265, § 50 (pessoa sob vigilância policial), Melnitchenko, de 19 de outubro de 2004, R04-X, pág. 51, § 55 (obrigação de residência no território), Py, de 11 de janeiro de 2005, R05-I, pág. 21, § 64 (residência de uma duração de dez anos para participar na eleição), Hirst (nº 2), de 6 de outubro de 2005, R05-IX, pág. 269, § 84 (uma indiscriminada interdição de voto aos presos não se concilia com o disposto neste artigo), Ždanoka, de 16 de março de 2006, R06-IV, págs. 143 e segs., §§ 115 e segs. (inelegibilidade por ter atividade num partido político que se envolveu num golpe de Estado), Campagnano, de 23 de março de 2006, R06-IV, pág. 188, § 49 (não persegue um objetivo legítimo a interdição de votar imposta ao falido), Sukhovetskyy, de 28 de março de 2006, R06-VI, pág. 232, § 73 (prestação de caução por parte dos candidatos), Russian Conservative Party of Entrepreneurs and others, de 11 de janeiro de 2007, § 94 (a exigência de um depósito de um certo montante era no caso proporcional), Krasnov e Skuratov, de 19 de julho de 2007, § 41 (falta de elementos ou elementos incorretos na identificação dos candidatos), Ādamsons, de 24 de junho de 2008, § 131 (suspensão das listas eleitorais durante 10 anos por ter pertencido ao KGB), Yumak e Sadak, de 8 de julho de 2008, § 147 (a exigência a um Partido político de um mínimo de 10% para estar representado no Parlamento não colide com o disposto neste artigo), Georgian Labour Party, de 8 de julho de 2008, § 82 (o registo de eleitores é condição prévia para eleições livres e justas) e § 101 (imparcialidade dos órgãos encarregados de organizar as eleições), §§ 118 e segs. (exclusão de alguns círculos eleitorais da contagem dos votos), Tănase, de 27 de abril de 2010, § 180 (apesar do contexto histórico e político da Moldávia, a proibição feita aos plurinacionais eleitos deputados de exercer o seu mandato não se mostra proporcional), e Scoppola (3), de 22 de maio de 2012, §§ 91 (a interdição de votar imposta aos condenados por certos crimes, mesmo que seja imposta sem a intervenção de um juiz, não colide com o disposto neste artigo se a reabilitação for possível após o cumprimento da pena), e Decisões do Tribunal, de 8 de junho de 1999, Queixa nº 39 511/98, R99-V, pág. 497, de 7 de setembro de 1999, Queixa nº 31 981/96, R99-VI, pág. 467, e 7 de junho de 2001, Queixa nº 56 618/00, R01-VI, pág. 425, e Decisões de 6 de outubro de 1967, Queixa nº 2728/66, *Ann. Conv.*, vol. X, pág. 337, de 30 de maio de 1975, Queixa nº 6745/74, *Déc. Rap.* 2, pág. 110, de 12 de julho de 1976, Queixa nº 7008/75, *Déc. Rap.* 6, pág. 120, de 11 de dezembro de 1976, Queixa nº 7566/76, *Déc. Rap.* 9, pág. 121, de 6 de maio de 1981, Queixa nº 8987/80, *Déc. Rap.* 24, pág. 192, de 4 de julho de 1983, Queixa nº 9914/82, *Déc. Rap.* 33, pág. 242, de 7 de março de 1984, Queixa nº 10 316/83, *Déc. Rap.* 37, pág. 129, de 3 de dezembro de 1990, Queixa nº 12 897/87, *Déc. Rap.* 67, pág. 166, de 9 de maio de 1994, Queixa nº 23 151/94, *Déc. Rap.* 77-A, pág. 122, de 21 de maio de 1997, Queixa nº 27 614/95, *Déc. Rap.* 89-A, pág. 76, e de 14 de abril de 1998, Queixa nº 24 827/94, *Déc. Rap.* 93-A, pág. 15.

Quanto à exclusão do direito de voto dos nacionais residindo no estrangeiro, a Comissão ponderou que a condição de residência pode justificar-se, primeiro, pelo facto de um cidadão não residente ser afetado menos diretamente ou menos continuadamente pelos problemas quotidianos do seu país e por, em princípio, haver um conhecimento menos profundo desses problemas; segundo, pelo facto de poder ser difícil, pouco desejável e mesmo impossível para os candidatos expor as diferentes possibilidades de escolha eleitoral aos cidadãos residentes no estrangeiro; terceiro, a falta de influência de um cidadão residente no estrangeiro sobre a seleção dos candidatos e sobre a formulação dos programas eleitorais e, finalmente, a correlação existente entre o direito de voto para as eleições parlamentares e o ser diretamente visado pelos atos dos órgãos políticos assim eleitos – Decisão de 21 de maio de 1997, Queixa nº 35 385/97, *Déc. Rap.* 89-A, pág. 175.

Por seu turno, o Tribunal afirmou que, no estado atual do direito, não é possível concluir que existe uma obrigação de tornar possível o exercício de voto dos cidadãos residindo no estrangeiro – Acórdão Sitaropoulos e Giakoumopoulos, de 15 de Março de 2012, § 74.

A exclusão de um candidato porque não dominava a língua nacional pode, em princípio, perseguir um objetivo legítimo, ainda que se venha a revelar não ser proporcional aos interesses visados – Acórdão Podkolzina, de 9 de abril de 2002, R02-II, págs. 434 e 437, §§ 33 e 38; no Acórdão Tănase, de 27 de abril de 2010, o Tribunal não considerou admissível a exigência feita a um candidato eleito de renunciar a uma outra nacionalidade para poder exercer o seu mandato.

Os Estados podem definir o estatuto dos eleitos, nomeadamente estabelecendo os critérios para a sua desqualificação – Acórdão Russian Conservative Party of Entrepreneurs and others, de 11 de janeiro de 2007, § 49.

Artigo 4º – Aplicação territorial

Qualquer Alta Parte contratante pode, no momento da assinatura ou da ratificação do presente Protocolo, ou em qualquer momento posterior, endereçar ao secretário-geral do Conselho da Europa uma declaração em que indique que as disposições do presente Protocolo se aplicam a territórios cujas relações internacionais assegura.

Qualquer Alta Parte contratante que tiver feito uma declaração nos termos do parágrafo anterior pode, a qualquer momento, fazer uma nova declaração em que modifique os termos de qualquer declaração anterior ou a que ponha fim à aplicação do presente Protocolo em relação a qualquer dos territórios em causa.

Uma declaração feita em conformidade com o presente artigo será considerada como se tivesse sido feita em conformidade com o parágrafo 1 do artigo 56º da Convenção.

Cfr. a anotação ao artigo 56º da *Convenção.*

Artigo 5º – Relações com a Convenção

As Altas Partes contratantes consideram os artigos 1º, 2º, 3º e 4º do presente Protocolo como adicionais à Convenção e todas as disposições da Convenção serão aplicadas em consequência.

Considera-se um verdadeiro Protocolo Adicional, não se tornando necessárias declarações específicas para o recurso individual e a jurisdição do Tribunal – artigos 25º e 46º da *Convenção,* na redação anterior ao Protocolo nº 11.

Cfr. os artigos 6º, nº 2, do Protocolo nº 4, e 7º, nº 2, do Protocolo nº 6, na redação anterior ao Protocolo nº 11.

Artigo 6º – Assinatura e ratificação

O presente Protocolo está aberto à assinatura dos membros do Conselho da Europa, signatários da Convenção; será ratificado ao mesmo tempo que a Convenção ou depois da ratificação desta. Entrará em vigor depois de depositados 10 instrumentos de ratificação. Para qualquer signatário que a ratifique ulteriormente, o Protocolo entrará em vigor desde o momento em que se fizer o depósito do instrumento de ratificação.

Os instrumentos de ratificação serão depositados junto do secretário-geral do Conselho da Europa, o qual participará a todos os membros os nomes daqueles que o tiverem ratificado.

Cfr. a anotação ao artigo 59º da *Convenção.*

Este Protocolo entrou em vigor em 18 de maio de 1959.

Feito em Paris, aos 20 de março de 1952, em francês e em inglês, os dois textos fazendo igualmente fé, num só exemplar, que será depositado nos arquivos do Conselho da Europa. O secretário-geral enviará cópia conforme a cada um dos Governos signatários.

Protocolo nº 4 em que se reconhecem certos direitos e liberdades além dos que já figuram na Convenção e no protocolo adicional à Convenção

Os Governos signatários, membros do Conselho da Europa,

Resolvidos a tomar as providências apropriadas para assegurar a garantia coletiva de direitos e liberdades, além dos que já figuram no título I da Convenção de Salvaguarda dos Direitos do Homem e das Liberdades Fundamentais, assinada em Roma em 4 de novembro de 1950 (abaixo designada «Convenção»), e nos artigos 1º a 3º do Primeiro Protocolo Adicional à Convenção, assinado em Paris em 20 de março de 1952,

Convieram no seguinte:

Artigo 1º – Proibição da prisão por dívidas

Ninguém pode ser privado da sua liberdade pela única razão de não poder cumprir uma obrigação contratual.

REFERÊNCIAS
PIDCP – artigo 11º
Conv. Interam. – artigo 7º, nº 7.

A expressão «pela única razão de não poder cumprir uma obrigação contratual» mostra que a proibição deste artigo diz respeito aos devedores que estejam de boa-fé e não àqueles que não cumprem por uma intenção fraudulenta ou por negligência grave – Relatório explicativo dos Protocolos nºs 2 a 5, Conseil de L'Europe, Doc. H (71) 11, pág. 39, §§ 3-6. Cfr. a Decisão de 18 de dezembro de 1971, Queixa nº 5025/71, *Ann. Conv.*, vol. XIV, pág. 692.

Artigo 2º – Liberdade de circulação

1 – Qualquer pessoa que se encontra em situação regular em território de um Estado tem direito a nele circular livremente e a escolher livremente a sua residência.

2 – Toda a pessoa é livre de deixar um país qualquer, incluindo o seu próprio.

3 – O exercício destes direitos não pode ser objeto de outras restrições senão as que, previstas pela lei, constituem providências necessárias, numa sociedade democrática, para a segurança nacional, a segurança pública, a manutenção da ordem pública, a prevenção de infrações penais, a proteção da saúde ou da moral ou a salvaguarda dos direitos e liberdades de terceiros.

4 – Os direitos reconhecidos no parágrafo 1 podem igualmente, em certas zonas determinadas, ser objeto de restrições que, previstas pela lei, se justifiquem pelo interesse público numa sociedade democrática.

REFERÊNCIAS
DUDH – artigo 13º
PIDCP – artigo 12º
Conv. Interam. – artigo 22º
Carta Afric. – artigo 12º
Carta EU – artigo 45º
Const. – artigo 44º

1. A liberdade de circular e de escolher residência está condicionada à situação regular no Estado em causa; um estrangeiro só satisfaz estas condições quando respeita a disciplina fixada pelo Estado para a sua entrada e permanência – Acórdão Piermont, de 27 de abril de 1995, A 314, págs. 39 e 40, §§ 44 e 49, Decisão do Tribunal, de 20 de novembro de 2007, Queixa nº 44 294/04, e Decisão de 9 de outubro de 1989, Queixa nº 14 102/88, *Déc. Rap.* 63, pág. 195.

A condição de «situação regular» reenvia para o direito interno: compete à legislação e às autoridades internas fixar as condições necessárias para que a presença de uma pessoa no território seja considerada regular.

E um estrangeiro admitido provisória e condicionalmente num país, enquanto as autoridades examinam o seu pedido de autorização de permanência, só se encontra em situação regular no território desse Estado na medida em que ele se conforma com as condições que lhe foram impostas – Decisão de 1 de janeiro de 1986, *Déc. Rap*, 51, pág. 237.

A *Convenção* não garante o direito a um estrangeiro de entrar, residir ou estabelecer-se num determinado país – Decisões de 9 de outubro de 1989, *Déc. Rap.* 63, pág. 195, de 12 de dezembro de 1994, Queixa nº 24 088/94, *Déc. Rap.* 79-A, pág. 138, e de 12 de janeiro de 1998, Queixa nº 26 336/96, *Déc. Rap.* 92-A, pág. 23.

O nº 1 deste artigo é inaplicável a um estrangeiro a quem foi retirado o seu título de residência – Decisão de 9 de julho de 1993, Queixa nº 21 069/92, *Déc. Rap.* 75, pág. 245.

2. O direito de uma pessoa, nacional ou estrangeira, deixar um país inclui o direito de poder ir para um país da sua escolha, que lhe admita a entrada – Acórdão Baumann, de 22 de maio de 2001, R01-V, pág. 199, § 61, e Decisão de 20 de fevereiro de 1995, Queixa nº 19 583/92, *Déc. Rap.* 80-A, pág. 38.

A liberdade de circulação impõe, assim, a interdição de qualquer medida suscetível de violar este direito ou de restringir o seu exercício; a retirada de um passaporte traduz uma ingerência no exercício deste direito – Acórdãos Baumann, R01-V, pág. 199, § 62, Földes e Földesné Hajik, de 31 de outubro de 2006, § 32, e Bartik, de 21 de dezembro de 2006, § 36.

A natureza, aparentemente absoluta, do direito de deixar um país, incluindo o seu, pode vir a ser atenuada pelas restrições previstas no nº 3 deste artigo.

Recorde-se que o direito ao passaporte não tem caráter civil – anotação 2.3 ao artigo 6º da *Convenção.*

3. As restrições do nº 3 deste artigo seguem a linha traçada no nº 2 do artigo 8º da *Convenção* – Decisão de 22 de fevereiro de 1995, Queixa nº 22 838/93, *Déc. Rap.* 80-A, pág. 147; exige-se que a restrição esteja prevista na lei, persiga um dos objetivos enumerados no nº 3 e assegure um justo equilíbrio entre o interesse geral e os direitos do indivíduo. Cfr., por isso, a respetiva anotação – Acórdão Gochev, de 26 de novembro de 2009, § 44; ver também o Acórdão Bolat, 5 de outubro de 2006, R06-XI, pág. 101, § 81.

A expressão «lei» abarca os regulamentos que sejam conformes com a lei interna – Relatório explicativo, *loc. cit.*, pág. 42; a lei deve ser acessível e previsível para a pessoa em causa – Acórdãos Olivieira, de 4 de junho de 2002, R02-IV, págs. 231 e 232, §§ 47 e 52.

As simples restrições de liberdade de movimentos, determinadas por uma especial vigilância, devem ser examinadas no quadro desta disposição – Acórdãos Denizci e outros, de 23 de maio de 2001, R01-V, pág. 422, § 404, e Tatishvili, de 22 de fevereiro de 2007, § 45.

4. O nº 4 permite restrições à circulação e à residência em certas zonas, por motivos de interesse público, como, por exemplo, a salvaguarda da natureza, o urbanismo e o ordenamento do território – Relatório explicativo, cit., § 131; cfr. o Acórdão Timishev, de 13 de dezembro de 2005, R05.XII, pág. 209, § 45.

5. Algumas decisões ajudam a clarificar o alcance do preceito.

Medidas especiais, incluindo a fixação de residência, podem justificar-se para a manutenção da ordem pública ou prevenir infrações penais – Decisão de 27 de maio de 1991, Queixa nº 12 541/86, *Déc. Rap.* 70, pág. 103.

E, mesmo após uma absolvição, os elementos concretos recolhidos ao longo do processo, ainda que insuficientes para concluir por uma condenação, podem permitir receios razoáveis de que o indivíduo venha a cometer infrações penais – Acórdão Labita, de 6 de abril de 2000, R00-IV, pág. 73, § 195.

A fixação de residência a um suspeito de espionagem, aguardando expulsão, é admissível por razões de segurança nacional – Decisão de 13 de dezembro de 1984, Queixa nº 10 078/82, *Déc. Rap.* 41, pág. 113.

A interdição de trabalhar num determinado lugar em consequência de uma condenação penal justifica-se pela prevenção de infrações penais e para a proteção da moral – Decisão de 16 de outubro de 1980, *Déc. Rap.* 23, pág. 237.

Uma lei sobre retroversão de bens nacionalizados que impõe a condição de residência não colide com a liberdade de circular e escolher residência – Decisão de 4 de março de 1996, Queixa nº 23 131/93, *Déc. Rap.* 85-A, pág. 65.

Não constitui uma restrição à liberdade de circular a obrigação de ser portador do bilhete de identidade e de mostrá-lo a solicitação policial – Decisão de 9 de setembro de 1992, Queixa nº 16 810/90, *Déc. Rap.* 73, pág. 136.

A proibição de deixar o país por razões de segurança pode vir a colidir com o disposto neste artigo, se essa proibição se estende por um longo período (cinco anos) – Acórdão Bartik, de 21 de dezembro de 2006, § 51.

Artigo 3º – Proibição da expulsão de nacionais

1 – Ninguém pode ser expulso, em virtude de disposição individual ou coletiva, do território do Estado de que for cidadão.

2 – Ninguém pode ser privado do direito de entrar no território do Estado de que for cidadão.

REFERÊNCIAS

DUDH – artigo 13º

PIDCP – artigo 12º, nº 4.

Conv. Interam. – artigo 22º, nº 5.

Carta Afric. – artigo 12º

Carta EU – artigo 19º

Const. – artigos 33º, nº 1, e 44º, nº 2.

1. Este artigo oferece uma proteção absoluta e incondicional contra a expulsão dos nacionais, cuja qualidade deve ser determinada de acordo com o direito interno; um «direito a uma nacionalidade» como aquele que é inscrito no artigo 15º da Declaração Universal dos Direitos do Homem não está garantido pela *Convenção* nem pelos seus Protocolos, embora uma recusa arbitrária de nacionalidade possa, em certas circunstâncias, constituir uma ingerência no exercício dos direitos que decorrem do artigo 8º da *Convenção* – Decisão do Tribunal, de 23 de janeiro de 2002, Queixa nº 48 321/99, R02-II, pág. 512, § 77.

Na expulsão inclui-se quer o exílio quer o banimento – Relatório explicativo, cit., pág. 47.

Interdita-se a expulsão, mas não a extradição de nacionais – Decisão de 27 de maio de 1974, Queixa nº 6242/73, *Ann. Conv.*, vol. XVII, pág. 458.

2. O nº 2 deste artigo reconhece incondicionalmente o direito de entrar no país da nacionalidade, competindo ao candidato à entrada fazer a prova; e medidas provisórias, como a quarentena, serão lícitas – Relatório explicativo, cit., pág. 48.

Por outro lado, o direito garantido é o da entrada, mas já não o da permanência; se alguém foi extraditado e, evadido, regressa ao país da sua nacionalidade, não goza do direito de aí permanecer; do mesmo modo, um militar servindo num país estrangeiro não tem o direito de ser repatriado – Relatório explicativo, cit., pág. 48.

Artigo 4º – Proibição de expulsão coletiva de estrangeiros

São proibidas as expulsões coletivas de estrangeiros.

REFERÊNCIAS

PIDCP – artigo 13º

Conv. Interam. – artigo 22º, nº 9.

Carta Afric. – artigo 12º, nº 5.

Carta EU – artigo 19º

Const. – artigo 33º, nºs 4 e 5.

Por estrangeiros devem entender-se todos os que não têm a nacionalidade do Estado, independentemente de estarem ou não de passagem ou de aí residirem, se são ou não refugiados ou se são apátridas ou possuem outra nacionalidade.

Com expulsão coletiva visa-se toda a medida da autoridade competente obrigando os estrangeiros, enquanto grupo, a deixar o país, salvo se a medida é tomada após um exame razoável e objetivo da situação particular de cada um dos estrangeiros que formam o grupo – Acórdãos Čonka, de 5 fevereiro de 2002, R02-I, pág. 73, § 59, Hirsi Jamaa e outros, de 23 de fevereiro de 2012, § 166 (onde o Tribunal considerou aplicável este artigo no caso de interceção em alto mar e devolução ao país de onde provinham de um grupo de pessoas, sem que o seu caso fosse examinado individualmente), e Geórgia/Federação Russa, de 3 de julho de 2014, § 167, Decisão do Tribunal, de 16 de junho de 2005, Queixa nº 18 670/03, R05-VIII, pág. 419, e Decisão de 3 de outubro de 1975, Queixa nº 7011/75, *Déc. Rap.* 4, pág. 256.

Os estrangeiros aqui visados são, não só os que residem regularmente sobre o território, mas todos os que aí forem encontrados, estejam de passagem, tenham entrado no país de livre vontade ou não, sejam apátridas ou possuam uma nacionalidade – Acórdão Geórgia/Federação Russa, de 3 de julho de 2014, § 168.

Ver o artigo 1º do Protocolo nº 7.

Artigo 5º – Aplicação territorial

....

Cfr. a anotação ao artigo 56º da *Convenção.*

Artigo 6º – Relações com a Convenção

As Altas Partes contratantes considerarão os artigos 1º a 5º deste Protocolo como artigos adicionais à Convenção e todas as disposições da Convenção se aplicarão em consequência.

O Protocolo nº 11 eliminou o nº 2 deste artigo, que se ocupava do direito de recurso e da jurisdição do Tribunal que necessitavam de uma declaração própria, sendo insuficientes as feitas nos termos dos antigos artigos 25º e 46º da *Convenção.*

Como Protocolo Adicional à *Convenção*, todas as disposições desta se aplicam, e nomeadamente as relativas à competência obrigatória do Tribunal – artigo 34º

Como se viu na anotação a este artigo, a aceitação total do mecanismo de controlo instaurado pela *Convenção* tornou-se mesmo, de facto, numa condição para aderir à Organização.

Artigo 7º – Assinatura e ratificação

1 – O presente Protocolo fica aberto à assinatura dos membros do Conselho da Europa, signatários da Convenção; será ratificado ao mesmo tempo que a Convenção ou depois da ratificação desta. Entrará em vigor quando tiverem sido depositados cinco instrumentos de ratificação. Para todo o signatário que o ratificar ulteriormente, o Protocolo entrará em vigor no momento em que depositar o seu instrumento de ratificação.

2 – ....

Cfr. a anotação ao artigo 59º da *Convenção*
O Protocolo entrou em vigor em 2 de maio de 1968.

Feito em Estrasburgo, aos 16 de setembro de 1963, ...

Protocolo nº 6 adicional à Convenção para a Proteção dos Direitos do Homem e das Liberdades Fundamentais relativo à abolição da pena de morte

Os Estados membros do Conselho da Europa signatários do presente Protocolo à Convenção para a Proteção dos Direitos do Homem e das Liberdades Fundamentais, assinada em Roma em 4 de novembro de 1950 (daqui em diante designada «Convenção»),

Considerando que a evolução verificada em vários Estados membros do Conselho da Europa exprime uma tendência geral a favor da abolição da pena de morte,

Acordaram no seguinte:

Artigo 1º – Abolição da pena de morte

A pena de morte é abolida. Ninguém pode ser condenado a tal pena ou executado.

REFERÊNCIAS
DUDH – artigo 3º
PIDCP – artigo 6º
Conv. Interam. – artigo 4º
Carta Afric. – artigo 4º
Carta EU – artigo 2º
Const. – artigo 24º

Este artigo confere ao indivíduo um direito subjetivo, ao precisar que ninguém pode ser condenado à pena de morte ou executado – Relatório explicativo do Protocolo, *Conseil de l'Europe,* Doc. H (83) 3, pág. 6.

Um Estado Parte neste Protocolo não pode extraditar para um país que aplique a pena capital, salvo se receber garantias consideradas suficientes para afastar a pessoa do perigo da condenação à morte – Decisão de 20 de janeiro de 1994, Queixa nº 22 742/93, *Déc. Rap.* 76-A, pág. 164; ver, também, a Decisão de 16 de janeiro de 1991, Queixa nº 16 531/90, *Déc. Rap.* 68, pág. 299.

Cfr. o artigo 2º da *Convenção*, que não é emendado nem suprimido.

Artigo 2º – Pena de morte em tempo de guerra

Um Estado pode prever na sua legislação a pena de morte para atos praticados em tempo de guerra ou de perigo iminente de guerra; tal pena não será aplicada senão nos casos previstos por esta legislação e de acordo com as suas disposições. Este Estado comunicará ao secretário-geral do Conselho da Europa as disposições correspondentes da legislação em causa.

Admite-se que a lei preveja a pena de morte para atos praticados em tempo de guerra; guerra tomada num sentido material e não formal, o que pressupõe um conflito internacional e não um conflito interno, com hostilidades de uma certa grandeza, já em curso ou previstas num futuro imediato – Jacques Velu e Rusen Ergec, *ob. cit.*, pág. 185.

Lido conjuntamente com o artigo seguinte, que proíbe derrogações, conclui-se que uma pena de morte não pode ser executada em tempo de guerra ou de perigo iminente de guerra, salvo, unicamente, se o Estado preveniu esta possibilidade durante o tempo de paz. A solução adotada neste Protocolo é mais restrita que a do artigo 15º da *Convenção* – Donna Gomien, David Harris e Leo Zwaak, *Convention européenne des Droits de l'Homme et Charte sociale européenne: droit et pratique*, Éditions du Conseil de l'Europe, 1997, pág. 107.

Mantendo-se o disposto no artigo 2º da *Convenção*, as garantias ali previstas aplicam-se naqueles países que mantenham a pena de morte em tempo de guerra – Relatório explicativo cit., pág. 7.

Ver o Protocolo nº 13 adicional à *Convenção*, que veio abolir a pena de morte em qualquer circunstância, nomeadamente em tempo de guerra.

Artigo 3º – Proibição de derrogações

Não é permitida qualquer derrogação às disposições do presente Protocolo com fundamento no artigo 15º da Convenção.

Cfr. a anotação ao artigo 15º da *Convenção*.

Artigo 4º – Proibição de reservas

Não são admitidas reservas às disposições do presente Protocolo nos termos do artigo 57º da Convenção.

Cfr. a anotação ao artigo 57º da *Convenção.*

Artigo 5º – Aplicação territorial

....

Cfr. a anotação ao artigo 56º da *Convenção.*

Artigo 6º – Relações com a Convenção

....

Cfr. a anotação ao artigo 5º do Protocolo nº 1.

Artigo 7º – Assinatura e ratificação

Cfr. a anotação ao artigo 59º da *Convenção.*

A 1 de julho de 2015 todos os Países membros do Conselho de Europa tinham ratificado este Protocolo, com exceção da Rússia que o assinou a 16 de abril de 1997.

Mas na Rússia existirá uma moratória na execução da pena capital.

Artigo 8º – Entrada em vigor

1 – O presente Protocolo entrará em vigor no primeiro dia do mês seguinte à data em que cinco Estados membros do Conselho da Europa tenham exprimido o seu consentimento em ficarem vinculados pelo Protocolo, em conformidade com as disposições do artigo 7º

2 – ....

O Protocolo entrou em vigor em 1 de março de 1985.

Artigo 9º – Funções do depositário

....

Cfr. o artigo 59º da *Convenção*.

....

Feito em Estrasburgo, aos 28 dias de abril de 1983, ...

Protocolo nº 7 adicional à Convenção para a proteção dos direitos do homem e das liberdades fundamentais

Os Estados membros do Conselho da Europa, signatários do presente Protocolo,

Decididos a tomar novas providências apropriadas para assegurar a garantia coletiva de certos direitos e liberdades pela Convenção para a Proteção dos Direitos do Homem e das Liberdades Fundamentais, assinada em Roma em 4 de novembro de 1950 (abaixo designada «Convenção»),

Convieram no seguinte:

Artigo 1º – Garantias processuais em caso de expulsão de estrangeiros

1 – Um estrangeiro que resida legalmente no território de um Estado não pode ser expulso, a não ser em cumprimento de uma decisão tomada em conformidade com a lei, e deve ter a possibilidade de:

a) Fazer valer as razões que militam contra a sua expulsão;

b) Fazer examinar o seu caso; e

c) Fazer-se representar, para esse fim, perante a autoridade competente ou perante uma ou várias pessoas designadas por essa autoridade.

2 – Um estrangeiro pode ser expulso antes do exercício dos direitos enumerados no nº 1, alíneas *a*), *b*) e *c*), deste artigo, quando essa expulsão seja necessária ao interesse da ordem pública ou se funde em razões de segurança nacional.

REFERÊNCIAS

Conv. da ONU sobre o estatuto dos Refugiados – artigo 32º

PIDCP – artigo 13º

Conv. Interam. – artigo 22º, nº 6.

Carta Afric. – artigo 12º, nº 4.
Const. – artigo 33º, nº 5.

1. A noção de «expulsão» é uma noção autónoma, independente de toda a definição nas legislações internas. Com exceção da extradição, toda a medida obrigando um estrangeiro a deixar um território onde reside regularmente constitui uma expulsão – Acórdão Bolat, 5 de outubro de 2006, R06-XI, pág. 101, § 79.

O estrangeiro só beneficia desta garantia quando reside regularmente, isto é, de acordo com as condições fixadas na lei interna, no território do Estado em causa – Acórdão Bolat, 5 de outubro de 2006, R06-XI, pág. 100, § 77, e Decisão de 13 de janeiro de 1993, Queixa nº 19 373/92, *Déc. Rap.* 74, pág. 159.

Excluem-se assim os estrangeiros que ainda não ultrapassaram o controlo de imigração existente à entrada ou que foram admitidos em trânsito ou como não residentes, por um período limitado, aguardando a decisão por uma licença de estada – Relatório explicativo, *Conseil de l'Europe,* Doc. H (84) 5, pág. 8 –, ou aqueles que, embora vivendo regularmente, viram expirado o seu título de residência – Decisão de 13 de janeiro de 1993, Queixa nº 19 373/92, *Déc. Rap.* 74, pág. 92.

2. Segundo o Relatório explicativo, o termo «lei» engloba as disposições de direito material e as regras de processo aplicáveis.

A «lei» pressupõe não só a existência de uma base legal no direito interno, mas também a qualidade dessa lei, o que exige não só a acessibilidade e a previsibilidade desta, como ainda uma certa proteção contra os atentados arbitrários do poder público aos direitos garantidos pela *Convenção* – Acórdão Lupsa, de 8 de junho de 2006, R06-VII, pág. 365, § 55.

As três garantias respeitam o direito de defesa reconhecido a um estrangeiro ameaçado de expulsão, o que pressupõe um processo onde uma autoridade administrativa ou judicial examina a defesa apresentada.

O processo pode comportar ou não uma audiência.

As garantias processuais são mais reduzidas do que as previstas no artigo 6º da *Convenção*; este artigo só pode ser invocado se a expulsão atentar contra um «direito civil», como, por exemplo, o direito à vida familiar – Acórdão Maaouia, de 5 de outubro de 2000, R00-X, pág. 287, § 40.

3. As restrições às referidas garantias, a ordem pública e a segurança nacional, não tem a mesma dimensão.

A necessidade de ordem pública deve ser aferida pelos padrões prevalecentes numa sociedade democrática, nomeadamente a proporcionalidade entre a medida e o fim visado, enquanto a segurança nacional não admite discussão, pois, uma vez invocada, deve ser aceite como uma justificação suficiente – Relatório explicativo, cit., pág. 10.

A Comissão não se comprometeu na equiparação entre a retirada de um título de residência e a expulsão – Decisão de 9 de julho de 1993, Queixa nº 21 069/92, *Déc. Rap.* 75, pág. 245.

Artigo 2º – Direito a um duplo grau de jurisdição em matéria penal

1 – Qualquer pessoa declarada culpada de uma infração penal por um tribunal tem o direito de fazer examinar por uma jurisdição superior a declaração de culpabilidade ou a condenação. O exercício deste direito, bem como os fundamentos pelos quais ele pode ser exercido, são regulados pela lei.

2 – Este direito pode ser objeto de exceções em relação a infrações menores, definidas nos termos da lei, ou quando o interessado tenha sido julgado em primeira instância pela mais alta jurisdição ou declarado culpado e condenado no seguimento de recurso contra a sua absolvição.

REFERÊNCIAS
PIDCP – artigo 14º, nº 5.
Conv. Interam. – artigo 8º, nº 2, alínea *h).*
Const. – artigo 32º, nº 1.

1. O condenado em processo penal tem o direito de recorrer para um tribunal superior, que examinará a declaração de culpabilidade ou a condenação; pressupõe, por isso, uma decisão condenatória, pelo que este artigo é inaplicável a um processo que não contenha uma decisão sobre o bem-fundado de uma acusação em matéria penal, no sentido do nº 1 do artigo 6º da *Convenção* – Decisão de 2 de setembro de 1995, Queixa nº 17 571/90, *Déc. Rap.* 75, pág. 139.

O recurso pode limitar-se à condenação, nomeadamente nos casos em que o arguido confessou os factos – Relatório explicativo, cit., pág. 10.

A condenação deve ser feita por um tribunal, pelo que as garantias do duplo grau de jurisdição não valem para as infrações que são examinadas por autoridades que não são tribunais nos termos do artigo 6º da *Convenção* – Relatório explicativo, cit., pág. 10.

2. O exercício deste direito, bem como os fundamentos pelos quais pode ser exercido, poderão ser regulados pelo legislador interno.

O Tribunal Constitucional entende que o legislador interno pode limitar o recurso à matéria de direito ou a esta e a certos pontos da matéria de facto, afastando-se assim de um absoluto e completo duplo grau de jurisdição – Acórdão nº 171/94, *Diário da República,* II Série, de 19 de julho de 1994.

A jurisprudência de Estrasburgo vai nesse sentido: o Estado goza de um largo poder de apreciação para consagrar as modalidades de exercício daquele direito, o que implica a possibilidade de o limitar, por exemplo, às questões de direito ou de o condicionar a uma autorização, desde que essa limitação vise um objetivo legítimo e não atinja a sua essência – Acórdão Krombach, de 13 de fevereiro de 2001, R01-II, pág. 30, § 96, Decisões do Tribunal, de 18 de janeiro de 2000, Queixa nº 27 618/95 e 27 619/95, R00-I, pág. 437, de 30 de maio de 2000, Queixa nº 53 183/99, R00-VI, pág. 516, e de 27 de agosto de 2002, Queixa nº 58 188/00, R02-VII, pág. 429, e Decisões de 9 de setembro de 1992, Queixa nº 19 028/91, *Déc. Rap.* 73, pág. 239, de 26 de outubro de 1995, Queixa nº 20 087/92, *Déc. Rap.* 83-A, pág. 5, e de 16 de janeiro de 1996, Queixa nº 26 808/95, *Déc. Rap.* 84-A, pág. 164.

Admitir-se-ia assim apenas a revisão de direito; contudo, para acautelar uma diferente interpretação dos órgãos de controlo, alguns países, nomeadamente a França e a Alemanha, fizeram uma «*declaração interpretativa*» naquele sentido no momento da ratificação.

3. O duplo grau de jurisdição pode ser excecionado em três situações:

- Infrações menores, ou seja, aquelas que não são passíveis de prisão – Relatório explicativo, cit., pág. 11, e Decisão de 3 de dezembro de 1993, Queixa nº 18 892/91, *Déc. Rap.* 76-A, pág. 51;
- Julgamento em primeira instância pela mais alta jurisdição – cfr. o artigo 53º, alínea *a)*, da Lei nº 62/2013, de 26 de agosto (Lei Orgânica dos Tribunais), sobre a competência do Supremo Tribunal de Justiça em 1ª instância;
- Condenação no seguimento de recurso contra a absolvição.

4. Recorde-se que na instância de recurso se devem observar todas as garantias de defesa consagradas no artigo 6º; ver a anotação a este artigo.

Artigo 3º – Direito a indemnização em caso de erro judiciário

Quando uma condenação penal definitiva é ulteriormente anulada ou quando é concedido o indulto, porque um facto novo ou recentemente revelado prova que se produziu um erro judiciário, a pessoa que cumpriu uma pena em virtude dessa condenação será indemnizada, em conformidade com a lei ou com o processo em vigor no Estado em causa, a menos que se prove que a não revelação em tempo útil de facto desconhecido lhe é imputável no todo ou em parte.

REFERÊNCIAS

PIDCP – artigo 14º, nº 6.
Conv. Interam. – artigo 10º
Const. – artigo 29º, nº 6.

Segundo o Relatório explicativo, cit., págs. 11 e segs., para que haja direito à indemnização é necessário que uma pessoa tenha sido condenada a uma pena por ter cometido uma infração, cuja decisão tenha transitado em julgado.

Depois, a decisão terá de ser anulada em processo de revisão ou concedido um indulto porque um facto novo ou recentemente conhecido evidencia a existência de um erro judiciário.

Assim, os casos de erro judiciário dão direito a indemnização, salvo se o erro for imputável ao comportamento do indivíduo em causa.

Esta norma dever ser considerada como adicional quando comparada com o nº 2 do artigo 6º da *Convenção* – Acórdão Allen, de 12 de julho de 2013, § 105.

Artigo 4º – Direito a não ser julgado ou punido mais de uma vez

1 – Ninguém pode ser penalmente julgado ou punido pelas jurisdições do mesmo Estado por motivo de uma infração pela qual já foi absolvido ou condenado por sentença definitiva, em conformidade com a lei e o processo penal desse Estado.

2 – As disposições do número anterior não impedem a reabertura do processo, nos termos da lei e do processo penal do Estado em causa, se factos novos ou recentemente revelados ou um vício fundamental no processo anterior puderem afetar o resultado do julgamento.

3 – Não é permitida qualquer derrogação ao presente artigo com fundamento no artigo 15º do *Convenção.*

REFERÊNCIAS
PIDCP – artigo 14º, nº 7.
Conv. Interam. – artigo 8º, nº 4.
Carta UE – artigo 50º
Const. – artigo 29º, nº 5.

Consagra-se o clássico princípio *non bis in idem,* no duplo sentido de proibir o duplo julgamento de uma infração penal e a dupla punição; a disposição aplica-se mesmo que o indivíduo tenha sido sujeito a um processo que não chegou a condená-lo; com efeito, no direito penal, o princípio *non bis in idem* é válido seja o indivíduo condenado ou absolvido; mas já não se aplica a um processo que terminou com a desistência do Ministério Público em prosseguir a acusação– Acórdãos Gradinger, de 23 de outubro de 1995, A 328-C, pág. 65, § 53, Nikitine, 20 de julho de 2004, R04-VIII, pág. 357, § 35, e Marguš, de 27 de maio de 2014, § 120, e Decisões do Tribunal, de 14 de setembro de 1999, Queixas nºs 36 855/97 e 41 731/98, R99-VI, pág. 557, de 3 de outubro de 2002, Queixa nº 48 154/99, R02-IX, pág. 287, e de 19 de outubro de 2006, Queixa nº 4483/02, e Decisão de 7 de março de 1996, Queixa nº 20 972/92, *Déc. Rap.* 84-A, pág. 17; o que pressupõe pelo menos a abertura de um novo processo depois que um outro já tenha terminado definitivamente por uma absolvição ou condenação; note-se que o processo anterior pode ter tido lugar antes da entrada em vigor do Protocolo; basta que o segundo decorra já depois da entrada em vigor do Protocolo – Acórdão Marguš, de 27 de maio de 2014, § 97, e Decisão do Tribunal, de 24 de junho de 2003, Queixa nº 65 831/01, R03-IX, pág. 339.

A condenação será definitiva quando não admita recursos ordinários ou quando as partes os tenham esgotado ou deixado passar os prazos para os exercer – Acórdão Sergueï Zolotoukhine, 19 de fevereiro de 2009, § 107.

A noção de processo penal deve ser encontrada não apenas por referência ao direito interno mas também com o apelo aos princípios gerais aplicáveis às expressões «acusação em matéria penal» e «pena», figurando respetivamente nos artigos 6º e 7º e aos critérios definidos no Acórdão Engel e outros, de 8 de junho de 1976, Série A, nº 22 – Acórdãos Sergueï Zolotoukhine, 19 de fevereiro de 2009, § 52, e Ruotsalainen, 16 de junho de 2009, § 43.

A jurisprudência do Tribunal tem evoluído sobre o critério a adotar na análise do princípio.

Inicialmente, entendia-se que o que se proibia era o julgamento por duas vezes da mesma infração, mas já não o julgamento por duas vezes do mesmo facto penal que, como no concurso ideal de infrações, se traduz em duas ou mais infrações distintas – Acórdão Oliveira, de 30 de julho de 1998, R98-V, pág. 1998, § 26, e Decisão do Tribunal, de 13 de dezembro de 2005, Queixa nº 73 661/01, R05-XIII, pág. 337; o Tribunal reviu esta posição para defender que este artigo deve ser entendido como proibindo a perseguição ou julgamento de uma pessoa por uma segunda «infração» desde que esta tenha por origem factos idênticos ou factos que são em substância os mesmos – Acórdãos Sergueï Zolotoukhine, 19 de fevereiro de 2009, § 82, Ruotsalainen, 16 de junho de 2009, § 56, e Marguš, de 27 de maio de 2014, § 114.

Questão de suma importância é a de saber se uma amnistia impede que se abra um processo contra o amnistiado quando estão em causa crimes de guerra ou contra a humanidade; o Tribunal entendeu que nestas excecionais circunstâncias não havia violação do disposto neste artigo – Acórdão Marguš, de 27 de maio de 2014, § 139.

Viola esta disposição a imposição de uma pena de prisão acrescida de uma multa com «*contrainte par corps*» – multa que, no sistema francês, implica a prisão do devedor até que aquela seja paga – Acórdãos Jamil, de 8 de junho de 1995, A 317-B, pág. 28, § 32, e Göktan, de 2 de julho de 2002, R02-V, pág. 119, § 48.

A proibição aqui prevista está limitada ao plano interno, não impedindo os Estados de julgar uma pessoa mesmo que já tenha sido julgada definitivamente por um outro Estado – Decisões de 13 de dezembro de 1983, Queixa nº 8945/80, *Déc. Rap.* 39, pág. 43, de 21 de outubro de 1993, Queixa nº 17 265/90, *Déc. Rap.* 75, pág. 76, de 20 de maio de 1994, Queixa nº 24 015/94, *Déc. Rap.* 77-A, pág. 144, e de 16 de janeiro de 1995, Queixa nº 21 072/92, *Déc. Rap.* 80-A, pág. 89.

Os Estados europeus confiaram a garantia do princípio do *non bis in idem* no quadro das relações entre as jurisdições dos diferentes Estados a um outro instrumento internacional, a Convenção Europeia de Extradição, assinada em Paris a 13 de dezembro de 1957, aprovada pela Resolução da Assembleia da República nº 23/89, de 21 de agosto, e ratificada pelo Decreto Presidencial nº 51/89, da mesma data, que prevê no seu artigo 9º (completado pelo artigo 2º do Primeiro Protocolo adicional a esta Convenção):

> *«A extradição não será concedida quando a pessoa reclamada tiver sido definitivamente julgada pelas autoridades competentes da Parte requerida pelo facto ou factos que fundamentam o pedido de extradição».*

Ver também o Acordo Schengen, a que Portugal aderiu em 25 de junho de 1992, que no seu artigo 54º estabelece:

> *«Aquele que tenha sido definitivamente julgado por um tribunal de uma parte contratante não pode, pelos mesmos factos, ser submetido a uma ação judicial intentada por uma outra parte contratante, desde que, em caso de condenação, a sanção tenha sido cumprida ou esteja atualmente em curso de execução ou não possa já ser executada, segundo a legislação da parte contratante em que a decisão de condenação foi proferida».*

Artigo 5º – Igualdade entre os cônjuges

Os cônjuges gozam de igualdade de direitos e de responsabilidades de caráter civil, entre si e nas relações com os seus filhos, em relação ao casamento, na constância do matrimónio e aquando da sua dissolução. O presente artigo não impede os Estados de tomarem as medidas necessárias no interesse dos filhos.

REFERÊNCIAS

DUDH – artigo 16º, nº 1.
PIDCP – artigo 23º, nº 4.
Conv. Interam. – artigo 17º, nº 4.
Const. – artigo 36º, nº 3.

Esta disposição impõe uma obrigação positiva aos Estados para definirem um quadro legal que assegure a igualdade dos cônjuges, nos seus direitos e obrigações aqui contemplados – Decisão de 9 de setembro de 1998, Queixa nº 32 700/96, *Déc. Rap.* 94-A, pág. 94.

Segundo o Relatório explicativo, págs. 13 e segs., o direito à igualdade aqui previsto é restrito ao campo civil, não abarcando outros domínios do direito, como o direito administrativo, fiscal, social, eclesiástico ou do trabalho – Decisão de 18 de janeiro de 1996, Queixa nº 25 053/94, *Déc. Rap.* 84-A, pág. 101.

A última frase deste artigo permite a introdução de algumas «desigualdades» no interesse dos filhos, como confiar a sua guarda apenas a um dos pais.

Da referência à dissolução do casamento não pode concluir-se que os Estados têm a obrigação de a prever; este artigo continua a não contemplar o direito ao divórcio – Acórdão Johnston e outros, de 18 de dezembro de 1986, A 112, pág. 25, § 53.

Artigo 6º – Aplicação territorial

....

Cfr. a anotação ao artigo 56º da *Convenção.*

Artigo 7º – Relações com a Convenção

Os Estados Partes consideram os artigos 1º a 6º do presente Protocolo como artigos adicionais à Convenção e todas as disposições da Convenção se aplicarão em consequência.

O Protocolo nº 11 eliminou o nº 2 deste artigo, que se ocupava do direito de recurso e da jurisdição do Tribunal que necessitavam de uma declaração própria, sendo insuficientes as feitas nos termos dos antigos artigos 25º e 46º da *Convenção.*

Como Protocolo Adicional à *Convenção*, todas as disposições desta se aplicam, nomeadamente as relativas à competência obrigatória do Tribunal – artigo 34º

Como se viu na anotação a este artigo, a aceitação total do mecanismo de controlo instaurado pela *Convenção* tornou-se mesmo, de facto, uma condição para aderir à Organização.

Artigo 8º – Assinatura e ratificação

....

Cfr. a anotação ao artigo 59º da *Convenção.*

Portugal assinou este Protocolo em 22 de novembro de 1984, mas só o ratificou em 20 de dezembro de 2004, pelo que ele entrou em vigor, relativamente a Portugal, em 1 de março de 2005.

Artigo 9º – Entrada em vigor

1 – O presente Protocolo entrará em vigor no 1º dia do mês seguinte ao termo de um prazo de dois meses a partir da data em que sete Estados membros do Conselho da Europa tenham expresso o seu consentimento em estar vinculados pelo Protocolo nos termos do artigo 8º

2 – ....

O Protocolo entrou em vigor em 1 de novembro de 1988.

Artigo 10º – Funções do depositário

....

Feito em Estrasburgo, a 22 de novembro de 1984, ...

Protocolo nº 11 adicional à Convenção para a proteção dos direitos do homem e das liberdades fundamentais, relativo à reestruturação do mecanismo de controlo estabelecido pela Convenção

Os Estados membros do Conselho da Europa, signatários do presente Protocolo à Convenção para a Proteção dos Direitos do Homem e das Liberdades Fundamentais, assinada em Roma a 4 de novembro de 1950 (a seguir designada «Convenção»):

Considerando que é necessário e urgente reestruturar o mecanismo de controlo estabelecido pela Convenção, a fim de manter e reforçar a eficácia da proteção dos Direitos Humanos e das liberdades fundamentais prevista pela Convenção, nomeadamente face ao aumento do volume de petições e ao número crescente de membros do Conselho Europa;

Considerando que convém, por consequência, modificar algumas disposições da Convenção, por forma, nomeadamente, a substituir a Comissão e o Tribunal Europeu dos Direitos do Homem atuais por um novo Tribunal permanente;

Tendo em mente a Resolução nº 1 adotada pela Conferência Ministerial Europeia sobre os Direitos do Homem, realizada em Viena a 19 e 20 de março de 1985;

Tendo em mente a Recomendação nº 1194 (1992), adotada pela Assembleia Parlamentar do Conselho da Europa em 6 de outubro de 1992;

Tendo em mente a decisão tomada pelos Chefes de Estado e de Governo dos Estados membros do Conselho da Europa na Declaração de Viena de 9 de outubro de 1993, no sentido de reformar o mecanismo de controlo da Convenção;

Convencionaram o seguinte:

Artigo 1º – Alterações à Convenção[602]

(Estas alterações estão incorporadas no texto da Convenção)

Artigo 2º – Alterações à Convenção e aos seus Protocolos

(Estas alterações estão incorporadas na Convenção e nos Protocolos)

Artigo 3º – Assinatura e ratificação

....

Cfr. a anotação ao artigo 59º

Artigo 4º – Entrada em vigor

O presente Protocolo entrará em vigor no 1º dia do mês seguinte ao termo do prazo de um ano a contar da data em que todas as Partes na Convenção tenham expresso o seu consentimento em ficarem vinculadas pelo Protocolo, em conformidade com o artigo 3º A eleição dos novos juízes poderá ter lugar e todas as outras medidas tidas como necessárias para a criação do novo Tribunal poderão ser tomadas, em conformidade com o presente Protocolo, a contar da data em que todas as Partes na Convenção tenham expresso o seu consentimento em ficarem vinculadas pelo Protocolo.

1. A Itália foi o último país a depositar o seu instrumento de ratificação, em outubro de 1997.

Assim, a partir de 1 de novembro de 1998, vigora o regime definido por este Protocolo.

2. O processo para eleição dos juízes iniciou-se praticamente com o depósito do último instrumento de ratificação.

Os Governos apresentaram as listas dos seus candidatos ao Comité de Ministros durante os meses de outubro e novembro de 1997.

Estas listas, uma vez aprovadas pelo *Comité de Ministros*, foram enviadas à Assembleia Parlamentar.

[602] Embora tivesse atribuído títulos aos artigos da *Convenção* e dos seus Protocolos que estão em vigor, o Protocolo nº 11 não se dotou ele próprio de títulos para os seus artigos.
Os títulos agora atribuídos aos artigos deste Protocolo seguem, no entanto, os da *Convenção* e dos seus Protocolos.

A Assembleia Parlamentar elegeu 31 dos juízes na sua sessão de janeiro de 1998 e os restantes oito na sessão seguinte, em abril.

Os juízes eleitos – 39, correspondentes ao número de Estados que na altura tinham ratificado a *Convenção* – tiveram a sua primeira reunião de trabalho em 28 abril de 1998, onde discutiram o seu estatuto e questões ligadas à organização e funcionamento do Tribunal.

A partir desta data, a Assembleia dos juízes eleitos adotou as medidas necessárias para tornar possível o arranque do novo Tribunal na data prevista, em 1 de novembro de 1998.

Artigo 5º – Disposição transitória

1 – Sem prejuízo do disposto nos nºs 3 e 4 do presente artigo, o mandato dos juízes, dos membros da Comissão, do secretário e do secretário-adjunto[603] expira na data da entrada em vigor do presente Protocolo.

2 – As petições pendentes na Comissão que ainda não tenham sido declaradas admissíveis à data da entrada em vigor do presente Protocolo serão examinadas pelo Tribunal, em conformidade com as disposições do presente Protocolo.

3 – As petições declaradas admissíveis à data da entrada em vigor do presente Protocolo continuarão a ser tratadas pelos membros da Comissão no ano seguinte. Todos os assuntos cuja apreciação não tenha sido concluída durante esse período serão transmitidos ao Tribunal, que os apreciará, enquanto petições admissíveis, em conformidade com as disposições do presente Protocolo.

4 – Para as petições relativamente às quais a Comissão tiver adotado, após a entrada em vigor do presente Protocolo, um relatório em conformidade com o anterior artigo 31º da Convenção, o referido relatório será transmitido às partes, as quais não o poderão publicar. Em conformidade com as disposições aplicáveis antes da entrada em vigor do presente Protocolo, qualquer assunto poderá ser apresentado ao Tribunal. O coletivo do tribunal pleno determinará se uma das secções ou o tribunal pleno se deverá pronunciar sobre o assunto. Se uma secção se pronunciar sobre o assunto, a sua decisão será definitiva. Os assuntos não apresentados ao Tribunal serão apreciados pelo Comité de Ministros, que atuará em conformidade com o anterior artigo 32º da Convenção.

5 – Os assuntos pendentes no Tribunal e cuja apreciação não esteja ainda concluída à data de entrada em vigor do presente Protocolo serão transmitidos ao tribunal pleno, o qual se pronunciará sobre o assunto em conformidade com as disposições do presente Protocolo.

6 – Os assuntos pendentes no Comité de Ministros cuja apreciação, prevista pelo artigo 32º, não esteja ainda concluída à data de entrada em vigor do

603 Referem-se estas expressões ao *greffier* e ao *greffier*-adjunto.

presente Protocolo serão resolvidos[604] pelo Comité de Ministros que atuará em conformidade com o presente artigo.

1. No dia 1 de novembro de 1998, iniciou-se o novo sistema e, logicamente, terminou o anterior.

Este artigo preocupou-se em dar solução e andamento aos processos pendentes naquela data na Comissão, no Tribunal e no *Comité de Ministros.*

2. Queixas pendentes na Comissão

As queixas que ainda não tivessem sido declaradas admissíveis, incluindo as que foram comunicadas aos Governos, com ou sem observações das partes, transitaram para o novo Tribunal, que passou a examiná-las de acordo com o processo descrito na *Convenção,* tal como emendada pelo Protocolo nº 11.

A Comissão continuou a tratar as queixas já declaradas admissíveis, observando o procedimento anterior, previsto nos antigos artigos 28º, 29º, 30º e 31º, que se mantiveram em vigor para este reduzido efeito até 31 de outubro de 1999.

A Comissão terminou a sua tarefa em 31 de outubro de 1999.

As queixas admissíveis sobre as quais a Comissão não chegou a elaborar o seu relatório transitaram para o Tribunal, que as apreciou, de acordo com as novas regras, como queixas admissíveis.

3. Queixas pendentes no *Comité de Ministros*

As queixas que em 1 de novembro de 1998 estivessem pendentes no *Comité de Ministros* continuaram a ser examinadas por este órgão, observando-se o processo previsto no anterior artigo 32º

4. Queixas pendentes no antigo Tribunal

As queixas pendentes em 1 de novembro de 1998 no antigo Tribunal foram apreciadas pelo Tribunal pleno do novo Tribunal.

Esta solução, compreensível para evitar que uma queixa fosse objeto de três decisões sobre o fundo ao nível dos órgãos da *Convenção,* não deixou de acarretar graves consequências no funcionamento do novo órgão.

Artigo 6º – Reconhecimento da competência

Desde que uma Alta Parte contratante tenha reconhecido a competência da Comissão ou a jurisdição do Tribunal mediante a declaração prevista pelo anterior artigo 25º ou pelo anterior artigo 46º da Convenção, unicamente para

[604] Há lapso de tradução na versão oficial portuguesa que fala em «absolvidos» em vez de «resolvidos»

os assuntos ulteriores, ou fundamentados em factos ulteriores à referida declaração, tal restrição continuará a ser aplicada à jurisdição do Tribunal nos termos do presente Protocolo.

1. Dispunha o anterior artigo 25º:

1 – A Comissão pode conhecer de qualquer petição dirigida ao Secretário-Geral do Conselho da Europa por qualquer pessoa singular, organização não-governamental ou grupo de particulares, que se considere vítima de uma violação, cometida por uma das Altas Partes contratantes, dos direitos reconhecidos na presente Convenção, no caso de a Alta Parte contratante acusada haver declarado reconhecer a competência da Comissão nesta matéria. As Altas Partes contratantes que tiverem assinado tal declaração obrigam-se a não pôr qualquer impedimento ao exercício deste direito.

2 – Estas declarações podem ser feitas por prazo determinado.

Nestes termos, a Comissão só podia receber queixas desde que o Estado requerido tivesse reconhecido a competência da Comissão para examinar a queixa.

Este reconhecimento tinha, salvo declaração em contrário, efeito retroativo à data da ratificação da *Convenção,* mas os Estados podiam limitar no tempo o direito de queixa apenas a factos posteriores ou fundados em factos ulteriores a essa declaração.

Para além das limitações de natureza temporal previstas no nº 2 do antigo artigo 25º, e que permitiam a um Estado delimitar no tempo o direito de queixa, por exemplo, aos factos posteriores à declaração ou a partir de uma data precisa – Relatórios de 12 de outubro de 1989, Queixa nº 10 882/84, *Déc. Rap.* 67, pág. 5, e de 11 de dezembro de 1989, Queixa nº 11 926/86, *Déc. Rap.* 68, pág. 36, e Decisões de 4 de março de 1976, Queixa nº 6323/73, *Déc. Rap.* 3, pág. 80, e de 15 de abril de 1991, Queixa nº 12 806/87, *Déc. Rap.* 69, pág. 144 –, a *Convenção* não autorizava qualquer outra restrição na declaração de aceitação do direito de queixa – Decisão de 4 de março de 1991, Queixas nºs 15 299/89, 15 300/89 e 15 318/89, *Déc. Rap.* 68, pág. 216.

Diga-se ainda que este princípio geral devia ser visto com cautela perante atos instantâneos de efeitos duráveis ou «situações contínuas» de violação da *Convenção,* porquanto nestas situações se afirmava a competência da Comissão – Decisão de 16 de fevereiro de 1992, Queixa nº 14 807/89, *Déc. Rap.* 72, pág. 148.

2. Para o antigo Tribunal dispunha o artigo 46º:

1 – Cada uma das Altas Partes contratantes pode, em qualquer momento, declarar que reconhece como obrigatória de pleno direito, independentemente de qualquer convenção especial, a jurisdição do Tribunal para todos os assuntos relativos à interpretação e aplicação da presente Convenção.

2 – As declarações a que se refere o parágrafo anterior poderão ser feitas incondicionalmente, ou sob condição de reciprocidade, por parte de várias ou de certas outras Altas Partes contratantes, ou por um prazo determinado.

3 – Estas declarações serão remetidas ao Secretário-Geral do Conselho da Europa, que transmitirá cópias às Altas Partes contratantes.

No anterior sistema, um Estado podia ratificar a *Convenção,* sem reconhecer a competência do Tribunal.

Podia até reconhecer o direito de queixa à Comissão sem que isso implicasse a aceitação da competência do Tribunal; neste caso, as queixas eram examinadas, a final, pelo *Comité de Ministros.*

O Tribunal apenas intervinha quando o Estado Parte na *Convenção* fizesse uma declaração reconhecendo a sua competência.

Esta declaração podia ser incondicional ou sob condição de reciprocidade e por um prazo determinado.

Era com a notificação ao Secretário-Geral que se iniciava a competência, *ratione temporis,* do Tribunal – Acórdão Yağiz, de 7 de agosto de 1996, R96-III, pág. 966, § 27.

A declaração tinha, salvo disposição em contrário, efeito retroativo à data da ratificação da *Convenção,* e só restrições, *ratione temporis,* como as referidas no número anterior, eram admissíveis – Acórdão Loizidou (exceções preliminares), de 23 de março de 1995, A 310, págs. 24 e segs., §§ 65 e segs.

3. Pelo atual sistema, a competência do Tribunal é obrigatória e cobre eventualmente todas as violações cometidas após a ratificação da *Convenção* (esta extensão esgota-se, no entanto, no limite de seis meses previsto no nº 1 do artigo 35º da *Convenção).*

Sem a ressalva deste artigo 6º, as anteriores limitações na competência, *ratione temporis,* para o exame das queixas pela Comissão e pelo Tribunal deixariam de vigorar e o novo Tribunal podia vir a conhecer de queixas para as quais quer a Comissão quer o antigo Tribunal não eram competentes.

4. Portugal reconheceu a competência da Comissão e do Tribunal logo que ratificou a *Convenção*; a declaração, sob condição de reciprocidade, era válida por dois anos, renovável automaticamente, salvo notificação de denúncia desse reconhecimento – artigo 7º da Lei nº 65/78, de 13 de outubro (Lei que aprovou para ratificação a *Convenção*).

Artigo 7º – Funções do depositário

....

Feito em 11 de maio de 1994, em francês e inglês, ...

Protocolo nº 12 à Convenção para a proteção dos direitos do homem e das liberdades fundamentais

Os Estados membros do Conselho da Europa, signatários do presente Protocolo,

Tendo em conta o princípio fundamental segundo o qual todas as pessoas são iguais perante a lei e têm direito a igual proteção pela lei;

Decididos a tomar novas medidas para promover a igualdade de todas as pessoas através da implementação coletiva de uma interdição geral de discriminação prevista na Convenção para a Proteção dos Direitos do Homem e das Liberdades Fundamentais, assinada em Roma a 4 de novembro de 1950 (abaixo designada «Convenção»);

Reafirmando que o princípio da não discriminação não obsta a que os Estados Partes tomem medidas para promover uma igualdade plena e efetiva, desde que tais medidas sejam objetiva e razoavelmente justificadas;

Acordam no seguinte:

Artigo 1º – Interdição geral de discriminação

1. O gozo de todo e qualquer direito previsto na lei deve ser garantido sem discriminação alguma em razão, nomeadamente, de sexo, raça, cor, língua, religião, convicções políticas ou outras, origem nacional ou social, pertença a uma minoria nacional, riqueza, nascimento ou outra situação.
2. Ninguém pode ser objeto de discriminação por parte de qualquer autoridade pública com base, nomeadamente, nas razões enunciadas no número 1 do presente artigo.

REFERÊNCIAS

DUDH – artigos 1º, 2º e 7º

PIDCP – artigos 2º, nº 1, e 3º
Conv. Interam. – artigo 24º
Carta Afric. – artigo 3º
Carta UE – artigos 20º, 21º, 22º e 23º
Const. – artigo 13º

Como se viu, a proteção oferecida pelo artigo 14º da *Convenção* relativamente a igualdade e à não-discriminação estava limitada aos direitos e liberdades definidos na *Convenção,* ao contrário do que acontecia com instrumentos internacionais similares.

É este defeito de proteção que é agora superado, consagrando-se uma igualdade geral perante a lei – Acórdão Sejdič e Finci, de 22 de dezembro de 2009, § 53, que fala numa interdição geral de discriminação.

Os autores do Protocolo nº 12 utilizaram o mesmo termo de discriminação já utilizado no artigo 14º da *Convenção,* ou seja, que haverá discriminação quando exista um tratamento diferente, sem justificação objetiva e razoável, das pessoas colocadas em situações análogas – Acórdãos Sejdič e Finci, de 22 de dezembro de 2009, § 55, e Maktouf e Damjanović, 18 de julho de 2013, §81.

Segundo o Relatório explicativo, o conteúdo desta proteção adicional visa os casos onde uma pessoa foi objeto de uma discriminação:

a) no gozo de todo o direito especificamente acordado ao indivíduo no plano nacional;
b) no gozo de todo o direito derivando de obrigações claras das autoridades públicas no direito nacional, isto é, quando estas autoridades estejam obrigadas segundo a lei nacional a agir de uma certa maneira;
c) por parte das autoridades públicas no exercício de um poder discricionário (por exemplo, na outorga de certas subvenções);
d) por outros atos ou omissões da parte das autoridades públicas (por exemplo, o comportamento dos responsáveis pela aplicação das leis para pôr fim a uma revolta popular).

Mas, aqui, o Tribunal terá, por certo, uma palavra decisiva na fixação do conteúdo da proteção agora concedida.

Sublinha o Relatório explicativo que, não obstante a não inclusão de uma referência específica, algumas discriminações serão admissíveis, desde que exista uma justificação objetiva e razoável – ver, a este propósito, a anotação ao referido artigo 14º

E, como é óbvio, as discriminações positivas são admissíveis.

Nas relações entre particulares, de acordo com o referido relatório, a falta de proteção contra a discriminação neste tipo de relações poderá ser tão clara e nítida que acarretará inevitavelmente a responsabilidade do Estado nos termos deste artigo.

Artigo 2º – Aplicação territorial

....

Cfr. a anotação ao artigo 56º da *Convenção.*

Artigo 3º – Relações com a Convenção

Os Estados Partes entendem os artigos 1º e 2º do presente protocolo como artigos adicionais à Convenção, sendo as disposições da Convenção correspondentemente aplicadas.

Artigo 4º – Assinatura e ratificação

....

Artigo 5º – Entrada em vigor

1. O presente Protocolo entrará em vigor no primeiro dia do mês seguinte ao termo de um prazo de três meses a contar da data em que dez Estados membros do Conselho da Europa tenham expresso o seu consentimento em ficarem vinculados pelo presente Protocolo, de acordo com o disposto no artigo 4º

2. ....

Este Protocolo entrou em vigor no dia 1 de abril de 2005.

Portugal assinou este Protocolo mas ainda o não ratificou.

Aliás, a 1 de julho de 2015, este Protocolo tinha sido assinado por 37 Estados e contava apenas com 18 ratificações.

Artigo 6º – Funções do Depositário

....

Feito em Roma, a 4 de novembro de 2000, ...

Protocolo nº 13 à Convenção para a proteção dos direitos do homem e das liberdades fundamentais, relativo à abolição da pena de morte em quaisquer circunstâncias

Os Estados membros do Conselho da Europa, signatários do presente Protocolo:

Convictos de que o direito à vida é um valor fundamental numa sociedade democrática e que a abolição da pena de morte é essencial à proteção deste direito e ao pleno reconhecimento da dignidade inerente a todos os seres humanos;

Desejando reforçar a proteção do direito à vida garantido pela Convenção para a Proteção dos Direitos do Homem e das Liberdades Fundamentais, assinada em Roma em 4 de novembro de 1950 (a seguir designada «a Convenção»);

Tendo em conta que o Protocolo nº 6 à Convenção, relativo à abolição da pena de morte, assinado em Estrasburgo em 28 abril de 1983, não exclui a aplicação da pena de morte por atos cometidos em tempo de guerra ou de ameaça iminente de guerra;

Resolvidos a dar o último passo para abolir a pena de morte em quaisquer circunstâncias:

Acordam no seguinte:

Artigo 1º – Abolição da pena de morte

É abolida a pena de morte. Ninguém será condenado a tal pena, nem executado.

REFERÊNCIAS

DUDH – artigo 3º

PIDCP – artigo 6º

Conv. Interam. – artigo 4º
Carta Afric. – artigo 4º
Carta EU – artigo 2º
Const. – artigo 24º

Na senda de um movimento internacional de abolição da pena de morte em todas as circunstâncias, nomeadamente por atos cometidos em tempo de guerra ou de período iminente de guerra (tempo de Guerra), o Conselho da Europa veio consagrar neste artigo a abolição total da pena de morte: não haverá em nenhuma circunstância penas de morte nem execução destas.

Ver as anotações aos artigos 2º da *Convenção* e 2º do Protocolo nº 6.

Ver o Acórdão Al-Saadoon and Mufdhi, de 2 de março de 2010, §§ 119 e segs.

Artigo 2º – Proibição de derrogações

As disposições do presente Protocolo não podem ser objeto de qualquer derrogação ao abrigo do artigo 15º da Convenção.

O Presente Protocolo pretende acabar com a pena de morte precisamente em tempo de guerra ou de perigo iminente de guerra.

Cfr. a anotação ao artigo 15º da *Convenção.*

Artigo 3º – Proibição de reservas

Não é admitida qualquer reserva ao presente Protocolo, formulada ao abrigo do artigo 57º da Convenção.

Cfr. a anotação ao artigo 57º da *Convenção.*

Artigo 4º – Aplicação territorial

Cfr. a anotação ao artigo 56º da *Convenção.*

Artigo 5º – Relações com a Convenção

Os Estados Partes consideram as disposições dos artigos 1º a 4º do presente Protocolo adicionais à Convenção, aplicando-se-lhes, em consequência, todas as disposições da Convenção.

Artigo 6º – Assinatura e ratificação

....

Artigo 7º – Entrada em vigor

1 – O presente Protocolo entrará em vigor no 1º dia do mês seguinte ao termo de um período de três meses após a data em que 10 Estados membros do Conselho da Europa tenham manifestado o seu consentimento em vincular-se pelo presente Protocolo, nos termos do disposto no seu artigo 6º

2 – ....

O Presente Protocolo entrou em vigor a 1 de julho de 2003.

Portugal ratificou este Protocolo a 30 de outubro de 2004, pelo que ele entrou em vigor para o nosso País a 1 de fevereiro de 2005.

Até 1 de julho de 2015, dois Estados – Azerbaijão e Rússia – não tinham assinado este Protocolo, e um outro – Arménia,– embora o tenha assinado, ainda não tinha ratificado.

Artigo 8º – Funções do depositário

....

Feito em Vilnius, em 3 de maio de 2002, ...

Protocolo nº 14 à Convenção para a proteção dos direitos do homem e das liberdades fundamentais, introduzindo alterações no sistema de controlo da Convenção

PREÂMBULO

Os Estados membros do Conselho da Europa, signatários do presente Protocolo à Convenção para a Proteção dos Direitos do Homem e das Liberdades Fundamentais, assinada em Roma a 4 de novembro de 1950 (a seguir designada «a Convenção»);

Tendo em conta a Resolução nº 1 e a Declaração adotadas pela Conferência Ministerial Europeia sobre os Direitos do Homem, realizada em Roma a 3 e 4 de novembro de 2000;

Tendo em conta as Declarações adotadas pelo Comité de Ministros a 8 de novembro de 2001, 7 de novembro de 2002 e 15 de maio de 2003, por ocasião das suas 109ª, 111ª e 112ª Sessões respetivamente;

Tendo em conta o Parecer nº 251 (2004) adotado pela Assembleia Parlamentar do Conselho da Europa em 28 de abril de 2004;

Considerando que é necessário e urgente introduzir alterações em determinadas disposições da Convenção, a fim de manter e reforçar a eficácia a longo prazo do sistema de controlo, nomeadamente face ao constante aumento do volume de trabalho do Tribunal Europeu dos Direitos do Homem e do Comité de Ministros do Conselho da Europa;

Considerando, em especial, que importa assegurar que o Tribunal continue a desempenhar o seu papel de relevo na proteção dos Direitos do Homem na Europa;

Acordam no seguinte:

[...]

As alterações introduzidas na Convenção pelos artigos 1º a 17º deste Protocolo foram incorporadas no texto da Convenção e anotadas.

Disposições Finais e Transitórias

Artigo 18º

....

(assinatura, ratificação e depósito)

....

Artigo 19º

O presente Protocolo entrará em vigor no 1º dia do mês seguinte ao termo do prazo de três meses a contar da data em que todas as Partes na Convenção tenham expresso o seu consentimento em ficarem vinculadas pelo Protocolo, em conformidade com o artigo 18º

O Protocolo entrou em vigor em 1 de junho de 2010.

Artigo 20º

1 – À data da entrada em vigor do presente Protocolo, as suas disposições aplicar-se-ão a todas as petições pendentes no Tribunal, bem como a todas as sentenças cuja execução é objeto da supervisão do Comité de Ministros.

2 – O novo critério de admissibilidade introduzido pelo artigo 12º do presente Protocolo no artigo 35º, nº 3, alínea *b*), da Convenção, não se aplica às petições cuja admissibilidade tenha sido declarada em momento anterior à entrada em vigor do Protocolo. Nos dois anos seguintes à entrada em vigor do presente Protocolo, apenas as secções e o tribunal pleno poderão aplicar o novo critério de admissibilidade.

1. Pretende-se que as disposições do Protocolo se possam aplicar a todas as queixas pendentes para não atrasar o impacto das medidas aqui adotadas.

2. O novo critério de admissibilidade introduzido no artigo 35º, nº 3, alínea *b)*, da *Convenção* (prejuízo significativo) não se aplica às queixas que já tenham sido declaradas admissíveis antes da entrada em vigor do Protocolo,

Por outro lado, no período de dois anos após a entrada em vigor do Protocolo, este novo critério só pode ser aplicado pelas Secções e pelo Tribunal pleno.

Segundo o Relatório explicativo do Protocolo, esta limitação reflete a necessidade de desenvolver uma jurisprudência relativa à interpretação deste novo critério para que ele possa ser então aplicado pelo juiz único e pelos comités de três juízes.

Ver a anotação ao artigo 35º da *Convenção.*

Artigo 21º

À data da entrada em vigor do presente Protocolo, a duração do mandato dos juízes que cumpram o seu primeiro mandato estender-se-á de pleno direito por forma a atingir um total de nove anos. Os outros juízes terminam o seu mandato, que se prolongará de pleno direito por dois anos.

Ver a anotação ao artigo 23º da *Convenção.*

Os juízes que cumpriam o seu primeiro mandato, em princípio, de seis anos, ou mesmo que tivessem sido eleitos para acabar o mandato do seu predecessor, teriam o seu mandato alargado a nove anos, sem possibilidade de reeleição.

Os outros juízes viam o seu mandato prorrogado por mais dois anos.

Com este dispositivo, pretendia-se evitar que um considerável número de Juízes terminasse em simultâneo o seu mandato, conseguindo-se assim uma renovação escalonada da composição do Tribunal.

Artigo 22º – Funções do depositário

....

Feito em Estrasburgo, aos 13 de maio de 2004, ...

Protocolo nº 15 que altera a Convenção para a Proteção dos Direitos do Homem e das Liberdades Fundamentais

PREÂMBULO

Os Estados-Membros do Conselho da Europa e as outras Altas Partes Contratantes da Convenção para a Proteção dos Direitos Humanos e Liberdades Fundamentais, assinada em Roma a 4 de Novembro de 1950 (a seguir denominada "a Convenção"), signatários do presente Protocolo,

Considerando a Declaração aprovada na Conferência de Alto Nível sobre o futuro do Tribunal Europeu de Direitos do Homem, realizada em Brighton a 19 e 20 de Abril de 2012, bem como as Declarações aprovadas nas conferências realizadas em Interlaken, a 18 e 19 de fevereiro de 2010, e em Esmirna, a 26 e 27 de Abril de 2011;

Tendo em conta o Parecer nº 283 (2013), aprovado pela Assembleia Parlamentar do Conselho da Europa a 26 de abril de 2013;

Considerando que é necessário assegurar que o Tribunal Europeu dos Direitos do Homem (a seguir denominado "o Tribunal") continue a desempenhar o seu papel preeminente na proteção dos Direitos Humanos na Europa,

Acordam o seguinte:

(.........)

As alterações introduzidas na Convenção pelos artigos 1º a 5º deste Protocolo foram incorporadas no texto da Convenção e anotadas.

Disposições finais e transitórias

Artigo 6 º

....

Cfr. a anotação ao artigo 59º da *Convenção.*

Artigo 7º

O presente Protocolo entrará em vigor no primeiro dia do mês seguinte ao termo de um período de três meses após a data em que todas as Altas Partes Contratantes da Convenção tenham expressado o seu consentimento em ficarem vinculados pelo Protocolo, em conformidade com as disposições do artigo 6º.

A 1 de julho de 2015 este Protocolo continha 42 assinaturas e 19 ratificações.

Portugal, a 1 de julho de 2015, já tinha assinado este Protocolo, mas ainda não o tinha ratificado.

Artigo 8º

1 – As alterações introduzidas pelo artigo 2º do presente Protocolo aplicam-se apenas aos candidatos figurando nas listas apresentadas à Assembleia Parlamentar pelas Altas Partes Contratantes, nos termos do artigo 22º da Convenção, após a entrada em vigor do presente Protocolo.

2 – A alteração introduzida pelo artigo 3º do presente Protocolo não se aplica aos processos pendentes em que uma das partes se opôs, antes da entrada em vigor do presente Protocolo, a uma proposta de uma Secção de devolver a decisão do litígio ao Tribunal Pleno.

3 – O artigo 4º do presente Protocolo entrará em vigor no termo de um período de seis meses após a data de entrada em vigor do presente Protocolo. O artigo 4 º do presente Protocolo não se aplica às queixas em relação às quais uma decisão final, nos termos do artigo 35º, nº 1 da Convenção tenha sido tomada, antes da data de entrada em vigor do artigo 4º do presente Protocolo.

4 – Todas as outras disposições do presente Protocolo se aplicam a partir da data da sua entrada em vigor, nos termos do artigo 7º.

Ver as anotações às disposições visadas.

Artigo 9º

....

Cfr. a anotação ao artigo 59º da *Convenção.*

Feito em Estrasburgo, a 24 de junho de 2013, ...

Protocolo nº 16 à Convenção para a Proteção dos Direitos do Homem e das Liberdades Fundamentais

PREÂMBULO

Os Estados-Membros do Conselho da Europa e as outras Altas Partes Contratantes da Convenção para a Proteção dos Direitos do Homem e das Liberdades Fundamentais, assinada em Roma a 4 de Novembro de 1950 (a seguir denominada "a Convenção"), signatários do presente Protocolo,

Considerando as disposições da Convenção, nomeadamente o seu artigo 19º, que estabelece o Tribunal Europeu dos Direitos Humanos (a seguir denominado "o Tribunal");

Considerando que o alargamento da competência do Tribunal para dar pareceres consultivos reforçará a interação entre o Tribunal e as autoridades nacionais e, assim, consolidará a implementação da Convenção, em conformidade com o princípio da subsidiariedade;

Tendo em conta o Parecer nº 285 (2013), aprovado pela Assembleia Parlamentar do Conselho da Europa em 28 de junho de 2013,

Acordam o seguinte:

Artigo 1º

1 – As mais altas jurisdições de uma Alta Parte Contratante, designadas nos termos do artigo 10º, podem dirigir ao Tribunal pedidos de pareceres consultivos sobre questões de princípio relativas à interpretação ou à aplicação dos direitos e liberdades definidos na Convenção ou nos seus protocolos.

2 – A jurisdição que faz o pedido só pode solicitar um parecer consultivo no âmbito de um processo pendente perante ela.

3 – A jurisdição que procede ao pedido motiva o seu pedido de parecer e apresenta os elementos pertinentes do contexto jurídico e factual do caso pendente.

1. Este pedido de parecer é facultativo e em nenhuma circunstância obrigatório para as altas jurisdições; a jurisdição que formula o pedido pode retirá-lo; por mais alta jurisdição deve entender-se, não só o Tribunal constitucional e os Tribunais supremos, mas também outras jurisdições de uma importância particular porque elas são "as mais altas" jurisdições para uma certa categoria de matérias.

Por isso, parece-me que Portugal poderá, por exemplo, indicar, nos termos do artigo 10º deste Protocolo, a Procuradoria-Geral da República como uma alta jurisdição para este efeito.

O pedido deve ser feito no quadro de um processo pendente; este pedido não está destinado, por exemplo, a permitir um exame teórico da legislação que não seja aplicada ao processo pendente.

As jurisdições que solicitam o parecer podem apresentar o seu pedido na língua oficial utilizada no processo interno – Relatório explicativo do Protocolo 16.

Artigo 2º

1 – Um coletivo de cinco juízes do Tribunal Pleno pronuncia-se sobre a aceitação do pedido de parecer consultivo feito nos termos do artigo 1º. A recusa do coletivo em aceitar o pedido é motivada.

2 – Se o coletivo aceitar o pedido, o Tribunal Pleno elabora um parecer consultivo.

3 – O coletivo e o Tribunal Pleno, referidos nos números anteriores, incluem de direito o juiz eleito pela Alta Parte Contratante a que pertence a jurisdição que fez o pedido. Na ausência deste juiz, ou quando não esteja em condições de intervir, uma pessoa escolhida pelo Presidente do Tribunal a partir de uma lista apresentada previamente por essa Parte intervirá na qualidade de juiz.

1. Este coletivo de 5 juízes não dispõe de um poder discricionário; por isso, espera-se que o Tribunal não recuse os pedidos que preencham as questões de fundo e de forma enunciadas no artigo anterior.

De qualquer modo, e ao contrário do que acontece com a decisão tomada nos termos do artigo 43º da *Convenção*, a recusa do parecer deve ser motivada.

Se o pedido for aceite, o Tribunal deve conceder-lhe uma alta prioridade – Relatório explicativo do Protocolo 16.

Artigo 3º

O Comissário para os Direitos Humanos do Conselho da Europa e a Alta Parte Contratante a que a jurisdição que formulou o pedido pertence têm o direito de apresentar observações escritas e participar nas audiências. O Presidente do Tribunal poderá, no interesse da boa administração da justiça, convidar qualquer Alta Parte Contratante ou qualquer outra pessoa a apresentar também observações escritas ou a participar nas audiências.

A participação do Comissário para os Direitos Humanos corresponde à que está prevista no nº 3 do artigo 36º da *Convenção* para os processos pendentes nas Secções e no Tribunal pleno.

A participação do Governo da Alta Parte Contratante a que pertence a jurisdição que formulou o pedido não é obrigatória, embora tenha o direito de aí intervir.

Como já está previsto no nº 2 do Artigo 36º da *Convenção*, o Presidente do Tribunal pode convidar qualquer Alta Parte Contratante ou qualquer pessoa a apresentar observações escritas ou participar nas audiências.

Artigo 4º

1 – Os pareceres consultivos são fundamentados.

2 – Se o parecer consultivo não expressar, no todo ou em parte, a opinião unânime dos juízes, qualquer juiz terá o direito de juntar a sua opinião separada.

3 – Os pareceres consultivos são transmitidos à jurisdição que formulou o pedido e à Alta Parte Contratante a que a jurisdição pertence.

4 – Os pareceres consultivos são publicados.

O Relatório explicativo refere-se à questão da língua e da importância da tradução do Parecer na língua oficial da jurisdição que fez o pedido, sendo de esperar que o Tribunal coopere nessa tradução.

Artigo 5º

Os pareceres consultivos não são vinculativos.

Embora os pareceres não sejam vinculativos, é de presumir que as instâncias nacionais deverão seguir a solução avançada no Parecer.

Enfim, o Tribunal pode tornar-se uma espécie de Tribunal constitucional europeu, uniformizando a jurisprudência europeia nestas matérias.

Mas é evidente que este efeito ganharia maior vigor se os Pareceres fossem de aplicação obrigatória, ao menos para as entidades que os pediram, à semelhança do que acontece com os pareceres do Tribunal de Justiça das Comunidades.

Ver a anotação nº 4 ao artigo 47º da *Convenção*.

Artigo 6º

....

Cfr. a anotação ao artigo 5º do Protocolo nº 1.

Artigo 7º

....

Cfr. a anotação ao artigo 59º da *Convenção.*

Artigo 8º

1 – O presente Protocolo entrará em vigor no primeiro dia do mês seguinte ao termo de um período de três meses após a data em que dez Altas Partes Contratantes da Convenção tenham manifestado o seu consentimento em ficarem vinculados pelo Protocolo, em conformidade com as disposições do artigo 7º.

2 – Para qualquer das Altas Partes Contratantes da Convenção que exprima posteriormente o seu consentimento em ficar vinculada pelo presente Protocolo, este entrará em vigor no primeiro dia do mês seguinte ao termo de um período de três meses após a data de expressão de seu consentimento em ficar vinculada pelo Protocolo, nos termos do disposto no artigo 7º.

Este Protocolo, a 1 de julho de 2015, continha apenas 16 assinaturas e 2 ratificações, pelo que ainda não entrou em vigor, pois para tanto precisa da ratificação de dez Altas Partes Contratantes.

Portugal ainda não assinou este Protocolo.

Artigo 9º

Nenhuma reserva é admitida às disposições do presente Protocolo nos termos do artigo 57º da Convenção.

Cfr. a anotação ao artigo 57º da *Convenção.*

Artigo 10º

Cada Alta Parte Contratante da Convenção indica, no momento da assinatura ou do depósito do seu instrumento de ratificação, aceitação ou aprovação, mediante declaração dirigida ao Secretário-Geral do Conselho da Europa, quais as jurisdições designadas para os efeitos do artigo 1º, nº 1, do presente Protocolo. Essa declaração pode ser alterada a qualquer momento, da mesma forma.

Ver a anotação ao artigo 1º deste Protocolo.

Artigo 11º

....

Cfr. a anotação ao artigo 59º da *Convenção.*

....

Feito em Estrasburgo, a 2 de outubro de 2013.

Parte Segunda

Textos Complementares

Regulamento do Tribunal Europeu dos Direitos do Homem[605]

O Tribunal Europeu dos Direitos do Homem;

Vista a Convenção para a Salvaguarda dos Direitos do Homem e das Liberdades Fundamentais e seus Protocolos;

Aprova o presente Regulamento:

Artigo 1º (*) – Definições

Para o efeito da aplicação do presente Regulamento e salvo se o contrário resultar do contexto:

a) o termo «Convenção» designa a Convenção para a Proteção dos Direitos do Homem e das Liberdades Fundamentais e seus Protocolos;

b) o termo «Assembleia Plenária» designa o Tribunal Europeu dos Direitos do Homem reunido em sessão plenária;

c) o termo «Tribunal pleno» designa o Tribunal pleno de 17 juízes constituído nos termos do artigo 26º, nº 1, da Convenção;

d) o termo «Câmara» designa uma Câmara constituída pela Assembleia Plenária por um período determinado nos termos do artigo 25º, alínea *b)*, da Convenção e a expressão Presidente de Câmara designa o juiz eleito Presidente da dita Câmara pela Assembleia Plenária nos termos do artigo 25º, alínea *c)*, da Convenção;

e) o termo «Secção» designa uma Secção de sete juízes constituída nos termos do artigo 26º, nº 1, da Convenção e a expressão Presidente de Secção designa o juiz que preside a uma Secção;

[605] Aprovado pela Assembleia Plenária no dia 4 de novembro de 1998 e sujeito a sucessivas alterações. Ver a nota ao artigo 111º deste Regulamento.

f) o termo «Comité» designa um Comité de três juízes constituídos nos termos do artigo 26º, nº 1, da Convenção; e a expressão Presidente de Comité designa o juiz que preside ao Comité;

g) a expressão «formação de Juiz singular» designa uma formação constituída nos termos do artigo 26º, nº 1, da Convenção;

h) o termo «Tribunal» designa indiferentemente a Assembleia Plenária, o Tribunal pleno, uma Câmara, uma Secção, um Comité, um Juiz singular ou o coletivo de cinco juízes referido no artigo 43º, nº 2, da Convenção;

i) a expressão «juiz *ad hoc*» designa a pessoa escolhida nos termos do artigo 26º, nº 4, da Convenção e em conformidade com o artigo 29º do presente Regulamento para fazer parte do Tribunal pleno ou de uma Secção;

j) os termos «juiz» e «juízes» designam os juízes eleitos pela Assembleia Parlamentar do Conselho da Europa e os juízes *ad hoc*;

k) o termo «juiz relator» designa o juiz nomeado para desempenhar as tarefas previstas nos artigos 48º e 49º do presente Regulamento;

l) o termo «relator não judiciário» designa um membro do *Greffe* encarregado de assistir as formações de Juiz singular previstas no artigo 24º, nº 2, da Convenção;

m) o termo «delegado» designa um juiz nomeado pela Secção para fazer parte de uma delegação; a expressão chefe de delegação designa o delegado nomeado pela Secção para conduzir a delegação;

n) o termo «delegação» designa um órgão composto de delegados, membros do *Greffe* e de qualquer pessoa nomeada pela Secção para assistir à delegação;

o) o termo «*greffier*» designa, segundo o contexto, o greffier do Tribunal ou o *greffier* de uma Câmara;

p) os termos «parte» ou «partes» designam:

- as Partes contratantes requerentes ou requeridas;
- o requerente (pessoa física, organização não governamental ou grupo de particulares) que se queixa ao Tribunal nos termos do artigo 34º da Convenção;

q) a expressão «terceiro interveniente» designa a Parte contratante ou a pessoa interessada ou o Comissário para os Direitos do Homem do Conselho da Europa que, como previsto no artigo 36º, nºs 1 e 2, da Convenção, exerceu o seu direito de apresentar observações escritas e de participar numa audiência ou foi convidado para tal;

r) os termos «audiência» e «audiências» designam os debates consagrados à admissibilidade e/ou ao fundo de uma queixa, ou a um pedido de revisão ou de parecer consultivo, ou a um pedido de interpretação introduzido por uma parte ou pelo Comité de Ministros, ou a uma questão de falta de cumprimento a que o Tribunal pode ser solicitado nos termos do artigo 46º, nº 4, da Convenção;

s) a expressão «Comité de Ministros» designa o Comité de Ministros do Conselho da Europa;

t) os termos «antigo Tribunal» e «Comissão» designam respetivamente o Tribunal e a Comissão Europeia dos Direitos do Homem criados nos termos do anterior artigo 19º da Convenção.

(*) Modificado a 7 de julho de 2003 e 13 de novembro de 2006.

TÍTULO I
Da Organização e Funcionamento do Tribunal

CAPÍTULO I
Dos juízes

Artigo 2º (*) – Cálculo da duração do mandato

1 – Quando o lugar está vago à data da eleição do juiz, ou quando a eleição tem lugar menos de três meses antes que o lugar vague, o mandato começa a correr na data da entrada em funções, a qual não pode, salvo decisão em contrário do Presidente, ocorrer três meses após a data da sua eleição.

2 – Quando a eleição de um juiz tem lugar mais de três meses antes que o lugar vague, o mandato começa a correr na data em que o lugar vagar.

3 – Em conformidade com o artigo 23º, nº 3, da Convenção, o juiz eleito continua em funções até ao momento em que o seu sucessor preste o juramento ou faça a declaração solene prevista no artigo 3º do presente Regulamento.

(*) Modificado a 13 de novembro de 2006 e 2 de abril de 2012.

Artigo 3º – Juramento ou declaração solene

1 – Antes de iniciar as suas funções, todo o juiz eleito deve, na primeira sessão da Assembleia Plenária a que assista após a sua eleição ou, se necessário, perante o Presidente do Tribunal, prestar o juramento ou fazer a declaração solene seguinte:

Juro – ou *Declaro solenemente* – *que exercerei as minhas funções de juiz com honra, independência e imparcialidade, e que guardarei o segredo das deliberações.*

2 – Este ato será registado em ata.

Artigo 4º (*) – Incompatibilidades

1 – Em conformidade com o artigo 21º, nº 3, da Convenção, durante o respetivo mandato, os juízes não podem exercer uma atividade política ou administrativa nem nenhuma atividade profissional incompatível com o dever de independência, imparcialidade ou com a disponibilidade requerida para uma atividade a tempo inteiro. Todo o juiz declara ao Presidente qualquer atividade suplementar. Em caso de desacordo entre este último e o interessado, a questão suscitada a este propósito será decidida pela Assembleia Plenária.

2 – Um antigo juiz não pode representar, a qualquer título, uma parte ou um terceiro interveniente num processo perante o Tribunal relativo a uma queixa introduzida antes da data em que ele cessou funções. Um antigo juiz não pode representar, a qualquer título, uma parte ou um terceiro interveniente num processo perante o Tribunal relativo a uma queixa introduzida depois que ele cessou funções antes de decorrido um prazo de dois anos a contar desta data.

(*) Modificado a 29 de março de 2010.

Artigo 5º (*) – Precedência

1 – Os juízes eleitos tomam lugar, após o Presidente e os Vice-Presidentes do Tribunal assim como os Presidentes de Câmara, segundo a data da sua tomada de posse, nos termos do artigo 2º, nºs 1 e 2, do presente Regulamento.

2 – Os Vice-Presidentes do Tribunal eleitos para estas funções no mesmo dia tomam lugar segundo a duração das suas funções de juiz. Se a duração de funções for a mesma, tomam lugar segundo a idade. A mesma regra é válida para os Presidentes de Câmara.

3 – Os juízes eleitos cuja duração de funções seja a mesma tomam lugar segundo a idade.

4 – Os juízes *ad hoc* tomam lugar segundo a idade, a seguir aos juízes eleitos.

(*) Modificado a 14 de maio de 2007.

Artigo 6º – Demissão

A demissão de um juiz é apresentada ao Presidente do Tribunal que a transmite ao Secretário-Geral do Conselho da Europa. Ressalvada a aplicação dos artigos 24º, nº 3, *in fine,* e 26º, nº 2, do presente Regulamento, ela implica a vaga do lugar.

Artigo 7º – Revocação

Um juiz não pode ser destituído das suas funções salvo se os outros juízes, reunidos em sessão plenária, decidirem, por maioria de dois terços dos juízes eleitos em funções, que ele deixou de corresponder às condições necessárias. Ele deve ser previamente ouvido pela Assembleia Plenária. Qualquer juiz pode desencadear o processo de revocação.

CAPÍTULO II (*)

Da Presidência do Tribunal e das Funções do Bureau

(*) Modificado a 7 de julho de 2003.

Artigo 8º (*) – Eleição do Presidente, dos Vice-Presidentes e dos Presidentes e Vice-Presidentes de Secção

1 – A Assembleia Plenária elege o seu Presidente, os seus dois Vice-Presidentes e os Presidentes de Câmara para um período de três anos, sem que esse período possa exceder a duração do respetivo mandato de juiz.

2 – Cada Câmara elege por um período de três anos um Vice-Presidente, que substitui o Presidente da Câmara em caso de impedimento.

3 – Um juiz eleito nos termos dos nºs 1 e 2 só pode ser reeleito uma única vez para o mesmo nível de funções. Esta limitação imposta ao número de mandatos não impede um juiz titular de um mandato como o descrito supra à data da entrada em vigor (**) desta modificação ao artigo 8º deste Regulamento de ser reeleito uma vez para o mesmo nível de funções.

4 – Os Presidentes e os Vice-Presidentes continuam a exercer as suas funções até à eleição dos respetivos sucessores.

5 – As eleições a que se refere o nº 1 do presente artigo efetuam-se por escrutínio secreto; só participam nelas os juízes eleitos presentes. Se nenhum candidato obtiver a maioria absoluta dos membros presentes, proceder-se-á a um novo ou vários escrutínios adicionais até que um candidato reúna a maioria absoluta. A cada volta, o candidato que recolher menos de 5 votos será eliminado. Se mais de dois candidatos tendo obtido mais de cinco votos permanecem ainda na candidatura, aquele que recebeu o menor número de votos será igualmente eliminado Se vários candidatos se encontram nesta situação, só é eliminado o candidato que está colocado atrás na ordem de precedências segundo o artigo 5º do presente Regulamento. Em caso de igualdade de votos entre dois candidatos no escrutínio final, a preferência é dada ao juiz que tem a precedência nos termos do mesmo artigo 5º

5 – As regras fixadas no número anterior aplicam-se às eleições previstas no nº 2 deste artigo. Contudo, quando mais do que uma volta de escrutínio é necessária para que um dos candidatos reúna a maioria absoluta, só o candidato que recebeu o mais pequeno número de votos será eliminado no fim de cada volta de escrutínio.

(*) Modificado a 7 de novembro de 2005, 20 de fevereiro de 2012, 14 de janeiro de 2013 e 14 de abril de 2014.

(**) 1 de dezembro de 2005.

Artigo 9º – Funções do Presidente do Tribunal

1 – O Presidente do Tribunal dirige os trabalhos e os serviços do Tribunal. Representa o Tribunal e, nomeadamente, assegura as suas relações com as autoridades do Conselho da Europa.

2 – O Presidente do Tribunal preside às sessões plenárias do Tribunal, às reuniões do Tribunal pleno assim como às do coletivo de cinco juízes.

3 – O Presidente do Tribunal não participa no exame dos casos tratados pelas Secções, salvo se for o juiz eleito em nome da Parte contratante implicada.

Artigo 9º-A (*) – Funções do Bureau

1 – ....

a) O Tribunal tem um Bureau, composto pelo Presidente, pelos Vice-Presidentes do Tribunal e pelos Presidentes de Câmara. Quando um Vice-Presidente do Tribunal ou um Presidente de Câmara está impedido de assistir a uma reunião do Bureau, ele é substituído pelo Vice-Presidente da Câmara ou, se ele falha, pelo membro da Câmara mais antigo nos termos do artigo 5º do presente Regulamento.

b) O Bureau pode convidar para uma das suas reuniões qualquer outro membro do Tribunal ou outra pessoa cuja presença seja necessária.

2 – O Bureau é assistido pelos *greffier* e *greffiers* adjuntos.

3 – O Bureau tem por funções assistir o Presidente no desempenho das suas funções de direção do trabalho e serviços do Tribunal. Para este efeito, o Presidente pode submeter-lhe qualquer questão administrativa ou extrajudiciária relevando da sua competência.

4 – O Bureau facilita igualmente a coordenação entre as Câmaras do Tribunal.

5 – O Presidente pode consultar o Bureau antes de emitir instruções práticas nos termos do artigo 32º do presente Regulamento e antes de aprovar as

instruções gerais estabelecidas pelo *greffier* nos termos do artigo 17º, nº 4, do presente Regulamento.

6 – O Bureau pode reportar qualquer questão à Assembleia Plenária. Pode também fazer-lhe propostas.

7 – Um relatório de cada reunião do Bureau é elaborado e distribuído aos juízes nas duas línguas oficiais do Tribunal. O secretário do Bureau é designado pelo *greffier* em acordo com o Presidente.

(*) Inserido pelo Tribunal a 7 de julho de 2003.

Artigo 10º – Funções dos Vice-Presidentes do Tribunal

Os Vice-Presidentes do Tribunal assistem o Presidente do Tribunal. Eles substituem-no nos casos de impedimentos ou de vacatura da presidência, ou a pedido do Presidente. Exercem também a função de Presidentes de Câmara.

Artigo 11º – Substituição do Presidente e dos Vice-Presidentes

No caso de impedimento simultâneo do Presidente e dos Vice-Presidentes do Tribunal, ou no caso de vacatura simultânea das suas funções, a presidência é assumida por um dos Presidentes de Câmara e, no caso de ausência destes, por um outro juiz eleito, segundo a ordem de precedência estabelecida no artigo 5º

Artigo 12º (*) – Presidentes das Câmaras e das Secções

Os Presidentes das Câmaras presidem às sessões da Câmara e da Secção de que fazem parte e dirigem o trabalho das Câmaras. Os Vice-Presidentes das Câmaras substituem-nos, em caso de impedimento ou de vacatura da presidência da Câmara, ou a pedido do Presidente da Câmara. Nas suas faltas, os juízes da Câmara e da Secção substituem-nos, segundo a ordem de precedência estabelecida no artigo 5º do presente Regulamento.

(*) Modificado a 17 de junho e a 8 de julho de 2002.

Artigo 13º (*) – Incapacidade de exercício

Os juízes do Tribunal não podem exercer a presidência no caso em que é parte a Alta Parte contratante de que sejam nacionais ou em nome da qual foram eleitos, ou num caso é que eles participam na qualidade de juiz designado nos termos do artigo 29º, nº 1, alínea *a)* ou do artigo 30º, nº 1, do presente Regulamento.

(*) Modificado a 4 de julho de 2005.

Artigo 14º – Representação equilibrada de sexos

Nas designações regidas pelo presente capítulo e pelo capítulo seguinte do presente Regulamento, o Tribunal prossegue uma política visando uma representação equilibrada dos sexos.

CAPÍTULO III
Do Greffe

Artigo 15º (*) – Eleição do greffier

1 – A Assembleia Plenária elege o *greffier*. Os candidatos devem gozar da mais alta consideração moral e possuir os conhecimentos jurídicos, administrativos e linguísticos, assim como a experiência necessária para o exercício das suas funções.

2 – O *greffier* é eleito por um período de cinco anos, e podendo ser reelegível. O *greffier* não pode ser afastado das suas funções salvo se os juízes, reunidos em sessão plenária, decidirem, por uma maioria de dois terços dos juízes eleitos em funções, que o interessado deixou de corresponder às condições requeridas. Ele deve ser ouvido previamente pela Assembleia Plenária. Qualquer juiz pode desencadear o processo de revocação.

3 – As eleições referidas no presente artigo fazem-se por escrutínio secreto; só participam nelas os juízes eleitos presentes. Se nenhum candidato reunir a maioria absoluta, proceder-se-á a um ou vários escrutínios até que um candidato reúna a maioria absoluta. A cada volta, o candidato que recolher menos de 5 votos será eliminado. Se mais de dois candidatos tendo obtido mais de cinco votos permanecem ainda na candidatura, aquele que recebeu o menor número de votos será igualmente eliminado. Em caso de igualdade de votos aquando de um escrutínio suplementar, a preferência é dada primeiro à candidata, se eventualmente ela existe, e, em seguida, ao candidato mais velho.

4 – Antes de entrar em funções, o *greffier* deve, perante a Assembleia Plenária ou, se necessário, perante o Presidente, prestar o juramento ou fazer a declaração solene seguinte:

Juro – ou Declaro solenemente – que exercerei com toda a lealdade, discrição e consciência as funções que me são confiadas na minha qualidade de greffier do Tribunal Europeu dos Direitos do Homem.

Este ato será registado em ata.

(*) Modificado a 14 de abril de 2014.

Artigo 16º (*) – Eleição dos greffiers-adjuntos

1 – A Assembleia Plenária elege igualmente um ou vários *greffiers-adjuntos* nas condições, na forma e pela duração definidas no artigo precedente. O processo previsto para a revocação do *greffier* aplica-se igualmente para a revocação dos *greffiers-adjuntos.* O Tribunal consulta previamente o *greffier.*

2 – Antes de entrar em funções, um *greffier-adjunto* deve, perante a Assembleia Plenária ou, se necessário, perante o Presidente, prestar o juramento ou fazer a declaração nos termos iguais aos previstos para o *greffier.* Este ato será registado em ata.

(*) Modificado a 14 de abril de 2014.

Artigo 17º – Funções do greffier

1 – O *greffier* assiste o Tribunal no desempenho das suas funções. Ele é responsável pela organização e pelas atividades do *Greffe* sob a autoridade do Presidente.

2 – O *greffier* tem a guarda dos arquivos do Tribunal e serve de intermediário para as comunicações e notificações dirigidas a este, relativas aos casos enviados ou a enviar ao Tribunal.

3 – O *greffier,* nos limites da discrição inerente às suas funções, responde aos pedidos de informação relativos à atividade do Tribunal, nomeadamente aos da imprensa.

4 – Instruções gerais preparadas pelo *greffier* e aprovadas pelo Presidente do Tribunal regem o funcionamento do *Greffe.*

Artigo 18º (*) – Organização do Greffe

1 – O *Greffe* compõe-se dos *Greffes* de Câmara em número igual ao das Câmaras constituídas pelo Tribunal e dos serviços necessários para fornecer ao Tribunal as prestações administrativas e jurídicas requeridas.

2 – O *greffier* de Câmara assiste à Secção no cumprimento das suas funções. Ele pode ser secundado por um *greffier*-adjunto de Câmara.

3 – Os agentes do *Greffe* são nomeados pelo *greffier* sob a autoridade do Presidente. A nomeação do *greffier* e dos *greffiers* adjuntos é regulado pelos artigos 15º e 16º do presente Regulamento.

(*) Modificado a 13 de novembro de 2006 e 2 de abril de 2012.

Artigo 18º-A (*) – Relatores não judiciários

1 – Quando funciona com Juiz singular, o Tribunal é assistido por relatores não judiciários que trabalham sob a autoridade do Presidente do Tribunal. Eles fazem parte do *Greffe* do Tribunal.

2 – Os relatores não judiciários são designados pelo Presidente do Tribunal sob proposta do Greffier. Os *greffiers* de Câmara e os *greffiers* adjuntos de Câmara previstos no artigo 18º, nº 2, do presente Regulamento, exercem de direito a função de relatores não judiciários.

(*) Inserido a 13 de novembro de 2006 e modificado a 14 de janeiro de 2013.

Artigo 18º-B (*) – Jurisconsulto

Para assegurar a qualidade e a coerência da sua jurisprudência, o Tribunal é assistido por um jurisconsulto. Este faz parte do *Greffe*. Ele fornece pareceres e informações, nomeadamente às formações de julgamento e aos membros do Tribunal.

(*) Inserido a 23 de junho de 2014.

CAPÍTULO IV
Do funcionamento do Tribunal

Artigo 19º – Sede do Tribunal

1 – A sede do Tribunal é fixada em Estrasburgo, sede do Conselho da Europa. O Tribunal pode, todavia, quando o julgue útil, exercer as suas funções noutros lugares do território dos Estados membros do Conselho da Europa.

2 – O Tribunal pode decidir, em qualquer fase da instrução de uma queixa, que é necessário que ele próprio ou um ou vários dos seus membros procedam a um inquérito ou a outra tarefa noutros lugares.

Artigo 20º – Sessões da Assembleia Plenária

1 – Convocado pelo seu Presidente, o Tribunal reúne-se em sessão plenária sempre que o exige o exercício das funções que lhe incumbem nos termos da Convenção e do presente Regulamento. O Presidente convoca-o se pelo menos um terço dos seus membros o solicita e, em todo o caso, uma vez por ano para o exame de questões administrativas.

2 – É exigido o *quorum* de dois terços dos juízes em funções para o funcionamento da Assembleia Plenária.

3 – Se não há *quorum*, o Presidente adia a sessão.

Artigo 21º – Outras sessões do Tribunal

1 – O Tribunal pleno, as Secções e os *Comités* reúnem-se de modo permanente. Todavia, sob proposta do seu Presidente, o Tribunal fixa os períodos de sessão para cada ano.

2 – Fora dos referidos períodos, o Tribunal pleno e as Secções podem ser convocadas pelo respetivo Presidente em caso de urgência.

Artigo 22º – Deliberações

1 – O Tribunal delibera em privado. As suas deliberações permanecem secretas.

2 – Só os juízes tomam parte nas deliberações. Estão presentes na sala de deliberações o *greffier* ou a pessoa designada para o substituir, assim como os outros agentes do *Greffe* e os intérpretes cuja assistência seja necessária. Nenhuma outra pessoa pode ser admitida, salvo decisão especial do Tribunal.

3 – Antes do voto sobre uma questão submetida ao Tribunal, o Presidente convida os juízes a exprimir a sua opinião.

Artigo 23º – Votos

1 – As decisões do Tribunal são tomadas pela maioria dos juízes presentes. Em caso de igualdade de votos, o voto é renovado e, se a igualdade se mantém, o voto do Presidente é preponderante. Este número aplica-se, salvo disposição em contrário do presente Regulamento.

2 – As decisões e os acórdãos do Tribunal pleno e das Secções são adotados pela maioria dos juízes efetivos. As abstenções não são admitidas para os votos definitivos sobre a admissibilidade ou o fundo de um caso.

3 – Regra geral, os votos são efetuados por mão levantada. O Presidente pode decidir proceder a um voto nominal, pela ordem inversa da precedência.

4 – Toda a questão submetida ao voto é formulada em termos precisos.

Artigo 23º-A (*) – Decisão por acordo tácito

Quando for necessário, para o Tribunal decidir uma questão processual ou qualquer outra questão fora de uma reunião programada, o Presidente pode dar instruções para fazer circular um projeto de decisão entre os juízes e de lhes fixar um prazo para a formulação de observações. Na falta de objeções da parte dos juízes, a proposta é considerada como tendo sido adotada findo o referido prazo.

(*) Inserido a 13 de dezembro de 2004.

CAPÍTULO V
Das Formações

Artigo 24º (*) – Composição do Tribunal pleno

1 – O Tribunal pleno é composto por 17 juízes e, pelo menos, três juízes suplentes.

2 –

a) Fazem parte do Tribunal pleno o Presidente e os Vice-Presidentes do Tribunal, assim como os Presidentes das Câmaras. Quando um Vice-presidente ou o Presidente de uma Câmara não pode estar presente no Tribunal pleno, ele é substituído pelo Vice-Presidente da respetiva Câmara.

b) O juiz eleito em nome da Parte contratante implicada ou, quando for o caso, o juiz designado nos termos dos artigos 29º ou 30º do Regulamento faz parte do Tribunal pleno por direito próprio, em conformidade com o artigo 26º, nºs 4 e 5, da Convenção.

c) Nos casos que lhe são enviados nos termos do artigo 30º da Convenção, o Tribunal pleno compreende igualmente os membros da Secção que lhe devolveu a jurisdição.

d) Nos casos que lhe são enviados nos termos do artigo 43º da Convenção, o Tribunal pleno não compreende nenhum juiz que tenha participado nas deliberações da Secção sobre a admissibilidade ou sobre o fundo do caso, com exceção do Presidente da Secção e do juiz eleito em nome da Parte Contratante implicada, nem nenhum dos juízes que participaram na Secção ou Secções que se pronunciaram sobre a admissibilidade da queixa.

e) Os juízes e os juízes suplentes chamados a completar o Tribunal pleno cada vez que um caso lhe é enviado são designados entre os restantes juízes por sorteio efetuado pelo Presidente do Tribunal na presença do *greffier*. As modalidades do sorteio são fixadas pela Assembleia Plenária, que deve ter em conta a necessidade de preservar uma composição geográfica equilibrada e de refletir a diversidade dos sistemas jurídicos existentes nas Partes contratantes.

f) Quando examina um pedido de parecer consultivo nos termos do artigo 47º da Convenção, o Tribunal pleno é constituído nos termos do nº 2, alíneas *a)* e *e)* do presente artigo.

g) Para o exame de um pedido submetido nos termos do artigo 46º, nº 4, da Convenção, o Tribunal pleno compreende, para além dos juízes indicados nº 2, alíneas *a)* e *b)* do presente artigo, os membros do Comité ou da Secção que pronunciaram o acórdão em causa. Se este foi pronunciado por um Tribunal pleno, ele é composto pelos mesmos juízes deste último. Em todos os casos, incluindo os em que não for possível reunir o Tribunal pleno inicial, os juízes e juízes suplentes chamados a completar o Tribunal pleno são designados nos termos do nº 2, alínea *e)* do presente artigo.

3 – Se os juízes não podem estar presentes, eles são substituídos pelos juízes suplentes seguindo a ordem de designação prevista no nº 2, alínea *e)*, do presente artigo.

4 – Os juízes e juízes suplentes designados nos termos das disposições supracitadas participam no processo até à sua conclusão. Terminado o seu mandato, eles continuam a participar no exame do caso se já tiverem deliberado sobre o fundo. Estas disposições aplicam-se também no processo relativo aos pareceres consultivos.

5 –

a) O coletivo de cinco juízes do Tribunal pleno chamado para examinar os pedidos apresentados nos termos do artigo 43º da Convenção compõe-se:

- do Presidente do Tribunal; se o Presidente do Tribunal está impedido, ele é substituído pelo Vice-Presidente que tem precedência;
- de dois Presidentes de Câmara designados por rotação; se um Presidente de Câmara assim designado está impedido, ele é substituído pelo Vice-Presidente da Câmara;
- de dois juízes designados por rotação entre os juízes eleitos no seio das Câmaras para pertencerem ao coletivo por um período de seis meses;
- de ao menos dois juízes substitutos designados por rotação entre os juízes eleitos no seio das Câmaras para pertencerem ao coletivo por um período de seis meses.

b) Quando examina o pedido de devolução, o coletivo não comporta nenhum juiz que tenha tomada parte no exame da admissibilidade ou do fundo do caso em questão.

c) Um juiz eleito em nome da Parte contratante implicada pelo pedido de devolução ou um seu nacional não pode pertencer ao coletivo que examina o pedido. Também, um juiz eleito em nome da Parte contratante a que aludem os artigos 29º ou 30º do presente Regulamento não pode participar no exame do pedido.

d) Se um membro do coletivo se encontra impedido por um dos motivos indicados nas alíneas *b)* ou *c)*, ele é substituído por um juiz substituto designado por rotação entre os juízes eleitos no seio das Câmaras para pertencerem ao coletivo por um período de seis meses.

(*) Modificado a 8 de dezembro de 2000, a 13 de dezembro de 2004, a 4 de julho e a 7 de novembro de 2005, 29 de maio e 13 de novembro de 2006 e 6 de maio de 2013.

Artigo 25º – Constituição das Câmaras

1 – As Secções previstas no artigo 25º, alínea *b)*, da Convenção (designadas no presente Regulamento como *Câmaras*), são constituídas pela Assembleia Plenária, sob proposta do Presidente, por um período de três anos a contar da eleição dos titulares das funções mencionadas no artigo 8º Há pelo menos quatro Câmaras.

2 – Cada juiz é membro de uma Câmara. A composição das Câmaras deve ser equilibrada tanto do ponto de vista geográfico como de representação de sexos e ter em conta os diferentes sistemas jurídicos das Partes contratantes.

3 – Quando um juiz deixa de fazer parte do Tribunal antes do fim do período para o qual a Câmara foi constituída, o seu sucessor no Tribunal sucede-lhe como juiz da Câmara.

4 – O Presidente do Tribunal pode, a título excecional, proceder a modificações na composição das Câmaras, se as circunstâncias o exigirem.

6 – Sobre proposta do Presidente, o Tribunal pode constituir uma Câmara suplementar.

Artigo 26º (*) – Constituição das Secções

1 – As Secções de sete juízes previstas no artigo 26º, nº 1, da Convenção, para o exame dos casos apresentados ao Tribunal, são constituídas a partir das Câmaras como se segue:

a) Sob reserva do disposto no nº 2 do presente artigo e no artigo 28º, nº 4, última frase, para cada caso, a Secção inclui o Presidente da Câmara e o juiz eleito em nome da Parte contratante implicada. Este juiz, se não é membro da Câmara à qual a queixa foi distribuída nos termos dos artigos 51º e 52º do presente Regulamento, tem assento de pleno direito na Secção, nos termos do artigo 26º, nº 4, da Convenção. O artigo 29º do presente Regulamento aplica-se se o referido juiz não pode estar presente ou se retira.

b) Os outros membros da Secção são designados pelo Presidente da Câmara, por rotação entre os membros da Câmara.

c) Os membros da Câmara que não forem designados conhecem do caso como suplentes.

2 – O juiz eleito em nome da Parte contratante implicada ou, na sua falta, o juiz eleito ou *ad hoc* designado nos termos dos artigos 29º e 30º do presente Regulamento, pode ser dispensado pelo Presidente de Secção de assistir às reuniões consagradas às questões preparatórias ou processuais. Nestas reuniões, participa o primeiro juiz suplente.

3 – Mesmo após o fim do mandato, o juiz continua a conhecer dos casos que tratou no âmbito do exame de fundo.

(*) Modificado a 17 de junho e a 8 de julho de 2002 e 6 de maio de 2013.

Artigo 27º (*) – Comités

1 – São constituídos *Comités* de três juízes pertencentes à mesma Câmara, nos termos do artigo 26º, nº 1, da Convenção. Depois de consultar os Presidentes das Câmaras, o Presidente do Tribunal decide acerca do número de *Comités* a criar.

2 – Os *Comités* são constituídos por um período de doze meses, por rotação entre os membros da Câmara com exceção do Presidente.

3 – Os membros da Câmara, aí incluído o Presidente da Câmara, que não são membros de um *Comité* podem, se necessário, ser chamados a participar. Eles podem igualmente substituir os membros impedidos de participar.

4 – O *Comité* é presidido pelo membro que tem precedência no seio da Câmara.

(*) Modificado a 13 de novembro de 2006 e 16 de novembro de 2009.

Artigo 27º-A(*) – Formação de juiz singular

1 – Os Juízes singulares são instituídos nos termos do artigo 26º, nº 1, da Convenção. Depois de ter consultado o Bureau, o Presidente do Tribunal decide do número de Juízes singulares a criar e procede às designações respetivas. Ele fixa previamente a listas das Partes contratantes para as quais cada juiz singular exerce as suas competências durante o período para o qual foi designado nesta qualidade.

2 – Atuam como juízes singulares:

a) os Presidentes de Câmara quando exercem as competências que lhes são atribuídas pelo artigo 54º, nºs 2, alínea b) e 3 do presente Regulamento;

b) os Vice-Presidentes da Câmara designados para decidir sobre medidas provisórias nos termos do artigo 39º, nº 4 do presente Regulamento.

3 – Os juízes únicos são designados, por rotação, por um período de doze meses. Os Juízes singulares continuam a assegurar as suas outras tarefas no seio das Câmaras de que são membros nos termos do artigo 25º, nº 2, do presente Regulamento.

4 – Nos termos do artigo 24º, nº 2, da Convenção, cada juiz singular, quando decide, é assistido por um relator não judiciário.

(*) Inserido a 13 de novembro de 2006 e modificado a 14 de janeiro de 2013.

Artigo 28º (*) – Impedimento, recusa e dispensa

1 – Um juiz impedido de participar nas sessões para que foi convocado informará, com a maior brevidade, o Presidente da Secção.

2 – Nenhum juiz pode participar no exame de um caso:

a) se ele tem um interesse pessoal no mesmo, como, por exemplo, uma ligação conjugal ou parental ou outra ligação de parentesco próximo, ou uma relação pessoal ou profissional estreita ou uma relação de subordinação com alguma das partes;

b) se teve anteriormente intervenção no caso seja como agente, advogado ou conselheiro de uma parte ou de uma pessoa interessada diretamente no caso, seja ao nível nacional ou internacional, como membro de uma outra jurisdição ou de uma comissão de inquérito ou a qualquer outro título;

c) se prossegue, enquanto é juiz *ad hoc* ou antigo juiz eleito continuando a trabalhar nos termos do artigo 26º, nº 3, do presente Regulamento, uma atividade política ou administrativa, ou uma atividade profissional incompatível com a sua independência ou imparcialidade;

d) se exprimiu em público, através dos médias, por escrito, por ações públicas ou por outro meio, opiniões que são objetivamente de natureza a prejudicar a sua imparcialidade;

e) se, por qualquer outra razão que seja, a sua independência ou imparcialidade podem legitimamente ser postas em causa.

3 – Se um juiz se recusa por uma destas razões, ele informa o Presidente da Secção respetiva que o dispensa de intervir.

4 – Se o juiz em causa ou o Presidente da Secção hesitam sobre a existência ou não de uma das causas de impedimento enumeradas nº 2 do presente artigo, a Secção decide. Ela ouve o juiz em causa e depois delibera e vota fora da sua presença. Para os fins da deliberação e voto em questão, o interessado é substituído pelo primeiro juiz suplente da Secção. O mesmo acontece se o juiz

intervém como juiz de uma Parte contratante interessada conforme os artigos 29º e 30º do presente Regulamento.

5 – As disposições supra aplicam-se igualmente à participação como Juiz singular ou num Comité, sendo entendido que a informação prevista nos nºs 1 e 3 é dirigida ao Presidente de Câmara.

(*) Modificado a 17 de junho e a 8 de julho de 2002, a 13 de dezembro de 2004, a 13 de novembro de 2006 e 6 de maio de 2013.

Artigo 29º (*) – Juízes ad hoc

1 –

a) Se o juiz eleito em nome de uma Parte contratante interessada está impedido, se recusa ou é dispensado, ou na sua falta, o Presidente do Tribunal escolhe um juiz *ad hoc* podendo participar no exame do caso nos termos do artigo 28º do presente Regulamento a partir de uma lista previamente submetida pela Parte Contratante, contendo os nomes de três a cinco pessoas reunindo os critérios fixados no nº 1 alínea c) do presente artigo e designados por ela como podendo servir como juiz *ad hoc* por um período renovável de dois anos.

A lista, onde os dois sexos devem figurar, deve ser acompanhada de uma informação biográfica das pessoas que a compõem. Estas não podem representar, a qualquer título que seja, uma parte ou um terceiro interveniente perante o Tribunal.

b) O processo descrito no nº 1, alíneas *a)* do presente artigo aplica-se se a pessoa designada se encontra impedida ou se retira.

c) Um juiz *ad hoc* deve possuir as condições exigidas pelo artigo 21º, nº 1, da Convenção e estar em situação de satisfazer às exigências de disponibilidade e presença enunciadas no nº 5 do presente artigo. Durante a duração do seu mandato, um juiz *ad hoc* não pode representar, a qualquer título que seja, uma parte ou um terceiro interveniente perante o Tribunal.

2 – O Presidente do Tribunal designa um outro juiz eleito para participar como juiz *ad hoc* quando:

a) no momento da comunicação da queixa nos termos do artigo 54º, nº 2, do Regulamento, a Parte Contratante respetiva não tenha fornecido ao *Greffier* a lista referida no nº 1, alínea *a)*, do presente artigo, ou

b) ele entende que menos de três pessoas indicadas na lista respondem às condições fixadas no nº 1, alínea *c)*. deste artigo.

3 – O Presidente do Tribunal pode decidir só designar um juiz *ad hoc* nos termos do nº 1, alínea a) e 2 do presente artigo no momento em que o conhecimento da queixa seja dado à Parte Contratante nos termos do artigo 54º, nº 2, alínea b) do presente Regulamento. Enquanto não existir decisão do Presidente do Tribunal, participa o primeiro juiz suplente.

4 – Na abertura da primeira sessão consagrada ao exame do caso após a sua designação, o juiz *ad hoc* presta o juramento ou faz a declaração solene previstos no artigo 3º do Regulamento. Este ato é registado em ata.

5 – Os juízes *ad hoc* devem colocar-se à disposição do Tribunal e, sob reserva do disposto no artigo 26º, nº 2, do presente Regulamento, assistir às reuniões da Secção.

(*) Modificado a 17 de junho, a 8 de julho de 2002, a 13 de novembro de 2006, a 29 de março de 2010 e 6 de maio de 2013.

Artigo 30º (*) – Interesses comuns

1 – Se duas ou várias Partes contratantes requerentes ou requeridas têm um interesse comum, o Presidente do Secção pode convidá-las a acordarem para designar, na qualidade de juiz dos interesses comuns, um só juiz eleito em seu nome, que será chamado a intervir *ex officio*; na falta de acordo, o Presidente sorteia, de entre os juízes propostos, quem será chamado a intervir na qualidade de juiz dos interesses comuns.

2 – O Presidente de Secção pode decidir só convidar as Partes contratantes implicadas a proceder à designação visada no nº 1 do presente artigo, uma vez que a queixa seja levada ao conhecimento das Partes contratantes requeridas nos termos do artigo 54º, nº 2, do presente Regulamento.

3 – No caso de contestação sobre a existência de interesse comum ou sobre outra questão conexa, a Secção decide, se necessário depois de recolher as observações escritas das Partes contratantes implicadas.

(*) Modificado a 7 de julho de 2003.

TÍTULO II
DO PROCESSO

CAPÍTULO I
Regras gerais

Artigo 31º – Possibilidade de especiais derrogações

As disposições do presente Título não impedem que o Tribunal as derrogue para o exame de um caso particular depois de consultadas as partes no que for necessário.

Artigo 32º – Regras práticas

O Presidente do Tribunal pode estabelecer regras práticas para utilização das partes, nomeadamente relacionadas com questões como a comparência nas audiências e o depósito de observações escritas ou outros documentos.

Artigo 33º (*) – Publicidade dos documentos

1 – Todos os documentos depositados no *Greffe* pelas partes ou terceiros intervenientes relativos a uma queixa, com exceção dos que são submetidos no âmbito das negociações realizadas para obter um acordo amigável como o prevê o artigo 62º do presente Regulamento, são acessíveis ao público, segundo as modalidades práticas fixadas pelo Greffier, a menos que o Presidente de Secção decida de outra maneira pelas razões indicadas no nº 2 do presente artigo, seja oficiosamente ou a pedido de uma parte ou de outra pessoa interessada.

2 – O acesso a um documento ou a uma parte do documento pode ser restringido no interesse da moral, da ordem pública ou da segurança nacional numa sociedade democrática, quando os interesses dos menores ou a proteção da vida privada das partes ou de outra pessoa implicada o exigem ou, na medida considerada estritamente necessária pelo Presidente de Secção, quando, em circunstâncias especiais, a publicidade seria de natureza a prejudicar os interesses da justiça.

3 – Todo o pedido de confidencialidade formulado nos termos do nº 1 do presente artigo, deve ser justificado e precisar se ele abarca todos os documentos ou somente uma parte deles.

4 – As decisões e os acórdãos de Secção são acessíveis ao público. As decisões e os acórdãos de Comités, incluindo as decisões cobertas pela reserva figurando no artigo 53º, nº 5, do Regulamento, são acessíveis ao público. O Tribunal torna periodicamente acessíveis ao público informações gerais sobre as decisões adotadas pelo Juiz singular nos termos do artigo 52º-A do Regulamento e pelos Comités nos termos do artigo 53º, nº 5, do Regulamento.

(*) Modificado a 17 de junho e a 8 de julho de 2002, a 7 de julho de 2003, a 4 de julho 2004, 13 de novembro de 2006 e 14 de maio de 2007.

Artigo 34º (*) – Línguas oficiais

1 – As línguas oficiais do Tribunal são o francês e o inglês.

2 – Uma vez introduzida uma queixa nos termos do artigo 34º da Convenção, qualquer comunicação com um requerente ou seu representante e

qualquer observação oral ou escrita apresentada pelo requerente ou pelo seu representante, se elas não são redigidas numa das línguas oficiais do Tribunal, devem ser redigidas numa das línguas oficiais das Partes contratantes, enquanto a queixa não for comunicada à Parte contratante nos termos deste Regulamento. Se uma Parte contratante for informada de uma queixa ou se ela lhe foi comunicada nos termos do presente Regulamento, a queixa e seus anexos devem ser-lhe comunicados na língua em que o requerente os depositou no *Greffe*.

3 –

a) Qualquer comunicação com o requerente ou seu representante e qualquer observação oral ou escrita apresentada por eles relativa a uma audiência, ou após o caso ter sido declarado admissível, deve ser feita ou redigida numa das línguas oficiais do Tribunal, salvo se o Presidente da respetiva Secção autorizar a continuação do emprego da língua oficial da Parte contratante.

b) Se a autorização é concedida, o *greffier* toma as medidas necessárias para a interpretação ou tradução, integral ou parcial, em francês ou inglês, das observações orais ou escritas do requerente quando o Presidente da Secção julga que tal medida é do interesse da boa condução do processo.

c) Excecionalmente, o Presidente de Secção pode subordinar a concessão da autorização à condição de o requerente suportar todas ou parte das despesas ocasionadas.

d) Salvo decisão contrária do Presidente de Secção, toda a decisão tomada nos termos das disposições supra do presente número aplicam-se a todas as fases posteriores do processo, incluídas aí as derivadas da introdução de um pedido de envio do caso ao Tribunal pleno ou ao pedido de interpretação ou revisão do acórdão nos termos respetivamente dos artigos nºs 73º, 79º e 80º do presente Regulamento.

4 –

a) Qualquer comunicação com as Partes contratantes que são parte no processo e toda as observações orais e escritas emanando de uma tal Parte devem ser redigida numa das línguas oficiais do Tribunal. O Presidente da Secção pode autorizar a Parte contratante interessada a utilizar a sua língua oficial ou uma das suas línguas oficias nas suas observações orais ou escritas.

b) Se tal autorização é concedida, a Parte que fez o pedido deve:

i) fornecer a tradução para o francês ou o inglês das suas observações num prazo que o Presidente da Secção fixar, conservando o *Greffier* a possibilidade de tomar todas as medidas necessárias para fazer traduzir o documento à custa da Parte requerida se esta não apresenta a tradução no prazo fixado;

ii) assumir os custos relativos à interpretação em francês ou em inglês das suas observações orais, encarregando-se o *Greffier* de tomar as medidas necessárias para assegurar essa interpretação.

c) O Presidente da Secção pode exigir a uma Parte contratante parte no processo a apresentação, num prazo determinado, de uma tradução ou um resumo em francês ou inglês do conjunto ou de certos anexos às observações escritas ou de toda outra peça pertinente, ou de extratos destes documentos.

d) As alíneas supra do presente número aplicam-se, *mutatis mutandis,* aos terceiros intervenientes nos termos do artigo 44º do presente Regulamento e ao emprego de uma língua não oficial por um terceiro interveniente.

5 – O Presidente da Secção pode convidar o Governo da Parte contratante requerida a fornecer uma tradução das suas observações escritas numa das duas línguas oficiais, a fim de facilitar a compreensão do requerente.

6 – Qualquer testemunha, perito ou outra pessoa que compareça perante o Tribunal pode exprimir-se na sua própria língua, se não conhecer suficientemente qualquer das línguas oficiais. O *greffier* toma nestes casos as medidas necessárias para assegurar a interpretação e a tradução.

(*) Modificado a 13 de dezembro de 2004.

Artigo 35º – Representação das partes contratantes

As Partes contratantes são representadas por agentes, que podem ter a assistência de advogados e conselheiros.

Artigo 36º (*) – Representação dos requerentes

1 – As pessoas físicas, as organizações não-governamentais e os grupos de particulares referidos no artigo 34º da Convenção podem inicialmente apresentar as queixas agindo elas próprias ou por intermédio de um representante.

2 – Uma vez notificada a queixa à Parte contratante requerida nos termos do artigo 54º, nº 2, alínea *b),* do presente Regulamento, o requerente deve ser representado em conformidade com o disposto no nº 4 do presente artigo, salvo decisão contrária do Presidente de Secção.

3 – O requerente deve também estar assim representado nas audiências fixadas pela Secção, salvo se o Presidente da Secção autorizar excecionalmente o requerente a apresentar a sua causa ele mesmo, sob reserva, e caso venha a ser necessário, que seja assistido por um advogado ou outro representante aceite.

4 –

a) O representante do requerente nos termos dos nºs 2 e 3 deste artigo deve ser um advogado habilitado a exercer num dos Estados contratantes e residindo no território de um deles, ou uma outra pessoa autorizada pelo Presidente da Secção.

b) Em circunstâncias excecionais e em qualquer momento do processo, o Presidente da Secção pode, quando considerar que as circunstâncias ou a conduta do advogado ou da outra pessoa designada nos termos das alíneas precedentes o justificam, decidir que o advogado ou esta pessoa não pode continuar a representar ou a assistir o requerente e que este deve procurar outro representante.

5 –

a) O advogado ou outro representante do requerente autorizado, ou este último, se ele solicita autorização para assumir ele próprio a defesa dos seus interesses, devem, mesmo se obtêm a autorização prevista na alínea seguinte, ter uma compreensão suficiente de uma das línguas oficiais do Tribunal.

b) Se eles não possuem uma proficiência suficiente para se exprimirem numa das línguas oficiais do Tribunal, o Presidente da Secção pode, nos termos do artigo 34º, nº 3, do presente Regulamento, autorizar o emprego de uma das línguas oficiais das Partes contratantes.

(*) Modificado a 7 de julho de 2003.

Artigo 37º (*) – Comunicações, notificações e citações

1 – As comunicações ou notificações enviadas aos agentes ou advogados das partes são consideradas como enviadas às partes.

2 – Se, para uma comunicação, notificação ou citação, destinada a pessoas que não são os agentes ou advogados das partes, o Tribunal considera necessária a assistência do Governo do Estado em cujo território a comunicação, a notificação ou a citação deve produzir efeito, o Presidente do Tribunal dirige-se diretamente a este Governo para obter as facilidades necessárias.

(*) Modificado a 7 de julho de 2003.

Artigo 38º – Observações escritas

1 – Só podem ser depositadas observações escritas ou outros documentos no prazo fixado pelo Presidente de Secção ou pelo Juiz relator, segundo o caso, em conformidade com o presente Regulamento. As observações escritas ou outros

documentos depositados fora de prazo ou em desconformidade com uma regra prática editada nos termos do artigo 32º do presente Regulamento não podem ser juntos ao processo, salvo decisão em contrário do Presidente da Secção.

2 – A data certificada do envio do documento ou, na sua falta, a data da receção pelo *Greffe* é a que é tomada em conta para o cálculo do prazo previsto no número anterior.

Artigo 38º-A (*) – Exame de questões processuais

As questões processuais que necessitem de uma decisão de Secção são examinadas no momento do exame do caso, salvo decisão em contrário do Presidente de Secção.

(*) Inserido a 17 de junho e a 8 de julho de 2002.

Artigo 39º (*) – Medidas provisórias

1 – A Secção ou, se necessário, o Presidente da Câmara ou um juiz permanente designado nos termos do nº 4 do presente artigo podem, seja a pedido de uma das partes ou de outra pessoa interessada, seja por iniciativa própria, indicar às partes qualquer medida provisória que considerem dever ser adotada no interesse das partes ou do bom desenrolar do processo.

2 – Se necessário, o *Comité de Ministros* é imediatamente informado das medidas adotadas num caso.

3 – A Secção ou, se necessário, o Presidente da Câmara ou um juiz permanente designado nos termos do nº 4 do presente artigo podem solicitar às partes informações sobre qualquer questão relativa à execução das medidas provisórias por ela indicadas.

3 – O Presidente do Tribunal pode designar os Vice-Presidentes de Câmara como juízes permanentes para decidir sobre os pedidos de medidas provisórias.

(*) Modificado a 4 de julho de 2005, 16 de janeiro de 2012 e 14 de janeiro de 2013.

Artigo 40º – Comunicação urgente de uma queixa

No caso de urgência, e ressalvadas todas as outras fases processuais, o *greffier* pode, com autorização do Presidente da Secção, informar a Parte contratante interessada, por quaisquer dos meios disponíveis, da introdução de uma queixa e de um resumo do seu objeto.

Artigo 41º (*) – Ordem do exame das queixas

Para determinar a ordem segunda a qual os casos devem ser tratados, o Tribunal têm em conta a importância e a urgência das questões suscitadas, com base nos critérios por ela definidos. A Secção ou o seu Presidente pode, contudo, afastarem-se destes critérios e conceder um tratamento prioritário a uma particular queixa.

(*) Modificado a 17 de junho e a 8 de julho de 2002 e 29 de junho de 2009.

Artigo 42º (antigo artigo 43º) – Junção e exame simultâneo das queixas

1 – A Secção pode, a solicitação das partes ou por sua própria iniciativa, ordenar a junção de duas ou mais queixas.

2 – O Presidente da Secção pode, após ter consultado as partes, ordenar que seja efetuada simultaneamente a instrução de queixas distribuídas à mesma Secção, sem prejuízo da decisão sobre a junção das queixas.

Artigo 43º (*) (antigo artigo 44º) – Arquivamento e reinscrição

1 – A qualquer momento do processo, o Tribunal pode decidir arquivar uma queixa nas condições do artigo 37º da Convenção.

2 – Quando uma Parte contratante faz saber ao *greffier* a sua intenção de desistir, a Secção pode arquivar a queixa nos termos do artigo 37º da Convenção, se a outra ou as outras Partes contratantes implicadas aceitam a desistência.

3 – No caso de acordo amigável nos termos do artigo 39º da Convenção, o Tribunal arquiva a queixa por uma decisão. Nos termos do artigo 39º, nº 4, da Convenção, esta decisão é comunicada ao Comité de Ministros, que vela pela execução dos termos do acordo amigável tais como figuram na decisão. Nos outros casos previstos no artigo 37º da Convenção a queixa é arquivada por meio de um acórdão se ela foi declarada admissível, ou por uma decisão si ela não tiver sido declarada admissível. Quando a queixa é arquivada por um acórdão, uma vez este tornado definitivo, o Presidente de Secção comunica-o ao Comité de Ministros para lhe permitir velar, nos termos do artigo 46º, nº 2, da Convenção, pela execução das obrigações às quais podem estar subordinadas a desistência ou a solução do litígio.

4 – Quando uma queixa é arquivada, as despesas são deixadas à apreciação do Tribunal. Se as despesas são acordadas por uma decisão que arquiva uma queixa que não chegou a ser declarada admissível, o Presidente da Secção transmite a decisão ao Comité de Ministros.

5 – Quando uma queixa é arquivada nos termos do artigo 37º da Convenção, o Tribunal pode decidir a sua reinscrição se ele considerar que circunstâncias excecionais o justificam.

(*) Modificado a 17 de junho e a 8 de julho de 2002, a 7 de julho de 2003, a 13 de novembro de 2006 e 2 de abril de 2012.

Artigo 44º (*) – Intervenção de terceiros

1 –

a) Quando uma queixa introduzida nos termos do artigo 34º da Convenção é levada ao conhecimento da Parte contratante requerida nos termos do artigo 53º, nº 2, ou do artigo 54º, nº 2, alínea *b),* do presente Regulamento, o *Greffier* envia ao mesmo tempo uma cópia da queixa à Parte contratante de que é cidadão o requerente no respetivo caso. Ele notifica também, quando é o caso, esta Parte contratante da decisão de ter uma audiência no caso.

b) Se uma Parte contratante manifesta o desejo de exercer o direito que lhe reconhece o artigo 36º, nº 1, da Convenção de apresentar observações escritas ou de tomar parte numa audiência, ela deve avisar o *Greffier* por escrito, no mais tardar doze semanas após a comunicação ou notificação previstas na alínea antecedente. O Presidente da Secção pode, a título excecional, fixar um outro prazo.

2 – Se o Comissário dos Direitos do Homem deseja exercer o direito que lhe reconhece o artigo 36º, nº 3, da Convenção de apresentar observações escritas ou de tomar parte numa audiência, ele deve avisar o *Greffier* por escrito até doze semanas após a comunicação da queixa à parte contratante requerida ou a notificação a esta da decisão de ter uma audiência. O Presidente da Secção pode, a título excecional, fixar outro prazo.

No caso de o Comissário para os Direitos do Homem não poder participar ele próprio no processo perante o Tribunal, ele indicará o nome ou os nomes dos membros do seu secretariado que designou para o representar. Ele pode fazer-se assistir por um conselheiro.

3 –

a) Uma vez a queixa levada ao conhecimento da Parte contratante requerida nos termos do artigo 51º, nº 1, ou do artigo 54º, nº 2, alínea *b),* do presente Regulamento, o Presidente da Secção pode, no interesse de uma boa administração da justiça, como o prevê o artigo 36º, nº 2, da Convenção, convidar ou autorizar outra Parte contratante, que não é parte na instância ou qualquer pessoa interessada que não seja o requerente, a apresentar observações escritas ou, em circunstâncias excecionais, a tomar parte nas audiências.

b) Os pedidos de autorização para este fim devem ser devidamente fundamentados e apresentados por escrito numa das línguas oficiais, como o exige o artigo 34º, nº 4, do presente Regulamento, até doze semanas após a queixa ter sido levada ao conhecimento da Parte contratante requerida. O Presidente da Secção pode, a título excecional, fixar um outro prazo.

4 –

a) Nos casos que devem ser examinados pelo Tribunal pleno, os prazos prescritos nos números precedentes correm a partir da notificação às partes da decisão adotada pela Secção, nos termos do artigo 72º, nº 1, do presente Regulamento, de devolver o caso ao Tribunal pleno, ou da decisão adotada pelo Colégio do Tribunal pleno, nos termos do artigo 73º, nº 2, do presente Regulamento, de acolher o pedido de reenvio ao Tribunal pleno submetido por uma parte.

b) Os prazos fixados neste artigo podem excecionalmente ser prorrogados pelo Presidente de Secção, se argumentos suficientes são avançados para justificar tal medida.

5 – O convite ou a autorização mencionada no nº 3, alínea *a)*, do presente artigo, está sujeito a condições, incluindo os prazos, fixadas pelo Presidente da Secção. No caso de desrespeito destas condições, o Presidente pode decidir não juntar ao processo as observações ou limitar a participação na audiência na medida que ele julgue apropriada.

6 – As observações escritas apresentadas nos termos do presente artigo devem ser redigidas numa das línguas oficiais, como o prevê o artigo 34º, nº 4, do presente Regulamento. O *Greffier* transmite-as às partes que, sob reserva das condições fixadas pelo Presidente, incluindo os prazos, são autorizadas a responder por escrito ou, se for o caso, na audiência.

(*) Modificado a 7 de julho de 2003 e a 13 de novembro de 2006.

Artigo 44º-A (*) – Obrigação de cooperar com o Tribunal

As partes têm obrigação de cooperar plenamente na condução do processo e, em particular, de tomar as medidas que o Tribunal julgue necessárias à boa administração da justiça. Esta obrigação aplica-se igualmente, se necessário, às Partes contratantes que não sejam partes no processo.

(*) Inserido a 13 de dezembro de 2004.

Artigo 44º-B (*) – Desrespeito de ordem do Tribunal

Se uma parte não se conforma com a ordem do Tribunal relativa à condução do processo, o Presidente da Secção pode tomar a medida que ele considerar apropriada.

(*) Inserido a 13 de dezembro de 2004.

Artigo 44º-C (*) – Falta de participação efetiva

1 – Se uma parte não produz as provas ou informações exigidas pelo Tribunal ou não divulga por sua iniciativa informações pertinentes, ou quando demonstra por outro modo uma falta de participação efetiva no processo, o Tribunal pode retirar do seu comportamento as conclusões que considere apropriadas.

2 – A abstenção ou a recusa de uma Parte contratante requerida de participar efetivamente no processo não constitui em si para a Secção uma razão para interromper o exame do caso.

(*) Inserido a 13 de dezembro de 2004.

Artigo 44º-D (*) – Observações a despropósito formuladas por uma parte

Se o representante de uma parte formula observações abusivas, frívolas, vexatórias, enganadoras ou prolixas, o Presidente de Secção pode excluí-lo do processo, recusar a admissão do todo ou parte das observações em causa ou tomar outra medida que considere apropriada, sem prejuízo do artigo 35º, nº 3, da Convenção.

(*) Inserido a 13 de dezembro de 2004.

Artigo 44º-E (*) – Não manutenção da queixa

Como o prevê o artigo 37º, nº 1, alínea *a)*, da Convenção, se uma Parte contratante ou o requerente individual não pretende mais manter a sua queixa, a Secção pode arquivá-la, nos termos do artigo 44º do presente Regulamento.

(*) Inserido a 13 de dezembro de 2004.

CAPÍTULO II
Da introdução da instância

Artigo 45º – Assinaturas

1 – A queixa formulada nos termos dos artigos 33º ou 34º da Convenção deve ser apresentada por escrito e assinada pelo requerente ou pelo seu representante.

2 – Quando a queixa é apresentada por uma organização não-governamental ou por um grupo de particulares, ela é assinada pelas pessoas habilitadas a representar a organização ou grupo. A Secção ou o *Comité* implicados decidem sobre a questão relativa ao facto de saber se as pessoas que assinaram a queixa tinham poderes para o fazer.

3 – Se um requerente se faz representar nos termos do artigo 36º do presente Regulamento, o seu (ou os seus) representante(s) devem apresentar uma procuração ou uma autorização por escrito.

Artigo 46º – Conteúdo da queixa interestadual

A ou as Parte(s) contratante(s) que deseja(m) introduzir uma queixa perante o Tribunal, nos termos do artigo 33º da Convenção, deposita(m) o texto no *Greffe*, indicando:

a) o nome da Parte contratante contra a qual a queixa é dirigida;

b) uma exposição dos factos;

c) uma exposição da ou das violações da Convenção alegada(s) e os argumentos pertinentes;

d) uma exposição sobre o cumprimento dos critérios de admissibilidade (esgotamento dos meios internos e a regra dos seis meses) enunciados no artigo 35º, nº 1, da Convenção;

e) o objeto da queixa e uma indicação geral de eventuais pedidos de reparação razoável formulados nos termos do artigo 41º da Convenção em benefício da (ou das) parte(s) pretensamente lesada(s); e

f) o nome e o endereço da/das pessoa(s) designada(s) como agente; e acompanhados de

g) cópias de todo o documento pertinente e, nomeadamente, as decisões judiciárias ou outras relativas à queixa.

Artigo 47º (*) – Conteúdo da queixa individual

1 – A queixa feita ao abrigo do disposto no artigo 34º da Convenção deve ser apresentada por meio de um formulário fornecido pelo *Greffe*, salvo decisão

em contrário do Tribunal. Ela deve conter todas as informações solicitadas nas partes pertinentes do formulário da queixa e indicar:

a) o nome, a data do nascimento, a nacionalidade e a morada do requerente e, quando o requerente é uma pessoa moral, o nome completo, data constituição ou do registo, número oficial do registo (quando necessário) e a morada oficial desta;

b) sendo caso disso, o nome, a profissão, a morada, os números de telefone e do FAX e morada eletrónica do seu representante;

c) a ou as Partes Contratantes contra a qual a queixa é dirigida;

d) uma exposição concisa e compreensiva dos factos;

e) uma exposição concisa e compreensiva da ou das violações alegadas da Convenção e os argumentos pertinentes;

f) uma exposição concisa e compreensiva confirmando o respeito pelo requerente dos critérios de admissibilidade enunciados no artigo 35º, nº 1, da Convenção.

2 -

a) Todas as informações visadas nas alíneas d) a f) do nº 1 supra devem ser expostas na parte pertinente do formulário da queixa e serem suficientes para permitir o Tribunal determinar, sem ter de consultar outros documentos, a natureza e objeto da queixa.

b) O requerente pode todavia completar estas informações juntando ao formulário da queixa um documento com um máximo de 20 páginas expondo em pormenor os factos, as violações alegadas da Convenção e os argumentos pertinentes.

3.1. - O formulário da queixa deve ser assinado pelo requerente ou seu representante e deve ser acompanhado:

a) de cópias dos documentos relativos às decisões ou medidas denunciadas, que sejam de natureza judiciária ou outra;

b) de cópias dos documentos e decisões que mostrem que o requerente esgotou os recursos internos e observou o prazo exigido pelo artigo 35º, nº 1 da Convenção;

c) se necessário, de cópias dos documentos relativos a qualquer outro processo internacional de inquérito ou de decisão;

d) se o requerente tem um representante, do original da procuração ou do poder assinado pelo requerente.

3.2. - Os documentos submetidos como suporte da queixa devem figurar, por ordem cronológica, numa lista, com numeração seguida e estarem claramente identificados.

4 - O requerente que não deseja que a sua identidade seja revelada deve indicá-lo e apresentar uma exposição sobre as razões que justificam uma der-

rogação à regra normal de publicidade do processo perante o Tribunal. Esta pode autorizar o anonimato ou decidir concedê-lo oficiosamente.

5.1. – Se não forem respeitadas as obrigações enumeradas nos nºs 1 a 3 do presente artigo, a queixa não será examinada pelo Tribunal, salvo se:

a) o requerente forneceu uma explicação satisfatória para a falta em causa;

b) a queixa se refere a uma medida provisória;

c) o Tribunal assim o decidir, oficiosamente ou a pedido de um requerente.

5.2. – O Tribunal poderá sempre solicitar a um requerente para lhe submeter, num prazo determinado, qualquer informação ou documento úteis sob a forma e a maneira julgadas adequadas.

6 – *a*) Para os fins do artigo 35º, nº 1, da Convenção, a queixa é considerada como tendo sido introduzida na data em que um formulário de queixa satisfazendo as exigências enunciadas no presente artigo é enviado ao Tribunal, o carimbo dos Correios fazendo fé.

b) Se assim o considerar justificado, o Tribunal pode todavia decidir reter uma outra data.

7 – O requerente deve informar o Tribunal de qualquer mudança da sua morada bem como de qualquer facto pertinente para o exame da queixa.

(*) Modificado a 17 de junho e a 18 de julho de 2002, 11 de dezembro de 2007, 22 de setembro de 2008 e 6 maio de 2013.

CAPÍTULO III
Juízes relatores

Artigo 48º (*) – Queixas interestaduais

1 – Quando o Tribunal é solicitado nos termos do artigo 33º da Convenção, a Secção constituída para examinar o caso nomeia como juiz(es) relator(es) um ou vários dos seus membros, que se encarrega(m) de apresentar um relatório sobre a admissibilidade após a receção das observações das Partes contratantes.

2 – O juiz ou juízes relatores submetem à Secção relatórios, projetos de texto e outros documentos suscetíveis de ajudá-la e ao seu Presidente a cumprir as suas funções.

(*) Modificado a 17 de junho e a 8 de julho de 2002.

Artigo 49º (*) – Queixas individuais

1 – Quando os elementos produzidos pelo requerente chegam, por si só, a revelar que a queixa é inadmissível ou que deve ser arquivada, esta é examinada por um Juiz singular, salvo razão especial para proceder de outra maneira.

2 – Quando o Tribunal é solicitado nos termos do artigo 34º da Convenção, e que a queixa parece justificar um exame por uma Secção ou por um Comité exercendo as suas funções nos termos do artigo 53º, nº 2, do presente Regulamento, o Presidente da Câmara à qual o caso foi distribuído designa um juiz que examinará a queixa na qualidade de juiz relator.

3 – No decurso do exame, o juiz relator:

a) pode solicitar às partes a apresentação, num prazo fixado, de informações relativas aos factos, qualquer documento ou quaisquer outros elementos que ele considere pertinentes;

b) decide sobre se a queixa deve ser examinada por um Juiz singular, por um Comité ou por uma Secção, sabendo que o Presidente da Câmara pode ordenar que o caso seja examinado por uma Secção ou por um Comité.

c) apresenta os relatórios, projetos de texto e outros documentos que possam ajudar a Secção, o *Comité* ou o seu Presidente a desempenhar as suas funções.

(*) Modificado a 17 de junho e a 8 de julho de 2002, a 4 de julho de 2005, 13 de novembro de 2006 e 14 de maio de 2007.

Artigo 50º – Processo perante o Tribunal pleno

Quando um caso lhe é submetido nos termos do artigo 30º ou do artigo 43º da Convenção, o Presidente do Tribunal pleno designa como juiz(es) relator(es), um ou – na queixa interestadual – vários dos seus membros.

CAPÍTULO IV
O processo para o exame da admissibilidade
Queixas interestaduais

Artigo 51º (*)

1 – Quando uma queixa é introduzida nos termos do artigo 33º da Convenção, o Presidente do Tribunal dá dela imediato conhecimento à Parte contratante requerida e afeta-a a uma das Câmaras.

2 – Nos termos do artigo 26º, nº 1, alínea *a)*, do presente Regulamento, os juízes eleitos em nome das Partes contratantes requerentes e requeridas fazem parte de pleno direito da Secção constituída para examinar o caso. O artigo 30º do presente Regulamento aplica-se aqui, se a queixa foi introduzida por várias Partes contratantes ou se as queixas, tendo o mesmo objeto e introduzidas por várias Partes contratantes, são examinadas conjuntamente, nos termos do artigo 42º do presente Regulamento.

3 – Uma vez o caso atribuído a uma Câmara, o Presidente da Câmara constitui a Secção nos termos do artigo 26º, nº 1, do presente Regulamento e convida a Parte contratante requerida a apresentar por escrito as suas observações sobre a admissibilidade da queixa. O *greffier* comunica as observações assim obtidas à Parte contratante requerente, que pode apresentar por escrito as suas observações em resposta.

4 – Antes de tomar uma decisão sobre a admissibilidade da queixa, a Secção ou o seu Presidente podem decidir convidar as Partes a apresentarem observações complementares por escrito.

5 – Uma audiência sobre a admissibilidade é organizada se uma ou mais Partes contratantes implicadas a solicitam ou se a Secção assim o decide por sua iniciativa.

6 – Antes de fixar o processo escrito e, se necessário, o processo oral, o Presidente da Secção consulta as partes.

(*) Modificado a 17 de junho e a 8 de julho de 2002.

Queixas individuais

Artigo 52º (*) – Atribuição de uma queixa a uma Secção

1 – O Presidente do Tribunal distribui a uma Câmara a queixa apresentada nos termos do artigo 34º da Convenção, respeitando uma repartição equitativa do trabalho entre as Câmaras.

2 – A Secção de sete juízes prevista no artigo 26º, nº 1, da Convenção é constituída pelo Presidente da Câmara respetiva, nos termos do artigo 26º, nº 1, do Regulamento.

3 – Enquanto se aguarda a constituição da Secção nos termos do nº 2 do presente artigo, o Presidente da Câmara exerce os poderes que o presente Regulamento confere ao Presidente de Secção.

(*) Modificado a 17 de junho e a 8 de julho de 2002.

Artigo 52º-A (*) – Processo perante um Juiz singular

1 – Em conformidade com o artigo 27º da Convenção, um Juiz singular pode declarar inadmissível uma queixa introduzida nos termos do artigo 34º da Convenção ou arquivá-la quando uma tal decisão pode ser tomada sem posterior apreciação. Esta decisão é definitiva. O queixoso é informado da decisão por carta.

2 – Nos termos do artigo 26º, nº 3, da Convenção, um Juiz singular não pode decidir sobre uma queixa dirigida contra um Estado em nome do qual ele foi eleito.

3 – Se o Juiz singular não toma nenhuma das decisões indicadas no nº 1 do presente artigo, ele transmite a queixa para exame ou a um Comité ou a uma Secção.

(*) Inserido a 13 de novembro de 2006.

Artigo 53º (*) – Processo perante um Comité

1 – Nos termos do artigo 28º, nº 1, alínea *a)*, da Convenção, o Comité pode, unanimemente e em qualquer altura do processo, declarar uma queixa inadmissível ou arquivá-la quando tal decisão pode ser tomada sem posterior apreciação.

2 – Se, à luz das observações das partes recebidas nos termos do artigo 54º, nº 2, alínea *b)*, do presente Regulamento, o Comité entende que o caso pode ser examinado segundo o processo previsto no artigo 28º, nº 1, alínea *b)*, da Convenção, ele adota, unanimemente, um acórdão incluindo a sua decisão sobre a admissibilidade e, se necessário, sobre a reparação razoável.

3 – Se o membro eleito em nome da Parte Contratante implicada não é membro do Comité, este último pode, por unanimidade e em qualquer altura do processo, decidir convidá-lo a intervir no lugar de um dos seus membros, tendo em conta todos os fatores pertinentes, compreendendo a questão de saber se a Parte contratante contestou a aplicação do processo previsto artigo 28º, nº 1, alínea *b)*, da Convenção.

4 – As decisões e os acórdãos proferidos nos termos do artigo 28º, nº 1, da Convenção são definitivos.

5 – Salvo se o Comité decidir diferentemente, a decisão proferida por um Comité nos termos artigo 28º, nº 1, alínea *a)*, da Convenção é comunicada por carta ao requerente, bem como às Partes Contratantes implicadas quando elas foram precedentemente informadas da queixa nos termos do presente Regulamento.

6 – Se o Comité não adota a decisão nem o acórdão, ele envia a queixa à Secção constituída nos termos do artigo 52º, nº 2, do presente Regulamento para conhecer o caso.

7 – As disposições dos artigos 42º, nº 1 e 79º a 81º do presente Regulamento aplicam-se *mutatis mutandis* aos processos perante um Comité.

(*) Modificado a 17 de junho e 8 de julho de 2002, 4 de julho de 2005, 14 de maio de 2007 e 16 de janeiro de 2013.

Artigo 54º (*) – Processo perante a Secção

1 – A Secção pode de imediato declarar a queixa inadmissível ou arquivá-la. A decisão da Secção pode englobar toda ou parte da queixa.

2 – Se não o fizer, a Secção ou o seu Presidente podem:

a) solicitar às partes que lhe apresentem informações relativas aos factos, os documentos ou outros elementos considerados pertinentes pela Secção ou pelo seu Presidente;

b) dar conhecimento da queixa à Parte contratante requerida e convidá-la a apresentar por escrito observações sobre a queixa e, recebidas estas, convidar o requerente a respondê-las;

c) convidar as partes a submeter por escrito observações complementares.

3 – No exercício das suas competências, previstas no nº 2 do presente artigo, o Presidente da Secção pode, na qualidade de juiz único, declarar de imediato uma parte da queixa inadmissível ou arquivar uma parte da queixa. Tal decisão é definitiva; ela é comunicada ao requerente pelo correio.

4 – Os nºs 2 e 3 aplicam-se igualmente aos Vice-Presidentes de Secção designados como juízes permanentes nos termos do artigo 39º, nº 4 do presente Regulamento para decidirem sobre os pedidos de medidas provisórias.

5 – Antes de tomar a decisão quanto à admissibilidade, a Secção pode decidir, seja a pedido de uma parte, seja por sua própria iniciativa, ter uma audiência, se ela considera isso necessário para o desempenho das suas funções nos termos da Convenção. Nesse caso, as partes são também convidadas a pronunciarem-se sobre as questões de fundo suscitadas pela queixa, salvo se a Secção decidir de outra maneira, a título excecional.

(*) Modificado a 17 de junho e a 8 de julho de 2002 e 14 de janeiro de 2013.

Artigo 54º-A (*) – Exame conjunto da admissibilidade e do fundo

1 – Quando comunica a queixa à Parte contratante requerida nos termos do artigo 54º, nº 2, alínea *b)*, do presente Regulamento, a Secção decide, em princípio, examinar conjuntamente a admissibilidade e o fundo, como o prevê o

artigo 29º, nº 1, da Convenção. As partes são convidadas a exprimir-se nas suas observações sobre a questão da satisfação razoável e, se necessário, a aí incluírem as suas propostas tendo em vista um acordo amigável. As condições fixadas nos artigos 60º e 62º do presente Regulamento aplicam-se *mutatis mutandis*. O Tribunal pode todavia decidir a todo o momento, se necessário, tomar uma decisão separada sobre a admissibilidade.

2 – Se as partes não chegam a um acordo amigável ou a uma outra solução e se a Secção está convencida, à luz dos argumentos respetivos, de que a queixa é admissível e pode ser julgada sob o fundo, ela adota imediatamente um acórdão contendo a sua decisão sobre a admissibilidade, salvo naqueles casos em que ela decide tomar separadamente uma tal decisão.

(*) Inserido a 17 de junho e a 8 de julho de 2003 e modificado a 13 de dezembro de 2004 e a 13 de novembro de 2006.

Queixas interestaduais e individuais

Artigo 55º – Exceções de inadmissibilidade

Se a Parte contratante requerida pretende suscitar uma exceção de inadmissibilidade, deve fazê-lo, desde que a natureza da exceção e as circunstâncias o permitam, nas suas observações escritas ou orais sobre a admissibilidade da queixa apresentadas por ela nos termos, segundo o caso, do artigo 51º ou do artigo 54º do presente Regulamento.

Artigo 56º (*) – Decisão da Secção

1 – A decisão da Secção indica se ela foi tomada por unanimidade ou por maioria e é acompanhada ou seguida da fundamentação.

2 – A decisão da Secção é comunicada pelo *greffier* ao requerente. Se a Parte ou Partes contratantes implicadas e, se for o caso, o terceiro ou terceiros intervenientes, aí incluído o Comissário para os Direitos do Homem, foram previamente informados da queixa nos termos do presente Regulamento, a decisão deve igualmente ser-lhes comunicada. No caso de acordo amigável, a decisão de arquivar a queixa é transmitida ao Comité de Ministros nos termos do artigo 43º, nº 3, do presente Regulamento.

(*) Modificado a 17 de junho e a 8 de julho de 2002 e 13 de novembro de 2006.

Artigo 57º (*) – Língua da decisão

1 – O Tribunal toma as suas decisões em inglês ou em francês, salvo se ele decide pronunciar-se nas duas línguas oficiais.

2 – A publicação das decisões na coleção oficial do Tribunal, tal como está prevista no artigo 78º do presente Regulamento, efetua-se nas duas línguas oficiais do Tribunal.

(*) Modificado a 17 de junho e a 8 de julho de 2002.

CAPÍTULO V
O processo posterior à decisão sobre a admissibilidade

Artigo 58º (*) – Queixas interestaduais

1 – Quando a Secção decide admitir uma queixa introduzida nos termos do artigo 33º da Convenção, o Presidente da Secção, após consultar as partes contratantes implicadas, fixa as datas do depósito das observações escritas sobre o fundo e da produção de eventuais provas complementares. O Presidente pode, no entanto, com o acordo das partes, decidir dispensar um processo escrito.

2 – Uma audiência sobre o fundo é organizada se uma ou várias partes contratantes o solicitam ou se a Secção assim o decide por sua própria iniciativa. O Presidente da Secção fixa o processo oral.

(*) Modificado a 17 de junho e a 8 de julho de 2002.

Artigo 59º (*) – Queixas individuais

1 – Depois de ter declarado admissível uma queixa introduzida nos termos do artigo 34º da Convenção, a Secção ou o seu Presidente podem convidar as partes a apresentar outros elementos de prova ou observações escritas complementares.

2 – Salvo decisão em contrário, o prazo fixado para apresentação das observações é o mesmo para cada uma das partes.

3 – A Secção pode decidir, seja a pedido de um das partes seja por sua própria iniciativa, ter uma audiência sobre o fundo, se ela a considerar necessária para o desempenho das suas funções nos termos da Convenção.

4 – O Presidente da Secção fixa, se necessário, o processo escrito e oral.

(*) Modificado a 17 de junho e a 8 de julho de 2002.

Artigo 60º (*) – Pedido de reparação razoável

1 – O requerente que deseja que o Tribunal lhe atribua uma satisfação razoável nos termos do artigo 41º da Convenção no caso de ser constatada uma violação dos seus direitos, deve formular um pedido específico para este efeito.

2 – Salvo decisão em contrário do Presidente de Secção, o requerente deve submeter as suas pretensões, cifradas e discriminadas por rubricas e acompanhadas dos justificativos pertinentes, no prazo que lhe for concedido para apresentar as suas observações sobre o fundo.

3 – Se o requerente não respeita as exigências descritas nos nºs precedentes, a Secção pode rejeitar o pedido, no todo ou em parte.

4 – As pretensões do requerente são transmitidas ao Governo requerido para observações.

(*) Modificado a 13 de dezembro de 2004.

Artigo 61º (*) – Processo de acórdão piloto

1 – O Tribunal pode decidir aplicar o processo de acórdão piloto e de adotar um acórdão piloto quando os factos na origem da queixa introduzida perante ele revelam a existência, na Parte Contratante implicada, de um problema estrutural ou sistémico ou de um outro disfuncionamento similar que deu lugar ou é suscetível de dar lugar à introdução de outras queixas análogas.

2 – a) Antes de decidir aplicar o processo de acórdão piloto, o Tribunal deve convidar as partes a darem o seu parecer sobre a questão de saber se a queixa a examinar tem na sua origem tal problema ou disfuncionamento no seio da Parte Contratante implicada e se ela se adequa a este processo.

b) Toda a queixa em que se decida que o processo de acórdão piloto será aplicado deve ter um tratamento prioritário nos termos do artigo 41º do Regulamento do Tribunal.

3 – O Tribunal pode indicar, no acórdão piloto por ele adotado, a natureza do problema estrutural ou sistémico ou o disfuncionamento que constatou e o tipo de medidas de saneamento que a Parte Contratante deve adotar a nível interno na execução do dispositivo do acórdão.

4 – O Tribunal pode fixar, no dispositivo do acórdão piloto que adotar, um prazo determinado para a adoção de medidas mencionadas no nº 3 supra, tendo em conta a natureza das medidas requeridas e a rapidez em que pode ser remediado, ao nível interno, o problema constatado.

5 – Quando adota um acórdão piloto, o Tribunal pode reservar a questão da reparação razoável no todo ou em parte, esperando a adoção pela Parte

Contratante requerida das medidas tanto individuais ou gerais indicadas no acórdão.

6 – a) Se necessário, o Tribunal pode adiar o exame de todas as queixas relevando do mesmo problema esperando, a adoção de medidas de saneamento indicadas no dispositivo do acórdão.

b) Os requerentes implicados são informados da decisão de adiamento sob a forma adequada. Se necessário, qualquer elemento novo de interesse para o seu caso será notificado.

c) O Tribunal pode a qualquer momento examinar uma queixa adiada se o interesse de uma boa administração da justiça o exige.

7 – Quando as partes num caso piloto chegam a um acordo amigável, este deve incluir uma declaração da Parte Contratante requerida relativa à execução das medidas de caráter geral indicadas no acórdão e à2-s medidas de saneamento devem ser extensíveis aos outros requerentes, declarados ou potenciais.

8 – Se a Pate Contratante implicada não se conformar com o dispositivo do acórdão piloto, o Tribunal, salvo decisão contrária, retoma o exame das queixas que tiverem sido adiadas em aplicação do nº 6 supra.

9 – O Comité de Ministros, a Assembleia Parlamentar do Conselho da Europa, o Secretário-Geral do Conselho da Europa e o Comissário para os Direitos Humanos do Conselho da Europa são sistematicamente informados da adoção de um acórdão piloto e de qualquer ouro acórdão onde o Tribunal assinale a existência de um problema estrutural ou sistémico no seio de uma Pate Contratante.

10 – A decisão de tratar uma queixa seguindo o processo de acórdão piloto, a adoção de um acórdão piloto, a sua execução e o fim do processo dão lugar à publicação de informações no site Internet do Tribunal.

(*) Inserido pelo Tribunal a 21 de fevereiro de 2011.

Artigo 62º (*) – Acordo amigável

1 – Uma vez admitida a queixa, o *greffier*, agindo sob as instruções da Secção ou do Presidente desta, contacta as partes tendo em vista a obtenção de um acordo amigável, nos termos do artigo 39º, nº 1, da Convenção. A Secção adota todas as medidas apropriadas para facilitar a conclusão de um tal acordo.

2 – Nos termos do artigo 39º, nº 2, da Convenção, as negociações relativas a um acordo amigável são confidenciais e sem prejuízo das observações das partes no processo contraditório. Nenhuma comunicação escrita ou oral ou qualquer oferta ou concessão formulada no quadro das negociações relativas

ao acordo amigável podem ser mencionadas ou invocadas no processo contraditório.

3 – Se a Secção é informada pelo *greffier* que as partes aceitam um acordo amigável, e depois de se ter certificado que o acordo se inspira no respeito dos direitos do homem, tal como estão reconhecidos na Convenção e nos seus Protocolos, ela arquiva a queixa nos termos do artigo 43º, nº 3, do presente Regulamento.

4 – Os nºs 2 e 3 aplicam-se, *mutatis mutandis*, ao processo previsto no artigo 54º-A do presente Regulamento.

(*) Modificado a 17 de junho e a 8 de julho de 2002 e a 13 de novembro de 2006.

Artigo 62-Aº (*) – Declaração unilateral

1 – *a*) No caso em que o requerente recusa os termos de uma proposta de acordo amigável feita ao abrigo do artigo 62º do presente Regulamento, a Parte Contratante implicada pode apresentar ao Tribunal um pedido de arquivamento com base no artigo 37º, nº 1 da Convenção.

b) Tal pedido é acompanhado de uma declaração reconhecendo claramente que houve aí uma violação da Convenção em relação ao requerente assim como um compromisso da Parte Contratante implicada de fornecer uma reparação adequada e, se necessário, de tomar medidas corretivas necessárias.

c) Uma declaração no sentido do nº 1, alínea b) do presente artigo deve ser feita no âmbito de um processo público e contraditório, desencadeado independentemente do eventual processo de acordo amigável previsto no artigo 39º, nº 2 da Convenção, e no artigo 62º, nº 2 do presente Regulamento e no respeito pela confidencialidade deste.

2 – Nos casos onde circunstâncias excecionais o justifiquem, o pedido e a declaração que a acompanha podem ser submetidos ao Tribunal mesmo quando um acordo amigável não foi previamente tentado.

3 – Se considera que a declaração oferece uma base suficiente para concluir que o respeito dos direitos humanos garantidos na Convenção e seus Protocolos não exige que prossiga o exame da queixa, o Tribunal pode arquivá-la, no todo ou em parte, mesmo quando o requerente deseje que ele prossiga no exame da queixa.

4 – O presente artigo aplica-se, *mutatis mutandis*, ao processo previsto no artigo 54º-A do presente Regulamento.

(*) Inserido pelo Tribunal a 2 de abril de 2012.

CAPÍTULO VI
Da audiência

Artigo 63º (*) – Publicidade das audiências

1 – A audiência é pública a menos que, em conformidade com o nº 2 do presente artigo, a Secção decida de outra maneira devido a circunstâncias excecionais, seja por sua própria iniciativa seja a pedido de uma parte ou de outra pessoa interessada.

2 – O acesso à sala pode ser proibido à imprensa e ao público durante a totalidade ou uma parte da audiência no interesse da moral, da ordem pública ou da segurança nacional numa sociedade democrática, quando os interesses dos menores ou a proteção da vida privada das partes no processo o exijam, ou, na medida entendida estritamente necessária pela Secção, quando as circunstâncias especiais da publicidade sejam de natureza a afetar os interesses da justiça.

3 – Todo o pedido de audiência à porta fechada formulado nos termos do nº 1 do presente artigo deve ser justificado e indicar se ele visa a integralidade ou uma parte somente dos debates.

(*) Modificado a 7 de julho de 2003.

Artigo 64º (*) – Direção dos debates

1 – O Presidente da Secção organiza e dirige os debates; ele determina a ordem pela qual serão chamados a tomar a palavra os participantes.

2 – Qualquer juiz pode formular perguntas a qualquer pessoa que se apresente perante a Secção.

(*) Modificado a 7 de julho de 2003.

Artigo 65º (*) – Faltas

Quando uma parte, ou qualquer pessoa que devia comparecer, se abstém ou se recusa, a Secção pode, no entanto, prosseguir a audiência, se tal lhe parecer compatível com uma boa administração da justiça.

(*) Modificado a 7 de julho de 2003.

Artigos 66º a 69º

Suprimidos

Artigo 70º (*) – Ata da audiência

1 – Se o Presidente da Secção assim o decidir, é elaborada uma ata da audiência pelo *greffier*. Aí figuram:

a) a composição da Secção;

b) a lista dos presentes;

c) o texto das observações formuladas, das questões colocadas e das respostas recolhidas;

d) o texto de toda a decisão proferida na audiência.

2 – Se a totalidade ou uma parte da ata é redigida numa língua não oficial, o *greffier* adota as medidas necessárias para a fazer traduzir numa das línguas oficiais.

3 – Os representantes das partes recebem cópia da ata para que possam, sob o controlo do *greffier* ou do Presidente da Secção, corrigi-la, sem contudo modificar o sentido e o conteúdo do que foi dito na audiência. O *greffier* fixa, de acordo com as instruções do Presidente da Secção, os prazos de que eles dispõem para este fim.

4 – Uma vez corrigida, a ata é assinada pelo Presidente de Secção e pelo *greffier;* ela faz fé do seu conteúdo.

(*) Modificado a 17 de junho e a 8 de julho de 2002.

CAPÍTULO VII
Processo perante o Tribunal pleno

Artigo 71º (*) – Aplicação das normas de processo

1 – As normas que regulam o processo perante as Secções aplicam-se, *mutatis mutandis,* ao processo no Tribunal pleno.

2 – Os poderes conferidos às Secções pelos artigos 54º, nº 3, e 59º, nº 3, do presente Regulamento sobre a possibilidade de ter uma audiência podem também ser exercidos pelo Presidente do Tribunal pleno.

(*) Modificado a 17 de junho e a 8 de julho de 2002.

Artigo 72º (*) – Devolução ao Tribunal pleno

1 – Quando um caso pendente numa Secção suscita uma questão grave relativa à interpretação da Convenção ou dos seus Protocolos, a Secção pode devolver a decisão ao Tribunal pleno, a menos que uma das partes se oponha nos termos do nº 4 do presente artigo.

2 – Quando a solução de uma questão a examinar por uma Secção num caso pendente pode conduzir a uma contradição com a jurisprudência do Tribunal, a Secção pode devolver a decisão ao Tribunal pleno, a menos que uma das partes se oponha nos termos do nº 4 do presente artigo.

3 – A decisão de devolução não precisa de ser justificada.

4 – O *greffier* comunica às partes a intenção da devolução da Secção. Estas dispõem de um prazo de um mês a partir da data desta comunicação para submeterem por escrito ao *Greffe* uma objeção devidamente justificada. Qualquer objeção que não respeite estas condições será considerada inválida pela Secção.

(*) Modificado a 6 de fevereiro de 2013.

Artigo 73º – Pedido de remessa ao Tribunal pleno por uma das partes

1 – Nos termos do artigo 43º da Convenção, qualquer parte pode, a título excecional e no prazo de três meses a contar da data do Acórdão proferido por uma Secção, apresentar por escrito ao *Greffe* um pedido de remessa ao Tribunal pleno, indicando a questão grave relativa à interpretação ou à aplicação da Convenção ou dos seus Protocolos, ou a questão grave de caráter geral que, segundo ela, merece ser examinada pelo Tribunal pleno.

2 – Um coletivo de cinco juízes do Tribunal pleno, constituído nos termos do artigo 24º, nº 6, examina o pedido apenas com base no processo existente. Ele apenas aceita o pedido se considerar que o caso suscita efetivamente a referida questão. A decisão de rejeição do pedido não tem necessidade de ser justificada.

3 – Se o coletivo aceita o pedido, o Tribunal pleno decide em Acórdão.

CAPÍTULO VIII
Acórdãos

Artigo 74º (*) – Conteúdo do acórdão

1 – O acórdão referido nos artigos 28º, 42º e 44º da Convenção contém:

a) o nome do Presidente e dos outros juízes que compõem a Secção ou o Comité, bem como do *greffier* ou do *greffier*-adjunto da respetiva Secção;

b) a data da sua adoção e a da sua leitura;

c) a indicação da ou das partes;

d) o nome dos agentes, advogados e conselheiros da ou das partes;

e) a descrição do processo;

f) a matéria de facto;
g) um resumo das conclusões da ou das partes;
h) a fundamentação de direito;
i) a parte decisória;
j) se necessário, a decisão tomada sobre as despesas e os encargos;
k) a indicação do número de juízes que fizeram a maioria;
l) se necessário, a indicação do texto que faz fé.

2 – Qualquer dos juízes que tomou parte no exame do caso na Secção ou no Tribunal pleno tem o direito de juntar ao acórdão a sua opinião separada, concordante ou dissidente, ou uma simples declaração de desacordo.

(*) Modificado a 13 de novembro de 2006.

Artigo 75º (*) – Acórdão relativo à reparação razoável

1 – Quando a Secção ou o Comité constata uma violação da Convenção ou dos seus Protocolos, eles decidem, no mesmo acórdão, sobre a aplicação do artigo 41º da Convenção se um pedido específico lhe foi apresentado nos termos do artigo 60º do presente Regulamento, e se a questão estiver em condições de ser decidida; senão, ela reserva-a, no todo ou em parte, e determina o processo posterior a seguir.

2 – Para decidir sobre a aplicação do artigo 41º da Convenção, a Secção ou o Comité reúnem-se tanto quanto possível com a mesma composição que para o exame de fundo do caso. Quando não for possível reconstituir a Secção ou o Comité iniciais, o Presidente da Secção o do Comité completa ou compõe a Secção ou o Comité por sorteio.

3 – Ao atribuir uma reparação razoável nos termos do artigo 41º da Convenção, a Secção ou o Comité podem decidir que, se o pagamento não ocorrer no prazo fixado, serão devidos juros de mora sobre as somas acordadas.

4 – Se o Tribunal recebe comunicação de um acordo celebrado entre a pessoa lesada e a Parte contratante responsável, verifica o seu caráter equitativo e, se o constata, arquiva o caso, em conformidade com o artigo 43º, nº 3, do presente Regulamento.

(*) Modificado a 13 de dezembro de 2004 e 13 de novembro de 2006.

Artigo 76º (*) – Língua do acórdão

1 – O Tribunal profere todos os seus acórdãos em francês ou em inglês, salvo se decidir proferir o acórdão nas duas línguas oficiais.

2 – A publicação dos acórdãos na coleção oficial do Tribunal, tal como está prevista no artigo 78º do presente Regulamento, efetua-se nas duas línguas oficiais do Tribunal.

(*) Modificado a 17 de junho e a 8 de julho de 2002.

Artigo 77º (*) – Assinatura, publicação e comunicação do acórdão

1 – O acórdão é assinado pelo Presidente da Secção ou do Comité e pelo *greffier*.

2 – O acórdão proferido por uma Secção pode ser lido em audiência pública pelo Presidente da Secção ou por um outro juiz delegado por si. Os agentes e os representantes das partes são devidamente avisados da data e hora da leitura do acórdão. Na ausência de leitura pública de tal acórdão e nos casos dos acórdão de Comité, a notificação prevista no nº 3 do presente artigo vale como publicação do acórdão.

3 – O acórdão é transmitido ao Comité de Ministros. O *greffier* fornecerá cópia certificada às partes, ao Secretário-Geral do Conselho da Europa, aos terceiros intervenientes, aí incluído o Comissário para os Direitos do Homem, assim como a qualquer pessoa diretamente interessada. O original da decisão, devidamente assinado e selado, é depositado nos arquivos do Tribunal.

(*) Modificado a 13 de novembro de 2006 e 1 de dezembro de 2008.

Artigo 78º – Publicação dos acórdãos e de outros documentos

Nos termos do artigo 44º, nº 3, da Convenção, os acórdãos definitivos do Tribunal são publicados na forma adequada, sob a responsabilidade do *greffier*, que é também responsável pela publicação da Coleção oficial contendo uma escolha de acórdãos e de decisões e de qualquer documento cuja publicação o Presidente do Tribunal julgue útil.

Artigo 79º – Pedido de interpretação de um acórdão

1 – Qualquer parte pode pedir a interpretação de um acórdão no ano seguinte à sua publicação.

2 – O pedido é apresentado ao *Greffe* e indica com precisão o ponto ou os pontos da parte decisória do acórdão cuja interpretação é pedida.

3 – A Secção inicial pode decidir por sua iniciativa recusar o pedido pelo motivo de que nenhuma razão justifica o seu exame. Se não for possível reunir

a Secção inicial, o Presidente do Tribunal constitui ou completa a Secção por sorteio.

4 – Se a Secção implicada não recusar o pedido, o *greffier* comunica-o a todas as outras partes, convidando-as a apresentar as suas eventuais observações escritas no prazo fixado pelo Presidente da Secção. Este fixa também a data da audiência se a Secção decide ter uma. A Secção decide em acórdão.

Artigo 80º – Pedido de revisão de um acórdão

1 – Na hipótese da descoberta de um facto que pela sua natureza possa ter uma influência decisiva, e que, à época da publicação do acórdão, era desconhecido pelo Tribunal e que não podia razoavelmente ser conhecido por uma parte, esta última pode, no prazo de seis meses a partir do momento em que teve conhecimento do facto descoberto, apresentar ao Tribunal um pedido de revisão daquele acórdão.

2 – O pedido menciona o acórdão cuja revisão é solicitada, contendo as indicações necessárias para demonstrar estarem reunidas as condições previstas no nº 1, e é acompanhado de uma cópia de toda a documentação pertinente. Ele é depositado junto do *Greffe,* com os seus anexos.

3 – A Secção inicial pode decidir por sua iniciativa recusar o pedido pelo motivo de que nenhuma razão justifica o seu exame. Se não for possível reunir a Secção inicial, o Presidente do Tribunal constitui ou completa a Secção por sorteio.

4 – Se a Secção não recusa o pedido, o *greffier* comunica-o a todas as outras partes, convidando-as a apresentar as suas eventuais observações escritas no prazo fixado pelo Presidente da Secção. Este decide também a data da audiência se a Secção decide realizar uma. A Secção decide em acórdão.

Artigo 81º – Retificação de erros nas decisões e nos acórdãos

Sem prejuízo das disposições relativas à revisão dos acórdãos e à reinscrição das queixas, os erros de escrita ou de cálculo ou as inexatidões evidentes podem ser retificados pelo Tribunal, seja por sua iniciativa, seja a pedido de uma das partes, se este pedido for apresentado no prazo de um mês a contar da publicação da decisão ou do acórdão.

CAPÍTULO IX
Pareceres consultivos

Artigo 82º

No processo relativo a pareceres consultivos, o Tribunal aplica, para além do disposto nos artigos 47º, 48º e 49º da Convenção, as disposições que se seguem. O Tribunal aplica igualmente, na medida em que julgue conveniente, as outras disposições do presente Regulamento.

Artigo 83º (*)

O pedido de parecer consultivo é dirigido *greffier*. Ele indica, em termos completos e precisos, a questão sobre a qual o parecer do Tribunal é solicitado e, também:

a) a data em que o Comité de Ministros tomou a decisão prevista no artigo 47º, nº 3, da Convenção;

b) os nomes e a morada da ou das pessoas designadas pelo Comité de Ministros para fornecer ao Tribunal toda a explicação que ele poderá solicitar.

Anexa-se ao pedido todo e qualquer documento que possa esclarecer a questão.

(*) Modificado a 4 de julho de 2005.

Artigo 84º (*)

1 – Recebido o pedido, o *greffier* envia um exemplar a todos os membros do Tribunal.

2 – O *greffier* informa as Partes contratantes de que elas podem submeter ao Tribunal observações escritas sobre o pedido.

(*) Modificado a 4 de julho de 2005.

Artigo 85º (*)

1 – O Presidente fixa os prazos para a apresentação das observações escritas ou de outros documentos.

2 – As observações escritas ou os documentos são dirigidos ao *greffier*. O *greffier* comunica-os a todos os membros do Tribunal, ao Comité de Ministros e às Partes contratantes.

(*) Modificado a 4 de julho de 2005.

Artigo 86º

O Presidente do Tribunal decide, finda a fase escrita, se se deve permitir às Partes contratantes que tiverem apresentado observações escritas, desenvolvê-las oralmente numa audiência marcada para este efeito.

Artigo 87º (*)

1 – Um Tribunal pleno é constituído para examinar o pedido de parecer consultivo.

2 – Se o Tribunal pleno entende que o pedido de parecer não releva da sua competência tal como esta está definida no artigo 47º da Convenção, assim o declarará numa decisão motivada.

(*) Modificado a 4 de julho de 2005.

Artigo 88º (*)

1 – As decisões motivadas e os pareceres consultivos são emitidos, por maioria, pelo Tribunal pleno. Eles mencionam o número de juízes que fizeram a maioria.

2 – Qualquer juiz pode, se o desejar, juntar à decisão motivada ou ao parecer do Tribunal a sua opinião separada, concordante ou dissidente, ou uma simples declaração de desacordo.

(*) Modificado a 4 de julho de 2005.

Artigo 89º (*)

A decisão motivada e o parecer consultivo podem ser lidos em audiência pública, numa das duas línguas oficiais, pelo Presidente do Tribunal pleno, ou por um outro Juiz delegado por ele, sendo prevenidos o Comité de Ministros e as Partes Contratantes. Caso contrário, procede-se a notificação previstas no artigo 90º do Regulamento.

(*) Modificado a 4 de julho de 2005.

Artigo 90º (*)

O parecer consultivo ou a decisão motivada são assinados pelo Presidente do Tribunal pleno e pelo *greffier*. O exemplar original, devidamente selado e assinado, é depositado nos arquivos do Tribunal. O *greffier* envia cópia certificada ao Comité de Ministros, às Partes Contratantes e ao Secretário-Geral do Conselho da Europa.

(*) Modificado a 4 de julho de 2005.

CAPÍTULO X[606]
Processos nos termos do artigo 46º, nºs 3, 4, e 5, da Convenção

SUBCAPÍTULO I
Processo nos termos do artigo 46º, nºs 3, 4, e 5, da Convenção

Artigo 91º

Todo o pedido de interpretação submetido nos termos do artigo 46º, nº 3, da Convenção é dirigido ao *greffier.* Ele enuncia de uma maneira exaustiva e precisa a natureza e a origem da questão de interpretação que colocou dificuldades à execução do acórdão que ele visa e acompanha-se:

a) de informações relativas ao processo de execução perante o Comité de Ministros do acórdão visado, se tal processo existe;

b) de uma cópia da decisão referida no artigo 46º, nº 3, da Convenção:

c) do nome e direção da pessoa ou pessoas designadas pelo Comité de Ministros para dar ao Tribunal todas as explicações que ele poderá desejar obter.

Artigo 92º

1 – O pedido de interpretação é examinado pelo Tribunal Pleno, pela Secção ou pelo Comité que proferiu o acórdão.

2 – Quando não for possível reunir o Tribunal Pleno, a Secção ou o Comité originais, o Presidente do Tribunal completa ou compõe a formação por tiragem à sorte.

Artigo 93º

A decisão na qual o Tribunal se pronuncia sobre a questão de interpretação que lhe foi submetida pelo Comité de Ministros é definitiva. Ela não pode ser

[606] Inserido a 13 de novembro de 2006 e 14 de maio de 2007.

objeto de opinião separada dos juízes. Uma cópia da decisão é transmitida ao Comité de Ministros e as Partes implicadas assim como a todo o terceiro interveniente, incluído o Comissário para os Direitos do Homem.

SUBCAPÍTULO II

Processo nos termos do artigo 46º, nºs 4 e 5, da Convenção

Artigo 94º

Quando é solicitado a examinar uma questão relativa a saber se uma Parte contratante faltou ou não à sua obrigação decorrente do artigo 46º, nº 1, da Convenção, o Tribunal aplica, para além das disposições do artigo 31º, alínea *b)*, e do artigos 46º, nºs 4 e 5, da Convenção, as disposições seguintes. Ele aplica igualmente outras disposições do Regulamento na medida em que as considera apropriadas.

Artigo 95º

Todo o pedido introduzido nos termos do artigo 46º, nº 4, da Convenção deve ser motivada e dirigido ao *greffier*. Ele acompanha-se:

a) do acórdão visado;

b) das informações relativas ao processo de execução perante o Comité de Ministros do acórdão visado, compreendendo, se necessário, as observações escritas formuladas pelas partes implicadas no quadro deste processo e as comunicações a que ele deu lugar;

c) da cópia de notificação à ou às Partes contratantes relativa à recusa e a decisão referida no artigo 46º, nº 4, da Convenção;

d) do nome e direção da pessoa ou pessoas designadas pelo Comité de Ministros para dar ao Tribunal todas as explicações que ele poderá desejar obter;

e) da cópia de todos os outros documentos pertinentes para esclarecer a questão.

Artigo 96º

Um Tribunal pleno é constituído nos termos do artigo 24º, nº 2, alínea *g)*, do Regulamento para examinar a questão submetida ao Tribunal.

Artigo 97º

O Presidente do Tribunal pleno informa o Comité de Ministros e as partes implicadas que podem submeter observações escritas sobre a questão que o Tribunal é chamado a examinar.

Artigo 98º

1 – O Presidente do Tribunal pleno fixa os prazos dentro dos quais as observações escritas e outros documentos devem ser depositados.

2 – O Tribunal pleno pode decidir ter uma audiência.

Artigo 99º

O Tribunal Pleno decide por acórdão. Cópia do acórdão é comunicada ao Comité de Ministros e às partes implicadas assim como aos terceiros intervenientes, incluído o Comissário para os Direitos do Homem.

CAPÍTULO XI
Assistência judiciária

Artigo 100º (antigo artigo 91º)

1 – O Presidente da Secção pode, seja a pedido do particular que apresentou a queixa nos termos do artigo 34º da Convenção, seja oficiosamente, conceder a assistência judiciária ao requerente para a defesa da sua causa, depois da Parte contratante requerida ter apresentado, por escrito, nos termos do artigo 54º, nº 3, alínea *b)*, do presente Regulamento, as suas observações sobre a admissibilidade da queixa ou quando o prazo fixado para a sua apresentação tenha expirado.

2 – Salvo o disposto no artigo 96º do presente Regulamento, quando o requerente obteve assistência judiciária para a sua defesa perante a Secção, ele mantém-na perante o Tribunal pleno.

Artigo 101º (antigo artigo 92º)

A assistência judiciária só pode ser concedida se o Presidente da Secção constata:

a) que a concessão desta assistência é necessária para a boa condução do caso perante a Secção;

b) que o requerente não dispõe de meios financeiros suficientes para fazer face no todo ou em parte às despesas necessárias.

Artigo 102º (antigo artigo 93º) (*)

1 – Para determinar se o requerente dispõe ou não de meios financeiros suficientes para fazer face a toda ou a parte das despesas que é obrigado a suportar, ele é convidado a preencher um formulário de declaração indicando os seus rendimentos, os seus bens e os seus encargos financeiros para com as pessoas a seu cargo ou qualquer outra obrigação de caráter financeiro. A declaração deve ser certificada pela ou pelas autoridades internas competentes.

2 – O Presidente de Secção pode convidar a Parte contratante implicada a apresentar as suas observações por escrito.

3 – Depois de ter recolhido as informações referidas no n.º 1 do presente artigo, o Presidente da Secção decide da concessão ou da recusa da assistência judiciária. O *greffier* comunica a decisão às partes interessadas.

(*) Modificado a 29 de maio de 2006.

Artigo 103º (antigo artigo 94º)

1 – Os honorários só podem ser pagos a um advogado ou à pessoa designada nos termos do artigo 36º, nº 4, deste Regulamento. Os honorários podem, se for o caso, cobrir os serviços de um ou mais dos representantes assim definidos.

2 – A assistência judiciária pode cobrir, para além dos honorários, as despesas de deslocação e de estadia, assim como outras despesas correntes necessárias, apresentadas pelo requerente ou pelo seu representante designado.

Artigo 104º (antigo artigo 95º)

Uma vez concedida a assistência judiciária, o *greffier*:

a) fixa o montante dos honorários que deverão ser pagos de acordo com as tabelas de assistência judiciária em vigor;

b) fixa o montante das despesas a pagar.

Artigo 105º (antigo artigo 96º)

O Presidente da Secção implicada, se considerar que as condições enunciadas no artigo 92º deixam de estar reunidas, pode a qualquer momento retirar ou modificar o benefício da assistência judiciária.

TÍTULO III
Disposições Transitórias

Artigo 97º e 98º
Suprimidos

Artigo 106º (antigo artigo 99º) – Relações entre o Tribunal e a Comissão

1 – Nos casos apresentados ao Tribunal nos termos do artigo 5º, nºs 4 e 5, do Protocolo nº 11 à Convenção, o Tribunal pode convidar a Comissão a designar um ou mais membros da Comissão a participar no exame do caso perante o Tribunal.

2 – Nos casos referidos no número anterior, o Tribunal toma em consideração o relatório da Comissão adotado nos termos do anterior artigo 31º da Convenção.

3 – Salvo decisão em contrário do Presidente da Secção, o relatório é tornado público pelo *greffier* logo que possível após a apresentação do caso ao Tribunal.

4 – Nos casos enviados ao Tribunal nos termos do artigo 5º, nºs 2 a 5, do Protocolo nº 11 à Convenção, os outros documentos que compõem o dossier da Comissão, incluindo todas as alegações e observações, permanecem confidenciais a menos que o Presidente da Secção decida de outra maneira.

5 – Nos casos em que a Comissão recolheu depoimentos mas não conseguiu adotar um relatório nos termos do antigo artigo 31º da Convenção, o Tribunal toma em consideração as atas *in extenso,* a documentação e o parecer emitido pelos delegados da Comissão no fim destas investigações.

Artigo 107º (antigo artigo 100º) – Processo perante a Secção e o Tribunal pleno

1 – Nos casos enviados ao Tribunal nos termos do artigo 5º, nº 4, do Protocolo nº 11 à Convenção, o coletivo do Tribunal Pleno, constituído nos termos do artigo 24º, nº 6 (*), decide, com base unicamente no processo, se o caso deve ser examinado por uma Secção ou pelo Tribunal pleno.

2 – Se o caso for examinado por uma Secção, o acórdão desta é definitivo nos termos do artigo 5º, nº 4, do Protocolo nº 11 à Convenção, e o artigo 72º deste Regulamento é inaplicável.

3 – Os casos transmitidos ao Tribunal nos termos do artigo 5º, nº 5, do Protocolo nº 11 à Convenção são enviados ao Tribunal pleno pelo Presidente do Tribunal.

4 – Para os casos que lhe são transmitidos nos termos do artigo 5º, nº 5, do Protocolo nº 11, o Tribunal pleno é completado pelos juízes designados por rotação no seio de um dos grupos referidos no artigo 24º, nº 3, deste Regulamento, sendo os casos repartidos alternadamente entre os grupos.

(*) Na versão anterior a 8 de dezembro de 2000.

Artigo 108º (antigo artigo 101º) – Concessão de assistência judiciária

Salvo o disposto no artigo 96º, para os casos enviados ao Tribunal nos termos do artigo 5º, nºs 2 a 5, do Protocolo nº 11, um requerente que obteve a assistência judiciária no quadro do processo perante a Comissão ou o antigo Tribunal continua a beneficiar dela para a defesa da sua causa perante o Tribunal.

Artigo 109º (antigo artigo 102º) (*) – Pedido de interpretação ou revisão de um acórdão

1 – Quando uma parte apresenta um pedido de revisão de um acórdão proferido pelo antigo Tribunal, o Presidente do Tribunal remete-o a uma das Câmaras em conformidade com as condições previstas nos artigos 51º ou 52º, segundo o caso.

2 – Não obstante o disposto no artigo 80º, nº 3, do presente Regulamento, o Presidente da Câmara implicada constitui uma nova Secção para examinar o pedido.

3 – A Secção a constituir compreende de pleno direito:

a) o Presidente da Câmara;

e, pertençam ou não à referida Câmara,

b) o juiz eleito em nome da Parte contratante implicada ou, se ele está impedido, o juiz designado nos termos do artigo 29º do presente Regulamento;

c) o juiz do Tribunal que pertenceu à Secção inicial do antigo Tribunal que proferiu o acórdão.

4 –

a) O Presidente da Câmara procede ao sorteio dos outros membros da Secção entre os membros da Câmara implicada.

b) Os membros da Câmara não designados participam como juízes suplentes.

(*) Modificado a 13 de dezembro de 2004.

TÍTULO IV
Disposições Finais

Artigo 110º (antigo artigo 103º) – Emenda ou suspensão de um artigo

1 – Qualquer disposição do presente Regulamento pode ser modificada após a apresentação de uma proposta, se esta for aceite na sessão da Assembleia Plenária pela maioria dos membros do Tribunal. A proposta de modificação, formulada por escrito, deve chegar ao *greffier* ao menos um mês antes da sessão em que ela será submetida à discussão. Recebida uma tal proposta, o *greffier* dela dá conhecimento o mais cedo possível a todos os membros do Tribunal.

2 – A aplicação de qualquer disposição relativa ao funcionamento interno do Tribunal pode ser suspensa sob proposta imediata de um juiz, desde que esta decisão seja tomada por unanimidade pela Secção implicada. A suspensão assim decidida apenas produz efeitos para o caso particular para o qual foi proposta.

Artigo 111º (antigo artigo 104º) (1) – Entrada em vigor

O presente Regulamento entrará em vigor em 1 de novembro de 1998.

1) As modificações introduzidas a 8 de dezembro de 2000 entraram imediatamente em vigor. As adotadas a 17 de junho e a 8 de julho de 2002 entraram em vigor a 1 de outubro de 2002. As adotadas a 7 de julho de 2003 entraram em vigor a 1 de novembro de 2003. As adotadas a 13 de dezembro de 2004 entraram em vigor a 1 de março de 2005. As adotadas a 4 de julho de 2005 entraram em vigor a 3 de outubro de 2005. As adotadas a 7 de novembro de 2005 entraram em vigor a 1 de dezembro de 2005. As adotadas a 20 de maio de 2006 entraram em vigor a 1 de julho de 2006. As adotadas a 14 de maio de 2007 entraram em vigor a 1 de julho de 2007. As adotadas a 11 de dezembro de 2007, 22 de setembro e 1 de dezembro de 2008 entraram em vigor a 1 de janeiro de 2009. As modificações adotadas a 29 de junho entraram em vigor a 1 de julho de 2009. As modificações relativas ao Protocolo 14, adotadas a 13 de novembro de 2006 e 14 de maio de 2007 entraram em vigor a 1 de junho de 2010. As modificações adotadas a 21 de fevereiro de 2011 entraram em vigor a 1 de abril de 2011. As modificações adotadas a 16 de janeiro de 2012 entraram em vigor a 1 de fevereiro de 2012. As modificações adotadas a 20 de fevereiro de 2012 entraram em vigor a 1 de maio de 2012. As modificações adotadas a 2 de abril de 2012 entraram em vigor a 1 de setembro de 2012. As modificações adotadas a 14 de janeiro e 6 de fevereiro de 2013 entraram em vigor a 1 de maio

de 2013. As modificações adotadas a 6 de maio de 2013 entraram em vigor a 1 de julho de 2013 e 1 de janeiro de 2014. As modificações adotadas a 14 de abril e 23 de junho de 2014 entraram em vigor a 1 de julho de 2014.

*

* *

ANEXO AO REGULAMENTO (INSERIDO A 7 DE JULHO DE 2003)

Relativo aos inquéritos

Artigo A1 – Medidas de instrução

1 – A Secção pode, seja a pedido de uma das partes, seja *ex officio*, adotar toda a medida de instrução que ela considere adequada para esclarecer os factos da causa. Pode nomeadamente solicitar às partes a produção de provas escritas e decidir ouvir como testemunha ou perito, ou a outro título, qualquer pessoa cujo depoimento ou declarações se lhes afigurem úteis para o desempenho da sua missão.

2 – A Secção pode também convidar uma pessoa ou instituição de sua escolha a produzir um parecer ou fornecer-lhe um relatório escrito sobre qualquer questão que a Secção considere pertinente para o caso.

3 – Depois de um caso ser declarado admissível ou, excecionalmente, antes da decisão sobre a admissibilidade, a Secção pode designar um ou vários dos seus membros ou outros juízes do Tribunal como delegado(s) para proceder a uma recolha de informações, a uma visita ao local ou outra medida de instrução. Ela pode igualmente nomear qualquer pessoa de sua escolha para assistir à delegação da maneira que ela considere apropriada.

4 – As disposições do presente Regulamento relativas às medidas de instrução pela delegação aplicam-se, *mutatis mutandis*, às medidas de instrução levadas a cabo pela própria Secção.

5 – As audições realizadas por uma Secção ou por uma delegação, no quadro das medidas de instrução, têm lugar à porta fechada, salvo decisão contrária do Presidente da Secção ou do Chefe de delegação.

6 – O Presidente da Secção pode, quando considere apropriado, convidar ou autorizar um terceiro interveniente a participar numa medida de instrução. Ele fixa as condições de uma tal participação e pode limitá-la no caso de falta de respeito por essas ditas condições.

Artigo A2 – Obrigações das partes relativamente às medidas de instrução

1 – O requerente e qualquer Parte contratante implicada ajudam o Tribunal no necessário para a realização das medidas de instrução.

2 – A Parte contratante sobre o território da qual uma delegação procede a investigações *in situ* concede a esta as facilidades e a cooperação necessárias ao bom desenvolvimento do processo. Ela tem assim a obrigação, na medida do necessário, de garantir a liberdade de circulação sobre o seu território e de tomar todas as medidas de segurança adequadas para a delegação, o requerente e para o conjunto das testemunhas, peritos e outras pessoas que possam ser ouvidas pela delegação. Incumbe-lhe tomar as medidas necessárias para evitar consequências adversas para a pessoa ou organização pelo testemunho ou ajuda prestados à delegação.

Artigo A3 – Falta de comparência perante uma delegação

Quando uma parte ou outra pessoa que deviam comparecer se abstêm ou se recusam a fazê-lo, a delegação pode contudo prosseguir os trabalhos, se isso lhe parecer compatível com uma boa administração da justiça.

Artigo A4 – Condução do processo perante uma delegação

1 – Os delegados exercem, se necessário, os poderes conferidos à Secção pela Convenção ou pelo presente Regulamento e dirigem o processo perante eles.

2 – O chefe da delegação pode decidir ter uma reunião preparatória com as partes ou seus representantes previamente a toda a audição pela delegação.

Artigo A5 – Citação de testemunhas, peritos e outras pessoas a comparecer perante uma delegação

1 – As testemunhas, peritos ou outras pessoas que devem ser ouvidos pela delegação são convocados pelo *greffier*.

2 – A convocatória indica:

a) de que caso se trata;

b) o objeto do inquérito, peritagem ou qualquer outra medida de instrução ordenada pela Secção ou pelo seu Presidente;

c) as medidas tomadas para o pagamento da indemnização devida à pessoa convocada.

3 – As partes fornecem tanto quanto possível as informações suficientes para estabelecer a identidade, o endereço das testemunhas, peritos e outras pessoas que devem ser convocados.

4 – Nos termos do artigo 37º, nº 2, do presente Regulamento, a Parte contratante em cujo território reside a testemunha assume a responsabilidade de notificar toda a convocatória que lhe seja enviada pela Secção para este fim. Se ela se encontra impossibilitada de se conformar a esta obrigação, ela justifica por escrito esse constrangimento. Incumbe-lhe ainda tomar todas as medidas razoáveis adequadas a assegurar a comparência das pessoas convocadas que se encontrem sob a sua autoridade ou controlo.

5 – Quando uma delegação procede a audições *in situ,* o seu chefe pode solicitar a comparência perante ela de testemunhas, peritos ou outras pessoas. A Parte contratante em cujo território aquelas audições têm lugar toma, se a isso for convidada, um conjunto de medidas razoáveis adequadas a facilitar a comparência.

6 – Se uma testemunha, um perito ou outra pessoa são convocados a pedido ou por conta de uma Parte contratante requerente ou requerida, os custos da comparência incumbem a esta, salvo decisão em contrário da Secção. Quando uma pessoa convocada se encontra detida na Parte contratante em cujo território a delegação procede às suas investigações *in situ,* os custos relativos à sua comparência incumbem àquela Parte, salvo decisão em contrário da Secção. Nos outros casos, a Secção decide se os custos devem ser suportados pelo Conselho da Europa, ou se convém que fiquem a cargo do requerente ou de um terceiro, a pedido ou por conta de quem a pessoa compareceu. Em qualquer caso, eles serão fixados, pelo Presidente da Secção.

Artigo A6 – Juramento ou declaração solene das testemunhas e peritos

1 – Verificada a identidade e antes de depor, a testemunha presta o seguinte juramento ou faz a declaração solene seguinte:

> *Juro* – ou *Declaro solenemente, em minha honra e consciência – que direi a verdade, toda a verdade e só a verdade.*

Este ato é registado em ata.

2 – Após a verificação da sua identidade e antes de cumprir a sua missão, todo o perito presta o seguinte juramento ou faz a declaração solene seguinte:

> *Juro* – ou *Declaro solenemente – que desempenharei as minhas funções de perito com honra e consciência.*

Este ato é registado em ata.

Artigo A7 – Audição de testemunhas, peritos ou outras pessoas por uma delegação

1 – Qualquer dos delegados pode colocar questões aos agentes, advogados e conselheiros das partes, ao requerente, às testemunhas, aos peritos assim como a qualquer pessoa que se apresente perante a delegação.

2 – Sob o controlo do chefe da delegação, as testemunhas, peritos e outras pessoas que comparecerem perante a delegação, podem ser interrogados pelos agentes, advogados e conselheiros das partes. Em caso de contestação sobre a pertinência de uma questão colocada, o chefe da delegação decide.

3 – Salvo circunstâncias excecionais e com o consentimento do chefe da delegação, as testemunhas, peritos e outras pessoas que devem ser ouvidos pela delegação não são admitidos a entrar na sala antes de depor.

4 – O chefe da delegação pode tomar medidas especiais para que as testemunhas, peritos ou outras pessoas possam ser ouvidos fora da presença das partes quando a boa administração da justiça o exige.

5 – No caso de litígio relativamente à recusa de uma testemunha ou de um perito, o chefe da delegação decide. A delegação pode ouvir a título de informação uma pessoa que não reúna as condições para ser ouvida como testemunha.

Artigo A8 – Ata das audições feitas por uma delegação

1 – O *greffier* elabora uma ata de todas as audições feitas por uma delegação no âmbito de uma medida de instrução. Nela figuram:

a) a composição da delegação;

b) as listas dos presentes: agentes, advogados, conselheiros das partes;

c) os apelidos, nomes próprios, qualidade e endereço das testemunhas, peritos e/ou outras pessoas ouvidas;

d) o texto das declarações feitas, das questões colocadas e das respostas recolhidas;

e) o texto de qualquer decisão pronunciada durante as audições pela delegação ou pelo seu chefe.

2 – Se a totalidade ou parte da ata é redigida numa língua não oficial, o *greffier* toma todas as medidas necessárias para a traduzir numa das línguas oficiais.

3 – Os representantes das partes recebem cópia da ata para que possam, sob o controlo do *greffier* ou do chefe da delegação, corrigi-la, sem contudo modificar o sentido e o conteúdo do que foi dito durante as audições. O *greffier* fixa, de acordo com as instruções do chefe da delegação, os prazos de que eles dispõem para este fim.

4 – Uma vez corrigida, a ata é assinada pelo chefe da delegação e pelo *greffier;* ela faz fé do seu conteúdo.

Instrução Prática[607]
(Queixas individuais nos termos do artigo 34º da Convenção)

I. Generalidades

1. A queixa introduzida nos termos do artigo 34º da Convenção deve ser apresentada por escrito. Nenhuma queixa pode ser apresentada por telefone. Salvo nos casos previstos no artigo 47º do Regulamento do Tribunal, só um formulário de queixa completo interrompe o decurso do prazo de seis meses fixado no artigo 35º, nº 1 da Convenção. O formulário da queixa está disponível no Site Internet do Tribunal[608]. Os requerentes são vivamente encorajados a descarregar e a imprimir mais do que a solicitar ao Tribunal de lhes enviar uma versão em papel pelo correio. Eles ganharam assim tempo e estarão em melhores condições para introduzir a queixa completa no prazo de sies meses. Encontra-se também no Site de Internet do Tribunal uma ajuda para preencher os diversos campos do formulário.

2. A queixa deve ser enviada ao seguinte endereço:

Monsieur le Greffier de la
Cour européenne des droits de l'homme
Conseil de l'Europe
67075 STRASBOURG CEDEX
FRANCE

[607] Editada pelo Presidente do Tribunal nos termos do artigo 32º do Regulamento no dia 1 de novembro de 2003 e emendada a 22 de setembro de 2008, 24 de junho de 2009 e 6 de novembro de 2013. Esta instrução prática completa os artigos 45º e 47º do Regulamento do Tribunal.

[608] www.echr.coe.int

3. O envio de uma queixa por FAX não interrompe o decurso do prazo de seis meses fixado no artigo 35º. Os requerentes devem, antes da expiração do prazo de seis meses, fazer seguir ao seu FAX o original do formulário assinado pelo correio.

4. Os requerentes devem mostrar-se diligentes na condução da sua correspondência com o *Greffe* do Tribunal. Um atraso na resposta ou uma ausência de resposta podem ser considerados como um sinal indicador de que o queixoso não deseja mais manter a sua queixa.

II. Forma e conteúdo

5. As declarações feitas no formulário da queixa relativas aos factos, a exposição das violações e a declaração sobre o esgotamento dos recursos internos e do prazo da introdução da queixa fixado no artigo 35º, nº 1, da Convenção devem ser conformes às regras enunciadas no artigo 47º do Regulamento. As declarações em folhas separadas não devem ultrapassar 20 páginas (artigo 47º, nº 2, do Regulamento) e devem:

a) ser do formato A4 e compreender uma margem dum mínimo de 3,5 cm;

b) ser perfeitamente compreensíveis e, se são datilografadas, ser redigidas num formato de carateres de ao menos 12 pontos, e 10 pontos nas notas de rodapé, com um espaço entrelinhas de 1,5;

c) os números devem ser expressos em algarismos e não em letras;

d) ser paginadas (páginas numeradas consecutivamente);

e) ser divididas em parágrafos numerados;

f) ser divididas em capítulos da seguinte maneira: "Factos"; "Exposição das violações"; "Informação relativa ao esgotamento dos recursos internos e ao respeito do prazo fixado no artigo 35º, nº 1".

6. Todos os campos do formulário da queixa devem ser preenchidos com palavras. Evitar a utilização de símbolos, sinais e abreviação. Formular cada resposta em palavras, mesmo se ela é negativa ou se a questão não parece pertinente.

7. Quando um requerente já submeteu uma ou mais queixas sobre as quais o Tribunal se pronunciou ou que existem uma ou mais queixas pendentes perante o Tribunal, ele deve informar o *Greffe* e precisar o número destas queixas.

8. *a*) Quando o requerente pede que a sua identidade não seja revelada, ele deve dar explicações por escrito, nos termos do artigo 47º, nº 4 do Regulamento.

b) O requerente deve igualmente precisar, para o caso de o seu pedido de anonimato ser acolhido pelo Presidente da Secção, se ele deseja ser designado pelas suas iniciais ou por uma simples letra (por exemplo "X", "Y", "Z", etc.).

9. O formulário da queixa deve ser assinado pelo requerente ou pelo seu representante. Se ele é representado, o requerente deve assinar uma procuração autorizando o seu representante a agir em seu nome. Esta procuração faz parte do formulário da queixa. A simples menção "por procuração" (ou "p.p.") não é suficiente nem para o formulário nem para a procuração.

III. Queixas agrupadas ou requerentes múltiplos

10. Quando o requerente ou um representante introduz, em nome de vários requerentes, queixas relativas a factos diferentes, é preciso utilizar um formulário de queixa para cada um, indicando todas as informações necessárias e anexando os documentos relativos a cada requerente ao formulário correspondente.

11. Quando há mais de cinco requerentes, o representante deve fornecer, para além do formulário da queixa e dos documentos, um quadro recapitulando os nomes e coordenadas de cada requerente. Um exemplo deste quadro está disponível para ser descarregado no Site Internet do Tribunal[609]. Quando o requerente é advogado, este quadro deve também ser fornecido sob a forma eletrónica.

12. Quando o caso diz respeito a um grande número de requerentes ou de queixas, o Tribunal pode solicitar aos requerentes ou aos seus representantes que lhe forneçam o texto das suas observações e declarações ou os seus documentos por via eletrónica ou por outro meio. Ele pode também solicitar-lhes a tomada de outras medidas visando facilitar o tratamento eficaz e rápido das queixas.

IV. Falta de resposta aos pedidos de informações ou não respeito de instruções dadas

13. O não fornecimento nos prazos fixados das informações ou peças suplementares solicitadas pelo Tribunal ou não respeito das instruções que foram dadas quanto à forma e à maneira como a queixa deve ser introduzida, aí se compreendendo os casos de queixas agrupadas ou de queixas múltiplas, pode, segundo o estado do processo, levar o Tribunal a não examinar a ou as queixas, as declarar inadmissíveis ou arquivá-las.

[609] www.echr.coe.int

NOTA EXPLICATIVA

destinada às pessoas que pretendam queixar-se ao

TRIBUNAL EUROPEU DOS DIREITOS DO HOMEM
Como preencher o formulário de queixa

I. O que deve saber antes de preencher o formulário de queixa

As queixas que o Tribunal pode examinar

O Tribunal Europeu dos Direitos do Homem é um tribunal internacional. Tem competência para examinar queixas provenientes de pessoas singulares, organizações e sociedades que se considerem vítimas da violação de um dos direitos previstos na Convenção Europeia dos Direitos do Homem. A Convenção é um tratado internacional que vincula um número relativamente elevado de Estados, que se comprometeram a respeitar certos direitos fundamentais. Esses direitos estão previstos na Convenção e nos Protocolos nºs 1, 4, 6, 7, 12 e 13. Estes Protocolos foram ratificados apenas por alguns Estados. Convido-o a ler os textos referidos, que encontrará em anexo.

O Tribunal não tem competência para examinar todo o tipo de queixas. Os seus poderes são definidos pelos critérios de admissibilidade previstos na Convenção, que determinam quem pode recorrer para o Tribunal, quando e a que respeito. Mais de 90% das queixas examinadas pelo Tribunal Europeu são declaradas inadmissíveis. Verifique atentamente que a sua queixa respeita as condições de admissibilidade.

O Tribunal só poderá examinar a sua queixa se respeitar as seguintes condições:

- As queixas são relativas **a um ou a vários dos direitos** consagrados na Convenção e nos Protocolos;
- As queixas são **dirigidas contra um Estado que ratificou** a Convenção e, se for caso disso, o Protocolo que garanta o direito em causa (*nem todos os Estados ratificaram todos os Protocolos; verifique a lista das ratificações no Kit para os requerentes disponível no site internet do Tribunal Europeu: **www.echr.coe.int/applicants)**.*
- As queixas dizem respeito a problemas praticados por autoridade pública (legislativa, administrativa, judicial, etc.) – o Tribunal Europeu não pode examinar queixas dirigidas contra particulares ou instituições privadas.

- As queixas dizem respeito a **atos ou factos ocorridos após a data de ratificação** da Convenção ou do Protocolo em questão pelo Estado (*ver datas relativas a cada Estado no Kit para os requerentes disponível no site internet do Tribunal Europeu: **www.echr.coe.int/applicants***).
- Se considerar que é **pessoal e diretamente vítima** de uma violação de um dos direitos fundamentais (tem estatuto de «vítima»).
- Deu aos tribunais nacionais a oportunidade de reparar a alegada violação dos seus direitos (« esgotamento das vias de recurso internas ») – em geral, isto significa que antes de se dirigir ao Tribunal Europeu **deverá ter submetido as mesmas queixas junto dos tribunais nacionais**, recorrendo até à mais alta instância, e que, ao fazê-lo, cumpriu as regras processuais aplicáveis, nomeadamente os prazos previstos na lei. Contudo, não é necessário esgotar as vias de recurso que não sejam efetivas, que sejam discricionárias ou extraordinárias.
- Submeteu ao Tribunal Europeu a queixa completa **num prazo de seis meses a contar da data da decisão interna definitiva**. O prazo de seis meses corre, normalmente, a contar da data em que a mais alta instância nacional competente proferiu a sua decisão ou a partir da data da notificação pessoal ou ao seu representante. Quando não existe um recurso efetivo para uma queixa, o prazo de seis meses corre a partir do dia do ato, do facto ou da decisão da qual se queixa. O prazo de seis meses só é interrompido com o envio ao Tribunal Europeu de uma queixa completa respeitando os critérios enunciados no artigo 47º do Regulamento do Tribunal (*ver o texto reproduzido no Kit para os* requerentes). O prazo acaba no último dia dos seis meses, mesmo que seja um domingo ou um feriado. Resumindo, o formulário de queixa bem como todas as informações e todos os documentos necessários devem ser enviados ao Tribunal Europeu o mais tardar no último dia do prazo dos seis meses: procure enviá-los pelo correio a tempo.
- As suas queixas baseiam-se em elementos concretos : deve sustentá-las expondo claramente o que lhe aconteceu e juntando como prova as decisões, relatórios médicos, declarações de testemunhas e outras documentos comprovativos.
- Tem de ser capaz de demonstrar que os factos dos quais se queixa violaram de forma injustificada um direito fundamental. Não pode simplesmente queixar-se de uma decisão de justiça que considera injusta ou errada. O Tribunal Europeu não é um tribunal de recurso que possa anular ou modificar as decisões proferidas pelas jurisdições nacionais.
- As suas queixas não foram ainda examinadas pelo Tribunal nem por uma outra instância internacional.

O Tribunal Europeu recebe várias dezenas de milhares de queixas todos os anos. Não tem recursos suficientes para examinar queixas fúteis ou repetitivas, sem substância – não é da responsabilidade de uma jurisdição internacional examinar esse tipo de queixas. Tais queixas, e queixas que utilizem uma linguagem injuriosa ou insultante, podem ser rejeitadas por abuso do direito de recurso.

A queixa também pode ser rejeitada quando as três condições seguintes estão reunidas: os factos de que se queixa o requerente não lhe causem um prejuízo real e significativo, não levantem novas questões de direitos do homem que necessitem dum exame a nível internacional e já foram examinadas por uma jurisdição interna.

Para saber mais sobre estas condições, pode consultar um advogado ou ir ao site internet do Tribunal Europeu, onde encontrará informações sobre as condições de admissibilidade e resposta a questões frequentes.

II. Como preencher o formulário de queixa

- SEJA LEGÍVEL. É preferível dactilografar as suas respostas;
- PREENCHA TODOS OS CAMPOS RELACIONADOS COM O SEU CASO. Caso contrário, o seu formulário de queixa não estará completo e será recusado.
- Não utilize símbolos nem abreviaturas: escreva de forma clara com palavras completas.
- SEJA CONCISO.

Língua

As línguas oficiais do Tribunal Europeu são o francês e o inglês mas, se preferir, pode escrever ao Secretariado na língua oficial de um dos Estados partes da Convenção. Durante a fase inicial do processo, poderá receber cartas do Tribunal Europeu nessa mesma língua. Fique desde já informado que numa fase posterior do processo, isto é, se o Tribunal Europeu decidir solicitar ao Governo a apresentação de observações escritas sobre as alegadas violações, toda a correspondência enviada pelo Tribunal Europeu será redigida em francês ou em inglês. As observações posteriores submetidas por si ou pelo seu representante deverão, em princípio, ser igualmente em francês ou inglês.

Notas relativas aos campos do formulário de queixa

Atenção: Para que a sua queixa seja aceite pelo Tribunal Europeu, deverá preencher todos os campos que se aplicam à sua situação da

maneira indicada e juntar todos os documentos previstos no artigo 47º do Regulamento do Tribunal Europeu. Tenha isso em mente no momento em que preencher o formulário e ao juntar os documentos relacionados com o objeto da queixa.

O formulário de queixa – secção a secção

Tome nota que os termos utilizados no formulário de queixa e na nota "Como preencher o formulário de queixa" são retirados da Convenção e que a ausência de indicação do feminino ao lado do masculino não significa a exclusão de quem quer que seja.

Espaço para o código de barras

Se já houve troca de correspondência com o Tribunal Europeu sobre a mesma questão e se recebeu um conjunto de etiquetas com código de barras, cole uma etiqueta no espaço previsto para o efeito, no canto superior esquerdo da primeira página do formulário.

A. Requerente (particular)

Esta secção diz apenas respeito aos requerentes que sejam pessoas singulares, e não aos requerentes que sejam pessoas coletivas, como por exemplo sociedades ou associações (Secção B).

1-8. Se forem vários requerentes, deve apresentar estas informações para cada requerente, utilizando uma folha em separado e numerando os requerentes. Ver também a secção "Queixas em grupo e requerentes múltiplos".

B. Requerente (organização)

Esta secção diz respeito aos requerentes que sejam pessoas coletivas (sociedades, organizações não governamentais, associações, etc.).

9-15. Deverá indicar a identidade e morada da organização requerente. Se for mais do que uma, deverá comunicar estas informações para cada uma delas, utilizando uma folha em separado e numerando os requerentes.

Número de registo: indicar o número de registo, de identificação da pessoa coletiva ou da inscrição no registo oficial, se for caso disso.

Deverá também indicar a data de registo, de constituição ou de instalação da organização, se tiver seguido esta tramitação, para facilitar a identificação.

Queixas em grupo e múltiplos requerentes

Quando um requerente ou um representante introduz, em nome de vários requerentes, queixas relativas a factos diferentes, deverá utilizar um formulário de queixa para cada um deles, indicando todas as informações solicitadas e anexando todos os documentos relativos a cada requerente ao formulário correspondente.

Quando há mais de 5 requerentes, o representante deve fornecer, além dos formulários de queixa e dos documentos, um quadro recapitulativo com os nomes e os elementos de identificação de cada requerente. Um exemplo deste quadro pode ser descarregado no *site* do Tribunal Europeu (www.echr.coe.int/applicants). Quando o representante é um advogado, este quadro deve ser fornecido em suporte eletrónico (em CD-ROM ou em PEN).

Quando o caso tem um número elevado de requerentes ou de queixas, o secretariado pode solicitar aos requerentes, ou aos seus representantes, o envio das suas observações e declarações ou documentos por meio eletrónico ou por um outro meio. Pode também solicitar a tomada de outras medidas visando facilitar o tratamento eficaz e rápido das queixas.

O incumprimento das instruções dadas pelo secretariado quanto à forma e à apresentação das queixas em grupo ou introduzidas por múltiplos requerentes pode levar o Tribunal Europeu a não examinar essas queixas (ver artigo 47º alínea 5.2 do Regulamento do Tribunal).

C. Representante(s) do requerente

Representante que não seja advogado

16-23. Certos requerentes podem optar por não participar no processo ou podem não estar em condições para o fazer, por exemplo, por razões de saúde ou de incapacidade. Eles podem ser representados por uma pessoa sem formação jurídica. Por exemplo, um pai pode representar o seu filho; um tutor, um membro da família ou um parceiro em união de facto pode representar alguém, que por razões práticas ou médicas, teria dificuldade em participar no processo (por exemplo, um requerente hospitalizado ou na prisão). Terá de indicar a razão pela qual o representante representa o requerente ou a sua relação com ele, bem como a sua identidade e os seus contactos.

Representante oficial ou pessoa competente para agir em nome de uma organização

16-23. Uma organização requerente deve agir pelo intermédio de uma pessoa com a qual o Tribunal Europeu possa corresponder, por exemplo, um responsável de sociedade, um presidente ou um diretor. Esta pessoa deve, na medida do possível, fornecer provas documentais do seu direito estatutário ou legal de representação.

Advogado

24-30. Deverá indicar o nome e os elementos de identificação completos do advogado que representa o requerente junto do Tribunal Europeu. Para a apresentação inicial da queixa não é obrigatório ser representado – mas é, no entanto, aconselhável. Quando o caso estiver numa fase do processo em que seja obrigatório ser representado, o requerente será informado. Nesta fase – após o Tribunal Europeu ter decidido comunicar a queixa ao Governo em causa para observações escritas – o requerente poderá eventualmente obter a assistência judiciária se não dispuser de meios suficientes para remunerar um advogado e se o Tribunal Europeu julgar a concessão desta assistência necessária para a boa marcha do processo. Será informado no devido momento.

Procuração

31. O requerente individual deve assinar uma procuração dando poderes ao representante para agir em seu nome, salvo se este não puder assinar, porque é uma criança ou porque não tem capacidade jurídica, por exemplo. Se um representante que não é advogado dá poder a um advogado para agir em nome de um requerente incapaz de assinar, o representante deve assinar a procuração em nome do requerente.

31. O representante da organização requerente deve assinar a procuração para dar poderes ao advogado para agir em nome da organização.

32. A data a inscrever neste campo é a data em que o requerente individual ou o representante da organização requerente assina a procuração.

D. Estado(s) contra o qual/os quais a queixa é dirigida

33. Assinale a(s) caixa(s) de seleção correspondente(s) ao(s) Estado(s) contra o qual/quais a queixa é dirigida.

Trata-se do(s) Estado(s) que considera responsável(eis) pelos factos de que se queixa. Não esquecer que as queixas apresentadas junto do Tribunal só podem ser dirigidas contra os Estados que constam desta lista: são os Estados que fazem parte do sistema da Convenção.

E., F. et G. : Objeto da queixa

34-40. Seja conciso. Escreva as informações essenciais sobre o seu caso: os factos, as principais decisões e a forma como os seus direitos foram violados. Não mencione circunstâncias irrelevantes nem questões secundárias. Não insira citações longas. Poderá sempre remeter para um documento anexo. Os factos do seu caso e as violações que alega devem ser expostos no espaço previsto para este efeito no formulário de queixa de forma a permitir ao Tribunal Europeu determinar a natureza e o objeto da queixa sem dever recorrer a outros documentos.

Os requerentes podem juntar ao formulário de queixa explicações adicionais sobre os factos e as queixas, mas estas explicações não devem ultrapassar 20 páginas na sua globalidade (este número de páginas não compreende as decisões e documentos anexos). Tome nota que, se um caso for comunicado ao Governo correspondente para observações, o requerente será convidado a responder a essas observações de forma detalhada.

Todas as informações devem:

- ser perfeitamente legíveis;
- se forem dactilografadas, ser redigidas com um carácter de letra no mínimo de 12 pontos no corpo do texto e de 10 pontos nas notas;
- se forem apresentadas em anexos, ser de formato A4 e terem uma margem de 3,5 cm no mínimo;
- ser paginadas (páginas numeradas consecutivamente); e
- ser divididas em parágrafos numerados.

Regra geral, todas as informações contidas no formulário de queixa e documentos por si enviados ao secretariado do Tribunal Europeu, nomeadamente os seus elementos de identificação ou os das pessoas em causa, serão **acessíveis ao público**. Além disso, estas informações poderão constar do HUDOC, base de dados do Tribunal Europeu acessível via internet, se o Tribunal Europeu as tiver mencionado na exposição dos factos contida na comunicação da queixa ao Estado visado, na decisão sobre a sua admissibilidade, na decisão de arquivamento ou no acórdão. Por conseguinte, deverá indicar unicamente dados relativos à sua vida privada ou à das pessoas em causa que sejam essenciais para a compreensão da queixa.

Acrescento que, se não desejar que a sua identidade seja revelada, deverá especificá-lo e expor as razões que justifiquem uma tal derrogação à regra geral da publicidade do processo. O Tribunal Europeu pode autorizar o **anonimato** em casos excecionais, devidamente justificados.

E. Exposição dos factos

34-36. Seja claro e conciso. Indique as datas exatas.

Descreva os factos por ordem cronológica: exponha os acontecimentos pela ordem de ocorrência.

Se as suas queixas são relativas a várias questões diferentes (por exemplo vários processos judiciais distintos), queira tratar cada questão factual separadamente.

Deverá fornecer documentos justificativos da sua exposição, em particular a cópia das decisões pertinentes e dos documentos comprovativos de todas as medidas das quais se queixa – por exemplo, uma decisão de afastamento do território ou de expulsão. Deverá também fornecer documentos justificativos das suas queixas (relatórios médicos, depoimentos de testemunhas, transcrições, títulos de propriedade, relatórios de detenção, etc.). Se não conseguir obter cópia de certos documentos, deverá explicar a razão.

F. Exposição da(s) violação(ões) alegadas da Convenção e/ou dos Protocolos assim como dos argumentos em que se baseia

37. Para cada uma das violações alegadas, deverá indicar o artigo da Convenção ou dos Protocolos que invoca e explicar brevemente de que forma esta disposição foi violada.

Explique o mais claramente possível qual é a queixa que pretende formular tendo em consideração a Convenção. Indique qual a disposição da Convenção em causa e explique porque considera que os factos por si descritos violam essa disposição. Deverá fornecer estas explicações para cada uma das violações alegadas.

Exemplo:

Artigo 6º, parágrafo 1: o processo civil relativo ao meu pedido de indemnização foi excessivamente longo pois durou mais de dez anos, de 10 de janeiro de 2002 a 25 de abril de 2012.

G. Informações relativas ao respeito da regra do esgotamento das vias de recurso internas e do prazo de seis meses (artigo 35º, parágrafo 1 da Convenção).

38. Nesta rubrica, deverá demonstrar que deu oportunidade ao Estado para reparar as alegadas violações antes de recorrer à jurisdição internacional que é o Tribunal Europeu: deverá explicar que exerceu os recursos efetivos disponíveis no país em questão.

Para cada uma das violações alegadas ao abrigo da Convenção ou dos seus Protocolos, indique :

- a data exata da decisão definitiva, o nome da jurisdição e a natureza da decisão;
- as datas das decisões das jurisdições ou instâncias inferiores que antecederam a decisão definitiva; e
- o número de processo a nível interno.

Não se esqueça de juntar cópia de todas as decisões proferidas pelos tribunais ou outras instâncias, da mais baixa à mais alta. Deverá igualmente juntar cópia dos seus requerimentos, queixas e recursos junto dos tribunais, para demonstrar que suscitou "em substância" as alegadas violações em todos os níveis.

Relativamente ao esgotamento das vias de recurso interno, deverá também provar que recorreu para o Tribunal no prazo de seis meses a contar da decisão interna definitiva, isto em relação a cada uma das violações alegadas. É crucial indicar a data da decisão definitiva. Deverá, além disso, fazer prova disto, seja juntando uma cópia da decisão mencionando a data, seja – se não receber cópia da decisão definitiva no dia em que esta foi pronunciada ou tornada pública – juntando uma prova da data em que ela lhe foi notificada, por exemplo, uma prova da data de receção ou uma cópia da carta registada ou do envelope. Se não existia recurso, deverá demonstrar que recorreu ao Tribunal Europeu nos seis meses a contar do ato, da medida ou da declaração de que se queixa e apresentar provas documentais da data do ato, da medida ou da decisão.

39-40. Indique se existia um recurso que não exerceu. Em caso afirmativo, queira explicar por que não foi apresentado.

Encontrará outras informações úteis sobre o esgotamento das vias de recurso internas e o respeito do prazo de seis meses no *Guia prático sobre a admissibilidade* no *site* do Tribunal Europeu. (**http://www.echr.coe.int/applicants**).

H. Informações relativas a outras instâncias internacionais que conheçam ou tiveram conhecimento deste caso (se for caso disso)

41-42. Deverá indicar se submeteu as queixas formuladas neste formulário a uma outra instância internacional de inquérito ou de decisão, por exemplo, um órgão das Nações Unidas, tais como a OIT ou o Comité dos Direitos do Domem das Nações Unidas, ou ainda uma comissão internacional de arbitragem. Em caso afirmativo, deverá especificar nomeadamente qual foi a instância e indicar as datas e os detalhes do processo eventualmente decorrido e as decisões proferidas. Deverá também juntar cópia das decisões e de todos os outros documentos pertinentes.

43-44. Queixas anteriores junto do Tribunal (queixas concluídas ou pendentes):

Deverá indicar se o requerente já recorreu ao Tribunal Europeu anteriormente e, na afirmativa, indicar o número(s) de queixa(s). Estes elementos são fundamentais para permitir ao Tribunal Europeu organizar, encontrar e tratar as diferentes queixas introduzidas em nome do mesmo requerente.

I. Lista dos documentos anexos

45. Deverá juntar uma lista numerada e cronológica de todas as decisões judiciais ou outras mencionadas nas secções E, F, G e H do formulário de queixa, bem como outros documentos que deseje que o Tribunal Europeu tenha em conta como elemento de prova relativamente às suas alegadas violações da Convenção (transcrições, depoimentos de testemunhas, relatórios médicos, etc.).

Deverá juntar *cópias* integrais e legíveis de todos os documentos.

Nenhum documento lhe será devolvido. É do seu interesse submeter ao Tribunal Europeu cópias e não originais.

É IMPERATIVO:

- organizar os documentos por data e por processo;
- numerar as páginas;
- NÃO agrafar, ligar ou colar os documentos.

Atenção: É da responsabilidade do requerente tomar as medidas necessárias atempadamente para obter todas as informações e todos os documentos necessários em vista à apresentação de uma queixa completa. Se faltar um ou mais documentos necessários, a queixa não será considerada como completa e não será examinada pelo Tribunal Europeu, salvo se justificar a razão pela qual não foi possível apresentar o(s) documento(s) em falta.

Declaração e assinatura

47-48. A declaração deve ser assinada pelo requerente ou pelo seu representante. Nenhuma outra pessoa a pode assinar.

49. Designação do correspondente

O secretariado comunicará com um só requerente ou um representante. Desta forma, se houver vários requerentes e se eles não tiverem representante, deverão designar um deles como correspondente. Quando o requerente está representado, o secretariado apenas comunicará com um representante. Por exemplo, um requerente que tenha mais que um advogado deverá designar aquele com o qual o Tribunal Europeu comunicará.

III. Introdução e tratamento da queixa

A. Forma de introdução da queixa

A queixa só pode ser apresentada por via postal (e não por telefone). Isto significa que a versão papel do formulário de queixa com as assinaturas originais do(s) requerente(s) e/ou do(s) representante(s) habilitado(s) deve ser enviada pelo correio. Um formulário de queixa enviado simplesmente por fax não é considerado completo, pois o Tribunal Europeu deverá receber o original assinado. **Será inútil deslocar-se pessoalmente a Estrasburgo para expor o seu caso verbalmente**.

O formulário de queixa encontra-se disponível para download no site do Tribunal Europeu (**www.echr.coe.int/applicants**).

Envie o formulário de queixa para:
Monsieur le Greffier de la
Cour européenne des droits de l'homme
Conseil de l'Europe
67075 STRASBOURG CEDEX
FRANCE

B. Tratamento da queixa

Só será aberto um processo e só serão juntas ao mesmo as cartas e documentos recebidos pelo Tribunal Europeu, após a receção de uma queixa completa contendo todos os documentos necessários.

Quando recebe um formulário de queixa, o Secretariado do Tribunal Europeu verifica que contém todas as informações e os documentos necessários. Caso contrário, receberá uma resposta indicando que o artigo 47º do Regulamento não foi respeitado, que não foi aberto nenhum processo e que os documentos não foram conservados. Pode, porém, voltar a submeter uma nova queixa reenviando um formulário de queixa completo e acompanhado de todos os documentos e decisões pertinentes, inclusive as informações que enviou pela primeira vez. Nenhum dossiê incompleto será aceite.

O secretariado não pode prestar informações sobre a lei em vigor no Estado contra o qual a queixa é apresentada, nem prestar consulta jurídica sobre a aplicação ou interpretação do direito interno.

Quando enviar a sua queixa, guarde uma cópia do formulário preenchido, bem como os documentos originais. Desta forma, se o secretariado o informar que a queixa está incompleta, será para si mais fácil se quiser introduzir uma nova e completa o mais rapidamente possível. Se uma queixa for declarada incompleta, nada garante que restará tempo suficiente ao requerente para submeter uma nova queixa antes do termo do prazo de seis meses. Deverá, pois, ser diligente no sentido de submeter atempadamente uma queixa completa com todos os documentos necessários.

Se a sua queixa está completa, o secretariado do Tribunal Europeu responder-lhe-á informando-o da **abertura de um processo em seu nome (ao qual será atribuído um número que deverá ser mencionado em toda a correspondência ulterior)** e fornecendo-lhe um conjunto de etiquetas com um código de barras (que deverá colar na correspondência que endereçar ao Tribunal Europeu).

Poderão, posteriormente, ser-lhe pedidos outros documentos ou explicações complementares. É do seu interesse responder rapidamente às cartas enviadas pelo secretariado pois os novos processos que ficam inativos serão destruídos no fim de seis meses. Além disso, quando um processo foi atribuído para exame ao Tribunal Europeu, qualquer atraso ou ausência de resposta às cartas enviadas pelo secretariado ou a não prestação das informações e envio dos documentos solicitados são suscetíveis de ser considerados como uma manifestação do seu desinteresse no prosseguimento da instrução do processo. Consequentemente, o Tribunal Europeu poderá não examinar a sua queixa, declará-la inadmissível ou arquivá-la.

C. Gratuitidade do processo

A instrução do processo é **gratuita**. Será sistematicamente informado de todas as decisões proferidas pelo Tribunal Europeu.

Nota Informativa Destinada aos Requerentes sobre o Processo após Comunicação de uma Queixa

1. Notificação da queixa ao Governo respondente: depois de um primeiro exame da admissibilidade da queixa, o Presidente da Secção competente ou a própria Secção decidiu, nos termos do artigo 54º, nº 2, *b)*, do Regulamento do Tribunal Europeu dos Direitos do Homem, comunicar a queixa ao Governo e convidá-lo a apresentar observações escritas sobre a admissibilidade e o mérito da queixa na sua totalidade ou sobre uma ou várias das alegações apresentadas. Neste último caso, se a Secção adotou uma decisão parcial declarando o restante da queixa inadmissível, uma cópia desta decisão parcial do Tribunal Europeu é-lhe enviada em anexo à carta de comunicação ou ser-lhe-á enviada em tempo útil. O exame das alegações declaradas inadmissíveis terminou e não deverá apresentar outras observações sobre esta parte da queixa. Se não houve uma decisão parcial, receberá um documento que contém o resumo dos factos da causa e as questões colocadas às partes.

2. Exame conjunto da admissibilidade e do mérito: em geral, as queixas prestam-se a um exame conjunto da admissibilidade e do mérito, nos termos dos artigos 29º, nº 3, da Convenção e 54º-A do Regulamento. Quando assim é, no momento em que o Tribunal Europeu decide que a queixa é admissível e que se encontra em estado de ser examinada quanto ao mérito, ele pode adotar imediatamente um acórdão nos termos do artigo 54º-A, nº 2, do Regulamento.

3. Troca de observações sobre a admissibilidade e o mérito e pedido de reparação razoável: o Governo respondente é normalmente convidado a apresentar as suas observações num prazo de dezasseis semanas. Uma vez recebidas pelo Tribunal Europeu, tais observações ser-lhe-ão enviadas para responder por escrito, num prazo de seis semanas; em princípio, deverá enviar ao mesmo tempo o pedido de reparação razoável, previsto no artigo 41º da Convenção, que deseje apresentar. No caso de o Governo ter sido autorizado a submeter as suas observações na língua nacional (artigo 34º, nº 4, *a)*, do Regulamento), ele deve enviar posteriormente ao Tribunal uma tradução em francês ou inglês no prazo de quatro semanas. Estes prazos não serão normalmente prorrogados.

Se não deseja utilizar a possibilidade de responder às observações do Governo e de apresentar um pedido de reparação razoável nos termos do artigo 41º, deverá comunicá-lo ao Tribunal Europeu no mesmo prazo de seis semanas. Qualquer omissão da sua parte a este respeito poderá levar o Tribunal Europeu a considerar que o requerente não deseja manter a queixa e a arquivá-la (artigo 37º, nº 1, *a)*, da Convenção).

No que diz respeito ao pedido de reparação razoável, a sua atenção é chamada em especial para o artigo 60º do Regulamento: se o pedido de reparação razoável não for submetido, devidamente quantificado e instruído pelos documentos pertinentes, no prazo fixado, a Secção poderá não arbitrar uma reparação razoável ou rejeitar em parte o pedido. Esta exigência aplica-se mesmo nos casos em que o requerente tenha indicado, num estado anterior do processo, desejar uma reparação razoável.

Em todo o caso, o Tribunal Europeu só atribuirá uma reparação razoável na medida em que o julgar necessário. O Tribunal Europeu poderá outorgar indemnizações a três títulos: 1) pelo dano material ou patrimonial, que consiste nos prejuízos pecuniários diretamente causados pela violação alegada; 2) pelo dano moral, que consiste nos sentimentos de sofrimento e angústia provocados pela violação; e 3) pelas despesas e custos gastos com os processos nas jurisdições nacionais e no Tribunal Europeu, se tais despesas e custos foram suportados para prevenir ou reparar a violação alegada da Convenção. As despesas efetuadas devem ser cuidadosamente discriminadas e serão unicamente reembolsadas se o Tribunal Europeu as considerar de montante razoável e concluir que elas foram necessária e efetivamente gastas. O pedido deverá ser acompanhado de todos os justificativos pertinentes, como por exemplo faturas de honorários. O Governo será de seguida convidado a apresentar comentários sobre o pedido de reparação razoável bem como, eventualmente, observações suplementares sobre a queixa.

4. Observações extemporâneas ou não solicitadas: as observações apresentadas fora do prazo fixado pelo Tribunal, sem que uma prorrogação tenha sido solicitada antes do fim desse prazo, não serão, em princípio, juntas ao processo nem tomadas em consideração (artigo 38º, nº 1, do Regulamento). Este facto não deverá, no entanto, impedir o requerente de informar, espontaneamente, o Tribunal Europeu de qualquer desenvolvimento importante relativo à queixa e de enviar eventuais decisões suplementares das autoridades nacionais que sejam pertinentes.

5. Resolução amigável: o Governo é igualmente convidado a apresentar a sua posição quanto a uma eventual resolução amigável da queixa e a submeter, se o desejar, propostas a este respeito (artigo 62º do Regulamento). O mesmo pedido ser-lhe-á dirigido no momento em que receber as observações do Governo. Nos termos do artigo 62º, nº 2, do Regulamento, as negociações relativas à resolução amigável são estritamente confidenciais; quaisquer propostas e observações a este respeito deverão ser enviadas em documento separado, cujo conteúdo **não deverá** ser mencionado nas observações formuladas no âmbito do processo principal. Se o requerente recusar, sem justificação, uma proposta de resolução amigável feita pelo Secretário da Secção, o Governo respondente poderá efetuar uma declaração unilateral e a queixa poderá ser arquivada (artigo 37º, nº 1, *c*), da Convenção) (cf. *Van Houten c. Pays-Bas* (radiation), nº 25 149/03, CEDH 2005-IX).

6. Uso das línguas: nesta fase do processo, nos termos do artigo 34º, nº 3, do Regulamento, todas as comunicações com o requerente ou com o seu representante devem ser feitas normalmente numa das línguas oficiais do Tribunal Europeu, francês ou inglês. No entanto, o Presidente da Secção pode autorizar o requerente a continuar a utilizar a língua oficial da Parte Contratante.

7. Representação legal e assistência judiciária: nos termos do artigo 36º, nºs 2 e 4, do Regulamento, após a notificação da Parte contratante requerida, o requerente deve ser representado no Tribunal por um advogado, exceto decisão contrária do Presidente da Secção. Se tiver dificuldades em encontrar um representante, a Ordem dos Advogados do seu país poderá provavelmente ajudá-lo. Se não dispuser de meios financeiros suficientes para suportar as despesas ocasionadas pela representação legal, pode solicitar a assistência judiciária, nos termos do sistema de assistência judiciária do Tribunal Europeu (artigos 100º e segs. do Regulamento). No entanto, a assistência judiciária, em princípio, só é concedida nos processos que levantam questões de facto e de direito complexas, e não em processos de natureza repetitiva[610]. Acrescente-se que o montante pago a título da assistência judiciária acordada pelo Tribunal Europeu é apenas uma contribuição para as despesas resultantes da representação.

8. Intervenção de outro Estado contratante: Se é originário de um Estado contratante diferente do Estado respondente, o Governo deste terceiro Estado será convidado a participar no processo (artigos 36º, nº 1, da Convenção e 44º do Regulamento). O requerente será informado da resposta do referido Governo.

[610] Isto é válido em especial para os casos de atraso no processo ou de não execução de sentenças (Moldávia, Rússia, Ucrânia) bem como para algumas categorias de casos relativos a questões de expropriação (Turquia).

Instrução Prática[611]
Pedido de medidas provisórias (artigo 39º do Regulamento)

Nos termos do artigo 39º do seu Regulamento, o Tribunal pode indicar medidas provisórias, obrigatórias para o Estado Implicado. Tais medidas só são indicadas em circunstâncias excecionais.

O Tribunal só indica medidas provisórias a um Estado Membro quando, após ter examinado todas as informações pertinentes, considere que o requerente será exposto a um risco real de danos graves e irreversíveis na falta da medida em causa.

Os queixosos ou os seus representantes[612] que solicitem medidas provisórias nos termos do artigo 39º do Regulamento devem conformar-se com as exigências expostas em seguida.

I. Fornecer todos os elementos de apoio

Todo o pedido dirigido ao Tribunal deve ser motivado. O requerente deve em particular expor de uma maneira pormenorizada os elementos sobre os quais se fundam os seus receios e a natureza dos riscos alegados de violação das disposições da Convenção cuja violação é alegada.

Um simples reenvio para enunciações contidas num outro documento ou ao processo interno não é suficiente. É capital que os pedidos sejam acompanhados do conjunto de elementos próprios a os fundamentar e, nomeadamente, as decisões tomadas pelas jurisdições, comissões e outros órgãos inter-

[611] Instrução prática editada pelo Presidente do Tribunal nos termos do artigo 32º do Regulamento no dia 5 de março de 2003 e modificada a 16 de outubro de 2009 e 7 de julho de 2011.

[612] Deve-se indicar todas as precisões a este respeito.

nos, assim como todos os documentos considerados de natureza a corroborar as alegações do requerente.

O Tribunal por regra não contata os requerentes cujos pedidos de medidas provisórias estão incompletos. Em princípio, ele não se pronuncia sobre pedidos que não comportam as informações necessárias para que ele possa decidir.

Quando o caso já está pendente no Tribunal, o número atribuído à queixa deve ser mencionado.

Nos casos de extradição ou de expulsão, deve precisar-se a data e a hora nas quais a decisão interna definitiva poderá ser executada, a direção do requerente ou o seu local de detenção e o número do seu processo oficial. Qualquer modificação destas informações (data e hora do saída do território, direção, etc.) deve ser comunicada logo que possível.

O Tribunal pode decidir examinar ao mesmo tempo a admissibilidade da queixa e o pedido de medida provisória.

II. Enviar os pedidos por fax ou pelo correio[613]

Os pedidos de medidas provisórias formulados nos termos do artigo 39º do Regulamento devem ser enviados por fax ou pelo correio. O Tribunal não examina os pedidos enviados por correio eletrónico. Na medida do possível, eles devem ser formulados numa das línguas oficiais das Partes Contratantes. Todo o pedido deve conter o título seguinte, figurando em negrito na primeira página do documento:

> **«Article 39 – Urgent/Rule 39 – Urgent)**
> **Pessoa a contatar (nome, e coordenadas:...**
>
> **(Nos caso de expulsão ou extradição)**
> **«Data e hora da saída do território: ---- »**

III. Introduzir os pedidos em tempo útil

Os pedidos de medidas provisórias devem normalmente ser enviados logo que possível depois de a decisão interna definitiva ter sido proferida, de modo a permitir ao Tribunal e ao seu *Greffe* de dispor de tempo suficiente para examinar a questão. Nos casos de expulsão, o Tribunal não pode examinar os pedidos recebidos menos de um dia útil antes da data prevista para a execução da medida de expulsão.[614]

[613] Em função do grau de urgência, sendo de sublinhar que os pedidos feitos pelo correio não devem ser enviados por correio ordinário.

[614] A lista dos dias feriados durante os quais o Greffe do Tribunal está fechado pode ser consultada no site Internet do Tribunal: www.echr.int/contact.fr.

Quando a decisão interna definitiva está iminente e a sua execução pode ser imediata, especialmente nos casos de extradição ou de expulsão, os requerentes ou os seus representantes devem submeter o seu pedido de medida provisória sem esperarem pela decisão, indicando claramente a data em que ela será proferida e precisando que o seu pedido é subordinado ao caráter negativo da decisão interna definitiva.

IV. Medidas internas com efeito suspensivo

O Tribunal não é uma instância de recurso das decisões internas. Nos casos de extradição e expulsão, os requerentes devem exercer os recursos internos suscetíveis de conduzir à uma suspensão da medida de afastamento antes de dirigir ao Tribunal um pedido de medida provisória. No caso em que é possível aos requerentes exercer um recurso interno com efeito suspensivo, o Tribunal não aplica o artigo 39º do Regulamento para impedir a execução de uma medida de afastamento.

V. Sequência a dar ao pedido de medida provisória

Os requerentes autores de um pedido de medida provisória nos termos do artigo 39º do Regulamento devem procurar responder às cartas que o Greffe lhes envia. No caso de rejeição de uma medida provisória, eles devem nomeadamente indicar ao Tribunal se eles desejam prosseguir com o seu caso. Quando uma medida provisória foi aplicada, eles devem regular e imediatamente informar o Tribunal do estado de progressão dos processos internos pendentes, sem o que o caso poderá ser arquivado.

Instrução Prática[615]
Observações escritas

I. Apresentação das observações

Generalidades

1. As observações devem ser apresentadas no *Greffe* no prazo fixado nos termos do artigo 38º do Regulamento e da maneira descrita no nº 2 do dito artigo.

2. A data na qual as observações e outros documentos foram recebidos pelo Greffe é aposta nas peças em questão com um tampão datador.

3. Com exceção das observações e documentos para os quais um sistema eletrónico de envio seguro foi posto em prática (ver as instruções práticas pertinentes), todos os outros documentos contendo observações, e mesmo os documentos que os acompanham, devem ser submetidos ao *Greffe* do Tribunal em três exemplares enviados pelo correio ou um exemplar único enviado por Fax[616], seguido de três exemplares enviados pelo correio.

4. As observações ou outros documentos enviados por correio eletrónico não são aceites.

[615] Editada pelo Presidente nos termos do artigo 32º do Regulamento no dia 1 de novembro de 2003, e modificada a 22 de setembro de 2008 e 29 de setembro de 2014.

[616] Nº 00 33 (0) 388 41 27 30; outros números de fax estão indicados no site Web do Tribunal (www.echr.coe.int).

5. Os documentos secretos devem ser enviados por carta registada.

6. As observações que não foram solicitadas não podem ser inseridas no processo sem decisão do Presidente de Secção (ver o artigo 38º, nº 1, do Regulamento).

Envio por Fax

7. Uma parte pode apresentar as observações ou outros documentos ao Tribunal enviando-os por Fax.

8. O nome da pessoa que assinou as observações deve igualmente aparecer em carateres de imprensa, de modo a que esta pessoa possa ser identificada.

Envio eletrónico

9. O *Greffe* do Tribunal pode autorizar o Governo de um Estado Contratante ou, após a comunicação da queixa, o requerente a enviar as suas observações e outros documentos por via eletrónica. Neste caso, as instruções práticas relativas às observações escritas aplicam-se conjuntamente com as relativas ao envio eletrónico de documentos.

II. Forma e conteúdo

Forma

10. Do documento contendo as observações deve constar:

a) o número da queixa e o nome do caso;

b) um título indicando a natureza do conteúdo (por exemplo, observações sobre a admissibilidade (e o fundo); resposta às observações sobre a admissibilidade (e o fundo) submetidas pelo Governo/o queixoso; observações sobre o fundo; observações adicionais sobre a admissibilidade (e o fundo); observações, etc.).

11. As observações devem ainda normalmente:

a) ser inscritas em papel A4, com uma margem não inferior a 3,5 cm de largo;

b) ser datilografadas e facilmente compreensíveis, o corpo do texto deve aparecer no mínimo em caráter 12 e as notas em caráter 10, com um entrelinhas de 1,5;

c) ter todos os números expressos em carateres;

d) ter todas as páginas numeradas de uma forma contínua;

e) ser divididas em parágrafos numerados;

f) ser divididas em capítulos e/ou cabeçalhos correspondentes à forma e ao estilo das decisões e acórdãos do Tribunal («Factos»/«Direito (e prática) interno(s) pertinente(s)»/«Queixas»/«Em direito»; este último capítulo deve ser composto de secções intituladas «Exceção preliminar baseada em ...»; «Violação alegada do artigo ...», segundo o caso);

g) expor numa Secção distinta as respostas às questões colocadas pelo Tribunal e aos argumentos desenvolvidos pela parte adversa;

h) conter reenvios a todos os documentos e/ou peças probatórias mencionadas nas observações e que sejam anexados;

i) no caso de envio por correio, escritas somente na face retro das folhas, as folhas e os anexos devem ser juntos de modo a poderem ser facilmente separados (convém evitar de as colar ou agrafar).

12. Se excecionalmente as observações excederem trinta páginas, elas devem ser acompanhadas de um breve resumo.

13. Quando uma parte produz documentos e/ou outros anexos em apoio das suas observações, cada peça probatória deve constar de um anexo distinto.

Conteúdo

14. As observações apresentadas pelas partes em seguida à comunicação da queixa devem conter:

a) todos os comentários considerados úteis para os factos da causa; todavia,

i) se uma parte não tem nada a dizer sobre a exposição dos factos estabelecida pelo *Greffe*, ela deve limitar-se a uma breve declaração nesse sentido;

ii) se uma parte só contesta certos pontos a exposição dos factos estabelecida pelo *Greffe*, ou se ela deseja acrescentar precisões, ela deve limitar as suas observações a estes pontos precisos;

iii) se uma parte contesta a exposição dos factos ou uma parte da exposição dos factos emanando da parte adversa, ela deve precisar claramente os pontos que ela não contesta e limitar as suas observações aos pontos que ela contesta;

b) os argumentos jurídicos relativos à admissibilidade primeiro, ao fundo em seguida; todavia,

i) se questões precisas sobre um ponto de facto ou de direito foram dirigidas a uma parte, esta deve, sem prejuízo do artigo 55º do Regulamento, limitar as suas observações a estas questões;

ii) se as observações respondem a argumentos da parte adversa, elas devem referir-se aos argumentos em causa pela ordem indicada acima.

15. *a)* As observações apresentadas pelas partes após a decisão de admissibilidade da queixa devem conter:

i) uma breve declaração indicando a posição adotada quanto aos factos da causa tais como estabelecidos na decisão sobre a admissibilidade;

ii) os argumentos jurídicos relativos ao fundo do caso;

iii) as respostas às questões precisas colocadas pelo Tribunal relativamente a pontos de facto ou de direito;

b) Uma parte queixosa que submete ao mesmo tempo um pedido de reparação razoável deve fazê-lo pela forma descrita na Instrução prática relativa a apresentação dos pedidos de reparação razoável.

16. Tendo em conta o caráter confidencial do processo de acordo amigável (ver os artigos 39º, nº 2, da Convenção, e 62º, nº 2, do Regulamento), o conjunto das observações e documentos apresentados no quadro do processo tendo em vista a conclusão de um acordo amigável devem ser submetidos separadamente das observações escritas.

17. Nenhuma das propostas, concessões ou outras declarações submetidas relativas ao acordo amigável podem figuram nas observações apresentadas no âmbito do processo contencioso.

III. Prazos

Generalidades

18. As partes devem cuidar para que as suas observações e todos os documentos ou peças probatórias que as acompanham cheguem ao *Greffe* em tempo útil.

Prorrogação dos prazos

19. Os prazos fixados nos termos do artigo 38º do Regulamento podem ser prorrogados a pedido de uma parte.

20. A parte que deseja obter a dita prorrogação de prazo deve formular um pedido a este respeito desde que ela tenha conhecimento de circunstâncias que lhe parecem justificar tal medida e, em todo o caso, antes da expiração do prazo em questão. Ela deve motivar o seu pedido.

21. Se uma prorrogação de prazo é concedida, ela vale para todas as partes sujeitas ao respeito do prazo em questão, mesmo aquelas que não solicitaram tal prorrogação.

IV. Desrespeito das exigências relativas à apresentação das observações

22. Quando as observações foram apresentadas de uma forma não conforme às exigências enunciadas nos nºs 8 a 15 da presente Instrução prática, o Presidente de Secção pode convidar a parte implicada a submetê-las uma outra vez, respeitando essas exigências.

23. No caso de desrespeito das condições acima enunciadas, o Tribunal pode considerar que as observações não foram depositadas de maneira válida (ver o artigo 38º, nº 1, do Regulamento).

Instrução prática[617]
O envio eletrónico seguro de documentos pelo governo

I. Campo de aplicação

1. Os Governos dos Estados Contratantes que tenham optado por um sistema de envio eletrónico de documentos posto em serviço pelo Tribunal enviam as suas comunicações escritas com o Tribunal carregando-as sobre o Site Internet seguro criado para este efeito e aceitam as comunicações escritas que lhe são enviadas pelo *Greffe* do Tribunal carregando-as a partir do referido Site, sob reserva das exceções seguintes:

a) as comunicações escritas relativas a um pedido de medidas provisórias nos termos do artigo 39º do Regulamento são enviadas simultaneamente por duas vias: por intermédio Site seguro e por Fax;

b) os anexos tais como planos, manuais, etc., que não possam ser vistos na totalidade no formato eletrónico podem ser enviados pelo correio;

c) o *Greffe* do Tribunal pode solicitar que um documento ou um anexo em papel sejam enviados pelo correio.

2. Se o Governo enviou um documento pelo correio ou por Fax, ele remete, logo que possível, por via eletrónica, uma nota de envio pelo correio ou por Fax que descreva o documento enviado, indique a data do seu envio e exponha as razões porque o envio eletrónico não foi possível.

II. Exigência técnicas

3. O Governo dota-se do equipamento técnico necessário e segue o manual do utilizador recebido do *Greffe* do Tribunal.

[617] Editada pelo Presidente do Tribunal nos termos do artigo 32º do Regulamento no dia 22 de setembro de 2008, modificada a 29 de setembro de 2014.

III. Formato e convenção sobre denominação

4. O documento transmitido por via eletrónica deve sê-lo em formato PDF e de preferência em formato PDF pesquisável.

5. As cartas e observações escritas não assinadas não são aceites. Os documentos assinados que devem ser transmitidos são gerados por scanagem da cópia do papel original. O Governo conserva a cópia do papel original no seu processo.

6. O nome do documento transmitido por via eletrónica compõe-se do número da queixa seguido do nome do queixoso tal como escrito em alfabeto latino pelo *Greffe* do Tribunal e de uma indicação do conteúdo do documento[618].

IV. Data a ter em conta para os prazos

7. A data em que o Governo carregou com sucesso um documento sobre o Site seguro é considerada como a data do envio nos termos do artigo 38º, nº 2, do Regulamento ou como a data da apresentação do documento para os fins do artigo 73º, nº 1, do Regulamento.

8. A fim de facilitar o controlo da correspondência trocada, todos os dias um pouco antes da meia-noite o sistema seguro gera automaticamente uma mensagem eletrónica com a lista dos documentos transmitidos por via eletrónica no decurso das últimas 24 horas.

V. Pluralidade de versões de um só e mesmo documento

9. O Site eletrónico seguro não permite a modificação, substituição ou supressão de um documento carregado. Se o governo é confrontado com a necessidade de modificar um documento por si carregado, ele cria um novo documento que denomina diferentemente (por exemplo acrescentando a palavra «modificado» ao nome do primeiro documento). Esta possibilidade só deve ser utilizada em caso de verdadeira necessidade e não para a correção de pequenos erros.

10. Quando o Governo envia mais do que uma versão do mesmo documento, só o documento que chega nos prazos em tomado em conta. Quando mais do que uma versão chega ao Greffe nos prazos, é a última versão que é tomada em consideração, salvo decisão em contrário do Presidente da Secção.

[618] Exemplo: 65051/01 Karagyozov Observ Recev Fond.

Instrução Prática[619]
Entrega eletrónica de documentos pelo requerente

I. Campo de aplicação

1. Após a comunicação da queixa, o requerente que tenha optado pelo envio eletrónico de documentos endereça todas as comunicações escritas com o Tribunal através do serviço de comunicações por via eletrónica (SCE) do Tribunal e aceita as comunicações escritas que lhe forem enviadas pelo *Greffe* do Tribunal, através da SCE, sob reserva das exceções seguintes:

a) as comunicações escritas relativas a um pedido de medidas provisórias nos termos do 39º do Regulamento são enviadas apenas por Fax e por correio;

b) anexos, tais como planos, manuais, etc., que não podem ser vistos na totalidade no formato eletrónico podem ser enviados pelo correio;

c) o *Greffe* do Tribunal pode solicitar que um documento ou um anexo em papel sejam enviados pelo correio.

2. Se o recorrente enviou um documento por correio ou por Fax, ele remete, logo que possível, por via eletrónica, uma nota de envio pelo correio ou por Fax que descreva o documento enviado, indique a hora do seu envio e exponha as razões porque o envio eletrónico não foi possível.

II. Os requisitos técnicos

3. O requerente dota-se do equipamento técnico necessário e segue o manual do utilizador recebido do *Greffe* do Tribunal.

[619] Editada pelo presidente nos termos do artigo 32º do Regulamento no dia 29 de setembro de 2014. Esta Instrução prática entrará em vigor em 2015, numa data que será fixada após uma fase de teste.

III. Formato e convenção sobre denominação

4. O documento transmitido por via eletrónica deve sê-lo em formato PDF e de preferência em formato PDF pesquisável.

5. As cartas e observações escritas não assinadas não são aceites. Os documentos assinados que devem ser transmitidos são gerados por scanagem da cópia do papel original. O requerente conserva a cópia do papel original no seu processo.

6. O nome do documento transmitido por via eletrónica compõe-se do número da queixa seguido do nome do queixoso tal como escrito em alfabeto latino pelo *Greffe* do Tribunal e de uma indicação do conteúdo do documento[620].

IV. Data a ter em conta para os prazos

7. A data em que o requerente transmitiu com sucesso um documento por via eletrónica é considerada como a data do envio (hora de Estrasburgo) do documento nos termos do artigo 38º, nº 2, do Regulamento ou como a data do depósito do documento para os fins do artigo 73º, nº 1, do Regulamento.

8. A fim de facilitar o controlo da correspondência trocada e de garantir o respeito dos prazos fixados pelo Tribunal, o requerente deve regularmente verificar o seu correio eletrónico e a sua conta no SCE.

V. Pluralidade de versões de um só e mesmo documento

9. O SCE não permite a modificação, substituição ou supressão de um documento carregado. Se o requerente é confrontado com a necessidade de modificar um documento por si carregado, ele cria um novo documento que denomina diferentemente (por exemplo acrescentando a palavra «modificado» ao nome do primeiro documento). Esta possibilidade só deve ser utilizada em caso de verdadeira necessidade e não para a correção de pequenos erros.

10. Quando o requerente envia mais do que uma versão do mesmo documento, só o documento que chega nos prazos em tomado em conta. Quando mais do que uma versão chega ao *Greffe* nos prazos, é a última versão que é tomada em consideração, salvo decisão em contrário do Presidente da Secção.

[620] Exemplo: 65051/01 Karagyozov Observ Recev Fond.

Instrução prática[621]
Pedidos de anonimato

Artigos 33 e 47º do Regulamento

Princípios gerais

Lembra-se às partes que, salvo derrogação acordada nos termos dos artigos 33º e 47º do Regulamento, os documentos relativos aos processos perante o Tribunal são públicos. Assim, todas as informações submetidas relacionadas com a queixa, seja no quadro de um processo escrito ou num processo oral, aí compreendidas as informações sobre o requerente ou sobre terceiro, são acessíveis ao público.

As partes devem igualmente saber que a exposição dos factos, as decisões e os acórdãos do Tribunal são normalmente publicados no HUDOC[622] no Site Internet do Tribunal (artigo 78º do Regulamento).

Pedidos formulados nos processos pendentes

Todo o requerente que deseja conservar o anonimato deve fazer o pedido no momento em que preenche o formulário da queixa ou em seguida logo que possível. Tanto num como noutro caso, ele deve expor os motivos do seu pedido e precisar o impacto que uma divulgação da sua identidade poderá ter sobre ele.

Pedidos retroativos

Se um requerente deseja pedir o anonimato relativamente a um caso ou casos publicados no HUDOC antes de 1 de janeiro de 2010, ele deve enviar ao

[621] Editada pelo Presidente do Tribunal nos termos do artigo 32º do Regulamento a 14 de janeiro de 2010.

[622] http://hudoc.echr.coe.int/fr

Greffe uma carta expondo os motivos do seu pedido e precisando o impacto que a divulgação da sua identidade teve ou poderá ter sobre ele. Ele deve igualmente explicar porque não pediu o anonimato quando o caso estava pendente no Tribunal.

Para decidir sobre o pedido, o Presidente tem em conta as explicações fornecidas pelo requerente, do grau de publicidade que a decisão ou o acórdão já recebeu e a questão de saber se é oportuno ou não, nomeadamente sobre o plano prático, acolher o pedido.

Se o Presidente acede ao pedido, ele determina igualmente as medidas a tomar para evitar que o requerente seja identificado. Ele pode assim decidir, por exemplo, que a decisão ou acórdão relativo ao requerente seja retirado do Site Internet do Tribunal ou que os elementos de identificação pessoais do interessado serão suprimidos dos documentos publicados.

Outras medidas

O Presidente pode igualmente tomar, relativamente a todo o documento publicado pelo Tribunal, qualquer medida que pareça necessária ou desejável para garantir o respeito da vida privada.

Instrução Prática[623]
Pedidos de satisfação razoável

I. Introdução

1. A atribuição de uma reparação razoável não decorre automaticamente da constatação pelo Tribunal Europeu dos Direitos do Homem que houve violação de um direito garantido pela Convenção Europeia dos Direitos do Homem ou dos seus Protocolos. Isto resulta claramente da redação do artigo 41º, que dispõe que o Tribunal só concede uma reparação razoável quando o direito interno permite apagar apenas imperfeitamente as consequências de uma violação e, mesmo neste caso, quando haja necessidade de o fazer.

2. A indemnização atribuída nos termos do artigo 41º deve ser «equitativa» tendo em conta as circunstâncias da causa. O Tribunal deve por isso tomar em consideração as características do caso que deve examinar. Ele pode entender que o constar da violação constitui em si uma reparação razoável suficiente para um ou outro alegado prejuízo e que não há lugar à atribuição de uma soma pecuniária. Ele pode também encontrar motivos de equidade para atribuir uma soma inferior ao valor do dano realmente sofrido e das despesas efetivamente expostas, ou mesmo para não atribuir nenhuma indemnização. Isto pode ser o caso, por exemplo, se a situação denunciada, o montante do dano ou nível das despesas expostas forem imputáveis à culpa do queixoso, ele próprio. Para fixar o montante a atribuir, o Tribunal pode também ponderar as situações respetivas do queixoso, da parte lesada por uma violação, e do Estado Contratante, responsável pelo interesse geral. Enfim, o Tribunal toma, em regra. em consideração a situação económica do Estado interessado.

[623] Editada pelo Presidente do Tribunal nos termos do artigo 32º do Regulamento no dia 28 de março de 2007.

3. Quando atribui uma indemnização nos termos do artigo 41º, o Tribunal pode decidir referir-se às normas internas. Ele nunca está todavia sujeito a elas.

4. O queixoso desejoso de apresentar um pedido de reparação razoável deve respeitar as condições de forma e de fundo pertinentes fixadas pela Convenção e pelo Regulamento do Tribunal.

II. Apresentação de pedidos de reparação razoável: condições formais

5. O artigo 60º do Regulamento do Tribunal fixa os prazos e outras condições formais a respeitar para apresentar um pedido de reparação razoável. As suas passagens pertinentes estão assim redigidas:

> *1 – O queixoso que deseja que o Tribunal lhe atribua uma satisfação razoável nos termos do artigo 41º da Convenção no caso de ser constatada uma violação dos seus direitos, deve formular um pedido específico para este efeito.*
>
> *2 – Salvo decisão em contrário do Presidente de Secção, o queixoso deve submeter as suas pretensões, cifradas e discriminadas por rubricas e acompanhadas dos justificativos pertinentes, no prazo que lhe for concedido para apresentar as suas observações sobre o fundo.*
>
> *3 – Se o queixoso não respeita as exigências descritas nos nºs precedentes, a Secção pode rejeitar o pedido, no todo ou em parte.*
>
> *(....)*

O Tribunal exige portanto pedidos precisos, documentos justificativos em apoio, sem o que ele não atribui nenhuma indemnização. Ele afasta os pedidos apresentados nos formulários de queixa mas não reiterados no momento apropriado do processo. Ele rejeita também os pedidos tardios.

III. Apresentação de pedidos de reparação razoável: condições de fundo

6. O Tribunal pode atribuir indemnizações nos termos do artigo 41º da Convenção por:

a) dano material;
b) prejuízo moral; e
c) honorários e despesas

1. O dano de forma geral

7. É preciso demonstrar claramente a existência de um nexo de causalidade entre o dano alegadamente sofrido e a violação denunciada. O Tribunal não se

satisfaz com um nexo eventual entre a violação alegada e o prejuízo, nem de simples especulações quanto ao que poderia ter sido.

8. Uma indemnização por dano pode ser atribuída desde que este decorra da violação constatada. Nenhuma indemnização pode ser atribuída por um prejuízo provocado por acontecimentos ou situações que o Tribunal não considera como acarretando violação da Convenção, nem por um dano relativo a queixas declaradas inadmissíveis numa fase anterior do processo.

9. Quando atribui uma indemnização por dano, o Tribunal tenta indemnizar o queixoso das reais consequências prejudiciais de uma violação. Ele não pretende punir o Estado Contratante responsável. Até agora, o Tribunal não considerou pertinente acolher os pedidos por danos catalogados como «punitivos», «agravados» ou «exemplares».

2. Dano material

10. No que diz respeito ao dano material, o princípio é que o queixoso deve ser colocado, tanto quanto possível, na situação em que se encontraria se a violação não se tivesse produzido – trata-se, de outra maneira, de realizar une *restitutio in integrum*. O que pode implicar uma reparação pela perda efetivamente sofrida (dano emergente) e a perda ou falta a ganhar que se poderia esperar no futuro (lucro cessante).

11. Pertence ao queixoso demonstrar que a violação ou violações alegadas lhe provocaram um prejuízo material. Ele deve produzir os documentos pertinentes a fim de provar, na medida do possível, não somente a existência do dano mas também o respetivo montante ou valor.

12. Em princípio, a indemnização atribuída pelo Tribunal reflete a integralidade do dano calculado. Todavia, se o prejuízo real não se presta a uma avaliação precisa, o Tribunal procede a uma estimativa a partir dos elementos de que dispõe. Como se refere no nº 2 supra, ele pode também encontrar em equidade motivos para atribuir uma soma inferior ao montante total do prejuízo sofrido.

3. Dano moral

13. A indemnização que o Tribunal atribui por prejuízo moral destina-se a fornecer uma reparação pecuniária pelo dano moral, por exemplo, o sofrimento físico e mental.

14. Pela sua natureza, o dano moral não se presta a um cálculo preciso. Se a sua existência é provada, e se o Tribunal entende que se deve atribuir uma indemnização pecuniária, ele procede a uma avaliação em equidade tendo em conta as normas que decorrem da sua jurisprudência.

15. O queixoso que pede reparação por dano moral é convidado a precisar o montante de indemnização que ele considera razoável que lhe seja atribuída. Aquele que se considera vítima de várias violações pode reclamar uma soma global destinada a cobrir a totalidade do prejuízo resultante das violações alegadas ou solicitar montantes distintos para cada uma das violações em causa.

4. Honorários e despesas

16. O Tribunal pode ordenar que sejam reembolsados ao queixoso os honorários e despesas que ele suportou – primeiro a nível interno e depois no processo perante ele – para impedir a violação ou para apagar as consequências. Os custos e despesas incluem em regra os custos com a assistência do advogado, as custas judiciais, etc. Eles podem também incluir os custos de viagem e estadia, em especial os que foram necessários para assistir a uma audiência perante o Tribunal.

17. O Tribunal só pode acolher os pedidos dos honorários e despesas que estejam relacionados com as violações por ele constatadas. Ele deve recusá-los se eles dizem respeito a queixas que não conduziram a um constatar de violação, ou a queixas declaradas inadmissíveis. Sendo assim, um queixoso pode discriminar as suas pretensões por honorários e despesas entre as diferentes queixas que ele suscitou.

18. Os honorários e as despesas devem ter realmente ocorrido. De outra maneira, o queixoso deve tê-los pago, ou ser obrigado a pagá-los, por virtude de uma obrigação legal ou contratual. O montante avançado ou devido pelas autoridades internas ou pelo Conselho de Europa nos termos de assistência judiciária deve ser deduzido da soma eventualmente atribuída por honorários e despesas.

19. Os honorários e despesas devem ter sido necessários, isto é, que o queixoso devesse suportá-los para impedir a violação ou para a remediar.

20. Eles devem ser de um montante razoável. Se o Tribunal os considera excessivos, ele atribui uma soma razoável segundo a sua própria avaliação.

21. O Tribunal exige provas, como notas de honorários ou faturas circunstanciadas. Elas devem ser suficientemente precisas para permitir-lhe determinar em que medida as condições referidas *supra* se verificam.

5. Informações relativas ao pagamento

22. O queixoso é convidado a indicar uma conta bancária para onde ele deseja que sejam depositadas as somas que lhe possam ser atribuídas. Se ele deseja que um ou outro montante, como as somas atribuídas por custos e despesas, seja pago separadamente, por exemplo diretamente na conta bancária do seu representante, ele deve precisá-lo.

IV. Forma das reparações atribuídas pelo Tribunal

23. A reparação eventualmente atribuída pelo Tribunal assume em regra a forma de uma soma em dinheiro a pagar pelo Estado requerido à vítima ou às vítimas das violações constatadas. Só excecionalmente o Tribunal pode considerar solicitar ao Estado requerido que tome uma ou outra medida para pôr fim ou remediar às violações em causa. Todavia, o Tribunal tem a possibilidade de dar indicações sobre o modo como convém executar os seus acórdãos (artigo 46º da Convenção).

24. A indemnização que o Tribunal pode atribuir ao queixoso nos termos do artigo 41º da Convenção é em princípio fixada em euros (EUR, €), independentemente da moeda na qual o interessado formulou o seu pedido. Se o queixoso deve receber a indemnização numa outra moeda que não o euro, o Tribunal ordena que as somas expressas em euros sejam convertidas nesta outra moeda, à taxa de câmbio aplicável na data do pagamento. Quando formula as suas pretensões, o queixoso deve, se necessário, considerar o que implica esta política tendo em conta os efeitos que terá a conversão em euros das somas expressas numa outra diferente moeda ou a conversão das somas expressas em euros numa moeda diferente.

25. O Tribunal fixa, por sua iniciativa, um prazo dentro do qual se deve concretizar o eventual pagamento; este prazo é em regra de três meses a contar da data em que o acórdão se torna definitivo e passível de execução. O Tribunal ordena também o pagamento de juros de mora simples no caso de pagamento que ocorra findo o prazo assim fixado. Ele fixa em regra a taxa destes juros a um nível igual ao da taxa do empréstimo marginal do Banco Central Europeu aumentada de três por cento para o período compreendido entra a data da expiração do prazo fixado até ao pagamento da indemnização atribuída.

Regras adotadas pelo Comité de Ministros para a supervisão da execução dos acórdãos e dos termos dos acordos amigáveis

(adotadas pelo Comité de Ministros a 10 de maio de 2006 na 964ª reunião de Delegados dos Ministros)

I. Disposições gerais

Regra nº 1

1. O exercício das funções do *Comité de Ministros* conforme ao artigo 46º, nºs 2 a 5, e ao artigo 39º, nº 4, da Convenção Europeia dos Direitos do Homem, é regido pelas presentes Regras.

2. A menos que as presentes Regras disponham de outro modo, as Regras gerais de processo para as reuniões do *Comité de Ministros* e dos Delegados de Ministros aplicam-se aquando do exercício destas funções.

Regra nº 2

1. A supervisão da execução dos acórdãos do Tribunal e dos termos dos acordos amigáveis pelo *Comité de Ministros* tem lugar, em princípio, em reuniões especiais «Direitos Humanos», cuja ordem do dia é pública.

2. Se a presidência do *Comité de Ministros* é assegurada pelo representante de uma Alta Parte Contratante num caso em exame, este representante abandona a presidência durante a discussão do caso.

Regra nº 3

Quando um acórdão ou uma decisão é transmitido ao *Comité de Ministros* nos termos do artigo 46º, nº 2, ou do artigo 39º, nº 4, da Convenção, o caso é inscrito imediatamente na ordem do dia do *Comité*.

Regra nº 4

1. O *Comité de Ministros* dará a prioridade à supervisão dos acórdãos nos quais o Tribunal tenha identificado o que ele considera um problema estrutural segundo a Resolução Res (2004) 3 do *Comité de Ministros* sobre os acórdãos que revelem um problema estrutural subjacente.

2. A prioridade concedida aos casos nos termos do § 1 desta Regra não será feita em prejuízo da prioridade a conceder a outros casos importantes, nomeadamente aos casos em que a violação constatada produziu graves consequências à parte lesada.

Regra nº 5

O *Comité de Ministros* adotará um relatório anual das suas atividades em conformidade ao artigo 46º, §§ 2 a 5, e ao artigo 39º, nº 4, da Convenção. Este relatório será tornado público e transmitido ao Tribunal, assim como ao Secretário-Geral, à Assembleia Parlamentar e ao Comissário para Direitos do Homem do Conselho da Europa.

II. Supervisão da execução dos acórdãos

Regra nº 6 – Informações ao Comité de Ministros sobre a execução do acórdão

1. Quando, num acórdão transmitido ao *Comité de Ministros* nos termos do artigo 46º, nº 2, da Convenção, o Tribunal declara que houve violação da Convenção ou dos seus Protocolos e/ou atribui à parte lesada uma satisfação razoável nos termos do artigo 41º da Convenção, o *Comité* convida a Alta Parte Contratante interessada a informar sobre as medidas tomadas ou que ela pretende tomar em consequência deste acórdão, tendo em conta a obrigação que ele tem de o respeitar, segundo o artigo 46º, nº 1, da Convenção.

2. No quadro da supervisão da execução do acórdão pela Alta Parte Contratante interessada, nos termos do artigo 46º, nº 2, da Convenção, o *Comité de Ministros* examina:

a) se a satisfação razoável atribuída pelo Tribunal foi paga, com eventuais juros de mora; e,

b) se necessário, tendo em conta a discrição de que dispõe a Alta Parte Contratante interessada para escolher os meios necessários para se conformar com o acórdão, se:

i) medidas individuais[624] foram tomadas para assegurar que a violação

[624] Por exemplo, a eliminação do registo criminal da sanção penal injusta, a atribuição de um título de residência ou a abertura dos processos internos criticados.

cessou e que a parte lesada foi colocada, na medida do possível, na situação que era a sua antes da violação da Convenção;

ii) medidas gerais[625] foram adotadas a fim de prevenir novas violações similares às constatadas ou de pôr um fim às violações contínuas.

Regra nº 7 – Intervalos de controlo

1. Até que a Alta Parte Contratante interessada forneça a informação relativa ao pagamento da satisfação razoável atribuída pelo Tribunal ou a eventuais medidas individuais, o caso é inscrito em cada reunião «Direitos Humanos» do *Comité de Ministros*, salvo decisão em contrário do *Comité*.

2. Se a Alta Parte Contratante interessada declara ao *Comité de Ministros* que não está ainda em situação de informar que as medidas de caráter geral necessárias para assegurar o respeito do acórdão foram tomadas, o caso é de novo inscrito na ordem do dia de uma reunião do *Comité de Ministros*, o mais tardar num prazo de seis meses, a menos que o *Comité* decida de outro modo; a mesma regra se aplica findo este prazo e para cada novo prazo.

Regra nº 8 – Acesso às informações

1. As disposições da presente Regra entendem-se sem prejuízo da natureza confidencial das deliberações do *Comité de Ministros*, em conformidade com o artigo 21º do Estatuto do Conselho da Europa.

2. As informações seguintes são acessíveis ao público, a menos que o *Comité* decida de outra maneira tendo em vista proteger os interesses legítimos públicos ou privados:

a) as informações e documentos fornecidos por uma Alta Parte Contratante ao *Comité de Ministros* em aplicação do artigo 46º da Convenção;

b) as informações e documentos fornecidos ao *Comité de Ministros*, em conformidade com as presentes Regras, pela parte lesada, pelas organizações não-governamentais ou pelas instituições para a promoção e proteção dos Direitos Humanos.

Para este último caso, ver a Recomendação nº R(2000) 2 do Comité de Ministros aos Estados membros sobre o reexame ou reabertura de certos casos a nível interno em consequência dos Acórdãos do Tribunal Europeu dos Direitos do Homem, adotada a 19 de janeiro de 2000 na reunião 694º dos Delegados dos Ministros.

[625] Por exemplo, correções legislativas ou regulamentares, mudanças de jurisprudência ou na prática administrativa, ou a publicação do Acórdão do Tribunal na língua do Estado requerido e a sua difusão juntos das autoridades implicadas.

3. Ao tomar a decisão em conformidade com o nº 2 desta Regra, o *Comité* terá, em conta, entre outros:

a) os pedidos razoáveis de confidencialidade, formulados, no momento em que tais informações são submetidas, pela Alta Parte Contratante, pela parte lesada, pelas organizações não-governamentais ou instituições para a promoção e proteção dos Direitos Humanos que apresentem informações;

b) os pedidos razoáveis de confidencialidade formulados por qualquer outra Alta Parte Contratante, interessada pelas informações, a todo o momento, ou o mais tardar, em tempo útil para o primeiro exame das informações pelo *Comité*;

c) do interesse de uma parte lesada ou de uma terceira parte a que a sua identidade ou dos elementos permitindo a sua identificação não sejam divulgados.

4. Após cada reunião do *Comité de Ministros*, a ordem do dia anotada apresentada para a supervisão da execução pelo *Comité* é igualmente acessível ao público e é publicada conjuntamente com as decisões tomadas, a menos que o *Comité* decida de outra maneira. Na medida do possível, outros documentos apresentados ao *Comité* que são acessíveis ao público serão publicados, a menos que o *Comité* decida de outra maneira.

5. Em todos os casos, quando a uma parte lesada foi concedido o anonimato de acordo com o artigo 47º, nº 3, do Regulamento do Tribunal, o seu anonimato é protegido durante o processo de execução, a menos que a parte lesada peça expressamente que o seu anonimato seja levantado.

Regra nº 9 – Comunicações ao Comité de Ministros

1. O *Comité de Ministros* deve tomar em consideração toda a comunicação transmitida pela parte lesada relativa ao pagamento da satisfação razoável ou à execução de medidas individuais.

2. *O Comité de Ministros* pode tomar em consideração toda a comunicação transmitida pelas organizações não-governamentais assim como pelas instituições nacionais para a promoção e proteção dos Direitos Humanos relativas à execução dos acórdãos de acordo com o artigo 46º, nº 2, da Convenção.

3. O Secretariado leva, segundo as modalidades apropriadas, todas as comunicações recebidas das quais é feita referência no nº 1 desta Regra, ao conhecimento do *Comité de Ministros*. Ele faz o mesmo em relação a todas as comunicações recebidas às quais é feita referência no nº 2 desta Regra, acompanhadas de todas as observações da ou das delegações interessadas, desde que estas últimas sejam transmitidas ao Secretariado num prazo de cinco dias úteis após a notificação de uma tal comunicação.

Regra nº 10 – Decisão de solicitar o Tribunal para a interpretação de um acórdão

1. Quando, de acordo com o artigo 46º, nº 3, da Convenção, o *Comité de Ministros* julga que a execução de um acórdão definitivo é impedida por uma dificuldade de interpretação do acórdão, ele pode solicitar ao Tribunal que se pronuncie sobre esta questão de interpretação. A decisão de solicitar a intervenção do Tribunal é tomada por uma maioria de dois terços dos representantes titulares.

2. A decisão de solicitar o Tribunal pode ser tomada a todo o momento durante a supervisão pelo *Comité de Ministros* da execução dos acórdãos.

3. A decisão de solicitar o Tribunal toma a forma de uma resolução intermédia. Ela é motivada e reflete as diversas opiniões exprimidas no seio do *Comité de Ministros*, especialmente a da Alta Parte Contratante interessada.

4. Se necessário, o *Comité de Ministros* é representado perante o Tribunal pela sua Presidência, salvo se o *Comité* decide uma outra forma de representação. Esta decisão é tomada pela maioria de dois terços dos votos expressos e pela maioria dos representantes titulares.

Regra nº 11 – Recurso por deficiência

1. Quando, nos termos do artigo 46º, nº 4, da Convenção, o *Comité de Ministros* considere que uma Alta Parte Contratante recusa-se a se conformar com um acórdão definitivo num litígio em que é parte, ele pode, após notificação dessa Parte e por decisão tomada por maioria de dois terços dos seus representantes titulares, submeter ao Tribunal a questão do respeito por esta Parte da sua obrigação.

2. O recurso em deficiência deve ser utilizado apenas em situações excecionais. Ele não deve ser iniciado sem que a Alta Parte Contratante interessada receba uma notificação do *Comité* informando-a da sua intenção de se iniciar um tal procedimento. Esta notificação é decidida, pelo menos, seis meses antes de se iniciar o procedimento, salvo se o *Comité* decide de outra maneira, e toma a forma de uma decisão intermédia. Esta resolução é tomada pela maioria de dois terços dos representantes titulares.

3. A decisão de solicitar o Tribunal toma a forma de uma resolução intermédia. Ela é motivada e reflete de uma maneira concisa a opinião da Alta Parte Contratante interessada.

4. O *Comité de Ministros* é representado perante o Tribunal pela sua Presidência, salvo se o *Comité* decide uma outra forma de representação. Esta decisão é tomada pela maioria de dois terços de votos exprimidos e pela maioria dos representantes titulares.

III. Supervisão da execução dos termos do acordo amigável

Regra nº 12 – Informação ao Comité de Ministros sobre a execução dos termos do acordo amigável

1. Quando uma decisão é transmitida ao *Comité de Ministros* de acordo com o artigo 39º, nº 4, da Convenção, o *Comité* convida a Alta Parte Contratante interessada a o informar sobre a execução dos termos do acordo amigável.

2. O *Comité de Ministros* examina se os termos do acordo amigável, tais como eles figuram na decisão do Tribunal, foram executados.

Regra nº 13 – Intervalos de controlo

Até que a Alta Parte Contratante interessada forneça a informação relativa à execução dos termos do acordo amigável, tais como eles figuram na decisão do Tribunal, o caso é inscrito em cada reunião «Direitos Humanos» do *Comité de Ministros*, ou, quando se torne necessário, na ordem do dia de uma reunião do *Comité de Ministros*, o mais tardar num prazo de seis meses, salvo decisão em contrário do *Comité*.

Regra nº 14 – Acesso às informações

1. As disposições da presente Regra entendem-se sem prejuízo da natureza confidencial das deliberações do *Comité de Ministros*, em conformidade com o artigo 21º do Estatuto do Conselho da Europa.

2. As informações seguintes são acessíveis ao público, a menos que o *Comité* decida de outra maneira tendo em vista proteger os interesses legítimos públicos ou privados:

a) as informações e documentos fornecidos por uma Alta Parte Contratante ao *Comité de Ministros* em aplicação do artigo 39º, nº 4, da Convenção;

b) as informações e documentos fornecidos ao *Comité de Ministros*, em conformidade com as presentes Regras, pelo queixoso, pelas organizações não-governamentais ou pelas instituições para a promoção e proteção dos Direitos Humanos.

3. Ao tomar a decisão em conformidade com o nº 2 desta Regra, o *Comité* terá, em conta, entre outros:

a) os pedidos razoáveis de confidencialidade, formulados, no momento em que tais informações são submetidas, pela Alta Parte Contratante, pelo queixoso, pelas organizações não-governamentais ou instituições para a promoção e proteção dos Direitos Humanos que apresentem informações;

b) os pedidos razoáveis de confidencialidade formulados por qualquer outra Alta Parte Contratante, interessada pelas informações, a todo o momento, ou o mais tardar, em tempo útil para o primeiro exame das informações pelo *Comité*.

c) do interesse de uma parte lesada ou de uma terceira parte a que a sua identidade não seja divulgada.

4. Após cada reunião do *Comité de Ministros*, a ordem do dia anotada apresentada para a supervisão da execução pelo *Comité* é igualmente acessível ao público e é publicada conjuntamente com as decisões tomadas, a menos que o *Comité* decida de outra maneira. Na medida do possível, outros documentos apresentados ao *Comité*, acessíveis ao público, serão publicados, a menos que o *Comité* decida de outra maneira.

5. Em todos os casos, quando a um queixoso foi concedido o anonimato de acordo com o artigo 47º, § 3, do Regulamento do Tribunal, o seu anonimato é protegido durante o processo de execução, a menos que a parte lesada peça expressamente que o seu anonimato seja levantado.

Regra nº 15 – Comunicações ao Comité de Ministros

1. O *Comité de Ministros* pode tomar em consideração toda a comunicação transmitida pelo queixoso relativa à execução dos termos do acordos amigáveis.

2. O *Comité de Ministros* pode tomar em consideração toda a comunicação transmitida pelas organizações não-governamentais assim como pelas instituições nacionais para a promoção e proteção dos Direitos Humanos relativas à execução dos termos dos acordos amigáveis.

3. O Secretariado leva, segundo as modalidades apropriadas, todas as comunicações recebidas às quais é feita referência no nº 1 desta Regra, ao conhecimento do *Comité de Ministros*: Ele faz o mesmo em relação a todas as comunicações recebidas às quais é feita referência no nº 2 desta Regra, acompanhadas de todas as observações da ou das delegações interessadas, desde que estas últimas sejam transmitidas ao Secretariado num prazo de cinco dias úteis após a notificação de uma tal comunicação.

IV. Resoluções

Regra nº 16 – Resoluções intermédias

No quadro da supervisão da execução de um acórdão ou da execução dos termos de um acordo amigável, o *Comité de Ministros* pode adotar resoluções intermédias, a fim de nomeadamente fazer a avaliação do estado de avanço da execução ou, se necessário, exprimir a sua preocupação e/ou formular sugestões no que se refere à execução.

Regra nº 17 – Resolução final

O *Comité de Ministros*, depois de ter concluído que a Alta Parte Contratante interessada tomou as medidas necessárias para se conformar com o acórdão, ou para executar os termos do acordo amigável, adota uma resolução constatando que ele cumpriu as suas funções nos termos do artigo 46º, nº 2, ou do artigo 49º, nº 4, da Convenção.

Acordo Europeu relativo às pessoas participantes nos processos pendentes no Tribunal Europeu dos Direitos do Homem[626]

Os Estados membros do Conselho da Europa, signatários do presente Acordo,

Tendo em vista a Convenção de salvaguarda dos Direitos do Homem e das Liberdades Fundamentais, assinada em Roma a 4 de novembro de 1950 (a seguir designada "Convenção");

Tendo em vista o Acordo europeu relativo às pessoas participantes nos processos perante a Comissão e o Tribunal dos Direitos do Homem, assinado em Londres a 6 de maio de 1969;

Tendo em vista o Protocolo nº 11 à Convenção, relativo à reestruturação do mecanismo de controlo estabelecido pela Convenção, assinado em Estrasburgo a 11 de maio de 1994 (a seguir denominado Protocolo nº 11 à Convenção), que estabelece um novo Tribunal Permanente Europeu dos Direitos do Homem (a seguir designado "o Tribunal"), substituindo a Comissão e o Tribunal Europeu dos Direitos do Homem;

Considerando, à luz deste desenvolvimento, que é oportuno, para melhor atingir os objetivos da Convenção, que às pessoas participantes nos processos perante o Tribunal sejam concedidas certas imunidades e facilidades através de um novo Acordo, o Acordo europeu relativo às pessoas participantes nos processos pendentes no Tribunal Europeu dos Direitos do Homem (a seguir designado *o Acordo*);

Convencionaram o seguinte:

[626] Entrou em vigor a 1 de janeiro de 1999. Portugal assinou este acordo a 29 de abril de 1997, mas ainda o não ratificou.
Ver a anotação ao artigo 51º da *Convenção*.

Artigo 1º

1 – As pessoas às quais será aplicável o presente Acordo são:

a) Qualquer pessoa que participe em processos instaurados perante o Tribunal, seja como parte, seja como representante ou conselheiro de uma das partes;

b) As testemunhas, os peritos e as demais pessoas convocadas pelo Tribunal, assim como as outras pessoas convidadas pelo presidente do Tribunal a participarem no processo.

2 – Para fins da aplicação deste Acordo, o termo *tribunal* designa os *Comités*, as secções, o coletivo do tribunal pleno, o tribunal pleno e os juízes. A expressão *participar no processo* inclui igualmente qualquer comunicação tendente à apresentação de uma petição dirigida contra um Estado parte na Convenção.

3 – Sempre que, durante o exercício, por parte do Comité de Ministros, das funções que lhes forem confiadas nos termos do artigo 46º, nº 2, da Convenção, uma das pessoas referidas no nº 1 é chamada a comparecer perante ele ou a submeter-lhe declarações escritas, as disposições do presente Acordo aplicam-se igualmente a essa pessoa.

Artigo 2º

1 – As pessoas referidas no nº 1 do artigo 1º do presente Acordo gozam de imunidade de jurisdição no que respeita a declarações prestadas oralmente ou por escrito ao Tribunal bem como relativamente aos documentos por elas apresentadas.

2 – Tal imunidade não se aplica a qualquer comunicação feita fora do Tribunal sobre as declarações prestadas ou documentos apresentados perante o Tribunal.

Artigo 3º

1 – As Partes contratantes respeitam o direito das pessoas referidas no nº 1 do artigo 1º do presente Acordo de se corresponderem livremente com o Tribunal.

2 – No que se refere às pessoas detidas, o exercício deste direito implica, nomeadamente, que:

a) a sua correspondência deve ser enviada e ser-lhes entregue sem grande atraso e sem alterações;

b) tais pessoas não poderão estar sujeitas a quaisquer medidas disciplinares devido a qualquer comunicação enviada ao Tribunal pelas vias apropriadas;

c) tais pessoas têm, relativamente a uma queixa apresentada ao Tribunal e ao processo que daí resulte, o direito de manter correspondência com um advogado qualificado para comparecer perante os tribunais do país onde tais pessoas se encontrem detidas e de lhe falar sem que sejam escutadas por outrem.

3 – Na aplicação dos números anteriores só poderá verificar-se ingerência por parte de uma autoridade pública se tal ingerência for prevista por lei e constitua uma medida necessária, numa sociedade democrática, à segurança nacional, à investigação e perseguição de uma infração penal ou à proteção da saúde.

Artigo 4º

1 – ....:

a) As partes contratantes comprometem-se a não impedir as pessoas referidas no nº 1 do artigo 1º do presente Acordo, a circular e viajar livremente para assistirem ao processo perante o Tribunal e daí regressarem.

b) Apenas poderão ser impostas a tais movimentos e deslocações as restrições previstas por lei que constituam, numa sociedade democrática, medidas necessárias à segurança nacional, à manutenção da ordem pública, à prevenção das infrações penais, à proteção da saúde ou da moral, ou à proteção dos direitos e liberdades de terceiros.

2 – ....:

a) Nos países de trânsito e no país onde decorra o processo, tais pessoas não poderão ser nem perseguidas, nem detidas ou submetidas a nenhuma outra restrição da sua liberdade individual, por atos ou condenações anteriores ao início da viagem.

b) Qualquer Parte contratante poderá, no momento da assinatura, da ratificação, da aceitação ou da aprovação do presente Acordo, declarar que o disposto neste número não se aplica aos seus cidadãos. Tal declaração poderá ser retirada em qualquer altura mediante notificação dirigida ao secretário-geral do Conselho da Europa.

3 – As Partes contratantes comprometem-se a autorizar a reentrada de tais pessoas nos seus territórios, sempre que tais pessoas aí tenham iniciado a viagem.

4 – O disposto nos nºs 1 e 2 do presente artigo cessa de se aplicar quando a pessoa teve a possibilidade de regressar, nos 15 dias seguintes a contar da data em que a sua presença deixe de ser exigida pelo Tribunal, ao país onde a sua viagem teve início.

5 – Em caso de conflito entre as obrigações de uma Parte contratante decorrentes do nº 2 do presente artigo e as decorrentes de qualquer convenção do Conselho da Europa, ou de um tratado de extradição ou de qualquer outro tratado relativo a entreajuda judiciária em matéria penal concluído com outras Partes contratantes, prevalecerão as disposições do nº 2 do presente artigo.

Artigo 5º

1 – As imunidades e facilidades serão concedidas às pessoas referidas no nº 1 do artigo 1º do presente Acordo apenas com o fim de lhes assegurar a liberdade de palavra e a independência necessárias ao desempenho das suas funções, tarefas ou deveres ou ao exercício dos seus direitos perante o Tribunal.

2 – ....:

a) Só o Tribunal tem competência para fazer cessar, total ou parcialmente, a imunidade prevista no nº 1 do artigo 2º do presente Acordo; ele tem não apenas o direito, mas o dever de fazer cessar a imunidade em todos os casos em que, na sua opinião, tal imunidade venha a prejudicar a ação da justiça e quando o levantamento, total ou parcial, não venha a prejudicar o objetivo definido no nº 1 do presente artigo.

b) O Tribunal pode fazer cessar a imunidade, quer oficiosamente, quer a pedido de qualquer Parte contratante ou por qualquer pessoa interessada.

c) As decisões sobre a retirada da imunidade ou sobre a sua recusa são fundamentadas.

3 – Caso uma Parte contratante certifique que a retirada da imunidade prevista no nº 1 do artigo 2º do presente Acordo se revela necessária para o seguimento de processos relativos a ofensas à segurança nacional, o Tribunal deve retirar a imunidade dentro dos limites especificados no certificado.

4 – Sempre que seja descoberto um facto suscetível de exercer influência decisiva, desconhecido do autor do pedido aquando da decisão recusando a retirada da imunidade, aquele pode efetuar um novo pedido ao Tribunal.

Artigo 6º

Nenhuma das disposições do presente Acordo poderá ser interpretada como limitando ou prejudicando quaisquer das obrigações assumidas pelas Partes contratantes em virtude da Convenção ou dos seus Protocolos.

Artigo 7º

1 – O presente Protocolo está aberto à assinatura dos Estados membros do Conselho da Europa, os quais poderão expressar o seu consentimento em ficarem vinculados por:

a) Assinatura, sem reserva de ratificação, aceitação ou aprovação;

b) Assinatura, sob reserva de ratificação, aceitação ou aprovação, seguida de ratificação, aceitação ou aprovação.

2 – Os instrumentos de ratificação, aceitação ou aprovação serão depositados junto do secretário-geral do Conselho da Europa.

Artigo 8º

1 – O presente Protocolo entrará em vigor no 1º dia do mês seguinte ao termo do prazo de um mês a contar da data em que dez Estados membros do Conselho da Europa tenham expresso o seu consentimento em ficarem vinculados pelo Acordo, em conformidade com as disposições do artigo 7º, se a esta data o Protocolo nº 11 à Convenção tiver entrado em vigor, ou à data da entrada em vigor do Protocolo nº 11, no caso contrário.

2 – No que se refere a qualquer Estado membro que posteriormente exprima o seu consentimento a ficar vinculado ao Acordo, este entrará em vigor no primeiro dia do mês seguinte à expiração de um período de um mês após a data da assinatura ou do depósito do seu instrumento de ratificação, aceitação ou aprovação.

Artigo 9º

1 – Qualquer Parte contratante poderá, no momento da assinatura ou do depósito de seu instrumento de ratificação ou aceitação, ou a todo o momento posterior, estender a aplicação do presente Acordo, mediante declaração dirigida ao secretário-geral do Conselho da Europa, ao território designado na declaração, cujas relações internacionais assegure ou em nome do qual se encontre habilitado a negociar.

2 – O presente Acordo entrará em vigor relativamente ao território designado nos termos do nº 1 no primeiro dia do mês seguinte à expiração de um período de um mês após a data da receção da declaração pelo secretário-geral.

3 – Qualquer declaração feita ao abrigo do nº 1 poderá ser retirada, no que respeita a qualquer território designado na declaração, nos termos do processo previsto para a denúncia pelo artigo 10º do presente Acordo.

Artigo 10º

1 – O presente Acordo permanecerá em vigor sem limite de tempo.

2 – Qualquer Parte contratante poderá, no que lhe diz respeito, denunciar o presente Acordo mediante notificação dirigida ao secretário-geral do Conselho da Europa.

3 – A denúncia produzirá efeito seis meses após a data da receção da notificação pelo secretário-geral. Tal denúncia não poderá, no entanto, desvincular a Parte contratante interessada de qualquer obrigação que tenha surgido ao abrigo do presente Acordo, relativamente a qualquer das pessoas referidas no nº 1 do artigo 1º

Artigo 11º

O secretário-geral do Conselho da Europa deverá notificar os Estados membros do Conselho do seguinte:

a) De qualquer assinatura;

b) Do depósito de qualquer instrumento de ratificação, aceitação ou aprovação;

c) Da data de entrada em vigor do presente Acordo, em conformidade com o artigos 8º e 9º;

d) De qualquer outro ato, notificação ou comunicação relacionados com o presente Acordo.

Em fé do que os abaixo assinados, devidamente autorizados para o efeito, assinaram o presente Acordo.

Feito em Estrasburgo a 5 de março de 1996, em francês e inglês, fazendo ambos os dois textos igualmente fé, num único exemplar, que será depositado nos arquivos do Conselho da Europa. O secretário-geral do Conselho da Europa transmitirá cópia autenticada a cada um dos Estados membros do Conselho da Europa.

BIBLIOGRAFIA[627]

I

Albuquerque, Paulo Pinto de, *Comentário do Código de processo penal à luz da Constituição da República e da Convenção Europeia dos Direitos do Homem*, Universidade Católica Editora, Lisboa, 2007.

–, *Comentário do Código penal à luz da Constituição da República e da Convenção Europeia dos Direitos do Homem*, Universidade Católica Editora, Lisboa, 2008.

Almeida, Susana, *O respeito pela vida (privada e) familiar na jurisprudência do Tribunal Europeu dos Direitos do Homem: a tutela das novas formas de família*, Coimbra Editora, Coimbra, 2008.

Alves, Jorge de Jesus Ferreira, *A Convenção Europeia dos Direitos do Homem anotada e Protocolos Adicionais anotados: doutrina e jurisprudência*, Legis, Porto, 2008.

Andrade, J. C. Vieira de, *Os Direitos Fundamentais na Constituição Portuguesa de 1976*, Almedina, Coimbra, 1987.

Andrade, Miguel A., «O papel da Convenção Europeia dos Direitos do Homem na proteção dos direitos fundamentais no âmbito comunitário», in *BDDC*, nºs 45/46, págs. 33-52.

Andrews, John A. (editor), *Human Rights in Criminal Procedure*, Martinus Nijhoff Publishers, The Hague, 1982.

Bastos, Jacinto Rodrigues, *Notas ao Código de Processo Civil*, II, 2ª edição, Lisboa, 1971.

Bates, Ed, «Supervising the Execution of judgments delivered by the European Court of Human Rights: The challenges facing the Committee or Ministers», in «European Court of Human Rights – Remedies and Execution of Judgments», BIICL, 2005, págs. 59 e segs.

Beddard, Ralph, *Human Rights and Europe*, 3ª edição, Cambridge, Grotius Publications Limited, 1993.

Berger, Vincent, *La jurisprudence de la Cour Européenne des Droits de l'Homme*, 9ª edição, Sirey, Paris, 2004.

[627] A bibliografia sobre os DH e mesmo sobre a *Convenção Europeia dos Direitos do Homem* é praticamente inabarcável. Indica-se, numa primeira parte, aquela que influenciou diretamente a elaboração da obra; numa segunda parte, outra que também foi consultada.

–, «La Cour Européenne des Droits de l'Homme», in *BDDC*, nº 22, págs. 311-320.

CABRITA, Isabel, «Direitos humanos: um conceito em movimento», Coimbra, Almedina, 2011.

CAFLISH, Lucius, «Cent ans de Règlement Pacifique des Diférends Interétatiques», Académie de Droit International de la Haye, tiré à part du *Recueil des Cours*, tome 288 (2001), págs. 304 e segs.

CALLEWAERT, Johan, «L'article 53», in *La Convention européenne des Droits de l'Homme*, sous la direction de Louis-Edmond Pettiti, Emmanuel Decaux e Pierre-Henri Imbert, Economica, Paris, 1995, pág. 848.

CAMPOS, Abel, «A proteção dos Direitos do Homem na Europa: as instituições e o recurso supranacional», Universidade Portucalense (ed.), *Direitos Humanos: a Promessa do século XXI*, Porto, 1997, págs. 181 e segs.

CANÇADO TRINDADE, António A., «El aceso direto del individuo a los Tribunales Internacionales de derechos humanos», Universidad de Deusto, Bilbao, 2001, pág. 31.

CANOTILHO, J. J. Gomes e MOREIRA, Vital, *Constituição da República Portuguesa Anotada*, vol. I, 4ª edição, Coimbra, 2007.

CANOTILHO, J. J. Gomes, *Estudos sobre os Direitos fundamentais*, Coimbra Editora, Coimbra, 2004.

CASADEVALL, Josep, *El conveni europeu de drets humns, el Tribunal d'Estrasburg i la seva jurisprudència*, Bosch Editor, Barcelona, 2007.

CLAPLAN, Andrew, *Human Rigths in the Private Sphere*, Clarendon Press, Oxford, 1993.

COHEN-JONATHAN, G., *La Convention Européenne des Droits de l'Homme*, Economica, Paris, 1989.

COSTA, Jean-Paul, «Le Tribunal de la Rote et l'article 6 de la Convention Européenne des Droits de l'Homme», in *Revue trimestrielle des Droits de l'Homme*, a. 13, n. 50 (avr. 2002), pág. 463.

COSTA, Jean-Paul, «Des juges pour la liberté», Paris, Dalloz, 2013.

COSTA, José Manuel Cardoso da, «Constitutional Supremacy of Human Rights Treaties», in *The statues of international treaties on human rights*, Conselho da Europa, setembro de 2006, pág. 77.

COSTA, Paulo Manuel Abreu Silva, «A proteção dos estrangeiros pela Convenção Europeia dos Direitos do Homem perante os processos de asilo, expulsão e extradição: a jurisprudência do Tribunal Europeu dos Direitos do Homem», in *Revista da Ordem dos Advogados*, Lisboa, 60 (Jan. 2000), pág. 497.

CUNHA, Paulo Ferreira da, «Da fundamentação dos Direitos Humanos: sentimento, vontade, razão ou natureza?», in *Revista portuguesa de filosofia*, Braga, t. 59 (2003), pág. 239.

–, (org.), *Direitos Humanos*, Coimbra, 2003.

DANELIUS, Hans, «L'indipendenza e l'imparzialità della giustizia alla luce della giurisprudenza della Corte Europea dei Diritti dell'Uomo», in *Rivista Internazionale dei Diritti dell'Uomo*, 2, ano v, magio-agosto 1992, págs. 443-452.

DE SALVIA, Michele, *Lineamenti di Diritto Europeo dei Diritti dell'Uomo*, Cedam, Padova, 1991.

–, *Compendium de la CEDH*, vol. I, Engel, Strasbourg, 2003.

DJ HARRIS, M. O'Boyle e C. Warbrick, *Law of the European Convention on Human Rights*, Butterworths, London, 1995.

DRZEMCZEWSKI, Andrew, «Le Protocole nº 11 à la CEDH: Aperçu du processus de négociation», in Separata do *Boletim de Documentação e Direito Comparado*, nºs 69/70, 1997.

DRZEMCZEWSKI, Andrew e Paul Tavernier, «L'exécution des «décisions» des instances internationales de contrôle dans le domaine des droits de l'homme», Comunicação ao 31º Colóquio da Sociedade francesa para o direito internacional (Estrasburgo, 29-31 maio de 1997), in *La protection des droits de l'homme et l'évolution du droit international*, Paris, 1998, pág. 197.

DUARTE, Maria Luísa, «O Conselho da Europa e a Proteção dos Direitos do Homem», in *BDDC*, nºs 39/40, págs. 191-242.

EIDE, Absjorn, *Protection Internationale des Droits de l'Homme*, Conseil de l'Europe, 1989.

EISSEN, Marc-André, «La Cour Européenne des Droits de l'Homme», in *BDDC*, nº 13, págs. 271-339.

–, «Cour Européenne des Droits de l'Homme – Jurisprudence relative a l'article 6 de la Convention», in *BDDC*, nº 17, págs. 223-242.

–, «Cour Européenne des Droits de l'Homme – Jurisprudence relative a l'article 5 de la Convention», in *BDDC*, nº 20, págs. 175-22.

–, «Les juridictions constitutionnelles nationales dans la jurisprudence et la pratique de la Cour Européenne des Droits de l'Homme», in *BDDC*, nºs 25/26, págs. 387-399.

–, «Cour Européenne des Droits de l'Homme», in *BDDC*, nº 29, págs. 175-218.

–, «Le principe de proportionnalité dans la jurisprudence de la Cour Européenne des Droits de l'Homme», in *BDDC*, nºs 55/56, págs. 277-309.

–, «La Cour Européenne des Droits de l'Homme», in *Revue de Droit Publique*, nº 6 – 1986, pág. 1553.

ENTERRIA, Garcia de, E. LINDE, L. I. Ortega e M. Sanchez Moron, *El Sistema Europeo de Proteccion de los Derechos Humanos*, Civitas, Madrid, 1983.

ERMACORA, Novak e TRETTER, *International Human Rights*, Laws Books in Europe, Viena, 1993.

ESPIELL, Hector G., «La Convention Américaine et la Convention européenne des Droits de l'Homme», in *Recueil des Cours*, Académie du Droit International, 1989, vol. VI, pág. 167.

ESPOSITO, Andreana, Il diritto penale «flessibile», G. Giappichelli Editore, Torino, 2008.

FARINHA, Pinheiro, *Convenção Europeia dos Direitos do Homem Anotada*, Lisboa, s/d.

–, «Proteção dos Direitos do Homem no âmbito do Conselho da Europa – O Comité de Ministros do Conselho da Europa», in *BDDC*, nº 3, págs. 197-200.

–, «O Tribunal Europeu dos Direitos do Homem», in *BDDC*, nº 8, págs. 177-209.

–, «As decisões do Tribunal Europeu dos Direitos do Homem e o contributo da jurisprudência nacional na interpretação da Convenção Europeia dos Direitos do Homem», in *BDDC*, nº 9, págs. 113-162.

FARINHA, Pinheiro, «A Convenção Europeia dos Direitos do Homem e o Tribunal Europeu dos Direitos do Homem», in *BDDC*, nº 14, págs. 125-137.

–, «O processo equitativo garantido na Convenção Europeia dos Direitos do Homem», in Revista *O Direito*, ano 122, 1990, II (abril-junho), págs. 239-260.

FAWCETT, J. E. S., *The Application of the European Convention on Human Rights*, Clarendon Press, Oxford, 1987.

FERREIRA, Paulo Marrecas. O Castelo da Ventura, in *Sub Júdice*, nº 28, 2004.

FERREIRA, Rui Cardona, Os sistemas de proteção jurisdicional dos direitos humanos na Convenção Europeia dos Direitos do Homem e na Convenção Americana de Direitos Humanos, *O direito*, Lisboa, a.139 n. 4 (2007), pág. 895-932

FREITAS, Lebre de, «Justiça e Processo Civil», in *BMJ*, nº 250.

FLAUSS, Jean-François, «La nouvelle procédure», in *Le Protocole nº 11 à la Convention européenne des droits de l'homme*, Bruylant, Bruxelles, 1995, pág. 59.

FLUJA, Vicente c. Guzmán, *El derecho de indemnización por el funcionamiento de la Administración de Justicia*, Tirant lo Blanch, Valencia, 1994.

FONSECA, Isabel Celeste M., «A responsabilidade do Estado pela violação do prazo razoável: quo vadis?», in *Revista do Ministério Público*, Lisboa, a. 29. n. 115 (Jul.-Set. 2008), pág. 5-42.

FROMONT, Michel, «Le juge français et la Cour européenne des droits de l'homme», *Mélanges Georg Ress*, 2005, págs. 965 e segs.

GASPAR, António Henriques, «A Convenção Europeia dos direitos do Homem e o direito penal: normas materiais, âmbito de aplicação e controlo indireto da subsidiariedade», in *Estudos em homenagem a Cunha Rodrigues*, Coimbra Editora, 2001, I, pág. 425.

–, «Tribunal Europeu dos Direitos do Homem – Caso Velosa Barreto contra Portugal», in Separata da *Revista do Ministério Público* nº 66.

–, «Tribunal Europeu dos Direitos do Homem: direito penal e processo penal», in *Revista Portuguesa de Ciência Criminal*, ano 8, fasc. 4, outubro-dezembro 1998, pág. 6.

–, Tribunal Europeu dos Direitos do Homem: direito penal e direito processual penal, in Revista portuguesa de ciência criminal, Coimbra, a. 17 n. 1 (Jan.-Mar.2007), pág. 149.

–, Os novos desafios do processo penal no século XXI e os direitos fundamentais: um difícil equilíbrio, *Revista Portuguesa de Ciência Criminal*, Coimbra, 15 n. 2 (Abr.-Jun.2005), pág. 257.

GASPAR, António Henriques e Maria João Antunes, «Tribunal Europeu dos Direitos do Homem – Caso Silva Rocha c. Portugal», Separata da *Revista Portuguesa de Ciência Criminal*, ano 7, fasc. 1º, janeiro-março 1997.

GOMIEN, Donna, David Harris e Leo Zwaak, *Convention européenne des Droits de l'Homme et Charte sociale européenne: droit et pratique*, Éditions du Conseil de l'Europe, 1997.

GUERREIRO, Sara, *As fronteiras da tolerância: liberdade religiosa e proselitismo na Convenção Europeia dos Direitos do Homem*, Coimbra, Almedina, 2005.

HARRIS, David e outros, *Law of the European Convention on Human Rights*, 2ª edição, Oxford University Press, 2009.

HERSCH, Jeanne, *Le concept des droits de l'homme est-il un concept universel?*, Cadmos, 1981.

IMBERT, Pierre, *La question des réserves et les Conventions en matière des droits de l'homme*, Actes du Cinquième Colloque International sur la Convention Européenne des Droits de l'Homme, Pedone, Paris, 1982.

JACOT-GUILLARMONT, Olivier, «Règles, méthodes, et príncipes d'interprétation dans la jurisprudence de la Cour européenne des Droits de l'Homme», in *La Convention européenne des Droits de l'Homme*, ed. Louis-Edmond Pettiti et autres, Economica, Paris, 2ª edição, 1999, págs. 41 e segs.

Jacqué, Jean Paul, «The Convention and the European Communities», in *The European System for The Protection of Human Rights*, cit., págs. 889 e segs.

Jerónimo, Patrícia, *Os Direitos do Homem à escala das civilizações: proposta de análise a partir do confronto dos modelos ocidental e islâmico*, Coimbra, Almedina, 2001.

Jónatas, E. M. Machado, *Liberdade de expressão*, Coimbra Editora, setembro 2002.

Kempees, Peter, *A systematic guide to the case-law of the European Court of Human Rights*, 1960-1994, vols. i e ii, Martinus Nijhoff Publishers, The Hague, 1996.

Lambert, Élisabeth, «*Les effets des arrêts de la Cour européenne des Droits de l'Homme. Contribution à une approche pluraliste du droit européen des droits de l'homme*», Bruylant, Bruxelles, 1999. Macdonald, R. St. J., «Reservations under the European Convention on Human Rights», in *Revue belge de droit international*, vol. XII – 1988, Bruylant-Bruxelles, pág. 429.

–, «L'exécution des arrêts de la Cour Européenne des Droits de l'Homme», in *Revue Trimestrielle des Droits de l'Homme*, 18 ème Année, nº 71, 1er juillet 2007, pág. 680.

Leuprecht, Peter, «La coopération européenne dans le domaine des Droits de L'Homme», in *L'Europe dans les Relations Internationales*, Pedone, Paris.

Macdonald, R. St. J., F. Matscher e H. Petsold, editores, *The European System for the Protection of Human Rights*, Martinus Nijhoff Publishers, Dordrecht, 1993.

Machete, Rui, «Os direitos do homem no mundo», in *Política – Caderno nº 2*, Fundação Social-Democrática Oliveira Martins, 1978.

Madureira, João, «La jurisprudence des organes de la Convention Européenne des Droits de l'Homme et la Charte Sociale Européenne concernant l'éntrée et la sortie des étrangers du territoire d'un État», in *BDDC*, nºs 39/40, págs. 123-189.

Martins, Ana Maria Guerra (coord), Estudos de direito europeu e internacional dos Direitos Humanos, Almedina, 2005.

Mathieu, Sandrine, «L'Adhésion de la Communauté à la CEDH: un problème de compétence ou un problème de soumission?», in *Revue du Marché Commun et de l'Union Européenne*, nº 414, janvier 1998, pág. 31.

Matscher, Franz, «La jurisprudence de la Cour relative à l'article 6 de la Convention», in *BDDC*, nºs 33/34, págs. 455-469.

Miguel, João da Silva, A Justiça Portuguesa no exame do Tribunal Europeu dos Direitos do Homem, in *Sub Judice*, nº 28, 2004.

Mikaelsen, Laurids, *European Protection of Human Rights*, Sijthof & Noordhoff, Holanda, 1980.

Miranda, Jorge, *Manual de Direito Constitucional*, tomo iv, 4ª edição, Coimbra, 1988.

Miranda, Jorge e Rui Medeiros, «Constituição Portuguesa Anotada», Tomo I, Coimbra, Coimbra Editora, 2005.

Moco, Marcolino, «Direitos humanos e seus mecanismos de protecção : as particularidades do sistema africano», Coimbra, Almedina, 2010.

Monconduit, François, *La Commission Européenne des Droits de l'Homme*, Leiden, 1965, pág. 512.

MONTEIRO, A. Reis, *Educação da Europa*, Afrontamento, Porto, 2001.

MOREIRA, Vital e outros, O Tribunal Penal Internacional e a Ordem Jurídica Portuguesa, Coimbra, Coimbra Editora, 2004.

MOREIRA, Vital e Carla de Marcelino Gomes, coordenação; com a colaboração de Ana Filipa Neves, «Compreender os direitos humanos: manual de educação para os direitos humanos», Coimbra, FDUC, 2013.

MURDOCH, J. L., *L'article 5 de la Convention Européenne des Droits de l'Homme – La protection de la liberté et de la sûreté de la personne, Dossier sur les Droits de l'Homme nº 12,* Les éditions du Conseil de l'Europe, 1994.

O'BOYLE, Michael, «No bis in idem for the Benefit of States?», in *Droits de l'Homme – Regards de Strasbourg,* Liber Amicorum Luzius Wildhaber, N. P, Engel Verlag, Kehl, Germany, 2007.

PAIS, Marta Santos, «A ação das Nações Unidas no domínio dos Direitos do Homem: os direitos económicos, sociais e culturais», in *BDDC*, nº 53, pág. 39.

PASSOS, Ricardo, «A Comissão Europeia dos Direitos do Homem», in *BDDC*, nº 22, págs. 287 e segs.

PARMENTIER, Stephan, «The implementation of International Human Rights Norms», Leuven, março de 1997, págs. 155 e segs.

PESCATORE, Pierre, «La Cour de Justice des Communautés Européennes et la Convention Européenne des Droits de L'Homme», in *Mélanges Wiarda*, cit., págs. 441 e segs.

PETTITI, Laurent, «L'Adhésion de l'Union Européenne à la Convention Européenne après l'Avis de la C. J. C. E.», in *Bulletin des Droits de l'Homme*, publié par l'Institut Luxembourgeois des Droits de l'Homme, nº 6, juillet 1996, pág. 20.

PETTITI, Louis-Edmond, Emmanuel Decaux, Pierre-Henri Imbert, editores, *La Convention Européenne des Droits de l'Homme. Commentaire article par article*, 2ª edição, Economica, Paris, 1999.

PIPKORN, J., «La communauté Européenne et la Convention Européenne des Droits de l'Homme», in *Rev. Trim. des Droits de l'Homme*, avril 1993, págs. 221 e segs.

PIRES, Maria José Morais, *As Reservas à Convenção Europeia dos Direitos do Homem*, Coimbra, 1997.

–, «Execução dos Acórdãos do Tribunal Europeu dos Direitos do Homem: o Protocolo nº 14 à Convenção Europeia dos Direitos do Homem», in Homenagem ao *Prof. Doutor André Gonçalves Pereira*, Faculdade de Direito da Universidade de Lisboa, 2006.

QUADROS, Fausto de, *A proteção da propriedade privada pelo Direito Internacional Público*, Coimbra, 1998.

–, «O princípio da exaustão dos meios internos na Convenção Europeia dos Direitos do Homem e a ordem jurídica portuguesa», in Separata da *Revista da Ordem dos Advogados*, ano 50, I, Lisboa, abril, 1990.

RAMOS, Rui Moura, «Aplicação da Convenção Europeia dos Direitos do Homem em Portugal: alguns problemas», in *BDDC*, nº 5, págs. 97-195.

–, «L'adhésion de la Communauté à la Convention Européenne des Droits de l'Homme – Rapport National – Portugal», in *Revista de Direito e Economia*, anos XVI a XIX – 1990 a 1993, pág. 753.

RAPOSO, Vera Lúcia, O direito a um processo equitativo na jurisprudência do Tribunal Europeu dos Direitos do

Homem, in *Jurisprudência Constitucional*, Lisboa, n. 11 (Jul.-Set. 2006).

Reid, Karen, *A practitioner's guide to European Convention on Human rights*, Londres, Thomson, Sweet e Maxwell, 2008.

Ress, Georg., «The effects of Judgments and Decisions in Domestic Law», in *The European System for the protection of Human Rights*, edited by R. St. J. Macdolnald, F. Matscher and H. Petzold, Martinus Nijhoff Publishers, Dordrecht, 1993, págs. 801 e segs., *maxime* págs. 812 e segs.

Riquito, Ana Luísa e outros, «Carta (A) de Direitos Fundamentais da União Europeia», *Corpus Juris Gentium Conimbrigae* – 2, outubro 2001.

Robert, Jacques, (colaboração de Jean Duffar), *Droits de l'Homme et Libertés Fondamentales*, 6ª edição, Montchrestien, 1996.

Rocha, Armando, «O contencioso dos direitos do homem no espaço europeu: o modelo da Convenção Europeia dos Direitos do Homem», Lisboa, Universidade Católica Editora, 2010.

Rocha, Manuel António Lopes, «Direito do ambiente e Direitos do Homem», in *O cidadão: revista trimestral de Direitos humanos*, Lisboa, ano 3, nº 11 (julho-dezembro), 1995, pág. 41.

Rodrigues, Anabela Miranda e outros, *Direitos humanos das mulheres*, Coimbra, Coimbra Editora, 2005.

Rodrigues, J. N. Cunha, «Sobre o princípio da igualdade de armas», in *Revista Portuguesa de Ciência Criminal*, ano i, fasc. 1 (1991).

Rudloff, Séverine, *Droits et libertés de l'avocat dans la Convention Européenne des Droits de l'Homme*, Bruylant, Bruxelles, 1995.

Ryssdal, Rolv, «Le système de mise en œuvre instauré par la Convention européenne des Droits de l'Homme», intervenção no *Simpósio em honra do Prof. Schmers*, Leyde, 7 de outubro de 1994, § 22.

Sanchez Garcia, Isabel, «La legítima defensa después de la Convéncion Europea de Derechos Humanos», in *Poder Judicial*, nº 35, 2ª época, Septiembre 1994, pág. 299.

Sanchez Rodriguez, Luís Ignácio, «Los sistemas de protección americana y europea de Derechos Humanos: el problema de la ejecución de las sentencias de las respectivas Cortes de justicia», San José, 1994, pág. 501.

Santos, Cecília MacDowell dos Sanos (org), «A mobilização transnacional do Direito – Portugal e o Tribunal Europeu dos Direitos Humanos», Coimbra, Almedina, 2012.

Sapuile, Belchior do Rosário Loya, «Direito à liberdade religiosa na jurisprudência do TEDH: alguns leading cases», *Boletim da Faculdade de Direito*, Coimbra, v. 82, 2006, pág. 757-803.

Sermet, Laurent, «L'Exécution des Arrêts de la Cour européenne des Droits de l'homme», in *Annuaire de Droit Européen*, 2003, vol. I, Bruxelles, 2005, pág. 334.

Silva, Paula Martinho da, Convenção dos direitos do homem e da biomedicina anotada – Convenção para a proteção dos direitos do homem e da dignidade do ser humano relativa às aplicações da biologia e da medicina, anotada, Lisboa, Cosmos, 1997.

Sousa, Gomes, Das nulidades à «fruit of poisonous tree doctine», Separata da *Revista da Ordem dos Advogados*, Ano 66 – Lisboa, setembro 2006.

Sousa, João Ramos de, e outros, *Sub judice. Justiça e sociedade*, n. 28, Coimbra, abril-set. 2004.

SOYER, Jean-Claude e Michele de Salvia, Le recours individuel supranational, mode d'emploi, *LGDJ*, Paris, 1992.

SPIELMANN, Alphonse e Albert Weitzel, *La Convention Européenne des Droits de l'Homme et le Droit Luxembourgeois*, Nemesis, Bruxelles, 1991.

SPIELMANN, Dean, *L'effet potentiel de la Convention européenne des droits de l'homme entre personnes privées*, Bruylant, Bruxelles, 1995.

–, «Human Rights Case law in the Strasbourg and Luxembourg Courts: Conflits, Inconsistencies, and Complenentarities», in *The EU and Human Rights*, edited by Philip Alston, Oxford university Press, 1999.

STAVROS, Stephanos, *The guarantees for accused persons under article 6 of the European Convention on Human Rights*, Martinus Nijhoff Publishers, Dordrecht, 1993.

SUDRE, Fréderic, «La Communauté Européenne et les Droits fondamentaux après le Traité d'Amsterdam: vers un nouveau système européen de protection des droits de l'homme», in *La Semaine Jurídique*, 7 janvier 1998 – nºs 1-2, pág. 9.

–, *Droit Internacional et Européen des Droits de l'Homme*, 8ª edição. PUF, Paris, 2006.

TRINDADE, António Augusto Cançado, *The Application of the Rule of Exhaustion of Local Remedies in International Law*, Cambridge University Press, Cambridge, 1983.

–, *Tratado de Direito Internacional dos Direitos Humanos*, vol. I (1997) e vol. II (1999), S.A. Fabris Ed., Porto Alegre.

TULKENS, Françoise, «La Convention européenne des droits de l'homme et la Charte des Droits fondamantaux, in L'interaction entre l'Union européenne et le Conseil de l'Europe»/C. Schneider, V. Edjaharian et M. Paul (ed.); *Journée d'études CEDECE*, Grenoble, 2-3 décembre 1999. – Grenoble, CESICE, 2008.

Universalité des Droits de l'Homme dans un Monde Pluraliste, Conseil de l'Europe, Engel, 1990.

VAN DIJK, e Van Hoof, G. J. H., *Theory and Pratice of the European Convention on Human Rigths*, 2ª edição, Kluwer Law and Taxation Publishers, Deventer, Holanda, 1990.

VELU, Jacques e Rusen Ergec, *La Convention Européenne des Droits de l'Homme*, Bruylant, Bruxelles, 1990.

VICENTE, Ana, «Direitos das mulheres, direitos humanos», *Cadernos condição feminina*, Comissão para a igualdade e para os direitos das mulheres, 2000.

VITORINO, António, «Proteção constitucional e proteção internacional dos direitos do homem: concorrência ou complementariedade?», in *Revista da Faculdade de Direito da Universidade de Lisboa*, vol. XXXIV, 1993, pág. 110.

WACHSMAN P. e outros, *Le Protocole nº 11 à la Convention Européenne des Droits de l'Homme*, Bruylant, Bruxelles, 1995.

WIARDA, «Protection des Droits de l'Homme: la Dimension Européenne», in *Mélanges en l'honneur de Gérard J Carl Heymanns*, Verlag KG, Koln, 1988.

YOUROW, Howard Charles, *The Margin of appreciation doctrine in the dynamics of European Human Rights Jurisprudence*, Kluwer Law International, The Hague, 1996.

II

ABRANCHES, C. A. Dunshee de, *Proteção Internacional dos Direitos Humanos*, Livraria Freitas Bastos, Rio de Janeiro – São Paulo, 1964.

–, *As Dimensões Internacionais dos Direitos do Homem*, Unesco, 1993.

BALLESTEROS, Jesua (editor), *Derechos Humanos*, Madrid, 1992.

BUERGENTHAL, Thomas, Robert E. Morris e Dinah Shelton, *La Proteccion de los Derechos Humanos en las Americas*, Civitas, Madrid, 1990.

CAMPINOS, Jorge, *Direito Internacional dos Direitos do Homem*, Coimbra Editora, Coimbra, 1984.

CREMONA, J. J., «La protection de l'individu au regard des actes de l'administration», in *BDDC*, nºs 29/30, págs. 463-474.

FARRAN, Sue, *The UK before the European Court of Human Rights*, London, 1996.

–, *Judicial Protection of Human Rights at National and International Level*, International congress on procedural law for the ninth centenary of the University of Bologna, vols. I e II, Giuffrè, Milano, 1991.

LAMBET, Pierre, *La Convention Européenne des Droits de l'Homme dans la Jurisprudence Belge*, Nemesis, Bruxelles, 1987.

LIMA, Joaquim Pires de, «Considerações acerca do direito à justiça em prazo razoável», in *Revista da Ordem dos Advogados*, ano 50, Lisboa, dezembro de 1990, págs. 671-701.

MARTINEZ-TORRON, Javier, «El derecho de libertad religgiosa en la jurisprudencia en torno al Convenio Europeo de Derechos Humanos», in *Anuario de Derecho Eclesiástico del Estado*, Editorial de la Universidad Complutense de Madrid, vol. II, 1986, págs. 403-496.

MARTINS, Ana Maria Guerra (coord.), *Estudos de Direito Europeu e Internacional dos Direitos Humanos*, Almedina, Coimbra 2005.

MATRINGE, Jean, *Tradition et Modernité dans la Charte Africaine des Droits de l'Homme et des Peuples*, Bruylant, Bruxelles, 1996.

MATSCHER, Franz, «La protection de l'individu a l'égard des Administrations fiscale et douanière et la Convention Européenne des Droits de l'Homme», in *BDDC*, nº 21, págs. 211-225.

M'BAYE, Keba, *Les Droits de l'Homme en Afrique*, Pedone, Paris, 1992.

MELO, Barbosa de, *Democracia e Utopia*, Porto, 1980.

MERRILIS, J. G., *The Development of International Law by the European Court of Human Rights*, Univerity Press, Manchester, 1990.

MEYER-BISCH, Patrice, *Le Corps des Droits de l'Homme*, Editions Universitaires, Fribourg, Suiça, 1992.

MIRANDA, Jorge, *Direito Internacional Público*, I, Lisboa, 1991.

MORENILLA RODRIGUEZ, José Maria, «La execucion de las sentencias del Tribunal Europeo de Derechos Humanos», in *Boletin de Informacion – Ministerio de Justicia* (de Espanha), ano XLIV, 15 de Febrero de 1990, nº 1554, págs. 935-969.

MULLERSON, Rein, «The efficiency of the individual complaint procedures: The experience of CCPR, Cerd, Cat and ECHR», *Monitoring Human Rights in Europe*, Martinus Nijhoff Publishers, Dordrecht, Holanda, 1993.

NIKKEN, Pedro, *La Proteccion Internacional de los Derechos Humanos*, Editorial Civitas, Madrid, 1987.

PASSOS, Ricardo, «A Comissão Europeia dos Direitos de Homem», in *BDDC*, nº 22, págs. 285-310.

PEREIRA, André Gonçalves e QUADROS, Fausto de, *Manual de Direito Internacional Público*, 3ª edição, Almedina, Coimbra, 1993.

PIMENTA, J. Costa, *Código de Processo Penal Anotado*, 2ª edição, Rei dos Livros Lisboa, 1991.

PINTO, Roger, *La Liberté d'Information et d'Opinion en Droit International*, Economica, Paris, 1984.

RAMCHARAN, B. G. (editor), *The Right to Life in International Law*, Martinus Nijhoff Publishers, Dordrecht, 1983.

RAPOSO, João, «As condições da admissão das queixas individuais no sistema da Convenção Europeia dos Direitos do Homem», in *Revista Estado e Direito*, nº 2, 2º semestre, 1988, págs. 45-68.

RIBEIRO, Neves, *O Estado e os Tribunais*, Coimbra, 1985.

ROBERTSON, A. H., *Human Rights in the World*, 4ª edição revista por J. G. Merriles, Manchester University Press, Manchester e Nova Iorque, 1992.

SANCHO, Angel C. C., «Las reservas a los Tratados de Derechos Humanos», in *Documentacion Juridica*, tomo XIX, abril-Junio 1992, 74, Madrid.

SANTOS, Simas, «Anotação», *Revista do Ministério Público*, ano 4º, vol. 14.

SEIA, Aragão, «Privilégios do Ministério Público no Direito Processual revogados pela Convenção Europeia dos Direitos do Homem», in *Coletânea de Jurisprudência*, ano VII, tomo 4, 1982.

SIEGHART, Paul, *The International Law of Human Rights*, Clarendon Press-Oxford, 1992.

SILVA, Germano Marques da, *Do Processo Penal Preliminar*, Lisboa, 1990.

SOARES, Luso, *Processo Civil de Declaração*, Coimbra, 1985.

–, «A igualdade das partes e as prerrogativas processuais do Ministério Público», in *Revista Jurídica da AAFDL*, nºs 2-3, 1989.

VAN DIJK, Peter, *The treatment of homosexuals under European Convention on Human Rights, Homosexuality: a European Comunity Issue*, Martinus Nijhoff Publishers, Dordrecht, Holanda, 1993.

–, «Vie Priveé et Droits de l'Homme», *Actes du troisième colloque sur la Convention Européenne des Droits de l'Homme*, Bruylant, Bruxelles, 1973.

WACHSMANN, Patrick, *Les Droits de l'Homme*, Dalloz, Paris, 1992.

WEITZEL, Luc, «La Commission Européenne des Droits de l'Homme et le Droit Communautaire, Présence du Droit Public et des Droits de l'Homme», *Mélanges offerts à Jacques Velu*, Bruxelles, 1992.

ZWART, Tom, *The Admissibility of Human Rights Petitions*, Martinus Nijhoff Publishers, The Hague, 1994.

Índices

ÍNDICE IDEOGRÁFICO[628]

[628] As remissões são feitas para as anotações; por exemplo, a referência PI 1 (2) significa a anotação 2 ao artigo 1º do Protocolo nº 1.

ÍNDICE GERAL